NEW
내신 잡는 필수 개념서
올리드
Allead

이 책과 함께 미래를 디자인하는 나를 위해 응원의 한마디를 적어 보세요.

NEW 올리드

생명과학 I

CONCEPT

개념 이해부터 내신 대비까지 완벽하게 끝내는
필수 개념서

BOOK GRADE

WRITERS

미래엔콘텐츠연구회

No.1 Content를 개발하는 교육 전문 콘텐츠 연구회

오현선　서울과학고 교사 | 서울대 생물교육과, 연세대 교육대학원 생물교육과
오영선　자양고 교사 | 서울대 생물교육과
이영호　보성고 교사 | 연세대 생물학과, 연세대 교육대학원 생물교육과
김대준　방산고 교사 | 서울대 생물교육과

COPYRIGHT

인쇄일 2025년 1월 2일(1판13쇄)
발행일 2018년 8월 1일

펴낸이 신광수
펴낸곳 ㈜미래엔
등록번호 제16–67호

교육개발1실장 하남규
개발책임 오진경
개발 여은경, 정도윤

디자인실장 손현지
디자인책임 김기욱
디자인 진선영

CS본부장 강윤구
CS지원책임 강승훈

ISBN 979-11-6233-567-3

Introduction 머리말

잘 자라렴!

모죽이라고 불리는 대나무가 있습니다. 바로 모소 대나무인데요.
이 대나무는 싹도 잘 나지 않고 처음 몇 년간은 거의 자라지 않는답니다.
그러다 그 순간을 넘기면 갑자기 씨를 뿌린 곳에서 불쑥 새순이 돋아나고
한 달 남짓 동안 15 m도 넘게 훌쩍 자라서 곧 빽빽한 숲을 이루게 됩니다.
이 마술같은 일은 어떻게 일어나는 걸까요?
사실 모소 대나무는 뿌리를 먼저 땅속에 깊게 내린답니다.
몇 년이라는 긴 시간 동안 차근차근 자랄 준비를 하는 거예요.
눈에 보이지 않아 답답하고 더디게 느껴지지만
단단한 뿌리를 내리는 그 시간이 결국은 폭발적인 성장의 원동력이 되는거죠.

NEW올리드는 이 대나무의 뿌리처럼
우리의 지식을 발전시켜 줄 좋은 원동력입니다.
잘 정리해 놓은 개념 정리와 탐구, 자료들을 공부하다 보면
어느새 문제 해결의 원리를 깨닫게 될 거예요.

"NEW올리드 생명과학 I" 과 함께
부쩍 성장한 나의 모습을 그려 보세요.
함께하는 시간이 여러분의 단단한 뿌리가 될 것입니다.

구성과 특징
Structure

01 개념과 탐구/자료 쉽게 이해하기

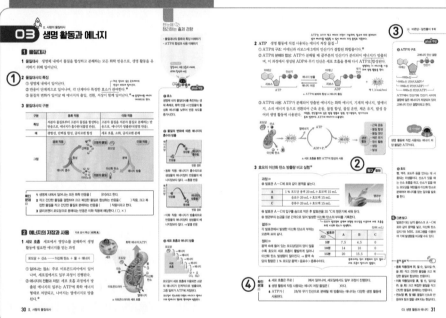

꼼꼼한 개념/탐구/자료 정리

❶ 쉽고 자세한 설명 다양한 그림과 자료를 이용하여 교과서 핵심 내용을 쉽게 정리하였습니다.

❷ 탐구 활동/자료 분석 교과서에 나오는 탐구와 자료를 자세히 정리하여 탐구와 자료 관련 문제에 대비할 수 있게 구성하였습니다.

❸ Plus 개념 개념과 관련된 보충 자료를 정리하였으며, 꼭 기억해야 할 내용, 착각하기 쉬운 내용을 꼼꼼하게 구성하였습니다.

❹ 확인 문제 필수 핵심 개념을 바로 확인할 수 있는 문제로 구성하였습니다.

02 다양한 유형의 기본과 실력 문제 풀기

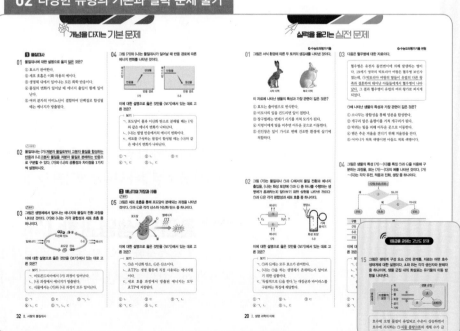

개념을 다지는 기본 문제
그림, 자료, 탐구로부터 출제되는 다양한 유형의 문제를 반복적으로 학습할 수 있도록 실제 학교 시험에서 꼭 출제될 확률이 높은 기본 문제로 구성하였습니다.

실력을 올리는 실전 문제
학교 시험과 수능 실전에 대비할 수 있는 기출 문제와 예상 문제로 구성하였습니다. 특히 고난도 문제에 대비할 수 있는 1등급 문제를 함께 구성하였습니다.

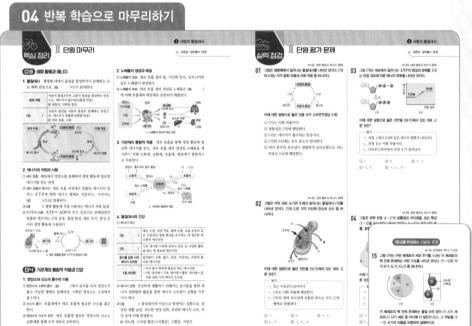
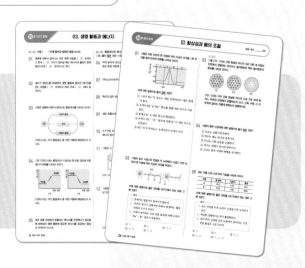

Contents ^{차례}

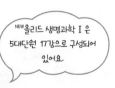

^{NEW}올리드 생명과학 I 은
5대단원 17강으로 구성되어
있어요.

항상성과 몸의 조절

유전

생태계와 상호 작용

Search

단원 찾기

비상교육	천재교육	동아출판	금성	지학사	교학사
20~31	10~15	12~17	14~21	12~19	12~19
10~19	16~29	18~31	22~41	20~31	20~29
34~38	32~37	34~39	44~51	34~37	32~37
39~55	38~55	40~55	52~71	38~57	38~57
58~69	58~66, 75~81	58~68	74~85	60~67, 78~81	60~75
70~81	67~74	69~77	86~95	68~77	76~85
82~91	82~93	78~91	96~107	82~91	86~95
92~95	94~99	92~97	108~113	92~93	96~99
96~111	100~115	98~113	114~129	94~109	100~117
114~121	118~125	116~123	132~138	112~119	120~127
122~129	126~133	124~133	139~145	120~125	128~133
130~141	134~140	134~143	146~152	126~133	134~141
142~155	141~153	144~159	153~165	134~149	142~153
158~169	156~164	162~172	168~179	152~161	156~167
170~179	165~171	173~182	180~188	162~175	168~177
180~187	172~179	183~193	189~197	176~181	178~183
188~209	180~199	194~209	198~213	182~199	184~195

위기를 기회로

램프를 만들어 낸 것은 어둠이었고,
나침반을 만들어 낸 것은 안개였고,
탐험하게 만든 것은 배고픔이었다.
그리고 일의 진정한 가치를 깨닫기 위해서는
의기소침한 나날들이 필요했다.
— 빅토르 위고(프랑스의 작가, 1802 ~ 1885)

결핍이 새로운 창조를 만듭니다. 위기가 위대한 성과를 내게 합니다. 에디슨의 전구 발명은 2천 번 이상의 실패를 겪었습니다. 스티븐 호킹 박사는 루게릭병을 진단받은 후부터 학문적 성과를 냈습니다. 위기를 좋아할 사람은 없습니다. 그러나 위기는 우리 삶을 자극하며, 예상치 못한 성과를 선물하기도 합니다.

I
생명 과학의 이해

자~! 힘을 내서 차근차근 시작하자!

이 단원에서는 생명 과학이 지구에 살고 있는 생명체들의 특성을 연구하는 학문임을 이해하고, 다른 학문 분야와의 연계성 및 생명 과학에서 활용되고 있는 다양한 탐구 방법을 알아본다.

01 생물의 특성

1 생물의 특성❶ 자료 분석 특강 18쪽 A, B

1 세포로 구성 모든 생물은 세포로 이루어져 있다.

① 세포: 생물을 구성하는 구조적 단위이며, 생명 활동이 일어나는 기능적 단위이다.

② 세포의 수에 따른 생물의 구분: 단세포 생물과 다세포 생물로 구분한다.

┌ 세포가 곧 개체가 된다.

단세포 생물	몸이 하나의 세포로 이루어져 있다. 예 아메바, 대장균, 짚신벌레
다세포 생물	• 몸이 많은 수의 세포로 이루어져 있다. 예 사람, 개, 소나무 • 세포가 모여 조직을, 조직이 모여 기관을, 기관이 모여 개체를 이루는 복잡하고 정교한 체제를 갖추고 있다.❷ 다세포 생물의 구성 체제: 세포 → 조직 → 기관 → 개체

2 물질대사 생물의 체내에서 일어나는 모든 화학 반응을 물질대사라고 하며, 생물은 물질 대사를 통해 필요한 물질과 에너지를 얻음으로써 생명을 유지한다.

① 물질대사의 특징: 물질대사가 일어날 때 에너지가 흡수되거나 방출되며, 효소가 관여한다.

② 물질대사의 구분: 동화 작용과 이화 작용으로 구분한다.

구분	동화 작용	이화 작용
물질 전환	저분자 물질로부터 고분자 물질을 합성한다.	고분자 물질을 저분자 물질로 분해한다.
에너지 출입	흡수(흡열 반응)	방출(발열 반응)
예	광합성, 단백질 합성	세포 호흡, 소화

동화 작용 → 고분자 물질 → 이화 작용
합성 ← → 분해
에너지 흡수 / 에너지 방출
저분자 물질

3 자극에 대한 반응과 항상성

자극에 대한 반응	생물은 다양한 환경 변화를 자극으로 받아들이고, 이에 대해 적절하게 반응함으로써 생명을 유지한다.❸ 예 • 식물이 빛을 향해 굽어 자란다. • 농구 선수가 공을 잡기 위해 뛰어오른다.	빛에 대한 반응
항상성	생물이 몸에서 감지된 자극에 반응함으로써 내부와 외부의 환경 변화에 대처하여 체내의 상태를 일정하게 유지하려는 성질이다. 예 • 사람은 더울 때 땀을 흘려 체온을 조절한다. • 물을 많이 마시면 오줌의 양이 증가한다.	체온 조절

4 발생과 생장 다세포 생물은 발생과 생장을 통해 구조적·기능적으로 완전한 개체가 된다.

발생	하나의 수정란이 세포 분열과 분화, 형태 형성 과정을 통해 개체로 되기까지의 과정이다. 예 개구리의 수정란 → 올챙이 → 어린 개구리
생장	어린 개체가 세포 분열을 통해 세포 수를 늘려 감으로써 자라는 과정이다. 예 어린 개구리 → 성체 개구리 어린 개체보다 기능적으로 정교하다.

개구리의 수정란이 올챙이를 거쳐 어린 개구리가 되기까지의 과정이 발생이다.

어린 개구리 / 성체 개구리

수정란 배아 올챙이
발생 ─────── 생장

• 생물의 특성과 사례 이해하기
• 바이러스의 생물적 특성과 비생물적 특성 구분하기

핵심 개념
생물의 특성, 바이러스의 생물적·비생물적 특성

plus 개념

❶ 생물의 특성 구분
• 개체 유지 특성: 세포로 구성, 물질 대사, 자극에 대한 반응과 항상성, 발생과 생장
• 종족 유지 특성: 생식과 유전, 적응 과 진화

❷ 사람의 조직과 기관
• 조직: 모양과 기능이 유사한 세포들의 모임이다.
  예 상피 조직, 근육 조직, 결합 조직, 신경 조직
• 기관: 여러 종류의 조직이 모여 일정한 형태를 갖추고 특수한 기능을 수행하는 것이다.
  예 간, 심장, 소장

꼭 기억해!

생물의 특성
• 세포로 구성된다.
• 물질대사가 일어난다.
• 자극에 반응하고, 항상성이 있다.
• 발생과 생장을 한다.
• 생식과 유전을 한다.
• 환경에 적응하고 진화한다.

❸ 자극
생물의 내부와 외부에서 생물에게 주어지는 환경 변화로, 빛, 소리, 온도 변화, 화학 물질, 접촉, 중력 등이 있다.

5 생식과 유전

생식	생물이 종족을 유지하기 위해 자신과 닮은 개체를 만드는 현상이다. ❹ ⬛ • 효모는 출아법으로 개체 수를 늘린다. • 사람은 정자와 난자의 수정으로 자손을 만든다.
유전	어버이의 형질(특징)이 자손에게 전달되는 현상이다. ⬛ 적록 색맹인 어머니로부터 적록 색맹인 아들이 태어난다. 유전 물질인 DNA가 전달되어 일어난다.

6 적응과 진화

적응	생물이 서식 환경에 적합한 몸의 형태와 기능, 생활 습성 등을 가지도록 변화하는 것이다.
진화	생물이 오랜 시간 여러 세대를 거치면서 환경에 적응한 결과 집단의 유전자 구성이 변화하여 새로운 종으로 분화되는 것이다.
적응과 진화의 예	• 사막에 사는 선인장은 잎이 가시로 변해 수분 손실을 막는다. • 가랑잎벌레는 몸의 형태가 주변의 잎과 비슷해 포식자의 눈에 잘 띄지 않는다. • 갈라파고스 군도의 각 섬에는 먹이 환경에 적응하여 진화한 결과 부리 모양이 조금씩 다른 핀치가 산다.  선인장

2 바이러스 자료 분석 특강 19쪽 C

1 바이러스 살아 있는 세포에 기생하는 감염성 병원체로, 여러 가지 질병을 일으킨다.
① 모양과 크기: 모양이 매우 다양하고, 세균보다 크기가 훨씬 작다. 세균 여과기를 통과할 수 있다.
② 구조: 유전 물질인 핵산과 이를 둘러싸고 있는 단백질 껍질로 이루어져 있다. ❺
  DNA와 RNA 중 1가지만 가지고 있다.

2 바이러스의 생물적 특성과 비생물적 특성
바이러스는 생물적 특성을 일부 나타내지만 생물이 아니다.

생물적 특성	• 유전 물질인 핵산을 가지고 있다. • 살아 있는 숙주 세포 안에서 물질대사를 하고, 증식할 수 있다. • 증식 과정에서 유전 현상이 나타나고, 돌연변이가 일어나 환경에 적응하며 진화한다.
비생물적 특성	• 세포로 이루어져 있지 않으며, 숙주 세포 밖에서는 입자 상태로 존재한다. 핵산과 단백질 결정체 • 스스로 물질대사를 할 수 없어 숙주 세포 안에서만 증식할 수 있다.

> **바이러스(박테리오파지)의 증식**
> 박테리오파지는 세균의 표면에 부착하여 세균 속으로 자신의 DNA를 주입한 후, 세균의 효소를 이용하여 자신의 DNA를 복제하고 단백질 껍질을 만들어 증식한다. 증식한 박테리오파지는 세균을 뚫고 밖으로 나온다.
>
>

확인 문제 ①②

1 생물은 (　　　　)을/를 통해 얻은 물질과 에너지를 이용하여 생명을 유지한다.
2 생물은 (　　　　)에 반응함으로써 체내의 상태를 일정하게 유지하려는 (　　　　)을/를 가진다.
3 생물이 오랜 시간 환경에 적응한 결과 새로운 종으로 분화되는 것을 진화라고 한다. (○, ×)
4 바이러스는 스스로 (　　　　)을/를 할 수 없어 숙주 세포 안에서만 증식할 수 있다.

plus 개념

❹ **생식 방법**
• 무성 생식: 암수 생식세포의 수정 없이 몸의 일부가 분리되어 새로운 개체를 만드는 생식 방법으로, 분열법, 출아법, 포자 생식, 영양 생식 등이 있다.
• 유성 생식: 암수 생식세포의 수정을 통해 새로운 개체를 만드는 생식 방법이다.

❺ **바이러스(박테리오파지)의 구조**

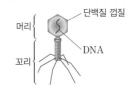

박테리오파지는 세균을 숙주로 하는 바이러스로, 단백질 껍질 속에 DNA가 들어 있는 머리 부분과 숙주 세포 표면에 부착할 수 있는 꼬리 부분으로 구분할 수 있다.

 궁금하지?

Q. 바이러스는 지구에 나타난 최초의 생명체일까?
A. 바이러스는 살아 있는 세포(숙주 세포) 안에서만 물질대사와 증식이 가능하므로, 바이러스가 출현하기 이전에 이미 세포 구조의 생명체가 지구에 존재했다고 볼 수 있다.

━용어 돋보기━

• **분화**(나눌 分, 될 化): 세포의 모양과 기능이 특수화되면서 서로 다른 종류의 세포로 나누어지는 현상이다.
• **숙주**(묵을 宿, 주인 主): 한 개체가 다른 개체에 기생하여 살 때 영양을 공급하는 생물이다.

개념을 다지는 기본 문제

1 생물의 특성

ⓟ 중요

01 생물의 특성에 대한 설명으로 옳지 <u>않은</u> 것은?

① 모든 생물은 세포로 이루어져 있다.

② 생물은 물질대사를 통해 생명 활동에 필요한 에너지를 얻는다.

③ 모든 생물은 세포 → 조직 → 기관 → 개체의 구성 체제를 가진다.

④ 생물은 다양한 자극에 대해 적절하게 반응함으로써 생명을 유지한다.

⑤ 다세포 생물은 발생과 생장을 통해 구조적 · 기능적으로 완전한 개체가 된다.

[02~03] 오른쪽 그림은 생물에서 일어나는 물질대사 (가)와 (나)에서의 물질 전환을 나타낸 것이다. (가)와 (나)는 각각 이화 작용과 동화 작용 중하나이다. 물음에 답하시오.

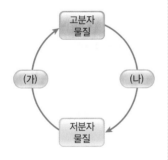

ⓟ 중요

02 위 자료에 대한 설명으로 옳은 것만을 〈보기〉에서 있는 대로 고른 것은?

┤ 보기 ├

ㄱ. (가)는 이화 작용이다.

ㄴ. (나)의 예로 세포 호흡이 있다.

ㄷ. (가)와 (나)에는 모두 효소가 관여한다.

① ㄱ   ② ㄴ   ③ ㄷ

④ ㄱ, ㄴ   ⑤ ㄴ, ㄷ

✎ 서술형

03 (가)와 (나)가 각각 일어날 때의 에너지 출입을 비교하여 설명하시오.

04 다음은 생물의 특성과 관련된 예 (가)~(다)를 나타낸 것이다.

> (가) 식물이 빛을 향해 ⊙굽어 자란다.
> (나) 더울 때 땀을 흘려 체온을 일정하게 유지한다.
> (다) 미모사는 잎에 다른 물체가 닿으면 잎이 오므라든다.

이에 대한 설명으로 옳은 것만을 〈보기〉에서 있는 대로 고른 것은?

┤ 보기 ├

ㄱ. ⊙은 반응에 해당한다.

ㄴ. (나)는 항상성의 예에 해당한다.

ㄷ. (다)에서 접촉은 생물에게 주어지는 환경 변화에 해당한다.

① ㄱ   ② ㄷ   ③ ㄱ, ㄴ

④ ㄴ, ㄷ   ⑤ ㄱ, ㄴ, ㄷ

ⓟ 중요

05 표는 생물의 특성 (가)~(다)의 예를 나타낸 것이다.

생물의 특성	예
(가)	하나의 짚신벌레가 분열법을 통해 둘로 나누어진다.
(나)	개구리의 수정란은 올챙이를 거쳐 어린 개구리가 된다.
(다)	적록 색맹인 어머니로부터 적록 색맹인 아들이 태어난다.

(가)~(다)에 해당하는 생물의 특성을 옳게 짝 지은 것은?

	(가)	(나)	(다)
①	발생	생식	진화
②	발생	생장	유전
③	생식	발생	유전
④	생식	발생	진화
⑤	생장	생식	발생

06 생물의 특성은 개체 유지 특성과 종족 유지 특성으로 구분할 수 있다. 종족 유지 특성에 해당하는 것만을 〈보기〉에서 있는 대로 고르시오.

┌ 보기 ├
ㄱ. 항상성　　　　　ㄴ. 물질대사
ㄷ. 적응과 진화　　　ㄹ. 생식과 유전
ㅁ. 발생과 생장　　　ㅂ. 자극에 대한 반응

07 그림은 갈라파고스 군도의 서로 다른 네 섬에 서식하는 핀치의 부리 모양과 각 섬에서 핀치의 주된 먹이를 나타낸 것이다.

종자　　　선인장 꽃과 열매　　　식물의 싹　　　곤충

이와 가장 관련이 깊은 생물의 특성은?

① 항상성　　　② 물질대사　　　③ 적응과 진화
④ 생식과 유전　　　⑤ 발생과 생장

(P)중요

08 생물의 특성과 예를 짝 지은 것으로 옳지 <u>않은</u> 것은?

① 생장 – 어린 개구리가 성체 개구리로 된다.
② 물질대사 – 벼는 광합성을 하여 양분을 얻는다.
③ 자극에 대한 반응 – 해바라기는 빛을 향해 자란다.
④ 항상성 – 물을 많이 마시면 오줌의 양이 증가한다.
⑤ 생식 – 장구벌레는 번데기 시기를 거쳐 모기가 된다.

2 바이러스

(P)중요

09 바이러스에 대한 설명으로 옳지 <u>않은</u> 것은?

① 세포 소기관이 없다.
② 세포 분열을 통해 증식한다.
③ 유전 물질인 핵산을 가지고 있다.
④ 숙주 세포 안에서 물질대사를 한다.
⑤ 숙주 세포 밖에서는 입자 상태로 존재한다.

10 오른쪽 그림은 어떤 바이러스의 구조를 나타낸 것이다. 물질 A와 B는 각각 핵산과 단백질 중 하나이다.
이에 대한 설명으로 옳은 것만을 〈보기〉에서 있는 대로 고른 것은?

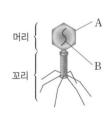

머리　　　A
꼬리　　　B

┌ 보기 ├
ㄱ. A는 핵산이다.
ㄴ. B는 숙주 세포 안에서 복제된다.
ㄷ. A의 작용으로 이 바이러스에서 유전 현상이 일어난다.

① ㄴ　　　　　② ㄷ　　　　　③ ㄱ, ㄴ
④ ㄱ, ㄷ　　　　⑤ ㄴ, ㄷ

(✎)서술형

11 바이러스가 지구에 나타난 최초의 생명체가 <u>아닌</u> 까닭을 설명하시오.

02 생명 과학의 특성과 탐구 방법

1 생명 과학의 특성

생명 과학의 연구 대상은 기본적으로 생물이지만, 생물의 구조와 기능에 대해서만 연구하는 것은 아니다.

1 생명 과학 생물이 나타내는 여러 가지 생명 현상을 탐구하여 생명의 본질을 밝히고, 그 연구 성과를 인류 복지 향상에 이용하는 종합 학문이다.

① 생명 과학의 연구 대상: 생물을 구성하는 분자 수준의 물질에서부터 지구(생물권)에 이르기까지 다양한 범위의 대상을 통합적으로 연구한다. 분자, 세포, 조직, 기관, 개체, 개체군, 군집, 생태계, 지구

② 생명 과학의 세부 학문 분야: 연구 대상에 따라 세포학, 분류학, 생태학, 생리학, 유전학, 발생학, 생화학, 분자 생물학, 생물 물리학 등 다양한 분야가 있다.
└─ 다른 과학 분야와의 통합 학문

2 생명 과학과 다른 학문 분야의 연계성

① 생명 과학은 의학, 농학, 축산학, 식품 영양학 등 생명 관련 분야에 많은 영향을 주고 있다.

② 생명 과학의 이론에는 물리학과 화학의 원리와 이론이 포함되어 있다.

③ 물리학, 화학, 정보학의 발달은 생명 과학의 발달에도 많은 영향을 주고 있다.[1,2]

▲ 생명 과학과 연계된 학문 분야

> **확인 문제** [1]
> 1 ( )은/는 생물이 나타내는 여러 가지 생명 현상을 연구하고, 그 연구 성과를 인류 복지 향상에 이용하는 학문이다.
> 2 생명 과학은 과학이 아닌 다른 학문 분야와는 연계되지 않는다. (○, ×)

2 생명 과학의 탐구 방법 [자료 분석 특강 19쪽 D]

귀납적 탐구 방법에는 가설 설정의 단계가 없다.

1 귀납적 탐구 방법 자연 현상을 관찰하여 얻은 자료를 종합하고 분석하는 과정에서 규칙성을 발견하고, 이로부터 일반적인 원리나 법칙을 이끌어 내는 탐구 방법이다.

① 귀납적 탐구 과정

자연 현상 관찰 → 관찰 주제 선정 → 관찰 방법과 절차 고안 → 관찰 수행 → 관찰 결과 해석 및 결론 도출

탐구 과정의 순서는 탐구 방법에 따라 조금씩 다를 수 있다.

생명 과학의 탐구는 연역적 탐구 방법과 귀납적 탐구 방법이 혼용되기도 하고, 그 외의 다양한 방법으로 이루어질 수 있다.

② 귀납적 탐구 사례[3]

탐구 과정	다윈의 자연 선택설	카로의 가젤 영양 뜀뛰기 행동 연구
자연 현상 관찰	갈라파고스 군도의 각 섬에 서식하는 핀치의 부리 모양과 크기가 다른 것을 관찰하였다.	가젤 영양이 엉덩이를 치켜드는 특이한 뜀뛰기 행동을 하는 것을 관찰하였다.
관찰 주제 선정	핀치의 부리 모양과 크기가 다른 까닭을 알아보기로 하였다.	가젤 영양의 뜀뛰기 행동이 어떤 상황에서 나타나는지 관찰하기로 하였다.
관찰 방법과 절차 고안 및 관찰 수행	갈라파고스 군도의 각 섬에 서식하는 핀치를 채집한 후 부리 모양을 스케치하고 부리의 길이를 측정하였다.	가젤 영양의 뜀뛰기 행동이 어떤 상황에서 나타나는지 지속적으로 관찰하고, 이러한 행동이 규칙적으로 나타나는 상황을 관찰하였다.
관찰 결과 해석 및 결론 도출	갈라파고스 군도의 핀치는 서식 지역과 먹이에 따라 부리 모양이 달라지도록 진화하였다.	가젤 영양은 포식자가 주변에 나타나면 엉덩이를 치켜드는 뜀뛰기 행동을 한다.

다윈은 자신의 가설을 검증하기 위해 다양한 자료를 수집하고 분석(귀납적 탐구 방법)하여 자연 선택을 기초로 하는 진화론을 완성하였다.

핵심 개념
생명 과학의 특성, 귀납적 탐구 방법, 연역적 탐구 방법

plus 개념

❶ 생물 정보학
생물의 DNA 염기 서열, 단백질의 아미노산 서열 등과 같은 대량의 데이터로부터 유용한 지식을 얻어 내기 위해 전산, 통계, 수학적인 도구를 이용하여 생명 현상을 연구하는 학문이다.

❷ 사람 유전체 사업
생명 공학 지식과 물리·화학적 지식을 토대로 자동 염기 서열 분석기가 개발되어 컴퓨터 연산 및 정보 처리 기술로 대량의 염기 서열 자료를 빠르게 분석할 수 있게 되었다. 그 결과 사람 유전체의 염기 서열이 모두 밝혀졌다.

❸ 귀납적 탐구 방법의 또 다른 사례 – 세포설
'모든 생물은 세포로 이루어져 있다.'는 세포설은 오랜 시간 동안 여러 생명 과학자가 현미경을 이용해 다양한 생물을 관찰하면서 얻은 사실들이 축적되어 완성되었다.

2 연역적 탐구 방법 자연 현상을 관찰하면서 생긴 의문의 답을 찾기 위해 가설을 설정하고, 체계적인 검증을 통해 결론을 얻는 탐구 방법이다. _{가설은 예측 가능해야 하고, 옳은지 그른지 실험이나 관측을 통해 확인할 수 있어야 한다.}

① 연역적 탐구 과정

관찰 및 문제 인식 → 가설 설정 → 탐구 설계 및 수행 → 결과 정리 및 분석 → 결론 도출

가설이 옳지 않으면 가설 수정

결론이 다른 과학자들의 탐구를 통해 반복되어 확인되면 이론이나 학설로 인정받아 일반화된다.

- 관찰 및 문제 인식: 자연 현상이나 사물의 관찰 과정에서 의문을 갖는 단계
- 가설 설정: 의문에 대한 잠정적인 답(가설)을 제시하는 단계
- 탐구 설계 및 수행: 가설을 검증하기 위해 변인을 통제한 실험을 설계하고 수행하는 단계
- 결과 정리 및 분석: 실험 결과 얻은 자료를 분석하여 경향성과 규칙성을 알아내는 단계
- 결론 도출: 결과를 근거로 가설을 평가하고 타당한 결론을 이끌어 내는 단계

- 대조 실험: 탐구를 수행할 때 대조군을 설정하여 실험군과 비교하는 것 _{실험 결과의 타당성을 높일 수 있다.}

대조군	실험군과 비교하기 위해 실험 조건(검증하려는 요인)을 변화시키지 않은 집단
실험군	가설을 검증하기 위해 실험 조건을 의도적으로 변화시킨 집단

- 변인: 실험에 관계되는 요인으로, 독립변인과 종속변인이 있다. ❹

독립변인	실험 결과에 영향을 주는 요인 • 조작 변인: 가설을 검증하기 위해 의도적으로 변화시키는 요인 • 통제 변인: 실험에서 일정하게 유지해야 하는 요인
종속변인	조작 변인의 영향을 받아 변하는 요인 → 실험 결과에 해당한다.

② 연역적 탐구 사례 ❺

탐구 과정	아메바 핵 제거 실험	파스퇴르의 탄저병 백신 연구
관찰 및 문제 인식	세포마다 핵이 들어 있는 까닭은 무엇일까?	백신이 질병을 예방할 수 있을까?
가설 설정	아메바는 핵을 제거하면 죽을 것이다.	탄저병 백신은 탄저병 예방 효과가 있을 것이다.
탐구 설계 및 수행	아메바를 두 집단으로 나눈 후, 한 집단(실험군)의 아메바는 미세한 고리로 핵을 제거하고, 다른 집단(대조군)의 아메바는 미세한 고리로 핵을 제거하는 것과 같은 자극만 주고 핵은 제거하지 않았다.	건강한 양들을 두 집단으로 나눈 후, 한 집단(실험군)의 양에게는 탄저병 백신을 주사하고, 다른 집단(대조군)의 양에게는 백신을 주사하지 않은 다음, 두 집단의 양에게 모두 탄저균을 주사하였다.
결과 정리 및 분석	실험군의 아메바는 모두 죽고, 대조군의 아메바는 죽지 않았다.	실험군의 양은 모두 건강했지만, 대조군의 양은 모두 탄저병에 걸렸다.
결론 도출	핵은 세포의 생명 활동에 매우 중요하다.	탄저병 백신은 탄저병을 예방한다.

확인 문제 ②

3 (   ) 탐구 방법에서는 관찰 자료를 종합·분석하여 일반적인 원리나 법칙을 이끌어 낸다.
4 연역적 탐구 방법에서는 (   )을/를 세우고 실험이나 관측을 통해 이를 검증한다.
5 탐구 수행 시 (   )을/를 설정한 대조 실험을 해야 실험 결과의 타당성을 높일 수 있다.

---

plus 개념

❹ **변인 통제**
실험할 때 실험군과 대조군에서 조작 변인을 제외한 다른 독립변인(통제 변인)을 일정하게 유지하는 것이다. 변인 통제를 하면 실험 결과가 어떤 요인에 의해 나타난 것인지 정확하게 알 수 있다.

꼭 기억해!

귀납적 탐구 방법과 연역적 탐구 방법의 차이점
귀납적 탐구 방법에서는 의문에 대한 결론을 관찰을 통해 얻어 내고, 연역적 탐구 방법에서는 의문에 대한 잠정적인 답을 먼저 설정한 후 실험으로 이를 검증한다.

❺ **연역적 탐구의 또 다른 사례 − 플레밍의 페니실린 연구**

푸른곰팡이를 접종함.

푸른곰팡이를 접종하지 않음.

플레밍은 세균 배양 접시 중 일부(실험군)에는 푸른곰팡이를 접종하고, 나머지(대조군)에는 푸른곰팡이를 접종하지 않고 세균을 배양했다. → 푸른곰팡이를 접종한 배양 접시(실험군)에서만 세균이 잘 증식하지 못했다.
➡ 푸른곰팡이가 세균 증식을 억제하는 물질(페니실린)을 만든다는 결론을 내렸다.

용어 돋보기

• **귀납**(돌아갈 歸, 들일 納): 특수한 사실이나 원리로부터 일반적이고 보편적인 원리나 법칙을 유도해 내는 일이다.
• **연역**(펼 演, 풀 繹): 일반적인 사실이나 원리를 전제로 개별적인 사실이나 특수한 원리를 유도해 내는 일이다.

1 생명 과학의 특성

01 생명 과학의 특성에 대한 설명으로 옳지 않은 것은?

① 생명 과학은 심리학, 공학 등과 연계되어 있다.

② 생명의 본질을 밝히는 것이 생명 과학의 유일한 목적이다.

③ 생명 과학에서는 다양한 범위의 생명 현상을 통합적으로 연구한다.

④ 물리학, 화학의 발달은 생명 과학의 발달에도 많은 영향을 주고 있다.

⑤ 생명 과학은 연구 대상에 따라 세포학, 분류학 등 다양한 분야로 나뉜다.

02 그림은 생명 과학과 연계된 여러 학문 분야를 나타낸 것이다.

이에 대한 설명으로 옳은 것만을 〈보기〉에서 있는 대로 고른 것은?

┤ 보기 ├

ㄱ. 의학은 A에 해당하지 않는다.

ㄴ. 정보학의 연구 성과는 생명 과학의 발달에 기여할 수 있다.

ㄷ. 생명 과학은 과학뿐만 아니라 다른 학문 분야와도 연계되어 있다.

① ㄱ   ② ㄴ   ③ ㄷ

④ ㄱ, ㄴ   ⑤ ㄴ, ㄷ

2 생명 과학의 탐구 방법

[03~04] 그림은 생명 과학의 2가지 탐구 방법 (가)와 (나)의 과정을 나타낸 것이다. 물음에 답하시오.

03 (가)와 (나)는 각각 어떤 탐구 방법인지 쓰시오.

(*중요*)

04 (가)에 대한 설명으로 옳은 것만을 〈보기〉에서 있는 대로 고른 것은?

┤ 보기 ├

ㄱ. A 단계에서 문제 해결을 위한 잠정적인 답을 제시한다.

ㄴ. 변인 통제는 B 단계에서 이루어져야 한다.

ㄷ. 다양한 자료에서 규칙성을 발견하고, 이로부터 일반적인 원리를 이끌어 내는 탐구 방법이다.

① ㄱ   ② ㄷ   ③ ㄱ, ㄴ

④ ㄱ, ㄷ   ⑤ ㄴ, ㄷ

05 다음은 연역적 탐구 과정의 일부를 설명한 것이다. ( ) 안에 공통으로 들어갈 알맞은 말을 쓰시오.

• 자연 현상을 관찰하는 과정에서 생긴 의문에 대한 잠정적인 답인 (   )을/를 세운다.

• (   )은/는 예측할 수 있고 검증할 수 있어야 하며, 옳을 수도 있고, 옳지 않을 수도 있다.

06 다음은 다윈이 진화의 원리를 밝힌 과정을 나타낸 것이다.

자연 현상 관찰	갈라파고스 군도의 각 섬에 서식하는 핀치의 부리 모양과 크기가 다양하다.
관찰 주제 선정	핀치의 부리 모양과 크기가 다른 까닭을 알아보기로 하였다.
A	갈라파고스 군도의 각 섬에 서식하는 핀치를 채집한 후 부리의 모양과 크기를 비교하였다.
B	갈라파고스 군도의 핀치는 서식 지역과 먹이에 따라 부리 모양이 달라지도록 진화하였다.

이에 대한 설명으로 옳은 것만을 〈보기〉에서 있는 대로 고른 것은?

┤ 보기 ├
ㄱ. 귀납적 탐구 방법이 이용되었다.
ㄴ. A 단계에서 가설을 설정한다.
ㄷ. B 단계에서 관찰 결과를 해석해 결론을 도출한다.

① ㄴ   ② ㄷ   ③ ㄱ, ㄴ
④ ㄱ, ㄷ   ⑤ ㄱ, ㄴ, ㄷ

(중요)
07 그림은 건강한 양 50마리를 두 집단으로 나눈 후 탄저병 백신의 효과를 검증하기 위해 실시한 실험을 나타낸 것이다.

이에 대한 설명으로 옳은 것만을 〈보기〉에서 있는 대로 고른 것은?

┤ 보기 ├
ㄱ. 연역적 탐구 방법이 이용되었다.
ㄴ. 집단 A는 실험군, 집단 B는 대조군이다.
ㄷ. 실험 결과 탄저병 백신이 탄저병 예방에 효과가 있음이 확인되었다.

① ㄱ   ② ㄴ   ③ ㄱ, ㄷ
④ ㄴ, ㄷ   ⑤ ㄱ, ㄴ, ㄷ

[08~09] 다음은 핵의 중요성을 알아보기 위해 실시한 아메바의 핵 제거 실험 과정을 나타낸 것이다. 물음에 답하시오.

세포마다 핵이 들어 있는 까닭은 무엇일까?
아메바는 핵을 제거하면 죽을 것이다.
아메바를 두 집단으로 나누고, 다음과 같이 처리한다. • 집단 A: 미세한 고리로 핵을 제거한다. • 집단 B: 미세한 고리로 핵을 제거하는 것과 같은 자극만 주고 핵을 제거하지 않는다.
집단 A의 아메바는 모두 죽고, 집단 B의 아메바는 죽지 않았다.

08 A와 B 중 실험군과 대조군에 해당하는 집단을 각각 쓰시오.

09 위 자료에 대한 설명으로 옳은 것만을 〈보기〉에서 있는 대로 고른 것은?

┤ 보기 ├
ㄱ. 핵의 제거 여부는 종속변인이다.
ㄴ. 미세한 고리의 자극은 통제 변인이다.
ㄷ. 이 실험을 통해 얻을 수 있는 결론은 '핵은 세포의 생명 활동에 매우 중요하다.'가 될 수 있다.

① ㄱ   ② ㄴ   ③ ㄷ
④ ㄱ, ㄷ   ⑤ ㄴ, ㄷ

(서술형)
10 연역적 탐구 방법에서 탐구를 수행할 때 대조군을 설정하여 실험군과 비교하는 것을 무엇이라고 하는지 쓰고, 이를 실시하는 까닭을 설명하시오.

A 생물의 특성과 예

다음은 생물의 특성과 관련된 예 (가)~(다)를 나타낸 것이다.

(가) 적록 색맹인 어머니로부터 적록 색맹인 아들이 태어난다.
(나) 뜨거운 물체에 손이 닿으면 반사적으로 손을 뗀다.
(다) 사막에 사는 선인장은 잎이 변한 가시를 가진다.

① (가)와 관련된 생물의 특성: 적록 색맹인 어머니로부터 적록 색맹 유전자를 물려 받아 적록 색맹인 아들이 태어난다.
→ (가)는 유전에 해당한다. ❶

② (나)와 관련된 생물의 특성: 뜨거움은 사람에게 가해진 일시적인 환경 변화로, 자극에 해당하며, 손을 떼는 것은 반응에 해당한다.
→ (나)는 자극에 대한 반응에 해당한다. ❷

③ (다)와 관련된 생물의 특성: 선인장의 잎이 가시로 변한 것은 덥고 건조한 사막 환경에서 수분 손실을 줄이기에 적합한 몸의 형태와 기능을 가지도록 변화한 것이다.
→ (다)는 적응과 진화에 해당한다. ❸

❶ 어버이의 형질(특징)이 자손에게 전달되는 현상을 유전이라고 한다.

❷ 생물은 다양한 환경 변화를 자극으로 받아들이고, 이에 대해 적절하게 반응함으로써 생명을 유지한다.

❸ 생물이 서식 환경에 적합한 몸의 형태와 기능, 생활 습성 등을 가지도록 변화하는 것을 적응이라고 하며, 생물이 오랜 시간에 걸쳐 환경에 적응하여 새로운 종으로 분화되는 과정이나 결과를 진화라고 한다.

실력을 올리는 실전 문제 찾아가기

• 다양한 생명 현상과 관련이 깊은 생물의 특성을 묻는 문제_01, 03, 04

B 화성 생명체 탐사 실험(심화)

그림은 화성 토양에 생명체가 존재하는지 확인하기 위한 실험 (가)~(다)를 나타낸 것이다.

① 실험의 전제: 모든 생물은 물질대사를 한다. ❶

② 실험 설계 및 결과

구분	실험 (가)	실험 (나)	실험 (다)
과정	화성 토양이 든 용기에 방사성 기체($^{14}CO_2$)를 공급하고 빛을 비춘 후, 용기 속의 방사성 기체를 제거하고 화성 토양을 가열하여 방사성 기체의 발생 여부를 확인한다.	화성 토양이 든 용기에 방사성을 띠는 영양소(^{14}C로 표지)를 공급하고, 방사성 기체의 발생 여부를 확인한다.	화성 토양이 든 용기에 일정한 조성의 혼합 기체를 넣고 영양소를 공급한 후 용기 속의 기체 조성이나 비율이 변하는지 확인한다.
가설	광합성을 하는 생명체가 있다면 ^{14}C를 포함한 유기물이 합성되고, 이를 가열하면 방사성 기체가 발생할 것이다.	호흡을 하는 생명체가 있다면 방사성을 띠는 영양소가 분해되어 방사성 기체가 발생할 것이다.	호흡을 하는 생명체가 있다면 기체 교환을 하여 용기 속의 기체 조성이나 비율이 변할 것이다.
결과	방사성 기체가 검출되지 않았다.	방사성 기체가 검출되지 않았다.	용기 속의 기체 조성이나 비율이 변하지 않았다.

③ 결론: 화성 토양에는 물질대사를 하는 생명체가 존재하지 않는다.

❶ 실험 (가)는 광합성(동화 작용)을, 실험 (나)와 (다)는 세포 호흡(이화 작용)을 하는 생명체의 존재 여부를 알아보기 위한 것이므로, 이 실험은 '모든 생물은 물질대사를 한다.'는 것을 전제로 한다.

❷ (가)에서 가열 장치를 설치한 까닭은 화성 토양에 광합성을 하는 생명체가 존재한다면 ^{14}C를 포함한 유기물이 합성될 것이고, 이 유기물을 가열하면 ^{14}C를 포함한 기체가 발생하기 때문이다.

실력을 올리는 실전 문제 찾아가기

• 화성 토양의 생명체 탐사 실험을 물질대사와 관련짓는 문제_02

C 생물과 바이러스의 특성 비교

❶ 짚신벌레   인플루엔자 바이러스 ❷

ⓐ ⓑ ⓒ

- ㉠은 짚신벌레만 가지는 특성이다. 짚신벌레는 세포로 이루어진 생물이므로, ㉠에 해당하는 특성으로는 '세포로 되어 있다.', '스스로 물질대사를 한다.' 등이 있다.
- ㉡은 짚신벌레와 인플루엔자 바이러스가 모두 가지는 특성이다. 따라서 ㉡에 해당하는 특성으로는 '유전 물질(핵산)을 가지고 있다.' 등이 있다.
- ㉢은 인플루엔자 바이러스만 가지는 특성이다. 따라서 ㉢에 해당하는 특성으로는 '세포로 되어 있지 않다.', '숙주 세포 안에서만 증식할 수 있다.' 등이 있다.

❶ 짚신벌레는 단세포 생물로 물질대사, 자극에 대한 반응과 항상성, 생식과 유전, 적응과 진화의 특성을 모두 나타낸다.

❷ 인플루엔자 바이러스는 세포로 이루어져 있지 않고 숙주 세포 밖에서는 입자 상태(핵산과 단백질 결정체)로 존재하므로 생물이 아니다. 그러나 유전 물질인 핵산을 가져 숙주 세포 안에서 유전 현상이 나타나고, 돌연변이가 일어나 환경에 적응하며 진화하는 생물적 특성을 나타낸다.

실력을 올리는 실전 문제 찾아가기

- 바이러스와 생물의 특성을 비교하는 문제_05, 06, 07, 08, 15

D 생명 과학의 탐구 방법 구분

다음은 서로 다른 탐구 방법을 이용한 생명 과학의 탐구 사례 (가)와 (나)를 나타낸 것이다.

> (가) 구달은 오랜 시간 동안 침팬지의 성장 과정, 행동, 침팬지들 사이의 관계 등을 관찰한 결과 침팬지는 육식을 즐기고 도구를 사용한다는 사실을 알아냈다. ❶
>
> (나) 플레밍은 포도상 구균을 배양하던 접시에서 푸른곰팡이가 핀 곳의 주변에는 포도상 구균이 죽어 있는 것을 발견하였다. 그 까닭을 알아보기 위해 ㉠ 푸른곰팡이를 이용한 실험을 하여 푸른곰팡이에서 세균의 증식을 억제하는 물질이 생성됨을 확인하였다. ❷

① (가)에서 이용된 탐구 방법
- (가)에서 구달은 자연 현상을 관찰하여 얻은 과학적 사실들을 종합하고 분석하여 결론을 도출해 냈으므로, (가)에서는 귀납적 탐구 방법이 이용되었다.
- 일반적으로 귀납적 탐구 과정은 그림과 같다.

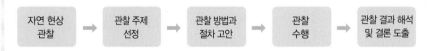

자연 현상 관찰 → 관찰 주제 선정 → 관찰 방법과 절차 고안 → 관찰 수행 → 관찰 결과 해석 및 결론 도출

② (나)에서 이용된 탐구 방법
- (나)에서 플레밍은 관찰을 통해 생긴 의문을 해결하기 위해 실험을 하였고, 이 실험 결과를 분석하여 결론을 도출해 냈으므로, (나)에서는 연역적 탐구 방법이 이용되었다.
- 연역적 탐구 방법에서는 탐구 수행 단계에서 대조 실험을 하여 실험 결과의 타당성을 높인다. 따라서 ㉠에서는 대조 실험을 하였을 것이다.
- 일반적으로 연역적 탐구 과정은 그림과 같다. ❸

관찰 및 문제 인식 → 가설 설정 → 탐구 설계 및 수행 → 결과 정리 및 분석 → 결론 도출

가설이 옳지 않으면 가설 수정

❶ (가)에서는 자연 현상을 관찰한 사실을 바탕으로 규칙성을 발견하고, 이로부터 일반적인 원리를 찾아냈으므로 귀납적 탐구 방법이 이용되었다.

❷ (나)에서는 관찰을 통해 생긴 의문을 해결하기 위해 탐구를 설계하고 수행했으므로 연역적 탐구 방법이 이용되었다.

❸ 실험 결과가 가설과 일치하지 않으면 가설 설정 단계로 돌아가 가설을 수정한 후 새로운 탐구를 설계한다.

실력을 올리는 실전 문제 찾아가기

- 연역적 탐구 방법을 분석하는 문제_10, 11, 16
- 귀납적 탐구 방법을 분석하는 문제_13
- 귀납적 탐구 방법과 연역적 탐구 방법을 구분하는 문제_12, 14

01 그림은 서식 환경에 따른 두 토끼의 생김새를 나타낸 것이다.

사막 지역   북극 지역

→ 수능모의평가기출

이 자료에 나타난 생물의 특성과 가장 관련이 깊은 것은?

① 효모는 출아법으로 번식한다.
② 미모사의 잎을 건드리면 잎이 접힌다.
③ 장구벌레는 번데기 시기를 거쳐 모기가 된다.
④ 지렁이에게 빛을 비추면 어두운 곳으로 이동한다.
⑤ 선인장은 잎이 가시로 변해 건조한 환경에 살기에 적합하다.

02 그림 (가)는 물질대사 ㉠과 ㉡에서의 물질 전환과 에너지 출입을, (나)는 화성 토양에 ㉠과 ㉡ 중 하나를 수행하는 생명체가 존재하는지 알아보기 위한 실험을 나타낸 것이다. ㉠과 ㉡은 각각 광합성과 세포 호흡 중 하나이다.

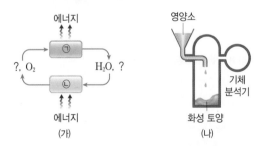

에너지

㉠

?, O_2 H_2O, ?

㉡

에너지

(가)

영양소

기체 분석기

화성 토양

(나)

이에 대한 설명으로 옳은 것만을 〈보기〉에서 있는 대로 고른 것은?

┤ 보기 ├

ㄱ. ㉠과 ㉡에는 모두 효소가 관여한다.
ㄴ. (나)는 ㉠을 하는 생명체가 존재하는지 알아보기 위한 실험이다.
ㄷ. '독립적으로 ㉡을 한다.'는 대장균과 바이러스를 구분하는 특징에 해당한다.

① ㄱ   ② ㄴ   ③ ㄷ
④ ㄱ, ㄴ   ⑤ ㄴ, ㄷ

→ 수능모의평가기출 변형

03 다음은 혈우병에 대한 자료이다.

혈우병은 유전자 돌연변이에 의해 발생하는 병이다. 19세기 영국의 빅토리아 여왕은 혈우병 보인자였는데, ㉠빅토리아 여왕의 딸들이 유럽의 다른 왕족과 결혼하여 태어난 아들들에게서 혈우병이 나타났다. 그 결과 혈우병이 유럽의 여러 왕가로 퍼지게 되었다.

㉠에 나타난 생물의 특성과 가장 관련이 깊은 것은?

① 소나무는 광합성을 통해 양분을 합성한다.
② 개구리 알은 올챙이를 거쳐 개구리가 된다.
③ 박쥐는 빛을 피해 어두운 곳으로 이동한다.
④ 뱀은 추운 겨울을 견디기 위해 겨울잠을 잔다.
⑤ 어머니가 적록 색맹이면 아들도 적록 색맹이다.

04 그림은 생물의 특성 (가)~(다)를 특징 ㉠과 ㉡을 이용해 구분하는 과정을, 표는 (가)~(다)의 예를 나타낸 것이다. (가)~(다)는 각각 유전, 적응과 진화, 생장 중 하나이다.

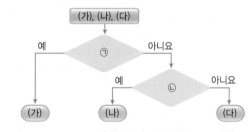

(가), (나), (다)

예   ㉠   아니요

(가)   예   ㉡   아니요

(나)   (다)

구분	예
(가)	어린 개구리가 자라서 성체 개구리가 된다.
(나)	미맹인 부모의 자녀는 모두 미맹이다.
(다)	?

이에 대한 설명으로 옳은 것만을 〈보기〉에서 있는 대로 고른 것은?

┤ 보기 ├

ㄱ. (가)는 세포 분열을 통해 일어난다.
ㄴ. '바이러스에서 나타나는가?'는 ㉠에 해당한다.
ㄷ. '낙타는 모래가 들어오는 것을 막기 위해 콧구멍을 자유롭게 열고 닫을 수 있다.'는 (다)의 예에 해당한다.

① ㄱ   ② ㄴ   ③ ㄱ, ㄴ
④ ㄱ, ㄷ   ⑤ ㄴ, ㄷ

05 다음은 담배 모자이크병을 일으키는 병원체 X의 특성을 알아보기 위한 실험이다.

> [실험 과정]
> (가) 담배 모자이크병에 걸린 담 뱃잎을 갈아서 얻은 추출물 을 오른쪽 그림과 같이 세 균 여과기에 거른다.
> (나) ㉠여과액을 건강한 담뱃잎 에 발라 준다.

추출물
진공 펌프
여과액

> [실험 결과]
> 여과액을 발라 준 ㉡담뱃잎에서 담배 모자이크병이 나타난 후, 주변의 담뱃잎에서도 이 병이 나타났다.

이에 대한 설명으로 옳은 것만을 〈보기〉에서 있는 대로 고른 것은?

> 보기
> ㄱ. ㉠에는 X가 있다.
> ㄴ. X는 ㉡의 세포 안에서 증식할 수 있다.
> ㄷ. X는 지구에 최초로 나타난 생명체의 한 종류 이다.

① ㄱ   ② ㄴ   ③ ㄷ
④ ㄱ, ㄴ   ⑤ ㄱ, ㄴ, ㄷ

➷ 수능모의평가기출

06 그림 (가)와 (나)는 각각 바이러스와 동물 세포 중 하나를 나타낸 것이다.

(가)   (나)

이에 대한 설명으로 옳은 것만을 〈보기〉에서 있는 대로 고른 것은?

> 보기
> ㄱ. (가)는 세포막을 갖는다.
> ㄴ. (나)는 자신의 효소를 이용하여 물질대사를 한다.
> ㄷ. (가)와 (나)는 모두 핵산을 가지고 있다.

① ㄱ   ② ㄴ   ③ ㄷ
④ ㄱ, ㄴ   ⑤ ㄴ, ㄷ

07 그림 (가)~(다)는 대장균, 짚신벌레, 바이러스(박테리오파지)를 순서 없이 나타낸 것이고, 표는 (가)~(다)에서 특성 A~C의 유무를 나타낸 것이다.

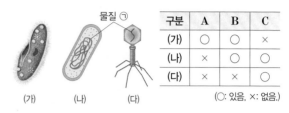
물질 ㉠
(가)   (나)   (다)

구분	A	B	C
(가)	○	○	×
(나)	×	○	○
(다)	×	×	○

(○: 있음, ×: 없음.)

이에 대한 설명으로 옳은 것만을 〈보기〉에서 있는 대로 고른 것은?

> 보기
> ㄱ. ㉠에 의해 유전 현상이 나타난다.
> ㄴ. '세포 분열을 통해 증식한다.'는 C에 해당한다.
> ㄷ. '돌연변이가 일어난다.'는 A~C 중 하나에 해 당한다.

① ㄱ   ② ㄷ   ③ ㄱ, ㄴ
④ ㄱ, ㄷ   ⑤ ㄴ, ㄷ

08 그림은 바이러스(박테리오파지)와 숙주 세포 중 하나의 증식 과정 일부를 나타낸 것이다. A와 B는 각각 바이러스와 숙주 세포 중 하나이다.

A   B

이에 대한 설명으로 옳은 것만을 〈보기〉에서 있는 대로 고른 것은?

> 보기
> ㄱ. A는 세포로 이루어져 있다.
> ㄴ. B는 스스로 물질대사를 한다.
> ㄷ. '환경에 적응하고 진화하는가?'를 이용해 A와 B를 구분할 수 있다.

① ㄱ   ② ㄴ   ③ ㄷ
④ ㄱ, ㄴ   ⑤ ㄴ, ㄷ

→ 수능기출 변형

09 다음은 생명 과학의 특성에 대한 세 학생의 의견이다.

생명 과학은 여러 가지 생명 현상을 탐구하여 생명의 본질을 밝히는 학문이야.

생명 과학은 다양한 학문 분야와 연계되어 있어.

생명 과학은 생물의 구조와 기능에 대해서만 연구하는 학문이야.

학생 A   학생 B   학생 C

제시한 의견이 옳은 학생만을 있는 대로 고른 것은?

① A   ② B   ③ C
④ A, B   ⑤ B, C

10 다음은 어떤 과학자가 식물 X를 이용하여 수행한 탐구 과정의 일부이다.

> (가) X는 세균을 죽이는 물질을 만들 것이라고 생각하였다.
> (나) X의 잎을 끓여 추출액을 얻은 후, 세균이 고르게 배양된 두 고체 배지 중 하나에는 추출액을 뿌리고, ㉠ 나머지 하나에는 추출액을 뿌리지 않았다.
> (다) 추출액을 뿌린 배지에서는 세균이 죽었고, 추출액을 뿌리지 않은 배지에서는 세균이 살았다.
> (라) X는 세균을 죽이는 물질을 만든다는 것을 알게 되었다.

이에 대한 설명으로 옳은 것만을 〈보기〉에서 있는 대로 고른 것은?

┌─ 보기 ┐
ㄱ. (가)는 가설 설정 단계이다.
ㄴ. ㉠은 대조군이다.
ㄷ. 이 탐구의 조작 변인은 세균의 생존 여부이다.
└─────┘

① ㄱ   ② ㄷ   ③ ㄱ, ㄴ
④ ㄴ, ㄷ   ⑤ ㄱ, ㄴ, ㄷ

11 다음은 어떤 과학자가 수행한 탐구 과정이다.

> [가설]
> 소화 효소 X는 녹말을 분해할 것이다.
>
> [탐구 설계 및 수행]
> 같은 양의 녹말 용액이 들어 있는 시험관 Ⅰ과 Ⅱ에 표와 같이 물질을 첨가하고 37 ℃에서 반응시킨다.
>
> | 시험관 | Ⅰ | Ⅱ |
> |---|---|---|
> | 첨가한 물질 | ㉠ | ㉡ |
>
> [결과 및 결론]
> 시험관 Ⅱ에서만 녹말이 분해되었다. ➡ 소화 효소 X는 녹말을 분해한다.

이 탐구 과정에서 첨가한 ㉠과 ㉡으로 가장 적절한 것은? (단, 제시된 조건 이외의 모든 실험 조건은 동일하다.)

	㉠	㉡
①	증류수	소화 효소 X+증류수
②	증류수	녹말+증류수
③	염산+증류수	녹말+증류수
④	녹말+증류수	증류수
⑤	소화 효소 X+증류수	증류수

12 다음은 서로 다른 탐구 방법을 이용한 2가지 탐구 사례를 나타낸 것이다.

> (가) 세포설은 오랜 시간 동안 여러 생명 과학자가 현미경을 이용해 다양한 생물을 관찰하면서 얻은 사실들이 축적되어 완성되었다.
> (나) 에이크만은 기르던 닭이 각기병 증세를 나타내는 것을 보고, 이는 먹이와 관련이 있다고 여겼다. 그래서 건강한 닭들을 두 집단으로 나누어 각각 현미와 백미를 먹여 기른 결과 백미를 먹인 닭은 대부분 각기병 증세가 나타났고, 현미를 먹인 닭은 각기병 증세가 나타나지 않았다.

이에 대한 설명으로 옳은 것만을 〈보기〉에서 있는 대로 고른 것은?

┌─ 보기 ┐
ㄱ. (가)에서는 귀납적 탐구 방법이 이용되었다.
ㄴ. (나)에서는 가설 설정 단계가 없다.
ㄷ. (나)에서 조작 변인은 먹이의 종류이다.
└─────┘

① ㄴ   ② ㄷ   ③ ㄱ, ㄴ   ④ ㄱ, ㄷ   ⑤ ㄴ, ㄷ

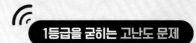

13 다음은 어떤 탐구 과정을 나타낸 것이다.

가젤 영양의 특이한 뜀뛰기 행동을 관찰하였다.

뜀뛰기 행동이 나타나는 상황을 관찰 주제로 선정하였다.

가젤 영양은 포식자가 주변에 나타날 때마다 엉덩이를 치켜드는 뜀뛰기 행동을 한다는 것을 반복적으로 관찰하였다.

(가)

이에 대한 설명으로 옳은 것만을 〈보기〉에서 있는 대로 고른 것은?

┤ 보기 ├
ㄱ. 가설을 설정했다.
ㄴ. 귀납적 탐구 방법을 이용했다.
ㄷ. (가) 단계에서 가젤 영양은 포식자가 주변에 나타나면 뜀뛰기 행동을 한다는 결론을 내릴 수 있다.

① ㄱ   ② ㄴ   ③ ㄷ
④ ㄱ, ㄴ   ⑤ ㄴ, ㄷ

14 그림은 2가지 탐구 방법 (가)와 (나)를 나타낸 것이고, 자료는 과학자 A가 수행한 탐구를 정리한 것이다.

(가) 자연 현상 관찰 → 관찰 주제 선정 → 관찰 방법과 절차 고안 → ㉠ → 관찰 결과 해석 및 결론 도출

(나) 관찰 및 문제 인식 → 가설 설정 → ㉡ → 결과 정리 및 분석 → 결론 도출

A는 오랜 시간 동안 야생 상태의 침팬지를 관찰한 결과, 침팬지는 육식을 즐기고 도구를 사용한다는 결론을 내렸다.

이에 대한 설명으로 옳은 것만을 〈보기〉에서 있는 대로 고른 것은?

┤ 보기 ├
ㄱ. ㉠은 가설 설정 단계이다.
ㄴ. ㉡에서는 변인 통제를 한 탐구를 수행한다.
ㄷ. A는 (나)를 이용하여 탐구를 수행하였다.

① ㄴ   ② ㄷ   ③ ㄱ, ㄴ
④ ㄱ, ㄷ   ⑤ ㄴ, ㄷ

15 그림 (가)는 A와 B의 공통점과 차이점을, (나)는 A와 B 중 하나를 나타낸 것이다. ㉠과 ㉢ 중 하나는 '세포 분열을 통해 생장한다.'이다.

(가)   (나)

이에 대한 설명으로 옳은 것만을 〈보기〉에서 있는 대로 고른 것은?

┤ 보기 ├
ㄱ. 대장균은 A에 해당한다.
ㄴ. B는 영양 물질로만 이루어진 배지에서 증식한다.
ㄷ. '숙주 세포 밖에서 입자 상태로 존재한다.'는 ㉢에 해당한다.

① ㄱ   ② ㄴ   ③ ㄷ   ④ ㄱ, ㄷ   ⑤ ㄴ, ㄷ

16 다음은 쥐를 이용한 실험이다.

(가) 건강한 쥐를 20마리씩 집단 A와 B로 나눈다.
(나) A와 B에 동일한 사료를 같은 양씩 먹이면서 A에는 물을, B에는 1 % 소금물을 같은 양씩 추가로 제공한다.
(다) 일정 기간 동안 A와 B에서의 평균 혈압 변화를 조사한 결과가 그림과 같았다.

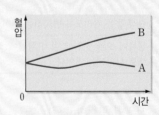

이에 대한 설명으로 옳은 것만을 〈보기〉에서 있는 대로 고른 것은?

┤ 보기 ├
ㄱ. 평균 혈압 변화는 독립변인이다.
ㄴ. A와 B의 쥐는 성별이 서로 달라야 한다.
ㄷ. '쥐는 소금을 먹으면 평균 혈압이 상승할 것이다.'는 가설에 해당한다.

① ㄱ   ② ㄷ   ③ ㄱ, ㄴ   ④ ㄱ, ㄷ   ⑤ ㄴ, ㄷ

핵심 정리 Ⅰ 단원 마무리

바른답·알찬풀이 7쪽

01 생물의 특성

1. 생물의 특성

① 세포로 구성: 모든 생물은 세포로 이루어져 있다.

② (**1**   ): 생물의 체내에서 일어나는 모든 화학 반응으로, 동화 작용과 이화 작용으로 구분한다.

동화 작용	이화 작용
저분자 물질로부터 고분자 물질을 합성하는 과정으로, 에너지가 흡수된다(흡열 반응). 예 광합성, 단백질 합성	고분자 물질을 저분자 물질로 분해하는 과정으로, 에너지가 방출된다(발열 반응). 예 세포 호흡, 소화

③ 자극에 대한 반응과 항상성

자극에 대한 반응	생물은 다양한 환경 변화를 자극으로 받아들이고, 이에 대해 적절하게 반응함으로써 생명을 유지한다.
(**2**)	생물이 내부와 외부의 환경 변화에 대처하여 체내의 상태를 일정하게 유지하려는 성질이다.

④ 발생과 생장

(**3**)	하나의 수정란이 세포 분열과 분화, 형태 형성 과정을 통해 개체로 되기까지의 과정이다.
생장	어린 개체가 세포 분열을 통해 세포 수를 늘려 감으로써 자라는 과정이다.

⑤ 생식과 유전

생식	생물이 종족을 유지하기 위해 자신과 닮은 개체를 만드는 현상이다.
(**4**)	어버이의 형질(특징)이 자손에게 전달되는 현상이다.

⑥ 적응과 진화

적응	생물이 서식 환경에 적합한 몸의 형태와 기능, 생활 습성 등을 가지도록 변화하는 것이다.
(**5**)	생물이 오랜 시간에 걸쳐 환경에 적응하여 새로운 종으로 분화되는 것이다.

2. 바이러스
모양이 다양하고, 세균보다 크기가 훨씬 작다. 유전 물질인 핵산과 이를 둘러싸고 있는 (**6**   ) 껍질로 이루어져 있다.

생물적 특성	• 유전 물질인 핵산을 가지고 있다. • 살아 있는 숙주 세포 안에서 증식할 수 있다. • 증식 과정에서 유전 현상이 나타나고, 돌연변이가 일어나 다양한 환경에 적응하며 진화한다.
비생물적 특성	• 세포로 이루어져 있지 않으며, 숙주 세포 밖에서는 (**7**) 상태로 존재한다. • 스스로 물질대사를 할 수 없어 숙주 세포 안에서만 증식할 수 있다.

02 생명 과학의 특성과 탐구 방법

1. 생명 과학의 특성

① (**8**   ): 생물이 나타내는 여러 가지 생명 현상을 연구하고, 그 연구 성과를 인류 복지 향상에 이용하는 학문이다.

② 생명 과학의 연구 대상: 분자 수준에서부터 세포, 개체, 개체군, 군집, 생태계, 지구(생물권)에 이르기까지 다양한 범위의 대상을 통합적으로 연구한다.

③ 생명 과학의 분야: 연구 대상에 따라 세포학, 분류학, 생태학, 생리학 등 다양한 분야가 있다.

④ 생명 과학과 다른 학문 분야의 연계성: 생명 과학은 의학, 농학, 축산학 등 생명 관련 분야에 많은 영향을 주고 있으며, 물리학, 화학, 정보학 등의 발달은 생명 과학의 발달에 많은 영향을 주고 있다.

2. 생명 과학의 탐구 방법

① (**9**   ) 탐구 방법: 자연 현상을 관찰하여 얻은 자료를 종합하고 분석하는 과정에서 규칙성을 발견하고, 이로부터 일반적인 원리나 법칙을 이끌어 내는 탐구 방법이다.

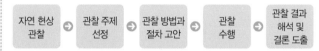

② (**10**   ) 탐구 방법: 자연 현상을 관찰하면서 생긴 의문의 답을 찾기 위해 가설을 설정하고, 체계적인 검증을 통해 결론을 얻는 탐구 방법이다.

• 대조 실험: 탐구를 수행할 때 대조군을 설정하여 실험군과 비교하는 것으로, 실험 결과의 타당성을 높일 수 있다.

대조군	실험군과 비교하기 위해 실험 조건(검증하려는 요인)을 변화시키지 않은 집단
(**11**)	가설을 검증하기 위해 실험 조건을 의도적으로 변화시킨 집단

• 변인: 실험에 관계되는 요인으로, 독립변인과 종속변인이 있다.

독립변인	실험 결과에 영향을 주는 요인 • 조작 변인: 가설을 검증하기 위해 의도적으로 변화시키는 요인 • 통제 변인: 조작 변인 이외에 실험 결과에 영향을 주는 요인으로, 일정하게 유지해야 하는 요인
종속변인	조작 변인의 영향을 받아 변하는 요인 ➡ 실험 결과

바른답·알찬풀이 7쪽

∞ 01. 생물의 특성 10쪽

01 그림은 건강한 사람이 같은 양의 물을 마신 경우와 생리 식염수를 마신 경우 시간에 따른 오줌의 생성 속도를 나타낸 것이다.

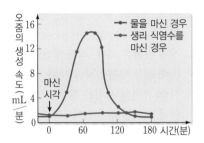

이 자료에 나타난 생물의 특성과 가장 관련이 깊은 것은?

① 심한 운동을 하면 땀이 난다.
② 장구벌레가 자라서 모기가 된다.
③ 먼지버섯에서 많은 양의 포자가 방출된다.
④ 미맹인 부모로부터 미맹인 자녀가 태어난다.
⑤ 살충제를 사용한 후 살충제에 저항성이 생긴 바퀴벌레가 나타났다.

∞ 01. 생물의 특성 10쪽

02 다음은 세균 X를 이용한 실험이다.

(가) X를 배지 A와 B에서 일정 시간 배양했더니 두 배지에서 모두 ⊙여러 개의 세균 집단이 형성되었다.
(나) B의 세균 집단에만 자외선을 쪼인 후, A와 B의 세균 집단에 모두 동일한 항생제를 처리했다.
(다) 일정 시간이 지난 후 A에서는 세균 집단이 모두 사라졌지만, B에서는 ⓒ적은 수의 세균 집단이 존재했다.
(라) B를 밀폐 용기 안에 넣고 O_2 농도를 측정해 보니 시간이 지남에 따라 ⓒ용기 안의 O_2 농도가 감소했다.

⊙~ⓒ과 가장 관련이 깊은 생물의 특성을 옳게 짝 지은 것은?

	⊙	ⓒ	ⓒ
①	물질대사	항상성	유전과 진화
②	생식과 유전	적응과 진화	물질대사
③	생식과 유전	자극에 대한 반응	물질대사
④	발생과 생장	적응과 진화	자극에 대한 반응
⑤	발생과 생장	항상성	물질대사

∞ 01. 생물의 특성 10쪽

03 그림은 A~C의 공통점과 차이점을, 표는 특징 ⊙~ⓒ을 순서 없이 나타낸 것이다. A~C는 각각 정자, 세균, 바이러스 중 하나이다.

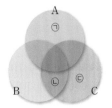
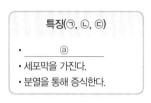

특징(⊙, ⓒ, ⓒ)
• ⓐ
• 세포막을 가진다.
• 분열을 통해 증식한다.

이에 대한 설명으로 옳은 것만을 〈보기〉에서 있는 대로 고른 것은?

┤ 보기 ├
ㄱ. '적응하고 진화한다.'는 ⓐ에 해당한다.
ㄴ. ⓒ은 '분열을 통해 증식한다.'이다.
ㄷ. B와 C는 모두 스스로 물질대사를 할 수 있다.

① ㄱ   ② ㄴ   ③ ㄱ, ㄷ
④ ㄴ, ㄷ   ⑤ ㄱ, ㄴ, ㄷ

∞ 01. 생물의 특성 10쪽

04 다음은 생물의 특성과 관련된 현상 (가)와 (나)를 나타낸 것이다.

(가) 히말라야토끼는 서식 온도에 따라 ⊙털색을 결정하는 색소 단백질의 종류와 양이 서로 다르게 만들어져 서로 다른 털색을 갖게 된다.
(나) 사막과 같이 건조한 곳에 사는 선인장은 ⓒ줄기에 물을 저장하는 조직이 발달해 있다.

이에 대한 설명으로 옳은 것만을 〈보기〉에서 있는 대로 고른 것은?

┤ 보기 ├
ㄱ. ⊙은 물질대사 결과 만들어진다.
ㄴ. ⓒ은 선인장의 발생 과정에서 세포 분열과 분화를 통해 만들어진다.
ㄷ. (나)와 가장 관련이 깊은 생물의 특성은 생식과 유전이다.

① ㄱ   ② ㄷ   ③ ㄱ, ㄴ
④ ㄴ, ㄷ   ⑤ ㄱ, ㄴ, ㄷ

∞ 01. 생물의 특성 10쪽

05 다음은 병원체 X와 물질 ㉠을 이용한 탐구 과정 일부이다. 탐구에 사용한 배지에는 영양 물질만 포함되어 있다.

> (가) X를 배양하던 배지에 ㉠이 첨가되자 배지에서 X가 사라진 것을 관찰하였다.
> (나) 가설을 설정하였다.
> (다) X가 배양된 20개의 배지를 준비하여 10개의 배지에는 ㉠을 첨가하고, 나머지 배지에는 ㉠을 첨가하지 않았다.
> (라) ㉠이 첨가된 배지에서는 X가 증식하지 않았고, ㉠이 첨가되지 않은 배지에서는 ⓐX가 증식하였다.

이에 대한 설명으로 옳은 것만을 〈보기〉에서 있는 대로 고른 것은?

> ┤ 보기 ├
> ㄱ. X는 바이러스이다.
> ㄴ. '㉠은 X의 증식을 억제할 것이다.'는 (나)에서 설정한 가설에 해당한다.
> ㄷ. '짚신벌레는 분열법으로 개체 수를 늘린다.'는 ⓐ와 관련된 생물의 특성의 예에 해당한다.

① ㄱ   ② ㄷ   ③ ㄱ, ㄴ
④ ㄴ, ㄷ   ⑤ ㄱ, ㄴ, ㄷ

∞ 01. 생물의 특성 10쪽

06 그림은 생물의 특성 A∼D를 서로 관련이 깊은 것끼리 묶은 것을, 표는 특성 A와 B의 예를 나타낸 것이다. A∼D는 각각 발생, 생장, 항상성, 자극에 대한 반응 중 하나이다.

생물의 특성		특성	예
		A	미모사의 잎을 건드리면 잎이 접힌다.
A B	C D	B	개구리의 수정란으로부터 올챙이가 태어난다.

이에 대한 설명으로 옳은 것만을 〈보기〉에서 있는 대로 고른 것은?

> ┤ 보기 ├
> ㄱ. B는 생장이다.
> ㄴ. C는 체내 상태를 일정하게 유지하려는 성질이다.
> ㄷ. '병아리가 암탉이 된다.'는 D의 예이다.

① ㄱ   ② ㄴ   ③ ㄷ
④ ㄱ, ㄴ   ⑤ ㄴ, ㄷ

∞ 02. 생명 과학의 특성과 탐구 방법 14쪽

07 생명 과학에 대한 설명으로 옳은 것만을 〈보기〉에서 있는 대로 고른 것은?

> ┤ 보기 ├
> ㄱ. 기계 공학의 연구 성과는 생명 과학의 발달에 영향을 미치지 않는다.
> ㄴ. 생명 과학은 의학, 식품 영양학 등 생명 관련 분야에 많은 영향을 주고 있다.
> ㄷ. 사람 유전체 사업은 생명 과학이 다른 학문 분야와 관계없이 독립적으로 발달함을 보여 주는 사례이다.

① ㄱ   ② ㄴ   ③ ㄷ
④ ㄱ, ㄴ   ⑤ ㄴ, ㄷ

∞ 02. 생명 과학의 특성과 탐구 방법 14쪽

08 다음은 어떤 과학자가 수행한 탐구이다.

> [문제 인식]
> 식혜를 만들 때 이용되는 보리 아밀레이스는 침 아밀레이스와 어떻게 다를까?
>
> [가설 설정]
> | ? |
>
> [탐구 설계 및 수행]
> (가) 같은 농도의 보리 아밀레이스와 침 아밀레이스 희석액을 준비한다.
> (나) 두 희석액을 서로 다른 용기에 담고 밥을 풀어 밥알을 가라앉힌다.
> (다) 두 용기를 항온 수조에 넣어 60 ℃로 유지한다.
> (라) 일정 시간이 지난 후 용기를 꺼내 떠오른 밥알의 개수를 확인한다.

이 실험의 가설로 가장 적절한 것은?

① 두 아밀레이스는 최적 pH가 다를 것이다.
② 보리 아밀레이스는 사람의 입에서 작용하지 못할 것이다.
③ 보리 아밀레이스는 밥알의 녹말을 분해하지 못할 것이다.
④ 보리 아밀레이스는 침 아밀레이스의 작용을 억제할 것이다.
⑤ 보리 아밀레이스는 침 아밀레이스보다 열에 더 안정할 것이다.

∞ 02. 생명 과학의 특성과 탐구 방법 14쪽

09 다음은 어떤 과학자가 수행한 탐구이다.

> (가) 쥐를 10마리씩 집단 A와 B로 나누어 A의 쥐에게는 정상 사료를, B의 쥐에게는 지방 소화 효소의 기능을 억제하는 약물 ㉠이 포함된 사료를 먹였다.
> (나) 4주 동안 쥐들의 몸무게를 측정한 결과가 그림과 같이 나타났다.

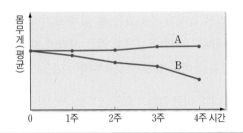

이에 대한 설명으로 옳은 것만을 〈보기〉에서 있는 대로 고른 것은?

> ┤ 보기 ├
> ㄱ. A와 B의 쥐에게 제공하는 사료의 양은 같아야 한다.
> ㄴ. ㉠의 첨가 여부는 조작 변인에 해당한다.
> ㄷ. '지방의 소화가 억제되면 몸무게가 줄어들 것이다.'는 이 탐구의 가설에 해당한다.

① ㄱ ② ㄷ ③ ㄱ, ㄴ
④ ㄴ, ㄷ ⑤ ㄱ, ㄴ, ㄷ

∞ 02. 생명 과학의 특성과 탐구 방법 14쪽

10 표는 생명 과학의 탐구 방법 (가)와 (나)를 이용한 연구 사례를 나타낸 것이다. (가)와 (나)는 각각 연역적 탐구 방법과 귀납적 탐구 방법 중 하나이다.

탐구 방법	연구 사례
(가)	가젤 영양의 뜀뛰기 행동 연구, 세포설
(나)	탄저병 백신 개발, 페니실린 발견

이에 대한 설명으로 옳은 것만을 〈보기〉에서 있는 대로 고른 것은?

> ┤ 보기 ├
> ㄱ. (가)에서는 가설을 설정한다.
> ㄴ. (나)는 귀납적 탐구 방법이다.
> ㄷ. (나)에서는 대조 실험을 통해 실험 결과의 타당성을 높인다.

① ㄴ ② ㄷ ③ ㄱ, ㄴ ④ ㄱ, ㄷ ⑤ ㄴ, ㄷ

1등급을 완성하는 서술형 문제

∞ 01. 생물의 특성 10쪽

11 그림은 사막여우와 북극여우의 모습을 나타낸 것이다.

사막여우　　　북극여우

두 여우의 모습에 차이가 나는 까닭을 설명하고, 이것은 생물의 특성 중 어느 것의 예인지 설명하시오.

∞ 01. 생물의 특성 10쪽

12 표는 대장균, 백혈구, 인플루엔자 바이러스에서 생물의 특성 ㉠과 ㉡의 유무를 나타낸 것이다.

구분	㉠	㉡
대장균	○	○
백혈구	○	○
인플루엔자 바이러스	×	○

(○: 있음, ×: 없음.)

㉠과 ㉡에 해당하는 생물의 특성을 각각 1가지씩 쓰고, 그 까닭을 설명하시오.

∞ 02. 생명 과학의 특성과 탐구 방법 14쪽

13 다음은 철수가 수행한 소화에 대한 실험이다. 침 희석액에는 녹말을 엿당으로 분해하는 소화 효소가 들어 있다.

> (가) 시험관 A와 B에 표와 같이 물질을 넣는다.
>
> | 시험관 | 넣은 물질 |
> |---|---|
> | A | 침 희석액 10 mL + 밥 1 g |
> | B | 침 희석액 10 mL + 잘게 으깬 밥 1 g |
>
> (나) A와 B에서 각각 시간에 따른 엿당 생성량을 측정한다.

(1) 이 실험의 통제 변인을 2가지 쓰시오.

(2) 이 실험의 가설을 쓰고, 그 까닭을 설명하시오.

자기 효능감

자기 효능감이란 자신이 어떤 일을 성공적으로 수행할 수 있는 능력이 있다고 믿는 기대와 신념입니다. 심리학에서는 자기 효능감이 높은 사람들은 도전적인 과제가 주어졌을 때 쉽게 포기하지 않고, 더 많은 노력을 기울이는 경향이 있다고 합니다. 실패해도 크게 좌절하지 않는 사람이 자기 효능감이 높은 사람이라는 것입니다. 그렇다면 자기 효능감을 높이는 방법으로는 무엇이 있을까요?

1. 현실적인 계획과 목표를 세워 작은 성공에 대한 경험을 쌓습니다. 이런 경험이 할 수 있다는 자신감을 만듭니다.

2. 친구 또는 가족 등 주변 사람들의 지지를 받습니다. 이런 지지는 정서적인 안정감을 도모합니다.

3. 스스로의 감정을 조절하도록 합니다. 이런 조절 능력을 갖추게 된다면 불안과 초조, 긴장 등의 감정 등을 조절하며 이후 중요한 일 앞에서 자신의 능력을 충분히 발휘할 수 있습니다.

Ⅱ 사람의 물질대사

조금만 힘내서
달려보자!

이 단원에서는 생명 활동 유지를 위해 필요한 에너지를
얻기 위해 여러 기관계가 통합적으로 작용한다는 것을
이해한다. 또, 물질대사와 관련된 질환의 사례를 통해 물
질대사의 중요성과 올바른 생활 습관에 대해 알아본다.

03 생명 활동과 에너지

한눈에
정리하는 출제 경향

• 물질대사의 종류와 특징 이해하기
• ATP의 합성과 사용 이해하기

핵심 개념
물질대사, 세포 호흡과 에너지,
ATP의 합성과 사용

plus 개념

1 물질대사

1 물질대사 생명체 내에서 물질을 합성하고 분해하는 모든 화학 반응으로, 생명 활동을 유지하기 위해 일어난다.

2 물질대사의 특징

① 생명체 내에서 일어난다.

② 반응이 단계적으로 일어나며, 각 단계마다 특정한 효소가 관여한다.❶ ┌ 체온 정도의 낮은 온도에서도 반응이 빠르게 일어난다.

③ 물질의 변화가 일어날 때 에너지의 출입, 전환, 저장이 함께 일어난다.❷ → 물질대사를 에너지 대사라고도 한다.

3 물질대사의 구분

구분	동화 작용	이화 작용
특징	저분자 물질로부터 고분자 물질을 합성하는 반응으로, 에너지가 흡수된다(흡열 반응).	고분자 물질을 저분자 물질로 분해하는 반응으로, 에너지가 방출된다(발열 반응).
예	광합성, 단백질 합성, 글리코젠 합성	세포 호흡, 소화, 글리코젠 분해
그림	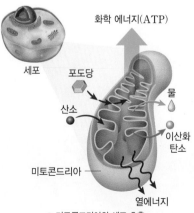 동화 작용 / 단백질 / 합성 / 에너지 흡수 / 아미노산 / 저분자 물질	고분자 물질 / 포도당 / 분해 / 이산화 탄소 / 에너지 방출 / 물 / 이화 작용

❶ **효소**
생명체 내의 물질대사를 촉진하는 생체 촉매로, 화학 반응 시 반응물의 활성화 에너지를 낮추어 반응 속도를 증가시킨다.

❷ **물질의 변화에 따른 에너지의 흡수와 방출**

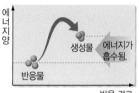

• 동화 작용: 에너지가 흡수되므로 생성물의 에너지양이 반응물의 에너지양보다 많다. → 흡열 반응

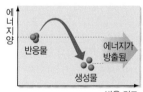

• 이화 작용: 에너지가 방출되므로 반응물의 에너지양이 생성물의 에너지양보다 많다. → 발열 반응

확인 문제 ❶

1 생명체 내에서 일어나는 모든 화학 반응을 (   )(이)라고 한다.

2 작고 간단한 물질을 결합하여 크고 복잡한 물질로 합성하는 반응을 (   ) 작용, 크고 복잡한 물질을 작고 간단한 물질로 분해하는 반응을 (   ) 작용이라고 한다.

3 글리코젠이 포도당으로 분해되는 반응은 이화 작용에 해당한다. (○, ×)

2 에너지의 저장과 사용 자료 분석 특강 40쪽 A

1 세포 호흡 세포에서 영양소를 분해하여 생명 활동에 필요한 에너지를 얻는 과정

포도당 + 산소 ─→ 이산화 탄소 + 물 + 에너지

① 일어나는 장소: 주로 미토콘드리아에서 일어나며, 세포질에서도 일부 과정이 진행된다.

② 에너지의 전환과 저장: 세포 호흡 과정에서 방출된 에너지의 일부는 ATP에 화학 에너지 형태로 저장되고, 나머지는 열에너지로 방출된다.❸

화학 에너지(ATP)

세포 / 포도당 / 산소 / 물 / 이산화 탄소 / 미토콘드리아 / 열에너지

▲ 미토콘드리아와 세포 호흡

❸ **세포 호흡과 에너지 방출**

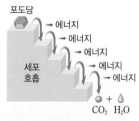

포도당 → 에너지 → 에너지 → 에너지 → 에너지 / 세포 호흡 / CO_2 + H_2O

포도당이 세포 호흡에 이용되면 소량의 에너지가 단계적으로 방출되며, 그중 일부가 ATP에 저장된다.

포도당이 연소되면 다량의 에너지가 열에너지와 빛에너지 형태로 한꺼번에 방출된다.

ATP는 크기가 작고 에너지 저장이 가능하며, 필요에 따라 분해되어
쉽게 에너지를 방출할 수 있어 에너지 저장 물질로 적합하다.

2 ATP 생명 활동에 직접 사용되는 에너지 저장 물질┐

① ATP의 구조: 아데닌과 리보스에 3개의 인산기가 결합된 화합물이다. ❹

② ATP의 분해와 합성: ATP가 분해될 때 끝부분의 인산기가 분리되어 에너지가 방출되
며, 이 과정에서 생성된 ADP와 무기 인산은 세포 호흡을 통해 다시 ATP로 합성된다.

생명체는 이 에너지를 이용
하여 생명 활동을 한다.

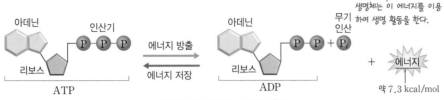

▲ ATP의 분해와 합성 시 에너지 출입

약 7.3 kcal/mol

③ ATP의 사용: ATP가 분해되어 방출된 에너지는 화학 에너지, 기계적 에너지, 열에너
지, 소리 에너지 등으로 전환되어 근육 운동, 물질 합성, 물질 운반, 체온 유지, 발성 등
여러 생명 활동에 사용된다. 야광충, 반딧불이와 같은 발광 생물의 발광, 전기뱀장어, 전기가오리
등의 발전에도 ATP의 에너지가 사용된다.

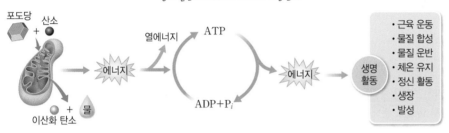

- 근육 운동
- 물질 합성
- 물질 운반
- 체온 유지
- 정신 활동
- 생장
- 발성

▲ 세포 호흡을 통한 ATP의 합성과 사용

3 효모의 이산화 탄소 방출량 비교 실험 ❺

탐구 활동

과정 »

❶ 발효관 A~C에 표와 같이 용액을 넣는다.

A	1 % 포도당 용액 20 mL+효모액 15 mL
B	음료수 20 mL+효모액 15 mL
C	증류수 20 mL+효모액 15 mL

맹관부

❷ 발효관 A~C의 입구를 솜으로 막은 후 발효관을 35 °C의 항온기에 세워 둔다.

❸ 맹관부의 눈금을 5분 간격으로 읽어 발생한 이산화 탄소의 부피를 기록한다.
└ 효모가 발효관의 용액에 포함된 포도당을 이용하여 세포 호흡을
하면 이산화 탄소가 발생한다.

결과 »

각 발효관에서 발생한 이산화 탄소의 부피는
오른쪽 표와 같다.

(단위: mL)

시간 \ 발효관	A	B	C
5분	7.5	4.5	0
10분	14	10	0
15분	20	15.5	0

정리 »

용액 속에 들어 있는 포도당(당)의 양이 많을
수록 효모의 세포 호흡이 활발하게 일어나
이산화 탄소 발생량이 많아진다. ➡ 용액 속
당의 함량은 1 % 포도당 용액>음료수>증류수이다.

증류수에는 당이 포함되어 있지 않아
세포 호흡이 일어나지 않았다.

확인 문제 ❷

4 세포 호흡은 주로 (   )에서 일어나며, 세포질에서도 일부 과정이 진행된다.

5 생명 활동에 직접 사용되는 에너지 저장 물질은 (   )이다.

6 ATP가 (   )과/와 무기 인산으로 분해될 때 방출되는 에너지는 다양한 생명 활동에
사용된다.

---

plus 개념

❹ ATP의 구조

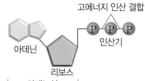

고에너지 인산 결합

아데닌
리보스
인산기

- 아데노신
- 아데노신 1인산(AMP)
- 아데노신 2인산(ADP)
- 아데노신 3인산(ATP)

ATP에서 인산기와 인산기 사이의
결합에 많은 에너지가 저장되어 있어
고에너지 인산 결합이라고 한다.

꼭 기억해!

생명 활동에 직접 사용되는 에너지 저
장 물질은 ATP이다.

❺ 효모

빵, 맥주, 포도주 등을 만드는 데 사
용되는 미생물이다. 산소가 있을 때
는 산소 호흡을 하고, 산소가 없을 때
는 포도당을 에탄올과 이산화 탄소로
분해하여 에너지를 얻는 알코올 발효
를 한다.

또 다른 탐구

발효관 대신 삼각 플라스크 A~C에
표와 같이 용액을 넣고, 이산화 탄소
감지기와 MBL 프로그램을 이용하
여 기체 발생량을 비교할 수도 있다.

용어 돋보기

- **동화 작용**(함께 同, 될 化, 일으킬 作,
쓸 用): 작고 간단한 물질을 크고 복
잡한 물질로 합성하는 반응이다.
- **이화 작용**(달리할 異, 될 化, 일으킬
作, 쓸 用): 크고 복잡한 물질을 작고
간단한 물질로 분해하는 반응이다.
- **연소**(탈 燃, 탈 燒): 물질이 산소와 반
응하여 빛과 열을 내며 타는 현상이다.

1 물질대사

01 물질대사에 대한 설명으로 옳지 <u>않은</u> 것은?

① 효소가 관여한다.
② 세포 호흡은 이화 작용의 예이다.
③ 생명체 내에서 일어나는 모든 화학 반응이다.
④ 물질의 변화가 일어날 때 에너지 출입이 함께 일어난다.
⑤ 여러 분자의 아미노산이 결합하여 단백질로 합성될 때는 에너지가 방출된다.

02 (서술형) 물질대사는 (가)저분자 물질로부터 고분자 물질을 합성하는 반응과 (나)고분자 물질을 저분자 물질로 분해하는 반응으로 구분할 수 있다. (가)와 (나)의 공통점과 차이점을 1가지씩 설명하시오.

03 (중요) 그림은 생명체에서 일어나는 에너지와 물질의 전환 과정을 나타낸 것이다. (가)와 (나)는 각각 광합성과 세포 호흡 중 하나이다.

이에 대한 설명으로 옳은 것만을 〈보기〉에서 있는 대로 고른 것은?

보기
ㄱ. 미토콘드리아에서 (가) 과정이 일어난다.
ㄴ. (나) 과정에서 에너지가 방출된다.
ㄷ. 식물에서는 (가)와 (나) 과정이 모두 일어난다.

① ㄱ   ② ㄷ   ③ ㄱ, ㄴ
④ ㄴ, ㄷ   ⑤ ㄱ, ㄴ, ㄷ

04 그림 (가)와 (나)는 물질대사가 일어날 때 반응 경로에 따른 에너지 변화를 나타낸 것이다.

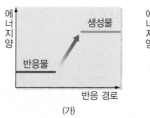
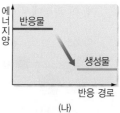

이에 대한 설명으로 옳은 것만을 〈보기〉에서 있는 대로 고른 것은?

보기
ㄱ. 포도당이 물과 이산화 탄소로 분해될 때는 (가)와 같은 에너지 변화가 나타난다.
ㄴ. (나)는 발열 반응에서의 에너지 변화이다.
ㄷ. 세포를 구성하는 물질이 합성될 때는 (나)와 같은 에너지 변화가 나타난다.

① ㄱ   ② ㄴ   ③ ㄷ
④ ㄱ, ㄷ   ⑤ ㄴ, ㄷ

2 에너지의 저장과 사용

05 (중요) 그림은 세포 호흡을 통해 포도당이 분해되는 과정을 나타낸 것이다. ㉠과 ㉡은 각각 산소와 이산화 탄소 중 하나이다.

이에 대한 설명으로 옳은 것만을 〈보기〉에서 있는 대로 고른 것은?

보기
ㄱ. ㉠은 이산화 탄소, ㉡은 산소이다.
ㄴ. ATP는 생명 활동에 직접 사용되는 에너지원이다.
ㄷ. 세포 호흡 과정에서 방출된 에너지는 모두 ATP에 저장된다.

① ㄴ   ② ㄷ   ③ ㄱ, ㄴ
④ ㄱ, ㄷ   ⑤ ㄴ, ㄷ

06 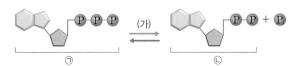 그림은 세포에서 일어나는 ATP의 합성과 분해를 나타낸 것이다. ㉠과 ㉡은 각각 ADP와 ATP 중 하나이다.

이에 대한 설명으로 옳은 것만을 〈보기〉에서 있는 대로 고른 것은?

보기

ㄱ. ㉠과 ㉡은 모두 아데닌, 리보스, 인산기로 구성된다.
ㄴ. 고에너지 인산 결합의 수는 ㉠이 ㉡보다 많다.
ㄷ. (가) 과정에서 방출된 에너지가 생명 활동에 사용된다.

① ㄱ ② ㄷ ③ ㄱ, ㄴ
④ ㄴ, ㄷ ⑤ ㄱ, ㄴ, ㄷ

07 그림은 어떤 세포에서 일어나는 물질대사 과정의 일부를 나타낸 것이다. A는 생명체에서 에너지를 저장하고 전달하는 물질이다.

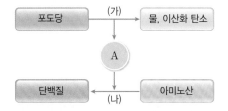

이에 대한 설명으로 옳은 것만을 〈보기〉에서 있는 대로 고른 것은?

보기

ㄱ. (가)와 (나) 과정에 모두 효소가 관여한다.
ㄴ. (나) 과정에서 단백질에 에너지가 저장된다.
ㄷ. (가) 과정에서 방출된 에너지는 모두 A에 저장되었다가 (나) 과정에서 사용된다.

① ㄱ ② ㄷ ③ ㄱ, ㄴ
④ ㄴ, ㄷ ⑤ ㄱ, ㄴ, ㄷ

08 그림은 사람의 몸에서 일어나는 에너지의 전환 과정을 나타낸 것이다.

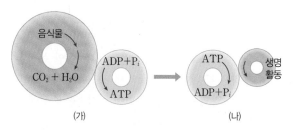

이에 대한 설명으로 옳은 것만을 〈보기〉에서 있는 대로 고른 것은?

보기

ㄱ. (가) 과정에서 열에너지가 방출된다.
ㄴ. (나) 과정에서 고에너지 인산 결합이 형성된다.
ㄷ. 대화할 때 (나) 과정이 활발하게 일어난다.

① ㄱ ② ㄴ ③ ㄱ, ㄷ
④ ㄴ, ㄷ ⑤ ㄱ, ㄴ, ㄷ

09 ATP의 에너지가 사용되는 경우로 옳지 <u>않은</u> 것은?

① 말을 할 때
② 근육이 수축할 때
③ 반딧불이가 빛을 낼 때
④ 산소가 폐포에서 모세 혈관으로 이동할 때
⑤ 간세포에서 여러 개의 포도당이 결합하여 글리코젠으로 합성될 때

10 오른쪽 그림과 같이 발효관에 포도당 용액과 효모액을 넣고 입구를 솜으로 막은 후 35 °C의 항온기에 세워 두었다.
일정한 시간이 지난 후 맹관부 수면의 높이 변화와 그와 같은 변화가 나타난 까닭을 설명하시오.

II. 사람의 물질대사

04 기관계의 통합적 작용과 건강

1 영양소와 산소의 흡수와 이동　자료 분석 특강 40쪽 B, 41쪽 C

세포 호흡으로 ATP를 합성하기 위해서는 영양소와 산소가 필요하며, 이를 위해 소화계, 호흡계, 순환계가 통합적으로 작용한다.

1 영양소의 소화와 흡수(소화계) 입, 위, 소장, 대장, 간, 이자 등으로 구성된다.

① 소화계: 음식물 속의 영양소를 소장에서 흡수 가능한 형태로 분해하고 흡수한다.

② 영양소의 소화: 소화 기관을 거치는 동안 녹말은 포도당으로, 단백질은 아미노산으로, 지방은 지방산과 모노글리세리드로 최종 분해된다.　포도당, 아미노산, 무기염류, 수용성 바이타민

③ 영양소의 흡수와 이동: 소화된 영양소는 소장에서 흡수되는데, 수용성 영양소는 소장 융털의 모세 혈관으로, 지용성 영양소는 소장 융털의 암죽관으로 흡수된 후 심장을 거쳐 온몸의 조직 세포로 운반된다.
└ 지방산, 모노글리세리드, 지용성 바이타민

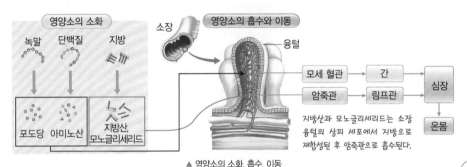

▲ 영양소의 소화, 흡수, 이동

지방산과 모노글리세리드는 소장 융털의 상피 세포에서 지방으로 재합성된 후 암죽관으로 흡수된다.

2 산소의 흡수(호흡계) 코, 기관, 기관지, 폐 등으로 구성된다.

① 호흡계: 세포 호흡에 필요한 산소를 흡수하고, 세포 호흡의 결과 생성된 이산화 탄소를 몸 밖으로 내보낸다. ❶

② 산소의 흡수와 이동: 숨을 들이쉴 때 폐로 들어온 산소는 폐포에서 모세 혈관으로 확산한 후 혈액을 따라 온몸의 조직 세포로 운반된다.

3 영양소와 산소의 운반(순환계) 심장, 혈관 등으로 구성된다.

① 순환계: 소화계에서 흡수한 영양소와 호흡계에서 흡수한 산소를 조직 세포로 운반하고, 세포 호흡 결과 생성된 이산화 탄소 등의 노폐물을 호흡계와 배설계로 운반한다.

② 혈액의 순환 과정

체순환 (온몸 순환)	좌심실에서 나간 혈액이 온몸의 조직 세포에 영양소와 산소를 공급하고, 이산화 탄소 등의 노폐물을 받아 우심방으로 들어온다. 영양소는 혈장에 의해, 산소는 주로 적혈구에 의해 운반된다.
폐순환	우심실에서 나간 혈액이 폐에서 이산화 탄소를 내보내고 산소를 받아 좌심방으로 들어온다.

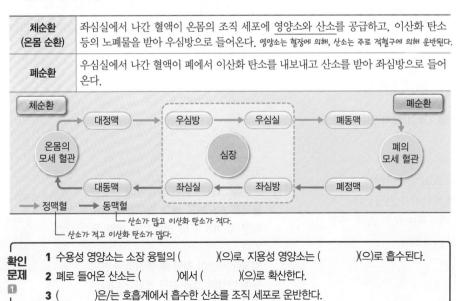

확인
문제
1 1 수용성 영양소는 소장 융털의 (　　　)(으)로, 지용성 영양소는 (　　　)(으)로 흡수된다.
　　 2 폐로 들어온 산소는 (　　　)에서 (　　　)(으)로 확산한다.
　　 3 (　　　)은/는 호흡계에서 흡수한 산소를 조직 세포로 운반한다.

정리하는 출제 경향

• 소화계, 호흡계, 순환계, 배설계의 통합적 작용 이해하기
• 물질대사와 대사성 질환의 관계 이해하기

핵심 개념
영양소와 산소의 흡수와 이동, 노폐물의 생성과 배설, 기관계의 통합적 작용, 대사성 질환

plus 개념

✽ 소장과 폐의 구조적 공통점
• 소장: 소장 내벽에는 많은 주름과 융털이 있어 표면적이 넓으므로 영양소를 효율적으로 흡수할 수 있다.
• 폐: 수많은 폐포로 이루어져 있어 공기와 접촉하는 표면적이 넓으므로 기체 교환이 효율적으로 일어난다.

Q. 섭취한 음식물은 왜 소화 과정을 거쳐야 할까?
A. 음식물에 포함된 녹말, 단백질, 지방 등의 영양소는 분자의 크기가 커서 소화 과정을 거쳐 작은 분자로 분해되어야 세포막을 통과해 몸속으로 흡수될 수 있다.

❶ 기체 교환
• 폐에서의 기체 교환: 산소는 폐포에서 모세 혈관으로, 이산화 탄소는 모세 혈관에서 폐포로 확산한다.

• 조직 세포에서의 기체 교환: 산소는 모세 혈관에서 조직 세포로, 이산화 탄소는 조직 세포에서 모세 혈관으로 확산한다.

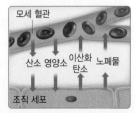

폐와 조직 세포에서의 기체 교환은 기체의 분압 차에 따른 확산으로 일어나므로 에너지가 소모되지 않는다.

② 노폐물의 배설과 기관계의 통합적 작용 자료 분석 특강 41쪽 D

1 노폐물의 생성과 배설 세포 호흡 결과 물, 이산화 탄소, 암모니아와 같은 노폐물이 생성
되며, 이를 몸 밖으로 내보내기 위해 순환계, 호흡계, 배설계가 통합적으로 작용한다.
① 노폐물의 생성과 배설 과정❷

노폐물	노폐물 생성	배설 경로
물	탄수화물, 지방, 단백질 이 분해될 때 생성된다.	주로 콩팥(배설계)에서 오줌을 통해 몸 밖으로 나가고, 일부는 폐(호흡계)에서 날숨을 통해 수증기 형태로 몸 밖으로 나간다.
이산화 탄소		폐(호흡계)에서 날숨을 통해 몸 밖으로 나간다.
암모니아	단백질이 분해될 때에 만 생성된다.	간에서 독성이 약한 요소로 전환된 후 콩팥(배설계)에서 오줌 을 통해 몸 밖으로 나간다.

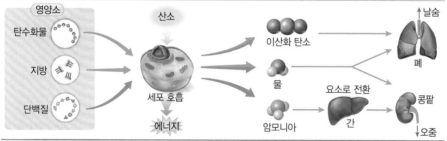

콩팥, 오줌관, 방광, 요도 등으로 구성된다.
② 배설계: 혈액에서 질소 노폐물, 여분의 물 등을 걸러 오줌을 생성하여 몸 밖으로 내보낸다.❸

2 생콩즙으로 오줌 속의 요소 확인하기 탐구 활동

과정 ≫
❶ 비커 Ⅰ~Ⅳ에 각각 증류수, 용액 A, 용액 B, 요소 용액을 30 mL씩 넣고, pH 시험지로 pH를 측
정한다. 용액 A와 B는 각각 보리차와 오줌 중 하나이다.
❷ 비커 Ⅰ~Ⅳ에 각각 생콩즙을 10 mL씩 넣어 잘 섞고, 10분 후 다시 pH를 측정한다.

결과 및 정리 ≫ 콩에 들어 있는 유레이스(요소 분해 효소)는 요소를 암모니아(염기성)와
이산화 탄소로 분해하여 용액의 pH를 증가시킨다.

비커	Ⅰ(증류수)	Ⅱ(용액 A)	Ⅲ(용액 B)	Ⅳ(요소 용액)
pH 변화	변화 없음.	변화 없음.	커짐.	커짐.

• 비커 Ⅳ에서 생콩즙 속의 효소에 의해 요소가 암모니아와 이산화 탄소로 분해되어 pH가 커졌다.
• 용액 B를 넣은 비커 Ⅲ에서 pH가 커졌으므로, 용액 A는 보리차, 용액 B는 오줌이다.

3 기관계의 통합적 작용 소화계, 호흡계, 순환계, 배설계는 각각 기능을 수행하면서도 통합
적으로 작용하므로 어느 한 기관계에 이상이 생기면 정상적인 생명 활동을 유지하기 어렵다.
① 소화계에서 흡수된 영양소와 호흡계에서 흡
수된 산소는 순환계에 의해 온몸의 조직 세
포로 운반되어 세포 호흡에 이용된다.
② 조직 세포에서는 세포 호흡을 통해 생명 활
동에 필요한 에너지를 얻으며, 이 과정에서
생성된 이산화 탄소 등의 노폐물은 순환계
에 의해 호흡계와 배설계로 운반되어 몸 밖
으로 나간다.

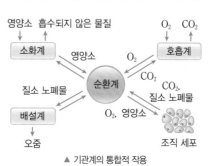

▲ 기관계의 통합적 작용

---

❷ 노폐물의 생성
탄수화물과 지방은 탄소(C), 수소
(H), 산소(O)로만 구성되어 있어 분
해되면 이산화 탄소(CO_2)와 물(H_2O)
이 생성된다. 그러나 단백질은 탄소,
수소, 산소 외에 질소(N)를 포함하고
있어 분해되면 이산화 탄소, 물과 함
께 암모니아(NH_3)가 생성된다.

암모니아는 단백질과 같이 질소가 포함
된 영양소가 세포 호흡에 이용되었을
때에만 생성된다.

❸ 오줌의 생성과 배설 과정
콩팥에서 여과, 재흡수, 분비 과정을
거쳐 오줌이 생성되며, 오줌은 방광
에 모였다가 요도를 통해 몸 밖으로
나간다.

또 다른 탐구
pH 시험지 대신 BTB 용액이나 pH
측정기를 이용하여 용액의 pH 변화
를 측정함으로써 콩즙에 의해 오줌
속의 요소가 분해됨을 확인할 수도
있다.

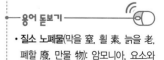

용어 돋보기

• **질소 노폐물**(막을 窒, 흴 素, 늙을 老,
폐할 廢, 만물 物): 암모니아, 요소와
같이 질소(N)를 포함하는 노폐물이다.

04 기관계의 통합적 작용과 건강

③ 물질대사와 건강

1 에너지 대사

> 기초 대사량은 성별, 연령 등에 따라 다르지만, 보통 체중 1 kg당 1시간에 성인 남자는 1 kcal, 여자는 0.9 kcal 정도이다.

① **기초 대사량**: 체온 조절, 심장 박동, 혈액 순환, 호흡 운동과 같은 기본적인 생명 현상을 유지하는 데 필요한 최소한의 에너지양이다. **④**

② **활동 대사량**: 기초 대사량 이외에 공부나 운동 등 다양한 활동에 필요한 에너지양으로, 활동의 종류, 시간, 강도 등에 따라 달라진다.

③ **음식물 섭취 시의 에너지 소모량**: 음식물이 소화, 흡수, 운반, 저장되는 과정에 필요한 에너지양이다.

④ **1일 대사량**: 우리 몸이 하루에 필요로 하는 에너지양으로, 기초 대사량, 활동 대사량, 음식물 섭취 시의 에너지 소모량을 합한 값이다. **⑤** 1일 대사량이 적을수록 비만이 될 가능성이 높다.

2 에너지 균형 건강하게 생활하기 위해서는 음식물을 통한 에너지 섭취량과 활동을 통한 에너지 소모량이 균형을 이루어야 한다.

① **영양 부족**: 에너지 섭취량이 에너지 소모량보다 적은 경우 몸에 저장된 지방이나 근육에 포함된 단백질을 분해하여 필요한 에너지를 얻는다.
→ 지속되면 체중이 감소하고, 면역력 약화, 영양실조, 생장 장애 등이 나타날 수 있다.

② **영양 과다**: 에너지 섭취량이 에너지 소모량보다 많은 경우 생명 활동에 사용되고 남은 에너지가 지방의 형태로 저장된다.
→ 지속되면 체지방 축적량과 체중이 증가하고, 대사성 질환이 발생할 수 있다.

| 섭취량<소모량 ➡ 체중 감소 | 섭취량=소모량 ➡ 에너지 균형 | 섭취량>소모량 ➡ 체중 증가 |

▲ 에너지 균형과 불균형에 따라 나타나는 현상

3 대사성 질환 물질대사의 이상으로 발생하는 질환이다.

① **대사성 질환의 원인**: 잘못된 생활 습관, 과도한 영양 섭취, 부족한 에너지 소모, 비만 등에 의해 발생하며, 유전적 요인과 스트레스 등에 의해서도 발생한다. **⑥**

② **대사성 질환의 종류**

> 인슐린이 충분히 생성되지 못하거나 인슐린에 적절하게 반응하지 못해 나타난다.

당뇨병	• 혈당량이 비정상적으로 높은 상태가 지속되며, 오줌에 당이 섞여 나온다. • 심장 질환, 시력 상실 등 여러 가지 합병증을 유발할 수 있다.
고지질 혈증 (고지혈증)	혈액 속에 콜레스테롤, 중성 지방 등이 과다하게 들어 있는 상태로, 동맥 경화, 고혈압, 뇌졸중 등의 원인이 된다. **⑦**
고혈압	혈압이 정상 범위보다 높은 상태로, 뇌졸중, 심혈관계 질환 등의 원인이 된다.
지방간	간에 지방이 비정상적으로 많이 축적된 상태로, 간염, 간경변으로 진행될 수 있다.

> 비만, 당뇨병과 연관성이 높다.

③ **대사성 질환의 예방**: 음식물을 균형 있게 섭취하고, 규칙적으로 적당한 운동을 하여 에너지 대사의 균형을 이루는 것이 중요하다.

확인 문제 ②③
4 간에서 암모니아는 ( )(으)로 전환된 후 콩팥을 통해 오줌으로 배설된다.
5 생명 현상을 유지하는 데 필요한 최소한의 에너지양을 ( )(이)라고 한다.
6 우리 몸의 물질대사에 이상이 생겨 발생하는 질환을 ( ) 질환이라고 한다.

---

plus 개념

④ 기초 대사량과 근육
근육 조직은 지방 조직보다 더 많은 에너지를 소비하므로 몸에 근육이 많으면 기초 대사량이 높아진다.
→ 규칙적으로 운동을 하면 근육량과 기초 대사량이 증가한다.

⑤ 1일 대사량의 구성비

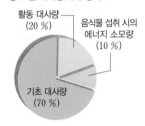

활동 대사량 (20 %)
음식물 섭취 시의 에너지 소모량 (10 %)
기초 대사량 (70 %)

⑥ 비만인 사람이 대사성 질환에 걸릴 위험이 높은 까닭
비만은 체지방이 비정상적으로 많은 상태를 뜻한다. 특히 내장 지방에서 분비되는 물질들은 혈압을 높이고, 인슐린의 기능을 방해하여 당뇨병의 위험을 높인다. 또 혈관 내 염증이나 응고를 유도하여 동맥 경화를 일으킴으로써 심혈관계 질환의 위험을 높인다.

⑦ 콜레스테롤과 동맥 경화

혈관 벽
콜레스테롤이 쌓임.
혈액의 흐름
혈액의 흐름이 수월함.
혈액의 흐름이 약해짐.

필요 이상의 콜레스테롤이 혈관 벽에 쌓이면 혈관 벽의 탄력이 떨어지고, 혈관이 좁아져 혈액의 흐름을 방해하는 동맥 경화가 나타난다.

용어 돋보기

• 동맥 경화(움직일 動, 줄기 脈, 굳을 硬, 될 化): 혈관 벽에 콜레스테롤 등이 쌓여 혈관이 좁아지고 탄력을 잃는 증상으로, 뇌졸중, 심근 경색증, 협심증 등의 원인이 된다.

1 영양소와 산소의 흡수와 이동

01 영양소의 소화와 흡수에 대한 설명으로 옳지 <u>않은</u> 것은?

① 지용성 바이타민은 소장 융털의 암죽관으로 흡수된다.
② 녹말은 소화 기관을 지나는 동안 포도당으로 최종 분해된다.
③ 수용성 영양소인 단백질은 소장 융털의 모세 혈관으로 흡수된다.
④ 지방산과 모노글리세리드는 소장 융털의 상피 세포에서 다시 지방으로 합성된 후 흡수된다.
⑤ 소장에서 흡수된 지용성 영양소와 수용성 영양소는 심장을 거쳐 온몸의 조직 세포로 운반된다.

02 그림 (가)는 영양소 ㉠과 ㉡의 소화 과정을, (나)는 소장 융털의 구조를 나타낸 것이다. ㉠과 ㉡은 각각 단백질과 지방 중 하나이다.

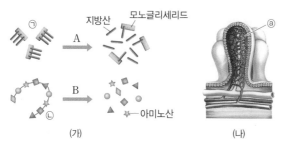

(가)   (나)

이에 대한 설명으로 옳은 것만을 〈보기〉에서 있는 대로 고른 것은?

┤ 보기 ├
ㄱ. ㉠과 ㉡의 최종 분해 산물은 모두 ⓐ로 흡수된다.
ㄴ. A와 B 과정에 효소가 관여한다.
ㄷ. A와 B 과정은 음식물이 소화 기관을 거치는 동안 일어난다.

① ㄱ   ② ㄴ   ③ ㄱ, ㄷ
④ ㄴ, ㄷ   ⑤ ㄱ, ㄴ, ㄷ

03 그림은 폐포와 조직 세포에서의 기체 교환을 나타낸 것이다. A~D는 각각 산소와 이산화 탄소 중 하나이다.

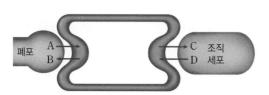

A~D는 각각 어떤 기체인지 쓰시오.

04 그림은 사람의 혈액 순환 경로를 나타낸 것이다. A~D는 혈관이다.

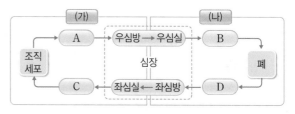

이에 대한 설명으로 옳은 것만을 〈보기〉에서 있는 대로 고른 것은?

┤ 보기 ├
ㄱ. (가)는 체순환, (나)는 폐순환의 경로이다.
ㄴ. A에는 정맥혈, B에는 동맥혈이 흐른다.
ㄷ. C를 통해 세포 호흡에 필요한 영양소와 산소가 조직 세포로 운반된다.

① ㄱ   ② ㄴ   ③ ㄱ, ㄷ
④ ㄴ, ㄷ   ⑤ ㄱ, ㄴ, ㄷ

2 노폐물의 배설과 기관계의 통합적 작용

05 그림은 세포 호흡에 이용되는 영양소 (가)~(다)를 나타낸 것이다. (가)~(다)는 각각 녹말, 지방, 단백질이다.

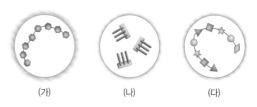

(가)   (나)   (다)

이에 대한 설명으로 옳은 것만을 〈보기〉에서 있는 대로 고른 것은?

┤ 보기 ├
ㄱ. (가)와 (나)가 각각 세포 호흡에 이용되면 공통적으로 이산화 탄소가 생성된다.
ㄴ. (나)가 세포 호흡에 이용되면 암모니아가 생성된다.
ㄷ. (다)는 구성 원소로 탄소(C)를 가진다.

① ㄱ   ② ㄷ   ③ ㄱ, ㄴ
④ ㄱ, ㄷ   ⑤ ㄴ, ㄷ

06 그림은 사람의 기관계를 나타낸 것이다. (가)~(라)는 각각 순환계, 호흡계, 배설계, 소화계 중 하나이다.

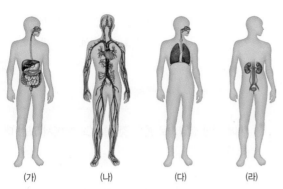

(가)   (나)   (다)   (라)

이에 대한 설명으로 옳은 것만을 〈보기〉에서 있는 대로 고른 것은?

┤ 보기 ├
ㄱ. (가)에서 흡수한 물질은 (나)를 통해 조직 세포로 운반된다.
ㄴ. (다)는 기체 교환에 관여한다.
ㄷ. (라)는 콩팥, 오줌관, 방광 등으로 구성된다.

① ㄱ   ② ㄷ   ③ ㄱ, ㄴ
④ ㄴ, ㄷ   ⑤ ㄱ, ㄴ, ㄷ

07 그림 (가)와 (나)는 사람의 혈액 순환 경로 중 일부를 나타낸 것이다.

 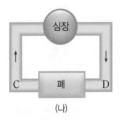

(가)   (나)

이에 대한 설명으로 옳은 것만을 〈보기〉에서 있는 대로 고른 것은?

┤ 보기 ├
ㄱ. 소장에서 흡수한 영양소는 모두 간을 거쳐 심장으로 운반된다.
ㄴ. 요소의 농도는 A에서가 B에서보다 높다.
ㄷ. 산소 분압은 D에서가 C에서보다 높다.

① ㄴ   ② ㄷ   ③ ㄱ, ㄴ
④ ㄱ, ㄷ   ⑤ ㄱ, ㄴ, ㄷ

08 기관계의 통합적 작용에 대한 설명으로 옳은 것만을 〈보기〉에서 있는 대로 고른 것은?

┤ 보기 ├
ㄱ. 순환계는 세포가 에너지를 얻는 과정에 관여하지 않는다.
ㄴ. 소화계와 호흡계는 세포 호흡에 필요한 물질을 흡수하는 역할을 한다.
ㄷ. 세포 호흡 결과 생성된 노폐물은 모두 배설계에서 걸러져 몸 밖으로 나간다.

① ㄱ   ② ㄴ   ③ ㄱ, ㄷ
④ ㄴ, ㄷ   ⑤ ㄱ, ㄴ, ㄷ

09 세포 호흡 결과 생성된 암모니아가 배설되는 과정을 기관계의 통합적 작용과 관련지어 설명하시오.

❸ 물질대사와 건강

10 다음은 사람의 에너지 대사를 설명한 것이다.

우리 몸이 하루에 필요로 하는 에너지양을 (㉠)(이)라고 한다. 여기에는 체온 조절, 심장 박동, 호흡 운동 등 생명 현상을 유지하는 데 필요한 최소한의 에너지양인 (㉡)과/와 공부, 운동 등 다양한 활동에 필요한 에너지양인 (㉢)이/가 포함된다.

㉠~㉢에 들어갈 알맞은 말을 옳게 짝 지은 것은?

	㉠	㉡	㉢
①	기초 대사량	활동 대사량	1일 대사량
②	기초 대사량	1일 대사량	활동 대사량
③	1일 대사량	기초 대사량	활동 대사량
④	1일 대사량	활동 대사량	기초 대사량
⑤	활동 대사량	기초 대사량	1일 대사량

11 그림은 민기, 영희, 철수의 1일 평균 에너지 섭취량(g)을 나타낸 것이다.

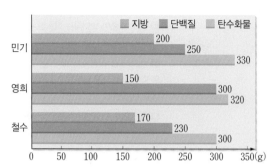

이에 대한 설명으로 옳은 것만을 〈보기〉에서 있는 대로 고른 것은?(단, 탄수화물과 단백질의 열량은 4 kcal/g, 지방은 9 kcal/g이다.)

┤ 보기 ├
ㄱ. 세 학생 모두 탄수화물에서 가장 많은 양의 에너지를 얻고 있다.
ㄴ. 민기는 1일 평균 에너지 섭취량의 40 % 이상을 지방에서 얻고 있다.
ㄷ. 1일 평균 에너지 섭취량은 민기 > 영희 > 철수이다.

① ㄱ　　　　② ㄴ　　　　③ ㄷ
④ ㄱ, ㄴ　　　⑤ ㄴ, ㄷ

12 그림 (가)와 (나)는 에너지 섭취량과 에너지 소모량의 불균형 상태를 나타낸 것이다.

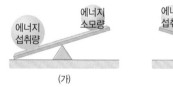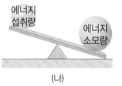

이에 대한 설명으로 옳은 것만을 〈보기〉에서 있는 대로 고른 것은?

┤ 보기 ├
ㄱ. (가) 상태가 지속되면 비만이 될 수 있다.
ㄴ. 위와 같은 상태가 지속될 때 대사성 질환이 나타날 확률은 (가)에서보다 (나)에서 높다.
ㄷ. 위와 같은 상태가 지속될 때 체지방이 소실되는 양은 (나)에서보다 (가)에서 많다.

① ㄱ　　　　② ㄷ　　　　③ ㄱ, ㄴ
④ ㄴ, ㄷ　　　⑤ ㄱ, ㄴ, ㄷ

13 대사성 질환에 대한 설명으로 옳은 것만을 〈보기〉에서 있는 대로 고른 것은?

┤ 보기 ├
ㄱ. 다른 합병증을 유발할 수 있다.
ㄴ. 효소의 결핍에 의해 나타날 수 있다.
ㄷ. 운동 부족, 영양 과다 등 생활 습관과 관련이 있다.

① ㄱ　　　　② ㄷ　　　　③ ㄱ, ㄴ
④ ㄴ, ㄷ　　　⑤ ㄱ, ㄴ, ㄷ

14 표는 대사성 질환 A ~ C의 특징을 나타낸 것이다.

대사성 질환	특징
A	혈액 속에 콜레스테롤, 중성 지방 등이 과다하게 들어 있는 상태이다.
B	혈액의 포도당 농도가 정상보다 높은 상태이다.
C	혈압이 정상 범위보다 높은 상태이다.

이에 대한 설명으로 옳은 것만을 〈보기〉에서 있는 대로 고른 것은?

┤ 보기 ├
ㄱ. A는 동맥 경화의 원인이 될 수 있다.
ㄴ. 인슐린이 과다하게 분비되면 B가 나타난다.
ㄷ. C는 뇌졸중의 원인이 될 수 있다.

① ㄱ　　　　② ㄴ　　　　③ ㄱ, ㄷ
④ ㄴ, ㄷ　　　⑤ ㄱ, ㄴ, ㄷ

（✎서술형）

15 대사성 질환이란 무엇인지 설명하고, 대사성 질환이 발생하는 원인을 2가지 설명하시오.

A 세포 호흡을 통한 ATP의 합성과 사용

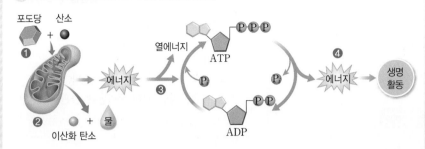

❶ 세포 호흡에 이용되는 영양소는 탄수화물(포도당 등), 단백질, 지방이다.

❷ 세포 호흡이 일어나는 장소는 주로 미토콘드리아이며, 세포질에서도 일부 과정이 진행된다.

❸ 세포 호흡 과정에서 에너지는 조금씩 단계적으로 방출되며, 그중 일부가 ATP에 화학 에너지 형태로 저장된다.

❹ ATP가 ADP로 분해되면서 방출된 에너지가 여러 생명 활동에 사용된다.

① 세포 호흡

• 세포 호흡은 세포에서 포도당과 같은 영양소를 분해하여 생명 활동에 필요한 에너지를 얻는 과정으로, 포도당은 세포질을 거쳐 미토콘드리아에서 분해된다.

• 세포 호흡에는 산소(O_2)가 이용되며, 포도당은 물(H_2O)과 이산화 탄소(CO_2)로 최종 분해되고, 에너지가 방출된다.

② ATP의 합성과 사용

• ATP의 합성: 세포 호흡 과정에서 방출된 에너지의 일부가 ADP와 무기 인산(P_i)의 결합에 이용되어 ATP가 합성된다.

• ATP의 분해: 생명 활동이 일어날 때 ATP가 ADP와 무기 인산(P_i)으로 분해되면서 ATP에 저장되어 있던 에너지가 방출된다.

• ATP의 사용: ATP가 분해될 때 방출된 에너지는 물질 합성, 물질 운반, 발성, 정신 활동, 체온 유지, 근육 운동, 생장 등 여러 생명 활동에 사용된다.

실력을 올리는 실전 문제 | 찾아가기

• 세포 호흡 과정과 ATP의 사용을 묻는 문제_04
• 세포 호흡과 기관계의 작용을 연관 지어 묻는 문제_05, 11

B 기체 교환

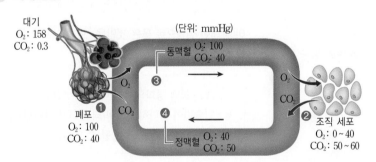

❶ 폐에서의 기체 교환 결과 혈액의 산소 분압은 높아지고, 이산화 탄소 분압은 낮아진다.

❷ 조직 세포에서의 기체 교환 결과 혈액의 산소 분압은 낮아지고, 이산화 탄소 분압은 높아진다.

❸ 동맥혈은 산소가 많고 이산화 탄소가 적은 혈액이다. → 조직 세포에서의 기체 교환 결과 동맥혈이 정맥혈이 된다.

❹ 정맥혈은 산소가 적고, 이산화 탄소가 많은 혈액이다. → 폐에서의 기체 교환 결과 정맥혈이 동맥혈이 된다.

① 폐와 조직 세포에서의 기체 교환 원리: 기체의 분압 차에 따른 확산으로 산소와 이산화 탄소의 교환이 일어난다. → 산소와 이산화 탄소는 각각 분압이 높은 곳에서 낮은 곳으로 이동한다.

② 폐에서의 기체 교환

• 산소 분압은 폐포가 폐포 주변의 모세 혈관보다 높으므로 산소는 폐포에서 모세 혈관으로 확산한다.

• 이산화 탄소 분압은 폐포 주변의 모세 혈관이 폐포보다 높으므로 이산화 탄소는 모세 혈관에서 폐포로 확산한다.

③ 조직 세포에서의 기체 교환

• 산소 분압은 조직 세포 주변의 모세 혈관이 조직 세포보다 높으므로 산소는 모세 혈관에서 조직 세포로 확산한다.

• 이산화 탄소 분압은 조직 세포가 조직 세포 주변의 모세 혈관보다 높으므로 이산화 탄소는 조직 세포에서 모세 혈관으로 확산한다.

실력을 올리는 실전 문제 | 찾아가기

• 산소와 이산화 탄소의 분압 변화를 통해 기체 교환이 일어나는 장소를 파악하는 문제_08
• 폐에서의 기체 교환과 세포 호흡을 연관 지어 묻는 문제_10

C 혈액의 순환 과정

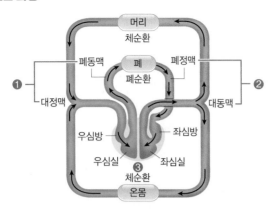

① 체순환: 폐를 거쳐 심장으로 돌아온 동맥혈이 온몸으로 나가서 조직 세포에 영양소와 산소를 공급하고, 이산화 탄소와 노폐물을 받아 정맥혈이 되어 심장으로 돌아오는 순환 과정이다.

> 좌심실 → 대동맥 → 온몸의 모세 혈관 → 대정맥 → 우심방

② 폐순환: 온몸을 돌고 심장으로 돌아온 정맥혈이 폐를 거치면서 이산화 탄소를 내보내고 산소를 받아 동맥혈이 되어 심장으로 돌아오는 순환 과정이다.

> 우심실 → 폐동맥 → 폐포의 모세 혈관 → 폐정맥 → 좌심방

❶ 대정맥과 폐동맥에는 산소를 적게 포함한 정맥혈이 흐른다.

❷ 폐정맥과 대동맥에는 산소를 많이 포함한 동맥혈이 흐른다.

❸ 사람의 심장은 2개의 심방과 2개의 심실로 되어 있으며, 심방은 정맥과 연결되어 혈액을 받아들이고, 심실은 동맥과 연결되어 혈액을 내보낸다.

실력을 올리는 실전 문제 **찾아가기**
• 소화 기관 등 다른 기관과 순환계를 연관 지어 묻는 문제_07
• 혈액 순환 경로를 나타낸 자료를 분석하는 문제_09

D 기관계의 통합적 작용

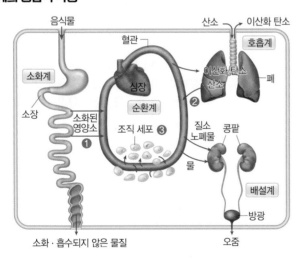

① 각 기관계의 작용
• 소화계: 음식물 속의 영양소를 소화하여 흡수한다.
• 호흡계: 세포 호흡에 필요한 산소를 흡수하고, 세포 호흡 결과 생성된 이산화 탄소를 배출한다.
• 순환계: 소화계에서 흡수한 영양소와 호흡계에서 흡수한 산소를 온몸의 조직 세포로 운반하고, 세포 호흡 결과 생성된 이산화 탄소 등의 노폐물을 호흡계와 배설계로 운반한다.
• 배설계: 요소 등의 질소 노폐물과 여분의 물을 몸 밖으로 배설한다.
② 기관계의 통합적 작용: 소화계, 호흡계, 순환계, 배설계는 세포에서 물질대사가 원활하게 일어날 수 있도록 상호 작용 하며, 통합적으로 기능을 수행한다.

❶ 소화계에서 흡수된 영양소는 혈액의 혈장에 의해 조직 세포로 운반된다.

❷ 폐에서 흡수한 산소는 대부분 적혈구 속의 헤모글로빈과 결합하여 조직 세포로 운반된다.

❸ 조직 세포에서는 영양소와 산소를 이용하여 세포 호흡이 일어나며, 그 결과 이산화 탄소, 암모니아와 같은 노폐물이 생성된다.

실력을 올리는 실전 문제 **찾아가기**
• 기관계의 통합적 작용을 나타낸 자료를 분석하는 문제_12, 16

→수능기출 변형

01 그림은 생명체의 물질대사 과정에서 일어나는 물질과 에너지의 전환을 나타낸 것이다. (가)와 (나)는 각각 세포 호흡과 광합성 중 하나이다.

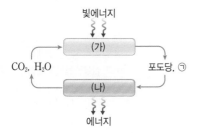

이에 대한 설명으로 옳은 것만을 〈보기〉에서 있는 대로 고른 것은?

| 보기 |

ㄱ. (가)에서 빛에너지가 화학 에너지로 전환된다.
ㄴ. 사람의 몸에서 ㉠은 주로 혈장에 의해 운반된다.
ㄷ. (나)는 이화 작용에 해당한다.

① ㄱ   ② ㄴ   ③ ㄱ, ㄷ
④ ㄴ, ㄷ   ⑤ ㄱ, ㄴ, ㄷ

02 그림 (가)는 사람의 몸에서 포도당이 세포 호흡을 통해 최종 분해 산물로 되는 과정을, (나)는 뉴클레오타이드가 DNA로 되는 과정을 나타낸 것이다.

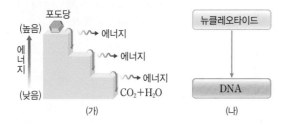

이에 대한 설명으로 옳은 것만을 〈보기〉에서 있는 대로 고른 것은?

| 보기 |

ㄱ. (가)에서 포도당의 분해에는 O_2가 필요하다.
ㄴ. (가)에서 방출된 에너지의 일부는 ATP에 저장되었다가 (나)에 사용된다.
ㄷ. (가)와 (나) 과정에 모두 효소가 작용한다.

① ㄱ   ② ㄷ   ③ ㄱ, ㄴ
④ ㄴ, ㄷ   ⑤ ㄱ, ㄴ, ㄷ

03 그림은 3가지 반응 (가)~(다)에서의 에너지 전환 비율을 나타낸 것이다. (가)~(다)는 각각 자동차의 휘발유 연소, 포도당을 이용한 세포 호흡, 포도당의 연소 중 하나이다.

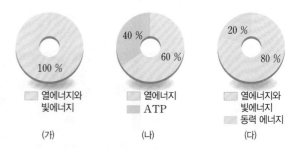

이에 대한 설명으로 옳은 것만을 〈보기〉에서 있는 대로 고른 것은?

| 보기 |

ㄱ. (가)에서 아데닌과 리보스에 3개의 인산기가 결합된 에너지 저장 물질이 합성된다.
ㄴ. 사람의 몸에서 (나)가 일어날 때 산소가 필요하다.
ㄷ. (가)~(다) 중 체온 정도의 낮은 온도에서도 일어나는 반응은 (다)이다.

① ㄴ   ② ㄷ   ③ ㄱ, ㄴ
④ ㄱ, ㄷ   ⑤ ㄴ, ㄷ

→수능모의평가기출

04 그림은 사람이 세포 호흡을 통해 포도당으로부터 ATP를 생성하고, 이 ATP를 생명 활동에 이용하는 과정을 나타낸 것이다. ㉠과 ㉡은 각각 CO_2와 O_2 중 하나이다.

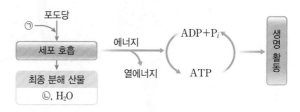

이에 대한 설명으로 옳은 것만을 〈보기〉에서 있는 대로 고른 것은?

| 보기 |

ㄱ. ㉠은 O_2이다.
ㄴ. 포도당의 에너지는 모두 ATP에 저장된다.
ㄷ. 근육 수축 과정에는 ATP에 저장된 에너지가 사용된다.

① ㄱ   ② ㄴ   ③ ㄱ, ㄷ
④ ㄴ, ㄷ   ⑤ ㄱ, ㄴ, ㄷ

05 오른쪽 그림은 사람의 세포 소기관 X에서 일어나는 세포 호흡을 나타낸 것이다. ㉠과 ㉡은 각각 CO_2와 O_2 중 하나이다. 이에 대한 설명으로 옳은 것만을 〈보기〉에서 있는 대로 고른 것은?

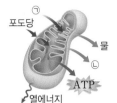

┤ 보기 ├
ㄱ. 식물 세포에도 X가 있다.
ㄴ. ㉠과 포도당은 같은 기관계를 통해 흡수된다.
ㄷ. ㉡은 주로 배설계를 통해 체외로 배출된다.

① ㄱ ② ㄷ ③ ㄱ, ㄴ ④ ㄱ, ㄷ ⑤ ㄴ, ㄷ

06 다음은 영양소의 종류에 따른 효모의 기체 발생량을 비교하기 위한 실험이다.

[실험 과정]
(가) 발효관 A~C에 표와 같이 용액을 넣은 후, 그림과 같이 발효관의 입구를 솜으로 막는다.

(단위: mL)

구분	A	B	C
㉠ 용액	–	20	–
㉡ 용액	–	–	20
효모액	15	15	15
증류수	20	–	–

(나) 충분한 시간이 지난 후 맹관부에 모인 기체의 부피를 측정한다.
(다) 맹관부에 기체가 충분히 모이면 용액의 일부를 덜어 내고, 5 % 수산화 칼륨(KOH) 수용액 15 mL를 넣는다.

[실험 결과]
(나)의 결과 기체 발생량은 B에서 가장 많았고, (다)의 결과 B의 맹관부에서 기체가 사라졌다.

이에 대한 설명으로 옳은 것만을 〈보기〉에서 있는 대로 고른 것은?

┤ 보기 ├
ㄱ. 당 함량은 ㉠에서보다 ㉡에서 많다.
ㄴ. ATP 합성량은 C에서보다 B에서 많다.
ㄷ. KOH 수용액은 이산화 탄소를 흡수한다.

① ㄴ ② ㄷ ③ ㄱ, ㄴ ④ ㄱ, ㄷ ⑤ ㄴ, ㄷ

07 그림 (가)와 (나)는 각각 녹말과 지방이 소장에서 소화되어 흡수되는 과정을, (다)는 소장에서 흡수된 영양소의 이동 경로를 나타낸 것이다.

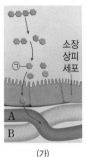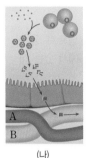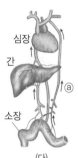

(가) (나) (다)

이에 대한 설명으로 옳은 것만을 〈보기〉에서 있는 대로 고른 것은?

┤ 보기 ├
ㄱ. 소장에서 흡수된 ㉠은 ⓐ 경로로 이동한다.
ㄴ. A는 순환계를 구성한다.
ㄷ. 무기염류는 B로 흡수된다.

① ㄱ   ② ㄴ   ③ ㄱ, ㄷ
④ ㄴ, ㄷ   ⑤ ㄱ, ㄴ, ㄷ

08 그림 (가)와 (나)는 사람의 몸에서 기체 교환이 일어날 때 혈액의 O_2와 CO_2의 분압 변화를 나타낸 것이다.

O_2 분압: 40 mmHg
CO_2 분압: 50 mmHg

O_2 분압: 100 mmHg
CO_2 분압: 40 mmHg

모세 혈관

O_2 분압: 100 mmHg
CO_2 분압: 40 mmHg

O_2 분압: 40 mmHg
CO_2 분압: 50 mmHg

(가) (나)

이에 대한 설명으로 옳은 것만을 〈보기〉에서 있는 대로 고른 것은?

┤ 보기 ├
ㄱ. 폐에서 (가)와 같은 기체 교환이 일어난다.
ㄴ. (나)에서 O_2는 모세 혈관에서 ㉠ 쪽으로 이동한다.
ㄷ. (가)와 (나)에서 CO_2의 이동에 ATP에 저장된 에너지가 사용된다.

① ㄴ   ② ㄷ   ③ ㄱ, ㄴ
④ ㄱ, ㄷ   ⑤ ㄱ, ㄴ, ㄷ

실력을 올리는 실전 문제

09 오른쪽 그림은 사람의 혈액 순환 경로를 나타낸 것이다. ㉠과 ㉡은 각각 콩팥과 간 중 하나이고, A∼D는 혈관이다.
이에 대한 설명으로 옳은 것만을 〈보기〉에서 있는 대로 고른 것은?

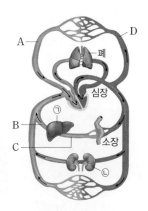

┤ 보기 ├
ㄱ. 혈액의 단위 부피당 산소의 양은 A에서가 D에서보다 많다.
ㄴ. 혈액의 단위 부피당 암모니아의 양은 B에서가 C에서보다 낮다.
ㄷ. ㉠과 ㉡은 모두 배설계에 속하는 기관이다.

① ㄱ　　　　② ㄴ　　　　③ ㄱ, ㄷ
④ ㄴ, ㄷ　　　　⑤ ㄱ, ㄴ, ㄷ

10 그림 (가)는 폐포에서의 기체 교환을, (나)는 사람의 몸에서 일어나는 세포 호흡 과정을 나타낸 것이다. ㉠과 ㉡은 각각 CO_2와 O_2 중 하나이고, X와 Y는 각각 ㉠과 ㉡ 중 하나이다.

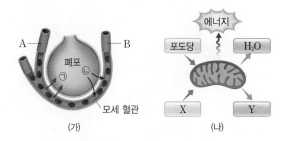

(가)　　　　(나)

이에 대한 설명으로 옳은 것만을 〈보기〉에서 있는 대로 고른 것은?(단, 혈액은 A에서 B로 흐른다.)

┤ 보기 ├
ㄱ. Y는 ㉠이다.
ㄴ. ㉡의 운반에 헤모글로빈이 관여한다.
ㄷ. (나) 과정에서 발생한 에너지는 모두 ATP에 저장된다.

① ㄱ　　　　② ㄴ　　　　③ ㄷ
④ ㄱ, ㄴ　　　　⑤ ㄴ, ㄷ

11 그림은 사람의 몸에서 일어나는 에너지 대사 과정의 일부를 나타낸 것이다. A와 B는 각각 소화계와 호흡계 중 하나이고, ㉠과 ㉡은 각각 O_2와 CO_2 중 하나이다.

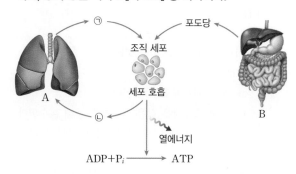

이에 대한 설명으로 옳은 것만을 〈보기〉에서 있는 대로 고른 것은?

┤ 보기 ├
ㄱ. 세포 호흡에는 효소가 필요하다.
ㄴ. ㉠과 ㉡의 운반에 순환계가 관여한다.
ㄷ. B에는 암모니아를 요소로 전환하는 기관이 있다.

① ㄱ　　　　② ㄷ　　　　③ ㄱ, ㄴ
④ ㄴ, ㄷ　　　　⑤ ㄱ, ㄴ, ㄷ

12 그림은 사람의 기관계 A∼D를 나타낸 것이다. A∼D는 각각 배설계, 소화계, 순환계, 호흡계 중 하나이다.

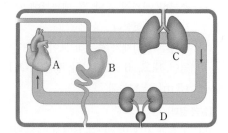

이에 대한 설명으로 옳은 것만을 〈보기〉에서 있는 대로 고른 것은?

┤ 보기 ├
ㄱ. A에서 물질대사가 일어난다.
ㄴ. B와 C에서 흡수된 물질은 A를 통해 운반된다.
ㄷ. 단백질의 분해와 이로 인해 생성된 노폐물의 배설에는 A, B, C, D가 모두 관여한다.

① ㄱ　　　　② ㄷ　　　　③ ㄱ, ㄴ
④ ㄴ, ㄷ　　　　⑤ ㄱ, ㄴ, ㄷ

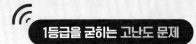
13 다음은 사람의 에너지 대사에 대한 세 학생의 의견이다.

활동 대사량에는 기초 대사량이 포함돼.

호흡 운동에 필요한 에너지양은 활동 대사량에 포함되지.

1일 대사량은 항상 활동 대사량보다 커.

학생 A   학생 B   학생 C

제시한 의견이 옳은 학생만을 있는 대로 고른 것은?

① A   ② B   ③ C
④ B, C   ⑤ A, B, C

14 그림 (가)는 A, B 지역에 사는 사람의 나이에 따른 1일 대사량을, (나)는 체중이 정상인 사람과 비만인 사람의 나이에 따른 1일 대사량을 나타낸 것이다.

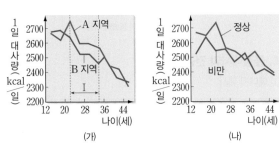

(가)   (나)

이에 대한 설명으로 옳은 것만을 〈보기〉에서 있는 대로 고른 것은?(단, A, B 지역에 사는 사람의 에너지 섭취량은 동일하다고 가정한다.)

┤ 보기 ├
ㄱ. 구간 I에서 비만 발생 가능성은 B 지역보다 A 지역에서 높다.
ㄴ. 구간 I에서 나이가 많을수록 A 지역과 B 지역에 사는 사람들의 에너지 소모량이 감소하는 경향을 보인다.
ㄷ. 체중이 정상인 사람은 비만인 사람보다 대체로 더 많은 양의 에너지를 소모한다.

① ㄱ   ② ㄴ   ③ ㄱ, ㄷ
④ ㄴ, ㄷ   ⑤ ㄱ, ㄴ, ㄷ

15 그림은 소장에서 흡수된 영양소가 세포 호흡에 이용되어 생성된 물질이 몸 밖으로 배출되는 과정을 나타낸 것이다. ㉠과 ㉡은 각각 지방과 아미노산 중 하나이고, (가)와 (나)는 각각 콩팥과 폐 중 하나이다.

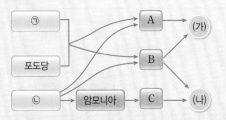

이에 대한 설명으로 옳은 것만을 〈보기〉에서 있는 대로 고른 것은?(단, A~C는 세포 호흡의 최종 분해 산물이다.)

┤ 보기 ├
ㄱ. A는 CO_2이다.
ㄴ. C를 구성하는 원소에 질소가 있다.
ㄷ. ㉡은 소장 융털의 암죽관으로 흡수된다.

① ㄱ   ② ㄷ   ③ ㄱ, ㄴ
④ ㄴ, ㄷ   ⑤ ㄱ, ㄴ, ㄷ

➡ 수능기출 변형

16 그림은 사람의 기관계 (가)~(다)와 순환계의 통합적 작용을, 표는 기관계 A~C에 속하는 기관의 예를 나타낸 것이다. A~C는 각각 (가)~(다) 중 하나이다.

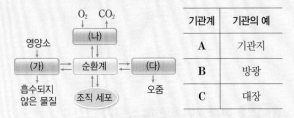

기관계	기관의 예
A	기관지
B	방광
C	대장

이에 대한 설명으로 옳은 것만을 〈보기〉에서 있는 대로 고른 것은?

┤ 보기 ├
ㄱ. A를 통해 요소가 배설된다.
ㄴ. (가)~(다)에서 모두 물질대사가 일어난다.
ㄷ. 간은 C에 속한다.

① ㄱ   ② ㄴ   ③ ㄷ
④ ㄴ, ㄷ   ⑤ ㄱ, ㄴ, ㄷ

핵심 정리 **Ⅱ 단원 마무리**

● 바른답·알찬풀이 15쪽

03 생명 활동과 에너지

1. 물질대사 생명체 내에서 물질을 합성하거나 분해하는 모든 화학 반응으로, (**1**   )이/가 관여한다.

동화 작용	저분자 물질로부터 고분자 물질을 합성하는 반응으로, 에너지가 흡수된다(흡열 반응). **예** 광합성, 단백질 합성
(**2**)	고분자 물질을 저분자 물질로 분해하는 반응으로, 에너지가 방출된다(발열 반응). **예** 세포 호흡, 소화

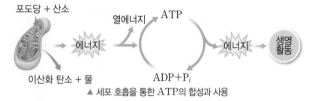

2. 에너지의 저장과 사용

① 세포 호흡: 세포에서 영양소를 분해하여 생명 활동에 필요한 에너지를 얻는 과정

② 세포 호흡과 에너지: 세포 호흡 과정에서 방출된 에너지의 일부는 ATP에 화학 에너지 형태로 저장되고, 나머지는 (**3**   )(으)로 방출된다.

③ (**4**   ): 생명 활동에 직접 사용되는 에너지 저장 물질

④ ATP의 사용: ATP가 ADP와 무기 인산으로 분해되면서 방출된 에너지는 근육 운동, 물질 합성, 체온 유지, 발성 등 여러 생명 활동에 사용된다.

▲ 세포 호흡을 통한 ATP의 합성과 사용

04 기관계의 통합적 작용과 건강

1. 영양소와 산소의 흡수와 이동

① 영양소의 소화와 흡수: (**5**   )에서 음식물 속의 영양소가 흡수 가능한 형태로 분해되며, 소화된 영양소는 소장에서 흡수된다.

② 산소의 흡수: 호흡계에서 세포 호흡에 필요한 산소를 흡수한다.

③ 영양소와 산소의 운반: 세포 호흡에 필요한 영양소와 산소는 순환계를 통해 조직 세포로 운반된다.

2. 노폐물의 생성과 배설

① 노폐물의 생성: 세포 호흡 결과 물, 이산화 탄소, 암모니아와 같은 노폐물이 생성된다.

② 노폐물의 배설: 세포 호흡 결과 생성된 노폐물은 (**6**   )에 의해 호흡계와 배설계로 운반되어 배출된다.

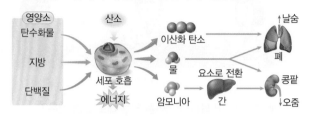

▲ 노폐물의 생성과 배설 과정

3. 기관계의 통합적 작용 세포 호흡을 통해 생명 활동에 필요한 에너지를 얻고, 세포 호흡 결과 생성된 노폐물을 제거하기 위해 소화계, 순환계, 호흡계, 배설계가 통합적으로 작용한다.

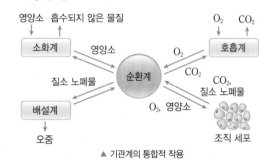

▲ 기관계의 통합적 작용

4. 물질대사와 건강

① 에너지 대사

(**7**)	체온 조절, 심장 박동, 혈액 순환, 호흡 운동과 같은 기본적인 생명 현상을 유지하는 데 필요한 최소한의 에너지양
(**8**)	기초 대사량 이외에 공부나 운동 등 다양한 활동을 하는 데 필요한 에너지양
음식물 섭취 시의 에너지 소모량	음식물이 소화, 흡수, 운반, 저장되는 과정에 필요한 에너지양
1일 대사량	• 우리 몸이 하루에 필요로 하는 에너지양 • 1일 대사량=기초 대사량+활동 대사량+음식물 섭취 시의 에너지 소모량

② 에너지 균형: 건강하게 생활하기 위해서는 음식물을 통한 에너지 섭취량과 활동을 통한 에너지 소모량이 균형을 이루어야 한다.

③ (**9**   ): 물질대사의 이상으로 발생하는 질환으로, 잘못된 생활 습관, 과도한 영양 섭취, 부족한 에너지 소모, 비만 등에 의해 발생한다.

예 당뇨병, 고지질 혈증(고지혈증), 고혈압, 지방간

∞ 03. 생명 활동과 에너지 30쪽

01 그림은 생명체에서 일어나는 물질대사를 나타낸 것이다. (가)와 (나)는 각각 동화 작용과 이화 작용 중 하나이다.

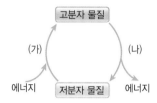

이에 대한 설명으로 옳은 것을 모두 고르면?(정답 2개)

① (가)는 이화 작용이다.

② 광합성은 (가)에 해당한다.

③ (나)는 에너지가 흡수되는 반응이다.

④ (가)와 (나)에는 모두 효소가 관여한다.

⑤ 여러 분자의 포도당이 결합하여 글리코젠으로 되는 반응은 (나)에 해당한다.

∞ 03. 생명 활동과 에너지 30쪽

02 그림은 어떤 세포 소기관 X에서 일어나는 물질대사 (가)를 나타낸 것이다. ㉠과 ㉡은 각각 이산화 탄소와 산소 중 하나이다.

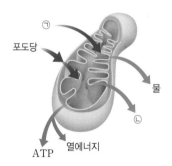

이에 대한 설명으로 옳은 것만을 〈보기〉에서 있는 대로 고른 것은?

┤ 보기 ├

ㄱ. X는 미토콘드리아이다.

ㄴ. (가)는 이화 작용에 해당한다.

ㄷ. (가)의 결과 포도당에 포함된 탄소는 모두 ㉡의 형태로 방출된다.

① ㄱ   ② ㄷ   ③ ㄱ, ㄴ

④ ㄴ, ㄷ   ⑤ ㄱ, ㄴ, ㄷ

∞ 03. 생명 활동과 에너지 30쪽

03 그림 (가)는 세포에서 일어나는 ATP의 합성과 분해를, (나)는 반응 경로에 따른 에너지 변화를 나타낸 것이다.

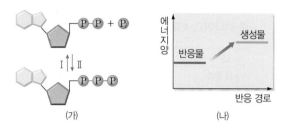

이에 대한 설명으로 옳은 것만을 〈보기〉에서 있는 대로 고른 것은?

┤ 보기 ├

ㄱ. 과정 Ⅰ에서 (나)와 같은 에너지 변화가 나타난다.

ㄴ. 과정 Ⅱ는 이화 작용이다.

ㄷ. 미토콘드리아에서 과정 Ⅱ가 일어난다.

① ㄴ   ② ㄷ   ③ ㄱ, ㄴ

④ ㄱ, ㄷ   ⑤ ㄱ, ㄴ, ㄷ

∞ 03. 생명 활동과 에너지 30쪽

04 그림은 화학 반응 A~C의 공통점과 차이점을, 표는 특징 ㉠~㉢을 순서 없이 나타낸 것이다. A~C는 각각 세포 호흡, 광합성, 연소 중 하나이다.

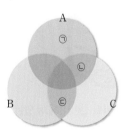

특징(㉠, ㉡, ㉢)

• 반응에 산소가 필요하다.

• 식물 세포에서만 일어난다.

• 효소에 의해 반응이 진행된다.

이에 대한 설명으로 옳은 것만을 〈보기〉에서 있는 대로 고른 것은?

┤ 보기 ├

ㄱ. A와 C는 모두 세포 내에서 일어난다.

ㄴ. B의 경우 반응물보다 생성물의 에너지양이 적다.

ㄷ. C는 식물 세포와 동물 세포에서 모두 일어난다.

① ㄱ   ② ㄷ   ③ ㄱ, ㄴ

④ ㄴ, ㄷ   ⑤ ㄱ, ㄴ, ㄷ

∞ 04. 기관계의 통합적 작용과 건강 **34**쪽

05 표는 서로 다른 용액 A~D에 각각 생콩즙을 넣기 전과 같은 양의 생콩즙을 넣고 **10**분이 지난 후 pH를 측정하여 그 변화를 나타낸 것이다. A와 B는 각각 증류수와 요소 용액 중 하나이고, C와 D는 각각 오줌과 보리차 중 하나이다.

용액	A	B	C	D
pH 변화	㉠	커짐.	변화 없음.	㉡

이에 대한 설명으로 옳은 것만을 〈보기〉에서 있는 대로 고른 것은?(단, 실험에 사용된 A~D의 양은 동일하다.)

┤ 보기 ├
ㄱ. A는 대조군이다.
ㄴ. B에서 암모니아의 농도는 생콩즙을 넣고 10분이 지난 후가 생콩즙을 넣기 전보다 높다.
ㄷ. ㉡은 '커짐.'이다.

① ㄱ   ② ㄴ   ③ ㄱ, ㄷ
④ ㄴ, ㄷ   ⑤ ㄱ, ㄴ, ㄷ

∞ 04. 기관계의 통합적 작용과 건강 **34**쪽

06 그림은 사람의 혈액 순환 경로를 나타낸 것이다. A~C는 각각 간, 콩팥, 폐 중 하나이고, ㉠과 ㉡은 혈관이다.

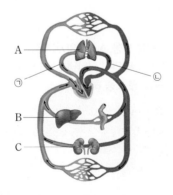

이에 대한 설명으로 옳은 것만을 〈보기〉에서 있는 대로 고른 것은?

┤ 보기 ├
ㄱ. A와 C는 물질대사 결과 생성된 노폐물의 배출에 관여한다.
ㄴ. B에서 동화 작용과 이화 작용이 모두 일어난다.
ㄷ. 혈액의 단위 부피당 이산화 탄소량은 ㉡에서가 ㉠에서보다 적다.

① ㄱ   ② ㄷ   ③ ㄱ, ㄴ
④ ㄴ, ㄷ   ⑤ ㄱ, ㄴ, ㄷ

∞ 04. 기관계의 통합적 작용과 건강 **34**쪽

07 그림은 사람의 기관계 A~D의 통합적 작용을 나타낸 것이다. A~D는 각각 순환계, 배설계, 소화계, 호흡계 중 하나이다.

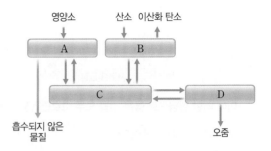

이에 대한 설명으로 옳은 것만을 〈보기〉에서 있는 대로 고른 것은?

┤ 보기 ├
ㄱ. A와 D에서 모두 물질대사가 일어난다.
ㄴ. 심장은 B를 구성하는 기관이다.
ㄷ. C는 이산화 탄소를 폐로 운반한다.

① ㄴ   ② ㄷ   ③ ㄱ, ㄴ
④ ㄱ, ㄷ   ⑤ ㄱ, ㄴ, ㄷ

∞ 04. 기관계의 통합적 작용과 건강 **34**쪽

08 그림은 성별과 나이에 따른 기초 대사량을 나타낸 것이다.

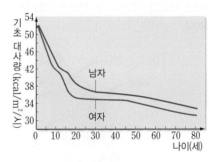

이에 대한 설명으로 옳은 것만을 〈보기〉에서 있는 대로 고른 것은?

┤ 보기 ├
ㄱ. 기초 대사량은 생명 현상을 유지하는 데 필요한 최소한의 에너지양이다.
ㄴ. 나이가 많아질수록 남자와 여자의 기초 대사량 차이는 계속 증가한다.
ㄷ. 70~80세에서 같은 나이일 때 기초 대사량은 여자가 남자보다 높다.

① ㄱ   ② ㄴ   ③ ㄷ
④ ㄱ, ㄷ   ⑤ ㄴ, ㄷ

09 표는 에너지 균형에 대한 학생 A~C의 의견을 나타낸 것이다.

학생	의견
A	체온 조절에 필요한 에너지양은 활동 대사량에 포함돼.
B	에너지 섭취량과 에너지 소모량의 균형 유지는 대사성 질환 예방에 도움이 돼.
C	음식물로 섭취한 에너지양보다 활동으로 소모한 에너지양이 많은 상태가 오래 지속되면 영양실조나 생장 장애 등이 나타날 수 있어.

제시한 의견이 옳은 학생만을 있는 대로 고른 것은?

① A   ② C   ③ A, B
④ B, C   ⑤ A, B, C

10 그림은 우리나라에서 연도별 당뇨병 진료 인원을, 자료는 어떤 당뇨병 환자 (가)의 증상을 나타낸 것이다.

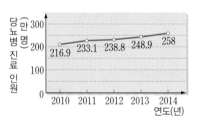

세포에서 인슐린을 인지하지 못해 세포가 포도당을 흡수하지 못한다.

이에 대한 설명으로 옳은 것만을 〈보기〉에서 있는 대로 고른 것은?

┤ 보기 ├
ㄱ. 2010~2014년에 당뇨병 환자가 꾸준히 증가하였다.
ㄴ. (가)에게 인슐린을 주사하면 증상을 완화할 수 있다.
ㄷ. 비만이나 생활 습관 때문에 당뇨병과 같은 대사성 질환이 발생할 수 있다.

① ㄴ   ② ㄷ   ③ ㄱ, ㄴ
④ ㄱ, ㄷ   ⑤ ㄱ, ㄴ, ㄷ

11 포도당을 이용한 세포 호흡 과정에서 일어나는 물질의 변화와 에너지의 출입을 물질대사와 관련지어 설명하시오.

12 그림은 폐포의 구조와 그 단면을 나타낸 것이다. ㉠과 ㉡은 각각 O_2와 CO_2 중 하나이다.

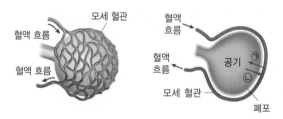

(1) ㉠과 ㉡은 각각 무엇인지 쓰시오.

(2) 폐포와 폐포를 둘러싼 모세 혈관 사이에서 ㉠과 ㉡이 이동하는 원리와, 이 과정에서 ATP의 에너지가 사용되는지의 여부를 설명하시오.

13 음주 측정기는 사람이 내쉬는 공기 속에 들어 있는 알코올의 양을 측정해 혈중 알코올 농도를 알아내는 기구이다. 혈액 속의 알코올 농도를 사람이 내쉬는 공기를 통해 알아낼 수 있는 까닭을 기관계의 통합적 작용과 관련지어 설명하시오.

경주 최부자 집의 원칙

○ 과거를 보되 진사 이상은 하지 말라.
　– 높은 벼슬에 올랐다가 정쟁에 휘말려 집안이 화를 당할 수 있다.

○ 재산은 만 석 이상 모으지 말라.
　– 지나친 욕심은 화를 부른다. 만 석 이상의 재산은 아낌없이 베풀어야 한다.

○ 나그네를 후하게 대접하라.
　– 누가 와도 넉넉히 대접하여 푸근한 인심을 느끼게 하고 길을 나서게 한다.

○ 흉년에 남의 논밭을 사들이지 말라.
　– 먹을 것이 없어 싼 값에 내 놓은 논밭을 사들여 그들을 원통케 해서는 안 된다.

○ 사방 백 리 안에 굶어 죽는 이가 없게 하라.
　– 특히 흉년에는 양식을 이웃에 베풀어야 한다.

경주시 교동에 가면 아흔아홉 칸 대저택의 흔적이 남아 있는 최부자 집의 가옥을 만날 수 있습니다. '부자 3대를 못 간다'는 말을 비웃듯 최부자 집은 12대에 걸쳐 약 300년 동안 부를 누렸습니다. 사람들은 이렇게 긴 시간, 그 부를 유지할 수 있는 비결로 근검절약과 베품, 중용, 의로움을 꼽았습니다.

1대 최진립은 임진왜란 때 의병을 일으켰으며, 병자호란 때 적과 싸우다 전사했습니다. 12대 최준은 일제 강점기에 백산상회를 설립하며 막대한 독립 자금을 제공하다 일본 경찰에 모진 고문을 당했습니다. 그리고 전 재산을 교육 사업(현 대구대학교)에 희사하며 교육으로써 나라를 바로 세우는 데 공헌하고자 했습니다.

오늘날 경주 최부자집은 한국의 노블레스 오블리주*를 실천한 대표적인 집안으로 손꼽힙니다.

*노블레스 오블리주: 높은 사회적 신분에 상응하는 도덕적 책임이나 의무

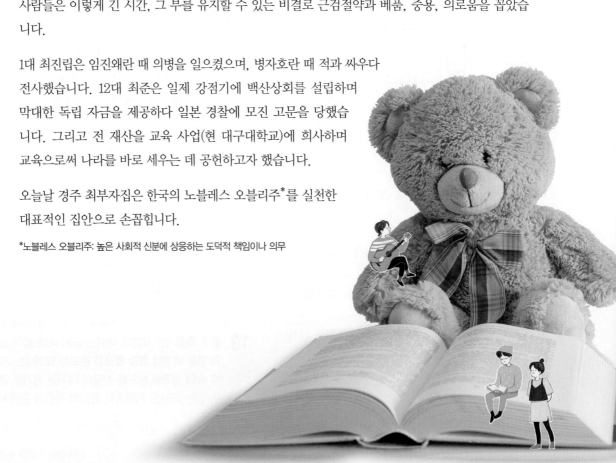

III 항상성과 몸의 조절

중요한 부분은 밑줄 쫙쫙!

이 단원에서는 신경계를 통한 흥분의 전도와 전달 및 근육 수축의 원리를 이해하고, 항상성 유지를 위해 우리 몸에서 일어나는 다양한 조절 작용을 신경계와 내분비계의 작용과 관련지어 알아본다. 또, 질병을 일으키는 병원체와 우리 몸의 방어 작용을 알아본다.

III. 항상성과 몸의 조절

05 흥분의 전도와 전달

한눈에 😎 정리하는 출제 경향

• 막전위 변화 그래프 이해하기
• 흥분의 전도와 전달 비교하기
• 근육 수축 과정 이해하기

핵심 개념
뉴런, 흥분 전도, 흥분 전달, 근육 수축

1 뉴런(신경 세포)   자료 분석 특강 58쪽 A

1 뉴런의 구조 ┌ 감각기와 중추, 중추와 반응기 사이에 정보를 전달하고, 자극을
└ 판단하여 명령을 내리는 역할을 하는 기관계이다.

① 뉴런: 신경계를 구성하는 기본 단위인 세포로, 자극을 특정한 신호로 바꾸어 전달한다.

② 뉴런의 구조: 대부분의 뉴런은 신경 세포체, 가지 돌기, 축삭 돌기로 구성된다.

신경 세포체	• 핵과 여러 세포 소기관이 있는 세포질로 이루어져 있다. • 뉴런의 생장과 물질대사에 관여한다.
가지 돌기	신경 세포체에서 뻗어 나온 짧은 돌기로, 다른 세포나 뉴런으로부터 신호를 받아들인다.
축삭 돌기	• 신경 세포체에서 뻗어 나온 긴 돌기로, 다른 세포나 뉴런으로 신호를 전달한다. • 말이집: 슈반 세포의 세포막이 길게 늘어나 축삭 돌기를 여러 겹으로 싸고 있는 것으로, 전기 신호를 차단하는 절연체 역할을 한다.[1] • 랑비에 결절: 말이집 신경에서 말이집과 말이집 사이에 축삭이 노출된 부분이다.

가지 돌기에서 받아들인 신호는 축삭 돌기를 따라 이동하여 축삭 돌기 말단에 이른다.

2 뉴런의 종류

① 말이집의 유무에 따른 구분: 축삭 돌기가 말이집으로 싸여 있는 말이집 신경과 말이집으로 싸여 있지 않은 민말이집 신경으로 구분한다.[2]

② 기능에 따른 구분: 구심성 뉴런, 연합 뉴런, 원심성 뉴런으로 구분한다.

구심성 뉴런	감각기에서 받아들인 신호를 중추 신경계로 전달한다. 예 감각 뉴런
연합 뉴런	중추 신경계를 구성하며, 구심성 뉴런에서 전달받은 정보를 통합하여 원심성 뉴런으로 적절한 반응 명령을 내린다.
원심성 뉴런	중추 신경계에서 나온 신호를 반응기로 전달한다. 예 운동 뉴런, 자율 신경

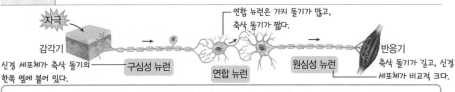

신호 전달 경로: 자극 → 감각기 → 구심성 뉴런 → 연합 뉴런 → 원심성 뉴런 → 반응기

2 흥분 전도   자료 분석 특강 58쪽 B, 59쪽 C

1 휴지 전위 상태일 때의 뉴런

① 휴지 전위: 뉴런이 자극을 받지 않을 때 나타나는 막전위로, 약 −70 mV이다.

② 분극: 휴지 전위가 나타날 때 뉴런의 세포막을 경계로 안쪽은 상대적으로 음(−)전하를, 바깥쪽은 양(+)전하를 띠는 현상이다. 분극은 주로 세포막을 경계로 Na^+과 K^+이 불균등하게 분포하기 때문에 나타난다.

┌─ **휴지 전위 상태일 때의 이온 분포** ─┐

세포막을 경계로 농도 차이가 생겨 Na^+은 세포 안으로, K^+은 세포 밖으로 확산하려고 한다.

• Na^+-K^+ 펌프가 Na^+을 세포 밖으로, K^+을 세포 안으로 이동시켜 Na^+은 세포 안보다 밖에 많고, K^+은 세포 밖보다 안에 많다.[3]

• Na^+은 열려 있는 Na^+ 통로가 매우 적어 세포 안으로 거의 들어오지 못하지만, K^+은 열려 있는 K^+ 통로를 통해 일부가 세포 밖으로 나갈 수 있다.

→ 세포막의 안쪽보다 바깥쪽에 상대적으로 양이온이 많아져 분극 상태가 된다.

plus 개념

❶ 슈반 세포

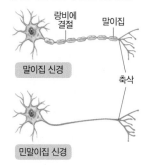

축삭 돌기에 영양분을 공급하고, 말이집 형성에 관여한다.

❷ 말이집 신경과 민말이집 신경

❸ Na^+-K^+ 펌프

세포막에 존재하는 단백질로, 에너지(ATP)를 소모하면서 Na^+과 K^+을 운반하여 Na^+과 K^+의 불균등 분포를 유지하도록 해 준다.

2 흥분의 발생과 막전위 변화

① 흥분: 뉴런이 자극을 받아 세포막의 전기적 특성이 변하는 현상

② 흥분의 발생: 분극 → 탈분극 → 재분극 순으로 일어난다.

활동 전위가 발생하면 세포막의 안쪽은 양(+)전하를, 바깥쪽은 음(−)전하를 띤다.

탈분극	뉴런이 자극을 받으면 Na^+ 통로가 열려 세포 밖에 있던 Na^+이 세포 안으로 확산하여 막전위가 상승하는 현상이다.
급격한 막전위 상승	막전위가 역치 전위를 넘으면 Na^+ 통로가 대부분 열려 Na^+이 세포 안으로 대량 유입되므로 막전위가 급격히 상승하여 활동 전위가 발생한다.❹
재분극	• 막전위의 상승이 끝나는 시점에서 대부분의 Na^+ 통로가 닫히고, K^+ 통로가 열려 세포 안의 K^+이 세포 밖으로 대량 유출되어 막전위가 급격히 하강하는 현상이다. • 재분극이 일어날 때 K^+ 통로가 천천히 닫혀 막전위가 휴지 전위보다 낮아지는 과분극이 나타난다.
이온의 재배치	K^+ 통로가 모두 닫히고, Na^+-K^+ 펌프의 작용으로 이온이 재배치되어 분극 상태로 돌아간다.

❸ 대부분의 Na^+ 통로가 열려 Na^+이 대량으로 유입되어 막전위가 급격히 상승한다.

❷ 자극을 받으면 일부 Na^+ 통로가 열리고 Na^+이 유입되어 막전위가 상승한다.

❶ 자극을 받지 않았을 때는 Na^+ 통로와 대부분의 K^+ 통로가 닫혀 있고, 휴지 전위가 유지된다.

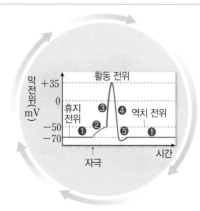

TIP
탈분극은 Na^+의 유입, 재분극은 K^+의 유출에 의해 일어난다.

❹ Na^+ 통로가 닫히고 K^+ 통로가 열려 K^+이 유출되어 막전위가 하강한다.

❺ 일부 열려 있는 K^+ 통로를 통해 K^+이 유출되어 막전위가 휴지 전위보다 낮아지지만, 곧 휴지 전위로 돌아간다.

자극의 세기가 강할수록 활동 전위의 발생 빈도가 증가하며, 자극의 세기에 관계없이 활동 전위의 크기는 일정하다.

3 흥분 전도 한 뉴런 내에서 흥분이 축삭 돌기를 따라 이동하는 과정 축삭 돌기의 지름이 클수록 흥분 전도 속도가 빠르다.

흥분 전도 방향 →

① 흥분 전도 과정

• 자극을 받아 활동 전위가 발생한 부위에서 세포 안으로 유입된 Na^+은 옆으로 확산한다.

• 확산한 Na^+에 의해 그 부위에서 탈분극이 일어나 새로운 활동 전위가 발생하고, 활동 전위가 발생했던 부위는 K^+이 유출되어 재분극된다.

• 활동 전위가 축삭 돌기를 따라 연속으로 발생하여 흥분이 전도된다.

▲ 흥분 전도 과정

② 도약전도: 말이집 신경에서는 랑비에 결절에서만 활동 전위가 발생하므로 랑비에 결절에서 다음 랑비에 결절로 흥분이 전도되는 도약전도가 일어난다.❺

확인 문제 ❶❷	**1** ( )은/는 신경계를 구성하는 기본 단위인 세포이다.
	2 뉴런이 휴지 전위 상태일 때 세포막 안쪽은 ( )전하, 바깥쪽은 ( )전하를 띤다.
	3 뉴런이 자극을 받으면 Na^+ 통로가 열려 세포 밖에 있던 Na^+이 세포 안으로 확산하여 막전위가 상승하는 재분극이 일어난다. (◯, ×)
	4 한 뉴런 내에서 흥분이 축삭 돌기를 따라 이동하는 과정을 ( )(이)라고 한다.

---

plus 개념

✱ **Na^+ 통로와 K^+ 통로**
항상 열려 있는 통로와 자극에 따라 열리고 닫히는 개폐성 통로가 있으며, 이들 통로를 통한 이온의 이동은 확산에 의해 일어난다.

❹ **활동 전위**
휴지 전위 상태의 뉴런에 흥분이 발생했을 때 나타나는 막전위의 급격하고 일시적인 변화이다. 활동 전위가 발생하면 막전위가 약 $+35\,mV$까지 상승한다.

오해하지마!

뉴런에서 활동 전위가 발생할 때 Na^+과 K^+이 이온 통로를 통해 확산하더라도 Na^+ 농도는 세포 안보다 밖이, K^+ 농도는 세포 밖보다 안이 항상 높다.

❺ **도약전도**

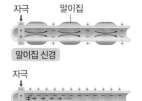

말이집 신경에서는 랑비에 결절에서만 탈분극이 일어나고, 민말이집 신경에서는 축삭 돌기 전체에서 탈분극이 일어난다.

→ 흥분 전도 속도는 말이집 신경이 민말이집 신경보다 빠르다.

용어 돋보기

• **절연체**(끊을 絕, 가장자리 緣, 몸 體): 열이나 전기를 전달하지 않는 물체이다.

• **막전위**(막 膜, 번개 電, 자리 位): 뉴런의 세포막을 경계로 나타나는 세포 안과 밖의 전위차이다.

• **역치**(문지방 閾, 값 値): 뉴런이 활동 전위를 일으킬 수 있는 최소한의 자극의 세기이다.

05 흥분의 전도와 전달

3 흥분 전달
시냅스에서의 흥분 전달은 화학 물질의 확산에 의해 일어나므로 전기적 신호에 의한 흥분 전도보다 속도가 느리다.

한 뉴런의 흥분이 시냅스를 통해 다른 세포나 뉴런으로 전달되는 과정이다.

흥분 전달 과정
❶ 활동 전위가 축삭 돌기 말단에 도달한다.
❷ 시냅스 소포가 시냅스 쪽의 세포막과 융합한다.
❸ 시냅스 소포 안에 들어 있던 신경 전달 물질이 시냅스 틈으로 분비된다.[6]
❹ 신경 전달 물질이 시냅스 이후 뉴런의 세포막에 있는 수용체에 결합하면 시냅스 이후 뉴런이 탈분극되고 활동 전위가 발생한다.[7]

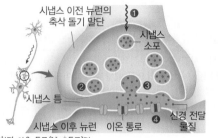
시냅스 이전 뉴런의 축삭 돌기 말단 / 시냅스 소포 / 시냅스 틈 / 시냅스 이후 뉴런 / 이온 통로 / 신경 전달 물질

신경 전달 물질이 수용체에 결합하면 이온 통로(Na^+통로)가 열려 이온(Na^+)이 시냅스 이후 뉴런으로 유입된다.

4 근육 수축 자료 분석 특강 59쪽 D
혈관, 신경, 근육 섬유 다발 등이 모여 이루어진 기관이다.

1 골격근의 구조 여러 개의 근육 섬유 다발로 구성되어 있고, 각 근육 섬유는 여러 개의 근육 원섬유 다발로 이루어져 있다.
① 근육 섬유: 근육 수축을 담당하는 세포로, 여러 개의 핵을 가지고 있다.
② 근육 원섬유: 가는 액틴 필라멘트와 굵은 마이오신 필라멘트로 구성되어 있으며, 근육 원섬유 마디가 반복적으로 나타난다. A대(암대)와 I대(명대)가 반복되는 가로무늬가 나타난다.

골격근 / 근육 섬유 다발 / 마이오신 필라멘트 / 근육 원섬유 / 근육 섬유 / 액틴 필라멘트
▲ 골격근의 구조

2 근육 수축의 원리(활주설) 액틴 필라멘트가 마이오신 필라멘트 사이로 미끄러져 들어가 근육 원섬유 마디가 짧아지면서 근육 수축이 일어나며, 에너지(ATP)가 소모된다.[8]

근육 수축 시 근육 원섬유 마디의 변화

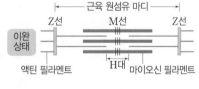
근육 원섬유 마디 / Z선 / M선 / Z선 / 이완 상태 / 액틴 필라멘트 / H대 / 마이오신 필라멘트
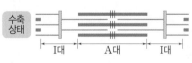
수축 상태 / I대 / A대 / I대

I대 (명대)	액틴 필라멘트만 있어 밝게 보이는 부분
A대 (암대)	마이오신 필라멘트가 있어 어둡게 보이는 부분 액틴 필라멘트와 일부 겹쳐 있다.
H대	마이오신 필라멘트만 있는 부분
Z선	근육 원섬유 마디와 마디를 구분하는 경계선
M선	근육 원섬유 마디의 중심부에 있는 선

• 근육 수축 시 액틴 필라멘트와 마이오신 필라멘트의 길이는 변화가 없고, 액틴 필라멘트와 마이오신 필라멘트가 겹치는 부분이 늘어나 근육 원섬유 마디가 짧아진다.
• 근육 수축 시 A대의 길이는 변화가 없지만, I대와 H대의 길이는 모두 짧아진다.
  =마이오신 필라멘트의 길이

확인 문제 [3][4]

5 축삭 돌기 말단까지 전도된 흥분이 시냅스를 통해 다른 세포로 전달되는 과정을 흥분 전달이라고 한다. (○, ×)

6 근육 원섬유는 가는 (   ) 필라멘트와 굵은 (   ) 필라멘트로 구성되어 있다.

7 근육이 수축할 때 근육 원섬유 마디, A대, H대, I대의 길이는 모두 짧아진다.(○, ×)

---

plus 개념

6 신경 전달 물질
뉴런의 축삭 돌기 말단에서 분비되는 화학 물질로, 다른 뉴런이나 기관에 정보를 전달한다.
예 아세틸콜린, 노르에피네프린, 도파민, 세로토닌

7 흥분 전달의 방향성
시냅스 소포는 시냅스 이전 뉴런의 축삭 돌기 말단에 있고, 신경 전달 물질의 수용체는 시냅스 이후 뉴런의 신경 세포체나 가지 돌기에 있으므로 흥분은 시냅스 이전 뉴런의 축삭 돌기 말단에서 시냅스 이후 뉴런의 신경 세포체나 가지 돌기 쪽으로만 전달된다.

✳ 약물이 인체에 미치는 영향
• 각성제: 신경을 흥분시켜 호흡 운동과 심장 박동을 빠르게 하고, 긴장 상태를 유지시키는 각성 효과가 있다.
  예 카페인, 니코틴, 코카인
• 진정제: 신경의 흥분을 억제하여 호흡 운동과 심장 박동을 느리게 하고, 긴장과 통증을 완화하는 진정 효과가 있다.
  예 수면제, 알코올
• 환각제: 인지 작용과 의식을 변화시켜 공포, 불안 등을 증가시킨다.
  예 대마초, 뷰테인 가스, LSD

8 근육 수축의 신호
근육 섬유에는 운동 뉴런이 시냅스를 통해 연결되어 있는데, 이 운동 뉴런의 말단에서 분비된 아세틸콜린이 근육 섬유의 세포막에 있는 수용체에 결합해 활동 전위가 발생하면 근육 수축이 일어난다.

용어 돋보기
• **시냅스**(Synapse): 한 뉴런의 축삭 돌기 말단이 다른 뉴런이나 근육과 좁은 틈을 사이에 두고 접해 있는 부위이다.

1 뉴런(신경 세포)

01 뉴런의 구조와 기능에 대한 설명으로 옳지 <u>않은</u> 것은?

① 신경계를 구성하는 기본 단위이다.
② 신경 세포체는 핵과 세포질로 이루어져 있다.
③ 신경 세포체, 가지 돌기, 축삭 돌기로 구성된다.
④ 가지 돌기는 다른 뉴런에서 오는 신호를 받아들인다.
⑤ 축삭 돌기에서 절연체 역할을 하는 부위는 랑비에 결절이다.

(P)중요

02 그림은 어떤 뉴런의 구조를 나타낸 것이다.

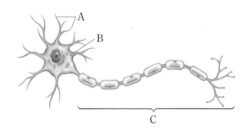

이에 대한 설명으로 옳은 것만을 〈보기〉에서 있는 대로 고른 것은?

┌ 보기 ┐
ㄱ. A는 다른 뉴런으로부터 신호를 받아들인다.
ㄴ. B는 뉴런의 생장과 물질대사에 관여한다.
ㄷ. C는 축삭 돌기이다.

① ㄱ   ② ㄷ   ③ ㄱ, ㄴ
④ ㄴ, ㄷ   ⑤ ㄱ, ㄴ, ㄷ

(✎)서술형

03 그림은 어떤 뉴런의 구조를 나타낸 것이다.

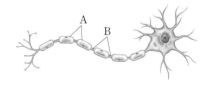

A와 B의 이름을 쓰고, A와 B가 구조적으로 어떤 차이가 있는지 슈반 세포와 관련지어 설명하시오.

04 뉴런의 종류에 대한 설명으로 옳지 <u>않은</u> 것은?

① 연합 뉴런은 구심성 뉴런과 원심성 뉴런을 연결한다.
② 기능에 따라 구심성 뉴런, 연합 뉴런, 원심성 뉴런으로 구분한다.
③ 구심성 뉴런은 중추 신경계에서 나온 신호를 반응기로 전달한다.
④ 감각 뉴런은 구심성 뉴런에, 운동 뉴런은 원심성 뉴런에 해당한다.
⑤ 신호 전달은 구심성 뉴런 → 연합 뉴런 → 원심성 뉴런 순으로 일어난다.

2 흥분 전도

(P)중요

05 뉴런이 분극 상태일 때의 이온 분포와 관련된 설명으로 옳지 <u>않은</u> 것은?

① 세포막을 경계로 Na^+과 K^+이 불균등하게 분포한다.
② K^+은 열려 있는 K^+ 통로를 통해 일부가 세포 밖으로 확산된다.
③ 세포막을 경계로 안쪽은 음(-)전하를, 바깥쪽은 양(+)전하를 띤다.
④ Na^+-K^+ 펌프는 Na^+을 세포 안으로, K^+을 세포 밖으로 이동시킨다.
⑤ Na^+은 열려 있는 Na^+ 통로가 매우 적어 세포 안으로 거의 들어오지 못한다.

(✎)서술형

06 표는 어떤 뉴런이 분극 상태일 때 세포막 안팎의 이온 ㉠과 ㉡의 농도를 나타낸 것이다. ㉠과 ㉡은 각각 Na^+과 K^+ 중 하나이다.

구분	세포 밖	세포 안
㉠의 농도	5 mM	150 mM
㉡의 농도	150 mM	10 mM

㉠과 ㉡이 각각 무엇인지 쓰고, 세포막을 경계로 ㉠과 ㉡이 불균등하게 분포하는 까닭을 Na^+-K^+ 펌프와 관련지어 설명하시오.

07 그림은 어떤 뉴런의 한 지점에 역치 이상의 자극을 1회 주었을 때의 막전위 변화를 나타낸 것이다. **중요**

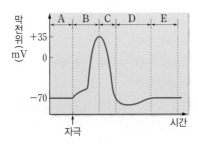

이에 대한 설명으로 옳은 것은?

① 구간 A에서는 세포막을 통한 이온의 출입이 일어나지 않는다.

② 구간 B에서 Na^+이 세포 밖으로 확산한다.

③ 구간 C에서 대부분의 K^+ 통로가 닫혀 막전위가 하강한다.

④ 구간 D에서 막전위가 -70 mV 이하로 내려가는 것은 K^+이 세포 안으로 이동하기 때문이다.

⑤ 구간 E에서는 세포막의 안쪽이 음($-$)전하를, 바깥쪽이 양($+$)전하를 띤다.

08 그림은 흥분의 발생 과정에서 일어나는 이온의 이동을 나타낸 것이다.

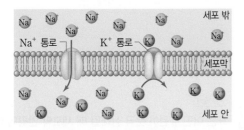

이와 같은 이온의 이동이 일어날 때에 대한 설명으로 옳은 것은?

① 막전위가 상승하는 탈분극이 일어난다.

② 막전위가 하강하는 재분극이 일어난다.

③ 막전위가 -70 mV인 분극 상태를 유지한다.

④ 막전위가 휴지 전위보다 낮아지는 과분극이 일어난다.

⑤ 세포막의 안쪽보다 바깥쪽에 상대적으로 양이온이 많이 존재한다.

09 흥분 전도에 대한 설명으로 옳지 <u>않은</u> 것은?

① 활동 전위가 축삭 돌기를 따라 연속으로 발생함으로써 흥분이 전도된다.

② 뉴런의 한 지점에서 발생한 흥분이 축삭 돌기를 따라 이동하는 과정이다.

③ 흥분 전도 시 발생하는 활동 전위의 크기는 자극의 세기에 따라 달라진다.

④ 뉴런의 한 지점에서 활동 전위가 발생하면 이웃한 부위에서 연속으로 탈분극이 일어난다.

⑤ 활동 전위가 발생한 부위에서 세포 안으로 유입된 Na^+은 옆으로 확산하여 탈분극이 일어나게 한다.

10 그림 (가)는 어떤 뉴런의 구조를, (나)는 이 뉴런의 지점 Ⅰ에 자극을 주었을 때 지점 Ⅱ에서 시간의 경과에 따른 이온 분포를 나타낸 것이다.

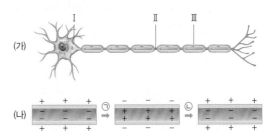

이에 대한 설명으로 옳은 것만을 〈보기〉에서 있는 대로 고른 것은?(단, 이 뉴런의 축삭 돌기 말단까지 흥분 전도가 일어났다.)

| 보기 |
ㄱ. 흥분이 전도되어 지점 Ⅲ에서 활동 전위가 발생한다.

ㄴ. ㉠ 과정에서 K^+이 K^+ 통로를 통해 세포 밖으로 확산하였다.

ㄷ. ㉡ 과정에서 막전위가 하강하였다.

① ㄴ   ② ㄷ   ③ ㄱ, ㄴ

④ ㄱ, ㄷ   ⑤ ㄱ, ㄴ, ㄷ

3 흥분 전달

11 다음은 흥분 전달에 대한 세 학생의 의견이다.

학생 A: 뉴런의 축삭 돌기 말단에 도달한 흥분이 시냅스를 통해 다른 뉴런으로 전달되는 과정이야.

학생 B: 한 뉴런의 축삭 돌기 말단에서 다른 뉴런의 신경 세포체나 가지 돌기 쪽으로만 진행돼.

학생 C: 시냅스 이후 뉴런의 세포막에는 신경 전달 물질과 결합하는 수용체가 존재해.

제시한 의견이 옳은 학생만을 있는 대로 고른 것은?

① A   ② B   ③ A, C
④ B, C   ⑤ A, B, C

중요

12 그림은 시냅스에서 일어나는 흥분 전달 과정을 나타낸 것이다.

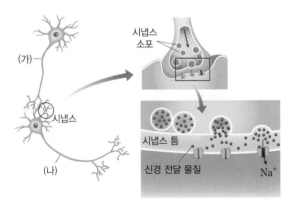

이에 대한 설명으로 옳지 <u>않은</u> 것은?

① (가)는 시냅스 이전 뉴런, (나)는 시냅스 이후 뉴런이다.
② (나)에서 (가) 방향으로는 흥분 전달이 일어나지 않는다.
③ 신경 전달 물질에 의해 (나)에서 탈분극이 일어나 활동 전위가 발생한다.
④ 시냅스 소포는 (가)의 가지 돌기 말단에, 신경 전달 물질의 수용체는 (나)의 축삭 돌기 말단에 있다.
⑤ 흥분이 축삭 돌기 말단에 도달하면 시냅스 소포에 들어 있는 신경 전달 물질이 시냅스 틈으로 분비된다.

4 근육 수축

중요

13 근육 수축에 대한 설명으로 옳지 <u>않은</u> 것은?

① 근육 수축이 일어나면 근육 원섬유 마디가 짧아진다.
② 근육 수축이 일어나면 A대, I대, H대의 길이는 모두 짧아진다.
③ 근육 수축 시 일어나는 근육 원섬유 마디의 변화는 활주설로 설명할 수 있다.
④ 근육 수축이 일어나면 마이오신 필라멘트와 액틴 필라멘트가 겹치는 부분이 늘어난다.
⑤ 운동 뉴런의 축삭 돌기 말단에서 분비되는 아세틸콜린에 의해 근육 수축이 일어난다.

[14~15] 그림은 이완 상태에 있는 근육 원섬유 마디 X의 구조를 나타낸 것이다. ㉠과 ㉡은 각각 액틴 필라멘트와 마이오신 필라멘트 중 하나이다. 물음에 답하시오.

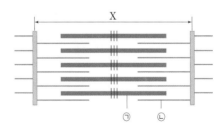

14 ㉠과 ㉡의 이름을 각각 쓰시오.

서술형

15 근육이 수축할 때 일어나는 X의 길이 변화를 ㉠과 ㉡을 이용하여 설명하시오.

실력을 올리는 실전 문제와
함께 보면 더 좋아요!

A 뉴런의 종류와 신호 전달 경로

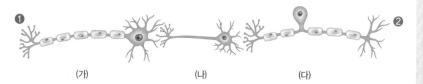

(가)　　　　　　　　(나)　　　　　　　　(다)

❶ 원심성 뉴런인 (가)의 축삭 돌기는 반응기와 연결되어 있다.

❷ 구심성 뉴런인 (다)의 가지 돌기는 감각기와 연결되어 있다.

① 뉴런의 종류 구분하기

• (가)는 말이집이 있는 축삭 돌기가 길게 발달되어 있는 원심성 뉴런이고, (다)는 신경 세포체가 축삭 돌기의 한쪽 옆에 붙어 있는 구심성 뉴런이다.

• (나)는 원심성 뉴런(가)과 구심성 뉴런(다)을 연결하는 연합 뉴런이다.

구심성 뉴런	감각기에서 받아들인 신호를 중추 신경계로 전달한다. 예 감각 뉴런
연합 뉴런	중추 신경계를 구성하며, 구심성 뉴런에서 전달받은 정보를 통합하여 원심성 뉴런으로 적절한 반응 명령을 내린다.
원심성 뉴런	중추 신경계에서 나온 신호를 반응기로 전달한다. 예 운동 뉴런, 자율 신경

② 신호 전달 경로: 감각기 → 구심성 뉴런(다) → 연합 뉴런(나) → 원심성 뉴런(가) → 반응기

실력을 올리는 실전 문제　찾아가기

• 뉴런의 종류와 신호 전달 경로를 묻는 문제_01

B 뉴런의 이온 분포와 막전위 변화

그림 (가)는 어떤 뉴런에서 분극 상태일 때 세포막 안팎의 이온 분포를, (나)는 이 뉴런에 역치 이상의 자극을 주었을 때의 막전위 변화를 나타낸 것이다.

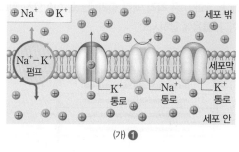

(가) ❶

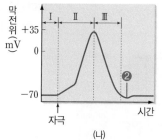

(나)

❶ Na^+-K^+ 펌프가 Na^+은 세포 밖으로, K^+은 세포 안으로 이동시키며, 열려 있는 K^+ 통로를 통해 일부 K^+이 세포 밖으로 이동하므로 세포막의 안쪽보다 바깥쪽에 상대적으로 양이온이 더 많다.

❷ 재분극이 일어날 때 K^+ 통로가 천천히 닫혀 막전위가 휴지 전위보다 낮아지는 과분극이 나타난다.

① (가) 분극 상태일 때의 이온 분포 이해하기

• Na^+-K^+ 펌프가 에너지(ATP)를 소모하면서 Na^+은 세포 밖으로, K^+은 세포 안으로 이동시킨다. → 세포막을 경계로 농도 차이가 생겨 Na^+은 세포 안으로, K^+은 세포 밖으로 확산하려고 한다.

• Na^+은 열려 있는 Na^+ 통로가 매우 적어 세포 안으로 거의 들어오지 못하지만, K^+은 열려 있는 K^+ 통로를 통해 일부가 세포 밖으로 확산한다. → 세포막의 안쪽보다 바깥쪽에 상대적으로 양이온이 많아 안쪽은 음(−)전하를, 바깥쪽은 양(+)전하를 띤다.

② (나) 막전위 변화 그래프 해석하기

• 구간 Ⅰ: 뉴런이 자극을 받기 전이므로 약 −70 mV의 휴지 전위를 나타낸다. → 분극
→ (가)는 구간 Ⅰ에서의 이온 분포이다.

• 구간 Ⅱ: 뉴런이 역치 이상의 자극을 받으면 대부분의 Na^+ 통로가 열려 세포 밖의 Na^+이 세포 안으로 대량 확산하여 막전위가 약 +35 mV까지 상승하는 활동 전위가 발생한다. → 탈분극

• 구간 Ⅲ: 막전위의 상승이 끝나는 시점에서 대부분의 Na^+ 통로가 닫히고, K^+ 통로가 열려 세포 안의 K^+이 세포 밖으로 대량 확산하여 막전위가 하강한다. → 재분극

실력을 올리는 실전 문제　찾아가기

• 이온의 막 투과도와 흥분의 발생 과정을 관련짓는 문제_02
• 막전위 변화 그래프의 각 구간에서의 이온 이동을 묻는 문제_03

C 흥분 전도와 흥분 전달

그림 (가)는 여러 종류의 신경 A~D를, (나)는 A~D의 P 지점에 역치 이상의 자극을 동시에 1회씩 준 후 Q 지점에서 측정한 막전위 변화를 나타낸 것이다.

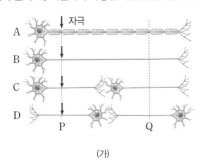

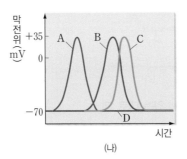

(가)   (나)

① A와 B의 흥분 전도 속도 비교하기: A는 말이집 신경, B는 민말이집 신경이다. ❶
　→ 말이집 신경의 흥분 전도 속도는 민말이집 신경보다 빠르므로 B의 Q 지점보다 A의 Q 지점에서 먼저 활동 전위가 발생한다.

② 흥분 전도와 흥분 전달 비교하기 ❷
　• 흥분 전달은 화학 물질의 확산에 의해 일어나므로 전기적 신호에 의한 흥분 전도보다 속도가 느리다.
　• C는 2개의 뉴런이 시냅스를 이루고 있으므로 P 지점에서 발생한 흥분이 Q 지점에 도달하기 위해 흥분 전도와 흥분 전달이 모두 일어나야 한다.
　→ C의 Q 지점보다 B의 Q 지점에서 먼저 활동 전위가 발생한다.

③ 흥분 전달의 방향성 이해하기 ❸
　• 흥분은 시냅스 이전 뉴런의 축삭 돌기 말단에서 시냅스 이후 뉴런의 신경 세포체나 가지 돌기 쪽으로만 전달된다.
　• D의 P 지점은 시냅스 이후 뉴런의 한 지점이므로 P 지점에서 발생한 흥분은 시냅스 이전 뉴런의 Q 지점으로 전달되지 않는다. → D의 Q 지점에서는 활동 전위가 발생하지 않는다.

❶ A는 도약전도가 일어나는 말이집 신경, B는 민말이집 신경이다. → 흥분 전도 속도는 말이집 신경(A)에서가 민말이집 신경(B)에서보다 빠르다.

❷ 흥분 전달 속도는 뉴런에서의 흥분 전도 속도보다 느리므로 시냅스가 없는 B가 시냅스가 있는 C보다 흥분 이동 속도가 빠르다.

❸ 흥분은 시냅스 이전 뉴런에서 시냅스 이후 뉴런 쪽으로만 전달된다. → C에서는 흥분 전달이 일어나지만, D에서는 흥분 전달이 일어나지 않는다.

실력을 올리는 실전 문제 찾아가기
• 각 지점에서 측정한 막전위를 통해 흥분 전도 과정을 묻는 문제_04, 05, 13
• 흥분 전달 과정과 방향성을 묻는 문제_08, 09

D 근육 원섬유 마디의 구조와 근육 수축

그림은 근육 원섬유 마디 X의 구조를, 표는 근육 수축 과정의 두 시점 t_1과 t_2에서 X의 부위별 길이(μm)를 나타낸 것이다.

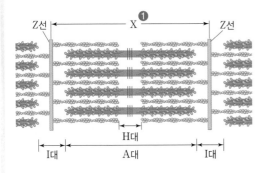

시점	t_1	t_2
X	1.8	?
A대	1.6	?
H대	?	0.6
I대	0.2	0.6

❶ 근육 수축 시 액틴 필라멘트와 마이오신 필라멘트가 겹치는 부분이 늘어나므로 근육 원섬유 마디 X의 길이는 짧아진다.

❷ 근육 수축 시 A대의 길이는 변화가 없지만, H대의 길이와 I대의 길이는 모두 짧아진다.

① 근육 수축 시 I대의 길이는 짧아지므로 t_1일 때가 t_2일 때보다 근육이 더 수축한 시점이다.

② 각 부위별 길이 구하기 ❷
　• I대의 길이가 t_2일 때보다 t_1일 때 0.4 μm 짧아졌으므로 t_1일 때 H대의 길이는 t_2일 때보다 0.4 μm 짧아진 0.2 μm이다.
　• A대의 길이는 근육 수축과 이완 과정에서 변하지 않으므로 t_2일 때 A대의 길이는 1.6 μm이다.
　• t_2일 때 X의 길이는 A대의 길이(1.6 μm)+I대의 길이(0.6 μm)=2.2 μm이다.

실력을 올리는 실전 문제 찾아가기
• 근육 수축과 이완 시 근육 원섬유 마디의 부위별 길이 변화를 비교하는 문제_10, 11, 12, 15

01 그림은 3종류의 뉴런 (가)~(다)를 나타낸 것이다.

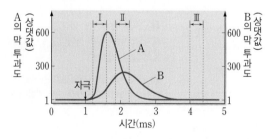

반응기
(근육)

감각기
(피부)

(가)   (나)   (다)

이에 대한 설명으로 옳은 것만을 〈보기〉에서 있는 대로 고른 것은?

┤ 보기 ├
ㄱ. (가)는 구심성 뉴런, (다)는 원심성 뉴런이다.
ㄴ. (나)는 중추 신경계를 구성한다.
ㄷ. 신호 전달은 (가) → (나) → (다) 순으로 일어난다.

① ㄱ   ② ㄴ   ③ ㄱ, ㄷ
④ ㄴ, ㄷ   ⑤ ㄱ, ㄴ, ㄷ

➔ 수능기출

02 그림은 어떤 뉴런에 역치 이상의 자극을 주었을 때, 이 뉴런 세포막에서의 이온 A와 B의 막 투과도를 나타낸 것이다. A와 B는 각각 Na^+과 K^+ 중 하나이다.

이에 대한 설명으로 옳은 것만을 〈보기〉에서 있는 대로 고른 것은?

┤ 보기 ├
ㄱ. 구간 Ⅰ에서 A가 세포 밖으로 확산한다.
ㄴ. 구간 Ⅱ에서 B의 농도는 세포 밖에서보다 세포 안에서 높다.
ㄷ. 구간 Ⅲ에서 세포 안의 A 농도 유지에 ATP가 사용된다.

① ㄱ   ② ㄴ   ③ ㄷ
④ ㄴ, ㄷ   ⑤ ㄱ, ㄴ, ㄷ

➔ 수능모의평가기출 변형

03 그림 (가)는 역치 이상의 자극을 받은 어떤 뉴런의 축삭 돌기 한 지점 X에서 측정한 막전위 변화를, (나)는 t_1일 때 X에서 이온 통로를 통한 이온의 이동을 나타낸 것이다. ㉠과 ㉡은 각각 세포 안과 세포 밖 중 하나이다.

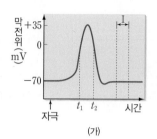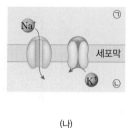

(가)   (나)

이에 대한 설명으로 옳은 것만을 〈보기〉에서 있는 대로 고른 것은?

┤ 보기 ├
ㄱ. 구간 Ⅰ에서 세포막을 통한 이온의 이동은 없다.
ㄴ. (나)에서 Na^+의 이동 방식은 확산이다.
ㄷ. t_2일 때 X에서 K^+의 농도는 ㉡에서가 ㉠에서보다 낮다.

① ㄱ   ② ㄴ   ③ ㄷ
④ ㄱ, ㄴ   ⑤ ㄴ, ㄷ

04 그림은 어떤 뉴런의 축삭 돌기의 한 지점에 자극을 준 후, (가)와 (나) 지점에서 측정한 막전위를 나타낸 것이다.

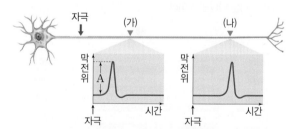

자극   (가)   (나)

이에 대한 설명으로 옳은 것만을 〈보기〉에서 있는 대로 고른 것은?

┤ 보기 ├
ㄱ. (가)와 (나) 지점의 휴지 전위는 같다.
ㄴ. (가) → (나) 방향으로 흥분 전도가 일어났다.
ㄷ. 자극의 세기가 강해지면 A의 크기가 커진다.

① ㄱ   ② ㄷ   ③ ㄱ, ㄴ
④ ㄴ, ㄷ   ⑤ ㄱ, ㄴ, ㄷ

05 그림은 민말이집 신경의 축삭 돌기 일부를, 표는 ⊙과 ⓒ 중 한 지점에 역치 이상의 자극을 1회 주었을 때 A와 B에서 동시에 측정한 막전위를 나타낸 것이다. 휴지 전위는 −70 mV이다.

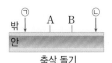

지점	막전위(mV)
A	+35
B	−80

이에 대한 설명으로 옳은 것만을 〈보기〉에서 있는 대로 고른 것은?

보기
ㄱ. 흥분 전도는 ⓒ → ⊙ 방향으로 일어났다.
ㄴ. A는 과분극 상태이다.
ㄷ. B에서는 막전위 측정 이후 Na^+-K^+ 펌프의 작용으로 휴지 전위로 회복된다.

① ㄱ 　　② ㄴ 　　③ ㄷ

④ ㄱ, ㄷ 　　⑤ ㄴ, ㄷ

➔ 수능모의평가기출 변형

06 그림 (가)는 말이집 신경 X에 역치 이상의 자극을 주었을 때 X의 축삭 돌기 한 지점 P에서 측정한 막전위 변화를, (나)는 P에서 발생한 흥분이 X의 축삭 돌기 말단 방향 각 지점에 도달하는 데 경과된 시간을 P로부터의 거리에 따라 나타낸 것이다. Ⅰ과 Ⅱ는 각각 X의 말이집과 랑비에 결절 중 하나이다.

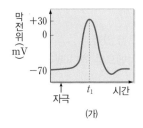
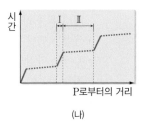

이에 대한 설명으로 옳은 것만을 〈보기〉에서 있는 대로 고른 것은?(단, 흥분 전도는 1회 일어났다.)

보기
ㄱ. Ⅰ은 랑비에 결절이다.
ㄴ. Ⅱ에서 활동 전위가 발생했다.
ㄷ. t_1일 때 Na^+의 농도는 세포 밖에서가 세포 안에서보다 높다.

① ㄱ 　　② ㄴ 　　③ ㄱ, ㄷ

④ ㄴ, ㄷ 　　⑤ ㄱ, ㄴ, ㄷ

07 그림은 시냅스로 연결된 2개의 뉴런을 나타낸 것이다.

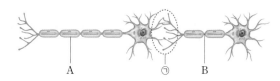

이에 대한 설명으로 옳은 것만을 〈보기〉에서 있는 대로 고른 것은?

보기
ㄱ. A에 역치 이상의 자극을 주면 ⊙에서 흥분 전달이 일어난다.
ㄴ. B에는 슈반 세포가 존재한다.
ㄷ. B에서는 Na^+-K^+ 펌프가 에너지를 소모하면서 Na^+을 세포 밖으로 이동시킨다.

① ㄱ 　　② ㄴ 　　③ ㄷ

④ ㄱ, ㄴ 　　⑤ ㄱ, ㄷ

08 그림은 각각 2개의 뉴런으로 이루어진 신경 (가)와 (나)의 모습을 나타낸 것이다. (가)와 (나)의 축삭 지름과 전체 길이는 같다.

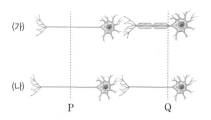

이에 대한 설명으로 옳은 것만을 〈보기〉에서 있는 대로 고른 것은?

보기
ㄱ. 흥분 이동 속도는 (가)에서가 (나)에서보다 빠르다.
ㄴ. (가)의 P 지점에 역치 이상의 자극을 주면 Q 지점에서 활동 전위가 발생한다.
ㄷ. (나)에서는 도약전도가 일어난다.

① ㄱ 　　② ㄴ 　　③ ㄷ

④ ㄱ, ㄴ 　　⑤ ㄴ, ㄷ

09 그림 (가)는 시냅스로 연결된 2개의 뉴런을, (나)는 물질 X를 (가)의 뉴런 전체에 처리하기 전과 처리한 후 한 뉴런의 가지 돌기에 역치 이상의 자극을 1회 주었을 때 두 지점 A와 B에서의 막전위 변화를 나타낸 것이다. ㉠과 ㉡은 각각 A와 B에서의 막전위 변화 중 하나이다.

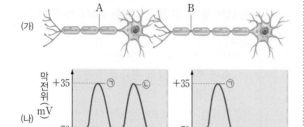

이에 대한 설명으로 옳은 것만을 〈보기〉에서 있는 대로 고른 것은?

보기
ㄱ. ㉡은 A에서의 막전위 변화이다.
ㄴ. X는 B에서 Na^+ 통로를 통한 Na^+의 확산을 촉진한다.
ㄷ. X를 처리하기 전 A가 탈분극 상태일 때 B는 분극 상태이다.

① ㄱ ② ㄴ ③ ㄱ, ㄷ ④ ㄴ, ㄷ ⑤ ㄱ, ㄴ, ㄷ

10 표는 근육 이완 시와 수축 시 근육 원섬유 마디 X에서 (가)~(다)의 길이를 나타낸 것이다. (가)~(다)는 각각 A대, H대, I대 중 하나이며, (다)에는 마이오신 필라멘트만 존재한다.

구분	(가)	(나)	(다)
이완 시	㉠	0.4 μm	0.2 μm
수축 시	1.2 μm	0.2 μm	㉡

이에 대한 설명으로 옳은 것만을 〈보기〉에서 있는 대로 고른 것은?(단, X는 좌우 대칭이다.)

보기
ㄱ. (가)는 A대, (나)는 I대, (다)는 H대이다.
ㄴ. 이완 시 X의 길이는 1.4 μm이다.
ㄷ. ㉠은 1.2 μm보다 짧고, ㉡은 0.2 μm보다 길다.

① ㄱ ② ㄴ ③ ㄷ ④ ㄱ, ㄷ ⑤ ㄴ, ㄷ

11 표는 근육 원섬유 마디 X가 수축 또는 이완했을 때의 길이를, 그림 (가)~(다)는 X의 서로 다른 세 지점의 단면에서 관찰되는 액틴 필라멘트와 마이오신 필라멘트의 분포를 나타낸 것이다.

구분	X의 길이(μm)
㉠	1.7
㉡	2.0

(가)　　　(나)　　　(다)

이에 대한 설명으로 옳은 것만을 〈보기〉에서 있는 대로 고른 것은?

보기
ㄱ. ㉡에서 ㉠으로 될 때 ATP가 소모된다.
ㄴ. (가)는 H대의 단면에 해당한다.
ㄷ. (나)에서 관찰되는 필라멘트의 길이는 ㉡에서보다 ㉠에서 짧다.

① ㄱ ② ㄷ ③ ㄱ, ㄴ
④ ㄱ, ㄷ ⑤ ㄴ, ㄷ

12 다음은 근육 수축 과정에 대한 자료이다.

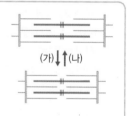

- 오른쪽 그림은 근육이 수축할 때와 이완할 때 근육 원섬유 마디 X의 변화를 나타낸 것이다.
- ㉠~㉢은 각각 A대, H대, I대 중 하나이다.
- ㉠에는 액틴 필라멘트가 있다.
- ㉢에는 마이오신 필라멘트와 액틴 필라멘트가 겹치는 부분이 있다.

이에 대한 설명으로 옳은 것만을 〈보기〉에서 있는 대로 고른 것은?

보기
ㄱ. ㉡은 H대이다.
ㄴ. (가)와 같은 변화가 일어날 때 ㉠의 길이는 짧아진다.
ㄷ. (나)와 같은 변화가 일어날 때 ㉢의 길이는 변하지 않는다.

① ㄴ ② ㄷ ③ ㄱ, ㄴ
④ ㄱ, ㄷ ⑤ ㄱ, ㄴ, ㄷ

→ 수능기출 변형

13 다음은 민말이집 신경 A와 B의 흥분 전도에 대한 자료이다.

- 그림은 A와 B의 축삭 돌기 일부를, 표는 A와 B의 동일한 지점에 역치 이상의 자극을 동시에 1회 주고 일정 시간이 지난 후 t_1일 때 네 지점 d_1~d_4에서 측정한 막전위를 나타낸 것이다. 자극을 준 지점은 P와 Q 중 하나이고, Ⅳ는 d_1이다. 흥분 전도 속도는 B에서가 A에서보다 빠르다.

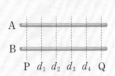

신경	t_1일 때 측정한 막전위(mV)			
	Ⅰ	Ⅱ	Ⅲ	Ⅳ
A	0	+15	−65	−70
B	+15	−45	+20	−80

- A와 B의 d_1~d_4에서 활동 전위가 발생하였을 때, 각 지점에서의 막전위 변화는 오른쪽 그림과 같다.

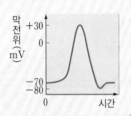

이에 대한 설명으로 옳은 것만을 〈보기〉에서 있는 대로 고른 것은?(단, A와 B에서 흥분 전도는 각각 1회 일어났고, 휴지 전위는 −70 mV이다.)

┤ 보기 ├
ㄱ. Ⅰ은 d_2이다.
ㄴ. 자극을 준 지점은 P이다.
ㄷ. t_1일 때 A의 d_3에서 탈분극이 일어나고 있다.

① ㄱ ② ㄷ ③ ㄱ, ㄴ ④ ㄴ, ㄷ ⑤ ㄱ, ㄴ, ㄷ

→ 수능모의평가기출

14 그림 (가)는 신경 A~C를, (나)는 (가)의 P 지점에 역치 이상의 자극을 동시에 1회씩 준 후, Q 지점에서의 막전위 변화를 나타낸 것이다. (나)의 Ⅰ~Ⅲ은 각각 A~C의 막전위 변화 중 하나이다. t_1과 t_2는 Ⅰ~Ⅲ에서 같은 시점을 나타낸다.

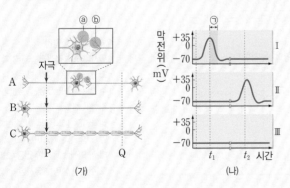

(가)   (나)

이에 대한 설명으로 옳은 것만을 〈보기〉에서 있는 대로 고른 것은?

┤ 보기 ├
ㄱ. 시냅스 소포는 ⓐ보다 ⓑ에 많다.
ㄴ. 구간 ㉠에서 K^+의 농도는 세포 안보다 세포 밖이 높다.
ㄷ. C의 막전위 변화는 (나)의 Ⅱ에 해당한다.

① ㄱ ② ㄴ ③ ㄱ, ㄷ
④ ㄴ, ㄷ ⑤ ㄱ, ㄴ, ㄷ

→ 수능모의평가기출 변형

15 다음은 근육 수축 과정에 대한 자료이다.

- 표는 근육 수축 과정의 두 시점 ⓐ와 ⓑ에서 근육 원섬유 마디 X의 길이를, 그림은 ⓐ일 때 X의 구조를 나타낸 것이다. X는 좌우 대칭이다.

시점	X의 길이(μm)
ⓐ	2.6
ⓑ	3.0

- 구간 ㉠은 액틴 필라멘트만 있는 부분, ㉡은 액틴 필라멘트와 마이오신 필라멘트가 겹치는 부분, ㉢은 마이오신 필라멘트만 있는 부분이다.
- ⓐ일 때 구간 ㉠과 ㉢의 길이의 합은 0.8 μm이고, A대의 길이는 1.4 μm이다.

이에 대한 설명으로 옳은 것만을 〈보기〉에서 있는 대로 고른 것은?

┤ 보기 ├
ㄱ. ⓑ일 때 H대의 길이는 0.8 μm이다.
ㄴ. ㉡의 길이+㉢의 길이는 ⓑ일 때가 ⓐ일 때보다 길다.
ㄷ. I대의 길이는 ⓐ일 때가 ⓑ일 때보다 0.4 μm 짧다.

① ㄱ ② ㄷ ③ ㄱ, ㄴ
④ ㄴ, ㄷ ⑤ ㄱ, ㄴ, ㄷ

06 신경계

1 중추 신경계 자료 분석 특강 70쪽 A, B

1 신경계

① 신경계: 감각기에서 보내는 정보를 받아들이고, 전달된 정보를 종합·분석하여 반응기에 반응 명령을 전달하는 기관계이다.

② 사람의 신경계: 정보를 받아 통합한 후 신호를 보내는 중추 신경계와 온몸에 퍼져 있어 중추 신경계와 신체의 다른 부위 사이에서 정보를 전달하는 말초 신경계로 구분한다.[1]

2 중추 신경계 감각기에서 보내는 정보를 받아 통합한 후 반응이 일어나도록 신호를 보내며, 뇌와 척수로 구성된다.

① 뇌: 대뇌, 소뇌, 간뇌, 뇌줄기(중간뇌, 뇌교, 연수) 등으로 구성된다.[2]

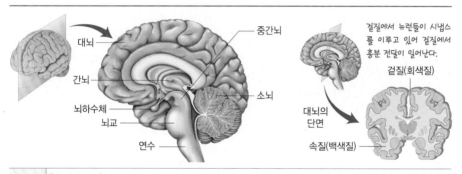

겉질에서 뉴런들이 시냅스를 이루고 있어 겉질에서 흥분 전달이 일어난다.

대뇌	**[대뇌의 구조]** • 사람의 뇌에서 가장 큰 부분으로, 좌우 2개의 반구로 이루어져 있고, 표면에는 많은 주름이 있다. • 대뇌의 겉질은 주로 뉴런의 신경 세포체가 모여 있어 회색을 띠는 회색질이고, 속질은 주로 뉴런의 축삭 돌기가 모여 있어 흰색을 띠는 백색질이다. **[대뇌의 기능]** ┌ 대뇌로 들어오고 나가는 신경의 대부분이 연수에서 좌우 교차하기 때문이다. • 좌반구는 몸 오른쪽의 감각과 운동을 담당하고, 우반구는 몸 왼쪽의 감각과 운동을 담당한다. • 추리, 기억, 상상, 언어 등 정신 활동을 담당하고, 감각과 운동의 중추이다. 대부분 겉질에서 일어난다. • 대뇌 겉질은 기능에 따라 감각령, 연합령, 운동령으로 구분한다.[3]

감각령	감각기에서 보내는 정보를 받아들인다.
연합령	감각령의 정보를 받아 종합·분석하여 운동령에 적절한 명령을 내리며, 정신 활동을 담당한다.
운동령	연합령의 명령을 받아 골격근의 운동과 같은 수의 운동을 조절한다.

소뇌	• 대뇌의 뒤쪽 아래에 위치하며, 좌우 2개의 반구로 이루어져 있다. • 대뇌와 함께 수의 운동을 조절하고, 몸의 자세와 평형을 유지한다.
간뇌	• 대뇌의 중간 아래에 위치하며, 시상과 시상 하부로 이루어져 있다. ┐ 혈당량 조절, 체온 조절, • 시상: 척수나 연수에서 오는 감각 신호를 대뇌 겉질에 전달한다. ┘ 삼투압 조절 등 • 시상 하부: 자율 신경계와 내분비계를 연결하며, 항상성 조절의 통합 중추이다. • 뇌하수체: 시상 하부의 아래쪽 끝에 위치하며, 다른 내분비샘의 기능을 조절한다.
중간뇌	• 간뇌 아래에 위치한다. ┌ 동공 반사의 중추 • 안구 운동과 홍채의 작용을 조절하고, 소뇌와 함께 몸의 평형을 유지한다.
뇌교	• 중간뇌와 연수 사이에 위치한다. • 뇌의 여러 부분 사이의 정보 전달을 중계하며, 연수와 함께 호흡 운동을 조절한다.
연수	• 뇌교와 척수 사이에 위치한다. • 대뇌와 연결되는 대부분의 신경이 좌우 교차하는 곳이다. • 호흡 운동, 심장 박동, 소화 운동 등을 조절한다. • 기침, 재채기, 침 분비, 눈물 분비 등과 같은 반사의 중추이다.

한눈에 😊
정리하는 출제 경향

• 뇌의 구조와 기능 구분하기
• 교감 신경과 부교감 신경의 구조적 특성과 기능 파악하기

핵심 개념
중추 신경계, 의식적인 반응과 반사, 말초 신경계, 교감 신경과 부교감 신경의 길항 작용

plus 개념

❶ 사람의 신경계

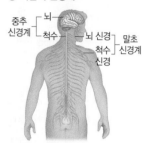

사람의 신경계는 중추 신경계와 말초 신경계로 구성된다.

❷ 뇌줄기(뇌간)

중간뇌, 뇌교, 연수를 합하여 뇌줄기라고 하며, 뇌줄기는 생명 유지에 중요한 역할을 한다.

❸ 대뇌 겉질의 부위별 기능

대뇌 겉질은 위치에 따라 전두엽, 두정엽, 측두엽, 후두엽으로 구분하며, 부위에 따라 기능이 분업화되어 있다.

※ 뇌사와 식물인간

• 뇌사: 대뇌 겉질과 뇌줄기가 손상되어 스스로 생명 활동을 유지할 수 없는 상태로, 인공 호흡기에 의지해야 한다.
• 식물인간: 대뇌 겉질이 손상되었지만 뇌줄기의 기능이 살아 있는 상태로, 의식은 없지만 인공 호흡기의 도움 없이 생명을 유지할 수 있다.

② 척수: 연수에 연결되어 몸의 등 쪽을 따라 아래로 뻗어 있다. 척추 속에 들어 있어 척추의
보호를 받는다.

구조	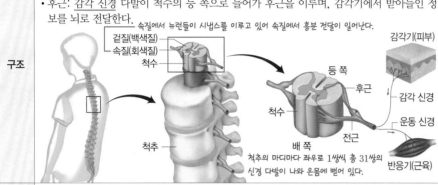 • 대뇌와 반대로 척수의 겉질은 백색질, 속질은 회색질이다. • 전근: 운동 신경 다발이 척수의 배 쪽으로 나와 전근을 이루며, 뇌에서 내린 명령을 반응기로 전달한다. └원심성 신경 구심성 신경 • 후근: 감각 신경 다발이 척수의 등 쪽으로 들어가 후근을 이루며, 감각기에서 받아들인 정보를 뇌로 전달한다. └속질에서 뉴런들이 시냅스를 이루고 있어 속질에서 흥분 전달이 일어난다.
기능	• 감각기에서 받아들인 정보를 뇌로 보내고, 뇌에서 내린 명령을 반응기로 전달하는 역할을 한다. ➜ 뇌와 말초 신경계 사이에서 정보를 전달하는 통로 역할을 한다. • 회피 반사, 무릎 반사, 갓난아이의 배변·배뇨 반사 등과 같은 반사의 중추이다.

3 의식적인 반응과 반사

① **의식적인 반응**: 대뇌의 판단과 명령에 따라 일어나는 반응❹

자극 → 감각기 → 감각 신경 → 중추 신경(대뇌) → 운동 신경 → 반응기 → 반응

② **반사**: 특정 자극에 대해 무의식적이고 즉각적으로 일어나는 반응
• 대부분 대뇌가 관여하지 않고 척수, 연수, 중간뇌가 중추로 작용한다.❺
• 의식적인 반응보다 빠르게 일어나므로 위험으로부터 몸을 보호하는 데 도움이 된다.
└무조건 반사

자극 → 감각기 → 감각 신경 → 중추 신경(척수, 연수, 중간뇌) → 운동 신경 → 반응기 → 반응

회피 반사(움츠림 반사)

뜨거운 것에 닿는 것과 같이 강한 피부 자극을 받았을 때 팔다리를 움츠리는 반응이다.

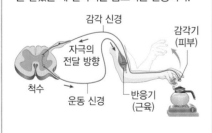

무릎 반사

고무망치로 무릎뼈 바로 아래를 살짝 쳤을 때 다리가 올라가는 반응이다.

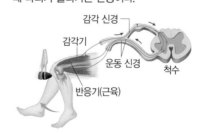

---

plus 개념

❹ **의식적인 반응의 경로**
• 얼굴에서 받아들인 자극은 척수를 거치지 않고 대뇌로 바로 전달되지만, 목 아랫부분의 신체에서 받아들인 자극은 척수를 거쳐 대뇌로 전달된다.
• 얼굴에서 일어나는 반응의 경우 대뇌의 명령이 척수를 거치지 않고 반응기로 바로 전달되지만, 목 아랫부분의 신체에서 일어나는 반응의 경우 대뇌의 명령이 척수를 거쳐 반응기로 전달된다.

❺ **반사의 예**
• 척수 반사: 회피 반사, 무릎 반사, 젖 분비, 땀 분비, 갓난아이의 배변·배뇨 반사
• 연수 반사: 구토, 기침, 재채기, 하품, 딸꾹질, 눈물 분비, 침 분비
• 중간뇌 반사: 동공 반사

오해하지마!

반사가 일어날 때 감각 신경이 대뇌로 연결되는 뉴런과도 시냅스를 이루고 있어 자극이 대뇌로도 전달되므로 자극을 느끼고 반응을 인지한다.

용어 돋보기

• **수의 운동**(따를 隨, 뜻 意, 돌 運, 움직일 動): 사람의 의지대로 이루어지는 운동이다.
• **반사**(돌아올 反, 쏠 射): 특정 자극에 대해 무의식적으로 일어나는 반응이다.

확인 문제 🔳	1 뇌와 척수로 구성된 (　　　)은/는 감각기에서 보내는 정보를 받아 통합한 후 적절한 반응이 일어나도록 명령을 내린다. 2 (　　　)은/는 심장 박동, 호흡 운동, 소화 운동 등을 조절한다. 3 (　　　)은/는 회피 반사, 무릎 반사 등과 같은 반사의 중추이다. 4 의식적인 반응은 특정 자극에 대해 대뇌와 관계없이 즉각적으로 일어나는 반응이다. (○, ×)

06 신경계

2 말초 신경계 자료 분석 특강 71쪽 C

1 해부학적 구성에 따른 구분 뇌와 직접 연결된 12쌍의 뇌 신경과 척수와 직접 연결된 31쌍의 척수 신경으로 구분한다.

┌─감각기에서 받아들인 자극을 중추 신경계로 전달한다.

2 기능에 따른 구분 구심성 신경(감각 신경)과 원심성 신경(체성 신경계, 자율 신경계)으로 구분한다.❻
　　　　　　　　　　　　　　　　└─ 중추 신경계에서 내린 명령을 반응기로 전달한다.

① 체성 신경계: 운동 신경으로 이루어져 있으며, 대뇌의 지배를 받아 의식적인 골격근의 반응을 조절한다. 중추에서 반응기까지 1개의 뉴런으로 연결되어 있다.

② 자율 신경계: 순환, 호흡, 소화, 호르몬 분비 등 생명 유지에 필수적인 기능을 조절한다.

- 대뇌의 직접적인 지배를 받지 않고 중간뇌, 연수, 척수 등에서 뻗어 나와 주로 내장 기관과 혈관에 분포한다.
- 교감 신경과 부교감 신경으로 구성된다.❼

중추에서 반응기까지 2개의 뉴런으로 연결되어 있으며, 2개의 뉴런은 신경절에서 시냅스를 형성한다.

교감 신경	• 신경절 이전 뉴런이 신경절 이후 뉴런보다 짧다. • 신경절 이전 뉴런에서 아세틸콜린, 신경절 이후 뉴런에서 노르에피네프린이 분비된다.
부교감 신경	• 신경절 이전 뉴런이 신경절 이후 뉴런보다 길다. • 신경절 이전 뉴런과 신경절 이후 뉴런에서 모두 아세틸콜린이 분비된다.

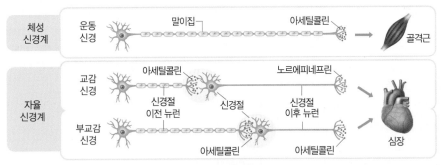

▲ 체성 신경계와 자율 신경계 비교

교감 신경과 부교감 신경의 작용

교감 신경과 부교감 신경은 같은 기관에 분포하면서 서로 반대 효과를 나타내는 길항 작용을 한다.

구분	교감 신경	부교감 신경
동공	확대	축소
침 분비	억제	촉진
기관지	이완	수축
심장 박동	촉진	억제
소화 운동	억제	촉진
방광	이완	수축

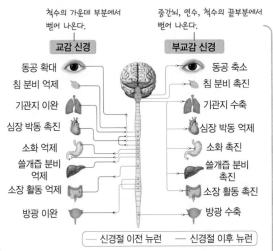

척수의 가운데 부분에서 뻗어 나온다.
중간뇌, 연수, 척수의 끝부분에서 뻗어 나온다.

교감 신경		**부교감 신경**
동공 확대		동공 축소
침 분비 억제		침 분비 촉진
기관지 이완		기관지 수축
심장 박동 촉진		심장 박동 억제
소화 억제		소화 촉진
쓸개즙 분비 억제		쓸개즙 분비 촉진
소장 활동 억제		소장 활동 촉진
방광 이완		방광 수축

── 신경절 이전 뉴런　── 신경절 이후 뉴런

확인 문제 2

5 교감 신경과 부교감 신경의 신경절 이전 뉴런에서 분비되는 신경 전달 물질은 모두 (　　　　　)이다.

6 교감 신경이 작용하면 심장 박동은 (촉진, 억제)되고, 동공은 (확대, 축소)된다.

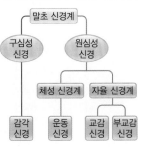

plus 개념

❻ 말초 신경계의 기능에 따른 구분

```
            말초 신경계
          ┌──────┴──────┐
       구심성          원심성
       신경            신경
                   ┌─────┴─────┐
                체성 신경계   자율 신경계
                ┌──┴──┐    ┌───┴───┐
              감각   운동   교감    부교감
              신경   신경   신경    신경
```

❼ **교감 신경과 부교감 신경**
교감 신경은 몸을 긴장 상태로 만들어 위기 상황에 대처하도록 조절하고, 부교감 신경은 긴장 상태에 있던 몸을 원래의 안정된 상태로 회복하도록 조절한다.

✽ **신경계 질환**
① 중추 신경계 질환
- 알츠하이머병: 대뇌의 뉴런이 파괴되어 기억력과 인지 능력이 약화된다.
- 파킨슨병: 중간뇌의 뉴런이 파괴되어 몸이 경직되고 자세가 불안정해진다.

② 말초 신경계 질환
- 근위축성 측삭 경화증: 운동 신경이 파괴되어 팔다리가 쇠약해지고 호흡 곤란이 나타난다.
- 길랭·바레 증후군: 몸의 면역계가 말초 신경계를 공격하여 안면 마비와 호흡 곤란이 나타난다.

──◦ 용어 돋보기

- **신경절**(귀신 神, 날 經, 마디 節): 뇌와 척수가 아닌 곳에 신경 세포체가 모여 있는 것으로, 서로 관련된 기능을 하는 뉴런의 신경 세포체가 모여서 이루어진 구조이다.
- **길항 작용**(일할 拮, 막을 抗, 지을 作, 쓸 用): 어떤 현상에 대해 2개의 요인이 동시에 작용하면서 서로 상반되는 효과를 이용해 조절하는 작용이다.

개념을 다지는 기본 문제

1 중추 신경계

01 사람의 신경계에 대한 설명으로 옳지 <u>않은</u> 것은?

① 중추 신경계는 뇌와 척수로 구성된다.
② 사람의 신경계는 중추 신경계와 말초 신경계로 구분한다.
③ 12쌍의 뇌 신경과 31쌍의 척수 신경은 중추 신경계에 속한다.
④ 말초 신경계는 중추 신경계와 신체의 다른 부위 사이에서 정보를 전달한다.
⑤ 신경계는 감각기에서 보내는 정보를 받아들이고, 이를 통합하여 반응기에 반응 명령을 전달하는 기관계이다.

[02~04] 그림은 사람의 뇌 구조를 나타낸 것이다. 물음에 답하시오.

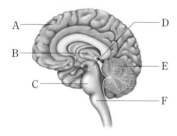

(P)중요

02 A~F에 대한 설명으로 옳지 <u>않은</u> 것은?

① A는 감각령, 연합령, 운동령으로 구분한다.
② B는 시상과 시상 하부로 이루어져 있다.
③ C는 안구 운동과 홍채의 작용을 조절한다.
④ D는 E와 함께 몸의 평형을 유지한다.
⑤ F는 심장 박동을 조절한다.

03 생명 유지에 중요한 역할을 하는 뇌줄기에 속하는 부분의 기호를 옳게 짝 지은 것은?

① A, B, D   ② A, C, F   ③ B, C, E
④ C, D, F   ⑤ C, E, F

04 A~F 중 대뇌와 연결되는 대부분의 신경이 좌우 교차하는 곳의 기호와 이름을 쓰시오.

05 그림은 사람이 여러 가지 활동을 할 때 대뇌 겉질에서 활성화되는 부분을 나타낸 것이다. 붉은색과 노란색으로 나타난 부분이 활발하게 반응하는 부분이다.

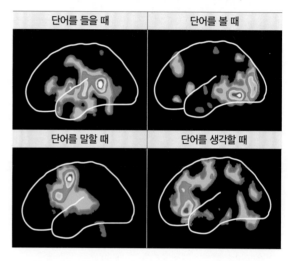

이 자료를 통해 추론할 수 있는 내용으로 가장 적절한 것은?

① 대뇌는 좌우 2개의 반구로 이루어져 있다.
② 대뇌의 우반구는 몸 왼쪽의 기능을 담당한다.
③ 대뇌 겉질은 부위별로 기능이 분업화되어 있다.
④ 대뇌 겉질에는 주로 뉴런의 축삭 돌기가 모여 있다.
⑤ 대뇌 겉질은 위치에 따라 전두엽, 두정엽, 측두엽, 후두엽으로 구분한다.

06 뇌줄기의 기능이 상실된 환자에게서 나타날 수 있는 증상으로 옳은 것만을 〈보기〉에서 있는 대로 고른 것은?

| 보기 |
ㄱ. 스스로 체온 조절을 할 수 있다.
ㄴ. 인공 호흡기의 도움 없이 생명을 유지할 수 있다.
ㄷ. 눈에 빛을 비추어도 동공의 크기가 변하지 않는다.

① ㄱ   ② ㄴ   ③ ㄱ, ㄷ
④ ㄴ, ㄷ   ⑤ ㄱ, ㄴ, ㄷ

07 그림은 척수의 단면을 나타낸 것이다.

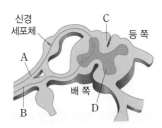

이에 대한 설명으로 옳은 것만을 〈보기〉에서 있는 대로 고른 것은?

┤ 보기 ├

ㄱ. A는 척수의 등 쪽으로 들어가 후근을 이룬다.

ㄴ. B는 운동 신경이다.

ㄷ. C는 주로 뉴런의 축삭 돌기가 모인 백색질, D는 주로 뉴런의 신경 세포체가 모인 회색질이다.

① ㄱ   ② ㄷ   ③ ㄱ, ㄴ

④ ㄴ, ㄷ   ⑤ ㄱ, ㄴ, ㄷ

08 그림은 감각기 A에서 수용한 자극이 척수를 거쳐 반응기 B로 전달되는 경로를 나타낸 것이다.

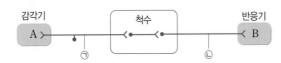

이에 대한 설명으로 옳은 것만을 〈보기〉에서 있는 대로 고른 것은?

┤ 보기 ├

ㄱ. 재채기 반사는 이와 같은 경로로 일어난다.

ㄴ. ㉠은 감각 신경, ㉡은 운동 신경이다.

ㄷ. 이와 같은 반응이 일어날 때 A에서 받아들인 자극은 대뇌로 전달되지 않는다.

① ㄱ   ② ㄴ   ③ ㄱ, ㄷ

④ ㄴ, ㄷ   ⑤ ㄱ, ㄴ, ㄷ

09 자극을 받아 반응이 일어나기까지의 경로에 척수가 관여하지 않는 것은?

① 손에 가시가 박혀 가시를 빼냈다.

② 교실에서 곰팡이 냄새가 나 눈살을 찌푸렸다.

③ 빗방울이 얼굴에 떨어져 우산을 펼쳐 들었다.

④ 무릎뼈 아랫부분을 고무망치로 살짝 쳤더니 다리가 저절로 올라갔다.

⑤ 주머니 속에 들어 있는 10원짜리와 500원짜리 동전을 구분하여 꺼냈다.

② 말초 신경계

10 그림은 말초 신경계를 기능에 따라 구분하여 나타낸 것이다.

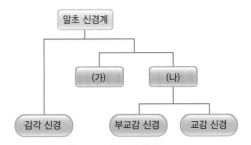

이에 대한 설명으로 옳지 않은 것은?

① (가)는 체성 신경계, (나)는 자율 신경계이다.

② (가)는 대뇌의 지배를 받아 골격근의 반응을 조절한다.

③ (나)는 중추에서 나온 뉴런이 반응기에 이르기 전에 신경절에서 시냅스를 형성한다.

④ (가)와 (나)는 같은 내장 기관에 분포하면서 길항 작용을 한다.

⑤ (가)와 (나)는 모두 중추 신경계에서 내린 명령을 반응기로 전달한다.

11 그림은 위에 연결된 자율 신경 (가)와 (나)를 나타낸 것이다.

(가)와 (나)의 이름을 각각 쓰고, (가)와 (나)의 차이점을 2가지 설명하시오.

12 그림은 사람의 중추 신경계에 연결된 신경 A∼C를 통한 흥분 전달 경로를 나타낸 것이다.

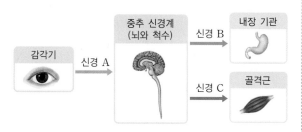

이에 대한 설명으로 옳지 <u>않은</u> 것은?

① A는 구심성 신경이다.
② B는 자율 신경계에 속한다.
③ A∼C는 모두 말초 신경계에 속한다.
④ B와 C는 모두 중추에서 반응기까지 2개의 뉴런으로 연결되어 있다.
⑤ C는 대뇌로부터 받은 명령을 골격근에 전달한다.

14 그림은 길항 작용을 하는 자율 신경 A와 B가 홍채에 연결된 모습을 나타낸 것이다. ⓐ와 ⓑ에는 각각 1개의 시냅스가 있고, ㉠과 ㉣의 말단에서 분비되는 신경 전달 물질은 같다.

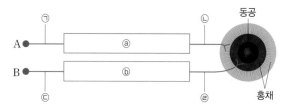

이에 대한 설명으로 옳은 것은?

① A와 B는 모두 구심성 신경이다.
② A는 부교감 신경, B는 교감 신경이다.
③ ㉠의 길이는 ㉡의 길이보다 길다.
④ ㉢의 말단에서 분비되는 신경 전달 물질은 노르에피네프린이다.
⑤ ㉣이 흥분하면 동공이 축소된다.

13 그림 (가)는 방광에 연결된 신경 A와 B를, (나)는 소장에 연결된 신경 C와 D를 나타낸 것이다.

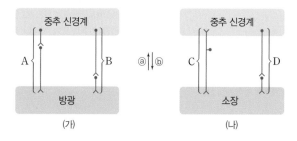

이에 대한 설명으로 옳지 <u>않은</u> 것은?

① A는 교감 신경이다.
② B와 C는 모두 말초 신경계에 속한다.
③ B의 신경절 이전 뉴런의 축삭 돌기 말단에서 아세틸콜린이 분비된다.
④ C에서 흥분 이동 방향은 ⓑ이다.
⑤ D가 흥분하면 소장에서의 소화가 촉진된다.

15 그림은 신경계 이상으로 발생하는 신경계 질환 (가)∼(다)를 나타낸 것이다. (가)는 파킨슨병, (나)는 알츠하이머병, (다)는 근위축성 측삭 경화증이다.

이에 대한 설명으로 옳은 것만을 <보기>에서 있는 대로 고른 것은?

| 보기 |
ㄱ. (가)와 (나)는 모두 중추 신경계 질환이다.
ㄴ. (나)의 환자는 뇌줄기가 손상되어 걷지 못한다.
ㄷ. (다)는 대뇌의 뉴런이 파괴되어 발생한다.

① ㄱ　　　② ㄴ　　　③ ㄷ
④ ㄱ, ㄷ　　　⑤ ㄴ, ㄷ

실력을 올리는 실전 문제와
함께 보면 더 좋아요!

A 중추 신경계의 구조와 기능

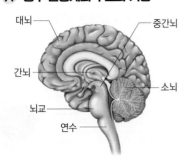

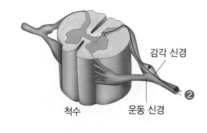

① 뇌: 뇌는 대뇌, 소뇌, 간뇌, 뇌줄기(중간뇌, 뇌교, 연수) 등으로 구성된다. ❶

대뇌	추리, 기억, 상상, 언어 등 정신 활동을 담당하며, 감각과 운동의 중추이다.
소뇌	대뇌와 함께 수의 운동을 조절하고, 몸의 자세와 평형을 유지한다.
간뇌	척수나 연수에서 오는 감각 신호를 대뇌로 전달하는 시상과 항상성 조절의 통합 중추인 시상 하부로 이루어져 있다.
중간뇌	안구 운동과 홍채의 작용을 조절하고, 소뇌와 함께 몸의 평형을 유지한다.
뇌교	뇌의 여러 부분 사이의 정보 전달을 중계하며, 연수와 함께 호흡 운동을 조절한다.
연수	호흡 운동, 심장 박동 등을 조절하고, 기침, 재채기 등과 같은 반사의 중추이다.

② 척수
- 감각 신경 다발이 척수의 등 쪽으로 들어가 후근을 이루며, 운동 신경 다발이 척수의 배 쪽으로 나와 전근을 이룬다.
- 회피 반사, 무릎 반사 등과 같은 반사의 중추이다.

③ 대뇌와 척수의 구조적 차이: 대뇌의 겉질은 회색질, 속질은 백색질이고, 척수의 겉질은 백색질, 속질은 회색질이다. ❸

❶ 중간뇌, 뇌교, 연수를 합하여 뇌줄기라고 하며, 뇌줄기는 생명 유지에 중요한 역할을 한다.

❷ 척수는 감각기에서 받아들인 정보를 뇌로 보내고, 뇌에서 내린 명령을 반응기로 전달하는 통로 역할을 한다. → 감각 신경은 감각기에, 운동 신경은 반응기에 연결되어 있다.

❸ 뉴런의 신경 세포체가 모여 있으면 회색을 띠고(회색질), 축삭 돌기가 모여 있으면 흰색을 띤다(백색질). → 대뇌의 겉질과 척수의 속질은 주로 뉴런의 신경 세포체가 모인 회색질이고, 대뇌의 속질과 척수의 겉질은 주로 축삭 돌기가 모인 백색질이다.

실력을 올리는 실전 문제 찾아가기
- 중추 신경계를 특징에 따라 구분하는 문제_01, 15
- 중추 신경계의 구조와 기능을 묻는 문제_02, 03

B 의식적인 반응과 반사

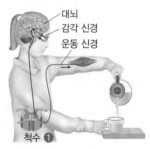

▲ 주전자의 물을 컵에 따르는 행동

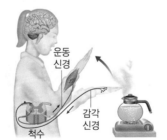

▲ 뜨거운 주전자에 손이 닿았을 때 손을 급히 떼는 행동

① 의식적인 반응: 대뇌의 판단과 명령에 따라 일어나는 반응이다.

　예 주전자의 물을 컵에 따르는 행동

- 반응 경로: 자극(주전자) → 감각기(눈) → 감각 신경(시각 신경) → 대뇌 → 척수 → 운동 신경 → 반응기(팔의 근육) → 반응(주전자를 든다.)

② 반사: 자극에 대해 무의식적이고 즉각적으로 일어나는 반응으로, 대부분 대뇌가 관여하지 않고 척수, 연수, 중간뇌가 중추로 작용한다. ❷

　예 뜨거운 주전자에 손이 닿았을 때 손을 급히 떼는 행동

- 반응 경로: 자극(뜨거운 주전자) → 감각기(손의 피부) → 감각 신경 → 척수 → 운동 신경 → 반응기(팔의 근육) → 반응(손을 급히 뗀다.)

❶ 의식적인 반응에서 얼굴에서 받아들인 자극은 척수를 거치지 않고 대뇌로 바로 전달되며, 목 아랫 부분의 신체에서 일어나는 반응의 경우 대뇌의 명령이 척수를 거쳐 반응기로 전달된다.

❷ 반사가 일어날 때 감각 신경이 대뇌로 연결되는 뉴런과도 시냅스를 이루고 있어 자극이 대뇌로도 전달되므로 자극을 느끼고 반응을 인지한다.

실력을 올리는 실전 문제 찾아가기
- 상황에 따른 반응 경로를 묻는 문제_06

C 말초 신경계의 구분

CASE 1 체성 신경계와 자율 신경계를 구분하는 경우

① 말초 신경계는 감각기에서 중추 신경계로 자극을 전달하는 구심성 신경과 중추 신경계의 명령을 반응기로 전달하는 원심성 신경으로 구분한다.
→ (가)~(다)는 모두 중추 신경계의 명령을 반응기로 전달하므로 원심성 신경에 해당한다. ❶
② (가)는 대뇌의 지배를 받아 골격근의 반응을 조절하는 체성 신경이다.
• (가)에서 중추 신경계(대뇌)와 골격근은 1개의 뉴런으로 연결되어 있다.
• (가)의 말단에서는 아세틸콜린이 분비된다.
③ (나)와 (다)는 중추 신경계에서 뻗어 나와 내장 기관에 분포하는 자율 신경이다.
• (나)는 신경절 이전 뉴런이 신경절 이후 뉴런보다 짧으므로 교감 신경이며, (다)는 신경절 이전 뉴런이 신경절 이후 뉴런보다 길므로 부교감 신경이다.
• (나)와 (다)에서 중추 신경계(중간뇌, 연수, 척수)와 내장 기관은 2개의 뉴런이 신경절에서 시냅스를 형성해 연결되어 있다.

CASE 2 교감 신경과 부교감 신경을 구분하는 경우

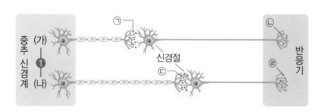

① 교감 신경과 부교감 신경의 구조: (가)는 신경절 이전 뉴런이 신경절 이후 뉴런보다 짧으므로 교감 신경이며, (나)는 신경절 이전 뉴런이 신경절 이후 뉴런보다 길므로 부교감 신경이다.
• 교감 신경(가)의 신경절 이전 뉴런에서 분비되는 ㉠은 아세틸콜린이고, 신경절 이후 뉴런에서 분비되는 ㉡은 노르에피네프린이다.
• 부교감 신경(나)의 신경절 이전 뉴런에서 분비되는 ㉢은 아세틸콜린이고, 신경절 이후 뉴런에서 분비되는 ㉣도 아세틸콜린이다.
② 교감 신경과 부교감 신경의 작용: 교감 신경과 부교감 신경은 대부분 같은 내장 기관에 분포하면서 서로 반대 효과를 나타내는 길항 작용을 한다. ❷

구분	동공	침 분비	기관지	심장 박동	소화 운동	쓸개즙 분비	방광
교감 신경	확대	억제	이완	촉진	억제	억제	이완
부교감 신경	축소	촉진	수축	억제	촉진	촉진	수축

③ 교감 신경과 부교감 신경의 신경절 이전 뉴런의 신경 세포체: 교감 신경의 신경 세포체는 척수의 가운데 부분에 있으며, 부교감 신경의 신경 세포체는 중간뇌, 연수, 척수의 끝부분에 있다.

❶ 체성 신경은 중추 신경계에서 나와 반응기에 이르기까지 1개의 뉴런으로 연결되어 있지만, 자율 신경계는 2개의 뉴런이 신경절에서 시냅스를 형성해 연결되어 있다. → (가)는 체성 신경계, (나)와 (다)는 자율 신경계이다.

❷ 교감 신경과 부교감 신경은 대부분 같은 내장 기관에 분포하면서 서로 반대 효과를 나타내는 길항 작용을 한다.

❶ 교감 신경은 신경절 이전 뉴런이 신경절 이후 뉴런보다 짧고, 부교감 신경은 신경절 이전 뉴런이 신경절 이후 뉴런보다 길다.
→ (가)는 교감 신경, (나)는 부교감 신경이다.

❷ 교감 신경은 몸을 긴장 상태로 만들어 위기 상황에 대처하도록 조절하고, 부교감 신경은 긴장 상태에 있던 몸을 원래의 안정된 상태로 회복하도록 조절한다.

실력을 올리는 실전 문제 찾아가기
• 구조적 특성을 통해 체성 신경계와 자율 신경계를 구분하는 문제_09, 13
• 구조적 특성을 통해 교감 신경과 부교감 신경을 구분하는 문제_07, 16
• 교감 신경과 부교감 신경의 길항 작용을 묻는 문제_11, 14

01 그림은 중추 신경계를 구성하는 연수, 중간뇌, 척수를 구분하는 과정을 나타낸 것이다.

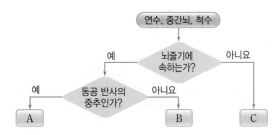

이에 대한 설명으로 옳은 것만을 〈보기〉에서 있는 대로 고른 것은?

┌ 보기 ┐
ㄱ. A는 중간뇌이다.
ㄴ. B는 심장 박동을 조절한다.
ㄷ. C는 회피 반사의 중추이다.

① ㄱ   ② ㄴ   ③ ㄱ, ㄷ
④ ㄴ, ㄷ   ⑤ ㄱ, ㄴ, ㄷ

➔ 수능기출 변형

02 그림은 사람의 뇌 구조를 나타낸 것이다.

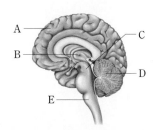

이에 대한 설명으로 옳지 <u>않은</u> 것은?

① A의 겉질은 회색질이다.
② B는 시상과 시상 하부로 이루어져 있다.
③ C는 뇌줄기에 속한다.
④ D는 몸의 자세와 평형을 유지한다.
⑤ E는 심장 박동을 조절하는 교감 신경과 연결되어 있다.

03 그림은 중추 X에 연결된 신경을 나타낸 것이다.

이에 대한 설명으로 옳은 것만을 〈보기〉에서 있는 대로 고른 것은?

┌ 보기 ┐
ㄱ. X의 속질에는 뉴런의 신경 세포체가 존재한다.
ㄴ. ㉠은 후근, ㉡은 전근이다.
ㄷ. X는 맨발로 날카로운 물체를 밟았을 때 무의식적으로 다리를 들어 올리는 반응의 중추이다.

① ㄱ   ② ㄷ   ③ ㄱ, ㄴ
④ ㄴ, ㄷ   ⑤ ㄱ, ㄴ, ㄷ

➔ 수능모의평가기출 변형

04 그림은 무릎 반사가 일어나는 과정에서 흥분 전달 경로를 나타낸 것이다.

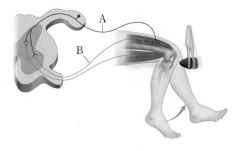

이에 대한 설명으로 옳은 것만을 〈보기〉에서 있는 대로 고른 것은?

┌ 보기 ┐
ㄱ. A의 축삭 돌기에서 Na^+-K^+ 펌프를 통해 Na^+이 세포 안으로 유입된다.
ㄴ. B에서 흥분의 이동은 도약전도를 통해 일어난다.
ㄷ. 무릎의 피부에서 받아들인 자극은 대뇌로도 전달된다.

① ㄱ   ② ㄷ   ③ ㄱ, ㄴ
④ ㄴ, ㄷ   ⑤ ㄱ, ㄴ, ㄷ

➜ 수능모의평가기출 변형

05 그림은 자극에 의한 반사가 일어나 근육 ⓐ가 수축할 때 흥분 전달 경로를 나타낸 것이다.

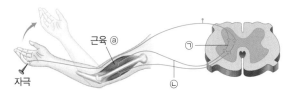

이에 대한 설명으로 옳은 것만을 〈보기〉에서 있는 대로 고른 것은?

┤ 보기 ├
ㄱ. ㉠은 체성 신경계에 속한다.
ㄴ. ㉡의 신경 세포체는 척수의 회색질에 존재한다.
ㄷ. 반사가 일어나는 동안 ⓐ의 근육 원섬유 마디에서 $\dfrac{\text{A대의 길이}}{\text{H대의 길이}+\text{I대의 길이}}$가 커진다.

① ㄱ   ② ㄷ   ③ ㄱ, ㄴ
④ ㄴ, ㄷ   ⑤ ㄱ, ㄴ, ㄷ

06 그림은 사람의 신경계에서 일어나는 흥분 전달 경로를 나타낸 것이다. A와 B는 감각기, P와 Q는 반응기이다.

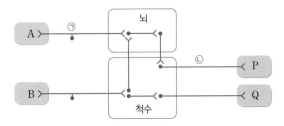

이에 대한 설명으로 옳은 것만을 〈보기〉에서 있는 대로 고른 것은?

┤ 보기 ├
ㄱ. ㉠과 ㉡은 모두 체성 신경계에 속한다.
ㄴ. 악취가 나서 손으로 코를 막는 행동의 흥분 전달 경로는 A → P이다.
ㄷ. 뜨거운 주전자에 손이 닿았을 때 손을 급히 떼는 행동의 흥분 전달 경로는 B → Q이다.

① ㄱ   ② ㄴ   ③ ㄱ, ㄷ
④ ㄴ, ㄷ   ⑤ ㄱ, ㄴ, ㄷ

07 그림은 심장과 위에 연결된 신경 (가)와 (나)를 나타낸 것이다.

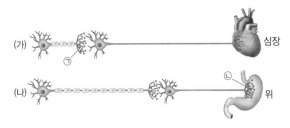

이에 대한 설명으로 옳은 것만을 〈보기〉에서 있는 대로 고른 것은?

┤ 보기 ├
ㄱ. (가)는 말초 신경계에 속한다.
ㄴ. (나)가 흥분하면 위의 소화 운동이 억제된다.
ㄷ. ㉠과 ㉡에서 분비되는 신경 전달 물질은 모두 아세틸콜린이다.

① ㄱ   ② ㄴ   ③ ㄱ, ㄷ
④ ㄴ, ㄷ   ⑤ ㄱ, ㄴ, ㄷ

08 그림은 척수와 방광을 연결하는 뉴런 A~C를 나타낸 것이다.

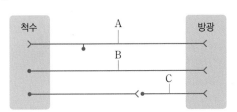

이에 대한 설명으로 옳은 것만을 〈보기〉에서 있는 대로 고른 것은?

┤ 보기 ├
ㄱ. A는 원심성 뉴런이다.
ㄴ. B는 척수의 후근을 통해 나온다.
ㄷ. C가 흥분하면 방광은 수축한다.

① ㄴ   ② ㄷ   ③ ㄱ, ㄴ
④ ㄱ, ㄷ   ⑤ ㄴ, ㄷ

→ 수능모의평가기출

09 그림 (가)와 (나)는 척수와 여러 기관 사이의 흥분 전달 경로를 나타낸 것이다.

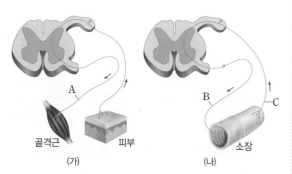

이에 대한 설명으로 옳은 것만을 〈보기〉에서 있는 대로 고른 것은?

| 보기 |

ㄱ. A와 B는 모두 원심성 신경이다.

ㄴ. A와 B의 축삭 돌기 말단에서 분비되는 신경 전달 물질은 같다.

ㄷ. 재채기 반사는 (가)의 경로로 일어난다.

① ㄱ   ② ㄴ   ③ ㄷ

④ ㄱ, ㄴ   ⑤ ㄴ, ㄷ

→ 수능모의평가기출 변형

10 그림은 3가지 신경을 구분하는 과정을 나타낸 것이다.

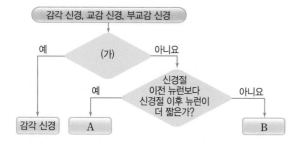

이에 대한 설명으로 옳은 것만을 〈보기〉에서 있는 대로 고른 것은?

| 보기 |

ㄱ. '말초 신경계에 속하는가?'는 구분 기준 (가)에 해당한다.

ㄴ. A가 흥분하면 동공이 확대된다.

ㄷ. 위에 연결된 B의 신경 세포체는 척수에 있다.

① ㄱ   ② ㄴ   ③ ㄷ

④ ㄱ, ㄷ   ⑤ ㄴ, ㄷ

11 심장 박동은 2가지 자율 신경 A와 B에 의해 조절된다. 그림 (가)는 A를, (나)는 B를 자극했을 때 심장 세포에서 활동 전위가 발생하는 빈도의 변화를 나타낸 것이다.

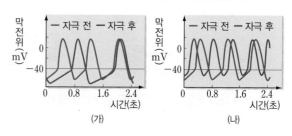

이에 대한 설명으로 옳은 것만을 〈보기〉에서 있는 대로 고른 것은?

| 보기 |

ㄱ. A는 신경절 이전 뉴런이 신경절 이후 뉴런보다 길다.

ㄴ. B는 골격근의 수축을 조절한다.

ㄷ. B의 신경절 이전 뉴런의 신경 세포체는 척수에 있다.

① ㄴ   ② ㄷ   ③ ㄱ, ㄴ

④ ㄱ, ㄷ   ⑤ ㄱ, ㄴ, ㄷ

12 그림은 사람의 신경계를 구분하여 나타낸 것이다.

이에 대한 설명으로 옳은 것만을 〈보기〉에서 있는 대로 고른 것은?

| 보기 |

ㄱ. 뇌교는 A에 속한다.

ㄴ. 감각 신경은 B에 해당한다.

ㄷ. C의 축삭 돌기 말단에서는 아세틸콜린이 분비된다.

① ㄱ   ② ㄴ   ③ ㄱ, ㄷ

④ ㄴ, ㄷ   ⑤ ㄱ, ㄴ, ㄷ

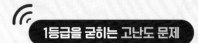
→ 수능기출 변형

13 그림은 중추 신경계로부터 말초 신경을 통해 소장과 다리의 골격근에 연결된 경로를 나타낸 것이다.

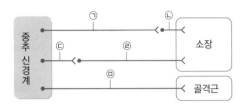

이에 대한 설명으로 옳은 것만을 〈보기〉에서 있는 대로 고른 것은?

┤ 보기 ├
ㄱ. ㉠과 ㉡의 말단에서 분비되는 신경 전달 물질은 서로 다르다.
ㄴ. ㉢과 ㉣이 흥분하면 소장의 활동이 억제된다.
ㄷ. ㉤은 척수의 전근을 통해 나온다.

① ㄱ ② ㄷ ③ ㄱ, ㄴ
④ ㄴ, ㄷ ⑤ ㄱ, ㄴ, ㄷ

→ 수능모의평가기출 변형

15 표 (가)는 중추 신경계를 구성하는 구조 A~D에서 특징 ㉠~㉢의 유무를, (나)는 ㉠~㉢을 순서 없이 나타낸 것이다. A~D는 각각 중간뇌, 연수, 척수, 간뇌 중 하나이다.

특징 구조	㉠	㉡	㉢
A	×	×	?
B	?	○	○
C	×	×	○
D	○	×	○

(○: 있음, ×: 없음.)

(가)

특징(㉠, ㉡, ㉢)
• 뇌줄기를 구성한다.
• 부교감 신경이 나온다.
• 하품 반사의 중추이다.

(나)

이에 대한 설명으로 옳은 것만을 〈보기〉에서 있는 대로 고른 것은?

┤ 보기 ├
ㄱ. ㉠은 '부교감 신경이 나온다.'이다.
ㄴ. A에는 시상 하부가 존재한다.
ㄷ. D는 중간뇌이다.

① ㄱ ② ㄷ ③ ㄱ, ㄴ
④ ㄴ, ㄷ ⑤ ㄱ, ㄴ, ㄷ

14 그림은 심장에 연결된 2가지 자율 신경 X와 Y를 나타낸 것이다. Y의 신경절 이전 뉴런의 신경 세포체는 연수에 있으며, ㉠은 축삭 돌기 말단에서 분비되는 신경 전달 물질이다.

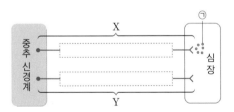

이에 대한 설명으로 옳은 것만을 〈보기〉에서 있는 대로 고른 것은?

┤ 보기 ├
ㄱ. ㉠은 노르에피네프린이다.
ㄴ. X가 흥분하면 심장 박동이 빨라진다.
ㄷ. Y는 신경절 이전 뉴런이 신경절 이후 뉴런보다 길다.

① ㄱ ② ㄷ ③ ㄱ, ㄴ
④ ㄴ, ㄷ ⑤ ㄱ, ㄴ, ㄷ

16 그림은 자율 신경 A와 B를, 표는 A와 B에서 특징 ㉠과 ㉡의 유무를 나타낸 것이다.

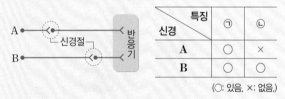

특징 신경	㉠	㉡
A	○	×
B	○	○

(○: 있음, ×: 없음.)

이에 대한 설명으로 옳은 것만을 〈보기〉에서 있는 대로 고른 것은?

┤ 보기 ├
ㄱ. A와 B는 모두 원심성 신경이다.
ㄴ. '대뇌의 직접적인 지배를 받지 않는다.'는 ㉠에 해당한다.
ㄷ. '신경절 이후 뉴런의 말단에서 노르에피네프린이 분비된다.'는 ㉡에 해당한다.

① ㄴ ② ㄷ ③ ㄱ, ㄴ
④ ㄱ, ㄷ ⑤ ㄴ, ㄷ

07 호르몬과 항상성 조절

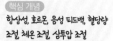

1 내분비샘과 호르몬

1 항상성 우리 몸이 환경 변화에 관계없이 체내 상태를 일정하게 유지하려는 성질
　① 항상성 조절의 최고 중추: 간뇌의 시상 하부 — 시상 하부는 뇌하수체를 통해 내분비계를 조절하며, 신경계의 활동을 조절하여 우리 몸의 항상성 조절에 중요한 역할을 한다.
　② 항상성 조절: 신경계와 내분비계에 의해 조절된다.
　　　└ 호르몬을 생성하고 분비하는 여러 가지 내분비샘이나 조직을 포함하는 기관계

2 호르몬 내분비샘에서 생성·분비되어 특정 조직이나 기관의 작용을 조절하는 화학 물질●

> **호르몬의 특성**
> • 혈관으로 분비된 후 혈액을 따라 이동한다.
> • 자신과 결합하는 수용체를 지닌 표적 세포나 표적 기관에만 영향을 미친다.
> • 매우 적은 양으로도 효과를 나타낸다.
> • 분비량이 부족하면 결핍증, 많으면 과다증이 나타난다.

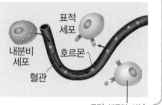

표적 세포
내분비 세포
호르몬
혈관
표적 세포가 아님.

● 내분비샘와 외분비샘
• 내분비샘: 호르몬을 생성하여 분비하는 기관으로, 분비관이 따로 없이 주변의 혈관으로 분비한다.
예 갑상샘, 뇌하수체
• 외분비샘: 땀, 소화액 등과 같은 물질을 분비하는 기관으로, 별도의 분비관을 통해 물질을 분비한다.
예 땀샘, 소화샘

꼭 기억해!

> 호르몬은 신호 전달 속도는 느리지만 효과가 오래 지속되며, 신경은 신호 전달 속도는 빠르지만 효과가 빨리 사라진다.

3 호르몬과 신경의 작용 비교 호르몬과 신경의 작용에 의해 항상성이 조절된다.

구분	전달 매체	신호 전달 속도	작용 범위	효과의 지속성	작용의 예
호르몬	혈액	느리다.	넓다.	지속적이다.	생장, 발생
신경	뉴런	빠르다.	좁다.	일시적이다.	반사

4 사람의 내분비샘과 호르몬 사람의 몸에는 여러 내분비샘이 분포하며, 각각 다른 종류의 호르몬을 분비한다.

뇌하수체 전엽은 다른 내분비샘의 호르몬 분비를 조절하는 호르몬을 분비하고, 뇌하수체 후엽은 시상 하부에서 합성된 호르몬을 저장했다가 분비한다.

시상 하부
뇌하수체
갑상샘
시상 하부
전엽 후엽

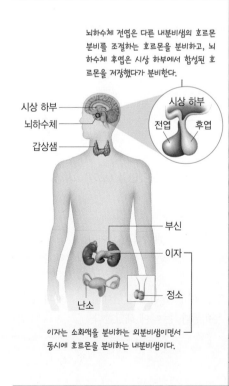

부신
이자
정소
난소

이자는 소화액을 분비하는 외분비샘이면서 동시에 호르몬을 분비하는 내분비샘이다.

내분비샘		호르몬	기능
뇌하수체	전엽	생장 호르몬	생장 촉진
		갑상샘 자극 호르몬(TSH)	티록신 분비 촉진
		부신 겉질 자극 호르몬	코르티코이드 분비 촉진
		생식샘 자극 호르몬	성호르몬 분비 촉진
	후엽	항이뇨 호르몬(ADH)	콩팥에서 수분 재흡수 촉진
		옥시토신	분만 시 자궁 수축 촉진
갑상샘		티록신	물질대사(세포 호흡) 촉진
		칼시토닌	혈장 내 Ca^{2+} 농도 감소
부갑상샘		파라토르몬	혈장 내 Ca^{2+} 농도 증가
이자	α세포	글루카곤	혈당량 증가
	β세포	인슐린	혈당량 감소
부신	겉질	당질 코르티코이드	혈당량 증가
		무기질 코르티코이드	콩팥에서 Na^+ 재흡수 촉진
	속질	에피네프린	혈당량 증가, 심장 박동 촉진
난소		에스트로젠	여자의 2차 성징 발현
정소		테스토스테론	남자의 2차 성징 발현

5 호르몬 분비 이상에 의한 질환

생장 호르몬이 성장판이 닫히기 전에 과다 분비되면 거인증,
성장판이 닫힌 후에 과다 분비되면 말단 비대증이 나타난다.

질환	원인	증상
거인증	생장 호르몬 과다증	키가 비정상적으로 크게 자란다.
말단 비대증		몸의 말단(얼굴, 손, 발 등)이 비정상적으로 크게 자란다.
소인증	생장 호르몬 결핍증	키가 잘 자라지 않는다.
갑상샘 기능 항진증	티록신 과다증	안구 돌출, 체중 감소, 체온 상승
갑상샘 기능 저하증	티록신 결핍증	체중 증가, 추위를 잘 탄다.
요붕증	항이뇨 호르몬 결핍증	오줌량 증가, 체내 수분 부족, 심한 갈증

확인 문제

1 ( )은/는 내분비샘에서 생성·분비되어 특정 조직이나 기관의 작용을 조절하는 화학 물질이다.

2 뇌하수체 후엽에서 분비되는 호르몬을 2가지 쓰시오.

plus 개념

✸ 갑상샘종
티록신의 구성 성분인 아이오딘(I)의 섭취가 부족하면 티록신이 정상적으로 분비되지 않아 뇌하수체 전엽에서 TSH가 계속 분비되어 갑상샘을 자극하고, 그 결과 갑상샘이 비대해지는 갑상샘종에 걸릴 수 있다.

❷ 자율 신경계에 의한 인슐린과 글루카곤의 분비 조절
교감 신경은 글루카곤의 분비를 촉진하고, 부교감 신경은 인슐린의 분비를 촉진한다.

❸ 당뇨병
혈당량이 높은 상태가 오랜 기간 지속되는 대사성 질환으로, 이자의 β세포가 파괴되어 인슐린이 충분히 생성되지 못하는 제1형 당뇨병과 인슐린의 표적 세포가 인슐린에 적절하게 반응하지 못하는 제2형 당뇨병으로 구분한다. → 제1형 당뇨병은 인슐린 결핍증에 해당한다.

❹ 운동을 하는 동안 혈당량과 글루카곤의 변화
운동을 하면 포도당이 에너지원으로 많이 사용되어 혈당량이 낮아지므로 글루카곤의 분비가 촉진된다.

2 항상성 조절

자료 분석 특강 82쪽 **A, B,** 83쪽 **C, D**

1 항상성 조절 방법

대부분의 호르몬은 음성 피드백을 통해 적정량이 분비되도록 조절된다.

① **음성 피드백**: 어떤 과정을 통해 나타난 결과가 그 과정을 억제하는 현상

음성 피드백에 의한 티록신의 분비 조절

❶ 시상 하부에서 분비되는 갑상샘 자극 호르몬 방출 호르몬(TRH)은 뇌하수체 전엽을 자극하여 갑상샘 자극 호르몬(TSH)의 분비를 촉진한다. → TSH는 갑상샘을 자극하여 티록신의 분비를 촉진한다.

❷ 티록신의 농도가 일정 수준 이상으로 증가하면 티록신은 시상 하부와 뇌하수체 전엽에 작용하여 TRH와 TSH의 분비를 억제한다. → 티록신의 분비가 억제되어 티록신의 농도가 감소한다.

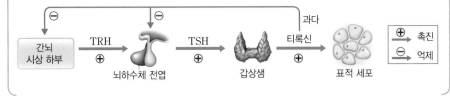

예 칼시토닌과 파라토르몬에 의한 혈장 Ca^{2+} 농도 조절, 인슐린과 글루카곤에 의한 혈당량 조절

② **길항 작용**: 같은 기관에 대해 서로 반대로 작용하여 서로의 효과를 줄인다.

포도당은 체내의 주요 에너지원이므로 혈당량이 일정하게 유지되어야 우리 몸이 정상적으로 기능할 수 있다.

2 혈당량 조절 혈당량은 주로 인슐린과 글루카곤의 길항 작용을 통해 일정하게 유지된다.❷

•용어 돋보기
• **피드백(Feedback)**: 어떤 원인에 의해 나타난 결과가 새로운 원인이 되어 처음 원인에 영향을 주는 현상이다.

혈당량이 높을 때❸	이자의 β세포에서 인슐린 분비량 증가 → 간에서 혈액 속의 포도당을 글리코젠으로 전환하여 저장하는 과정 촉진, 체세포에서 혈액 속의 포도당 흡수 촉진 → 혈당량 감소	
혈당량이 낮을 때❹	이자의 α세포에서 글루카곤 분비량 증가 → 간에 저장된 글리코젠을 포도당으로 분해하는 과정 촉진, 분해된 포도당을 혈액으로 방출 → 혈당량 증가	
	간뇌의 시상 하부가 교감 신경을 자극 → 부신 속질에서 에피네프린 분비량 증가 → 간에 저장된 글리코젠을 포도당으로 분해하는 과정 촉진, 분해된 포도당을 혈액으로 방출 → 혈당량 증가	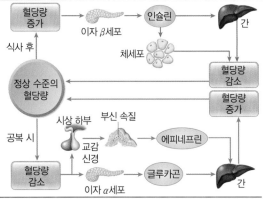

3 체온 조절 체온은 열 발생량과 열 발산량을 조절함으로써 일정하게 유지된다.[⑤]

① 체온이 일정하게 유지되어야 하는 까닭: 체온이 변하면 생명 활동에 관여하는 효소의 활성이 떨어져 제 기능을 할 수 없게 된다.

② 체온 조절 과정

	추울 때		더울 때
열 발생량 증가	• 골격근 수축에 의한 몸 떨림 증가 • 갑상샘에서 티록신 분비량 증가 → 간과 근육에서 물질대사 촉진 • 부신 속질에서 에피네프린 분비량 증가 → 간과 근육에서 물질대사 촉진, 심장 박동 촉진	열 발생량 감소	갑상샘에서 티록신 분비량 감소 → 간과 근육에서 물질대사 억제
열 발산량 감소	털세움근이 수축해 피부에 소름이 돋는다. 교감 신경 작용 강화 → 피부 근처 혈관 수축 → 피부 근처로 흐르는 혈액량 감소	열 발산량 증가	• 교감 신경 작용 완화 → 피부 근처 혈관 확장 → 피부 근처로 흐르는 혈액량 증가 • 땀 분비 증가

4 삼투압 조절 체액의 삼투압은 주로 항이뇨 호르몬의 분비량을 변화시켜 체내 수분량을 조절함으로써 일정하게 유지된다.[⑥]

혈장 삼투압이 높을 때	뇌하수체 후엽에서 항이뇨 호르몬(ADH) 분비량 증가 → 콩팥에서 수분 재흡수량 증가 → 오줌량 감소, 체내 수분량 증가 ➡ 혈장 삼투압 감소
혈장 삼투압이 낮을 때	뇌하수체 후엽에서 항이뇨 호르몬(ADH) 분비량 감소 → 콩팥에서 수분 재흡수량 감소 → 오줌량 증가, 체내 수분량 감소 ➡ 혈장 삼투압 증가

⑤ 체온이 내려갔을 때 성인과 유아의 체온 조절 차이
• 성인: 주로 몸 떨림 현상으로 열 발생량을 증가시킨다.
• 유아: 주로 교감 신경과 티록신의 작용으로 물질대사를 촉진해 열 발생량을 증가시킨다. ➡ 비떨림 열 생산

⑥ 혈장 삼투압이 일정하게 유지되어야 하는 까닭
체액의 농도가 변하면 체액과 세포 사이에 삼투압 차이가 발생하여 세포가 부풀어 오르거나 찌그러져 정상적인 기능을 할 수 없게 된다.

확인 문제 ②

3 혈액 속 티록신 농도가 일정 수준 이상으로 증가하면 뇌하수체 전엽에서 갑상샘 자극 호르몬(TSH)의 분비가 억제된다. (○, ×)

4 혈당량을 감소시키는 호르몬인 (　　　)은/는 이자의 (　　　)세포에서, 혈당량을 증가시키는 호르몬인 (　　　)은/는 이자의 (　　　)세포에서 분비된다.

5 체온이 정상보다 낮아지면 열 발생량은 (증가, 감소)하고, 열 발산량은 (증가, 감소)한다.

6 뇌하수체 후엽에서 분비되는 (　　　)은/는 콩팥에서 수분의 재흡수를 촉진한다.

용어 돋보기
• **삼투압**(스밀 滲, 통할 透, 누를 壓): 세포막과 같은 반투과성 막을 경계로 농도가 다른 두 용액이 있을 때, 용질의 농도가 낮은 곳에서 높은 쪽으로 물이 이동하는 현상(삼투)에 의해 나타나는 압력이다.

1 내분비샘과 호르몬

⟨중요⟩

01 호르몬에 대한 설명으로 옳지 <u>않은</u> 것은?

① 혈액을 따라 이동한다.
② 외분비샘에서 생성·분비된다.
③ 표적 세포나 표적 기관에만 영향을 미친다.
④ 매우 적은 양으로도 효과를 나타낼 수 있다.
⑤ 분비량에 이상이 있을 경우 결핍증이나 과다증이 나타난다.

02 호르몬과 신경을 비교한 내용으로 옳은 것은?

	구분	호르몬	신경
①	신호 전달 속도	느림.	빠름.
②	작용 범위	좁음.	넓음.
③	작용의 예	회피 반사	생장
④	전달 매체	뉴런	혈액
⑤	효과의 지속성	일시적	지속적

[03~04] 오른쪽 그림은 사람의 내분비샘 A~E를 나타낸 것이다. A~E는 각각 부신, 이자, 난소, 갑상샘, 뇌하수체 중 하나이다. 물음에 답하시오.

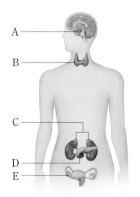

03 A~E의 이름을 옳게 짝 지은 것은?

① A - 갑상샘
② B - 이자
③ C - 뇌하수체
④ D - 부신
⑤ E - 난소

⟨중요⟩

04 A~E에서 분비되는 호르몬을 옳게 짝 지은 것은?

① A - 에스트로젠
② B - 티록신
③ C - 글루카곤
④ D - 에피네프린
⑤ E - 항이뇨 호르몬(ADH)

05 사람의 내분비샘과 호르몬에 대한 설명으로 옳은 것은?

① 이자는 외분비샘이면서 동시에 내분비샘이다.
② 간뇌의 시상 하부에서 갑상샘 자극 호르몬(TSH)이 분비된다.
③ 부신 속질에서 분비되는 에피네프린은 자궁 수축을 촉진한다.
④ 뇌하수체 후엽에서 몸의 생장을 촉진하는 생장 호르몬이 분비된다.
⑤ 정소에서 분비되는 테스토스테론은 여자의 1차 성징 발현에 관여한다.

⟨서술형⟩

06 오른쪽 그림은 시상 하부 아래쪽에 붙어 있는 내분비샘 A와 B를 나타낸 것이다. A는 다른 내분비샘을 자극하는 호르몬을 분비한다. A와 B에서 분비되는 호르몬의 종류를 각각 1가지씩 쓰고, 그 호르몬의 기능을 설명하시오.

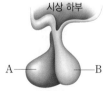

시상 하부

A — — B

07 호르몬 분비 이상에 의한 질환과 원인을 옳게 짝 지은 것은?

① 당뇨병 – 인슐린 과다증
② 거인증 – 생장 호르몬 결핍증
③ 말단 비대증 – 생장 호르몬 과다증
④ 갑상샘 기능 저하증 – 티록신 과다증
⑤ 갑상샘 기능 항진증 – 티록신 결핍증

2 항상성 조절

[08~09] 그림은 티록신 분비가 조절되는 과정을 나타낸 것이다. 물음에 답하시오.

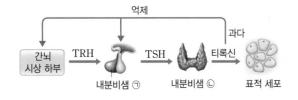

08 티록신 분비에 관여하는 내분비샘 ㉠과 ㉡의 이름을 각각 쓰시오.

09 위 자료에 대한 설명으로 옳지 <u>않은</u> 것은?

① 티록신의 혈중 농도는 음성 피드백에 의해 조절된다.
② 티록신은 표적 세포에 작용하여 물질대사를 촉진한다.
③ 티록신의 혈중 농도가 높아지면 TSH의 분비가 촉진된다.
④ TRH는 내분비샘 ㉠을 자극하여 TSH의 분비를 촉진한다.
⑤ TSH는 내분비샘 ㉡을 자극하여 티록신의 분비를 촉진한다.

10 그림은 건강한 사람이 식사를 한 후 호르몬 A와 B의 혈중 농도 변화를 나타낸 것이다. 호르몬 A와 B는 모두 이자에서 분비된다.

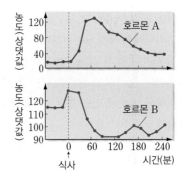

이에 대한 설명으로 옳지 <u>않은</u> 것은?

① A는 이자의 β세포에서 분비된다.
② A는 간에서 글리코젠 합성을 촉진한다.
③ B는 글루카곤이다.
④ B는 혈당량을 감소시킨다.
⑤ A와 B는 길항 작용을 통해 혈당량을 조절한다.

11 그림은 호르몬 A에 의한 혈당량 조절 과정 일부를 나타낸 것이다.

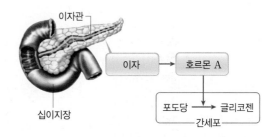

이에 대한 설명으로 옳은 것만을 〈보기〉에서 있는 대로 고른 것은?

┌ 보기 ├
ㄱ. A는 이자관을 통해 십이지장으로 분비된다.
ㄴ. A의 혈중 농도가 높아지면 혈당량은 감소한다.
ㄷ. A는 체세포에서 혈액 속의 포도당 흡수를 촉진한다.

① ㄱ   ② ㄴ   ③ ㄱ, ㄷ
④ ㄴ, ㄷ   ⑤ ㄱ, ㄴ, ㄷ

12 혈당량 조절 과정에서 글루카곤과 같은 기능을 하는 호르몬은?

① 티록신 　　　　② 에피네프린
③ 생장 호르몬 　　④ 에스트로젠
⑤ 항이뇨 호르몬(ADH)

📌중요
13 체온 조절에 대한 설명으로 옳지 <u>않은</u> 것은?

① 체온 조절의 중추는 간뇌의 시상 하부이다.
② 체온은 열 발생량과 열 발산량을 조절함으로써 일정하게 유지된다.
③ 체온이 정상보다 높아지면 교감 신경의 작용이 강화되어 땀 분비가 촉진된다.
④ 체온이 정상보다 높아지면 피부 근처의 혈관이 확장하여 열 발산량이 증가한다.
⑤ 체온이 정상보다 낮아지면 골격근 수축에 의한 몸 떨림이 증가하여 열 발생량이 증가한다.

✏️서술형
14 그림은 혈장 삼투압에 따른 항이뇨 호르몬(ADH)의 혈중 농도를 나타낸 것이다.

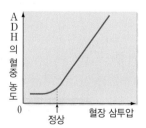

혈장 삼투압이 정상보다 높아지면 단위 시간당 오줌 생성량은 어떻게 변화하는지 쓰고, 오줌 생성량이 변하는 까닭을 항이뇨 호르몬(ADH)의 작용과 관련지어 설명하시오.

15 표는 체온 조절을 위해 사람의 몸에서 일어나는 변화 (가)~(라)를 나타낸 것이다.

(가)	(나)	(다)	(라)
땀샘을 통한 땀 분비가 증가한다.	골격근을 수축시켜 몸이 떨리게 한다.	피부 근처로 흐르는 혈액량이 증가한다.	털세움근이 수축한다.

이에 대한 설명으로 옳은 것만을 〈보기〉에서 있는 대로 고른 것은?

┌─ 보기 ─────────────────────
ㄱ. (나)에 의해 체온이 상승한다.
ㄴ. (다)는 교감 신경의 작용이 완화되어 일어나는 변화이다.
ㄷ. (가)~(라)는 모두 체온이 정상 수준보다 높아졌을 때 일어나는 변화이다.
└──────────────────────────

① ㄱ 　　　　② ㄷ 　　　　③ ㄱ, ㄴ
④ ㄴ, ㄷ 　　⑤ ㄱ, ㄴ, ㄷ

📌중요
16 그림은 호르몬 X의 분비와 작용을 나타낸 것이다.

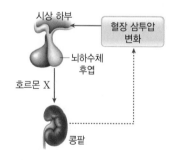

이에 대한 설명으로 옳지 <u>않은</u> 것은?

① X는 항이뇨 호르몬이다.
② X의 표적 기관은 콩팥이다.
③ 물을 너무 많이 마시면 뇌하수체 후엽에서 X의 분비가 억제된다.
④ X의 분비량이 증가하면 오줌량은 늘어나고 혈장 삼투압은 높아진다.
⑤ 짠 음식을 많이 섭취하면 X의 혈중 농도가 높아져 콩팥에서 수분의 재흡수가 촉진된다.

실력을 올리는 실전 문제와
함께 보면 더 좋아요!

A 음성 피드백에 의한 티록신의 분비 조절

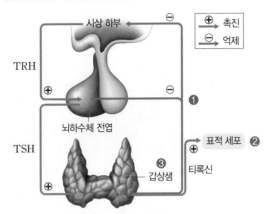

① 음성 피드백: 어떤 과정을 통해 나타난 결과가 그 과정을 억제하는 현상으로, 대부분의 호르몬은 음성 피드백을 통해 적정량이 분비되도록 조절된다.

② 음성 피드백에 의한 티록신의 분비 조절 과정 이해하기
• 갑상샘 자극 호르몬 방출 호르몬(TRH)에 의해 갑상샘 자극 호르몬(TSH)의 분비가 촉진된다. → TSH에 의해 티록신의 분비가 촉진되어 혈액 속 티록신의 농도가 증가한다.
• 혈액 속 티록신의 농도가 일정 수준 이상으로 증가하면 음성 피드백에 의해 TRH와 TSH의 분비가 억제된다. → 티록신의 분비가 억제되어 혈액 속 티록신의 농도가 감소한다.

❶ 티록신의 혈중 농도는 음성 피드백에 의해 조절된다.

❷ 티록신의 주요 표적 세포는 간세포로, 간에서 물질대사를 촉진한다.

❸ 티록신의 구성 성분인 아이오딘의 섭취가 부족하면 혈액 속 티록신의 농도가 감소한다. → 뇌하수체 전엽에서 TSH가 계속 분비되어 갑상샘을 자극하고, 그 결과 갑상샘이 비대해질 수 있다.

실력을 올리는 실전 문제 찾아가기
• 음성 피드백에 의해 호르몬의 농도가 조절되는 것을 티록신의 분비 조절을 예로 들어 묻는 문제_04

B 혈당량 조절

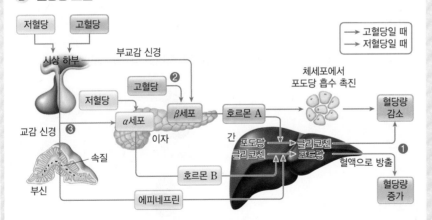

① 혈당량이 높을 때
• 이자의 β세포에서 직접 고혈당을 감지하여 인슐린의 분비량이 증가한다.
• 간뇌 시상 하부에서 부교감 신경을 통해 인슐린의 분비를 촉진한다.
• 인슐린은 간에서 혈액 속의 포도당을 글리코젠으로 전환하여 저장하도록 하고, 체세포에서 혈액 속의 포도당을 흡수하도록 함으로써 혈당량을 감소시킨다. → 호르몬 A는 인슐린이다.

② 혈당량이 낮을 때
• 이자의 α세포에서 직접 저혈당을 감지하여 글루카곤의 분비량이 증가한다.
• 간뇌 시상 하부에서 교감 신경을 통해 글루카곤과 에피네프린의 분비를 촉진한다.
• 글루카곤과 에피네프린은 간에 저장된 글리코젠을 포도당으로 분해하여 혈액으로 방출하도록 함으로써 혈당량을 증가시킨다. → 호르몬 B는 글루카곤이다.

❶ 혈당량은 주로 인슐린과 글루카곤의 길항 작용과 음성 피드백에 의해 일정한 수준으로 조절된다.

❷ 식사를 하면 소장에서 포도당이 흡수되어 혈당량이 증가한다. 혈당량이 정상 수준보다 높아지면 이자의 β세포에서 인슐린의 분비가 촉진되어 혈당량을 정상 수준으로 낮춘다.

❸ 식사 후 시간이 오래 지나거나 운동을 하면 혈당량이 감소한다. 혈당량이 정상 수준보다 낮아지면 이자의 α세포에서 글루카곤의 분비가 촉진되고, 부신 속질에서 에피네프린의 분비가 촉진되어 혈당량을 정상 수준으로 높인다.

실력을 올리는 실전 문제 찾아가기
• 혈당량 변화에 따른 인슐린과 글루카곤의 작용을 묻는 문제_05, 06, 07
• 인슐린과 글루카곤의 작용을 자율 신경과 관련지어 묻는 문제_08, 13

C 체온 조절

그림은 저온 자극 또는 고온 자극이 주어졌을 때 체온이 조절되는 과정의 일부를 나타낸 것이다.

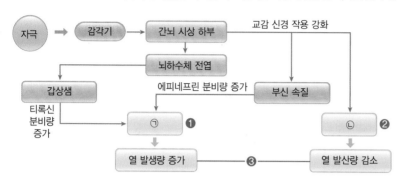

① 체온 조절: 체온 변화는 간뇌의 시상 하부에서 감지하며, 열 발생량과 열 발산량을 조절함으로써 체온을 일정하게 유지한다.

② 체온 조절 과정 파악하기
- ㉠은 티록신과 에피네프린의 분비량 증가로 나타나는 결과이므로 '물질대사 촉진'이 해당되며, ㉡은 교감 신경 작용 강화로 나타나는 결과이므로 '피부 근처 혈관 수축'이 해당된다.
- 열 발생량이 증가하고 열 발산량이 감소하면 체온이 상승하므로 감각기에서 받아들인 자극은 저온 자극이다.

❶ 티록신과 에피네프린의 분비량이 증가하면 물질대사가 촉진(㉠)되어 열 발생량이 증가한다.

❷ 교감 신경의 작용이 강화되면 피부 근처 혈관이 수축(㉡)하여 몸의 표면을 통한 열 발산량이 감소한다.

❸ 열 발생량이 증가하고 열 발산량이 감소하면 체온이 상승한다.

실력을 올리는 실전 문제 찾아가기
- 추울 때와 더울 때 피부 근처 혈관의 상태와 체온 조절을 관련지어 묻는 문제_09
- 저온 자극 시 체온 조절 과정을 묻는 문제_10

D 삼투압 조절

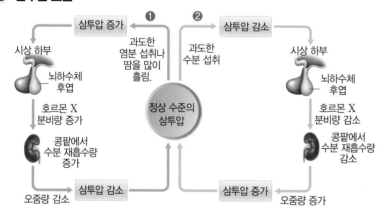

① 혈장 삼투압 조절: 삼투압 변화는 간뇌의 시상 하부에서 감지하며, 항이뇨 호르몬(ADH)의 분비량을 변화시켜 체내 수분량을 조절함으로써 혈장 삼투압을 일정하게 유지한다.

② 호르몬 X 파악하기: 뇌하수체 후엽에서 분비되어 콩팥에 작용하며, 혈장 삼투압 조절에 관여하는 호르몬 X는 항이뇨 호르몬(ADH)이다.

③ 혈장 삼투압 조절 과정 이해하기

❶ 짠 음식을 많이 섭취하거나 땀을 많이 흘려 체액의 삼투압이 높아지면 뇌하수체 후엽에서 항이뇨 호르몬(ADH)의 분비량이 증가한다. 이에 따라 콩팥에서 수분 재흡수량이 증가하여 혈장 삼투압이 정상 수준으로 낮아진다.

❷ 물을 너무 많이 마셔 체액의 삼투압이 낮아지면 뇌하수체 후엽에서 항이뇨 호르몬(ADH)의 분비량이 감소한다. 이에 따라 콩팥에서 수분 재흡수량이 감소하여 혈장 삼투압이 정상 수준으로 높아진다.

혈장 삼투압이 높을 때	뇌하수체 후엽에서 항이뇨 호르몬(ADH) 분비량 증가 → 콩팥에서 수분 재흡수량 증가 → 오줌량 감소, 체내 수분량 증가 ➜ 혈장 삼투압 감소
혈장 삼투압이 낮을 때	뇌하수체 후엽에서 항이뇨 호르몬(ADH) 분비량 감소 → 콩팥에서 수분 재흡수량 감소 → 오줌량 증가, 체내 수분량 감소 ➜ 혈장 삼투압 증가

실력을 올리는 실전 문제 찾아가기
- 혈장 삼투압에 따른 항이뇨 호르몬의 혈중 농도 변화를 묻는 문제_11
- 항이뇨 호르몬의 작용에 의한 전체 혈액량 변화, 오줌 생성량 변화 등을 묻는 문제_12, 14, 15

01 그림은 호르몬 A~C의 분비 경로를 나타낸 것이다. 호르몬 A~C는 각각 에피네프린, 생장 호르몬, 티록신 중 하나이다.

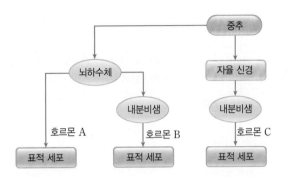

이에 대한 설명으로 옳은 것만을 〈보기〉에서 있는 대로 고른 것은?

┤ 보기 ├
ㄱ. A는 생장 호르몬이다.
ㄴ. B는 갑상샘에서 분비된다.
ㄷ. C는 혈당량을 감소시킨다.

① ㄱ   ② ㄴ   ③ ㄷ
④ ㄱ, ㄴ   ⑤ ㄴ, ㄷ

02 표는 사람의 호르몬 A~C에서 특징 ㉠과 ㉡의 유무를, 자료는 ㉠과 ㉡을 순서 없이 나타낸 것이다. A~C는 각각 글루카곤, 인슐린, 항이뇨 호르몬(ADH) 중 하나이다.

특징 \ 호르몬	A	B	C
㉠	○	○	×
㉡	○	×	×

(○: 있음, ×: 없음.)

특징(㉠, ㉡)
• 이자에서 분비된다.
• 글리코젠 합성을 촉진한다.

이에 대한 설명으로 옳은 것만을 〈보기〉에서 있는 대로 고른 것은?

┤ 보기 ├
ㄱ. ㉠은 '이자에서 분비된다.'이다.
ㄴ. B는 인슐린이다.
ㄷ. C의 분비량이 증가하면 콩팥에서 수분의 재흡수가 촉진된다.

① ㄱ   ② ㄴ   ③ ㄱ, ㄷ
④ ㄴ, ㄷ   ⑤ ㄱ, ㄴ, ㄷ

03 그림은 항상성 조절에 관여하는 2가지 작용 방식 (가)와 (나)를 나타낸 것이다. (가)와 (나)는 각각 신경과 호르몬에 의한 작용 방식 중 하나이고, 물질 A와 B는 각각 호르몬과 신경 전달 물질 중 하나이다.

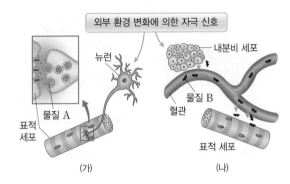

이에 대한 설명으로 옳은 것만을 〈보기〉에서 있는 대로 고른 것은?

┤ 보기 ├
ㄱ. (가)의 표적 세포는 A의 수용체를 가지고 있다.
ㄴ. B는 혈액을 따라 이동한다.
ㄷ. 외부 환경 변화에 의한 자극 신호가 표적 세포에 전달되기까지의 속도는 (가)에서보다 (나)에서가 느리다.

① ㄱ   ② ㄴ   ③ ㄷ
④ ㄱ, ㄴ   ⑤ ㄱ, ㄴ, ㄷ

04 그림은 티록신의 분비 조절 과정을 나타낸 것이다.

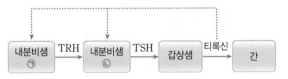

이에 대한 설명으로 옳은 것만을 〈보기〉에서 있는 대로 고른 것은?

┤ 보기 ├
ㄱ. ㉠은 시상 하부, ㉡은 뇌하수체 전엽이다.
ㄴ. 티록신이 과다 분비되면 TSH의 분비량이 증가한다.
ㄷ. 티록신의 혈중 농도는 TRH와 TSH의 길항 작용을 통해 조절된다.

① ㄱ   ② ㄴ   ③ ㄷ
④ ㄱ, ㄴ   ⑤ ㄱ, ㄴ, ㄷ

바른답 · 알찬풀이 30쪽

수능모의평가기출 변형

05 그림은 정상인에게 공복 시 포도당을 투여한 후 혈당량 조절에 관여하는 호르몬 X의 혈중 농도를 시간에 따라 나타낸 것이다. X는 이자에서 분비된다.

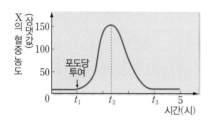

이에 대한 설명으로 옳은 것만을 〈보기〉에서 있는 대로 고른 것은?

┤ 보기 ├
ㄱ. 글루카곤의 혈중 농도는 t_2일 때보다 t_1일 때 높다.
ㄴ. 혈당량은 t_3일 때보다 t_2일 때 높다.
ㄷ. 에피네프린은 혈당량 조절 과정에서 X와 같은 작용을 한다.

① ㄱ   ② ㄴ   ③ ㄱ, ㄴ
④ ㄱ, ㄷ   ⑤ ㄴ, ㄷ

06 그림은 혈당량에 따른 호르몬 A와 B의 혈중 농도를 나타낸 것이다. A와 B는 각각 인슐린과 글루카곤 중 하나이다.

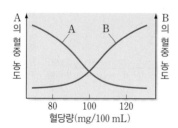

이에 대한 설명으로 옳은 것만을 〈보기〉에서 있는 대로 고른 것은?

┤ 보기 ├
ㄱ. A의 분비량이 부족하면 제1형 당뇨병에 걸릴 수 있다.
ㄴ. A는 혈액 속의 포도당이 체세포로 흡수되는 것을 촉진한다.
ㄷ. B는 간에서 포도당을 글리코젠으로 전환하는 과정을 촉진한다.

① ㄱ   ② ㄷ   ③ ㄱ, ㄴ
④ ㄴ, ㄷ   ⑤ ㄱ, ㄴ, ㄷ

07 그림은 운동을 하는 동안 이자에서 분비되는 혈당량 조절 호르몬 X와 Y의 혈중 농도 변화를 나타낸 것이다.

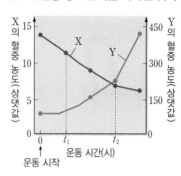

이에 대한 설명으로 옳은 것만을 〈보기〉에서 있는 대로 고른 것은?

┤ 보기 ├
ㄱ. X는 인슐린이다.
ㄴ. Y의 분비량이 많아지면 혈당량은 감소한다.
ㄷ. 글리코젠의 분해 속도는 t_1일 때보다 t_2일 때 빠르다.

① ㄱ   ② ㄴ   ③ ㄷ
④ ㄱ, ㄷ   ⑤ ㄱ, ㄴ, ㄷ

수능모의평가기출 변형

08 그림 (가)는 정상인에서 24시간 동안 시간에 따른 호르몬 X의 혈중 농도를, (나)는 간에서 일어나는 포도당과 글리코젠 사이의 전환을 나타낸 것이다. X는 혈당량 조절에 관여하며, 이자에서 분비된다.

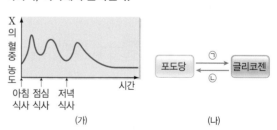

호르몬 X에 대한 설명으로 옳은 것만을 〈보기〉에서 있는 대로 고른 것은?

┤ 보기 ├
ㄱ. 간에서 ⓒ 과정을 촉진한다.
ㄴ. 이자의 β세포에서 분비된다.
ㄷ. 교감 신경이 흥분하면 분비가 촉진된다.

① ㄱ   ② ㄴ   ③ ㄷ
④ ㄱ, ㄷ   ⑤ ㄴ, ㄷ

09 그림 (가)와 (나)는 체온이 정상보다 낮을 때와 높을 때 피부 근처 혈관의 상태를 순서 없이 나타낸 것이다.

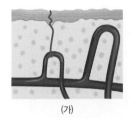
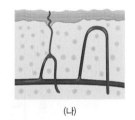

(가)　　　　　(나)

이에 대한 설명으로 옳은 것만을 〈보기〉에서 있는 대로 고른 것은?

┤ 보기 ├
ㄱ. (가)는 교감 신경의 작용 강화에 의해 나타난다.
ㄴ. (나)와 같은 상태일 때 체내에서의 열 발생량이 증가한다.
ㄷ. 몸의 표면을 통한 열 발산량은 (가)에서가 (나)에서보다 많다.

① ㄱ　　　　② ㄴ　　　　③ ㄷ
④ ㄱ, ㄷ　　　⑤ ㄴ, ㄷ

10 그림은 저온 자극이 주어졌을 때 일어나는 체온 조절 과정의 일부를 나타낸 것이다.

이에 대한 설명으로 옳은 것만을 〈보기〉에서 있는 대로 고른 것은?

┤ 보기 ├
ㄱ. A는 간뇌의 시상 하부이다.
ㄴ. ㉠ 과정에 교감 신경이 관여한다.
ㄷ. 아이오딘(I)의 섭취가 부족하면 ㉡ 과정에 관여하는 호르몬의 분비량이 감소한다.

① ㄱ　　　　② ㄴ　　　　③ ㄷ
④ ㄱ, ㄴ　　　⑤ ㄴ, ㄷ

11 표는 사람의 3가지 호르몬 ㉠~㉢이 분비되는 내분비샘을, 그림은 정상인의 혈장 삼투압에 따른 ㉢의 혈중 농도를 나타낸 것이다. ㉠~㉢은 각각 에피네프린, 글루카곤, 항이뇨호르몬(ADH) 중 하나이다.

호르몬	내분비샘
㉠	이자
㉡	?
㉢	뇌하수체 후엽

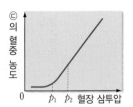

이에 대한 설명으로 옳은 것만을 〈보기〉에서 있는 대로 고른 것은?

┤ 보기 ├
ㄱ. ㉠은 혈당량을 증가시킨다.
ㄴ. ㉡은 부신 속질에서 분비된다.
ㄷ. 단위 시간당 오줌 생성량은 p_1일 때가 p_2일 때보다 적다.

① ㄱ　　　　② ㄷ　　　　③ ㄱ, ㄴ
④ ㄴ, ㄷ　　　⑤ ㄱ, ㄴ, ㄷ

➥ 수능기출 변형

12 그림 (가)와 (나)는 각각 건강한 사람에서 ㉠과 ㉡이 변할 때 항이뇨 호르몬(ADH)의 혈중 농도를 나타낸 것이다. ㉠과 ㉡은 각각 혈장 삼투압과 전체 혈액량 중 하나이다.

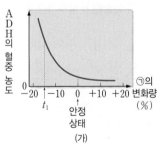
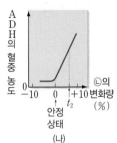

(가)　　　　　(나)

이에 대한 설명으로 옳은 것만을 〈보기〉에서 있는 대로 고른 것은?(단, 오줌량 외에 체내 수분량에 영향을 미치는 요인은 없다.)

┤ 보기 ├
ㄱ. ㉠은 전체 혈액량이다.
ㄴ. (가)에서 단위 시간당 콩팥의 수분 재흡수량은 t_1일 때가 안정 상태일 때보다 많다.
ㄷ. (나)에서 오줌의 삼투압은 t_2일 때가 안정 상태일 때보다 높다.

① ㄱ　　　　② ㄷ　　　　③ ㄱ, ㄴ
④ ㄴ, ㄷ　　　⑤ ㄱ, ㄴ, ㄷ

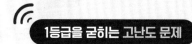
→ 수능모의평가기출 변형

13 그림은 자율 신경 ⊙과 ⓒ을 통한 혈당량 조절 경로를 나타낸 것이다. 호르몬 X와 Y는 모두 이자에서 분비되는 혈당량 조절 호르몬이다.

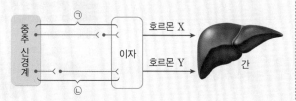

이에 대한 설명으로 옳은 것만을 〈보기〉에서 있는 대로 고른 것은?

| 보기 |

ㄱ. 운동을 오래 할수록 X의 분비량은 증가한다.
ㄴ. ⓒ의 신경절 이전 뉴런의 신경 세포체는 시상하부에 있다.
ㄷ. Y는 글리코젠을 포도당으로 분해하는 과정을 촉진한다.

① ㄱ   ② ㄴ   ③ ㄷ
④ ㄱ, ㄷ   ⑤ ㄴ, ㄷ

→ 수능모의평가기출

14 그림 (가)는 어떤 동물에서 전체 혈액량이 정상 상태일 때와 ⊙일 때 혈장 삼투압에 따른 호르몬 X의 혈중 농도를, (나)는 정상 상태인 이 동물에게 물과 소금물을 순서대로 투여하였을 때 단위 시간당 오줌 생성량을 시간에 따라 나타낸 것이다. X는 뇌하수체 후엽에서 분비되고, ⊙은 정상 상태일 때보다 전체 혈액량이 증가한 상태와 감소한 상태 중 하나이다.

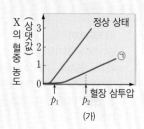 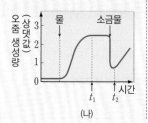

(가)   (나)

이에 대한 설명으로 옳은 것만을 〈보기〉에서 있는 대로 고른 것은?(단, 제시된 자료 이외에 체내 수분량에 영향을 미치는 요인은 없다.)

| 보기 |

ㄱ. ⊙은 정상 상태일 때보다 전체 혈액량이 증가한 상태이다.
ㄴ. ⊙일 때 단위 시간당 오줌 생성량은 p_1일 때가 p_2일 때보다 많다.
ㄷ. 호르몬 X의 혈중 농도는 t_2일 때가 t_1일 때보다 높다.

① ㄴ   ② ㄷ   ③ ㄱ, ㄴ
④ ㄱ, ㄷ   ⑤ ㄱ, ㄴ, ㄷ

15 그림 (가)는 혈압에 따른 항이뇨 호르몬(ADH)의 혈중 농도를, (나)는 정상인이 1 L의 물을 섭취한 후 시간에 따른 혈장과 오줌의 삼투압을 나타낸 것이다.

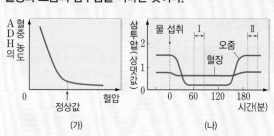

(가)   (나)

이에 대한 설명으로 옳은 것만을 〈보기〉에서 있는 대로 고른 것은?(단, 제시된 자료 이외에 체내 수분량에 영향을 미치는 요인은 없다.)

| 보기 |

ㄱ. 혈압이 정상값보다 낮아지면 콩팥에서 수분의 재흡수가 촉진된다.
ㄴ. $\dfrac{\text{단위 시간당 오줌 생성량}}{\text{항이뇨 호르몬(ADH)의 혈중 농도}}$은 구간 Ⅰ에서가 구간 Ⅱ에서보다 크다.
ㄷ. 혈압이 정상값일 때 땀을 많이 흘리면 항이뇨 호르몬(ADH)의 분비가 억제된다.

① ㄱ   ② ㄴ   ③ ㄱ, ㄴ
④ ㄱ, ㄷ   ⑤ ㄴ, ㄷ

III. 항상성과 몸의 조절

08 질병과 병원체

1 질병의 구분 <small>자료 분석 특강 100쪽 A</small>

비감염성 질병과 감염성 질병으로 구분한다.

구분	비감염성 질병	감염성 질병
특징	• 병원체 없이 유전, 환경, 생활 방식 등 여러 가지 원인이 복합적으로 작용하여 발생한다. • 다른 사람에게 전염되지 않는다.	• 병원체가 원인이 되어 발생한다. • 다른 사람에게 전염될 수 있다.
예	고혈압, 당뇨병, 뇌졸중, 혈우병, 비만	콜레라, 결핵, 독감, 홍역, 말라리아, 무좀

2 병원체의 종류

1 세균 <small>대부분의 세균은 사람에게 해롭지 않지만, 일부는 병원성이 있어서 질병을 일으킨다.</small>

특징	• 단세포 원핵생물이다. • 막으로 둘러싸인 세포 소기관이 없고, 핵막이 없어 유전 물질인 DNA가 세포질에 퍼져 있다. • 효소를 가지고 있어 스스로 물질대사를 할 수 있다. • 분열법으로 번식하므로 환경이 적합하면 빠르게 증식할 수 있다.
감염 과정	병원성 세균은 소화 기관, 호흡 기관 등을 통해 인체 내로 침입한 후 빠르게 증식하거나 독소를 생산한다. → 세포나 조직이 손상되고 물질대사에 이상이 생긴다.
발생 질병	세균성 식중독, 세균성 폐렴, 결핵, 위궤양, 파상풍, 패혈증, 콜레라, 탄저병, 장티푸스 등
치료	항생제를 사용하여 치료한다.❶ <small>항생제를 과다하게 사용하면 항생제 내성 세균이 생길 수 있다.</small>

플라스미드 리보솜 세포막 세포벽 DNA 편모
▲ 세균의 구조

2 바이러스

특징	• 세균보다 크기가 훨씬 작아 세균 여과기를 통과한다. • 세포로 이루어져 있지 않으며, 유전 물질인 핵산(DNA 또는 RNA)과 이를 둘러싸고 있는 단백질 껍질로 이루어져 있다. • 스스로 물질대사를 하지 못해 독립적인 생활이 불가능하며, 살아 있는 숙주 세포 내에서만 증식할 수 있다.
감염 과정	자신의 유전 물질을 숙주 세포 안에 주입한 후 숙주 세포의 효소를 이용해서 자신의 유전 물질을 복제하여 증식한다. 이후 숙주 세포를 파괴하고 나와 더 많은 세포를 감염시키고 질병을 일으킨다.
발생 질병	구순 포진, 감기, 독감, 홍역, 대상 포진, 소아마비, 후천성 면역 결핍증(AIDS) 등
치료	항바이러스제를 사용하여 치료한다.❷

단백질 껍질 핵산
▲ 바이러스의 구조

3 원생생물

특징	• 병원성이 있는 원생생물은 대부분 단세포 진핵생물이다. • 독립적으로 생활하기도 하고, 동물 세포나 식물 세포에 기생하면서 질병을 일으키기도 한다.
감염 과정	• 오염된 물 또는 음식물을 통해 인체에 감염되거나 매개 생물(모기, 파리, 쥐 등)에 의해 감염된다. • 인체 내로 들어와 증식하면서 독소를 분비하거나 세포를 파괴하여 질병을 일으킨다.
발생 질병	아메바성 이질, 말라리아, 수면병 등❸

한눈에
정리하는 출제 경향

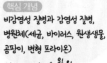

• 감염성 질병과 비감염성 질병 구분하기
• 각 병원체의 공통점과 차이점 구분하기

 핵심 개념
비감염성 질병과 감염성 질병,
병원체(세균, 바이러스, 원생생물,
곰팡이, 변형 프라이온)

 plus 개념

❶ 항생제
세균의 작용을 억제하거나 세균을 죽이는 물질이다. 항생제는 사람의 세포에는 없는 세포벽과 같은 구조에 작용하므로 사람에게 독성을 나타내지 않는다.

❷ 항바이러스제
바이러스의 작용을 억제하거나 바이러스를 소멸시키는 물질이다. 바이러스는 돌연변이를 자주 일으키기 때문에 치료 효과가 높지 않다. 또, 바이러스가 숙주 세포의 물질대사 체계를 이용하기 때문에 항바이러스제는 숙주 세포에도 독성을 나타내는 경우가 많다.

❋ 세균과 바이러스의 비교
• 공통점: 병원체이며, 유전 물질을 가지고 있다.
• 차이점

세균	• 세포 구조이다. • 숙주 세포 밖에서도 증식할 수 있다. • 항생제로 치료한다.
바이러스	• 비세포 구조이다. • 숙주 세포 밖에서는 증식할 수 없다. • 항바이러스제로 치료한다.

❸ 말라리아
말라리아는 모기를 매개로 사람이 말라리아 원충에 감염되어 발생한다. 말라리아 원충은 적혈구에 들어가 증식하며, 적혈구를 파괴하고 독성을 퍼뜨린다.

plus ⊕ 개념

4 곰팡이

특징	• 균계에 속하는 진핵생물로, 몸이 균사로 이루어져 있다. • 습한 환경에서 포자로 번식한다.
감염 과정	곰팡이의 포자는 소화 기관이나 호흡 기관을 통해 인체 내로 들어와 질병을 일으키며, 일부는 각질층이 파괴된 피부를 감염시키기도 한다.
발생 질병	무좀, 만성 폐 질환, 식중독, 알레르기, 칸디다증 등❹

5 변형 프라이온

프라이온은 생물체 내에서 발견되는 정상적인 단백질로, 건강한 포유류의 뉴런에 존재하며, 뇌세포의 활동에 중요한 역할을 하는 것으로 알려져 있다.

특징	핵산이 없는 단백질성 감염 입자이다.
감염 과정	정상 프라이온이 변형 프라이온과 접촉하면 변형 프라이온으로 바뀌게 된다. → 변형 프라이온이 중추 신경계에 축적되면 신경 조직이 파괴되어 뇌 손상이 일어난다.❺
발생 질병	양의 스크래피, 소의 광우병, 사람의 크로이츠펠트·야코프병 등
예방	화학 약품이나 물리적 방법으로는 변성시키기 어렵기 때문에 접촉을 피하는 것만이 유일한 예방책으로 알려져 있다.

확인 문제 1❷

1 ( ) 질병은 병원체 없이 발생하며, ( ) 질병은 병원체가 원인이 되어 발생한다.
2 바이러스에 의한 질병은 항생제로 치료할 수 있다. (◯, ×)
3 원생생물은 대부분 모기, 쥐 등과 같은 ( )에 의해 감염된다.
4 무좀은 ( )에 의해 피부에 발생하는 감염성 질병이다.

3 감염성 질병의 감염 경로와 예방

1 감염성 질병의 감염 경로

▲ 오염된 음식 재료나 조리 기구　　▲ 상한 음식　　▲ 기침이나 재채기　　▲ 주삿바늘의 공동 사용　　▲ 수혈　　▲ 모기나 벌레에 물림.

2 감염성 질병의 예방

• 물이나 음식물은 충분히 끓이거나 익혀서 먹는다.
• 손을 자주 씻고, 기침이나 재채기를 할 때는 입을 가리고 한다.
• 수건과 같은 개인 물품을 여러 사람이 함께 사용하지 않도록 한다.
• 항상 위생적이고 청결한 환경을 유지하여 매개 생물이 번성하지 않도록 한다.
• 충분한 휴식을 취하고, 적당한 운동을 하며, 영양 섭취에 유의하여 몸의 면역을 강화한다.
• 음식 재료를 신선하게 보관하고, 조리 기구는 자주 소독하며, 실온이나 냉장고에 음식물을 오랫동안 보관하지 않는다.

확인 문제 3

5 환자의 기침, 주삿바늘의 공동 사용 등에 의해 병원체에 감염될 수 있다. (◯, ×)
6 수건과 같은 개인 물품을 여러 사람이 함께 사용하면 몸의 면역이 강화되어 감염성 질병을 예방할 수 있다. (◯, ×)

측면 설명

✱ **원생생물과 곰팡이에 의해 발생하는 질병의 치료**
원생생물이나 곰팡이는 세균이나 바이러스와 달리 사람의 세포와 유사해 이들만을 특이적으로 억제하기가 어렵기 때문에 치료하기가 쉽지 않다.

❹ **무좀**
손가락이나 발가락의 피부가 곰팡이(백선균)의 포자에 감염되어 발생한다. 무좀은 피부 접촉을 통해 다른 사람에게 전염될 수 있다.

❺ **변형 프라이온의 증식 과정**

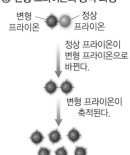

변형 정상
프라이온　프라이온

정상 프라이온이 변형 프라이온으로 바뀐다.

변형 프라이온이 축적된다.

오해하지마!

감염과 전염의 차이
감염은 병원체가 침입하여 증식하는 것이고, 전염은 병원체가 한 생물에서 다른 생물로 퍼지는 것이다. 병원체에 감염되었어도 다른 사람에게 옮기지 않으면 전염성은 없다.

용어 돋보기

• **병원체**(병 病, 근원 原, 몸 體): 질병을 일으키는 감염 인자로 세균, 바이러스, 원생생물, 곰팡이 등이 병원체로 작용한다.
• **원핵생물**(근원 原, 핵 核, 날 生, 만물 物): 핵막이 없어 뚜렷이 구분된 핵이 없는 생물 무리이다.
• **진핵생물**(참 眞, 핵 核, 날 生, 만물 物): 핵막으로 둘러싸인 뚜렷한 핵이 있는 생물 무리이다.

1 질병의 구분

01 병원체가 원인이 되어 발생하는 질병에 해당하지 <u>않는</u> 것은?

① 홍역
② 당뇨병
③ 파상풍
④ 말라리아
⑤ 대상 포진

02 다음은 사람에게 발생하는 질병들이다.

> 콜레라   결핵   무좀   독감

이 질병들의 공통점으로 옳은 것은?

① 비감염성 질병이다.
② 병원체 없이 발생한다.
③ 운동 부족에 의한 질병이다.
④ 병원체의 감염에 의한 질병이다.
⑤ 다른 사람에게 전염되지 않는다.

2 병원체의 종류

(P)중요

03 오른쪽 그림은 어떤 병원체의 구조를 나타낸 것이다.
이에 대한 설명으로 옳지 <u>않은</u> 것은?

① 원핵생물이다.
② 유전 물질을 가지고 있다.
③ 물질대사에 필요한 효소를 가지고 있다.
④ 생물의 조직을 파괴하거나 독소를 분비한다.
⑤ 이 병원체에 의한 질병은 항바이러스제를 사용하여 치료할 수 있다.

04 다음은 어떤 병원체에 대한 설명이다.

> • 단세포 원핵생물이다.
> • 스스로 물질대사를 할 수 있다.
> • 분열법으로 번식하므로 환경이 적합하면 빠르게 증식한다.

이 병원체가 우리 몸에 침입했을 때 발생하는 질병으로 옳은 것은?

① 감기
② 결핵
③ 소아마비
④ 아메바성 이질
⑤ 후천성 면역 결핍증(AIDS)

(P)중요

05 오른쪽 그림은 어떤 병원체의 구조를 나타낸 것이다.
이에 대한 설명으로 옳지 <u>않은</u> 것은?

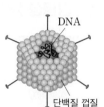

① 바이러스이다.
② 세포 소기관이 없다.
③ 핵산을 가지고 있다.
④ 세포벽으로 둘러싸여 있다.
⑤ 숙주 세포 밖에서 물질대사를 할 수 없다.

(⌀)서술형

06 바이러스 감염에 의한 질병을 치료하기가 어려운 까닭을 바이러스의 특성과 관련지어 설명하시오.

07 그림 (가)는 결핵을 일으키는 병원체, (나)는 독감을 일으키는 병원체를 나타낸 것이다.

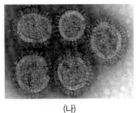

(가)   (나)

(가)와 (나)의 공통점으로 옳은 것은?

① 유전 물질을 가지고 있다.
② 세포막으로 둘러싸여 있다.
③ 세포 분열을 통해 증식한다.
④ 스스로 물질대사를 할 수 없다.
⑤ 항생제를 사용하여 치료할 수 있다.

08 무좀을 일으키는 병원체에 대한 설명으로 옳은 것은?

① 곰팡이이다.
② 원핵생물이다.
③ 모기를 매개로 전염된다.
④ 스스로 물질대사를 할 수 없다.
⑤ 광합성을 통해 양분을 합성한다.

09 변형 프라이온에 대한 설명으로 옳은 것만을 〈보기〉에서 있는 대로 고른 것은?

┤ 보기 ├
ㄱ. 핵막이 없는 단세포 생물이다.
ㄴ. 사람에서 크로이츠펠트・야코프병을 일으킨다.
ㄷ. 정상 프라이온과 접촉하면 정상 프라이온으로 전환된다.

① ㄱ   ② ㄴ   ③ ㄱ, ㄷ
④ ㄴ, ㄷ   ⑤ ㄱ, ㄴ, ㄷ

10 감염성 질병의 치료에 대한 설명으로 옳은 것만을 〈보기〉에서 있는 대로 고른 것은?

┤ 보기 ├
ㄱ. 파상풍은 항생제를 사용하여 치료할 수 있다.
ㄴ. 대상 포진은 항바이러스제를 사용하여 치료할 수 있다.
ㄷ. 원생생물은 사람의 세포와 유사해 병원체만 특이적으로 억제하기가 어렵기 때문에 원생생물에 의한 질병은 치료하기가 쉽지 않다.

① ㄱ   ② ㄷ   ③ ㄱ, ㄴ
④ ㄴ, ㄷ   ⑤ ㄱ, ㄴ, ㄷ

3 감염성 질병의 감염 경로와 예방

11 감염성 질병의 감염 경로와 예방에 대한 설명으로 옳지 않은 것은?

① 환자와의 접촉, 수혈 등을 통해 병원체에 감염될 수 있다.
② 예방 접종 시 일회용 주삿바늘을 여러 번 반복하여 공동으로 사용한다.
③ 흐르는 물에 손을 자주 비누로 깨끗이 씻으면 손을 통해 감염되는 질병을 예방할 수 있다.
④ 냉장고 안에서도 병원체가 증식할 수 있으므로 냉장고에 음식물을 오랫동안 보관하지 않는다.
⑤ 기침을 할 때 손수건으로 입을 가리거나 마스크를 착용하면 병원성 세균의 전파를 어느 정도 막을 수 있다.

서술형

12 다음은 사람에게 발생하는 어떤 감염성 질병에 대한 설명이다.

- 주로 열대 지역에서 모기를 통해 전파된다.
- 적혈구가 파괴되면서 병원체에서 생성된 독소가 퍼져 증상이 나타난다.

이 질병의 이름을 쓰고, 이 질병을 예방하기 위한 방법을 1가지만 설명하시오.

09 우리 몸의 방어 작용

1 방어 작용의 구분

비특이적 방어 작용과 특이적 방어 작용으로 구분한다. ❶
└─ 태어날 때부터 가지고 있어 선천성 면역이라고도 한다.

비특이적 방어 작용❷	• 병원체의 종류를 구별하지 않고 동일한 방식으로 일어난다. • 병원체에 감염된 즉시 신속하고 광범위하게 일어난다.
특이적 방어 작용	• 병원체의 종류를 구별하여 일어난다. • 비특이적 방어 작용이 일어난 이후에 일어난다.

└─ 병원체에 노출되면서 발달하므로 후천성 면역이라고도 한다.

2 비특이적 방어 작용

1 외부 방어벽 물리적 · 화학적 장벽으로 작용하여 병원체의 침입을 막는다.

피부	• 외부의 유해 물질과 병원체가 체내로 침입하는 것을 막는다. • 피부의 피지샘에서 산성 물질을 분비하여 병원체의 생장을 억제한다.
점막	• 소화 기관, 호흡 기관 등과 같이 피부로 덮여 있지 않은 부위를 덮고 있다. • 라이소자임이 포함된 점액을 분비해 세균의 침입을 차단하고, 상피 세포가 손상되는 것을 막는다.❸ • 기관지 점막은 섬모와 점액으로 덮여 있어 병원체와 먼지 등을 걸러 내어 몸 밖으로 배출한다.
분비액	• 눈물, 콧물, 침, 땀 등: 표면의 병원체를 씻어 내고, 세균의 증식을 억제한다. • 위액: 음식물과 함께 위로 들어온 병원체를 죽인다.

2 내부 방어 체내로 침입한 병원체를 제거한다.
┌─ 식균 작용이라고도 한다.

식세포 작용	백혈구가 병원체를 세포 안으로 끌어들인 후 효소를 이용하여 분해하는 작용이다.
염증	• 피부나 점막이 손상되어 병원체가 체내로 침입했을 때 일어나는 방어 작용이다. • 열, 부어오름, 붉어짐, 통증 등의 증상을 동반한다.

염증이 일어나는 과정

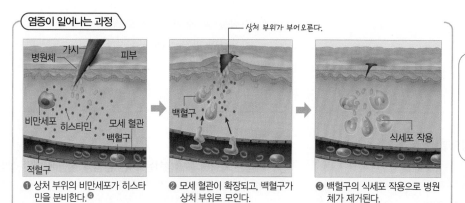

❶ 상처 부위의 비만세포가 히스타민을 분비한다.❹

❷ 모세 혈관이 확장되고, 백혈구가 상처 부위로 모인다.

❸ 백혈구의 식세포 작용으로 병원체가 제거된다.

확인 문제 1 2	**1** (　　　　) 방어 작용은 병원체의 종류를 구별하지 않고 병원체에 감염된 즉시 일어나며, (　　　　) 방어 작용은 감염된 병원체의 종류를 구별하여 일어난다. **2** 피부가 손상되어 병원체가 체내로 침입하면 열, 부어오름 등을 동반하는 (　　　)이/가 일어난다.

• 체액성 면역 과정 이해하기
• 1차 면역 반응과 2차 면역 반응 구분하기
• 혈액형 판정 원리 이해하기

핵심 개념
비특이적 방어 작용, 특이적 방어 작용, 백신, 혈액형 판정

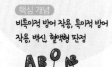

plus➕개념

❶ 방어 작용
병원체와 같은 이물질의 침입에 대항하는 우리 몸의 방어 체계로, 면역이라고도 한다.

❷ 비특이적 방어 작용의 중요성
특이적 방어 작용이 일어나기까지는 시간이 걸리기 때문에 감염 초기에는 신속하게 일어나는 비특이적 방어 작용이 중요하다.

❸ 라이소자임
눈물, 콧물, 침, 땀, 점액 등에 포함되어 있는 효소로, 세균의 세포벽을 분해하여 세균의 감염을 막는다.

궁금하지?

Q. 염증 부위에 고름은 왜 생길까?
A. 고름은 백혈구가 식세포 작용으로 상처 부위의 병원체를 제거하는 과정에서 만들어진 것으로, 손상된 조직 세포, 죽은 백혈구, 병원체의 찌꺼기 등이 섞여 있다.

❹ 히스타민
병원체가 침입했을 때 비만세포가 분비하는 화학 신호 물질로, 모세 혈관을 확장시켜 혈류량을 늘리고, 혈관의 투과성을 증가시켜 혈장과 백혈구가 모세 혈관 밖으로 쉽게 새어 나가도록 한다.

③ 특이적 방어 작용 자료 분석 특강 100쪽 B, 101쪽 C

1 림프구 백혈구의 일종으로 골수에서 생성되며, B 림프구와 T 림프구가 있다.[5]
 뼈 내부에 있는 연한 조직으로, 혈구가 만들어지는 장소이다. └─ 골수에서 성숙 └─ 가슴샘에서 성숙

2 항원과 항체

항원	• 체내로 침입하여 면역 반응을 일으키는 이물질이다. • 병원체, 각종 독성 물질, 꽃가루, 먼지 등이 있다. • 항체에 결합하는 부위인 항원 결정 부위가 있다.
γ-글로불린 **항체**	• 항원에 대항하여 체내에서 만들어지는 물질이다. • 단백질로 이루어져 있으며, 2개의 긴 사슬과 2개의 짧은 사슬이 결합하여 Y자 모양을 하고 있다. • 항체의 종류에 따라 항원 결합 부위의 구조가 다르다.
항원 항체 반응의 특이성	항원 항체 반응은 항체가 항원과 결합하여 항원의 기능을 무력화시키는 반응이다. → 한 종류의 항체는 항원 결합 부위에 맞는 특정 항원만을 인식하여 결합한다.

3 특이적 방어 작용

① 특이적 방어 작용의 시작: 항원이 체내에 침입하면 대식세포 등이 식세포 작용으로 항원을 잡아먹은 후 소화하여 항원 조각을 세포막 표면에 제시한다.

→ 이 항원 조각을 보조 T림프구가 인식함으로써 특이적 방어 작용이 시작된다.
└─ 보조 T림프구가 신호 물질을

② 특이적 방어 작용의 구분: 세포성 면역과 체액성 면역으로 구분한다. 분비하여 세포독성 T림프구와 B 림프구를 활성화한다.

세포성 면역	보조 T림프구에 의해 활성화된 세포독성 T림프구가 병원체에 감염된 세포나 암세포를 직접 공격하여 파괴하는 면역 반응이다.		
체액성 면역	• B 림프구로부터 분화한 형질 세포에서 생성·분비된 항체가 항원을 제거하는 면역 반응이다. • 과정: 보조 T림프구에 의해 활성화된 B 림프구가 증식하여 형질 세포와 기억 세포로 분화한다. → 기억 세포는 항원의 특성을 기억하고, 형질 세포는 항체를 생성하여 분비한다. → 항원 항체 반응이 일어나 항원이 제거된다.[6] • 항원이 체내에 처음 침입하면 1차 면역 반응이, 이후 같은 항원이 재침입하면 2차 면역 반응이 일어난다.		
	1차 면역 반응	• 항원이 체내에 처음 침입하면 항원의 종류를 인식하고 B 림프구가 형질 세포로 분화하는 과정을 거쳐 형질 세포가 항체를 생성한다. • 항체를 생성하기까지 시간이 오래 걸리며, 소량의 항체가 생성된다. • B 림프구의 일부는 기억 세포로 분화하며, 기억 세포는 항원이 제거된 후에도 남아 있다.	
	2차 면역 반응	• 같은 항원이 재침입하면 1차 면역 반응 시 생성되었던 기억 세포가 빠르게 증식하고 형질 세포로 분화하여 항체를 생성한다.[7] • 1차 면역 반응에 비해 더 빠르게 다량의 항체가 생성되며, 항체가 더 오랫동안 유지된다. → 질병에 걸릴 확률이 낮아진다.	

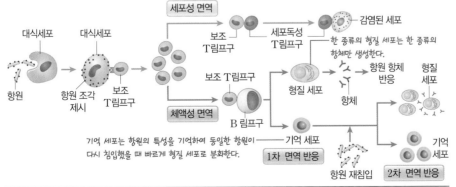

plus 개념

⑤ 림프구의 생성과 분화

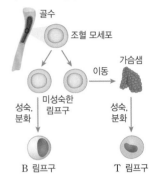

꼭 기억해!

세포성 면역은 T 림프구가 감염된 세포를 직접 파괴하는 반응이고, 체액성 면역은 B 림프구가 형질 세포로 분화한 후 생성·분비한 항체에 의해 항원이 제거되는 반응이다.

⑥ 항원 항체 반응에 의한 항원의 제거

항체가 항원과 결합하면 항원이 가라앉거나 용해되는 등의 반응이 일어나며, 항체와 결합한 항원은 백혈구의 식세포 작용으로 빠르게 제거된다.

⑦ 형질 세포와 기억 세포

형질 세포는 수명이 짧지만, 기억 세포는 수명이 비교적 길기 때문에 2차 면역 반응이 나타날 수 있다.

용어 돋보기

• **비만세포**(살찔 肥, 찰 滿, 가늘 細, 태보 胞): 백혈구의 일종으로, 히스타민과 같은 화학 신호 물질을 분비하여 염증을 일으킨다.

• **대식세포**(큰 大, 밥 食, 가늘 細, 태보 胞): 백혈구의 일종으로, 여러 가지 물질을 분비하여 염증이 일어나는 과정에 관여하며, 병원체를 식세포 작용으로 잡아먹은 후 항원 조각을 제시한다.

1차 면역 반응과 2차 면역 반응

- 항원 X가 1차 침입했을 때: 항원의 종류를 인식하고 B 림프구가 형질 세포로 분화하여 항체 X를 생성하기까지 시간이 걸리며, 생성되는 항체 X의 양이 적다(1차 면역 반응). → 잠복기가 있으며, 잠복기 동안 항원 X에 의한 질병에 걸릴 수 있다.
- 항원 X가 2차 침입했을 때: 항원 X가 1차 침입했을 때 생성되었던 기억 세포가 빠르게 증식하고 형질 세포로 분화하여 항체 X를 생성하며, 생성되는 항체 X의 양이 많다(2차 면역 반응). → 항원 X에 의한 질병에 걸릴 확률이 낮다.

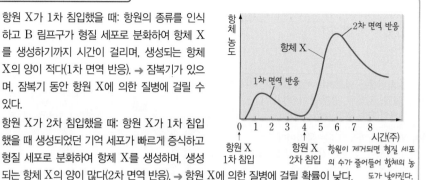

항원 X 1차 침입 항원 X 2차 침입 항원이 제거되면 형질 세포의 수가 줄어들어 항체의 농도가 낮아진다.

확인 문제 3

3 세포성 면역은 (   )이/가 병원체에 감염된 세포를 직접 제거하는 반응이다.
4 항원이 침입하면 B 림프구는 기억 세포와 항체를 생성하는 (   )(으)로 분화한다.
5 같은 항원이 재침입하면 다량의 항체가 빠르게 생성되는 (   ) 면역 반응이 일어난다.

4 백신의 작용 원리

1 백신 감염성 질병을 예방하기 위해 사용하는 약물로, 병원체의 독성을 약화하거나 비활성 상태로 만든 것이 포함되어 있다. 비감염성 질병은 백신으로 예방할 수 없다.

2 백신의 작용과 한계

① 백신의 작용
- 건강한 사람에게 백신을 접종하면 우리 몸은 이를 항원으로 인식하여 체내에서 1차 면역 반응이 일어나 소량의 항체와 기억 세포가 생성된다.
- 이후에 실제로 병원체가 체내에 침입할 경우 기억 세포의 작용으로 2차 면역 반응이 일어나 다량의 항체가 빠르게 생성되므로 질병에 걸리지 않는다. → 예방 접종의 원리

② 백신의 한계: 모든 감염성 질병의 백신이 개발된 것은 아니며, 개발되었다고 하더라도 변이가 심한 병원체에 대해서는 계속 새로운 백신을 개발해야 하는 어려움이 있다.

5 면역 관련 질환

1 면역 결핍 면역계를 구성하는 면역 세포의 수가 적정 수준 이하로 존재하거나, 적정 수준으로 유지되지만 필요한 시점에 적절한 수준으로 활성화되지 못하는 경우 나타난다.
예 후천성 면역 결핍증(AIDS)⑧

2 면역 과민 면역계를 구성하는 면역 세포의 수가 적정 수준 이상으로 존재하거나, 적정 수준으로 유지되지만 지나치게 활성화되어 조절이 불가능한 경우 나타난다.
예 알레르기, 자가 면역 질환(루푸스, 류머티즘 관절염, 강직성 척추염 등)⑨, ⑩

확인 문제 4 5

6 어떤 병원체에 대한 백신을 접종하면 이 병원체에 대한 (   ) 세포가 형성되므로 실제로 병원체가 체내에 침입할 경우 (   ) 면역 반응이 일어나 다량의 항체가 빠르게 생성된다.
7 알레르기는 면역 세포의 수가 적정 수준 이하로 존재하여 나타나는 질환이다. (○ , ×)

---

plus 개념

⑧ 후천성 면역 결핍증(AIDS)
사람 면역 결핍 바이러스(HIV)에 감염되어 나타나는 질병으로, HIV는 보조 T림프구를 파괴하며, 이로 인해 B 림프구가 항체를 만들지 못해 면역 결핍이 나타나게 된다.

⑨ 알레르기 반응

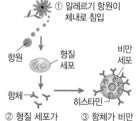

① 알레르기 항원이 체내로 침입
항원 형질 세포 비만 세포
항체 히스타민
② 형질 세포가 항체 생성 ③ 항체가 비만 세포에 결합
▲ 알레르기 항원이 처음 침입했을 때

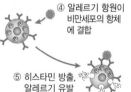

④ 알레르기 항원이 비만세포의 항체에 결합
⑤ 히스타민 방출, 알레르기 유발
▲ 알레르기 항원이 다시 침입했을 때

⑩ 자가 면역 질환
면역계가 자기 물질과 비자기 물질을 구별하지 못하고 자기 몸을 구성하는 조직이나 세포를 공격하여 발생한다.

6 혈액의 응집 반응과 혈액형 판정 자료 분석 특강 101쪽 D

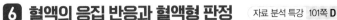

1 혈액의 응집 반응 적혈구 세포막에 있는 응집원과 혈장에 있는 응집소 사이에 일어나는 항원 항체 반응으로, 적혈구가 서로 엉겨 덩어리가 형성된다.

2 ABO식 혈액형

① 혈액형의 종류: 응집원의 종류에 따라 A형, B형, AB형, O형으로 구분한다.

구분	A형	B형	AB형	O형
응집원	적혈구 응집원 A	응집원 B	응집원 B 응집원 A	응집원 없음.
응집소	혈장 응집소 β	응집소 α	응집소 없음.	응집소 β 응집소 α

② 혈액형의 판정: 응집원 A와 응집소 α, 응집원 B와 응집소 β가 만나면 각각 응집 반응이 일어난다. ➡ 응집소 α가 포함된 항A 혈청과 응집소 β가 포함된 항B 혈청을 이용하여 혈액형을 판정한다.

구분	A형	B형	AB형	O형
항A 혈청 (응집소 α)	응집함.	응집 안 함.	응집함.	응집 안 함.
항B 혈청 (응집소 β)	응집 안 함.	응집함.	응집함.	응집 안 함.

3 Rh식 혈액형

① 혈액형의 종류: Rh 응집원의 유무에 따라 Rh^+형과 Rh^-형으로 구분한다.

구분	Rh^+형	Rh^-형
Rh 응집원	있음.	없음.
Rh 응집소	없음.	처음에는 없지만, Rh 응집원에 노출되면 생길 수 있음.

② 혈액형의 판정: Rh 응집소가 포함된 항Rh 혈청에서 응집 반응이 일어나면 Rh^+형, 응집 반응이 일어나지 않으면 Rh^-형으로 판정한다. Rh 응집원이 있는 붉은털원숭이의 적혈구를 주사하여 Rh 응집소가 생성된 토끼의 혈청을 이용한다.

4 수혈 관계 다량 수혈은 혈액형이 같은 사람끼리 해야 하며, 이론적으로 혈액을 주는 사람의 응집원과 받는 사람의 응집소 사이에 응집 반응이 일어나지 않으면 서로 다른 혈액형이라도 소량 수혈은 가능하다.[⑪][⑫] 주는 사람의 응집소는 받는 사람의 혈액에 희석되기 때문이다.

확인 문제 [6]

8 응집원 A는 응집소 (   )과/와, 응집원 B는 응집소 (   )과/와 만나면 응집 반응이 일어난다.

9 Rh^+형인 사람은 Rh^-형인 사람으로부터 수혈받을 수 있다. (○, ×)

---

⑪ **ABO식 혈액형의 수혈 관계**

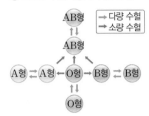

- O형인 사람은 혈액에 응집원이 없어 혈액형이 다른 사람에게 소량 수혈을 할 수 있지만, 응집소 α와 β가 모두 있어 혈액형이 다른 사람으로부터 수혈받을 수 없다.
- AB형인 사람은 혈액에 응집소가 없어 혈액형이 다른 사람으로부터 소량 수혈을 받을 수 있지만, 응집원 A와 B가 모두 있어 혈액형이 다른 사람에게 수혈할 수 없다.

⑫ **Rh식 혈액형의 수혈 관계**

- Rh^-형인 사람은 혈액에 Rh 응집원이 없어 Rh^+형인 사람에게 수혈할 수 있다.
- Rh^+형인 사람은 혈액에 Rh 응집원이 있어 Rh^-형인 사람에게 수혈하면 Rh^-형인 사람의 체내에 Rh 응집소가 생긴다. 따라서 이후에 다시 Rh^+형의 혈액을 수혈받을 경우 응집 반응이 일어나 생명이 위험할 수 있다.

꼭 기억해!

응집원 A와 응집소 α, 응집원 B와 응집소 β, Rh 응집원과 Rh 응집소가 만나면 각각 응집 반응이 일어난다.

용어 돋보기

- **혈장**(피 血, 미음 漿): 혈액에서 혈구를 제외한 액체 성분으로, 수분 외에 단백질, 지질, 무기염류 등을 함유한다.
- **혈청**(피 血, 맑을 淸): 혈액의 혈장에서 혈액 응고 성분을 제거한 것이다.

1 방어 작용의 구분

01 다음은 병원체 등으로부터 우리 몸을 보호하는 체계에 대한 설명이다. (   ) 안에 들어갈 알맞은 말을 쓰시오.

> 우리는 병원체에 일상적으로 노출되어 있지만, 항상 질병에 걸리는 것은 아니다. 그 까닭은 우리 몸에서 병원체와 같은 이물질의 침입에 대항하여 스스로를 보호하는 (   )이/가 일어나기 때문이다.

[02~03] 그림은 우리 몸에서 일어나는 방어 작용을 (가)와 (나)로 구분하여 나타낸 것이다. 물음에 답하시오.

중요

02 위 자료에 대한 설명으로 옳은 것은?

① (가)는 특이적 방어 작용, (나)는 비특이적 방어 작용 이다.
② (가)는 림프구가 항원을 인식함으로써 시작된다.
③ (가)는 우리 몸이 병원체에 감염된 즉시 일어난다.
④ (나)는 병원체의 종류를 구별하지 않고 동일한 방식으로 일어난다.
⑤ 라이소자임과 같은 효소가 작용하여 세균의 감염을 막는 것은 (나)에 해당한다.

03 (가)와 (나)에 해당하는 것을 옳게 짝 지은 것은?

① (가) - 항원 항체 반응
② (가) - 강한 산성의 위액
③ (나) - 피부에 있는 피지샘
④ (나) - 기관지의 내벽을 덮고 있는 점막
⑤ (나) - 눈물, 콧물, 침에 포함되어 있는 라이소자임

2 비특이적 방어 작용

04 비특이적 방어 작용에 대한 설명으로 옳지 <u>않은</u> 것은?

① 위액은 음식물과 함께 위로 들어온 병원체를 죽인다.
② 물리적·화학적 장벽으로 작용하여 병원체의 침입을 막는다.
③ 피부는 외부의 유해 물질과 병원체가 체내로 침입하는 것을 막는다.
④ 형질 세포가 분비한 항체가 항원 항체 반응을 일으켜 병원체를 제거한다.
⑤ 점막에서 분비하는 점액은 세균의 침입을 차단하고 상피 세포가 손상되는 것을 막는다.

[05~06] 그림은 병원체가 손상된 피부를 뚫고 체내에 침입했을 때 염증이 일어나는 과정을 순서 없이 나타낸 것이다. 물음에 답하시오.

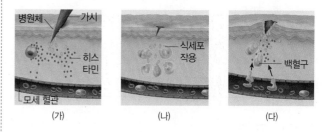

05 염증이 일어나는 과정을 순서대로 쓰시오.

중요

06 위 자료에 대한 설명으로 옳은 것을 〈보기〉에서 있는 대로 고른 것은?

> **보기**
> ㄱ. 염증은 병원체의 종류를 구별하지 않고 일어난다.
> ㄴ. 체내에 침입한 병원체에서 히스타민이 분비된다.
> ㄷ. 백혈구는 모세 혈관을 빠져나와 식세포 작용으로 병원체를 제거한다.

① ㄱ   ② ㄴ   ③ ㄱ, ㄷ
④ ㄴ, ㄷ   ⑤ ㄱ, ㄴ, ㄷ

07 염증이 일어날 때 백혈구는 모세 혈관을 빠져나와 상처 부위로 모인다. 이처럼 백혈구가 상처 부위로 모일 수 있는 까닭을 히스타민의 작용과 관련지어 설명하시오.

3 특이적 방어 작용

중요

08 특이적 방어 작용에 대한 설명으로 옳지 않은 것은?

① 병원체의 종류를 구별하여 일어난다.
② 골수에서 생성되는 림프구가 관여한다.
③ 외부에서 침입한 항원을 인식하여 항체를 생성한다.
④ 태어날 때부터 가지고 있어 선천성 면역이라고 한다.
⑤ 같은 병원체가 재침입하면 효과적으로 빠르게 방어할 수 있다.

09 그림은 림프구의 생성과 분화 과정을 나타낸 것이다. ㉠과 ㉡은 각각 B 림프구와 T 림프구 중 하나이다.

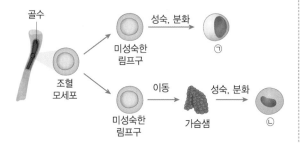

이에 대한 설명으로 옳은 것만을 〈보기〉에서 있는 대로 고른 것은?

보기
ㄱ. ㉠은 B 림프구, ㉡은 T 림프구이다.
ㄴ. ㉠은 비특이적 방어 작용, ㉡은 특이적 방어 작용에 관여한다.
ㄷ. ㉡은 보조 T림프구에 의해 활성화되어 형질 세포와 기억 세포로 분화한다.

① ㄱ   ② ㄴ   ③ ㄷ
④ ㄱ, ㄷ   ⑤ ㄴ, ㄷ

10 다음은 특이적 방어 작용과 관련된 물질 (가)와 (나)에 대한 설명이다.

- (가)는 체내로 침입하여 면역 반응을 일으키는 이 물질로, 병원체, 꽃가루 등이 있다.
- (나)는 (가)에 대항하여 체내에서 만들어지는 물질로, (가)와 결합하여 (가)의 기능을 무력화시킨다.

물질 (가)와 (나)는 각각 무엇인지 쓰시오.

중요

11 오른쪽 그림은 항원 A에 결합하는 항체 A의 구조를 나타낸 것이다.
이에 대한 설명으로 옳은 것만을 〈보기〉에서 있는 대로 고른 것은?

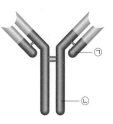

보기
ㄱ. ㉠은 항원 A가 결합하는 부위이다.
ㄴ. ㉠과 ㉡의 주성분은 단백질이다.
ㄷ. 항체 A를 생성하는 형질 세포는 항원 B와 결합하는 항체 B도 생성할 수 있다.

① ㄱ   ② ㄴ   ③ ㄱ, ㄷ
④ ㄴ, ㄷ   ⑤ ㄱ, ㄴ, ㄷ

12 보조 T림프구에 의해 활성화된 세포독성 T림프구가 병원체에 감염된 세포나 암세포를 직접 공격하여 파괴하는 면역 반응을 무엇이라고 하는지 쓰시오.

[13~14] 그림은 체내에서 일어나는 방어 작용의 일부를 나타낸 것이다. 물음에 답하시오.

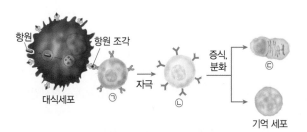

13 ㉠~㉢ 중 직접 항체를 생성하여 분비하는 세포의 기호와 이름을 쓰시오.

⏺️중요

14 위 자료에 대한 설명으로 옳은 것만을 〈보기〉에서 있는 대로 고른 것은?

┤ 보기 ├
ㄱ. ㉠은 대식세포의 세포막 표면에 제시된 항원 조각을 인식한다.
ㄴ. 같은 항원이 재침입하면 ㉡이 직접 많은 양의 항체를 생성한다.
ㄷ. ㉢에 의한 방어 작용은 세포성 면역에 해당한다.

① ㄱ　　　　② ㄷ　　　　③ ㄱ, ㄴ
④ ㄱ, ㄷ　　　⑤ ㄴ, ㄷ

✏️서술형

15 그림은 어떤 사람의 체내에 항원 X를 2회에 걸쳐 투여했을 때 항체 생성량을 나타낸 것이다.

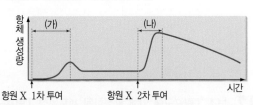

(가)와 (나)에서 항원 X에 대한 항체 생성량이 다른 까닭을 설명하시오.

4 백신의 작용 원리

16 백신에 대한 설명으로 옳은 것만을 〈보기〉에서 있는 대로 고른 것은?

┤ 보기 ├
ㄱ. 병원체의 독성을 약화하거나 비활성 상태로 만든 것이 포함되어 있다.
ㄴ. 건강한 사람에게 백신을 접종하면 2차 면역 반응이 일어나 다량의 항체가 빠르게 생성된다.
ㄷ. 백신을 접종한 이후, 백신에 포함되었던 병원체에 실제로 감염되면 기억 세포가 빠르게 증식하고 형질 세포로 분화한다.

① ㄱ　　　　② ㄴ　　　　③ ㄱ, ㄷ
④ ㄴ, ㄷ　　　⑤ ㄱ, ㄴ, ㄷ

17 백신으로 예방할 수 있는 질병을 옳게 짝 지은 것은?

① 폐렴, 독감　　　　② 결핵, 고혈압
③ 홍역, 당뇨병　　　④ 비만, 뇌졸중
⑤ 지방간, 고지질 혈증

5 면역 관련 질환

18 다음은 면역 관련 질환에 대한 설명이다.

면역계를 구성하는 면역 세포의 수가 적정 수준 이상으로 존재하거나, 적정 수준으로 유지되지만 지나치게 활성화되어 조절이 불가능한 경우 나타난다.

이 설명에 해당하지 않는 질병은?

① 루푸스　　　　　② 알레르기
③ 강직성 척추염　　④ 류머티즘 관절염
⑤ 후천성 면역 결핍증(AIDS)

6 혈액의 응집 반응과 혈액형 판정

19 혈액의 응집 반응에 대한 설명으로 옳지 <u>않은</u> 것은?

① 응집원 A는 응집소 β와 만나면 응집 반응이 일어난다.

② Rh 응집원은 Rh 응집소와 만나면 응집 반응이 일어난다.

③ 응집원과 응집소가 결합하는 응집 반응은 항원 항체 반응이다.

④ 혈장에는 체내에 없는 응집원이 들어왔을 때 항체로 작용하는 응집소가 있다.

⑤ 적혈구 세포막에 있는 응집원은 혈액형이 다른 사람의 혈액과 섞였을 때 항원으로 작용한다.

[20~21] 표는 ABO식 혈액형이 서로 다른 네 사람 (가)~(라)의 혈액에 있는 응집원과 응집소를 나타낸 것이다. 물음에 답하시오.

구분	(가)	(나)	(다)	(라)
응집원	응집원 A 응집원 B	응집원 없음.	응집원 A	응집원 B
응집소	응집소 없음.	응집소 β 응집소 α	응집소 β	응집소 α

20 (가)~(라)의 ABO식 혈액형을 각각 쓰시오.

21 (라)의 적혈구와 섞었을 때 응집 반응이 일어나는 혈장을 가진 사람을 있는 대로 고른 것은?

① (가)　　　② (나)　　　③ (다)

④ (나), (다)　　⑤ (가), (나), (다)

ⓟ중요

22 그림은 ABO식 혈액형이 O형인 사람 (가)와 A형인 사람 (나)의 혈액을 섞었을 때 일어나는 현상을 나타낸 것이다. ㉠은 응집원, ㉡은 응집소이다.

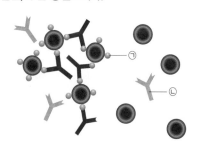

이에 대한 설명으로 옳은 것은?

① ㉠은 응집원 B이다.

② ㉡은 응집소 α이다.

③ ㉠과 ㉡이 만나면 응집 반응이 일어난다.

④ (나)는 ㉠과 ㉡을 모두 가지고 있다.

⑤ (나)는 (가)에게 소량 수혈을 할 수 있다.

23 그림은 영미의 혈액형 판정 실험 결과를 나타낸 것이다.

항A 혈청	항B 혈청	항Rh 혈청
응집 안 함.	응집함.	응집 안 함.

이에 대한 설명으로 옳지 <u>않은</u> 것은?(단, 영미는 수혈받은 적이 없다.)

① 영미는 B형이면서 Rh⁻형이다.

② 영미는 응집원 B와 응집소 α를 가진다.

③ 영미의 적혈구 세포막에는 Rh 응집원이 있다.

④ 영미의 혈액과 O형이면서 Rh⁻형인 사람의 혈액을 섞으면 응집 반응이 일어난다.

⑤ 영미가 Rh⁺형인 사람의 혈액을 수혈받을 경우 영미의 혈액에 Rh 응집소가 형성된다.

실력을 올리는 실전 문제와
함께 보면 더 좋아요!

A 질병의 구분

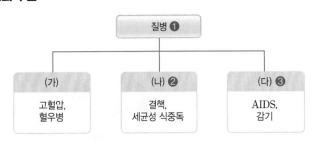

① 질병의 구분: 병원체 없이 발생하는 비감염성 질병과 병원체가 원인이 되어 발생하는 감염성 질병으로 구분한다.
- (가)는 병원체 없이 발생하는 질병으로, 비감염성 질병에 해당한다.
- (나)는 세균, (다)는 바이러스가 원인이 되어 발생하는 질병으로, (나)와 (다)는 모두 감염성 질병에 해당한다. ❹

② 병원체의 종류

세균	체내에 침입한 후 빠르게 증식하며, 독소를 생산해 세포나 조직을 손상시키고 물질 대사에 이상을 일으킨다. 예 세균성 식중독, 결핵, 파상풍
바이러스	숙주 세포에 침입하여 증식한 후 숙주 세포를 파괴하고 나와 더 많은 세포를 감염시킨다. 예 감기, 독감, 후천성 면역 결핍증(AIDS)
원생생물	오염된 물이나 매개 생물에 의해 감염되며, 체내에서 증식하면서 독소를 분비하거나 세포를 파괴하여 질병을 일으킨다. 예 말라리아, 수면병
곰팡이	포자를 이용해 체내로 들어와 질병을 일으키며, 일부는 각질층이 파괴된 피부를 감염시킨다. 예 무좀, 만성 폐질환, 식중독
변형 프라이온	중추 신경계에 축적되면 신경 조직을 파괴하고 뇌 손상을 일으킨다. 예 양의 스크래피, 소의 광우병, 사람의 크로이츠펠트·야코프병

❶ 질병은 병원체 없이 발생하는 비감염성 질병과 병원체가 원인이 되어 발생하는 감염성 질병으로 구분할 수 있으며, 감염성 질병을 일으키는 병원체에는 세균, 바이러스, 원생생물, 곰팡이, 변형 프라이온 등이 있다.

❷ (나)의 병원체인 세균은 핵막이 없는 세포로 되어 있고, 세포 분열을 한다.

❸ (다)의 병원체인 바이러스는 세포 구조가 아니므로 세포 분열을 하지 않는다.

❹ 감염성 질병은 병원체가 원인이 되어 발생하므로 다른 사람에게 전염될 수 있다.

실력을 올리는 실전 문제 찾아가기
- 감염성 질병과 비감염성 질병을 구분하는 문제_01
- 병원체의 종류에 따른 특징을 파악하는 문제_02, 03

B 특이적 방어 작용

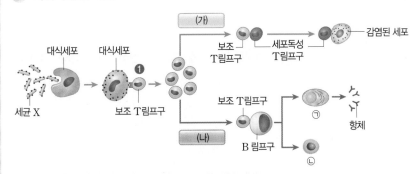

① 특이적 방어 작용의 시작: 대식세포가 세균 X를 식세포 작용으로 분해하여 항원 조각을 세포 표면에 제시한다. → 이 항원 조각을 보조 T림프구가 인식함으로써 특이적 방어 작용이 시작된다.

② 특이적 방어 작용의 구분: 세포성 면역과 체액성 면역으로 구분한다. ❷
- (가)는 세포독성 T림프구가 병원체에 감염된 세포나 암세포를 직접 공격하여 파괴하는 세포성 면역이다.
- (나)는 B 림프구로부터 분화한 형질 세포에서 생성·분비된 항체에 의해 항원이 제거되는 체액성 면역이다.
  → 보조 T림프구의 도움으로 B 림프구가 항원의 특성을 기억하는 기억 세포와 항체를 생성하는 형질 세포로 분화하므로 ㉠은 형질 세포, ㉡은 기억 세포이다. ❸

❶ 보조 T림프구는 대식세포가 제시한 항원 조각을 인식한 후 신호 물질을 분비하여 세포독성 T림프구와 B 림프구를 각각 활성화한다.

❷ 세포성 면역은 세포독성 T림프구가 감염된 세포를 직접 파괴하는 반응이고, 체액성 면역은 B 림프구가 형질 세포로 분화한 후 형질 세포가 생성·분비한 항체에 의해 항원이 제거되는 반응이다.

❸ 형질 세포(㉠)는 수명이 짧지만, 기억 세포(㉡)는 수명이 비교적 길다.

실력을 올리는 실전 문제 찾아가기
- 세포성 면역과 체액성 면역의 특성을 묻는 문제_04, 05

C 1차 면역 반응과 2차 면역 반응

① 항원 X에 대한 면역 반응

- 항원 X에 1차 감염: B 림프구가 형질 세포로 분화해 항체를 생성하기까지 시간이 걸리므로 잠복기가 있으며, 소량의 항체 X가 생성된다. → 1차 면역 반응

- 항원 X에 2차 감염: 잠복기가 없고, 1차 감염 시 생성되었던 기억 세포가 빠르게 증식하고 형질 세포로 분화해 다량의 항체 X가 생성된다. → 2차 면역 반응

② 항원 Y에 대한 면역 반응

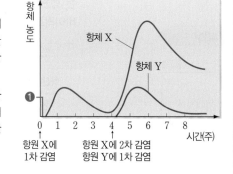

항원 X에   항원 X에 2차 감염
1차 감염   항원 Y에 1차 감염

- 항원 Y에 1차 감염: 항체 X는 항원 X에 대해서만 반응하고, 항원 Y에 대해서는 반응하지 않으므로 항원 X에 대한 면역 반응과 상관없이 항원 Y에 대한 1차 면역 반응이 일어나 잠복기 이후 소량의 항체 Y가 생성된다. ❷

③ 백신의 원리: 백신을 접종하면 체내에서 1차 면역 반응이 일어나고, 이후 실제로 병원체가 체내에 침입했을 때 2차 면역 반응이 일어나므로 질병에 걸리지 않는다.

❶ 1차 면역 반응의 잠복기 동안 침입한 항원에 의한 질병이 나타날 수 있다.

❷ 한 종류의 항체가 항원 결합 부위에 맞는 특정 항원만을 인식하여 반응하는 것을 항원 항체 반응의 특이성이라고 한다.

실력을 올리는 실전 문제 찾아가기

• 1차 면역 반응과 2차 면역 반응의 특성을 묻는 문제_06, 12
• 백신의 작용 원리를 묻는 문제_07, 09

D 혈액형 판정

혈청＼혈액	철수 ❷	영희 ❸
항A 혈청		
항B 혈청		

❶ 항A 혈청에는 응집소 α가, 항B 혈청에는 응집소 β가 있다.

❷ B형인 철수의 적혈구 세포막에는 응집원 B가, 혈장에는 응집소 α가 있다.

❸ A형인 영희의 적혈구 세포막에는 응집원 A가, 혈장에는 응집소 β가 있다.

① 혈액의 응집 반응: 적혈구 세포막에 있는 응집원과 혈장에 있는 응집소 사이에 일어나는 항원 항체 반응으로, 혈액형이 서로 다른 두 혈액을 섞으면 적혈구가 서로 엉겨 덩어리가 형성된다.

② ABO식 혈액형의 구분: 응집원의 종류에 따라 A형, B형, AB형, O형으로 구분한다.

구분	A형	B형	AB형	O형
응집원	A	B	A, B	없음.
응집소	β	α	없음.	α, β

③ ABO식 혈액형의 판정: 항A 혈청에만 응집하면 A형, 항B 혈청에만 응집하면 B형, 항A 혈청과 항B 혈청에 모두 응집하면 AB형, 모두 응집하지 않으면 O형으로 판정한다.

구분	A형	B형	AB형	O형
항A 혈청 (응집소 α)	응집함.	응집 안 함.	응집함.	응집 안 함.
항B 혈청 (응집소 β)	응집 안 함.	응집함.	응집함.	응집 안 함.

→ 항A 혈청에 응집하지 않고 항B 혈청에 응집한 철수의 혈액형은 B형, 항A 혈청에 응집하고 항B 혈청에 응집하지 않은 영희의 혈액형은 A형이다.

실력을 올리는 실전 문제 찾아가기

• 혈액의 응집 반응과 혈액형 판정 실험 결과를 분석하여 혈액형을 알아내는 문제_10, 11, 13, 14

실력을 올리는 실전 문제

→ 수능모의평가기출

01 그림은 구분 기준 A와 B에 따라 사람의 3가지 질병을 구분하는 과정을 나타낸 것이다.

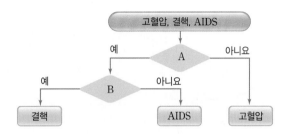

이에 대한 설명으로 옳은 것만을 〈보기〉에서 있는 대로 고른 것은?

┤ 보기 ├

ㄱ. '감염성 질병인가?'는 A에 해당한다.
ㄴ. '병원체가 세포 분열을 하는가?'는 B에 해당한다.
ㄷ. AIDS를 일으키는 병원체는 단백질을 가지고 있다.

① ㄱ   ② ㄷ   ③ ㄱ, ㄴ
④ ㄴ, ㄷ   ⑤ ㄱ, ㄴ, ㄷ

02 표는 파상풍을 일으키는 병원체 A, 독감을 일으키는 병원체 B, 무좀을 일으키는 병원체 C에서 각각 특징 ㉠~㉢의 유무를 나타낸 것이다. ㉠~㉢은 각각 '세포 구조이다.', '핵막이 있다.', '핵산이 있다.' 중 하나이다.

특징 병원체	㉠	㉡	㉢
A	○	×	○
B	×	×	○
C	ⓐ	○	○

(○: 해당함, ×: 해당 안 함.)

이에 대한 설명으로 옳은 것만을 〈보기〉에서 있는 대로 고른 것은?

┤ 보기 ├

ㄱ. ⓐ는 '○'이다.
ㄴ. ㉡은 '세포 구조이다.'이다.
ㄷ. C는 균계에 속하는 생물이다.

① ㄱ   ② ㄴ   ③ ㄱ, ㄷ
④ ㄴ, ㄷ   ⑤ ㄱ, ㄴ, ㄷ

03 표는 병원체 (가)와 (나)의 특징을, 그림은 콜레라를 일으키는 병원체 A를 나타낸 것이다. (가)와 (나)는 각각 세균과 바이러스 중 하나이다.

구분	(가)	(나)
핵산이 있다.	㉠	○
스스로 물질대사를 한다.	㉡	○

(○: 해당함, ×: 해당 안 함.)

병원체 A

이에 대한 설명으로 옳은 것만을 〈보기〉에서 있는 대로 고른 것은?

┤ 보기 ├

ㄱ. ㉠은 '○', ㉡은 '×'이다.
ㄴ. A는 (나)에 속한다.
ㄷ. (가)는 (나)보다 크기가 작다.

① ㄱ   ② ㄷ   ③ ㄱ, ㄴ
④ ㄴ, ㄷ   ⑤ ㄱ, ㄴ, ㄷ

04 그림 (가)는 어떤 사람이 병원체 X에 감염되었을 때 일어나는 방어 작용을, (나)는 이 사람에서 X에 대한 혈중 항체 농도 변화를 나타낸 것이다.

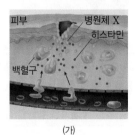
(가)

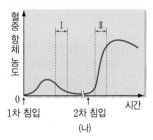
(나)

이에 대한 설명으로 옳은 것만을 〈보기〉에서 있는 대로 고른 것은?

┤ 보기 ├

ㄱ. (가)에서 비특이적 방어 작용이 일어난다.
ㄴ. 구간 Ⅰ에서 항체 농도가 감소하는 것은 형질 세포의 수가 감소하기 때문이다.
ㄷ. 구간 Ⅰ과 Ⅱ에서 모두 X에 대한 체액성 면역 반응이 일어난다.

① ㄱ   ② ㄴ   ③ ㄷ
④ ㄱ, ㄴ   ⑤ ㄱ, ㄴ, ㄷ

05 그림은 체내에 병원체 X가 1차 침입했을 때 일어나는 방어 작용의 일부를 나타낸 것이다. ㉠과 ㉡은 각각 B 림프구와 세포독성 T림프구 중 하나이다.

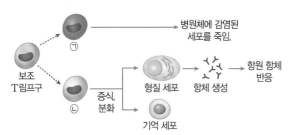

이에 대한 설명으로 옳은 것만을 〈보기〉에서 있는 대로 고른 것은?

┤ 보기 ├
ㄱ. ㉠은 골수에서 생성되어 가슴샘에서 성숙 과정을 거친다.
ㄴ. ㉡은 세포성 면역에 관여한다.
ㄷ. X가 2차 침입하면 보조 T림프구에서 항체가 생성된다.

① ㄱ　　　　　② ㄴ　　　　　③ ㄷ
④ ㄱ, ㄷ　　　　⑤ ㄴ, ㄷ

06 다음은 항원 X와 Y에 대한 생쥐의 방어 작용을 알아보기 위한 실험이다.

[실험 과정]
(가) 유전적으로 동일하고, X와 Y에 노출된 적이 없는 생쥐 A와 B를 준비한다.
(나) A에 X를 주사하고, 일정 시간이 지난 후 A에서 세포 ⓐ를 분리하여 B에 주사한다.
(다) 일정 시간이 지난 후 B에 X와 Y를 동시에 주사한다.

[실험 결과]
오른쪽 그림은 (다)의 B에서 생성된 항체 ㉠과 ㉡의 농도 변화이다. ㉠과 ㉡은 각각 X와 Y에 대한 항체 중 하나이다.

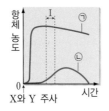

이에 대한 설명으로 옳은 것만을 〈보기〉에서 있는 대로 고른 것은?

┤ 보기 ├
ㄱ. 세포 ⓐ는 X에 대한 기억 세포이다.
ㄴ. ㉠은 Y에 대한 항체이다.
ㄷ. 구간 Ⅰ에서 X에 대한 1차 면역 반응이 일어난다.

① ㄱ　　　　　② ㄴ　　　　　③ ㄱ, ㄷ
④ ㄴ, ㄷ　　　　⑤ ㄱ, ㄴ, ㄷ

➜ 수능모의평가기출

07 다음은 어떤 병원체에 대한 백신을 개발하기 위한 후보 물질 A와 B의 특성에 대한 자료이다.

• A를 실험 동물 X에, B를 실험 동물 Y에 1차 주사하고 일정 시간 뒤 A를 X에, B를 Y에 2차 주사하였다. 그림은 X에서 A에 대한 혈중 항체 농도의 변화와 Y에서 B에 대한 혈중 항체 농도의 변화를 나타낸 것이다.

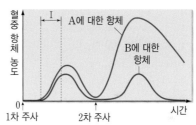

• A를 1차 주사한 후, X에서 A에 대한 형질 세포와 기억 세포가 생성되었다.
• B를 1차 주사한 후, Y에서 B에 대한 형질 세포는 생성되었고 기억 세포는 생성되지 않았다.

이에 대한 설명으로 옳은 것만을 〈보기〉에서 있는 대로 고른 것은?

┤ 보기 ├
ㄱ. A에 대한 X의 방어 작용에서 체액성 면역 반응이 일어난다.
ㄴ. 구간 Ⅰ에서 A에 대한 형질 세포가 기억 세포로 분화한다.
ㄷ. 2차 주사 후 Y에서 B에 대한 2차 면역 반응이 일어난다.

① ㄱ　　　　　② ㄷ　　　　　③ ㄱ, ㄴ
④ ㄱ, ㄷ　　　　⑤ ㄴ, ㄷ

08 그림은 세균 A에 처음으로 감염된 생쥐 ㉠~㉢에서 시간에 따른 세균 A의 수를 나타낸 것이다. ㉠~㉢은 각각 정상 생쥐, 대식세포가 결핍된 생쥐, 림프구가 결핍된 생쥐 중 하나이다.

○→ 수능모의평가기출 변형

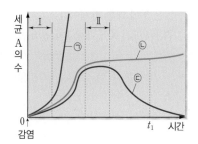

이에 대한 설명으로 옳은 것만을 〈보기〉에서 있는 대로 고른 것은?

┤ 보기 ├
ㄱ. t_1일 때 A에 대한 항체 생성량은 ㉡에서보다 ㉢에서 많다.
ㄴ. 구간 Ⅰ에서 A에 대한 대식세포의 식세포 작용은 ㉡에서보다 ㉠에서 활발하다.
ㄷ. 구간 Ⅱ에서 ㉢의 체내에는 A에 대한 기억 세포가 존재한다.

① ㄱ   ② ㄴ   ③ ㄷ
④ ㄱ, ㄷ   ⑤ ㄱ, ㄴ, ㄷ

09 오른쪽 그림은 면역 기능이 정상인 어떤 사람에게 백신 X를 주사했을 때 혈중 항체 a, b의 농도를 나타낸 것이다. a와 b는 각각 항원 A와 B에 대한 항체이다.
이에 대한 설명으로 옳은 것만을 〈보기〉에서 있는 대로 고른 것은?

┤ 보기 ├
ㄱ. 이 사람은 X를 주사하기 전 A에 노출된 적이 있다.
ㄴ. 구간 Ⅰ에서 A에 대한 체액성 면역 반응이 일어났다.
ㄷ. 구간 Ⅱ에서 이 사람의 체내에는 B에 대한 기억 세포가 존재한다.

① ㄱ   ② ㄷ   ③ ㄱ, ㄴ
④ ㄴ, ㄷ   ⑤ ㄱ, ㄴ, ㄷ

10 표는 100명의 학생 집단을 대상으로 ABO식 혈액형에 대한 응집원 ㉠과 응집소 ㉡의 유무를 조사한 것이다. 이 집단에는 A형, B형, AB형, O형이 모두 있으며, 응집원 ㉠이 있는 혈액은 항A 혈청에 응집한다.

○→ 수능모의평가기출 변형

구분	학생 수
응집원 ㉠을 가진 학생	38명
응집소 ㉡을 가진 학생	55명
응집원 ㉠과 응집소 ㉡을 모두 가진 학생	27명

이 집단에 대한 설명으로 옳은 것만을 〈보기〉에서 있는 대로 고른 것은?

┤ 보기 ├
ㄱ. O형인 학생 수가 A형인 학생 수보다 많다.
ㄴ. 항A 혈청과 항B 혈청에 모두 응집하는 혈액을 가진 학생 수는 11명이다.
ㄷ. 항B 혈청에 응집하는 혈액을 가진 학생 수가 항A 혈청에 응집하지 않는 혈액을 가진 학생 수보다 적다.

① ㄴ   ② ㄱ, ㄴ   ③ ㄱ, ㄷ
④ ㄴ, ㄷ   ⑤ ㄱ, ㄴ, ㄷ

11 그림은 ABO식 혈액형이 A형인 영희의 혈액을 철수의 혈액과 섞었을 때의 응집 반응 결과를, 표는 영희의 혈액형 판정 실험 결과를 나타낸 것이다.

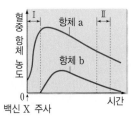
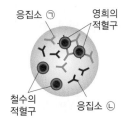
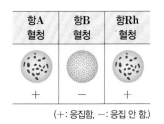

(+: 응집함, −: 응집 안 함.)

이에 대한 설명으로 옳은 것만을 〈보기〉에서 있는 대로 고른 것은?

┤ 보기 ├
ㄱ. 철수의 혈장에는 응집소 ㉠과 ㉡이 모두 있다.
ㄴ. 영희의 혈액에 있는 응집원과 응집소 ㉠의 반응은 항원 항체 반응이다.
ㄷ. 영희는 AB형이면서 Rh⁺형인 사람으로부터 소량 수혈을 받을 수 있다.

① ㄱ   ② ㄷ   ③ ㄱ, ㄴ
④ ㄱ, ㄷ   ⑤ ㄴ, ㄷ

→ 수능기출

12 다음은 세균 X에 대한 생쥐의 방어 작용 실험이다.

[실험 과정]
(가) 유전적으로 동일하고 X에 노출된 적이 없는 생쥐 Ⅰ, Ⅱ, Ⅲ을 준비한다.
(나) Ⅰ과 Ⅲ에 생리 식염수를, Ⅱ에 죽은 X를 주사한다.
(다) 1주 후, (나)의 Ⅰ과 Ⅱ에서 혈액을 채취하여 혈청을 분리한 뒤 X에 대한 항체 생성 여부를 조사한다.
(라) ㉠(다)의 Ⅱ에서 얻은 혈청을 Ⅲ에 주사한다.
(마) 1일 후 Ⅰ~Ⅲ을 살아 있는 X로 감염시킨 뒤, 생존 여부를 확인한다.

과정 (다)
생리 식염수 주사
생쥐Ⅰ 1주 후 혈청 분리 1일 후 X 감염

죽은 X 주사
생쥐Ⅱ 1주 후 혈청 분리 1일 후 X 감염 생존 여부 확인

생리 식염수 주사
생쥐Ⅲ 1주 후 Ⅱ의 혈청 주사 1일 후 X 감염

과정 (라) 과정 (마)

[실험 결과]

생쥐	(다)에서 항체 생성 여부	생쥐	(마)에서 생존 여부
		Ⅰ	죽는다.
Ⅰ	생성 안 됨.	Ⅱ	산다.
Ⅱ	생성됨.	Ⅲ	산다.

이에 대한 설명으로 옳은 것만을 〈보기〉에서 있는 대로 고른 것은?

| 보기 |
ㄱ. ㉠에는 X에 대한 항체를 생산하는 형질 세포가 들어 있다.
ㄴ. (마)의 Ⅱ에서 X에 대한 특이적 방어 작용이 일어났다.
ㄷ. (마)의 Ⅲ에서 X에 대한 항원 항체 반응이 일어났다.

① ㄱ　　② ㄷ　　③ ㄱ, ㄴ
④ ㄴ, ㄷ　　⑤ ㄱ, ㄴ, ㄷ

---

13 표는 영미네 가족 구성원의 ABO식 혈액형에 대한 응집원 ㉠과 응집소 ㉡의 유무를, 그림은 영미의 혈액형 판정 실험 결과를 나타낸 것이다.

구분	아버지	어머니	영미
응집원 ㉠	○	×	×
응집소 ㉡	×	○	×

(○: 있음, ×: 없음.)

항A 혈청　항B 혈청

응집 안 함.　응집함.

이에 대한 설명으로 옳은 것만을 〈보기〉에서 있는 대로 고른 것은?(단, ABO식 혈액형만 고려하며, 돌연변이는 고려하지 않는다.)

| 보기 |
ㄱ. 어머니의 혈액에는 응집소 α가 있다.
ㄴ. 아버지의 혈액은 항A 혈청에 응집한다.
ㄷ. 영미의 적혈구와 어머니의 혈장을 섞으면 응집 반응이 일어난다.

① ㄴ　② ㄷ　③ ㄱ, ㄴ　④ ㄱ, ㄷ　⑤ ㄱ, ㄴ, ㄷ

→ 수능모의평가기출 변형

14 다음은 Rh식 혈액형 판정에 대한 실험이다.

[실험 과정]
(가) 붉은털원숭이의 혈액에서 ㉠적혈구를 분리하여 토끼에게 주사한다.
(나) 1주 후, (가)의 토끼에서 혈액을 채취하여 ㉡적혈구와 ㉢혈청을 각각 분리하여 얻는다.
(다) (나)에서 얻은 ⓐ를 사람 Ⅰ, Ⅱ의 혈액에 각각 섞었을 때의 응집 여부에 따라 Rh식 혈액형을 판정한다. ⓐ는 ㉡과 ㉢ 중 하나이다.

[실험 결과]

구분	응집 여부	Rh식 혈액형
사람 Ⅰ	응집함.	Rh⁺형
사람 Ⅱ	응집 안 함.	Rh⁻형

이에 대한 설명으로 옳은 것만을 〈보기〉에서 있는 대로 고른 것은?

| 보기 |
ㄱ. ⓐ는 ㉢이다.
ㄴ. ㉠과 ㉢을 섞으면 응집 반응이 일어난다.
ㄷ. Ⅰ의 혈액에는 Rh 응집원이 존재한다.

① ㄱ　② ㄴ　③ ㄷ　④ ㄱ, ㄴ　⑤ ㄴ, ㄷ

핵심 정리 Ⅲ 단원 마무리

05 흥분의 전도와 전달

1. 뉴런(신경 세포) 신경계를 구성하는 기본 단위

① 뉴런의 구조: 신경 세포체, 가지 돌기, (❶　　　　)(으)로 구성

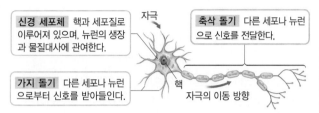

신경 세포체 핵과 세포질로 이루어져 있으며, 뉴런의 생장과 물질대사에 관여한다.

가지 돌기 다른 세포나 뉴런으로부터 신호를 받아들인다.

축삭 돌기 다른 세포나 뉴런으로 신호를 전달한다.

② 뉴런의 종류
- 말이집 유무에 따른 구분: 말이집 신경, 민말이집 신경
- 기능에 따른 구분: 구심성 뉴런, 연합 뉴런, 원심성 뉴런

2. 흥분 전도와 흥분 전달

① 흥분의 발생: 분극 → 탈분극 → 재분극 순으로 일어난다.

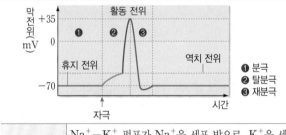

분극	Na^+-K^+ 펌프가 Na^+을 세포 밖으로, K^+을 세포 안으로 이동시켜 세포 안쪽은 음($-$)전하를, 바깥쪽은 양($+$)전하를 띠며, 휴지 전위가 측정된다.
(❷　)	• Na^+ 통로가 열려 Na^+이 세포 안으로 확산하여 막 전위가 상승한다. • 막전위가 역치 전위를 넘으면 급격히 상승하여 활동 전위가 발생한다.
(❸　)	Na^+ 통로가 닫히고 K^+ 통로가 열려 K^+이 세포 밖으로 확산하여 막전위가 하강한다.
이온의 재배치	Na^+-K^+ 펌프의 작용으로 이온이 재배치되어 휴지 전위로 돌아간다.

② 흥분 전도: 흥분이 뉴런의 축삭 돌기를 따라 이동하는 과정 ➔ 말이집 신경에서는 랑비에 결정에서만 활동 전위가 발생하는 (❹　　　　)이/가 일어난다.

③ 흥분 전달: 흥분이 시냅스를 통해 다른 세포나 뉴런으로 전달되는 과정 ➔ (❺　　　　　)의 축삭 돌기 말단에서 신경 전달 물질이 시냅스 틈으로 분비되어 흥분이 전달된다.

3. 근육 수축의 원리(활주설) 액틴 필라멘트가 마이오신 필라멘트 사이로 미끄러져 들어가 근육 원섬유 마디가 짧아지면서 근육 수축이 일어나며, 근육 수축 시 에너지가 소모된다.

06 신경계

1. 중추 신경계

① 뇌의 구조와 기능

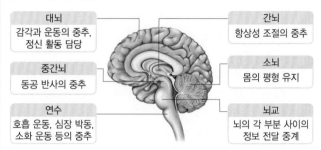

대뇌 감각과 운동의 중추, 정신 활동 담당

중간뇌 동공 반사의 중추

연수 호흡 운동, 심장 박동, 소화 운동 등의 중추

간뇌 항상성 조절의 중추

소뇌 몸의 평형 유지

뇌교 뇌의 각 부분 사이의 정보 전달 중계

② (❻　　　　): 뇌와 말초 신경계 사이에서 정보를 전달하는 통로 역할을 하며, 회피 반사, 무릎 반사 등의 중추이다.

2. 말초 신경계

① (❼　　　　): 대뇌의 지배를 받아 의식적인 골격근의 반응을 조절한다.

② 자율 신경계: 대뇌의 직접적인 지배를 받지 않고 중간뇌, 연수, 척수 등에서 뻗어 나와 내장 기관과 혈관에 분포한다.

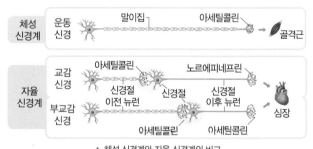

▲ 체성 신경계와 자율 신경계의 비교

07 호르몬과 항상성 조절

1. 혈당량 조절

혈당량이 높을 때	(❽　　　　) 분비량 증가 → 간에서 포도당을 글리코젠으로 전환하여 저장하는 과정 촉진, 체세포에서 혈액 속의 포도당 흡수 촉진 ➔ 혈당량 감소
혈당량이 낮을 때	글루카곤, 에피네프린 분비량 증가 → 간에 저장된 글리코젠을 포도당으로 분해하는 과정 촉진, 분해된 포도당을 혈액으로 방출 ➔ 혈당량 증가

2. 체온 조절

① 추울 때

열 발생량 증가	• 골격근 수축에 의한 몸 떨림 증가 • 티록신, 에피네프린 분비량 증가 → 간과 근육에서 물질대사 촉진
열 발산량 감소	(❾　　　　) 작용 강화 → 피부 근처 혈관 수축

② 더울 때

열 발생량 감소	티록신 분비량 감소 → 간과 근육에서 물질대사 억제
열 발산량 증가	• 교감 신경 작용 완화 → 피부 근처 혈관 확장 • 땀 분비 증가

3. 삼투압 조절

혈장 삼투압이 높을 때	항이뇨 호르몬(ADH) 분비량 (⑩) → 콩팥에서 수분 재흡수량 증가 → 오줌량 감소, 체내 수분량 증가 ➡ 혈장 삼투압 감소
혈장 삼투압이 낮을 때	항이뇨 호르몬(ADH) 분비량 (⑪) → 콩팥에서 수분 재흡수량 감소 → 오줌량 증가, 체내 수분량 감소 ➡ 혈장 삼투압 증가

08 질병과 병원체

1. 질병의 구분

① 비감염성 질병: 병원체 없이 발생하는 질병

②(⑫   ): 병원체가 원인이 되어 발생하는 질병

2. 병원체의 종류와 특성

구분	특징	발생 질병
세균	독소를 생산해 세포나 조직을 손상시킨다.	세균성 식중독, 결핵, 위궤양, 파상풍, 콜레라 등
(⑬)	숙주 세포를 파괴하여 질병을 일으킨다.	독감, 대상 포진, 후천성 면역 결핍증(AIDS) 등
원생생물	매개 생물에 의해 체내로 들어와 질병을 일으킨다.	아메바성 이질, 말라리아, 수면병 등
곰팡이	포자가 체내로 들어와 질병을 일으킨다.	무좀, 만성 폐 질환, 알레르기 등
변형 프라이온	중추 신경계에 축적되어 뇌 손상을 일으킨다.	소의 광우병, 사람의 크로이츠펠트·야코프병 등

09 우리 몸의 방어 작용

1. 비특이적 방어 작용

피부	병원체의 침입을 막는 물리적 장벽 역할을 한다.
점막	점액을 분비하여 세균의 침입을 차단한다.
분비액	눈물, 콧물, 침 등은 표면의 병원체를 씻어 내고, 라이소자임을 포함하고 있어 세균의 증식을 억제한다.
식세포 작용	백혈구가 병원체를 세포 안으로 끌어들여 분해한다.
(⑭)	상처 부위의 비만세포에서 히스타민을 분비하면 백혈구가 상처 부위로 이동하여 식세포 작용으로 병원체를 제거한다.

2. 특이적 방어 작용

① 특이적 방어 작용의 시작: 대식세포가 식세포 작용으로 항원을 잡아먹은 후 소화하여 세포막 표면에 항원 조각을 제시 → 이를 보조 T림프구가 인식

② 특이적 방어 작용의 구분

세포성 면역	세포독성 T림프구가 병원체에 감염된 세포나 암세포를 직접 공격하여 파괴한다.
(⑮)	• B 림프구로부터 분화한 형질 세포에서 생성된 항체가 항원과 결합하여 항원을 제거한다. • 항원이 처음 침입하면 1차 면역 반응이, 이후 같은 항원이 재침입하면 2차 면역 반응이 일어난다.

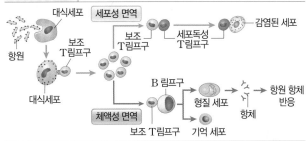

3. 백신의 작용 원리

① 건강한 사람에게 백신 접종 → 1차 면역 반응이 일어나 소량의 항체와 기억 세포 생성

② 이후 실제로 병원체가 침입 → 2차 면역 반응이 일어나 다량의 항체가 빠르게 생성 ➡ 질병 예방

4. 혈액의 응집 반응과 혈액형 판정

① 혈액의 응집 반응: 적혈구 세포막의 (⑯   )과/와 혈장의 (⑰   ) 사이에 일어나는 항원 항체 반응

② 혈액형의 종류

구분	ABO식 혈액형				Rh식 혈액형	
혈액형	A형	B형	AB형	O형	Rh⁺형	Rh⁻형
응집원	A	B	A, B	없음.	있음.	없음.
응집소	β	α	없음.	α, β	없음.	생길 수 있음.

③ 혈액형의 판정

구분	ABO식 혈액형				Rh식 혈액형	
혈액형	A형	B형	AB형	O형	Rh⁺형	Rh⁻형
항A 혈청	응집함.	응집 안 함.	응집함.	응집 안 함.		
항B 혈청	응집 안 함.	응집함.	응집함.	응집 안 함.		
항Rh 혈청					응집함.	응집 안 함.

실력 점검

■■■ 단원 평가 문제

∞ 05. 흥분의 전도와 전달 52쪽

01 그림은 어떤 뉴런의 한 지점에 역치 이상의 자극을 1회 주었을 때의 막전위 변화를 나타낸 것이다.

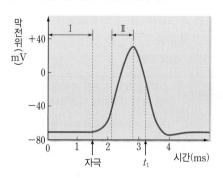

이에 대한 설명으로 옳은 것만을 〈보기〉에서 있는 대로 고른 것은?

> **보기**
> ㄱ. 구간 I 에서 세포막을 통한 Na^+의 이동에 에너지가 소모된다.
> ㄴ. 구간 Ⅱ에서 Na^+의 농도는 세포 안에서가 세포 밖에서보다 높다.
> ㄷ. t_1일 때 K^+ 통로를 통해 K^+이 세포 밖으로 확산한다.

① ㄱ   ② ㄴ   ③ ㄱ, ㄷ
④ ㄴ, ㄷ   ⑤ ㄱ, ㄴ, ㄷ

∞ 05. 흥분의 전도와 전달 52쪽

02 그림은 시냅스로 연결된 3개의 뉴런을 나타낸 것이다.

화살표로 표시된 부위에 역치 이상의 자극을 주었을 때 A~D 중 활동 전위가 발생하는 지점을 모두 쓰시오.

∞ 05. 흥분의 전도와 전달 52쪽

03 표는 근육 수축 과정의 두 시점 (가)와 (나)에서 근육 원섬유 마디 X의 길이와 H대, A대의 길이를 나타낸 것이다. X는 좌우 대칭이다.

구분	(가)	(나)
X	3.0 μm	2.2 μm
H대	㉠	0.4 μm
A대	1.6 μm	㉡

이에 대한 설명으로 옳은 것만을 〈보기〉에서 있는 대로 고른 것은?

> **보기**
> ㄱ. ㉠+㉡=2.6 μm이다.
> ㄴ. (가)일 때 X에서 액틴 필라멘트만 있는 부분의 길이는 1.2 μm이다.
> ㄷ. 액틴 필라멘트와 마이오신 필라멘트가 겹치는 부분의 길이는 (가)일 때보다 (나)일 때 길다.

① ㄱ   ② ㄴ   ③ ㄷ
④ ㄱ, ㄴ   ⑤ ㄴ, ㄷ

∞ 06. 신경계 64쪽

04 그림은 사람의 뇌 구조를 나타낸 것이다.

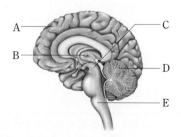

이에 대한 설명으로 옳지 **않은** 것은?

① A는 수의 운동을 조절한다.
② B는 체온 조절의 중추이다.
③ C는 동공 반사의 중추이다.
④ D는 뇌줄기에 속한다.
⑤ E는 호흡 운동과 소화 운동을 조절한다.

∞ 06. 신경계 **64**쪽

05 그림은 무릎 반사가 일어나는 과정에서 흥분 전달 경로를 나타낸 것이다.

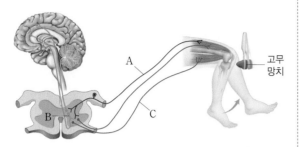

이에 대한 설명으로 옳은 것만을 〈보기〉에서 있는 대로 고른 것은?

┤ 보기 ├
ㄱ. A는 체성 신경계에 속한다.
ㄴ. 무릎 반사가 일어날 때 흥분 전달 경로는 C → B → A이다.
ㄷ. 고무망치로부터 받은 자극에 대한 정보는 대뇌로 전달된다.

① ㄱ   ② ㄴ   ③ ㄷ
④ ㄱ, ㄷ   ⑤ ㄱ, ㄴ, ㄷ

∞ 06. 신경계 **64**쪽

06 그림은 심장 박동을 조절하는 신경 A와 B를, 표는 어떤 사람의 평상시와 운동 시의 심장 박출량을 나타낸 것이다. 심장 박출량은 심장에서 **1**분 동안 방출되는 혈액량이며, ㉠과 ㉡은 각각 평상시와 운동 시 중 하나이다.

구분	심장 박출량 (L/분)
㉠	5.8
㉡	25.6

이에 대한 설명으로 옳은 것만을 〈보기〉에서 있는 대로 고른 것은?

┤ 보기 ├
ㄱ. A의 신경절 이전 뉴런의 신경 세포체는 연수에 있다.
ㄴ. 단위 시간당 B의 신경절 이후 뉴런의 활동 전위 발생 횟수는 ㉠일 때가 ㉡일 때보다 많다.
ㄷ. B의 신경절 이후 뉴런의 축삭 돌기 말단에서는 아세틸콜린이 분비된다.

① ㄱ   ② ㄴ   ③ ㄱ, ㄷ
④ ㄴ, ㄷ   ⑤ ㄱ, ㄴ, ㄷ

∞ 07. 호르몬과 항상성 조절 **76**쪽

07 그림은 혈당량 조절 과정의 일부를 나타낸 것이다.

이에 대한 설명으로 옳은 것만을 〈보기〉에서 있는 대로 고른 것은?

┤ 보기 ├
ㄱ. 혈당량이 증가하면 A는 체세포에 작용하여 혈액 속의 포도당 흡수를 촉진한다.
ㄴ. B는 간에 작용하여 글리코젠이 포도당으로 분해되는 과정을 촉진한다.
ㄷ. 혈당량은 주로 A와 B의 길항 작용을 통해 일정하게 유지된다.

① ㄴ   ② ㄷ   ③ ㄱ, ㄴ
④ ㄱ, ㄷ   ⑤ ㄱ, ㄴ, ㄷ

∞ 07. 호르몬과 항상성 조절 **76**쪽

08 그림은 저온 자극이 주어졌을 때 일어나는 체온 조절 과정을 나타낸 것이다.

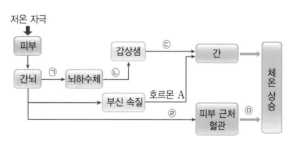

이에 대한 설명으로 옳지 <u>않은</u> 것은?

① 호르몬 A는 에피네프린이다.
② 체온 조절의 중추는 간뇌의 시상 하부이다.
③ 과정 ㉠, ㉡, ㉢에는 모두 호르몬이 관여한다.
④ 과정 ㉣에는 부교감 신경이 작용한다.
⑤ 과정 ㉤에서 몸 표면을 통한 열 발산이 억제된다.

∞ 07. 호르몬과 항상성 조절 76쪽

09 그림 (가)는 호르몬 ㉠의 분비 과정을, (나)는 혈장 삼투압에 따른 ㉠의 혈중 농도를 나타낸 것이다.

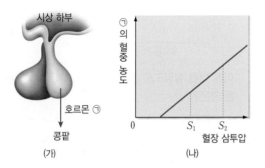

(가)   (나)

이에 대한 설명으로 옳은 것만을 〈보기〉에서 있는 대로 고른 것은?

┤ 보기 ├
ㄱ. ㉠의 표적 기관은 콩팥이다.
ㄴ. 단위 시간당 오줌 생성량은 S_1일 때보다 S_2일 때 많다.
ㄷ. 짠 음식을 많이 섭취하면 ㉠의 분비량이 증가한다.

① ㄴ　　　　② ㄷ　　　　③ ㄱ, ㄴ
④ ㄱ, ㄷ　　　⑤ ㄱ, ㄴ, ㄷ

∞ 08. 질병과 병원체 88쪽

10 표는 질병 A ~ C의 특징을 나타낸 것이다. A~C는 각각 당뇨병, 후천성 면역 결핍증(AIDS), 콜레라 중 하나이다.

질병	특징
A	비감염성 질병이다.
B	병원체가 세포 구조로 되어 있다.
C	병원체가 스스로 물질대사를 하지 못한다.

이에 대한 설명으로 옳은 것만을 〈보기〉에서 있는 대로 고른 것은?

┤ 보기 ├
ㄱ. A는 콜레라이다.
ㄴ. B의 병원체는 바이러스이다.
ㄷ. C의 병원체는 핵산을 가지고 있다.

① ㄱ　　　　② ㄷ　　　　③ ㄱ, ㄴ
④ ㄴ, ㄷ　　　⑤ ㄱ, ㄴ, ㄷ

∞ 08. 질병과 병원체 88쪽

11 그림은 병원체 (가)와 (나)의 구조를 나타낸 것이다. (가)와 (나)는 각각 바이러스와 세균 중 하나이다.

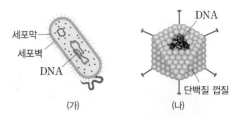

(가)   (나)

이에 대한 설명으로 옳은 것만을 〈보기〉에서 있는 대로 고른 것은?

┤ 보기 ├
ㄱ. (가)와 (나)는 모두 핵산을 가지고 있다.
ㄴ. (가)에 의한 질병은 항바이러스제를 사용하여 치료할 수 있다.
ㄷ. (나)는 영양 배지에서 증식하지 못한다.

① ㄱ　　　　② ㄴ　　　　③ ㄱ, ㄷ
④ ㄴ, ㄷ　　　⑤ ㄱ, ㄴ, ㄷ

∞ 09. 우리 몸의 방어 작용 92쪽

12 그림은 항원 X가 처음 체내에 침입했을 때 일어나는 방어 작용의 일부를 나타낸 것이다.

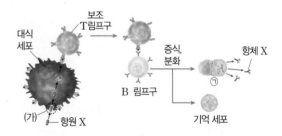

이에 대한 설명으로 옳은 것만을 〈보기〉에서 있는 대로 고른 것은?

┤ 보기 ├
ㄱ. ㉠은 형질 세포이다.
ㄴ. (가)는 비특이적으로 일어나는 반응이다.
ㄷ. 항원 X가 재침입하면 기억 세포가 직접 다량의 항체 X를 생성한다.

① ㄱ　　　　② ㄷ　　　　③ ㄱ, ㄴ
④ ㄱ, ㄷ　　　⑤ ㄴ, ㄷ

∞ 09. 우리 몸의 방어 작용 92쪽

13 그림은 어떤 사람에게 바이러스 X에 대한 백신을 주사하고 일정 시간이 경과한 후 바이러스 X가 체내에 침입하였을 때 시간에 따른 항체 X의 혈중 농도를 나타낸 것이다.

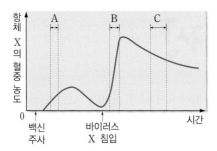

이에 대한 설명으로 옳은 것만을 〈보기〉에서 있는 대로 고른 것은?

┤ 보기 ├

ㄱ. 구간 A에서 형질 세포가 항체 X를 생성한다.

ㄴ. 구간 B에서 2차 면역 반응이 일어난다.

ㄷ. 구간 C에서 이 사람의 체내에는 바이러스 X에 대한 기억 세포가 존재한다.

① ㄱ   ② ㄷ   ③ ㄱ, ㄴ

④ ㄴ, ㄷ   ⑤ ㄱ, ㄴ, ㄷ

∞ 09. 우리 몸의 방어 작용 92쪽

14 표는 철수의 혈액형 판정 실험 결과를 나타낸 것이다.

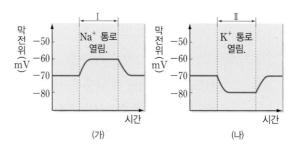

항A 혈청	항B 혈청
응집 안 함.	응집함.

이에 대한 설명으로 옳은 것만을 〈보기〉에서 있는 대로 고른 것은?(단, ABO식 혈액형만 고려한다.)

┤ 보기 ├

ㄱ. ㉠은 응집소 α, ㉡은 응집소 β이다.

ㄴ. 철수의 적혈구 세포막에는 응집원 B가 존재한다.

ㄷ. 철수는 O형인 사람에게 소량 수혈을 할 수 있다.

① ㄴ   ② ㄷ   ③ ㄱ, ㄴ

④ ㄱ, ㄷ   ⑤ ㄴ, ㄷ

1등급을 완성하는 서술형 문제

∞ 05. 흥분의 전도와 전달 52쪽

15 그림 (가)와 (나)는 각각 분극 상태인 뉴런에서 Na^+ 통로와 K^+ 통로가 열렸을 때 막전위 변화를 나타낸 것이다.

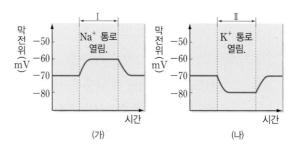

구간 Ⅰ과 Ⅱ에서 막전위 변화가 일어나는 까닭을 이온 통로를 통한 이온의 이동과 관련지어 각각 설명하시오.

∞ 06. 신경계 64쪽

16 오른쪽 그림은 철수가 번지 점프를 하기 직전의 모습을 나타낸 것이다.
이 상황에서 주로 작용하는 자율 신경을 쓰고, 이 자율 신경의 작용에 의해 일어나는 심장 박동과 소화 운동의 변화를 설명하시오.

∞ 09. 우리 몸의 방어 작용 92쪽

17 그림의 (가)는 민아의 혈장과 정우의 적혈구를 섞은 결과를, (나)는 민아의 적혈구와 정우의 혈장을 섞은 결과를 나타낸 것이다. 민아의 ABO식 혈액형은 A형이다.

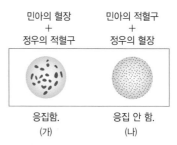

민아의 혈장 + 정우의 적혈구	민아의 적혈구 + 정우의 혈장
응집함.	응집 안 함.
(가)	(나)

(가)와 (나)의 응집 반응 결과가 서로 다른 까닭을 설명하고, 정우의 ABO식 혈액형을 쓰시오.

로도스의 거상

로도스 섬은 에게 해 남동부, 터키 남서단에서 약 20 km 떨어진 곳에 있습니다. 로도스 섬은 지중해와 서아시아를 연결하는 요충지였기 때문에 외세들의 주요 침략 대상지였습니다.

기원전 305년 로도스는 마케도니아와 전쟁을 시작했는데, 여성부터 노예에 이르기까지 모두가 전투에 나서며 승리를 거뒀습니다. 로도스 인들은 이 승리를 기념하기 위해 섬의 수호신인 헬리오스의 거상을 세우기로 했습니다. 재료는 적군이 버리고 간 청동제 무기를 녹여 사용하고, 부족한 비용은 시민들의 자발적인 모금으로 충당했습니다.

헬리오스 상의 설계는 마케도니아 군과의 전투에서 크게 활약한 조각가 카레스가 맡았습니다. 무려 12년이라는 긴 세월을 보내며 완성된 거상은 로도스의 대표적인 항구의 입구에 건설되었습니다. 중세 화가들은 항구 입구에 양다리를 크게 벌리고, 흰 대리석 받침대 위에 서 있는 모습으로 거상을 묘사했습니다.

로도스의 거상은 기원전 227년 대지진으로 붕괴되며, 기록 속에서만 존재하게 되었습니다.

IV 유전

이 단원에서는 유전자, DNA, 염색체, 유전체 사이의 관계를 이해하고, 생식세포 형성 과정에서 유전적 다양성이 획득될 수 있음을 알아본다. 또, 사람이 자손을 낳아 다음 세대를 이어가는 원리를 통해 생명의 연속성을 이해하고, 생명의 연속성을 세포 분열, 염색체의 행동, 사람의 유전 현상 및 유전병과 관련지어 알아본다.

10 염색체와 DNA

자료 분석 특강 124쪽 A

1 염색체와 DNA

┌ 이렇게 뭉쳐 있어야 광학 현미경으로 관찰할 수 있다.

1 염색체 분열 중인 세포에서 끈이나 막대 모양으로 관찰되는 구조
① 구성 성분: DNA(유전 물질)와 히스톤 단백질
② 기능: 유전 정보를 저장하고, 세포 분열 시 딸세포에 유전 정보를 전달하는 역할을 한다. [●]
③ 뉴클레오솜: DNA가 히스톤 단백질을 휘감고 있는 구조이다. → 뉴클레오솜 수백만 개가 연결되어 염색체를 이룬다. 뉴클레오솜은 염색체의 기본 단위이다.

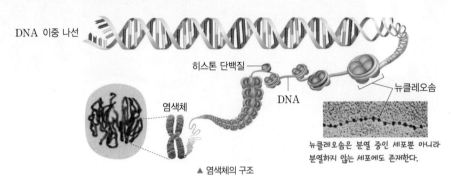

DNA 이중 나선
히스톤 단백질
DNA
뉴클레오솜
염색체

뉴클레오솜은 분열 중인 세포뿐 아니라 분열하지 않는 세포에도 존재한다.

▲ 염색체의 구조

2 유전자, DNA, 염색체, 유전체의 관계 유전자⊂DNA⊂염색체⊂유전체

유전자	• 유전 정보가 저장된 DNA의 특정 부위로, 유전 형질을 결정한다. • 각각의 유전자에는 특정 단백질의 아미노산 서열에 대한 정보가 저장되어 있다.
DNA	• 유전 정보를 저장하고 있는 유전 물질로, 하나의 DNA에는 많은 수의 유전자가 존재한다. • 단위체: 인산, 당, 염기가 1 : 1 : 1로 결합한 뉴클레오타이드이다. • 구조: 뉴클레오타이드가 반복적으로 연결되어 형성된 폴리뉴클레오타이드 두 가닥이 서로 결합해 꼬여 있는 이중 나선 구조이다. [❷]
염색체	• DNA가 히스톤 단백질에 의해 응축되어 있는 구조로, 한 분자의 DNA가 하나의 염색체를 구성한다. • DNA는 염색체를 구성하므로 하나의 염색체에는 많은 수의 유전자가 존재한다. [❸]
유전체	한 생명체(세포)가 가진 모든 유전 정보이다.

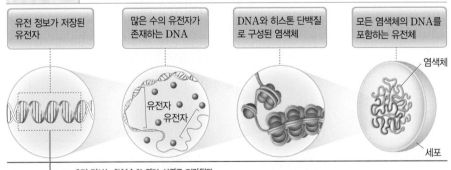

유전 정보가 저장된 유전자
많은 수의 유전자가 존재하는 DNA
DNA와 히스톤 단백질로 구성된 염색체
모든 염색체의 DNA를 포함하는 유전체
염색체
유전자
유전자
세포

└ 유전 정보는 DNA의 염기 서열로 저장된다.

• 염색체의 구조 이해하기
• 사람의 핵형 분석하기
• 염색 분체의 형성과 분리 이해하기

핵심 개념
유전자, DNA, 염색체, 유전체의 관계, 사람의 염색체, 염색 분체의 형성과 분리, 세포 주기, 체세포 분열

plus 개념

❶ 염색체
특정 염색액에 염색이 잘 되기 때문에 붙은 이름이다. 분열하지 않는 세포에서는 핵 안에 실처럼 풀어져 있다가('염색사'라고도 한다.) 세포가 분열할 때 꼬이고 응축되어 끈이나 막대 모양으로 나타난다. 이처럼 염색체가 응축되면 세포 분열 시 유전자의 손상이나 소실을 막고, 유전 물질을 딸세포에 정확하게 나누어 줄 수 있다.

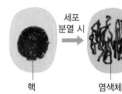

핵
세포 분열 시
염색체

❷ DNA의 구조
DNA는 이중 나선 구조이며, 단위체는 인산, 당, 염기가 1 : 1 : 1로 결합한 뉴클레오타이드이다.

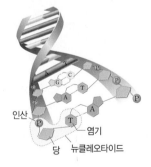

인산
당
염기
뉴클레오타이드

❸ 염색체 수와 유전자 수
사람의 경우 유전자 수는 약 25000개이지만, 체세포의 염색체 수는 46개이므로 하나의 염색체에는 많은 수의 유전자가 존재한다.

확인 문제 ❶

1 ( )은/는 분열 중인 세포에서 끈이나 막대 모양으로 관찰되며, 유전 물질인 ( ) 과/와 히스톤 단백질로 구성된다.

2 염색체에서 DNA는 히스톤 단백질을 휘감아 ( )을/를 형성한다.

3 ( )은/는 유전 정보가 저장된 DNA의 특정 부위이다.

4 한 생명체(세포)가 가진 모든 유전 정보를 유전체라고 한다. (○, ×)

❷ 사람의 염색체 　자료 분석 특강 124쪽 **B**

1 사람의 염색체

① 상동 염색체: 체세포에서 모양과 크기가 같아 쌍을 이루는 염색체 ➡ 하나는 아버지로부터, 다른 하나는 어머니로부터 물려받은 것이다. _{상동 염색체는 감수 분열 시 접합했다가 분리되므로}
　　　　　　　　　　　　　　　　　　　　　　　　　상동 염색체를 감수 분열 시 접합하는 한 쌍의 염색
② 상염색체와 성염색체　　　　　　　　　　　　　　　체로 정의하기도 한다.

상염색체	성별과 관계없이 남녀가 공통으로 가지고 있는 염색체
성염색체	성 결정에 관여하는 염색체로, 남녀에 따라 구성이 다르다. ➡ 사람의 성염색체에는 X 염색체와 Y 염색체가 있다.❹

2 핵상　하나의 세포에 들어 있는 염색체의 상대적인 수

① 체세포: 모든 염색체가 2개씩 상동 염색체 쌍을 이루고 있으므로 $2n$으로 표시한다.
② 생식세포: 상동 염색체 중 하나씩만 있으므로 n으로 표시한다.

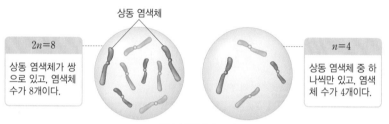

상동 염색체

$2n=8$
상동 염색체가 쌍으로 있고, 염색체 수가 8개이다.

$n=4$
상동 염색체 중 하나씩만 있고, 염색체 수가 4개이다.

▲ 핵상과 염색체 수 표시

_{현미경을 이용해 관찰 가능하다.}

3 핵형　한 생물의 체세포에 들어 있는 염색체의 수, 모양, 크기와 같은 특성

① 생물은 종에 따라 핵형이 서로 다르다. ➡ 핵형은 생물종의 고유한 특성이다.❺
② 같은 종의 생물에서는 성별이 같으면 핵형이 같다.
　　　　　　　　　└─ 같은 종이라도 성별이 다르면 성염색체의
　　　　　　　　　　 핵형이 서로 다를 수 있다.

사람의 핵형

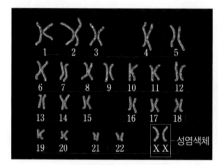
▲ 여자의 핵형($2n=44+$XX)

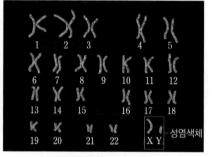
▲ 남자의 핵형($2n=44+$XY)

· 사람의 체세포에는 23쌍의 상동 염색체, 즉 46개의 염색체가 있다. ➡ $2n=46$
· 남자와 여자에 공통으로 있는 1~22번까지 22쌍(44개)의 염색체가 상염색체이고, 나머지 1쌍은 성염색체이다.
· 여자는 성염색체로 2개의 X 염색체를 가지고, 남자는 1개의 X 염색체와 1개의 Y 염색체를 가진다.

확인 문제 ❷

5 사람의 체세포에는 (　　　)개의 상염색체와 (　　　)개의 성염색체가 있다.
6 체세포의 핵상은 n이고, 생식세포의 핵상은 $2n$이다. (○, ×)
7 (　　　)은/는 한 생물의 체세포에 들어 있는 염색체의 수, 모양, 크기와 같은 특성이다.

---

plus 개념

❹ 남자의 성염색체
Y 염색체는 X 염색체에 비해 크기가 작다. X 염색체와 Y 염색체는 크기와 모양이 다르지만, 감수 분열 시 쌍을 이루었다가 서로 다른 생식세포로 나뉘어 들어가므로 상동 염색체로 간주한다.

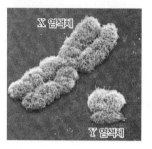
X 염색체
Y 염색체

❺ 생물종과 핵형
서로 다른 종의 생물도 염색체 수가 같을 수 있지만, 염색체의 모양과 크기에 차이가 있으므로 핵형은 서로 다르다.

✻ 핵형 분석
· 체세포 분열 중기 세포의 염색체 사진을 이용해 분석하며, 핵형 분석을 통해 성별, 염색체 이상 등을 알아낼 수 있다.
· 핵형 분석을 할 때는 크기와 모양이 같은 상동 염색체끼리 짝을 지은 후 큰 것부터 순서대로 배열하고, 맨 끝에 성염색체를 별도로 배열한다.

꼭 기억해!

· 사람 체세포의 핵상과 염색체 수: $2n=46$
· 사람의 상염색체 수: 22쌍(44개)
· 사람의 성염색체: 여자는 XX, 남자는 XY

용어 돋보기

· **단위체**(홑 單, 자리 位, 몸 體): 고분자 화합물을 만들 때 구성 단위가 되는 작은 분자이다.
· **핵형 분석**(씨 核, 모형 型, 나눌 分, 가를 析): 생물의 핵형을 알기 위해 염색체를 분석하는 작업이다.

10 염색체와 DNA

③ 염색 분체의 형성과 분리　자료 분석 특강 125쪽 C

1 세포 주기　분열로 생긴 딸세포가 생장하여 다시 분열을 마칠 때까지의 기간❻

간기	G₁기	세포 구성 물질을 합성하고, 세포 소기관의 수를 늘린다. → 세포가 가장 많이 생장한다.
	S기	DNA를 복제한다. → DNA의 양이 2배로 증가한다.
	G₂기	세포 분열을 준비한다.
분열기(M기)		핵분열과 세포질 분열이 일어나 DNA가 2개의 딸세포로 나뉘어 들어간다.

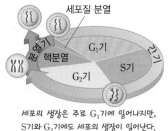

세포의 생장은 주로 G₁기에 일어나지만, S기와 G₂기에도 세포의 생장이 일어난다.

2 염색 분체의 형성과 분리　세포 분열 전기와 중기의 염색체가 X자 모양을 하고 있는 것은 각 염색체가 두 가닥의 염색 분체로 이루어져 있기 때문이다.

① 염색 분체: 하나의 염색체를 이루는 두 가닥

② 염색 분체의 형성: 세포 분열이 시작되기 전 DNA가 복제된 후 응축되어 형성된다.

　→ 하나의 염색체를 이루는 두 가닥의 염색 분체는 유전 정보가 같다.

③ 염색 분체의 분리: 세포가 분열할 때 염색 분체는 분리되어 2개의 딸세포로 나뉘어 들어간다.

　→ 체세포 분열 결과 형성된 두 딸세포는 유전자 구성이 같다.
몸을 구성하는 체세포는 모두 유전자 구성이 같다.

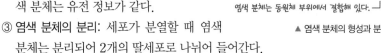

염색 분체는 동원체 부위에서 결합해 있다.

▲ 염색 분체의 형성과 분리

3 체세포 분열　생물의 생장과 조직의 재생 과정에서 일어나는 세포 분열 → 체세포 분열 결과 모세포와 유전자 구성이 같은 2개의 딸세포가 형성된다.

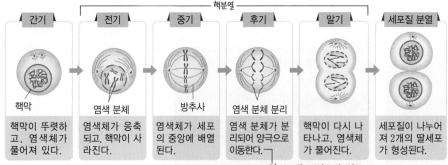

간기	전기	중기	후기	말기	세포질 분열
핵막	염색 분체	방추사	염색 분체 분리		
핵막이 뚜렷하고, 염색체가 풀어져 있다.	염색체가 응축되고, 핵막이 사라진다.	염색체가 세포의 중앙에 배열된다.	염색 분체가 분리되어 양극으로 이동한다.	핵막이 다시 나타나고, 염색체가 풀어진다.	세포질이 나누어져 2개의 딸세포가 형성된다.

▲ 체세포 분열 과정　방추사가 짧아지면서 일어난다.

4 대립유전자　하나의 형질을 결정하는 유전자로, 상동 염색체의 같은 위치에 존재한다.❼

① 상동 염색체는 부모로부터 하나씩 물려받은 것이다. → 상동 염색체에 존재하는 대립유전자는 같을 수도 있고(동형 접합성), 다를 수도 있다(이형 접합성).

② 염색 분체는 DNA가 복제되어 형성된 것이다. → 염색 분체에 존재하는 유전자는 같다.

확인문제 ③

8 DNA는 세포 분열 전 (　　　)된 후 각각 히스톤 단백질과 결합하고, 세포 분열이 시작되면 더욱 응축되어 2개의 (　　　)(으)로 나타난다.

9 체세포가 분열할 때 염색 분체가 분리되므로 체세포 분열 결과 형성된 2개의 딸세포는 유전자 구성이 (같다, 다르다).

10 한 쌍의 상동 염색체에 존재하는 대립유전자는 항상 같다. (○, ×)

---

❻ 세포 주기

• 세포 주기의 대부분은 간기가 차지하며, 분열기는 매우 짧다.

• G₁기, G₂기의 G는 'gap(공백)' 또는 'growth(생장)'의 첫 글자를 딴 것이고, S기의 S는 'synthesis(합성)'의 첫 글자를 딴 것이다.

❼ 상동 염색체와 염색 분체의 대립유전자

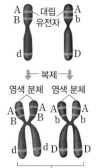

상동 염색체의 같은 위치에 존재하는 대립유전자는 AA(동형 접합성)와 같이 같을 수도 있고, Bb, Dd(이형 접합성)와 같이 다를 수도 있다.

꼭 기억해!

상동 염색체는 유전자 구성이 다르지만, 염색 분체는 유전자 구성이 같다.

용어 돋보기

• **응축**(엉길 凝, 줄일 縮): '한데 엉겨서 줄어든다.'는 뜻으로, 뭉쳐서 부피가 줄어드는 현상이다.

• **동원체**(움직일 動, 근원 原, 몸 體): 염색체의 잘록한 부분으로, 세포 분열 시 염색체를 분리하기 위해 방추사가 결합하는 부위이다.

1 염색체와 DNA

[01~02] 그림은 염색체의 구조를 나타낸 것이다. 물음에 답하시오.

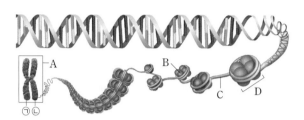

01 A~D의 이름을 각각 쓰시오.

(중요)

02 위 자료에 대한 설명으로 옳은 것만을 〈보기〉에서 있는 대로 고른 것은?

┤ 보기 ├
ㄱ. A는 분열하지 않는 세포에서도 관찰된다.
ㄴ. C에는 유전 정보가 저장되어 있다.
ㄷ. ㉠과 ㉡은 상동 염색체이다.

① ㄱ ② ㄴ ③ ㄱ, ㄴ
④ ㄱ, ㄷ ⑤ ㄴ, ㄷ

03 다음은 유전자와 DNA에 대한 학생들의 대화이다.

유전자는 유전 정보가 저장된 DNA의 특정 부위야.

하나의 DNA에는 하나의 유전자가 존재하지.

유전자는 DNA에는 존재하지만, 염색체에는 존재하지 않아.

학생 A 학생 B 학생 C

옳게 설명한 학생만을 있는 대로 고른 것은?

① A ② C ③ A, B
④ A, C ⑤ B, C

04 그림 (가)와 (나)는 각각 분열하지 않을 때의 세포와 분열 중인 세포의 염색체 상태를 순서 없이 나타낸 것이다.

(가) (나)

이에 대한 설명으로 옳은 것만을 〈보기〉에서 있는 대로 고른 것은?

┤ 보기 ├
ㄱ. (가)는 분열 중인 세포의 염색체이다.
ㄴ. (가)와 (나)에는 모두 뉴클레오솜이 존재한다.
ㄷ. (가)의 염색체가 더욱 응축되면 (나)와 같이 된다.

① ㄱ ② ㄷ ③ ㄱ, ㄴ
④ ㄴ, ㄷ ⑤ ㄱ, ㄴ, ㄷ

[05~06] 그림은 (가)~(라) 사이의 관계를 나타낸 것이다. (가)~(라)는 각각 DNA, 유전체, 염색체, 유전자 중 하나이다. 물음에 답하시오.

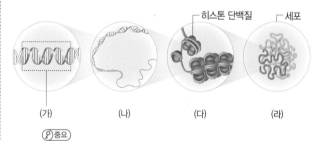

히스톤 단백질 세포

(가) (나) (다) (라)

(중요)

05 위 자료에 대한 설명으로 옳은 것만을 〈보기〉에서 있는 대로 고른 것은?

┤ 보기 ├
ㄱ. (가)는 유전자, (라)는 유전체이다.
ㄴ. (나)는 유전 물질로, 이중 나선 구조이다.
ㄷ. 하나의 (다)에는 많은 수의 (가)가 존재한다.

① ㄴ ② ㄷ ③ ㄱ, ㄴ
④ ㄱ, ㄷ ⑤ ㄱ, ㄴ, ㄷ

06 (가)~(라) 중 한 생명체(세포)가 가진 모든 유전 정보를 의미하는 것은 어느 것인지 쓰시오.

07 오른쪽 그림은 생명체에서 유전 정보를 저장하고 전달 하는 데 사용되는 어떤 물질 의 구조를 나타낸 것이다. ㉠은 이 물질의 구성 성분이 고, ㉡은 ㉠, 인산, 당으로 이루어진 구조이다. 이에 대한 설명으로 옳은 것만을 〈보기〉에서 있는 대로 고른 것은?

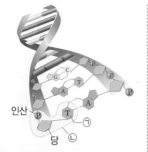

보기

ㄱ. ㉠은 염기이다.
ㄴ. ㉡은 뉴클레오타이드이다.
ㄷ. 이 물질은 염색체를 구성한다.

① ㄱ ② ㄷ ③ ㄱ, ㄴ
④ ㄴ, ㄷ ⑤ ㄱ, ㄴ, ㄷ

2 사람의 염색체

08 핵형과 핵상에 대한 설명으로 옳은 것만을 〈보기〉에서 있 는 대로 고른 것은?

보기

ㄱ. 한 생물이 가진 염색체의 수는 핵형에 포함된다.
ㄴ. 핵형을 분석할 때는 분열하지 않는 세포를 이용 한다.
ㄷ. 같은 종의 생물에서는 성별과 관계없이 모든 개 체의 핵형이 같다.

① ㄱ ② ㄴ ③ ㄷ
④ ㄱ, ㄴ ⑤ ㄴ, ㄷ

(서술형)

09 그림은 어떤 사람의 핵형 분석 결과이다.

1	2	3	4	5	6	7	8	9	10	11	12
13	14	15	16	17	18	19	20	21	22		

이 사람의 성별을 쓰고, 그렇게 생각한 까닭을 설명하시오.

10 다음은 사람의 혈액을 채취하여 핵형 분석을 하는 실험 과 정의 일부를 나타낸 것이다.

(가) 채취한 혈액에서 특정 혈구 X만을 분리하여 체 세포 분열을 유도한다.
(나) ( )
(다) X를 현미경으로 관찰하고 사진 촬영한다.
(라) 핵형을 분석한다.

이에 대한 설명으로 옳은 것만을 〈보기〉에서 있는 대로 고 른 것은?

보기

ㄱ. X는 핵을 가진 백혈구이다.
ㄴ. X의 체세포 분열을 중기에서 멈추게 하는 과정 은 (나)에 해당한다.
ㄷ. 이 과정을 통해 X에 존재하는 염색체의 모양을 확인할 수 있다.

① ㄱ ② ㄴ ③ ㄱ, ㄷ
④ ㄴ, ㄷ ⑤ ㄱ, ㄴ, ㄷ

(중요)

11 그림은 어떤 동물의 세포 (가)와 (나)에 존재하는 염색체를 모두 나타낸 것이다. A~C는 염색체이다.

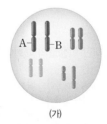 

(가) (나)

이에 대한 설명으로 옳은 것만을 〈보기〉에서 있는 대로 고 른 것은?(단, 돌연변이는 고려하지 않는다.)

보기

ㄱ. (가)의 핵상과 염색체 수는 $n=8$이다.
ㄴ. A와 B는 부모로부터 하나씩 물려받은 것이다.
ㄷ. C는 상염색체이다.

① ㄱ ② ㄴ ③ ㄱ, ㄴ
④ ㄴ, ㄷ ⑤ ㄱ, ㄴ, ㄷ

3 염색 분체의 형성과 분리

12 그림은 체세포의 세포 주기를 나타낸 것이다.

이에 대한 설명으로 옳지 <u>않은</u> 것은?

① ㉠은 S기, ㉡은 M기이다.
② ㉠ 시기에 DNA가 복제된다.
③ ㉡ 시기에 염색 분체의 분리가 일어난다.
④ G_1기에 세포가 가장 많이 생장한다.
⑤ 세포당 염색체 수는 G_2기 세포가 G_1기 세포의 2배이다.

중요

13 그림은 체세포 분열 중에 관찰되는 세포 (가)~(다)를 나타낸 것이다. (가)~(다)는 각각 전기, 중기, 후기의 세포 중하나이다.

  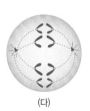
(가)　　　　　(나)　　　　　(다)

이에 대한 설명으로 옳은 것만을 〈보기〉에서 있는 대로 고른 것은?

┤ 보기 ├
ㄱ. (나)는 DNA가 복제되지 않은 상태의 세포이다.
ㄴ. 복제된 DNA의 분리는 (다) 시기에 일어난다.
ㄷ. 분열이 일어나는 순서는 (나) → (다) → (가)이다.

① ㄴ　　　　② ㄷ　　　　③ ㄱ, ㄴ
④ ㄱ, ㄷ　　　⑤ ㄴ, ㄷ

[14~15] 그림은 어떤 세포에서 일어나는 염색체의 변화를 나타낸 것이다. 물음에 답하시오.

중요

14 위 자료에 대한 설명으로 옳은 것만을 〈보기〉에서 있는 대로 고른 것은?

┤ 보기 ├
ㄱ. (가)에서 DNA 복제가 일어난다.
ㄴ. (나)는 간기에만 일어난다.
ㄷ. A와 B는 체세포 분열 과정에서 서로 다른 딸세포로 나뉘어 들어간다.

① ㄱ　　　　② ㄴ　　　　③ ㄱ, ㄴ
④ ㄱ, ㄷ　　　⑤ ㄴ, ㄷ

서술형

15 A~C의 유전자 구성을 서로 비교하여 설명하시오(단, 돌연변이는 고려하지 않는다.).

16 대립유전자에 대한 설명으로 옳은 것만을 〈보기〉에서 있는 대로 고른 것은?

┤ 보기 ├
ㄱ. 대립유전자는 상동 염색체의 같은 위치에 존재한다.
ㄴ. 대립유전자는 하나의 형질에 대한 표현형을 결정한다.
ㄷ. 특정 형질에 대해 한 쌍의 상동 염색체에 존재하는 대립유전자는 항상 다르다.

① ㄱ　　　　② ㄴ　　　　③ ㄷ
④ ㄱ, ㄴ　　　⑤ ㄴ, ㄷ

11 생식세포의 형성과 유전적 다양성

1 생식세포의 형성 <small>자료 분석 특강 125쪽 D</small>

1 감수 분열(생식세포 분열) 유성 생식을 하는 생물에서 생식세포를 만들기 위해 일어나는 세포 분열[1]
① 특징: 간기(S기)에 DNA가 복제된 후 연속 2회의 분열이 일어나므로 염색체 수와 DNA양이 체세포의 반인 <u>생식세포가 만들어진다.</u> <small>사람의 생식세포에는 23개의 염색체가 들어 있다.</small>
② 감수 1분열: 상동 염색체끼리 접합하여 2가 염색체를 형성한 후 상동 염색체가 분리되어 염색체 수가 반으로 줄어든다($2n \rightarrow n$). <small>감수 1분열 결과 형성된 두 딸세포는 유전자 구성이 서로 다르다.</small>
③ 감수 2분열: 염색 분체가 분리되어 염색체 수에 변화가 없다($n \rightarrow n$).

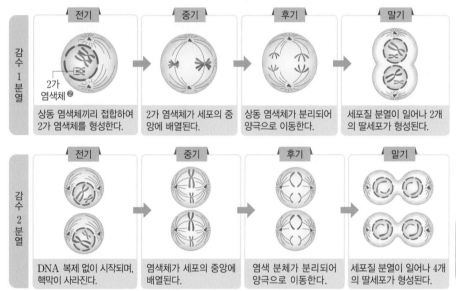

	전기	중기	후기	말기
감수 1분열	2가 염색체[2] 상동 염색체끼리 접합하여 2가 염색체를 형성한다.	2가 염색체가 세포의 중앙에 배열된다.	상동 염색체가 분리되어 양극으로 이동한다.	세포질 분열이 일어나 2개의 딸세포가 형성된다.
감수 2분열	DNA 복제 없이 시작되며, 핵막이 사라진다.	염색체가 세포의 중앙에 배열된다.	염색 분체가 분리되어 양극으로 이동한다.	세포질 분열이 일어나 4개의 딸세포가 형성된다.

▲ 감수 분열 과정

2 체세포 분열과 감수 분열의 비교

구분	체세포 분열	감수 분열
분열 모습	DNA 복제 / 모세포(2n) / 염색 분체 분리 / 딸세포(2n)	2가 염색체 형성 상동 염색체가 분리되어 생긴 두 딸세포는 유전자 구성이 서로 다르고, 염색 분체가 분리되어 생긴 두 딸세포는 유전자 구성이 같다. / 상동 염색체 분리 / 염색 분체 분리 / 딸세포(n)
DNA 복제	간기(S기)에 1회 일어난다.	
분열 횟수	1회(염색 분체 분리)	2회(상동 염색체 분리 → 염색 분체 분리)
2가 염색체	형성되지 않는다.	형성된다.
딸세포 수	2개	4개
핵상 변화	$2n \rightarrow 2n$	$2n \rightarrow n$
역할	체세포의 증식 → 생장, 조직 재생 등	생식세포 형성

한눈에 정리하는 출제 경향

• 감수 분열 과정에서 염색체 수와 DNA양 변화 이해하기
• 감수 분열에 의한 생식세포의 유전적 다양성 획득 원리 파악하기

핵심 개념
감수 분열, 체세포 분열과 감수 분열의 비교, 유전적 다양성의 획득

plus 개념

❶ 감수 분열
• 감수 1분열과 2분열 전기에는 핵막이 사라지고, 방추사가 형성되어 염색체(동원체)에 결합한다.
• 감수 1분열과 2분열 말기에는 핵막이 다시 나타난다.

오해하지마!
DNA 복제는 감수 1분열이 시작되기 전 간기(S기)에만 일어나고, 감수 1분열과 감수 2분열 사이에는 일어나지 않는다.

❷ 2가 염색체
감수 1분열 전기에 형성되어 중기까지 관찰되며, 한 쌍의 상동 염색체가 접합해 4개의 염색 분체로 이루어져 있으므로 4분 염색체라고도 한다. 남자의 경우 X 염색체와 Y 염색체도 접합해 2가 염색체를 형성한다.

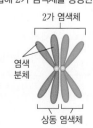

2가 염색체 / 염색 분체 / 상동 염색체

체세포 분열과 감수 분열 시 DNA양 변화

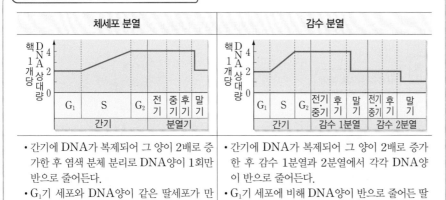

체세포 분열	감수 분열
핵 1개당 DNA 상대량 (0, 2, 4) — G₁, S, G₂ / 전기, 중기, 후기, 말기 — 간기 / 분열기	핵 1개당 DNA 상대량 (0, 2, 4) — G₁, S, G₂ / 전기·중기, 후기, 말기 / 전기·중기, 후기, 말기 — 간기 / 감수 1분열 / 감수 2분열
• 간기에 DNA가 복제되어 그 양이 2배로 증가한 후 염색 분체 분리로 DNA양이 1회만 반으로 줄어든다. • G₁기 세포와 DNA양이 같은 딸세포가 만들어진다.	• 간기에 DNA가 복제되어 그 양이 2배로 증가한 후 감수 1분열과 2분열에서 각각 DNA양이 반으로 줄어든다. • G₁기 세포에 비해 DNA양이 반으로 줄어든 딸세포(생식세포)가 만들어진다.❸

plus 개념

• 감수 1분열: 염색체 수와 DNA양이 모두 반감
• 감수 2분열: 염색체 수는 변화 없고 DNA양만 반감

❷ 유전적 다양성

1 유전적 다양성 같은 생물종에서 한 형질에 대해 다양한 표현형의 개체들이 존재하는 것❹ ┐같은 생물종이라도 개체의 대립유전자 구성(조합)이 다르기 때문에 나타난다.┘

2 유전적 다양성의 획득 원리

① 유전적으로 다양한 생식세포의 형성: 감수 분열 시 상동 염색체 쌍의 무작위 배열과 독립적 분리에 의해 염색체 조합이 서로 다른 생식세포가 만들어진다.┐

② 생식세포의 무작위 수정: 암수 생식세포의 무작위 수정에 의해 유전적으로 다양한 자손이 태어난다. └한 상동 염색체 쌍의 분리는 다른 상동 염색체 쌍의 분리와 독립적으로 일어난다.

유전적으로 다양한 생식세포의 형성 과정

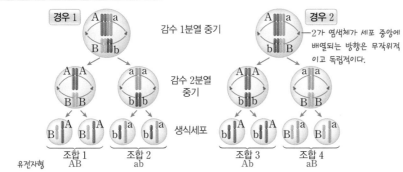

• 유전자형이 AaBb이고, A(a)와 B(b)가 서로 다른 염색체에 존재하는 경우, 유전자 조합이 각각 AB, Ab, aB, ab인 4가지 생식세포가 만들어진다. → 이론적으로 2쌍의 상동 염색체를 가진 세포($2n=4$)가 만들 수 있는 생식세포의 염색체 조합은 $2^2=4$가지이다.

• 사람은 23쌍의 상동 염색체를 가지므로 한 사람이 만들 수 있는 생식세포의 염색체 조합은 2^{23}가지이고, 이들의 수정으로 생길 수 있는 자손의 염색체 조합은 $2^{23} \times 2^{23}$가지나 된다.

❸ **감수 분열의 의의**

• 종의 염색체 수 유지: 감수 분열 결과 만들어진 생식세포의 염색체 수가 체세포의 반이므로 암수 생식세포의 수정으로 태어난 자손의 염색체 수는 부모와 같다. → 세대를 거듭해도 생물종의 염색체 수가 일정하게 유지된다.

• 생식세포의 유전적 다양성 증가: 감수 분열 과정에서 상동 염색체 쌍의 무작위 배열과 분리에 의해 유전적으로 다양한 생식세포가 만들어진다.

❹ **유전적 다양성의 의의**

유전적 다양성이 높은 생물종은 집단에 다양한 형질(표현형)을 가진 개체들이 존재한다. 따라서 환경이 변했을 때 그 환경에 유리한 형질을 가진 개체가 존재하여 살아남을 가능성이 높아 쉽게 멸종되지 않는다. 즉, 환경 변화에 대한 적응력이 높다.

❋ **생명의 연속성**

감수 분열과 생식세포의 수정에 의해 부모의 DNA가 각각 반씩 자손에게 전달되므로 개체의 DNA는 자손에게 남아 세대를 거듭해도 사라지지 않는다.

확인 문제 ❶❷

1 감수 1분열 전기에 (　　　) 염색체가 형성된 후, 감수 1분열 후기에 (　　　)이/가 분리되므로 염색체 수가 반으로 줄어든 딸세포가 만들어진다.

2 감수 분열 시 (　　　) 쌍이 무작위로 배열되었다가 분리되어 염색체 조합이 다양한 생식세포가 만들어지고, 이 생식세포들이 무작위로 (　　　)되어 유전적으로 다양한 자손이 태어난다.

용어 돋보기

• 유성 생식(있을 有, 성질 性, 날 生, 번성할 殖): 암수 개체에서 각각 형성된 생식세포가 결합(수정)하여 자손을 만드는 생식 방법이다.

1 생식세포의 형성

01 다음은 감수 분열과 유성 생식에 대한 학생들의 대화이다.

> 감수 분열을 통해 염색체 수가 체세포와 같은 생식세포가 만들어져.

> 유성 생식을 하는 생물은 암수 생식세포의 수정을 통해 자손을 만들지.

> 유성 생식으로 태어난 자손의 염색체 수는 부모와 같아.

학생 A   학생 B   학생 C

옳게 설명한 학생만을 있는 대로 고른 것은?

① A   ② C   ③ A, B
④ B, C   ⑤ A, B, C

[02~03] 그림은 어떤 동물에서 일어나는 감수 분열 과정의 일부를 나타낸 것이다. 물음에 답하시오.

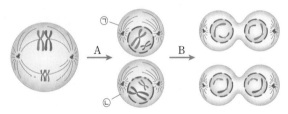

02 과정 A와 B에 대한 설명으로 옳은 것만을 〈보기〉에서 있는 대로 고른 것은?

┤ 보기 ├
ㄱ. A에서 세포당 염색체 수가 반으로 줄어든다.
ㄴ. B에서 2가 염색체가 형성된다.
ㄷ. B를 거치면서 세포의 핵상이 달라진다.

① ㄱ   ② ㄷ   ③ ㄱ, ㄴ
④ ㄱ, ㄷ   ⑤ ㄴ, ㄷ

서술형

03 ㉠과 ㉡의 핵 DNA에 저장된 유전 정보는 같은지 다른지 그 까닭과 함께 설명하시오.

중요

04 그림은 어떤 동물(2n=6)의 분열 중인 세포 X에 존재하는 염색체를 모두 나타낸 것이다.

이에 대한 설명으로 옳은 것만을 〈보기〉에서 있는 대로 고른 것은?(단, 돌연변이는 고려하지 않는다.)

┤ 보기 ├
ㄱ. X는 감수 2분열 후기 세포이다.
ㄴ. 이 동물의 생식세포에는 3개의 염색체가 있다.
ㄷ. 이 동물의 감수 1분열 중기 세포에는 6개의 2가 염색체가 있다.

① ㄱ   ② ㄴ   ③ ㄷ
④ ㄱ, ㄴ   ⑤ ㄴ, ㄷ

05 그림은 분열 중인 세포 (가)와 (나)에 존재하는 염색체를 모두 나타낸 것이다. (가)와 (나)는 체세포 분열 중인 세포와 감수 분열 중인 세포를 순서 없이 나타낸 것이다.

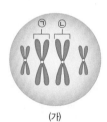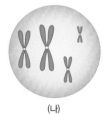

(가)   (나)

이에 대한 설명으로 옳은 것만을 〈보기〉에서 있는 대로 고른 것은?(단, 돌연변이는 고려하지 않는다.)

┤ 보기 ├
ㄱ. (가)와 (나)는 한 개체의 세포이다.
ㄴ. 감수 분열에서 ㉠과 ㉡의 분리는 일어나지 않는다.
ㄷ. (나)와 같은 분열은 생식세포 형성을 위해 일어난다.

① ㄱ   ② ㄴ   ③ ㄷ
④ ㄴ, ㄷ   ⑤ ㄱ, ㄴ, ㄷ

🅟중요

06 그림은 어떤 동물(2n=4)에서 일어나는 체세포 분열과 감수 분열을 순서 없이 나타낸 것이다.

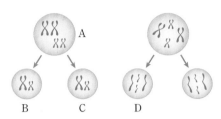

이에 대한 설명으로 옳은 것만을 〈보기〉에서 있는 대로 고른 것은?

┤ 보기 ├

ㄱ. A와 D는 핵상이 다르다.
ㄴ. B와 C는 유전자 구성이 같다.
ㄷ. 세포당 염색체 수는 C가 D의 반이다.

① ㄱ   ② ㄴ   ③ ㄷ
④ ㄱ, ㄷ   ⑤ ㄴ, ㄷ

[07~08] 그림은 사람의 세포 분열 과정에서 일어나는 핵 1개당 DNA 상대량의 변화를 나타낸 것이다. 물음에 답하시오.

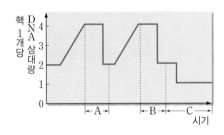

07 A, B, C 중 세포당 염색체 수가 반으로 감소하는 구간을 쓰시오.

08 위 자료에 대한 설명으로 옳지 <u>않은</u> 것은?

① A에서 염색 분체가 분리된다.
② A에서 생긴 딸세포의 핵상은 2n이다.
③ B에서 상동 염색체가 분리된다.
④ B에서 생긴 딸세포의 염색체 수는 23개이다.
⑤ C에서 2가 염색체가 형성된다.

☑ 유전적 다양성

09 유전적 다양성과 생명의 연속성에 대한 설명으로 옳은 것만을 〈보기〉에서 있는 대로 고르시오.

┤ 보기 ├

ㄱ. 부모의 DNA가 자손에게 전달되므로 생명의 연속성이 나타난다.
ㄴ. 한 사람에게서는 염색체 조합이 서로 다른 생식세포가 최대 46가지 형성될 수 있다.
ㄷ. 염색체 조합이 다양한 암수 생식세포가 무작위로 수정되어 자손에서 유전적 다양성이 나타난다.

[10~11] 그림은 유전자형이 AaBb인 어떤 생물에서 생식세포가 형성되는 과정을 나타낸 것이다. ㉠과 ㉡은 각각 염색 분체와 상동 염색체 중 하나이다. 물음에 답하시오.

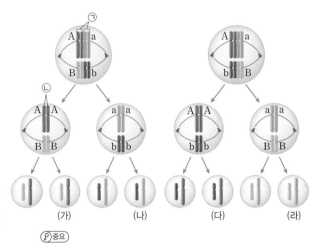

🅟중요

10 위 자료에 대한 설명으로 옳은 것만을 〈보기〉에서 있는 대로 고른 것은?

┤ 보기 ├

ㄱ. ㉠은 염색 분체이다.
ㄴ. (가)~(라)는 모두 대립유전자 조합이 서로 다르다.
ㄷ. ㉡의 분리로 인해 간기에 복제된 DNA가 서로 다른 딸세포로 나뉘어 들어간다.

① ㄱ   ② ㄴ   ③ ㄷ
④ ㄱ, ㄴ   ⑤ ㄴ, ㄷ

✏️서술형

11 위 자료를 바탕으로 유전적으로 다양한 생식세포가 형성되는 까닭을 설명하시오.

실력을 올리는 실전 문제와
함께 보면 더 좋아요!

A 염색체의 구조

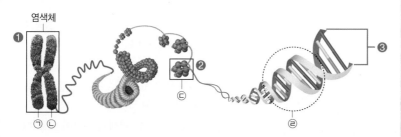

① 염색체의 구조 알기

· 세포 분열 초기에 나타나는 염색체는 2개의 염색 분체로 이루어져 있으므로 ㉠과 ㉡은 염색 분체이다.

· 염색체는 DNA와 히스톤 단백질로 구성되며, DNA가 히스톤 단백질을 휘감아 뉴클레오솜을 형성하므로 ㉢은 뉴클레오솜이다.

· ㉣은 유전 정보를 저장하는 유전 물질인 DNA이며, ㉣의 기본 단위(단위체)는 인산, 당, 염기로 구성된 뉴클레오타이드이다.

② 염색 분체의 유전자 구성 파악하기: 간기의 S기에 DNA가 복제된 후 각각 히스톤 단백질과 결합하고, 세포 분열이 시작되면 더욱 응축되어 염색 분체를 형성하므로 ㉠과 ㉡은 유전자 구성이 같다.

❶ 세포 분열 전기와 중기에는 2개의 염색 분체(㉠과 ㉡)로 이루어진 염색체가 관찰되며, 두 염색 분체는 복제된 DNA가 각각 응축된 것이므로 유전자 구성이 같다.

❷ 많은 수의 뉴클레오솜(㉢)이 연결되어 염색체를 이루므로 뉴클레오솜은 간기와 분열기에 모두 존재하는 구조이다.

❸ DNA(㉣)는 폴리뉴클레오타이드 두 가닥이 서로 결합해 꼬여 있는 이중 나선 구조이다.

실력을 올리는 실전 문제 찾아가기
· 염색체의 세부 구조와 염색 분체의 유전자 구성을 파악하는 문제_01

B 유전자와 염색체

그림은 동물 Ⅰ의 세포 (가)와 동물 Ⅱ의 세포 (나)에 존재하는 염색체를 모두 나타낸 것이다. Ⅰ과 Ⅱ는 같은 종이며, 수컷의 성염색체는 XY, 암컷의 성염색체는 XX이다. Ⅰ과 Ⅱ의 특정 형질에 대한 유전자형은 모두 Aa이며, A와 a는 대립유전자이다.

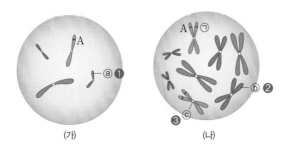

① (가)와 (나)의 핵상과 염색체 수 파악하기: 모든 염색체가 2개씩 상동 염색체 쌍을 이루고 있으면 $2n$으로 표시하고, 상동 염색체 중 하나씩만 있어 염색체가 쌍을 이루고 있지 않으면 n으로 표시한다.

· (가)에 존재하는 염색체는 모두 모양과 크기가 서로 다르다. ➡ (가)에는 상동 염색체 쌍이 없으므로 (가)의 핵상과 염색체 수는 $n=4$이다.

· (나)에는 모양과 크기가 같은 염색체가 2개씩 쌍을 이루고 있다. ➡ (나)에는 상동 염색체 쌍이 있으므로 (나)의 핵상과 염색체 수는 $2n=8$이다.

② 동물 Ⅰ과 Ⅱ의 성별 구분하기: (나)에는 4쌍의 상동 염색체가 있는데, (나)의 염색체 중 ⓑ와 모양, 크기가 같은 염색체가 (가)에는 없으므로 동물 Ⅰ은 수컷이고, 동물 Ⅱ는 암컷이다.

③ ㉠에 해당하는 유전자 파악하기: A와 ㉠은 하나의 염색체를 구성하는 두 염색 분체에 각각 존재하는 대립유전자이며, 두 염색 분체는 복제된 DNA가 각각 응축된 것이므로 유전자 구성이 같다. ➡ ㉠은 A이다.

❶ ⓐ와 모양, 크기가 같은 염색체가 (나)에는 존재하지 않으므로 ⓐ는 성염색체인데, (나)의 ⓑ보다 크기가 작으므로 Y 염색체이다.
➡ 동물 Ⅰ은 성염색체 구성이 XY인 수컷이다.

❷ ⓑ와 모양, 크기가 같은 염색체가 (가)에는 존재하지 않으므로 ⓑ는 성염색체인데, (가)의 ⓐ보다 크기가 크므로 X 염색체이다.
➡ 동물 Ⅱ는 성염색체 구성이 XX인 암컷이다.

❸ ⓒ는 대립유전자 A가 있는 염색체와 상동 염색체 관계이므로 A와 같은 위치에 대립유전자 a가 존재한다.

실력을 올리는 실전 문제 찾아가기
· 염색체의 종류와 구조를 연관 지어 파악하는 문제_02
· 유전자의 DNA 상대량을 바탕으로 염색체의 종류를 추론하는 문제_04

C 세포 주기와 체세포 분열

그림 (가)는 어떤 동물의 체세포 Q를 배양한 후 세포당 DNA양에 따른 세포 수를, (나)는 Q의 세포 주기를 나타낸 것이다. A~C는 각각 G_1, G_2, S기 중 하나이다.

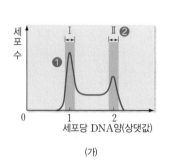
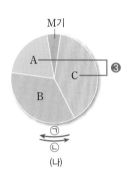

(가)

(나)

❶ 세포 주기에서 특정 시기에 있는 세포의 수는 그 시기의 소요 시간에 비례한다. (가)에서 DNA 상대량이 1인 세포(G_1기에 있는 세포)가 DNA 상대량이 2인 세포(G_2기와 M기에 있는 세포)보다 많으므로 세포 주기에서 G_1기가 G_2기보다 길다. → (나)에서 A보다 면적이 넓은 C가 G_1기이고, B가 S기, A가 G_2기이다.

❷ Ⅱ에는 M기의 세포들이 있으므로 Ⅱ에는 염색분체의 분리가 일어나는 시기의 세포가 있다.

❸ A는 G_2기, C는 G_1기이므로 세포당 DNA양은 A 시기 세포가 C 시기 세포의 2배이다.

① (가)에서 구간 Ⅰ과 Ⅱ에 있는 세포들의 시기 파악하기: 세포 주기는 G_1기 → S기 → G_2기 → M기 순서로 진행되며, S기에 DNA가 복제되어 세포당 DNA양이 2배로 증가한다.
 • 구간 Ⅰ은 세포당 DNA 상대량이 1이므로 DNA가 복제되기 전이다. → Ⅰ에는 G_1기 세포들이 있다.
 • 구간 Ⅱ는 세포당 DNA 상대량이 2이므로 DNA가 복제된 후이다. → Ⅱ에는 G_2기와 M기의 세포들이 있다.
② (나)에서 A~C 시기 알아내기: (가)에서 G_1기에 있는 세포가 G_2기와 M기에 있는 세포보다 많으므로 세포 주기에서 G_1기가 G_2기보다 길다는 것을 알 수 있다. 따라서 (나)에서 C가 G_1기, B가 S기, A가 G_2기이다. → 세포 주기는 ㉠ 방향으로 진행된다.

실력을 올리는 실전 문제 찾아가기
• 체세포 분열의 특징을 묻는 문제_05
• 체세포 분열 중인 조직에서 세포당 DNA양에 따른 세포 수 그래프를 제시하고, 이를 세포 주기와 연관 짓는 문제_06
• 세포 주기에 따른 염색체의 변화를 추론하는 문제_07

D 감수 분열에서의 DNA양 변화와 염색체 분리

그림 (가)는 어떤 동물($2n=8$)의 세포가 분열하는 동안 핵 1개당 DNA양을, (나)는 (가)의 어떤 시기에서 관찰되는 일부 염색체를 나타낸 것이다.

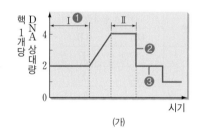

(가)

(나)

❶ 구간 Ⅰ은 G_1기에 해당하므로 이 구간에 있는 세포에서는 방추사가 관찰되지 않는다.

❷ 감수 분열의 첫 번째 핵분열에서는 상동 염색체가 분리되므로 세포의 핵상이 $2n$에서 n으로 바뀌고, 염색체 수가 반으로 감소($n=4$)한다.

❸ 이 구간에 속한 감수 2분열 중기 세포에는 8개의 염색 분체가 존재한다.

① (가)의 세포 분열 해석하기: 감수 분열에서는 간기(S기)에 DNA가 복제된 후 연속 2회의 분열이 일어나 염색체 수와 DNA양이 체세포의 반인 생식세포가 형성된다. → (가)에서 1회의 DNA 복제(DNA 상대량이 2 → 4로 증가) 후 연속 2회의 핵분열(DNA 상대량이 4 → 2 → 1로 2회 반감)이 일어나므로 (가)의 분열은 감수 분열이다.
② (가)의 구간 Ⅰ과 Ⅱ의 시기 파악하기
 • 구간 Ⅰ: DNA 상대량이 증가하기 전이므로 DNA가 복제되기 전인 G_1기이다.
 • 구간 Ⅱ: DNA 복제 후 첫 번째 핵분열이 끝나기 전이므로 Ⅱ에는 G_2기와 감수 1분열의 일부 시기가 포함된다. → 구간 Ⅱ에 속한 감수 1분열 중기 세포에는 4개의 2가 염색체(16개의 염색 분체)가 존재한다.
③ (나)의 ㉠과 ㉡이 분리되는 시기 이해하기: ㉠과 ㉡은 하나의 염색체를 구성하는 염색 분체이다. 따라서 ㉠과 ㉡은 감수 2분열 후기에 분리되어 양극으로 이동한다.

실력을 올리는 실전 문제 찾아가기
• 감수 분열 시 DNA양 변화 그래프를 제시하고, 각 시기의 특징을 파악하는 문제_09, 14
• 감수 분열 과정에서 각 단계의 특징 및 염색체 수와 DNA양 변화를 묻는 문제_10

→ 수능기출 변형

01 그림은 염색체의 구조를 나타낸 것이다.

이에 대한 설명으로 옳은 것만을 〈보기〉에서 있는 대로 고른 것은?(단, 돌연변이는 고려하지 않는다.)

┌ 보기 ├
ㄱ. ㉠과 ㉡은 유전자 구성이 같다.
ㄴ. (가)는 뉴클레오솜이다.
ㄷ. ⓐ는 뉴클레오타이드를 구성하는 염기이다.

① ㄱ   ② ㄴ   ③ ㄷ
④ ㄱ, ㄴ   ⑤ ㄱ, ㄴ, ㄷ

02 그림 (가)는 유전자형이 Tt인 어떤 사람의 세포 X에 들어 있는 3쌍의 염색체를, (나)는 사람 세포의 핵 안에 존재하는 어떤 구조를 나타낸 것이다. ㉡에 T가 존재한다.

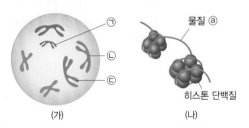

이에 대한 설명으로 옳은 것만을 〈보기〉에서 있는 대로 고른 것은?(단, 돌연변이는 고려하지 않는다.)

┌ 보기 ├
ㄱ. ㉠은 아버지로부터 물려받은 것이다.
ㄴ. ㉢에 t가 존재한다.
ㄷ. 세포당 ⓐ의 양은 X와 이 사람의 G_1기 세포에서 같다.

① ㄴ   ② ㄷ   ③ ㄱ, ㄴ
④ ㄱ, ㄷ   ⑤ ㄱ, ㄴ, ㄷ

03 그림은 세포 (가)를 이용한 어떤 사람의 핵형 분석 결과를 나타낸 것이다.

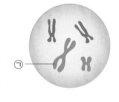

이에 대한 설명으로 옳은 것만을 〈보기〉에서 있는 대로 고른 것은?(단, 돌연변이는 고려하지 않는다.)

┌ 보기 ├
ㄱ. ㉠~㉢은 모두 상염색체이다.
ㄴ. (가)의 핵상과 염색체 수는 $2n=46$이다.
ㄷ. 이 사람은 아들에게 X 염색체를 물려준다.

① ㄱ   ② ㄴ   ③ ㄷ
④ ㄱ, ㄴ   ⑤ ㄴ, ㄷ

04 표는 두 사람의 세포 (가), (나)에 존재하는 2쌍의 대립유전자(A와 a, B와 b)의 DNA 상대량을, 그림은 (가)와 (나) 중 한 세포에 들어 있는 2쌍의 염색체를 나타낸 것이다. A와 B는 서로 다른 염색체에 존재한다.

구분	DNA 상대량	
	(가)	(나)
A	1	1
a	1	1
B	1	1
b	0	1

이에 대한 설명으로 옳은 것만을 〈보기〉에서 있는 대로 고른 것은?(단, A, a, B, b 각각의 1개당 DNA 상대량은 같고, 돌연변이는 고려하지 않는다.)

┌ 보기 ├
ㄱ. B는 ㉠에 존재한다.
ㄴ. 그림의 세포는 (나)이다.
ㄷ. (가)에 존재하는 A와 B를 모두 어머니로부터 물려받았을 확률은 25 %이다.

① ㄱ   ② ㄴ   ③ ㄱ, ㄷ
④ ㄴ, ㄷ   ⑤ ㄱ, ㄴ, ㄷ

↪ 수능모의평가기출 변형

05 표는 생물 X(2n)의 어떤 세포 분열에서 G_1기 세포 ㉠과 딸세포 ㉡의 특징을, 그림은 X의 분열 중인 세포를 나타낸 것이다. ⓐ~ⓒ는 염색체이다.

- ㉠과 ㉡은 유전자 구성이 같다.
- ㉡의 염색체 수는 2개이다.

이에 대한 설명으로 옳은 것만을 〈보기〉에서 있는 대로 고른 것은?(단, 돌연변이는 고려하지 않는다.)

보기
ㄱ. 그림의 세포는 감수 분열 중이다.
ㄴ. ⓐ와 ⓑ를 구성하는 DNA의 양은 같다.
ㄷ. X의 유전체에 ⓒ를 구성하는 DNA의 유전 정보가 포함된다.

① ㄱ   ② ㄷ   ③ ㄱ, ㄴ
④ ㄴ, ㄷ   ⑤ ㄱ, ㄴ, ㄷ

↪ 수능모의평가기출 변형

06 그림 (가)는 배양 중인 어떤 동물(2n=8)의 조직에서 세포당 DNA양에 따른 세포 수를, (나)는 이 조직을 구성하는 세포의 세포 주기를 나타낸 것이다. ㉠~㉢은 각각 S기, M기, G_1기, G_2기 중 하나이다.

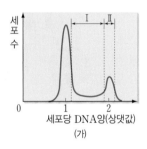
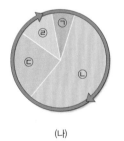

(가)   (나)

이에 대한 설명으로 옳은 것만을 〈보기〉에서 있는 대로 고른 것은?(단, 돌연변이는 고려하지 않는다.)

보기
ㄱ. I의 세포는 ㉡ 시기에 관찰된다.
ㄴ. II에는 염색 분체 수가 16개인 세포가 있다.
ㄷ. 세포당 DNA양은 ㉣ 시기 세포가 이 동물의 생식세포의 2배이다.

① ㄱ   ② ㄴ   ③ ㄷ
④ ㄱ, ㄴ   ⑤ ㄴ, ㄷ

07 그림 (가)는 체세포의 세포 주기를, (나)는 ㉢ 시기에 관찰되는 어떤 세포를 나타낸 것이다. ㉠~㉣은 각각 G_1기, G_2기, M기, S기 중 하나이고, ⓐ와 ⓑ는 염색체이다.

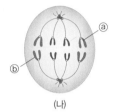

(가)   (나)

이에 대한 설명으로 옳은 것만을 〈보기〉에서 있는 대로 고른 것은?(단, 돌연변이는 고려하지 않는다.)

보기
ㄱ. ㉠ 시기에 DNA가 복제된다.
ㄴ. ⓐ와 ⓑ에는 하나의 형질을 결정하는 유전자가 존재한다.
ㄷ. 핵상은 ㉡ 시기 세포와 ㉣ 시기 세포가 같다.

① ㄱ   ② ㄴ   ③ ㄱ, ㄷ
④ ㄴ, ㄷ   ⑤ ㄱ, ㄴ, ㄷ

08 그림 (가)는 사람의 정자 형성 과정을, (나)는 세포 ㉠~㉣ 중 하나에 존재하는 1번 염색체와 성염색체를 모두 나타낸 것이다. ⓐ와 ⓑ는 각각 1번 염색체와 성염색체 중 하나이다. 이 사람의 특정 형질에 대한 유전자형은 Aa이다.

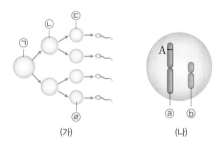

(가)   (나)

이에 대한 설명으로 옳은 것만을 〈보기〉에서 있는 대로 고른 것은?

보기
ㄱ. ㉠에 존재하는 A와 a의 수는 같다.
ㄴ. 세포당 a의 DNA양은 ㉡과 ㉣에서 같다.
ㄷ. ㉣에 크기와 모양이 각각 ⓐ, ⓑ와 같은 두 염색체가 모두 존재한다.

① ㄱ   ② ㄷ   ③ ㄱ, ㄴ
④ ㄱ, ㄷ   ⑤ ㄴ, ㄷ

09 그림은 어떤 동물의 세포 분열 시 핵 1개당 DNA양의 변화를, 표는 세포 ㉠~㉢의 염색체 수와 DNA양을 나타낸 것이다. ㉠~㉢은 각각 A~C 시점에 해당하는 세포 중 하나이고, ⓐ와 ⓑ의 합은 3보다 크다.

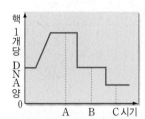

세포	염색체 수	DNA양
㉠	1	?
㉡	ⓐ	1
㉢	2	ⓑ

(단위: 상댓값)

이에 대한 설명으로 옳은 것만을 〈보기〉에서 있는 대로 고른 것은?

〈보기〉
ㄱ. ㉠은 C 시점의 세포이다.
ㄴ. ⓐ+ⓑ=4이다.
ㄷ. A~B 구간에서 유전자 구성이 서로 다른 딸세포가 형성된다.

① ㄱ ② ㄷ ③ ㄱ, ㄴ
④ ㄱ, ㄷ ⑤ ㄴ, ㄷ

10 그림은 어떤 세포 1개가 분열하는 과정에서 관찰되는 서로 다른 단계의 모습을 분열 순서에 관계없이 나타낸 것이다.

A B C D E

이에 대한 설명으로 옳은 것만을 〈보기〉에서 있는 대로 고른 것은?(단, A~E는 모두 동일한 배율로 관찰하였다.)

〈보기〉
ㄱ. 분열 순서는 D → E → C → A → B이다.
ㄴ. B 이후 형성된 딸세포 사이에 유전적 다양성이 존재한다.
ㄷ. C와 D에서 모두 2가 염색체를 관찰할 수 있다.

① ㄱ ② ㄷ ③ ㄱ, ㄴ
④ ㄱ, ㄷ ⑤ ㄴ, ㄷ

11 그림은 동물 X(2n=?)와 Y(2n=?)의 세포 분열 중기 세포 (가)~(다)에 존재하는 염색체를 모두 나타낸 것이다. (가)는 X의 세포이다.

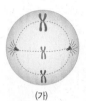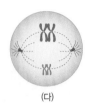

(가) (나) (다)

이에 대한 설명으로 옳은 것만을 〈보기〉에서 있는 대로 고른 것은?(단, 돌연변이는 고려하지 않는다.)

〈보기〉
ㄱ. (나)와 (다)는 모두 Y의 세포이다.
ㄴ. (나)의 분열 과정에서 간기에 복제된 DNA가 분리된다.
ㄷ. $\dfrac{\text{Y의 생식세포 염색체 수}}{\text{X의 체세포 염색체 수}}=\dfrac{1}{3}$이다.

① ㄱ ② ㄴ ③ ㄱ, ㄷ
④ ㄴ, ㄷ ⑤ ㄱ, ㄴ, ㄷ

12 그림 (가)와 (나)는 어떤 동물(2n=4)에서 생식세포가 형성되는 과정을 나타낸 것이다. R와 r, T와 t는 서로 대립유전자이다.

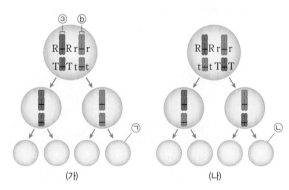

(가) (나)

이에 대한 설명으로 옳은 것만을 〈보기〉에서 있는 대로 고른 것은?(단, 돌연변이는 고려하지 않는다.)

〈보기〉
ㄱ. ⓐ와 ⓑ는 상동 염색체이다.
ㄴ. ㉠의 유전자형은 rt, ㉡의 유전자형은 rT이다.
ㄷ. (가)와 (나)에서 유전자 구성이 서로 다른 4종류의 생식세포가 형성된다.

① ㄱ ② ㄷ ③ ㄱ, ㄴ
④ ㄴ, ㄷ ⑤ ㄱ, ㄴ, ㄷ

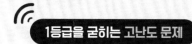

13 다음은 유전자형이 Aa인 어떤 동물(2n)의 세포 ㉠~㉣에 대한 자료이다.

- ㉠은 G_1기 세포이고, ㉡은 감수 1분열 중기 세포이다.
- ㉡이 분열하여 ㉢과 ㉢*이 형성되었으며, ㉢과 ㉢*은 모두 중기 세포이다.
- ㉢*이 분열하여 ㉣이 형성되었다.
- 표는 세포 ⓐ~ⓒ의 대립유전자 A와 a의 DNA 상대량을 나타낸 것이다. ⓐ~ⓒ는 각각 ㉠~㉣ 중 하나이고, A와 a 각각의 1개당 DNA 상대량은 같다.

세포		ⓐ	ⓑ	ⓒ
DNA 상대량	A	?	1	?
	a	2	1	1

이에 대한 설명으로 옳은 것만을 〈보기〉에서 있는 대로 고른 것은?(단, ⓐ~ⓒ 중에 ㉢*은 없으며, 돌연변이는 고려하지 않는다.)

┤ 보기 ├
ㄱ. ⓐ에 2가 염색체가 존재한다.
ㄴ. ㉠~㉣ 중 표에 없는 세포는 ㉣이다.
ㄷ. 세포당 $\dfrac{\text{A의 DNA양}}{\text{염색체 수}}$ 은 ㉢보다 ㉡이 작다.

① ㄴ   ② ㄷ   ③ ㄱ, ㄴ
④ ㄱ, ㄷ   ⑤ ㄴ, ㄷ

14 그림은 사람의 분열 중인 어떤 세포에서 시간에 따른 핵 1개당 DNA 상대량을 나타낸 것이다. Ⅰ~Ⅲ 중 하나는 G_1기이다.

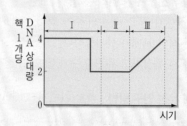

이에 대한 설명으로 옳은 것만을 〈보기〉에서 있는 대로 고른 것은?

┤ 보기 ├
ㄱ. Ⅰ에서 상동 염색체가 분리된다.
ㄴ. Ⅱ에는 핵막이 사라진 세포가 있다.
ㄷ. Ⅲ에서 세포당 뉴클레오솜의 수가 증가한다.

① ㄴ   ② ㄷ   ③ ㄱ, ㄴ
④ ㄱ, ㄷ   ⑤ ㄴ, ㄷ

15 그림은 유전자형이 AaBbDD인 어떤 사람이 가지고 있는 염색체 중 하나를, 표는 이 사람의 세포 ㉠~㉢에서 대립유전자 a, B, D의 DNA 상대량을 나타낸 것이다. ㉠~㉢ 중 둘은 중기의 세포이다.

세포	DNA 상대량		
	a	B	D
㉠	0	?	2
㉡	?	2	2
㉢	?	1	2

이에 대한 설명으로 옳은 것만을 〈보기〉에서 있는 대로 고른 것은?(단, 한 염색체에 존재하는 유전자들은 감수 분열 시 같은 딸세포로 이동하며, A, a, B, b, D 각각의 1개당 DNA 상대량은 같다. 돌연변이는 고려하지 않는다.)

┤ 보기 ├
ㄱ. ㉠과 ㉡은 모두 감수 2분열 중기의 세포이다.
ㄴ. ㉢에는 2가 염색체가 존재한다.
ㄷ. 세포당 $\dfrac{\text{B의 수}}{\text{a의 수}}$ 는 ㉡과 ㉢에서 같다.

① ㄱ   ② ㄴ   ③ ㄷ
④ ㄱ, ㄷ   ⑤ ㄱ, ㄴ, ㄷ

IV. 유전

12 사람의 유전

1 사람의 유전 연구

1 사람의 유전 연구가 어려운 까닭

① 한 세대가 길고, 자손의 수가 적다. ➜ 한 세대가 길면 유전 연구의 결과를 빨리 확인할 수 없고, 자손의 수가 적으면 통계 처리가 어렵다.

② 인위적인 교배가 불가능하다.

③ 형질이 복잡하고 유전자 수가 많으며, 형질 발현이 환경의 영향을 많이 받는다.
형질이 유전적 요인과 환경적 요인 중 어느 요인에 의해 나타난 것인지 파악하기 어렵다.

2 사람의 유전 연구 방법 주로 간접적인 방법으로 유전 현상을 연구한다.

가계도 조사	특정 유전 형질을 가진 집안의 가계도를 분석한다. ➜ 형질의 우열 관계와 가족 구성원의 유전자형을 알 수 있고, 태어날 자손의 형질을 예측할 수 있다.❶
쌍둥이 연구	1란성 쌍둥이와 2란성 쌍둥이의 형질 차이를 연구한다. ➜ 유전자와 환경이 형질에 미치는 영향을 알 수 있다.❷
집단 조사	여러 가계를 포함하는 집단을 조사하여 얻은 자료를 통계 처리하여 유전 현상을 연구한다. 집단 유전학 연구라고도 한다.
염색체 및 유전자 연구	핵형 분석을 하거나 특정 유전자의 염기 서열 등을 연구한다. 직접적인 연구 방법이다.

3 사람의 유전 현상 ┌ 우열의 원리, 분리의 법칙, 독립의 법칙

① 유전 원리: 멘델의 유전 원리는 사람의 유전에서도 적용된다. ➜ 부모가 가진 한 쌍의 대립유전자는 감수 분열 시 분리되어 생식세포를 통해 자손에게 하나씩 전달된다.❸
➜ 자손의 대립유전자 쌍은 부모에게서 하나씩 물려받은 것이다.

② 사람의 유전 현상 구분

유전자의 위치에 따른 구분	• 상염색체 유전: 형질을 결정하는 유전자가 상염색체에 있다. • 성염색체 유전: 형질을 결정하는 유전자가 성염색체에 있다.
유전자의 수에 따른 구분	• 단일 인자 유전: 형질이 한 쌍의 대립유전자에 의해 결정된다. • 다인자 유전: 형질이 여러 쌍의 대립유전자에 의해 결정된다.

2 상염색체 유전 자료 분석 특강 138쪽 A, 139쪽 C

1 상염색체 유전의 특징 남녀가 공통으로 가진 상염색체에 있는 유전자에 의해 형질이 결정된다. ➜ 형질의 발현 빈도가 성별과 관계없이 같다.

2 대립유전자의 종류가 2가지인 경우(단일 대립 유전) 대립 형질(우성과 열성)이 뚜렷이 구분되고, 일반적으로 우열의 원리와 분리의 법칙에 따라 유전된다.

구분	이마선	보조개	귓불 모양	눈꺼풀	혀 말기	엄지손가락의 젖혀짐
우성	M자형	있음.	분리형	쌍꺼풀	가능	젖혀짐.
열성	일자형	없음.	부착형	외까풀	불가능	젖혀지지 않음.

▲ 사람의 단일 인자 유전 형질

한눈에 👀
정리하는 출제 경향

• 상염색체 유전 형질의 가계도 분석하기
• X 염색체 유전 형질의 가계도 분석하기

핵심 개념
가계도 분석, 상염색체 유전, 성염색체 유전, 다인자 유전

plus 개념

❶ 가계도
어떤 유전 형질에 대해 가족 구성원의 표현형과 가족 관계를 기호로 나타낸 것

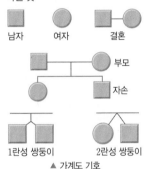

남자 여자 결혼

부모
자손

1란성 쌍둥이 2란성 쌍둥이
▲ 가계도 기호

❷ 쌍둥이 연구
• 1란성 쌍둥이: 1개의 수정란이 발생 초기에 둘로 나뉜 후 각각 자라서 태어나므로 유전자 구성이 같다. ➜ 1란성 쌍둥이의 형질 차이는 환경에 의한 것이다.
• 2란성 쌍둥이: 2개의 난자가 서로 다른 정자와 수정하여 2개의 수정란이 형성된 후 각각 자라서 태어나므로 유전자 구성이 서로 다르다. ➜ 2란성 쌍둥이의 형질 차이는 유전과 환경에 의한 것이다.

❸ 멘델의 유전 원리
• 우열의 원리: 특정 형질을 결정하는 대립유전자가 서로 다를 경우(이형 접합성), 그중에 우성 형질만 표현되고, 열성 형질은 표현되지 않는다.
• 분리의 법칙: 생식세포 형성 시 대립유전자 쌍이 분리되어 각각 다른 생식세포로 들어간다.
• 독립의 법칙: 두 쌍 이상의 대립 형질이 함께 유전될 때 각 형질은 다른 형질에 영향을 미치지 않고 독립적으로 분리의 법칙에 따라 유전된다.

바른답·알찬풀이 50쪽

plus 개념

꼭 기억해!

부모와 자녀의 형질이 다르면 부모의 형질이 우성, 자녀의 형질이 열성이다.

귓불 모양 유전 가계도 분석

① 부모와 다른 형질을 가진 자녀가 태어났을 때, 부모의 형질인 분리형 귓불이 우성, 자녀의 형질인 부착형 귓불이 열성이다.

② 열성 형질인 사람(5)의 유전자형은 열성 동형 접합성이다.

③ 열성 형질을 가진 자녀를 둔 우성 형질의 부모(1, 2)는 유전자형이 이형 접합성이다.

④ 부모 중 한 사람이 열성 형질일 때, 우성 형질의 자녀(8)는 유전자형이 이형 접합성이다.

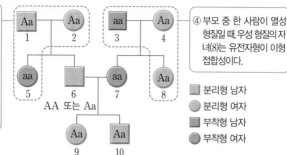

□ 분리형 남자
○ 분리형 여자
■ 부착형 남자
● 부착형 여자

① 형질의 우열 관계 판단하기: 부모(1과 2)는 분리형, 자녀(5)는 부착형이므로 분리형이 우성 형질, 부착형이 열성 형질이다.

② 열성 형질인 사람의 유전자형 결정하기: 부착형인 사람(3, 5, 7)은 모두 분리형(우성) 대립유전자(A)를 갖지 않으므로 귓불 모양 유전자형이 열성 동형 접합성(aa)이다.

③, ④ 우성 형질인 사람 중 유전자형이 이형 접합성인 사람 찾기

• 부착형(aa) 자녀를 둔 분리형 부모(1, 2, 4)는 모두 자녀에게 부착형 대립유전자(a)를 1개씩 물려주었다. ➡ 1, 2, 4의 유전자형은 모두 이형 접합성(Aa)이다.

• 부착형(aa) 부모가 있는 분리형 자녀(8, 9, 10)는 모두 부착형 부모로부터 부착형 대립유전자(a)를 1개씩 물려받았다. ➡ 8, 9, 10의 유전자형은 모두 이형 접합성(Aa)이다.

⑤ 우성 형질인 사람 중 나머지 사람의 유전자형 판단하기: 6은 부모(1과 2)와 자녀(9, 10)가 모두 분리형이므로 유전자형이 우성 동형 접합성(AA)인지 이형 접합성(Aa)인지 확실하지 않다.

---

3 대립유전자의 종류가 3가지 이상인 경우(복대립 유전) 대립유전자의 종류가 2가지인 경우보다 표현형이 다양하다.

① 복대립 유전: 하나의 형질이 3가지 이상의 대립유전자에 의해 결정되는 유전 현상

② ABO식 혈액형: 3가지의 대립유전자 A, B, O에 의해 결정되는 복대립 유전 형질이다.

• 대립유전자의 우열 관계: 대립유전자 A와 B 사이에는 우열이 없으며, O는 A와 B 모두에 대해 열성이다(A=B>O). └ 각각 I^A, I^B, i로 표기하기도 한다.

• ABO식 혈액형의 결정: ABO식 혈액형은 적혈구 세포막에 있는 응집원의 종류에 따라 A형, B형, AB형, O형으로 구분한다. ➡ 대립유전자 A는 응집원 A를, 대립유전자 B는 응집원 B를 만들며, 대립유전자 O는 응집원을 만들지 못한다.

• 표현형과 유전자형: 표현형은 4가지, 유전자형은 6가지이다.

④ 공동 우성
ABO식 혈액형의 AB형과 같이 대립유전자 사이에 우열 없이 대립유전자가 서로 다를 때(이형 접합성일 때), 두 대립유전자가 나타내는 형질이 동일한 정도로 발현되는 것을 말한다.

오해하지마!

복대립 유전의 경우, 대립유전자의 종류가 3가지 이상이더라도 한 사람은 부모로부터 각각 1개씩 물려받은 2개의 대립유전자만 가지므로 단일 인자 유전에 해당한다.

표현형	A형		B형		AB형④	O형
유전자형						
	AA	AO	BB	BO	AB	OO

확인 문제 1 2

1 사람의 유전을 연구하는 방법에는 (   ) 조사, (   ) 연구, 집단 조사, 염색체 및 유전자 연구 등이 있다.

2 형질이 한 쌍의 대립유전자에 의해 결정되는 유전 현상을 (   ) 유전이라고 한다.

3 귓불 모양 유전의 경우, 분리형 부모 사이에서 부착형 자녀가 태어나므로 (분리형, 부착형)이/가 우성, (분리형, 부착형)이/가 열성이다.

4 ABO식 혈액형은 3가지 대립유전자에 의해 결정되는 (   ) 유전 형질이다.

5 ABO식 혈액형의 표현형은 6가지이고, 유전자형은 4가지이다. (○, ×)

용어 돋보기

• 대립(상대 對, 나타날 立) 형질: 쌍꺼풀, 외까풀과 같이 서로 대립 관계에 있는 형질로, 대립유전자의 우열 관계가 분명한 경우 우성 형질과 열성 형질로 구분된다.

• 응집원(엉길 凝, 모일 集, 원인 原): 응집 반응을 일으키는 원인이 되는 물질이다.

12 사람의 유전

3 성염색체 유전 자료 분석 특강 138쪽 B, 139쪽 C

1 사람의 성 결정 방식 성염색체 구성에 의해 성이 결정된다.

① 딸: 어머니와 아버지에게서 X 염색체를 하나씩 물려받으면 딸(XX)이 된다.

② 아들: 어머니에게서 X 염색체를, 아버지에게서 Y 염색체를 물려받으면 아들(XY)이 된다.

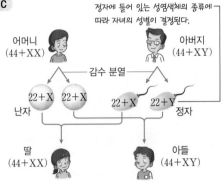

정자에 들어 있는 성염색체의 종류에 따라 자녀의 성별이 결정된다.

▲ 사람의 성 결정 방식

2 반성유전 형질을 결정하는 유전자가 성염색체에 있어 형질의 발현 빈도가 성별에 따라 다른 유전 현상 ❺

① 적록 색맹 유전: 유전자가 X 염색체에 존재하며, 정상 대립유전자(X)가 우성, 적록 색맹 대립유전자(X')가 열성이다. ❻ 정상 대립유전자를 X^R, 적록 색맹 대립유전자를 X^r로 표시하기도 한다.

• 유전자형과 표현형

성별	남자		여자		
유전자형	XY	X'Y	XX	XX'	X'X'
표현형	정상	적록 색맹	정상	정상(보인자)	적록 색맹

• 특징: 여자는 적록 색맹 대립유전자를 2개 가져야 적록 색맹(X'X')이 되지만, 남자는 적록 색맹 대립유전자를 1개만 가져도 적록 색맹(X'Y)이 된다.
→ 적록 색맹은 여자보다 남자에서 더 높은 빈도로 나타난다.

적록 색맹 유전 가계도 분석

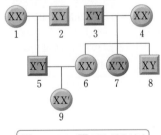

• 정상인 부모(1, 2)에게서 적록 색맹인 자녀(5)가 태어났다. → 정상이 우성 형질, 적록 색맹이 열성 형질이다.
• 2와 8은 정상 남자이므로 유전자형이 XY이고, 3과 5는 적록 색맹 남자이므로 유전자형이 X'Y이다.
• 7은 적록 색맹 여자이므로 유전자형이 X'X'이다.
• 1은 5에게, 4는 7에게 X'을 1개씩 물려주었으므로 1과 4는 모두 유전자형이 XX'이다.
• 6은 3에게서, 9는 5에게서 X'을 1개씩 물려받았으므로 6과 9는 모두 유전자형이 XX'이다.

☐ 정상 남자 ☐ 적록 색맹 남자
○ 정상 여자 ○ 적록 색맹 여자

② 혈우병 유전: 유전자가 X 염색체에 존재하며, 정상 대립유전자(X)가 우성, 혈우병 대립유전자(X')가 열성이다. ❼ 적록 색맹과 같은 방식으로 유전되지만, 유전자형이 열성 동형 접합성(X'X')인 여자 혈우병 환자는 매우 드물다.

확인 문제 ❸

6 아들의 성염색체 중 (　　　) 염색체는 어머니로부터, (　　　) 염색체는 아버지로부터 물려받은 것이다.

7 형질을 결정하는 유전자가 성염색체에 있어 형질의 발현 빈도가 성별에 따라 다른 유전 현상을 (　　　　)(이)라고 한다.

8 적록 색맹인 어머니로부터 태어나는 아들은 모두 (정상, 적록 색맹)이다.

---

plus 개념

❺ 반성유전
유전자가 성염색체에 존재해 형질의 유전이 성별과 연관되어 있으므로 '성을 동반한 유전'이라는 의미로 반성(짝 伴, 성 性)유전이라고 한다.

❻ X 염색체 유전의 특징
• 어머니가 열성 형질이면 아들은 항상 열성 형질이다. → 유전자형이 열성 동형 접합성인 어머니가 아들에게 열성 대립유전자를 물려주기 때문이다.
• 아버지가 우성 형질이면 딸은 항상 우성 형질이다. → 아버지가 딸에게 우성 대립유전자를 물려주기 때문이다.

☒ 우성 반성유전
X 염색체 유전 형질은 대부분 열성 대립유전자에 의해 나타나지만, 우성 대립유전자에 의해 나타나는 경우도 있다. 우성 대립유전자는 하나만 있어도 형질이 발현되므로 우성 반성유전을 하는 형질은 남자보다 여자에서 더 높은 빈도로 나타난다. 우성 반성유전을 하는 형질의 예로는 피부얼룩증, 비타민 D 저항성 구루병 등이 있다.

❼ 혈우병
출혈 시 혈액이 잘 응고되지 않는 유전병이다. 적록 색맹과 달리 혈우병(열성) 대립유전자를 2개 가진 태아는 태어나지 못하고 죽는 경우가 많아 혈우병 환자는 주로 남자이다.

4 다인자 유전

1 다인자 유전　여러 쌍의 대립유전자에 의해 형질이 결정되는 유전 현상

① 특징
- 대립 형질(우성과 열성)이 뚜렷이 구분되지 않고 표현형이 다양하게 나타난다.
- 환경의 영향을 받아 표현형에서 연속적인 변이가 나타나는 경우가 많다.

② 형질의 예: 사람의 피부색, 키, 몸무게, 눈 색깔, 지문 형태

사람의 **피부색 유전**

- 사람의 피부색은 서로 다른 염색체에 존재하는 3쌍의 대립유전자에 의해 결정되며, A, B, C는 피부를 검게 만드는 대립유전자이고, a, b, c는 피부를 희게 만드는 대립유전자라고 가정한다.
- 대문자로 표시되는 대립유전자(A, B, C)의 개수가 많을수록 피부색이 검다.
- 피부색의 유전자형이 AaBbCc인 남자와 여자가 결혼하여 태어날 수 있는 자손의 피부색 표현형은 다음과 같다. 이때 환경의 영향은 고려하지 않는다.

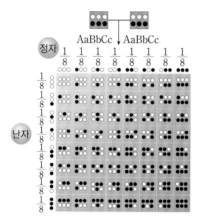

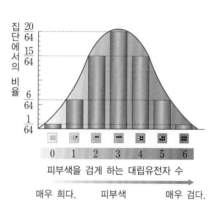

- 유전자형이 AaBbCc인 사람에게서 만들어질 수 있는 생식세포의 유전자형은 ABC, ABc, AbC, Abc, aBC, aBc, abC, abc의 8가지이므로, 자손들이 가질 수 있는 대문자 대립유전자의 개수는 0~6개이다. → 자손에서 나타날 수 있는 표현형은 7가지이다. 각각 $\frac{1}{64}$
- 자손에서 피부색이 매우 흰 사람(aabbcc)과 피부색이 매우 검은 사람(AABBCC)의 수가 가장 적고, AaBbCc, AaBBcc, aaBbCC 등과 같이 대문자 대립유전자 개수가 3개인 사람의 수가 가장 많다. → 중간값이 가장 크고, 양 극단으로 갈수록 작아지는 정규 분포 곡선 형태로 나타난다. $\frac{20}{64}$

2 단일 인자 유전과 다인자 유전의 비교 [9]

구분	단일 인자 유전	다인자 유전
대립유전자	한 쌍	여러 쌍
표현형 분포	대립 형질이 뚜렷하게 구분된다. → 불연속적인 변이	표현형이 다양하여 정규 분포 곡선 형태를 나타낸다. → 연속적인 변이
유전 형질	귓불 모양, 이마선, ABO식 혈액형	피부색, 키, 몸무게, 눈 색깔, 지문 형태

확인 문제 [4]

9 다인자 유전 형질은 (한, 여러) 쌍의 대립유전자에 의해 결정되며, 환경의 영향을 (받는다, 받지 않는다).

10 다인자 유전 형질에는 키, 눈꺼풀, 피부색 등이 있다. (○, ×)

11 다인자 유전 형질은 우성과 열성이 뚜렷하게 구분된다. (○, ×)

---

[8] 사람의 피부색 유전

실제 사람의 피부색 유전에는 100개 이상의 유전자가 관여하므로 매우 다양한 피부색이 나타난다. 또, 기후나 활동 시간과 같은 환경 요인의 영향을 받아 피부색은 더욱 다양하게 나타난다.

[9] 단일 인자 유전과 다인자 유전의 표현형 분포 비교
- 단일 인자 유전: 대립 형질이 뚜렷하게 구분된다.

▲ 귓불 모양의 분포

- 다인자 유전: 대립 형질이 뚜렷하게 구분되지 않고, 정규 분포 곡선 형태를 나타낸다.

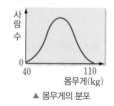
▲ 몸무게의 분포

 용어 돋보기

- **적록 색맹**(붉을 赤, 푸를 綠, 색 色, 눈 멀 盲): 붉은색과 녹색을 잘 구분하지 못하는 유전병이다.
- **보인자**(보유할 保, 원인 因, 사람 者): 형질이 겉으로 드러나지는 않지만, 형질을 나타내는 유전자를 가지고 있는 사람이다.
- **정규 분포 곡선**(바를 正, 법 規, 나눌 分, 베 布, 굽을 曲, 줄 線): 평균값을 중심으로 좌우 대칭의 형태를 이루는 곡선이다.

개념을 다지는 기본 문제

1 사람의 유전 연구

01 다음은 사람의 유전 연구에 대한 학생들의 대화이다.

사람은 자손의 수가 적고 한 세대가 길어서 유전 연구를 하기 어려워.

사람의 유전 연구는 가계도 조사만으로 이루어져.

1란성 쌍둥이 사이의 형질 차이는 유전자에 의해서만 나타나.

학생 A   학생 B   학생 C

옳게 설명한 학생만을 있는 대로 고른 것은?

① A   ② C   ③ A, B
④ A, C   ⑤ B, C

02 표는 1란성 쌍둥이와 2란성 쌍둥이에서 형질이 일치하는 정도를 조사하여 나타낸 것이다. 일치율이 1에 가까울수록 형질이 비슷하다.

구분 형질	1란성 쌍둥이의 일치율		2란성 쌍둥이의 일치율
	함께 자란 경우	따로 자란 경우	함께 자란 경우
키	0.957	0.951	0.472
몸무게	0.932	0.897	0.831
ABO식 혈액형	1.000	1.000	0.753

이에 대한 설명으로 옳은 것만을 〈보기〉에서 있는 대로 고른 것은?

┤ 보기 ├
ㄱ. 키는 유전보다 환경의 영향을 더 많이 받는다.
ㄴ. ABO식 혈액형은 환경의 영향을 받지 않는다.
ㄷ. 유전적 요인이 가장 크게 작용하는 형질은 몸무게이다.

① ㄱ   ② ㄴ   ③ ㄱ, ㄷ
④ ㄴ, ㄷ   ⑤ ㄱ, ㄴ, ㄷ

2 상염색체 유전

03 표는 부모의 귓불 모양에 따라 자녀가 특정 귓불 모양을 가질 수 있는지의 여부를 나타낸 것이다. 귓불 모양에는 분리형과 부착형의 두 가지만 있다.

구분	부모	자녀	
		분리형	부착형
A	분리형×분리형	○	○
B	분리형×부착형	㉠	○
C	부착형×부착형	㉡	○

(○: 가질 수 있음, ×: 가질 수 없음.)

이에 대한 설명으로 옳지 <u>않은</u> 것은?

① 분리형이 우성 형질, 부착형이 열성 형질이다.
② ㉠은 ○, ㉡은 ×이다.
③ A에서 부모의 귓불 모양 유전자형이 모두 동형 접합성일 때 부착형 자녀가 태어날 수 있다.
④ B에서 분리형 부모는 귓불 모양 유전자형이 이형 접합성이다.
⑤ B와 C에서 부착형 부모는 모두 귓불 모양 유전자형이 같다.

ⓟ중요

04 표는 사람의 3가지 형질의 대립 형질을 나타낸 것이다.

형질		이마선	보조개	눈꺼풀
대립 형질	우성	M자형	있음.	쌍꺼풀
	열성	일자형	없음.	외까풀

이에 대한 설명으로 옳은 것만을 〈보기〉에서 있는 대로 고른 것은?(단, 돌연변이는 고려하지 않는다.)

┤ 보기 ├
ㄱ. M자형 이마선을 가진 사람 중에 이마선 유전자형이 이형 접합성인 사람이 있다.
ㄴ. 보조개가 없는 부모 사이에서 보조개가 있는 자녀가 태어날 수 있다.
ㄷ. 외까풀을 가진 사람의 눈꺼풀 유전자형은 모두 동형 접합성이다.

① ㄱ   ② ㄴ   ③ ㄱ, ㄴ
④ ㄱ, ㄷ   ⑤ ㄴ, ㄷ

[05~06] 그림은 사람의 어떤 유전병에 대한 가계도를 나타낸 것이다. 물음에 답하시오.

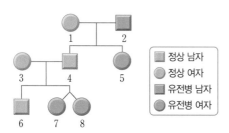

정상 남자
정상 여자
유전병 남자
유전병 여자

05 위 유전병에 대한 설명으로 옳은 것만을 〈보기〉에서 있는 대로 고른 것은?

┤ 보기 ├
ㄱ. 정상에 대해 열성 형질이다.
ㄴ. 분리의 법칙이 적용되지 않는다.
ㄷ. 1과 3은 모두 유전병 유전자형이 이형 접합성이다.

① ㄱ ② ㄴ ③ ㄱ, ㄷ
④ ㄴ, ㄷ ⑤ ㄱ, ㄴ, ㄷ

(서술형)

06 위 유전병을 결정하는 유전자는 상염색체에 존재하는지, X 염색체에 존재하는지 그 까닭과 함께 설명하시오.

07 그림은 어느 가족의 ABO식 혈액형 유전 가계도를 나타낸 것이다.

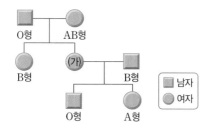

O형 AB형
B형 (가) B형
O형 A형

남자
여자

(가)의 ABO식 혈액형 대립유전자를 염색체에 옳게 나타낸 것은?

① A A
② A O
③ B O
④ A A / O
⑤ A A / B O

(중요)

08 그림은 상염색체 유전 형질인 이마선 유전 가계도를 나타낸 것이다. 이마선은 대립유전자 A와 a에 의해 결정되며, A는 a에 대해 완전 우성이다.

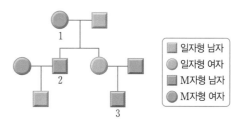

일자형 남자
일자형 여자
M자형 남자
M자형 여자

이에 대한 설명으로 옳은 것만을 〈보기〉에서 있는 대로 고른 것은?

┤ 보기 ├
ㄱ. A는 일자형 대립유전자이다.
ㄴ. 1~3은 모두 a를 가진다.
ㄷ. 3과 일자형 여자 사이에서 일자형 자녀가 태어날 수 있다.

① ㄱ ② ㄴ ③ ㄷ
④ ㄱ, ㄴ ⑤ ㄴ, ㄷ

(중요)

09 다음은 철수네 가족의 ABO식 혈액형에 대한 자료이다.

• ABO식 혈액형을 결정하는 대립유전자는 A, B, O이다.
• 아버지, 어머니, 누나, 철수는 모두 ABO식 혈액형이 서로 다르다.
• 누나와 철수는 공통된 대립유전자를 가진다.

이에 대한 설명으로 옳은 것만을 〈보기〉에서 있는 대로 고른 것은?(단, 돌연변이는 고려하지 않는다.)

┤ 보기 ├
ㄱ. 아버지는 A형이다.
ㄴ. 누나와 철수는 모두 O를 가진다.
ㄷ. AB형인 동생이 태어날 수 있다.

① ㄱ ② ㄴ ③ ㄱ, ㄴ
④ ㄱ, ㄷ ⑤ ㄴ, ㄷ

3 성염색체 유전

10 그림은 사람의 성 결정 과정을 나타낸 것이다.

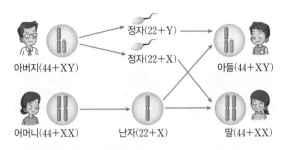

이에 대한 설명으로 옳은 것은?

① 난자의 성염색체 구성은 XX이다.
② 모든 정자는 같은 종류의 성염색체를 가진다.
③ 아들이 가진 X 염색체는 아버지로부터 물려받은 것이다.
④ 딸이 가진 X 염색체는 모두 어머니로부터 물려받은 것이다.
⑤ 난자와 수정하는 정자가 가진 성염색체의 종류에 따라 자녀의 성별이 결정된다.

[11~12] 그림은 어느 가족의 구루병 유전 가계도를 나타낸 것이다. 구루병 유전자는 X 염색체에 있다. 물음에 답하시오.

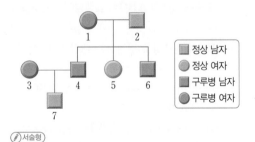

11 (서술형) 구루병은 우성 형질인지, 열성 형질인지 쓰고, 그렇게 판단한 까닭을 설명하시오.

12 3과 4 사이에서 자녀가 한 명 더 태어날 때, 이 아이가 구루병일 확률(%)을 쓰시오.

(중요)
13 그림은 어느 가족의 적록 색맹 유전 가계도를 나타낸 것이다.

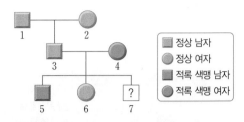

이에 대한 설명으로 옳은 것만을 〈보기〉에서 있는 대로 고르시오.

| 보기 |
ㄱ. 남자인 7의 표현형은 정상이다.
ㄴ. 3은 2로부터 정상 대립유전자를 물려받았다.
ㄷ. 6과 정상 남자 사이에서 적록 색맹을 나타내는 자녀가 태어날 수 있다.

[14~15] 그림은 어느 가족의 적록 색맹 유전 가계도를 나타낸 것이다. 물음에 답하시오.

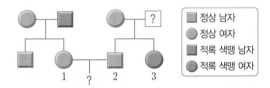

14 위 자료에 대한 설명으로 옳은 것만을 〈보기〉에서 있는 대로 고른 것은?

| 보기 |
ㄱ. 3의 아버지는 적록 색맹을 나타낸다.
ㄴ. 1은 아버지로부터 정상 대립유전자를 물려받았다.
ㄷ. 이 가계도에서 적록 색맹 유전자형을 확실히 알 수 있는 사람은 2명이다.

① ㄱ   ② ㄴ   ③ ㄷ
④ ㄱ, ㄴ   ⑤ ㄴ, ㄷ

(서술형)
15 1과 2 사이에서 자녀가 태어날 때, 이 아이가 적록 색맹을 나타낼 확률을 1과 2의 적록 색맹 유전자형을 포함하여 설명하시오(단, 정상 대립유전자는 X, 적록 색맹 대립유전자는 X′으로 표시한다.).

16 그림은 어떤 유전병에 대한 가계도를 나타낸 것이다. 이 유전병의 유전자는 성염색체에 존재한다.

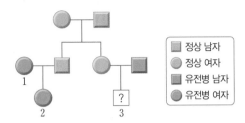

정상 남자
정상 여자
유전병 남자
유전병 여자

이에 대한 설명으로 옳은 것만을 〈보기〉에서 있는 대로 고른 것은?

┌─ 보기 ─────────────────────────┐
ㄱ. 이 유전병은 정상에 대해 열성 형질이다.
ㄴ. 1과 2의 유전병 유전자형이 같을 확률은 100 %이다.
ㄷ. 남자인 3의 표현형은 정상이다.
└────────────────────────────────┘

① ㄱ   ② ㄴ   ③ ㄷ
④ ㄱ, ㄴ   ⑤ ㄴ, ㄷ

---

17 그림은 어떤 유전병에 대한 철수네 가족의 가계도를 나타낸 것이다. 이 유전병은 우열 관계가 분명한 대립유전자 A와 A*에 의해 결정되며, 누나와 철수는 A*를 각각 1개씩 가진다.

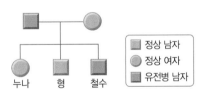

정상 남자
정상 여자
유전병 남자

누나   형   철수

이에 대한 설명으로 옳은 것만을 〈보기〉에서 있는 대로 고른 것은?

┌─ 보기 ─────────────────────────┐
ㄱ. A는 A*에 대해 열성이다.
ㄴ. 이 유전병은 X 염색체 유전 형질이다.
ㄷ. 철수의 동생이 태어날 때, 이 아이가 정상 남자일 확률은 $\frac{1}{2}$이다.
└────────────────────────────────┘

① ㄴ   ② ㄷ   ③ ㄱ, ㄴ
④ ㄱ, ㄷ   ⑤ ㄴ, ㄷ

---

4 다인자 유전

18 그림은 어떤 학교에서 형질 (가), (나)에 대하여 표현형에 따른 학생 수를 나타낸 것이다. (가)와 (나)는 각각 피부색과 ABO식 혈액형 중 하나이다.

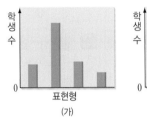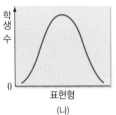

이에 대한 설명으로 옳지 않은 것은?

① (가)는 ABO식 혈액형, (나)는 피부색이다.
② (가)는 복대립 유전 형질이다.
③ (나)는 여러 쌍의 대립유전자에 의해 형질이 결정된다.
④ (가)와 (나)는 모두 환경의 영향을 받는다.
⑤ (나)는 대립 형질이 뚜렷하게 구분되지 않는다.

---

19 그림은 어떤 고등학교 1학년 학생 100명을 대상으로 3가지 유전 형질을 조사하여 얻은 결과를 나타낸 것이다.

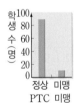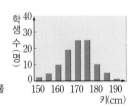

이에 대한 설명으로 옳은 것만을 〈보기〉에서 있는 대로 고른 것은?

┌─ 보기 ─────────────────────────┐
ㄱ. PTC 미맹은 키에 비해 환경의 영향을 많이 받는다.
ㄴ. 눈꺼풀은 한 쌍의 대립유전자에 의해 형질이 결정된다.
ㄷ. 키는 큰 키가 작은 키에 대해 우성 형질이다.
└────────────────────────────────┘

① ㄱ   ② ㄴ   ③ ㄷ
④ ㄱ, ㄷ   ⑤ ㄱ, ㄴ, ㄷ

> 실력을 올리는 실전 문제와
> 함께 보면 더 좋아요!

A 상염색체 유전의 가계도 분석

그림은 어떤 유전병에 대한 가계도를 나타낸 것이다. 이 유전병은 대립유전자 A와 A*에 의해 결정되며, A는 A*에 대해 완전 우성이다.

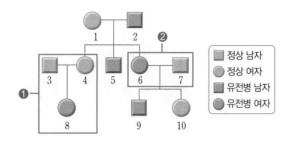

■ 정상 남자	● 정상 여자
■ 유전병 남자	● 유전병 여자

① 대립유전자의 우열 관계와 염색체 상의 위치 파악하기
- 정상인 부모 3과 4로부터 유전병을 가진 자녀 8이 태어났으므로 이 유전병은 열성으로 유전된다. → A는 정상 대립유전자이고, A*는 유전병 대립유전자이다.
- 우성(정상)인 아버지 3으로부터 열성(유전병)인 딸 8이 태어났으므로 이 유전병 유전자는 상염색체에 있다.

② 각 구성원의 유전자형 판단하기
- 유전병이 열성이므로 유전병을 가진 2, 5, 6, 8, 9의 유전병 유전자형은 모두 A*A*이다.
- 유전병을 가진 자녀를 둔 1, 3, 4, 7과 유전병을 가진 부모가 있는 10은 모두 유전병 유전자형이 AA*이다. → 구성원은 모두 A*를 가지고 있다.

❶ 정상인 부모로부터 유전병을 가진 딸이 태어났으므로 유전병 유전자는 상염색체에 있고, 열성으로 유전된다.

❷ 유전병 유전자형이 6은 A*A*이고, 7은 AA*이다. 따라서 6과 7 사이에서 자녀가 한 명 더 태어날 때, 이 아이가 유전병을 가질 확률은 $\frac{1}{2}$이다 (A*A* × AA* → AA*, <u>A*A*</u>).

실력을 올리는 실전 문제 찾아가기
- 가계도나 표를 분석하여 대립유전자의 우열 관계와 염색체 상의 위치를 파악하고, 자손에서 특정 형질이 나타날 확률을 구하는 문제_01, 02, 03

B 성염색체 유전의 가계도 분석과 유전자의 DNA 상대량

그림 (가)는 철수네 가족의 어떤 유전병에 대한 가계도를, (나)는 유전병 대립유전자의 DNA 상대량을 나타낸 것이다.

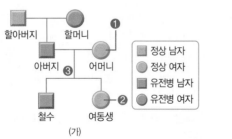

■ 정상 남자	● 정상 여자
■ 유전병 남자	● 유전병 여자

(가)

(나)

① 성염색체 유전의 특징 이해하기: 일반적으로 X 염색체에 존재하는 유전자는 Y 염색체에 존재하지 않는다. 따라서 성염색체 유전에서는 자손에서 특정 표현형이 나타날 확률이 성별에 따라 다르다.

② 대립유전자의 우열 관계와 염색체 상의 위치 파악하기: 어머니와 철수가 가진 유전병 대립유전자의 DNA 상대량이 같은데 어머니는 정상이고, 철수는 유전병이다. → 유전병 유전자는 X 염색체에 있고, 정상 대립유전자가 우성, 유전병 대립유전자가 열성이다.

③ 각 구성원의 유전자형 판단하기: 정상 대립유전자를 X, 유전병 대립유전자를 X′이라고 할 때 유전병 유전자형이 할아버지는 XY, 할머니는 X′X′, 아버지는 X′Y, 어머니는 XX′, 철수는 X′Y, 여동생은 XX′이다.

❶ 이 유전병은 유전자가 X 염색체에 있고 열성 형질이므로 철수(X′Y)에게 유전병 대립유전자(X′)를 물려준 어머니의 유전자형은 이형 접합성(XX′)이다.

❷ 여동생(XX′)이 가진 유전병 대립유전자는 할머니(X′X′)로부터 아버지(X′Y)를 거쳐 전달된 것이다.

❸ 유전병 유전자형이 어머니는 XX′이고, 아버지는 X′Y이다. 따라서 철수의 동생이 한 명 더 태어날 때, 이 아이가 유전병을 가진 딸일 확률은 $\frac{1}{4}$이다(XX′ × X′Y → XX′, <u>X′X′</u>, XY, X′Y).

실력을 올리는 실전 문제 찾아가기
- 구성원의 DNA 상대량을 분석하여 유전병의 유전 방식을 파악하는 문제_04, 07, 10

C 여러 유전 형질이 표현된 가계도 분석

CASE 1 2가지 유전 형질을 가계도에 함께 나타낸 경우

그림에 제시된 유전병 (가)와 (나)는 각각 대립유전자 A와 A*, B와 B*에 의해 결정되며, 각 대립유전자 사이의 우열 관계는 분명하다. 1~4는 모두 A*를 1개씩 가지며, 2와 4는 모두 B를 가지지 않고 3은 B를 1개 가진다.

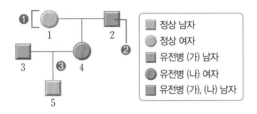

정상 남자
정상 여자
유전병 (가) 남자
유전병 (나) 여자
유전병 (가), (나) 남자

① 유전병 (가)의 유전 방식 파악하기
- 1과 2는 A*의 수가 같지만 표현형이 다르므로 (가)는 반성유전 형질이다.
- 1~4는 모두 A*를 1개씩 가지므로 유전자형이 1은 AA*, 2는 A*Y, 3은 A*Y, 4는 AA*, 5는 AY이다. → 유전자형이 AA*인 1이 정상이므로 정상이 우성 형질, 유전병이 열성 형질이다.

② 유전병 (나)의 유전 방식 파악하기
- 4는 B를 가지지 않으므로 유전자형이 B*B*인데, (나)가 나타나므로 B는 정상 대립유전자, B*는 유전병 대립유전자이다.
- 5는 4에게 B*를 1개 물려받았지만 정상이므로 유전자형이 BB*이다. 따라서 정상이 우성 형질, 유전병이 열성 형질이고, (나)는 상염색체 유전 형질이다. → 유전자형이 1은 BB*, 2는 B*B*, 3은 BB*, 4는 B*B*, 5는 BB*이다.

CASE 2 일부 유전 형질만 가계도에 나타낸 경우

그림에 제시된 형질 (가)와 (나)는 각각 대립유전자 R와 r, T와 t에 의해 결정되며, R와 T는 각각 r와 t에 대해 완전 우성이다. (가)와 (나)의 유전은 모두 ABO식 혈액형의 유전과 독립되어 있다.

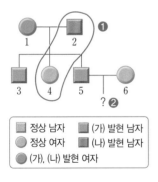

- 1과 2의 체세포에 존재하는 r의 DNA 상대량은 같다.
- ABO식 혈액형이 1은 B형, 2와 5는 A형, 3과 6은 AB형, 4는 O형이다.

정상 남자
정상 여자
(가), (나) 발현 여자
(가) 발현 남자
(나) 발현 남자

① (가)의 유전 방식 파악하기: 1과 2는 r의 DNA 상대량이 같지만 표현형이 다르므로 (가)는 X 염색체 유전 형질이며, 유전자형이 1은 Rr, 2는 rY이므로 (가) 발현 대립유전자(R)가 정상 대립유전자(r)에 대해 우성이다. → 유전자형이 3은 RY, 4는 rr, 5는 RY, 6은 rr이다.

② (나)의 유전 방식 파악하기: 부모인 1과 2가 (나) 발현이고, 딸인 4가 정상이므로 (나) 발현 대립유전자(T)가 정상 대립유전자(t)에 대해 우성이고, (나)는 상염색체 유전 형질이다. → 유전자형이 1과 2는 Tt, 3~6은 모두 tt이다.

③ ABO식 혈액형의 유전자형 파악하기: 4의 유전자형이 OO이므로 1은 BO, 2는 AO이다. → 5는 AO이다.

---

❶ (가)가 상염색체 유전 형질이라면 A*를 1개씩 가진 1과 2의 유전자형이 모두 AA*가 되어 표현형이 같아야 한다. 그러나 1과 2의 표현형이 서로 다르므로 (가)는 X 염색체 유전 형질이다.

❷ 2는 유전자형이 A*Y, B*B*이므로 2에게서 만들어지는 정자 중 A*와 B*가 모두 존재하는 정자의 비율은 $\frac{1}{2}$이다.

❸ 3(A*Y, BB*)과 4(AA*, B*B*) 사이에서 아이가 한 명 더 태어날 때, 이 아이가 (가)와 (나)를 모두 나타낼 확률은 $\frac{1}{2} \times \frac{1}{2} = \frac{1}{4}$이다(A*Y × AA* → AA*, A*A*, AY, A*Y, BB* × B*B* → BB*, B*B*).

❶ (나) 발현 대립유전자(T)가 우성인데, 4는 (나)가 발현되지 않으므로 4의 유전자형은 tt이다. 2는 (나)가 발현되므로 T를 가지며, 2는 4에게 t를 1개 물려주었으므로 2의 유전자형은 Tt이다. → 남자(2)가 대립유전자를 2개 가지므로 (나)는 상염색체 유전 형질이다.

❷ ABO식 혈액형과 (가)의 유전자형이 5는 AO, RY이고, 6은 AB, rr이다. → 5와 6 사이에서 아이가 태어날 때, 이 아이가 A형이고 (가)가 발현되는 딸일 확률은 $\frac{1}{2} \times \frac{1}{2} = \frac{1}{4}$이다(AO × AB → AA, AB, AO, BO, RY × rr → Rr, rY).

실력을 올리는 실전 문제 찾아가기

- 사람의 상염색체 유전 형질과 X 염색체 유전 형질을 함께 묻는 문제_05, 10
- 구성원이 가지는 대립유전자의 종류를 이용해 X 염색체 유전 형질을 해석하는 문제_06, 07
- 1가지 유전 형질만 가계도에 나타내고, 2가지 유전 형질을 함께 묻는 문제_11

실력을 올리는 실전 문제

➜ 수능모의평가기출

01 그림은 어떤 유전병에 대한 가계도이다. 이 유전병은 대립 유전자 A와 A*에 의해 결정되며, A는 A*에 대해 완전 우성이다.

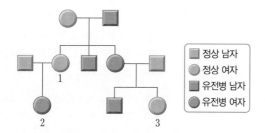

이에 대한 설명으로 옳은 것만을 〈보기〉에서 있는 대로 고른 것은?(단, 돌연변이는 고려하지 않는다.)

┌─ 보기 ├─
ㄱ. 1의 X 염색체에 A가 있다.
ㄴ. 이 가계도의 구성원 모두는 A*를 가지고 있다.
ㄷ. 2의 동생과 3의 동생이 각각 한 명씩 태어날 때, 이 두 아이가 모두 유전병을 가질 확률은 12.5 % 이다.
└───────

① ㄱ   ② ㄴ   ③ ㄱ, ㄷ
④ ㄴ, ㄷ   ⑤ ㄱ, ㄴ, ㄷ

02 오른쪽 그림은 ABO식 혈액형 유전 가계도를 나타낸 것이다. 구성원 1~4 사이에서 대량 수혈이 가능한 경우는 없으며, 3은 4로부터 이론적으로 소량의 수혈을 받을 수 있다.

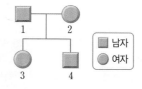

이에 대한 설명으로 옳은 것만을 〈보기〉에서 있는 대로 고른 것은?

┌─ 보기 ├─
ㄱ. 1은 3에게 이론적으로 소량의 수혈을 해 줄 수 있다.
ㄴ. 3과 4의 혈장에는 공통된 응집소가 있다.
ㄷ. 4의 동생이 태어날 때, 이 아이의 ABO식 혈액형이 3과 같을 확률은 $\frac{1}{2}$이다.
└───────

① ㄱ   ② ㄴ   ③ ㄷ
④ ㄱ, ㄴ   ⑤ ㄴ, ㄷ

03 표는 어떤 가족 구성원의 2가지 형질을 나타낸 것이다. ABO식 혈액형 유전자는 9번 염색체에, 페닐케톤뇨증 유전자는 12번 염색체에 존재한다.

구분	ABO식 혈액형	페닐케톤뇨증
아버지	A형	정상
어머니	B형	정상
아들 ㉠	A형	?
딸	O형	페닐케톤뇨증

㉠과 AB형이고 페닐케톤뇨증인 여자 사이에서 자녀가 태어날 때, 이 아이가 B형이고 페닐케톤뇨증에 대해 정상일 확률은?

① $\frac{1}{2}$ ② $\frac{1}{4}$ ③ $\frac{1}{8}$
④ $\frac{1}{16}$ ⑤ $\frac{1}{32}$

04 그림은 우열 관계가 분명한 대립유전자 A와 A*에 의해 결정되는 어떤 유전병에 대한 가계도를, 표는 ㉠~㉢의 체세포 1개당 A*의 DNA 상대량을 나타낸 것이다.

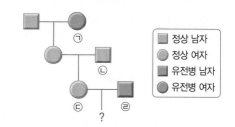

구분	㉠	㉡	㉢
A*의 DNA 상대량	2	1	1

이에 대한 설명으로 옳은 것만을 〈보기〉에서 있는 대로 고른 것은?

┌─ 보기 ├─
ㄱ. A*는 열성 대립유전자이다.
ㄴ. 유전병이 나타날 확률은 남자와 여자에서 같다.
ㄷ. ㉢과 ㉣ 사이에서 자녀가 태어날 때, 이 아이가 유전병을 나타내는 딸일 확률은 $\frac{1}{4}$이다.
└───────

① ㄴ   ② ㄷ   ③ ㄱ, ㄴ
④ ㄱ, ㄷ   ⑤ ㄱ, ㄴ, ㄷ

05 그림은 적록 색맹과 ABO식 혈액형 유전 가계도를 나타낸 것이다. 적록 색맹을 결정하는 대립유전자는 T와 t(T>t)이고, ABO식 혈액형을 결정하는 대립유전자는 A, B, O(A=B>O)이다.

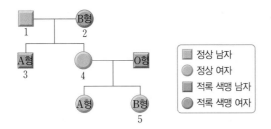

■ 정상 남자	
● 정상 여자	
■ 적록 색맹 남자	
● 적록 색맹 여자	

이에 대한 설명으로 옳은 것만을 〈보기〉에서 있는 대로 고른 것은?

보기

ㄱ. 4는 1로부터 A와 T를 물려받았다.

ㄴ. 2는 O와 t가 같이 존재하는 염색체를 가진다.

ㄷ. 5의 동생이 태어날 때, 이 아이가 A형이면서 적록 색맹을 나타내는 남자일 확률은 $\frac{1}{8}$이다.

① ㄱ   ② ㄴ   ③ ㄱ, ㄷ

④ ㄴ, ㄷ   ⑤ ㄱ, ㄴ, ㄷ

06 그림 (가)는 어떤 유전병에 대한 가계도를, (나)는 철수의 체세포에 들어 있는 1쌍의 상염색체와 성염색체에 존재하는 일부 유전자를 나타낸 것이다. 이 유전병은 대립유전자 A와 A*에 의해 결정된다.

■ 정상 남자	
● 유전병 여자	

(가)   (나)

이에 대한 설명으로 옳은 것만을 〈보기〉에서 있는 대로 고른 것은?

보기

ㄱ. 이 유전병은 열성 형질이다.

ㄴ. 철수는 아버지로부터 ㉠을 물려받았다.

ㄷ. 어머니와 누나는 유전병 유전자형이 같다.

① ㄱ   ② ㄴ   ③ ㄷ

④ ㄴ, ㄷ   ⑤ ㄱ, ㄴ, ㄷ

07 그림은 어떤 유전병에 대한 철수네 가족의 가계도를, 표는 철수의 어머니와 아버지의 G_1기 세포에 존재하는 이 유전병의 열성 대립유전자의 DNA 상대량을 나타낸 것이다. 이 유전병은 우열 관계가 분명한 2가지 대립유전자에 의해 결정된다.

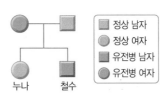

■ 정상 남자	
● 정상 여자	
■ 유전병 남자	
● 유전병 여자	

누나   철수

구분	DNA 상대량
어머니	1
아버지	0

이에 대한 설명으로 옳은 것만을 〈보기〉에서 있는 대로 고른 것은?(단, 이 유전병을 결정하는 2가지 대립유전자 1개당 DNA 상대량은 같다.)

보기

ㄱ. 이 유전병은 우성 형질이다.

ㄴ. 아버지의 G_1기 세포에 존재하는 정상 대립유전자의 DNA 상대량은 1이다.

ㄷ. 누나와 정상 남자 사이에서 유전병을 나타내는 자녀가 태어날 수 있다.

① ㄱ   ② ㄷ   ③ ㄱ, ㄴ

④ ㄴ, ㄷ   ⑤ ㄱ, ㄴ, ㄷ

08 그림은 어떤 유전병에 대한 가계도를 나타낸 것이다. 이 유전병은 대립유전자 A와 a에 의해 결정되며, A는 a에 대해 완전 우성이다. 1, 2, 5는 각각 A와 a 중 한 종류만 가지고 있다.

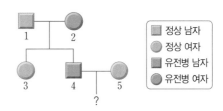

■ 정상 남자	
● 정상 여자	
■ 유전병 남자	
● 유전병 여자	

이에 대한 설명으로 옳은 것만을 〈보기〉에서 있는 대로 고른 것은?

보기

ㄱ. 이 유전병은 우성 형질이다.

ㄴ. A는 X 염색체에 존재한다.

ㄷ. 4와 5 사이에서 딸이 태어날 때, 이 아이가 정상일 확률은 50 %이다.

① ㄴ   ② ㄷ   ③ ㄱ, ㄴ

④ ㄱ, ㄷ   ⑤ ㄴ, ㄷ

09 다음은 사람의 유전 형질 ㉠과 ㉡에 대한 설명이다.

> • ㉠은 다인자 유전 형질이고, ㉡은 복대립 유전 형질이다.
> • ㉠과 ㉡을 결정하는 대립유전자는 A~G만 있다.
> • A~G는 ㉠과 ㉡ 중 한 가지 형질에만 관여하며, 그림과 같이 세 쌍의 상동 염색체에 존재한다.

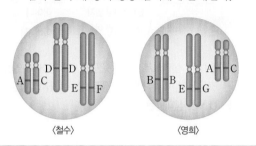

〈철수〉　　　〈영희〉

이에 대한 설명으로 옳은 것만을 〈보기〉에서 있는 대로 고른 것은?

> ┤ 보기 ├
> ㄱ. 철수는 ㉠의 유전자형이 ACEF이다.
> ㄴ. ㉡을 결정하는 데 관여하는 대립유전자는 3개이다.
> ㄷ. ㉠과 ㉡에 대해 철수와 영희 사이에서 태어나는 아이가 가질 수 있는 유전자형은 최대 12가지이다.

① ㄱ　　　② ㄴ　　　③ ㄱ, ㄷ
④ ㄴ, ㄷ　　　⑤ ㄱ, ㄴ, ㄷ

➔ 수능모의평가기출

10 유전병 ㉠과 ㉡은 각각 대립유전자 A와 A*, B와 B*에 의해 결정된다. 그림 (가)는 ㉠과 ㉡에 대한 가계도를, (나)는 (가)의 1~4에서 A*와 B*의 DNA 상대량을 나타낸 것이다.

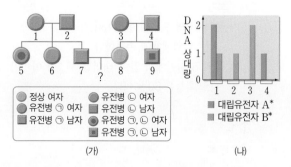

(가)　　　(나)

7과 8 사이에서 남자 아이가 태어날 때, 이 아이에게서 ㉠과 ㉡이 모두 나타날 확률은?

① $\frac{1}{8}$　　　② $\frac{3}{16}$　　　③ $\frac{1}{4}$

④ $\frac{3}{8}$　　　⑤ $\frac{1}{2}$

11 다음은 어떤 집안의 유전병 (가)와 적록 색맹에 대한 자료이다.

> • (가)와 적록 색맹은 각각 대립유전자 A와 a, B와 b에 의해 결정되며, A와 B는 각각 a와 b에 대해 완전 우성이다.
> • 구성원 3의 부모는 (가)의 유전자형이 모두 이형접합성이다.
> • 구성원 1, 2, 3만 적록 색맹을 나타낸다.
> • 그림은 (가)에 대한 가계도이다.

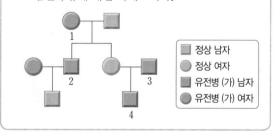

정상 남자
정상 여자
유전병 (가) 남자
유전병 (가) 여자

이에 대한 설명으로 옳은 것만을 〈보기〉에서 있는 대로 고른 것은?

> ┤ 보기 ├
> ㄱ. a는 정상 대립유전자이다.
> ㄴ. 2는 A와 b가 함께 존재하는 염색체를 가진다.
> ㄷ. 4의 남동생이 태어날 때, 이 아이가 (가)와 적록 색맹에 대해 모두 정상일 확률은 $\frac{1}{4}$이다.

① ㄱ　　　② ㄴ　　　③ ㄷ
④ ㄱ, ㄴ　　　⑤ ㄴ, ㄷ

12 다음은 사람의 피부색 유전에 대한 자료이다.

- 피부색은 서로 다른 상염색체에 존재하는 3쌍의 대립유전자 A와 a, B와 b, C와 c에 의해 결정된다고 가정한다.
- A, B, C는 피부색을 검게 만드는 대립유전자이고, a, b, c는 피부색을 희게 만드는 대립유전자이다.
- 한 사람의 유전자형에서 대문자로 표시되는 대립유전자(A, B, C)의 개수 합에 의해 표현형이 결정된다.
- 그림은 피부색 유전에 대한 가계도이다.

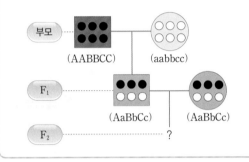

이에 대한 설명으로 옳은 것만을 〈보기〉에서 있는 대로 고른 것은?(단, 환경의 영향은 고려하지 않는다.)

| 보기 |
ㄱ. F_1은 피부색 유전자형이 AABbcc인 사람과 피부색이 같다.
ㄴ. F_2에서 나타날 수 있는 피부색의 표현형은 모두 7가지이다.
ㄷ. F_2에서 피부색 유전자형이 F_1과 동일한 사람이 나타날 확률은 $\frac{1}{4}$이다.

① ㄱ   ② ㄷ   ③ ㄱ, ㄴ
④ ㄴ, ㄷ   ⑤ ㄱ, ㄴ, ㄷ

13 다음은 ABO식 혈액형과 유전병 X에 대한 자료이다. 같은 염색체에 존재하는 유전자들은 감수 분열 시 같은 생식세포로 이동한다.

- ABO식 혈액형을 결정하는 대립유전자와 X를 결정하는 대립유전자는 같은 염색체에 존재한다.
- ABO식 혈액형을 결정하는 대립유전자는 A, B, O이다.
- X를 결정하는 대립유전자는 H와 h이며, H는 h에 대해 완전 우성이다.
- 표는 영희네 가족의 ABO식 혈액형과 X에 대한 표현형을 나타낸 것이다.

구분	아버지	어머니	오빠	영희
ABO식 혈액형	AB형	O형	A형	A형
X	정상	유전병	정상	유전병

이에 대한 설명으로 옳은 것만을 〈보기〉에서 있는 대로 고른 것은?(단, 돌연변이와 교차는 고려하지 않는다.)

| 보기 |
ㄱ. X는 정상에 대해 우성 형질이다.
ㄴ. 영희는 어머니로부터 O와 H가 함께 존재하는 염색체를 물려받았다.
ㄷ. 영희의 동생이 태어날 때, 이 아이가 A형이면서 X를 나타낼 확률은 $\frac{1}{4}$이다.

① ㄱ   ② ㄷ   ③ ㄱ, ㄴ
④ ㄴ, ㄷ   ⑤ ㄱ, ㄴ, ㄷ

IV. 유전

13 사람의 유전병

1 돌연변이와 유전병

1 돌연변이 유전자나 염색체에 변화가 일어나 유전 정보에 변화가 생기는 현상❶
① 돌연변이가 일어나면 기존에 있던 유전자가 사라져 특정 형질이 사라질 수 있다.
② 돌연변이가 일어나면 새로운 유전자가 만들어져 새로운 형질이 나타날 수 있고, 기존의
유전자로부터 새로운 대립유전자가 만들어져 새로운 대립 형질이 나타날 수 있다.❷

2 유전병의 원인 생식세포 형성 과정에서 일어난 돌연변이는 다음 세대로 전달될 수 있으
며, 사람의 유전병은 대부분 돌연변이 때문에 나타난다. 돌연변이에 의해 생존에 필요한 형질이 나타나지
않거나, 비정상적으로 나타나기 때문이다.

2 유전자 이상에 의한 유전병 자료 분석 특강 150쪽 A DNA의 염기 서열 변화로 나타난다.

1 유전자 이상으로 유전병이 나타나는 과정 유전자를 구성하는 DNA 염기 서열에 변화가
생겨 정상 단백질과 아미노산 서열이 다른 돌연변이 단백질이 만들어진다. → 돌연변이 단
백질이 정상적인 기능을 하지 못해 유전병이 나타난다. 유전자에는 단백질 합성에 필요한 유전 정보가
DNA 염기 서열로 저장되어 있기 때문이다.

2 유전자 이상에 의한 유전병
① 낫 모양 적혈구 빈혈증: 헤모글로빈 유전자의 이상으로 돌연변이 헤모글로빈이 만들어
지고, 산소 농도가 낮을 때 돌연변이 헤모글로빈이 길게 결합하여 적혈구가 낫 모양으로
로 변형되는 유전병이다. 상염색체에 의해 열성으로 유전된다.

> **낫 모양 적혈구의 형성 과정**
>
> DNA
> 정상 헤모글로빈 유전자의 염기 서열
> C C T G A A G A A
> G G A C T T C T T
> 프롤린 / 글루탐산 / 글루탐산
> 정상 헤모글로빈의 아미노산 서열
> 정상 헤모글로빈 → 정상 적혈구
>
> DNA
> 돌연변이 헤모글로빈 유전자의 염기 서열
> C C T G T A G A A
> G G A C A T C T T
> 프롤린 / 발린 / 글루탐산
> 돌연변이 헤모글로빈의 아미노산 서열
> 돌연변이 헤모글로빈 → 낫 모양 적혈구

- 헤모글로빈 유전자의 특정 위치에 있는 A – T 염기쌍이 T – A 염기쌍으로 바뀌었다. → 헤모글로
빈의 아미노산 서열에서 글루탐산이 발린으로 바뀌어 돌연변이 헤모글로빈이 만들어졌다.
- 돌연변이 헤모글로빈은 혈액 속 산소 농도가 낮을 때 비정상적으로 길게 결합하며, 그 결과 적혈구
가 길쭉한 낫 모양으로 변형된다.
- 낫 모양 적혈구는 정상 적혈구보다 수명이 짧고 산소 운반 기능이 떨어져 빈혈을 일으키며, 모세
혈관을 막아 혈액 순환을 방해한다.❸ 그 결과 조직으로 공급되는 산소와 영양소가 부족해져
신체 조직이 손상될 수 있다.

② 페닐케톤뇨증: 아미노산의 일종인 페닐알라닌을 분해하는 효소의 유전자에 이상이 생겨
체내에 페닐알라닌이 축적되는 유전병이다. → 체내에 축적된 페닐알라닌은 페닐케톤
으로 바뀌어 중추 신경계를 손상시킨다. 신생아 검사로 조기에 발견하여 페닐알라닌이 포함된 단백질 섭취를
제한하는 식이 요법을 지속하면 병의 진행을 크게 늦출 수 있다.

한눈에 😊
정리하는 출제 경향

- 유전자 이상에 의한 유전병 이해
하기
- 가계도를 통해 염색체 수 이상 여
부 파악하기

핵심 개념
돌연변이, 유전자 이상에 의한 유전병,
염색체 이상에 의한 유전병(염색체
수 이상, 염색체 구조 이상)

plus 개념

❶ **돌연변이의 원인**
DNA 복제 과정에서 자연적으로 발
생하거나, 자외선, X선과 같은 방사
선 및 여러 화학 물질 등에 노출되었
을 때 발생하기도 한다.

❷ **초파리의 야생형과 돌연변이**

▲ 야생형(곧은 날개)

▲ 돌연변이(굽은 날개)

❸ **낫 모양 적혈구와 혈액 순환**
낫 모양 적혈구는 모세 혈관을 지나
면서 쉽게 파괴되고, 모세 혈관을 막
아 혈액 순환을 방해한다.

정상 적혈구
낫 모양
적혈구
모세 혈관

꼭 기억해!

염색체 이상에 의한 유전병은 핵형 분
석으로 확인할 수 있지만, 유전자 이상
에 의한 유전병은 핵형 분석으로 확인
할 수 없다.

③ 알비노증(백색증): 멜라닌 색소를 합성하는 효소의 유전자에 이상이 생겨 멜라닌 색소를 합성하지 못하는 유전병이다. → 눈, 피부, 머리카락 등에 색소가 결핍된다. **④**

④ 낭성 섬유증: 상피 세포의 물질 수송을 담당하는 단백질의 유전자에 이상이 생겨 비정상적으로 진하고 끈적끈적한 점액이 만들어지는 유전병이다. → 기관지에 끈적끈적한 점액이 과도하게 만들어져 호흡이 곤란해지고, 호흡 기관이 세균에 쉽게 감염된다.

⑤ 헌팅턴 무도병: 뇌 기능에 필수적인 특정 단백질의 유전자에 이상이 생겨 뇌 신경계가 파괴되는 유전병이다. → 근육의 조정 능력과 인지 능력이 저하되며, 손발이 마치 춤을 추듯 무의식적으로 움직인다.

plus개념

④ 알비노증
멜라닌 색소의 결핍 정도는 환자에 따라 다르다. 모발은 흰색인 경우부터 진갈색 털이 보이는 경우까지 있으며, 피부색도 분홍색, 연한 흰색, 적갈색 등으로 다양하다.

※ 유전자 이상에 의한 유전병
페닐케톤뇨증, 알비노증, 낭성 섬유증은 모두 열성으로 유전되지만, 헌팅턴 무도병은 우성으로 유전된다.

> **확인문제 1 2**
>
> **1** ( )은/는 유전자나 염색체에 변화가 일어나 유전 정보에 변화가 생기는 현상이다.
>
> **2** 유전자에 이상이 생기면 돌연변이 ( )이/가 만들어져 유전병이 나타나게 된다.
>
> **3** 낫 모양 적혈구 빈혈증은 ( ) 유전자의 이상으로 돌연변이 헤모글로빈이 만들어져 나타나며, 돌연변이 헤모글로빈은 ( ) 농도가 낮을 때 길게 결합하므로 적혈구가 변형된다.
>
> **4** 페닐케톤뇨증, 알비노증, 낭성 섬유증은 모두 (염색체, 유전자) 이상에 의한 유전병이다.

3 염색체 이상에 의한 유전병

자료 분석 특강 150쪽 **B**, 151쪽 **C**, **D**

1 염색체 이상과 유전병 염색체에는 유전자가 존재하므로 염색체의 수나 구조에 이상이 생기면 유전자에도 이상이 생겨 유전병이 나타난다.

└─ DNA와 히스톤 단백질로 구성되며, DNA에 유전자가 존재한다.

2 염색체 수 이상 ❺

염색체가 제대로 분리되지 않는 현상이다.

① 염색체 수 이상의 원인: 감수 분열 시 염색체 비분리 현상이 일어나면 염색체 수에 이상이 있는 생식세포가 만들어진다. → 이 생식세포가 다른 생식세포와 수정되면 염색체 수에 이상이 있는 자손이 태어난다.

❺ 염색체 수의 이상
일부 염색체의 비분리로 염색체 수가 정상보다 1~2개 많거나 적은 특성을 이수성(다를 異, 셈 數, 성질 性)이라고 한다.

궁금하지?

Q. 감수 분열 시 모든 염색체가 비분리될 수도 있을까?
A. 감수 분열 시 모든 염색체에서 비분리 현상이 일어나 핵상이 $3n$, $4n$ 등이 될 수 있다. 이러한 특성을 배수성이라고 하며, 식물과 동물에서 모두 나타난다. 대표적으로 씨 없는 수박의 핵상은 $3n$이며, 붕어 중에도 핵상이 $3n$인 개체들이 많다.

구분	감수 1분열에서 염색체 비분리가 1회 일어났을 때	감수 2분열에서 염색체 비분리가 1회 일어났을 때
염색체 비분리 모습	상동 염색체 비분리 / $n+1$ / $n-1$ / 상동 염색체 / 생식세포 $n+1$ $n+1$ $n-1$ $n-1$	n / n / 염색 분체 비분리 / n n $n-1$ $n+1$
생식세포의 핵상	모든 생식세포의 염색체 수가 비정상이다. $n+1$, $n-1$	n, $n+1$, $n-1$ 정상 ─── 비정상
특징	• 핵상이 n인 생식세포는 형성되지 않는다. • 핵상이 $n+1$ 생식세포에는 유전자 구성이 다른 한 쌍의 상동 염색체가 존재한다.	• 핵상이 n인 생식세포도 형성된다. • 핵상이 $n+1$인 생식세포에는 유전자 구성이 같은 한 쌍의 염색체가 존재한다. └─ 염색 분체였던 염색체

용어 돋보기

• **유전병**(남길 遺, 전할 傳, 병 病): 유전자나 염색체의 이상으로 몸의 형태나 기능에 이상이 나타나는 병이다.

• **야생형**(들판 野, 날 生, 모형 型): 돌연변이형과는 대조적으로 자연 상태에서 가장 높은 비율로 존재하는 표현형이다.

13 사람의 유전병

② 염색체 수 이상에 의한 유전병

상염색체 수 이상에 의한 유전병은 남자와 여자에서 모두 나타날 수 있다.

구분		특징	염색체 구성	주요 증상
상염색체 수 이상	다운 증후군❻	21번 염색체가 3개	$2n+1=45+XY$(남자) $2n+1=45+XX$(여자)	머리가 작고 눈 사이가 멀며, 지적 장애가 나타난다.
	에드워드 증후군	18번 염색체가 3개	$2n+1=45+XY$(남자) $2n+1=45+XX$(여자)	지적 장애, 심장과 같은 장기의 형태 이상 등이 나타난다.
성염색체 수 이상	터너 증후군	성염색체가 X 염색체 1개	$2n-1=44+X$	외관상 여자이지만 불임이며, 목이 짧고 두껍다.
	클라인펠터 증후군	성염색체가 XXY	$2n+1=44+XXY$	외관상 남자이지만 불임이며, 유방이 발달하기도 한다.

총 염색체 수가 다운 증후군, 에드워드 증후군, 클라인펠터 증후군은 47개이고, 터너 증후군은 45개이다.

3 염색체 구조 이상

결실	중복
염색체 일부가 떨어져 없어지는 현상 예 고양이 울음 증후군❼	염색체에 어떤 부분과 같은 부분이 삽입되어 그 부분이 반복되는 현상
C가 없어짐. A B C D E F → A B D E F	B가 중복됨. A B C D E F → A B B C D E F
역위	전좌
염색체 일부가 떨어졌다가 거꾸로 붙는 현상	한 염색체의 일부가 상동 염색체가 아닌 다른 염색체에 붙는 현상 예 만성 골수성 백혈병❽
B와 C의 자리가 바뀜. A B C D E F → A C B D E F	A B C D E F → V C D E F V W X Y Z → A B W X Y Z A, B와 V가 바뀜.

[태아의 유전병 진단 방법] 개념 심화

• 융모막 융모 검사: 태반의 바깥층인 융모막에서 태아로부터 유래한 세포를 채취하여 염색체나 DNA 등을 분석하는 방법으로, 임신 8~10주 사이에 시행할 수 있다.
• 양수 검사: 임신한 여성의 양수를 채취한 후 태아의 세포를 분리해 염색체나 DNA 등을 분석하는 방법으로, 임신 14~16주 사이에 시행할 수 있다.

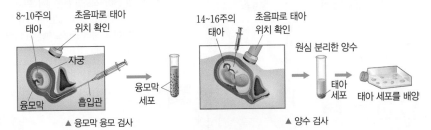

8~10주의 태아 | 초음파로 태아 위치 확인 | 자궁 | 융모막 | 흡입관
▲ 융모막 융모 검사

14~16주의 태아 | 초음파로 태아 위치 확인 | 원심 분리한 양수 | 태아 세포 | 태아 세포를 배양
▲ 양수 검사

확인 문제 ③

5 염색체 수의 이상은 감수 분열에서의 ( ) 현상에 의해 나타난다.
6 다운 증후군인 사람은 ( )번 염색체가 3개이고, 클라인펠터 증후군인 사람은 성염색체 구성이 ( )이다.
7 염색체 구조 이상 중 ( )은/는 한 염색체의 일부가 상동 염색체가 아닌 다른 염색체에 붙는 현상이다.

---

plus❶개념

❻ 다운 증후군인 사람의 핵형

상염색체인 21번 염색체가 3개이다.

❼ 고양이 울음 증후군

5번 염색체의 일부가 결실되어 나타나며, 아기가 고양이와 비슷한 울음 소리를 낸다. 머리가 작고 지적 장애가 나타나며, 대부분 유아기나 아동기 초기에 사망한다.

결실 부위

▲ 고양이 울음 증후군인 사람의 5번 염색체

❽ 만성 골수성 백혈병

조혈 모세포에서 9번 염색체와 22번 염색체 사이에 전좌가 일어나 나타나며, 전좌가 일어난 조혈 모세포가 암세포로 변해 과도하게 증식한다.

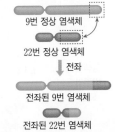

9번 정상 염색체
22번 정상 염색체
↓ 전좌
전좌된 9번 염색체
전좌된 22번 염색체
▲ 만성 골수성 백혈병과 관련된 전좌

━ 용어 돋보기 ━

• **조혈 모세포**(만들 造, 피 血, 어미 母, 가능 細, 태보 胞): 골수에서 적혈구, 백혈구, 혈소판 등 혈액 세포를 만들어 내는 세포이다.

1 돌연변이와 유전병

01 다음은 돌연변이에 대한 학생들의 설명이다.

> 돌연변이는 유전자나 염색체에 변화가 일어나 유전 정보가 변하는 현상이야.

> 돌연변이가 일어나면 특정 형질이 사라질 수 있지.

> 돌연변이에 의해서 새로운 형질이 나타나지는 않아.

학생 A 학생 B 학생 C

옳게 설명한 학생만을 있는 대로 고른 것은?

① A ② C ③ A, B
④ A, C ⑤ B, C

02 그림 (가)는 곧은 날개와 붉은색 눈을 가진 야생형 초파리, (나)는 굽은 날개를 가진 초파리, (다)는 흰색 눈을 가진 초파리를 나타낸 것이다.

(가) (나) (다)

이에 대한 설명으로 옳은 것만을 〈보기〉에서 있는 대로 고른 것은?

> 보기
> ㄱ. (가)와 (다)는 유전자 구성이 같다.
> ㄴ. 굽은 날개는 돌연변이에 의해 나타났다.
> ㄷ. 굽은 날개와 흰색 눈은 모두 자손에게 전달되지 않는 형질이다.

① ㄱ ② ㄴ ③ ㄷ
④ ㄱ, ㄴ ⑤ ㄴ, ㄷ

2 유전자 이상에 의한 유전병

03 다음은 유전자 이상으로 유전병이 나타나는 과정을 나타낸 것이다. (   ) 안에 들어갈 알맞은 말을 쓰시오.

> 유전자를 구성하는 (㉠)의 염기 서열이 달라지면 정상과는 아미노산 서열이 다른 돌연변이 (㉡)이/가 만들어진다.
>
> ⟱
>
> 돌연변이 (㉡)이/가 정상적인 기능을 수행하지 못한다.
>
> ⟱
>
> 유전병이 나타난다.

(중요)

04 다음은 사람의 3가지 유전병을 나타낸 것이다.

> 페닐케톤뇨증   헌팅턴 무도병   낭성 섬유증

이 3가지 유전병의 공통점에 대한 설명으로 옳은 것만을 〈보기〉에서 있는 대로 고른 것은?

> 보기
> ㄱ. 유전자 이상으로 나타난다.
> ㄴ. 핵형 분석을 통해 진단할 수 있다.
> ㄷ. 유전병을 가진 사람의 체내에서 만들어지는 단백질은 모두 정상이다.

① ㄱ ② ㄴ ③ ㄱ, ㄷ
④ ㄴ, ㄷ ⑤ ㄱ, ㄴ, ㄷ

(서술형)

05 알비노증 환자에게서는 멜라닌 색소가 합성되지 않는다. 그 까닭을 유전자와 연관 지어 설명하시오.

06 표는 정상 적혈구와 낫 모양 적혈구에서의 차이를 나타낸 것이다.

구분	정상 적혈구	낫 모양 적혈구
헤모글로빈 유전자의 염기 서열	···CCTGAA··· ···GGACTT···	···CCTGTA··· ···GGACAT···
헤모글로빈의 아미노산 서열	···프롤린 – 글루탐산···	···프롤린 – 발린···
헤모글로빈 배열		
적혈구 모양		

이 자료를 바탕으로 낫 모양 적혈구가 형성되는 까닭을 설명하시오.

3 염색체 이상에 의한 유전병

07 표는 사람의 유전병을 (가)와 (나)로 구분한 것이다.

(가)	(나)
페닐케톤뇨증, 낫 모양 적혈구 빈혈증	다운 증후군, 만성 골수성 백혈병

터너 증후군은 (가)와 (나) 중 어디에 속하는지 쓰시오.

08 표는 사람의 유전병 (가)~(다)의 특징을 나타낸 것이다.

유전병	특징
(가)	21번 염색체가 3개이다.
(나)	성염색체가 X 염색체 1개뿐이다.
(다)	성염색체가 XXY로 3개이다.

이에 대한 설명으로 옳지 않은 것은?

① (가)는 다운 증후군이다.
② (가)는 남자와 여자에서 모두 나타날 수 있다.
③ (나)를 나타내는 사람은 모두 남자이다.
④ (나)를 나타내는 사람은 불임이다.
⑤ 염색체 비분리가 일어나 형성된 생식세포가 수정되어 태어난 아이는 (다)를 나타낼 수 있다.

09 그림은 철수의 정자 형성 과정 (가)와 (나)에서 일어난 염색체 비분리를 나타낸 것이다.

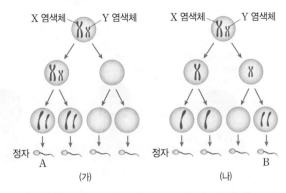

이에 대한 설명으로 옳은 것만을 〈보기〉에서 있는 대로 고른 것은?(단, 제시된 염색체 비분리 이외의 다른 돌연변이는 고려하지 않는다.)

보기
ㄱ. 성염색체 수는 A와 철수의 체세포에서 같다.
ㄴ. (가)와 (나)에서 모두 핵상이 n인 생식세포가 형성된다.
ㄷ. B가 정상 난자와 수정되어 태어난 아이는 클라인펠터 증후군을 나타낸다.

① ㄱ ② ㄴ ③ ㄷ
④ ㄱ, ㄴ ⑤ ㄴ, ㄷ

10 그림은 적록 색맹을 나타내는 어머니와 적록 색맹을 나타내지 않는 아버지 사이에서 태어난 자녀 (가)의 핵형 분석 결과를 나타낸 것이다.

(가)는 적록 색맹을 나타내지 않는다. 그 까닭을 (가)의 부모 중 염색체 비분리가 일어난 사람과 그 시기를 포함하여 설명하시오. 염색체 비분리는 1회만 일어났다.

11 그림은 감수 분열 과정 (가), (나)와 두 과정에서 형성된 생식세포 중 일부의 핵상을 나타낸 것이다. (가)와 (나)에서 염색체 비분리가 각각 1회 일어났다.

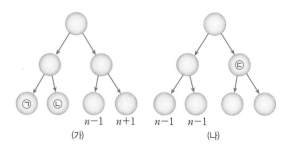

$n-1$ $n+1$ (가) $n-1$ $n-1$ (나)

이에 대한 설명으로 옳은 것만을 〈보기〉에서 있는 대로 고른 것은?(단, 제시된 염색체 비분리 이외의 다른 돌연변이는 고려하지 않는다.)

┤ 보기 ├
ㄱ. ㉠과 ㉡은 핵상이 같다.
ㄴ. ㉢에는 한 쌍의 상동 염색체가 포함되어 있다.
ㄷ. (가)는 감수 2분열 과정에서 염색체 비분리가 일어났다.

① ㄱ ② ㄴ ③ ㄱ, ㄷ
④ ㄴ, ㄷ ⑤ ㄱ, ㄴ, ㄷ

12 표는 염색체 구조 이상 (가)~(라)의 특징을 나타낸 것이다. (가)~(라)는 각각 결실, 역위, 전좌, 중복 중 하나이다.

구조 이상	특징
(가)	염색체 일부가 떨어져 없어졌다.
(나)	염색체 일부가 반복되어 존재한다.
(다)	염색체 일부가 떨어졌다가 거꾸로 붙었다.
(라)	㉠

이에 대한 설명으로 옳은 것만을 〈보기〉에서 있는 대로 고른 것은?

┤ 보기 ├
ㄱ. (다)는 전좌이다.
ㄴ. (가)와 (나)는 모두 핵형 분석으로 확인할 수 있다.
ㄷ. '한 염색체의 일부가 상동 염색체가 아닌 다른 염색체에 붙었다.'는 ㉠에 해당한다.

① ㄱ ② ㄴ ③ ㄱ, ㄷ
④ ㄴ, ㄷ ⑤ ㄱ, ㄴ, ㄷ

13 표는 사람의 유전병 (가)와 (나)의 원인을 나타낸 것이다.

유전병	원인
(가)	5번 염색체의 일부가 사라졌다.
(나)	9번 염색체의 일부와 22번 염색체의 일부가 교환되었다.

이에 대한 설명으로 옳은 것만을 〈보기〉에서 있는 대로 고른 것은?

┤ 보기 ├
ㄱ. (가)는 염색체 수 이상에 의한 유전병이다.
ㄴ. (나)는 염색체 구조 이상 중 전좌에 의해 나타난다.
ㄷ. 핵형 분석을 통해 (가)와 (나)의 염색체 이상을 모두 확인할 수 있다.

① ㄱ ② ㄷ ③ ㄱ, ㄴ
④ ㄴ, ㄷ ⑤ ㄱ, ㄴ, ㄷ

14 그림은 태아의 유전병 여부를 진단하는 어떤 방법을 나타낸 것이다.

이에 대한 설명으로 옳은 것만을 〈보기〉에서 있는 대로 고른 것은?

┤ 보기 ├
ㄱ. ㉠은 양수이다.
ㄴ. X는 태아의 세포이다.
ㄷ. 배양된 X를 이용해 유전자 검사를 실시할 수 있다.

① ㄱ ② ㄴ ③ ㄱ, ㄷ
④ ㄴ, ㄷ ⑤ ㄱ, ㄴ, ㄷ

A 유전자 이상에 의한 유전병

그림은 정상인과 낭성 섬유증 환자에서 어떤 유전자의 염기 서열 일부와 이 유전자에 의해 만들어지는 단백질의 아미노산 서열 일부를 각각 나타낸 것이다(단, 단백질에서 서로 다른 모양의 도형은 서로 다른 아미노산을 나타내며, 낭성 섬유증 환자는 제시된 부위에만 이상이 있다.).

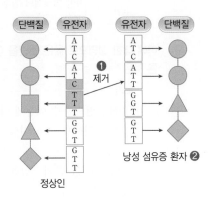

정상인

낭성 섬유증 환자 ❷

① 낭성 섬유증의 원인 파악하기
- 낭성 섬유증은 기관지에 끈적끈적한 점액이 과도하게 만들어지는 유전병이다.
- 7번 염색체 중 특정 유전자의 일부 염기가 제거된 결과 단백질의 아미노산 서열이 바뀌어 나타난다. → 유전자 이상에 의한 유전병에 해당하며, 남녀 모두에서 나타날 수 있다.

② 유전자 이상에 의한 유전병 이해하기: 유전 정보가 저장되어 있는 유전자의 DNA 염기 서열이 달라지면 정상과는 아미노산 서열이 다른 돌연변이 단백질이 만들어진다. 이 돌연변이 단백질이 정상적인 기능을 수행하지 못해 유전병이 나타난다.

❶ 유전자의 일부 염기가 제거되어 유전자의 염기 서열이 바뀌고, 이로 인해 단백질의 아미노산 서열이 바뀌었다. → 유전자의 염기 서열에는 단백질의 아미노산 서열에 대한 정보가 저장되어 있기 때문이다.

❷ 낭성 섬유증 환자는 제시된 부위에만 이상이 있으므로 낭성 섬유증 환자의 염색체 수는 정상인과 같다. → 낭성 섬유증의 여부는 핵형 분석으로 확인할 수 없다.

실력을 올리는 실전 문제 **찾아가기**
- 유전자 이상에 의한 유전병의 특징을 묻는 문제_01, 02
- 유전자 이상에 의한 유전병의 치료 과정을 묻는 문제_03

B 감수 분열과 염색체 비분리

다음은 어떤 남자의 세포 A로부터 정자 ㉠~㉣이 형성되는 과정과 세포당 염색체 수를 나타낸 것이다. 이 과정에서 염색체 비분리는 감수 1분열과 2분열에서 각각 1회 일어났다.

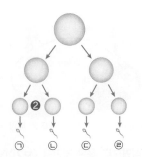

세포당 염색체 수
- 성염색체 수: ㉢>㉡>㉣ ❶
- 총 염색체 수: ㉢>㉣>㉡

① 염색체 비분리가 일어난 시기 파악하기: 세포당 성염색체 수는 ㉢>㉡>㉣이므로 ㉢은 2개, ㉡은 1개이고, ㉣에는 성염색체가 없다. → 성염색체의 비분리는 ㉢과 ㉣이 형성되는 감수 2분열에서 일어났으며, 감수 1분열에서는 상염색체의 비분리가 일어났다.

② 정자 ㉠~㉣의 핵상과 염색체 수 파악하기
- 총 염색체 수는 ㉢>㉣>㉡이므로 ㉢은 2회의 염색체 비분리에 의해 정상보다 염색체 수가 2개 많다.
- 감수 2분열에서 성염색체 중 X 염색체의 비분리가 일어났다고 가정하면, 핵상과 염색체 수가 ㉠은 $n-1=21+Y$, ㉡은 $n-1=21+Y$, ㉢은 $n+2=23+XX$, ㉣은 $n=23$(성염색체 없음.)이다.

❶ 감수 1분열과 2분열에서 모두 성염색체가 비분리되었다면 ㉡과 ㉢ 중 하나에는 성염색체가 존재하지 않아야 한다. 하지만 성염색체 수가 ㉢>㉡>㉣이므로 ㉡과 ㉢에는 모두 성염색체가 존재한다. → 성염색체 비분리는 감수 2분열에서만 일어났다.

❷ ㉠과 ㉡은 염색 분체가 분리되어 형성된 두 딸세포이므로 유전자 구성이 같다. 또, ㉠과 ㉡이 형성되는 감수 2분열은 정상적으로 일어났으므로 ㉠과 ㉡의 핵상과 염색체 수는 $n-1=21+Y$(또는 $n-1=21+X$)로 같다. → ㉠과 ㉡은 핵형이 같다.

실력을 올리는 실전 문제 **찾아가기**
- 염색체 비분리에 의해 형성된 생식세포의 특징을 묻는 문제_06, 07
- 특정 염색체의 존재 여부로 염색체 비분리 시기를 찾는 문제_08

C 염색체 비분리와 가계도 분석

다음은 철수네 가족의 어떤 유전병에 대한 자료이다. 이 유전병은 우열 관계가 분명한 대립유전자 A와 A*에 의해 결정된다.

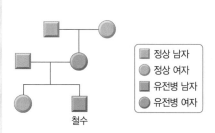
철수

정상 남자
정상 여자
유전병 남자
유전병 여자

철수네 가족 구성원의 특징

- 핵상은 모두 $2n$이다. ❶
- 철수의 아버지는 A만, 어머니는 A*만 가지고 있으며, 염색체 비분리는 어머니와 아버지에게서 각각 1회씩 일어났다. ❷
- 철수는 염색체 비분리가 일어난 정자 ㉠의 수정으로 태어났으며, 유전자 구성이 같은 두 염색체를 가진다.

❶ 염색체 비분리가 일어났지만 가족 구성원의 핵상이 모두 $2n$이므로 어머니와 아버지에게서 모두 염색체 비분리가 일어나 핵상이 각각 $n+1$, $n-1$인 두 생식세포가 수정되어 철수가 태어났다.

❷ 철수(A*A*)는 아버지(AA)로부터 A를 물려받지 않았으므로 ㉠의 핵상은 $n-1$이고, ㉠에는 21개의 상염색체와 1개의 Y 염색체가 존재한다.

❸ ㉠과 수정된 난자의 핵상은 $n+1$이고, 이 난자에는 23개의 상염색체와 1개의 X 염색체가 존재한다.

① 유전자의 우열 관계와 염색체 상의 위치 판단하기: 정상인 외할아버지와 외할머니 사이에서 유전병을 가진 어머니가 태어났으므로 이 유전병은 정상에 대해 열성이며, 상염색체 유전 형질이다.

② 정상 대립유전자와 유전병 대립유전자 구분하기
- 철수의 아버지는 A만, 어머니는 A*만 가지고 있는데, 아버지는 정상이고 어머니는 유전병이다. → A는 정상 대립유전자, A*는 유전병 대립유전자이다.
- 유전병 유전자형이 외할아버지와 외할머니는 모두 AA*, 아버지는 AA, 어머니는 A*A*, 누나는 AA*, 철수는 A*A*이다.

③ 염색체 비분리가 일어난 사람과 시기 찾기: 철수(A*A*)는 어머니로부터 A*를 2개 물려받았으며, 아버지로부터는 A를 물려받지 않았으므로 철수가 어머니로부터 물려받은 2개의 A*는 유전자 구성이 같은 두 염색체에 존재한다. → 철수는 ㉠과 감수 2분열에서 염색 분체의 비분리가 일어나 형성된 난자의 수정으로 태어났다. ❸

실력을 올리는 실전 문제 **찾아가기**
- 가계도를 분석해 염색체 비분리가 일어난 구성원을 찾는 문제_05, 06
- 대립유전자의 DNA 상대량을 바탕으로 염색체 비분리가 일어난 시기를 찾는 문제_09, 10

D 염색체 구조 이상과 수 이상

그림은 어떤 동물($2n=?$)의 세포 (가)~(다)에 있는 염색체를 모두 나타낸 것이다. (가)~(다) 중 하나는 정상 체세포이고, 나머지 둘은 감수 분열 결과 형성된 돌연변이 세포이다.

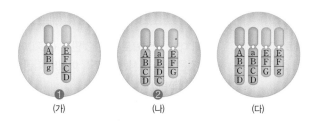
(가) ❶ (나) ❷ (다)

❶ (가)와 이 동물의 정상 생식세포는 핵상과 염색체 수가 $n=2$로 같지만 (가)에서 전좌가 일어난 염색체는 정상 생식세포의 염색체와 모양이 다르다. → (가)와 정상 생식세포는 핵형 분석을 통해 구별할 수 있다.

❷ 감수 1분열에서 상동 염색체가 분리되므로 정상 생식세포에는 상동 염색체 중 하나씩만 존재한다. → (나)에는 상동 염색체 쌍이 존재하므로 감수 1분열에서 염색체 비분리가 일어났음을 알 수 있다.

① (가)~(다) 중 정상 체세포 찾기: 체세포에는 상동 염색체 쌍이 존재하므로 정상 체세포는 (다)이며, (다)에는 2쌍(4개)의 염색체가 존재하므로 이 동물의 핵상과 염색체 수는 $2n=4$이다.

② (가)와 (나)에 일어난 돌연변이 파악하기
- (가)에는 [g]와 [CD] 부위가 상호 전좌된 염색체가 존재한다.
- (나)에는 [CD] 부위에 역위가 일어난 염색체가 존재한다.
- (나)에 있는 [aBDC]의 염색체와 [ABCD]의 염색체는 상동 염색체 쌍이다.
  → (나)가 형성될 때 감수 1분열에서 염색체 비분리가 일어났다.

실력을 올리는 실전 문제 **찾아가기**
- 정상 세포와 비교하여 돌연변이 세포의 염색체 구조 이상을 묻는 문제_12, 13
- 염색체 구조 이상의 일반적인 특징을 묻는 문제_14

실력을 올리는 실전 문제

01 다음은 어떤 유전병에 대한 자료이다.

- 이 유전병은 특정 유전자의 돌연변이로 아미노산 대사에 문제가 생겨 나타난다.
- ㉠정상인 부모 사이에서 태어난 딸이 이 유전병을 나타내고, 아들이 정상인 집안이 있다.

이 유전병에 대한 설명으로 옳은 것만을 〈보기〉에서 있는 대로 고른 것은?(단, 제시된 유전병 이외의 돌연변이는 고려하지 않는다.)

⊣ 보기 ├
ㄱ. X 염색체에 의해 유전된다.
ㄴ. 핵형 분석으로 유전병 여부를 진단할 수 있다.
ㄷ. ㉠은 모두 돌연변이가 일어난 대립유전자를 가진다.

① ㄱ   ② ㄴ   ③ ㄷ
④ ㄱ, ㄴ   ⑤ ㄴ, ㄷ

02 다음은 사람의 유전병 (가) ~ (다)의 특징을 나타낸 것이다.

- (가)를 나타내는 사람의 핵형은 정상인과 같다.
- (나)는 5번 염색체의 일부가 결실되어 나타난다.
- (다)는 염색체 수가 정상보다 1개 적으며, (다)를 나타내는 사람은 모두 여자이다.

이에 대한 설명으로 옳은 것만을 〈보기〉에서 있는 대로 고른 것은?(단, (나)와 (다)에서 제시된 특징 이외의 다른 돌연변이는 고려하지 않는다.)

⊣ 보기 ├
ㄱ. (가)는 DNA의 염기 서열 변화로 나타난다.
ㄴ. 체세포의 염색체 수는 (가)를 나타내는 사람이 (나)를 나타내는 사람보다 많다.
ㄷ. (다)를 나타내는 사람의 체세포에는 X 염색체가 2개 들어 있다.

① ㄱ   ② ㄷ   ③ ㄱ, ㄴ
④ ㄱ, ㄷ   ⑤ ㄴ, ㄷ

03 그림은 어떤 유전병 환자를 대상으로 한 유전자 치료 과정을 나타낸 것이다.

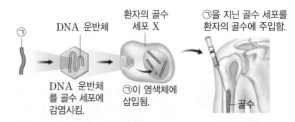

이에 대한 설명으로 옳은 것만을 〈보기〉에서 있는 대로 고른 것은?(단, 이 환자의 골수 세포 X에서는 유전자 돌연변이만 일어났으며, 다른 돌연변이는 고려하지 않는다.)

⊣ 보기 ├
ㄱ. ㉠은 정상 유전자이다.
ㄴ. X의 염색체 수는 정상 체세포와 다르다.
ㄷ. 이 과정을 통해 환자가 가지게 된 ㉠은 이 환자의 자손에게 전달된다.

① ㄱ   ② ㄷ   ③ ㄱ, ㄴ
④ ㄱ, ㄷ   ⑤ ㄴ, ㄷ

04 다음은 어떤 가족의 적록 색맹과 염색체 수에 대한 자료이다. 염색체 비분리는 부모에게서 각각 1회만 일어났다.

- 이 가족은 아버지, 어머니, 아들, 딸로 구성된다.
- 가족 구성원의 핵형은 모두 정상이다.
- 딸은 적록 색맹을 나타낸다.
- 아버지, 어머니, 아들은 모두 적록 색맹을 나타내지 않는다.

이에 대한 설명으로 옳은 것만을 〈보기〉에서 있는 대로 고른 것은?(단, 제시된 비분리 이외의 다른 돌연변이는 고려하지 않는다.)

⊣ 보기 ├
ㄱ. 딸은 아버지로부터 X 염색체를 물려받았다.
ㄴ. 아들은 어머니로부터 정상 대립유전자를 물려받았다.
ㄷ. 딸은 어머니의 감수 1분열에서 염색체 비분리가 일어나 형성된 난자의 수정으로 태어났다.

① ㄱ   ② ㄴ   ③ ㄱ, ㄷ
④ ㄴ, ㄷ   ⑤ ㄱ, ㄴ, ㄷ

05 그림은 적록 색맹 유전 가계도를 나타낸 것이다. 1～4 중 한 사람에게서만 감수 분열 시 성염색체의 비분리가 1회 일어났다.

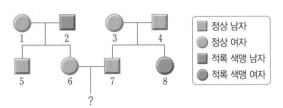

■	정상 남자
●	정상 여자
■	적록 색맹 남자
●	적록 색맹 여자

이에 대한 설명으로 옳은 것만을 〈보기〉에서 있는 대로 고른 것은?(단, 제시된 비분리 이외의 다른 돌연변이는 고려하지 않는다.)

┤ 보기 ├
ㄱ. 염색체 비분리는 4에게서 일어났다.
ㄴ. 8은 터너 증후군을 나타낸다.
ㄷ. 6과 7 사이에서 태어나는 딸은 항상 정상이다.

① ㄱ   ② ㄷ   ③ ㄱ, ㄴ
④ ㄴ, ㄷ   ⑤ ㄱ, ㄴ, ㄷ

➔ 수능기출

06 정상 부모 사이에서 태어난 철수는 적록 색맹이며, 클라인 펠터 증후군이다. 그림 (가)는 철수 아버지의 정자 형성 과정을, (나)는 어머니의 난자 형성 과정을 나타낸 것이다. 정자 ⓒ과 난자 ⓑ이 수정되어 철수가 태어났으며, (가)와 (나)에서 비분리는 성염색체에서만 각각 1회씩 일어났다.

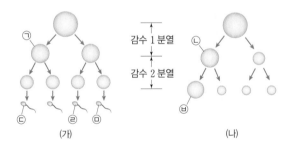

이에 대한 설명으로 옳은 것만을 〈보기〉에서 있는 대로 고른 것은?(단, 철수의 체세포 1개당 염색체 수는 47개이며, 제시된 비분리 이외의 다른 돌연변이는 고려하지 않는다.)

┤ 보기 ├
ㄱ. (나)에서 비분리는 감수 2분열에서 일어났다.
ㄴ. ㉠과 ㉡의 염색체 수는 같다.
ㄷ. ㉣과 ㉤은 모두 X 염색체를 가진다.

① ㄴ   ② ㄷ   ③ ㄱ, ㄴ
④ ㄱ, ㄷ   ⑤ ㄱ, ㄴ, ㄷ

07 표는 철수네 가족의 PTC 미맹 여부를, 그림은 아버지에게서 일어난 정자 형성 과정을 나타낸 것이다. PTC 미맹은 상염색체에 존재하는 우열 관계가 분명한 2가지 대립유전자에 의해 결정된다. 어머니는 PTC 미맹 유전자형이 동형접합성이며, 구성원은 모두 염색체 수가 정상이다. 철수는 정자 ㉠과 난자 ⓐ가 수정되어 태어났다.

구성원	PTC 미맹 여부
어머니	정상
아버지	정상
철수	미맹

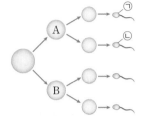

이에 대한 설명으로 옳은 것만을 〈보기〉에서 있는 대로 고른 것은?(단, 염색체 비분리는 어머니와 아버지의 감수 분열 시 각각 1회 일어났으며, 이외의 다른 돌연변이는 고려하지 않는다.)

┤ 보기 ├
ㄱ. 세포 A와 B의 핵상은 같다.
ㄴ. ㉠과 ⓐ에 존재하는 상염색체 수는 같다.
ㄷ. ㉡이 정상 난자와 수정되면 터너 증후군을 나타내는 아이가 태어날 수 있다.

① ㄱ   ② ㄴ   ③ ㄷ
④ ㄱ, ㄴ   ⑤ ㄴ, ㄷ

08 오른쪽 그림은 사람의 정자 형성 과정과, 각 정자의 성염색체 존재 여부를 나타낸 것이다. A와 B 중 한 단계에서 성염색체의 비분리가 일어났다.

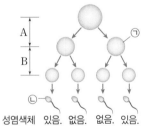

성염색체   있음. 없음. 없음. 있음.

이에 대한 설명으로 옳은 것만을 〈보기〉에서 있는 대로 고른 것은?(단, 상염색체는 모두 정상적으로 분리되었다.)

┤ 보기 ├
ㄱ. B에서 염색체 비분리가 일어났다.
ㄴ. ㉠의 핵상은 n이다.
ㄷ. ㉡이 정상 난자와 수정되면 클라인펠터 증후군을 나타내는 아이가 태어날 수 있다.

① ㄱ   ② ㄴ   ③ ㄱ, ㄴ
④ ㄱ, ㄷ   ⑤ ㄴ, ㄷ

09 그림은 어떤 유전병에 대한 철수네 가족의 가계도를, 표는 어머니와 아버지에서 이 유전병을 결정하는 대립유전자의 DNA 상대량을 나타낸 것이다.

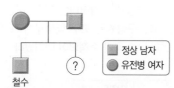

☐ 정상 남자
● 유전병 여자

구분		어머니	아버지
DNA 상대량	정상 대립유전자	0	1
	유전병 대립유전자	2	0

이에 대한 설명으로 옳지 <u>않은</u> 것은?(단, 염색체 비분리는 어머니와 아버지 중 한 사람에게서만 1회 일어났으며, 이 외의 다른 돌연변이는 고려하지 않는다.)

① 이 유전병은 우성 형질이다.
② 철수는 클라인펠터 증후군을 나타낸다.
③ 철수의 여동생은 유전병을 나타내지 않는다.
④ 철수는 유전병 대립유전자의 DNA 상대량이 1이다.
⑤ 아버지에게서 감수 1분열 시 염색체 비분리가 일어 났다.

10 그림은 영희네 가족 중 일부에서 체세포 1개당 형질 (가)를 결정하는 대립유전자 A와 A*의 DNA 상대량을 나타낸 것이다. 영희는 정자 ㉠과 난자 ㉡의 수정으로 태어났다.

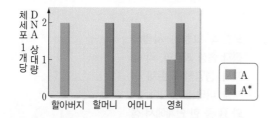

■ A
■ A*

이에 대한 설명으로 옳은 것만을 〈보기〉에서 있는 대로 고른 것은?(단, 아버지와 어머니 중 한 사람에게서만 염색체 비분리가 1회 일어났으며, 이외의 다른 돌연변이는 고려하지 않는다.)

┤ 보기 ├
ㄱ. 아버지의 (가)의 유전자형은 AA*이다.
ㄴ. ㉠과 ㉡에 존재하는 상염색체 수는 같다.
ㄷ. 아버지에게서 감수 1분열 시 염색체 비분리가 일어나 ㉠이 형성되었다.

① ㄱ   ② ㄴ   ③ ㄷ
④ ㄱ, ㄴ   ⑤ ㄴ, ㄷ

➔ 수능모의평가기출

11 그림 (가)는 사람 A의, (나)는 사람 B의 핵형 분석 결과를 나타낸 것이다.

이에 대한 설명으로 옳은 것만을 〈보기〉에서 있는 대로 고른 것은?

┤ 보기 ├
ㄱ. A는 터너 증후군의 염색체 이상을 보인다.
ㄴ. (나)에서 적록 색맹 여부를 알 수 있다.
ㄷ. $\dfrac{\text{(가)의 염색 분체 수}}{\text{(나)의 성염색체 수}}=45$이다.

① ㄱ   ② ㄴ   ③ ㄱ, ㄴ
④ ㄱ, ㄷ   ⑤ ㄴ, ㄷ

12 그림은 어떤 동물에서 정상 체세포 (가)와 염색체 이상이 일어난 돌연변이 체세포 (나), (다)에 들어 있는 2쌍의 염색체를 각각 나타낸 것이다.

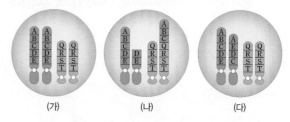

이에 대한 설명으로 옳은 것만을 〈보기〉에서 있는 대로 고른 것은?(단, 제시된 염색체 이외의 다른 염색체는 모두 정상이다.)

┤ 보기 ├
ㄱ. (나)에는 전좌가 일어난 염색체가 존재한다.
ㄴ. (다)에는 결실과 역위가 모두 일어난 염색체가 존재한다.
ㄷ. 핵형 분석을 통해 (나), (다)를 모두 구별할 수 있다.

① ㄱ   ② ㄷ   ③ ㄱ, ㄴ
④ ㄴ, ㄷ   ⑤ ㄱ, ㄴ, ㄷ

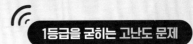

→ 수능모의평가기출 변형

13 그림은 어떤 동물 종에서 한 개체의 정상 세포 (가)와 다른 개체의 돌연변이 세포 (나)에 들어 있는 한 쌍의 상염색체와 성염색체를 각각 나타낸 것이다. A와 a는 서로 대립유전자이다.

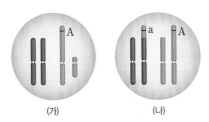

(가)　　　　(나)

이에 대한 설명으로 옳은 것만을 〈보기〉에서 있는 대로 고른 것은?(단, (나)에서 염색체 구조 이상은 1회만 일어났으며, 제시된 염색체 이외의 다른 염색체는 모두 정상이다.)

┌─ 보기 ├─
ㄱ. (가)와 (나)는 핵상이 다르다.
ㄴ. (가)와 (나)는 성별이 다른 개체의 세포이다.
ㄷ. (나)에는 전좌가 일어난 염색체가 존재한다.
└─────────

① ㄱ　　　　② ㄷ　　　　③ ㄱ, ㄴ
④ ㄴ, ㄷ　　　⑤ ㄱ, ㄴ, ㄷ

14 그림은 사람의 유전병 (가)와 (나)의 원인이 되는 돌연변이를 나타낸 것이다.

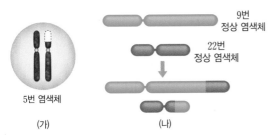

9번
정상 염색체

22번
정상 염색체

5번 염색체

(가)　　　　　　　(나)

이에 대한 설명으로 옳은 것만을 〈보기〉에서 있는 대로 고른 것은?(단, 제시된 염색체 이외의 다른 염색체는 모두 정상이다.)

┌─ 보기 ├─
ㄱ. (가)는 여자에게서만 나타난다.
ㄴ. (나)는 염색체의 전좌에 의해 나타난다.
ㄷ. (가)와 (나)를 나타내는 사람의 염색체 수는 각각 정상인과 같다.
└─────────

① ㄱ　　　　② ㄴ　　　　③ ㄱ, ㄷ
④ ㄴ, ㄷ　　　⑤ ㄱ, ㄴ, ㄷ

15 다음은 사람의 어떤 유전병에 대한 자료이다.

┌─────────────────────────────
│ • 이 유전병은 우열 관계가 분명한 한 쌍의 대립유전자에 의해 결정되며, 이 대립유전자는 21번 염색체와 X 염색체 중 하나에 존재한다.
│ • 표는 철수네 가족 구성원의 표현형을 나타낸 것이다. ㉠과 ㉡은 각각 '정상'과 '유전병' 중 하나이다.

구성원	어머니	아버지	누나	철수
표현형	㉠	㉠	㉡	㉡

│ • 어머니와 아버지 중 한 사람은 1가지 대립유전자만 가진다.
│ • 누나는 정자 ⓐ와 난자 ⓑ, 철수는 정자 ⓒ와 난자 ⓓ의 수정으로 각각 태어났다.
│ • 염색체 비분리는 어머니와 아버지 중 한 사람에게서만 1회 일어났다.
└─────────────────────────────

이에 대한 설명으로 옳은 것만을 〈보기〉에서 있는 대로 고른 것은?(단, 제시된 염색체 비분리 이외의 다른 돌연변이는 고려하지 않는다.)

┌─ 보기 ├─
ㄱ. 염색체 비분리는 아버지에게서 일어났다.
ㄴ. 철수는 클라인펠터 증후군을 나타낸다.
ㄷ. 세포당 $\dfrac{\text{X 염색체 수}}{\text{상염색체 수}}$ 는 ⓑ=ⓓ>ⓐ=ⓒ이다.
└─────────

① ㄱ　　　　② ㄷ　　　　③ ㄱ, ㄴ
④ ㄱ, ㄷ　　　⑤ ㄴ, ㄷ

핵심 정리 Ⅳ 단원 마무리

10 염색체와 DNA

1. 염색체와 DNA

① 염색체: (**1**)과/와 히스톤 단백질로 이루어진 복합체로, 분열 중인 세포에서 끈이나 막대 모양으로 관찰된다.

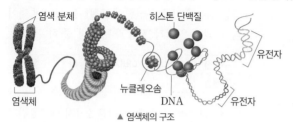

▲ 염색체의 구조

② 유전자, DNA, 염색체, 유전체의 관계

(**2**)	유전 정보가 저장된 DNA의 특정 부위
DNA	유전 정보를 저장하고 있는 유전 물질
염색체	DNA가 히스톤 단백질에 의해 응축되어 있는 구조
유전체	한 생명체(세포)가 가진 모든 유전 정보

2. 사람의 염색체

① 상동 염색체: 체세포에서 모양과 크기가 같아 쌍을 이루는 염색체로, 부모로부터 하나씩 물려받은 것이다.
② 사람의 상염색체와 성염색체

상염색체	남녀가 공통으로 가지는 염색체 → 22쌍(44개)
성염색체	• 성 결정에 관여하는 1쌍의 염색체 • 여자: (**3**), 남자: (**4**)

③ 핵상: 하나의 세포에 들어 있는 염색체의 상대적인 수로, 체세포는 $2n$, 생식세포는 n이다.
④ 핵형: 체세포에 들어 있는 염색체의 수, 모양, 크기 등의 특성

3. 염색 분체의 형성과 분리

① 세포 주기: 분열로 생긴 딸세포가 생장하여 다시 분열을 마칠 때까지의 기간

간기	G₁기에 세포 생장 → (**5**)기에 DNA 복제 → G₂기에 세포 분열 준비
분열기(M기)	핵분열 → 세포질 분열

② 염색 분체의 형성: DNA가 복제된 후 응축되어 형성된다.
→ 염색 분체는 유전 정보가 같다.
③ 염색 분체의 분리: 체세포 분열 후기에 염색 분체가 분리되어 2개의 딸세포로 나뉘어 들어간다.
④ (**6**): 하나의 형질을 결정하는 유전자로, 상동 염색체의 같은 위치에 존재한다.

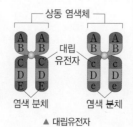

▲ 대립유전자

11 생식세포의 형성과 유전적 다양성

1. 감수 분열

① 특징: 간기(S기)에 DNA가 복제된 후 연속 2회의 분열이 일어나므로 염색체 수와 DNA양이 체세포의 (**7**)인 생식세포가 만들어진다.
② 감수 분열 과정

감수 1분열	상동 염색체끼리 접합하여 (**8**)을/를 형성한 후 상동 염색체가 분리되어 유전자 구성이 다른 2개의 딸세포가 형성된다. → 염색체 수와 DNA양 반감
감수 2분열	DNA 복제 없이 진행되며, (**9**)이/가 분리되어 4개의 딸세포가 형성된다. → DNA양만 반감

③ 감수 분열과 종 유지: 감수 분열 결과 만들어진 생식세포의 염색체 수가 체세포의 반이므로 암수 생식세포의 수정으로 태어난 자손의 염색체 수는 부모와 같다. → 세대를 거듭해도 생물종의 염색체 수가 일정하게 유지된다.
④ 체세포 분열과 감수 분열의 비교

구분	체세포 분열	감수 분열
DNA 복제	간기(S기)에 1회 일어난다.	
분열 횟수	1회	2회
2가 염색체	형성되지 않는다.	형성된다.
딸세포 수	2개	(**10**)개
핵상 변화	$2n → 2n$	$2n → n$
역할	생장, 조직 재생 등	생식세포 형성

2. 유전적 다양성

① 유전적으로 다양한 생식세포의 형성: 감수 분열 시 상동 염색체의 무작위 배열과 독립적 분리에 의해 염색체 조합이 서로 다른 생식세포가 만들어진다.

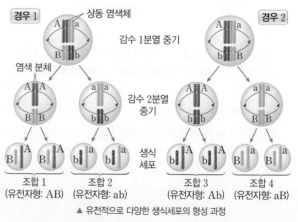

▲ 유전적으로 다양한 생식세포의 형성 과정

② 생식세포의 무작위 수정: 암수 생식세포의 무작위 (**11**)에 의해 유전적으로 다양한 자손이 태어난다.

12 사람의 유전

1. 사람의 유전 연구

① 사람의 유전 연구가 어려운 까닭: 한 세대가 길고, 자손의 수가 적으며, 인위적인 교배가 불가능하다.

② 사람의 유전 연구 방법: (⑫) 조사, 쌍둥이 연구, 집단 조사, 염색체 및 유전자 연구 등이 있다.

2. 상염색체 유전

① 특징: 형질의 발현 빈도가 성별과 관계없다.

② 대립유전자의 종류가 2가지인 경우: 대립 형질(우성과 열성)이 뚜렷이 구분되고, 우열의 원리와 분리의 법칙에 따른다.

구분	이마선	보조개	귓불 모양	눈꺼풀	혀 말기
우성	M자형	있음.	분리형	쌍꺼풀	가능
열성	일자형	없음.	부착형	외까풀	불가능

③ 대립유전자의 종류가 3가지 이상인 경우(복대립 유전)
• ABO식 혈액형: 3가지의 대립유전자 A, B, O에 의해 결정되는 (⑬) 유전 형질이다. → A=B>O

표현형	A형		B형		AB형	O형
유전자형	AA	(⑭)	BB	BO	AB	OO

3. 성염색체 유전

① 사람의 성 결정: 성염색체 구성에 의해 결정된다.

딸	어머니와 아버지에게서 X 염색체를 하나씩 물려받으면 딸(XX)이 된다.
아들	어머니에게서 (⑮) 염색체를, 아버지에게서 (⑯) 염색체를 물려받으면 아들(XY)이 된다.

② (⑰): 형질을 결정하는 유전자가 성염색체에 있어 형질의 발현 빈도가 성별에 따라 다른 유전 현상
• 적록 색맹: 유전자가 X 염색체에 존재하며, 정상 대립유전자(X)가 우성, 적록 색맹 대립유전자(X′)가 열성이다.

성별	남자		여자		
유전자형	XY	X′Y	XX	XX′	X′X′
표현형	정상	적록 색맹	정상		적록 색맹

4. 다인자 유전

① (⑱) 쌍의 대립유전자에 의해 형질이 결정된다.

② 표현형이 다양하며, 환경의 영향을 받기도 한다. → 정규 분포 곡선 형태의 연속적인 변이를 나타낸다.
　　예 사람의 피부색, 키, 몸무게

13 사람의 유전병

1. 유전자 이상에 의한 유전병

① 원인: DNA 염기 서열에 이상이 생겨 나타난다.

② 유전자 이상에 의한 유전병: 낫 모양 적혈구 빈혈증, 페닐케톤뇨증, 알비노증, 낭성 섬유증, 헌팅턴 무도병 등

③ 낫 모양 적혈구 빈혈증: 헤모글로빈(⑲)의 이상으로 만들어진 돌연변이가 헤모글로빈이 산소 농도가 낮을 때 길게 결합하여 적혈구가 낫 모양으로 변형된다.

2. 염색체 이상에 의한 유전병

① 염색체 수 이상: 감수 분열 시의 염색체 (⑳) 현상에 의해 나타난다.

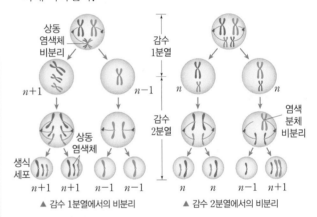

▲ 감수 1분열에서의 비분리　　▲ 감수 2분열에서의 비분리

② 염색체 수 이상에 의한 유전병

다운 증후군	21번 염색체가 3개
(㉑) 증후군	성염색체 구성이 X
클라인펠터 증후군	성염색체 구성이 (㉒)

③ 염색체 구조 이상

(㉓)	염색체 일부가 떨어져 없어지는 현상
중복	염색체 일부가 반복되는 현상
역위	염색체 일부가 떨어졌다가 거꾸로 붙는 현상
(㉔)	한 염색체의 일부가 상동 염색체가 아닌 다른 염색체에 붙는 현상

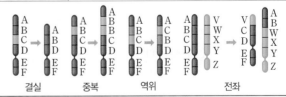

결실　　　중복　　　역위　　　전좌

④ 염색체 구조 이상에 의한 유전병: 고양이 울음 증후군(5번 염색체의 결실), 만성 골수성 백혈병(9번 염색체와 22번 염색체 사이의 전좌)

실력 점검 Ⅳ 단원 평가 문제

∞ 10. 염색체와 DNA 114쪽

01 그림은 염색체의 구조를 나타낸 것이다. ⓐ와 ⓑ는 염색체를 구성하는 물질이다.

이에 대한 설명으로 옳은 것만을 〈보기〉에서 있는 대로 고른 것은?

| 보기 |
- ㄱ. ㉠과 ㉡은 부모로부터 하나씩 물려받은 것이다.
- ㄴ. ⓐ는 DNA이다.
- ㄷ. ⓑ가 자손에게 전달되어 생명의 연속성이 나타난다.

① ㄱ　　　② ㄴ　　　③ ㄷ
④ ㄱ, ㄴ　　　⑤ ㄱ, ㄴ, ㄷ

∞ 10. 염색체와 DNA 114쪽

02 표는 두 사람의 세포 (가), (나)에 존재하는 일부 유전자의 DNA 상대량을, 그림은 어떤 사람의 세포에 존재하는 3쌍의 상동 염색체와 일부 유전자를 나타낸 것이다. A와 a, B와 b는 서로 대립유전자이다.

구분	(가)	(나)
A	2	0
a	0	1
B	1	1
b	1	1

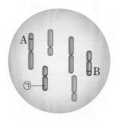

이에 대한 설명으로 옳은 것만을 〈보기〉에서 있는 대로 고른 것은?(단, A, a, B, b 각각의 1개당 DNA 상대량은 같고, 돌연변이는 고려하지 않는다.)

| 보기 |
- ㄱ. (가)와 (나)는 핵상이 같다.
- ㄴ. ㉠은 X 염색체이다.
- ㄷ. (나)를 가진 사람은 아들에게 a를 물려주지 않는다.

① ㄴ　　　② ㄷ　　　③ ㄱ, ㄴ
④ ㄱ, ㄷ　　　⑤ ㄴ, ㄷ

∞ 10. 염색체와 DNA 114쪽

03 그림은 사람의 세포 (가)와 (나)에 존재하는 1~3번 염색체와 성염색체를 모두 나타낸 것이다.

　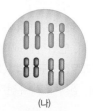

이에 대한 설명으로 옳은 것만을 〈보기〉에서 있는 대로 고른 것은?(단, 돌연변이는 고려하지 않는다.)

| 보기 |
- ㄱ. (가)의 핵상은 n이다.
- ㄴ. (가)는 남자, (나)는 여자의 세포이다.
- ㄷ. (나)는 감수 분열 결과 형성된 딸세포이다.

① ㄱ　　　② ㄴ　　　③ ㄷ
④ ㄱ, ㄴ　　　⑤ ㄴ, ㄷ

∞ 10. 염색체와 DNA 114쪽

04 그림은 어떤 세포에서 시간에 따른 세포 1개의 질량과 핵 DNA양을 나타낸 것이다.

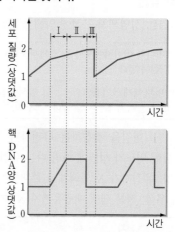

구간 Ⅰ~Ⅲ에 대한 설명으로 옳은 것은?(단, 돌연변이는 고려하지 않는다.)

① Ⅰ에서 응축된 염색체가 관찰된다.
② Ⅱ에 G₁기와 G₂기가 모두 포함된다.
③ Ⅱ~Ⅲ에서 상동 염색체가 분리된다.
④ Ⅰ~Ⅲ에서 모두 핵막이 관찰된다.
⑤ Ⅲ에서 유전자 구성이 같은 2개의 딸세포가 형성된다.

∞ 11. 생식세포의 형성과 유전적 다양성 120쪽

05 표는 감수 분열 과정에서 형성되는 세포 ⊙~ⓒ의 세포 1개당 염색체 수와 핵 1개당 DNA양을 나타낸 것이다. ⊙~ⓒ은 형성되는 순서와 관계없으며, ⊙~ⓒ 중 하나에서 2가 염색체가 관찰된다.

구분	⊙	ⓒ	ⓒ
염색체 수(상댓값)	1	1	2
DNA양(상댓값)	1	2	4

이에 대한 설명으로 옳은 것만을 〈보기〉에서 있는 대로 고른 것은?

┤ 보기 ├
ㄱ. 2가 염색체는 ⓒ에서 관찰된다.
ㄴ. ⊙의 DNA는 자손에게 전달될 수 있다.
ㄷ. ⓒ이 형성될 때 딸세포의 유전적 다양성을 증가시키는 현상이 일어난다.

① ㄱ ② ㄷ ③ ㄱ, ㄴ
④ ㄴ, ㄷ ⑤ ㄱ, ㄴ, ㄷ

∞ 11. 생식세포의 형성과 유전적 다양성 120쪽

06 표는 생물 (가)와 (나)의 세포에 대한 설명을, 그림은 (가)와 (나) 중 한 생물의 세포에 존재하는 염색체를 모두 나타낸 것이다.

- (가)의 감수 1분열 중기 세포에는 4개의 2가 염색체가 존재한다.
- (나)의 감수 2분열 중기 세포에는 4개의 염색 분체가 존재한다.

이에 대한 설명으로 옳은 것만을 〈보기〉에서 있는 대로 고른 것은?(단, 돌연변이는 고려하지 않는다.)

┤ 보기 ├
ㄱ. 그림은 (나)의 세포이다.
ㄴ. $\dfrac{\text{(가)의 체세포 염색체 수}}{\text{(나)의 생식세포 염색체 수}}=4$이다.
ㄷ. (가)의 감수 2분열 중기 세포에는 4개의 염색 분체가 존재한다.

① ㄱ ② ㄴ ③ ㄷ
④ ㄱ, ㄴ ⑤ ㄴ, ㄷ

∞ 12. 사람의 유전 130쪽

07 표는 가족 Ⅰ과 Ⅱ의 귓불 모양과 눈꺼풀의 표현형을 나타낸 것이다. 귓불 모양과 눈꺼풀을 결정하는 대립유전자는 각각 2가지이며, 서로 다른 상염색체에 존재한다.

구분	가족 Ⅰ			가족 Ⅱ		
	부	모	아들 A	부	모	딸 B
귓불	부착형	분리형	분리형	분리형	분리형	부착형
눈꺼풀	쌍꺼풀	쌍꺼풀	외까풀	외까풀	외까풀	?

이에 대한 설명으로 옳은 것만을 〈보기〉에서 있는 대로 고른 것은?(단, 돌연변이는 고려하지 않는다.)

┤ 보기 ├
ㄱ. 분리형 귓불을 가질 확률은 여자보다 남자에서 높다.
ㄴ. Ⅰ과 Ⅱ의 구성원은 모두 외까풀 대립유전자를 가진다.
ㄷ. A와 B 사이에서 자녀가 태어날 때, 이 아이가 귓불 모양과 눈꺼풀에 대해 모두 열성 형질을 나타낼 확률은 $\dfrac{1}{2}$이다.

① ㄱ ② ㄴ ③ ㄱ, ㄷ
④ ㄴ, ㄷ ⑤ ㄱ, ㄴ, ㄷ

∞ 12. 사람의 유전 130쪽

08 그림은 어떤 유전병에 대한 가계도를 나타낸 것이다. 이 유전병은 우열 관계가 분명한 대립유전자 A와 A*에 의해 결정되며, 2, 4, 6은 모두 A만 가진다.

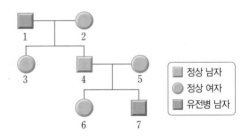

□ 정상 남자
○ 정상 여자
■ 유전병 남자

이에 대한 설명으로 옳은 것만을 〈보기〉에서 있는 대로 고른 것은?(단, 돌연변이는 고려하지 않는다.)

┤ 보기 ├
ㄱ. 3과 5의 유전병 유전자형은 서로 다르다.
ㄴ. 6은 2로부터 유래된 X 염색체를 가진다.
ㄷ. 7의 남동생이 태어날 때, 이 아이가 정상일 확률은 $\dfrac{1}{4}$이다.

① ㄴ ② ㄷ ③ ㄱ, ㄴ
④ ㄱ, ㄷ ⑤ ㄴ, ㄷ

∞ 12. 사람의 유전 130쪽

09 표는 사람의 유전병 (가)와 (나)의 특징을 나타낸 것이다. (가)와 (나)는 모두 우열 관계가 분명한 2가지 대립유전자에 의해 결정된다.

유전병	특징
(가)	• 유전병이 나타날 확률은 남자와 여자에서 같다. • 정상 부모로부터 태어나는 자녀는 모두 정상이다.
(나)	㉠정상 부모로부터 유전병을 나타내는 딸이 태어나는 경우가 있다.

이에 대한 설명으로 옳지 <u>않은</u> 것은?(단, 돌연변이는 고려하지 않는다.)

① (가)는 상염색체 유전 형질이다.

② (가)는 우성 형질이다.

③ (나)의 유전자와 적록 색맹 유전자는 같은 염색체에 존재한다.

④ ㉠은 (나)의 유전자형이 모두 이형 접합성이다.

⑤ (나)를 나타내는 부모로부터 태어나는 자녀는 모두 (나)를 나타낸다.

∞ 12. 사람의 유전 130쪽

10 그림은 대립유전자 A와 A*에 의해 결정되는 어떤 유전병에 대한 철수네 가족의 가계도를 나타낸 것이다. 체세포에 존재하는 A*의 수는 할아버지가 2개, 할머니가 1개이며, 아버지의 표현형은 모른다.

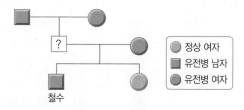

- 정상 여자
- 유전병 남자
- 유전병 여자

이에 대한 설명으로 옳은 것만을 〈보기〉에서 있는 대로 고른 것은?(단, 돌연변이는 고려하지 않는다.)

┤ 보기 ├

ㄱ. 아버지는 유전병을 나타낸다.

ㄴ. 유전병이 나타날 확률은 여자보다 남자에서 높다.

ㄷ. 유전병을 나타내는 철수의 동생이 태어날 때, 이 아이의 유전병 유전자형이 할머니와 같을 확률은 $\frac{2}{3}$이다.

① ㄴ   ② ㄷ   ③ ㄱ, ㄴ

④ ㄱ, ㄷ   ⑤ ㄱ, ㄴ, ㄷ

∞ 13. 사람의 유전병 144쪽

11 그림은 사람의 난자 형성 과정에서 일어나는 염색체 비분리 현상을 나타낸 것이다. 그림에는 2쌍의 염색체만 나타냈으며, 나머지 염색체는 정상적으로 분리되었다.

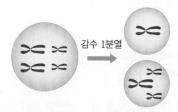

감수 1분열

이와 같은 비분리 현상이 상염색체에서 일어날 때와 성염색체에서 일어날 때 형성될 수 있는 난자의 핵상과 염색체 구성을 모두 쓰시오(단, 제시된 염색체 비분리 이외의 다른 돌연변이는 고려하지 않는다.).

∞ 13. 사람의 유전병 144쪽

12 다음은 어떤 남자의 감수 분열에 대한 자료이다.

- G_1기 세포의 감수 분열 결과 4개의 생식세포 ㉠~㉣이 형성되었으며, 이 과정에서 염색체 비분리가 1회 일어났다.
- 표는 ㉠~㉢의 핵상과 Y 염색체 수를 나타낸 것이다.

생식세포	핵상	Y 염색체 수
㉠	$n+1$	1개
㉡	n	?
㉢	?	1개

- 생식세포 ⓐ에는 X 염색체가 존재하며, ⓐ는 ㉠~㉣ 중 하나이다.

이에 대한 설명으로 옳은 것만을 〈보기〉에서 있는 대로 고른 것은?(단, 제시된 염색체 비분리 이외의 다른 돌연변이는 고려하지 않는다.)

┤ 보기 ├

ㄱ. ㉣의 핵상은 n이다.

ㄴ. ㉠에는 ㉢보다 상염색체가 2개 더 많이 존재한다.

ㄷ. 염색체 비분리는 ⓐ가 형성되는 감수 2분열에서 일어났다.

① ㄴ   ② ㄷ   ③ ㄱ, ㄴ

④ ㄱ, ㄷ   ⑤ ㄴ, ㄷ

13 표는 사람의 유전병 (가)와 (나)의 특징을 나타낸 것이다. ∞ 13. 사람의 유전병 144쪽
(가)와 (나)는 각각 유전자 이상 유전병과 염색체 이상 유전병 중 하나이다.

유전병	특징
(가)	적록 색맹을 나타내는 어머니로부터 ⊙ 적록 색맹을 나타내지 않는 아들이 태어났다.
(나)	ⓒ 비정상적인 헤모글로빈 단백질이 만들어져 적혈구가 낫 모양이 된다.

이에 대한 설명으로 옳은 것만을 〈보기〉에서 있는 대로 고른 것은?

┤ 보기 ├
ㄱ. ⊙은 아버지로부터 X 염색체와 Y 염색체를 모두 물려받았다.
ㄴ. (나)는 DNA의 염기 서열 변화로 나타난다.
ㄷ. ⓒ은 정상 헤모글로빈 단백질과 아미노산 서열이 다르다.

① ㄴ   ② ㄷ   ③ ㄱ, ㄴ
④ ㄱ, ㄷ   ⑤ ㄱ, ㄴ, ㄷ

14 그림은 어떤 동물의 세포 (가)~(다)에 존재하는 일부 염색체를 나타낸 것이다. (가)는 정상 체세포, (나)와 (다)는 생식세포이며, 알파벳은 유전자를 나타낸다. ∞ 13. 사람의 유전병 144쪽

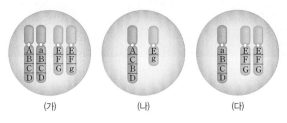

(가)   (나)   (다)

이에 대한 설명으로 옳은 것만을 〈보기〉에서 있는 대로 고른 것은?(단, 제시된 염색체 이외의 다른 염색체는 모두 정상이며, 교차는 고려하지 않는다.)

┤ 보기 ├
ㄱ. (가)의 염색체 수는 (나)의 2배이다.
ㄴ. (나)가 형성될 때 역위와 결실이 일어났다.
ㄷ. (다)가 형성될 때 감수 1분열에서 염색체 비분리가 일어났다.

① ㄱ   ② ㄴ   ③ ㄷ
④ ㄱ, ㄴ   ⑤ ㄴ, ㄷ

1등급을 완성하는 **서술형 문제**

15 그림 (가)는 어떤 체세포의 세포 주기를, (나)는 이 체세포의 핵 안에 존재하는 어떤 구조를 나타낸 것이다. ⊙~ⓒ은 각각 S기, G_1기, G_2기 중 하나이다. ∞ 10. 염색체와 DNA 114쪽

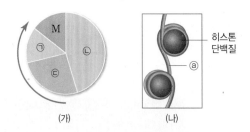

(가)   (나)

이 체세포의 핵 안에 존재하는 물질 ⓐ의 양이 ⊙ 시기 세포와 ⓒ 시기 세포 중 어디에 더 많은지 쓰고, 그 까닭을 ⊙~ⓒ 시기의 이름을 포함하여 설명하시오.

16 그림은 유전자형이 Aa인 어떤 동물(2n)의 세포 분열 과정에서 세포 1개당 DNA양의 변화 일부를 나타낸 것이다. ⊙과 ⓒ은 해당 시점의 세포이고, 세포 1개당 A의 DNA 상대량은 ⊙과 ⓒ에서 같다. ∞ 11. 생식세포의 형성과 유전적 다양성 120쪽

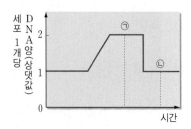

⊙으로부터 ⓒ이 형성될 때 핵분열 과정에서 일어나는 주요 현상을 바탕으로 ⊙과 ⓒ의 핵상을 비교하여 설명하시오.

17 표는 철수네 가족의 어떤 유전병에 대한 표현형을 나타낸 것이다. ∞ 12. 사람의 유전 130쪽

구분	아버지	어머니	누나	철수
표현형	유전병	유전병	정상	유전병

이 유전병은 우성 형질인지 열성 형질인지, 또 상염색체 유전 형질인지 성염색체 유전 형질인지 각각 그 까닭과 함께 설명하시오.

즐거운 상상

타닥타닥 터지는 즐거운 상상
재미있는 생각들이 팝콘처럼 펑펑!

히이익..
이 나이에
이불에 지도를..

불장난은 역시 위험해!

V 생태계와 상호 작용

자~ 마지막까지 열심히 공부하자!

이 단원에서는 우리 주변의 생태계를 구성하는 생물적 요인과 비생물적 요인 사이에 일어나는 다양한 상호 작용 및 에너지 흐름과 물질 순환을 알아본다. 또, 생물 다양성의 의미와 중요성을 이해하고, 생물 다양성의 감소 원인과 보전 방안을 알아본다.

V. 생태계와 상호 작용

14 개체군

1 생태계의 구성 자료 분석 특강 170쪽 A

1 개체군, 군집, 생태계의 관계

개체	≫	개체군	≫	군집	≫	생태계
독립적으로 생명 활동을 하는 하나의 생명체		일정한 지역에 같은 종의 생물이 무리를 이루어 생활하는 집단		일정한 지역에 여러 종류의 개체군이 모여 생활하는 집단		생물이 주변의 다른 생물이나 환경 요인과 영향을 주고받으며 살아가는 체계

개체군: 같은 종이라도 지리적으로 떨어져 있으면 다른 개체군이다.

생태계: 생태계는 에너지 흐름과 물질 순환이 일어나는 기능적인 단위이다.

2 생태계의 구성

① 비생물적 요인: 생물의 생존과 생장에 필요한 물질과 에너지를 공급하고, 생활을 위한 터전을 제공하는 모든 환경 요인 → 생물을 둘러싸고 있는 환경

⑩ 빛, 온도, 물, 토양, 공기

② 생물적 요인: 생태계에 존재하는 모든 생물(생물 군집)로, 역할에 따라 생산자, 소비자, 분해자로 구분한다.

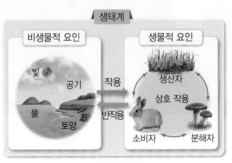
▲ 생태계의 구성

생산자	광합성을 하여 무기물로부터 유기물을 합성하는 생물 ⑩ 식물, 조류
소비자	광합성을 하지 않고, 다른 생물을 먹어서 양분을 얻는 생물 ⑩ 초식 동물(1차 소비자), 육식 동물(2차 소비자, 3차 소비자 등)
분해자	다른 생물의 사체나 배설물에 포함된 유기물을 무기물로 분해하여 에너지를 얻는 생물 ⑩ 세균, 곰팡이, 버섯

3 생태계 구성 요소 간의 관계 생태계를 구성하는 요소들은 서로 영향을 주고받는다.

① 작용: 비생물적 요인이 생물적 요인에 영향을 주는 것

빛	빛의 세기	• 음지 식물은 양지 식물보다 보상점과 광포화점이 낮아 빛이 약한 곳에서도 서식할 수 있다.❶ • 한 식물에서도 빛을 많이 받는 양엽은 빛을 적게 받는 음엽보다 울타리 조직이 발달하여 잎이 두껍다. (광합성이 활발하게 일어나는 조직)
	빛의 파장	바다의 깊이에 따라 투과되는 빛의 파장과 양이 다르기 때문에 주로 분포하는 해조류의 종류가 다르다.❷
	일조 시간	단일 식물(⑩ 국화, 코스모스)은 일조 시간이 짧아지는 가을에 개화하고, 장일 식물(⑩ 보리, 시금치)은 일조 시간이 길어지는 봄과 초여름에 개화한다.
온도		• 온대 지방에 서식하는 개구리와 뱀은 겨울잠을 잔다. • 추운 지방에 서식하는 포유류(⑩ 북극여우)는 더운 지방에 서식하는 포유류(⑩ 사막여우)에 비해 귀와 같은 몸의 말단부가 작고 몸집이 크다. • 온대 지방에 주로 서식하는 활엽수는 온도가 낮아지면 단풍이 들고 낙엽을 만든다.
물		• 파충류 몸 표면의 비늘과 곤충의 키틴질 껍질은 수분이 증발하는 것을 방지한다. • 건생 식물은 저수 조직이 발달해 있으며, 수생 식물은 통기 조직이 발달해 있다.
토양		토양의 수분 함량, 통기성, 영양염류의 양 등에 따라 생존할 수 있는 생물종이 달라진다.
공기		고산 지대처럼 산소가 희박한 곳에 사는 사람의 혈액 속 적혈구 수는 평지에 사는 사람보다 많다. → 산소를 효율적으로 운반할 수 있다.

• 생태계 구성 요소 간의 관계 이해하기
• 개체군의 생장 곡선 이해하기
• 개체군 내 상호 작용 파악하기

핵심 개념
생태계의 구성, 개체군의 특성, 개체군 내 상호 작용

plus 개념

❶ 음지 식물과 양지 식물의 광합성량

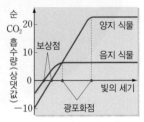

• 보상점: 식물이 광합성을 하기 위해 흡수하는 이산화 탄소의 양과 호흡으로 방출하는 이산화 탄소의 양이 같을 때의 빛의 세기
• 광포화점: 광합성량이 더 이상 증가하지 않는 최소한의 빛의 세기

❷ 해조류의 수직 분포

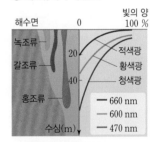

• 파장이 긴 적색광은 바다 얕은 곳까지만 투과한다. → 바다의 얕은 곳에는 광합성에 적색광을 주로 이용하는 녹조류가 많이 분포한다.
• 파장이 짧은 청색광은 바다 깊은 곳까지 투과한다. → 바다의 깊은 곳에는 광합성에 청색광을 주로 이용하는 홍조류가 많이 분포한다.

궁금하지?

Q. 추운 지방에 서식하는 포유류는 왜 몸의 말단부가 작고 몸집이 클까?
A. 몸의 말단부가 작아지고 몸집이 커지면 부피에 대한 표면적의 비율이 작아지기 때문에 열 방출량이 줄어들어 체온 유지에 유리하다.

② **반작용**: 생물적 요인이 비생물적 요인에 영향을 주는 것
- 낙엽이 분해되면 토양이 비옥해진다.
- 지렁이가 흙 속을 파헤치며 이동하면 토양의 통기성이 높아진다.
- 동물의 호흡이나 식물의 광합성 결과는 공기의 조성에 영향을 미친다.

③ **상호 작용**: 생물적 요인이 서로 영향을 주고받는 것
- 메뚜기의 개체 수 증가로 벼의 수확량이 줄어들었다.
- 뿌리혹박테리아가 질소를 고정하여 콩과식물에게 공급한다.

> **확인 문제 1**
> **1** ( )은/는 생물이 다른 생물이나 환경과 서로 영향을 주고받으며 살아가는 체계이다.
> **2** 생태계는 ( )과/와 비생물적 요인으로 구성된다.
> **3** 바다의 깊이에 따라 주로 서식하는 해조류의 종류가 다른 것은 (빛, 온도)이/가 생물에 영향을 미친 사례이다.

2 개체군의 특성 자료 분석 특강 170쪽 **B**, 171쪽 **C, D**

1 개체군의 밀도 개체군이 서식하는 공간의 단위 면적당 개체 수[3]

$$개체군의 밀도(D) = \frac{개체군을 구성하는 개체 수(N)}{개체군이 서식하는 공간의 면적(S)}$$

① 개체군 밀도의 증가 요인: 출생, 이입 ─┐
② 개체군 밀도의 감소 요인: 사망, 이출 ─┘ → 개체군 밀도는 이입과 이출보다 출생과 사망의 영향을 더 크게 받는다.

2 개체군의 생장 곡선 개체군의 개체 수 증가(생장)를 시간에 따라 그래프로 나타낸 것

① **이론상의 생장 곡선**: 이상적인 환경 조건에서는 개체군의 개체 수가 기하급수적으로 증가하여 J자 모양의 생장 곡선을 나타낸다.

② **실제의 생장 곡선**: 일반적인 환경에서는 개체군의 개체 수가 처음에는 급격히 증가하지만, 어느 정도 시간이 지나면 개체군의 생장이 점차 둔화하여 S자 모양의 생장 곡선을 나타낸다. → 개체 수가 증가할수록 환경 저항이 커지기 때문이다.

③ **환경 저항**: 개체군의 생장을 억제하는 요인 환경 저항이 커질수록 출생률이 감소하고, 사망률이 증가한다.
예 서식 공간과 먹이의 부족, 노폐물 축적, 개체 간의 경쟁, 질병

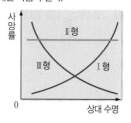
▲ 개체군의 생장 곡선

3 개체군의 생존 곡선 개체군에서 동시에 출생한 개체들의 시간에 따른 생존 개체 수 비율을 그래프로 나타낸 것[5]

I형	적은 수의 자손을 낳지만, 부모의 보호를 받아 어린 개체의 사망률이 낮고, 노년에 사망률이 높다. 예 사람, 코끼리 등의 대형 포유류	
II형	연령대에 따른 사망률이 비교적 일정하다. 예 다람쥐 등의 초식 동물류, 조류, 히드라	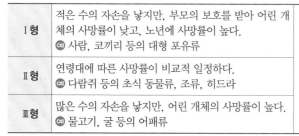
III형	많은 수의 자손을 낳지만, 어린 개체의 사망률이 높다. 예 물고기, 굴 등의 어패류	

plus 개념

[3] 개체군의 밀도에 영향을 주는 요인
출생과 사망, 이입과 이출 이외에도 빛, 서식 공간, 온도 등의 비생물적 요인과 질병, 다른 생물의 기생, 포식 등의 생물적 요인이 개체군의 밀도에 영향을 준다.

[4] 환경 수용력
주어진 환경 조건에서 서식할 수 있는 개체군의 최대 크기로, 물, 영양염류, 빛, 서식 공간 등의 요인에 의해 결정된다.

[5] 개체군의 사망률 곡선
개체군의 생존 곡선을 사망률로 나타내면 다음과 같다.

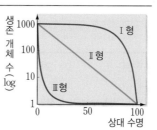

용어 돋보기

- **일조 시간**(해 日, 비출 照, 때 時, 사이 間): 구름 등에 가려지지 않고 실제로 햇빛이 내리쬐는 시간이다.
- **이입**(옮길 移, 들 入): 외부에서 개체가 들어오는 현상이다.
- **이출**(옮길 移, 날 出): 개체가 외부로 떠나가는 현상이다.

1ㄴ 개체군

4 개체군의 연령 피라미드 개체군의 연령별 개체 수 비율(연령 분포)을 차례로 쌓아 올려 그림으로 나타낸 것[6]

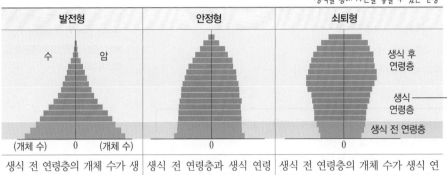

생식을 통해 자손을 낳을 수 있는 연령

발전형	안정형	쇠퇴형
생식 전 연령층의 개체 수가 생식 연령층의 개체 수보다 많다. → 개체군의 크기가 점점 커진다.	생식 전 연령층과 생식 연령층의 개체 수가 비슷하다. → 개체군의 크기 변화가 작다.	생식 전 연령층의 개체 수가 생식 연령층의 개체 수보다 적다. → 개체군의 크기가 점점 작아진다.

5 개체군의 주기적 변동

① 돌말 개체군의 단기적 변동: 계절에 따른 영양염류의 양, 빛의 세기, 수온과 같은 환경 요인의 영향으로 개체군의 크기가 1년을 주기로 변동한다.

② 눈신토끼와 스라소니 개체군의 장기적 변동: 피식자인 눈신토끼의 개체 수 증가에 따라 포식자인 스라소니의 개체 수 증감하여 개체군의 크기가 약 10년을 주기로 변동한다.

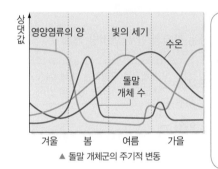

▲ 돌말 개체군의 주기적 변동

3 개체군 내 상호 작용

개체군의 구성원은 종내 경쟁을 피하고 질서를 유지하기 위해 다양한 상호 작용을 한다.

텃세[7]	각 개체가 자신의 생활 구역을 확보하여 다른 개체의 접근을 막고 먹이, 생활 공간, 배우자 등을 독점하는 것 생활 조건이 같은 개체들을 분산시켜 개체군의 밀도를 조절할 수 있다. 예 은어, 호랑이, 물개, 까치　　　　먹이 획득이나 번식 과정에서 불필요한 경쟁을 줄일 수 있다.
순위제[8]	개체들 사이에서 힘의 서열에 따라 순위를 정하여 먹이나 배우자를 차지하는 것 예 닭(모이를 먹는 순서), 큰뿔양(뿔의 크기로 순위를 정함.)
리더제	경험이 많은 한 개체가 리더가 되어 개체군의 행동을 지휘하는 것 예 기러기(계절에 따른 이동을 위한 리더), 코끼리(일상생활에서의 리더)
사회생활	각 개체가 역할을 나누어 수행하는 분업화된 체제를 형성하는 것 예 꿀벌 개체군(여왕벌과 수벌은 생식, 일벌은 방어 및 먹이 획득을 담당)
가족생활	힘이 센 수컷이나 암컷을 중심으로 혈연관계의 개체들이 모여서 생활하는 것 예 사람, 고릴라, 사자, 하이에나　　　먹이를 공유하고 어린 개체를 효과적으로 키울 수 있다.

확인 문제 2 3

4 개체군의 이론상의 생장 곡선은 (　　　　)자 모양을 나타내고, 실제의 생장 곡선은 (　　　　)자 모양을 나타낸다.

5 닭이 모이를 먹는 순서를 정하는 것은 개체군 내 상호 작용 중 (　　　　)에 해당하고, 사자가 새끼들과 무리를 이루어 생활하는 것은 (　　　　)에 해당한다.

---

plus 개념

6 연령 피라미드 분석

생식 연령층과 생식 전 연령층의 비율에 따라 개체군의 크기 변화를 예측할 수 있다. 생식 연령층에 비해 생식 전 연령층의 비율이 높으면 앞으로 개체군의 크기가 커지고, 생식 전 연령층의 비율이 낮으면 개체군의 크기가 작아진다.

궁금하지?

Q. 적조 현상은 왜 나타날까?
A. 적조 현상은 해양 플랑크톤 중 붉은 색소를 가진 조류가 급격히 증가하여 바닷물이 붉게 보이는 현상으로, 바다의 수온이 상승하고 영양염류가 증가하였을 때 나타난다. 적조 현상이 발생하면 조류가 분비하는 독소와 물속의 산소 고갈로 어패류가 집단 폐사할 수 있다.

7 세력권
한 개체가 생활 공간, 먹이, 배우자 등을 독점하기 위해 차지하는 일정한 생활 공간으로, 텃세권이라고도 한다.

8 순위제와 리더제의 차이
순위제는 개체군 내 모든 개체의 서열이 정해져 있는 반면, 리더제는 리더를 제외한 나머지 개체들 간에는 서열이 없다.

용어 돋보기

• 영양염류(경영할 營, 기를 養, 소금 鹽, 무리 類): 생물의 생장에 필요한 질소, 인 등의 물질로, 물속의 영양염류는 식물 플랑크톤의 증식에 영향을 미친다.

● 바른답·알찬풀이 62쪽

1 생태계의 구성

01 생태계의 구성에 대한 설명으로 옳은 것은?

① 생태계는 생물적 요인으로만 구성된다.

② 같은 종의 개체가 모여 군집을 형성한다.

③ 개체군은 생산자, 소비자, 분해자로 구분할 수 있다.

④ 생태계는 에너지 흐름과 물질 순환이 일어나는 기능적인 단위이다.

⑤ 생태계를 구성하는 생물적 요인은 환경의 영향을 받지만, 환경에 영향을 주지는 않는다.

02 오른쪽 그림은 생태계를 구성하는 생물적 요인을 역할에 따라 구분하여 나타낸 것이다. 녹색 식물은 A에 속한다.
이에 대한 설명으로 옳지 <u>않은</u> 것은?

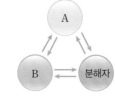

① 버섯은 A에 속한다.

② 초식 동물은 B에 속한다.

③ B는 다른 생물을 먹어서 양분을 얻는다.

④ A는 무기물로부터 유기물을 합성할 수 있다.

⑤ 생태계 내의 생물적 요인은 서로 영향을 주고받는다.

03 그림은 북극여우와 사막여우의 모습을 나타낸 것이다.

북극여우   사막여우

북극여우와 사막여우의 귀의 크기에 영향을 준 환경 요인으로 가장 적절한 것은?

① 물   ② 빛   ③ 온도
④ 공기   ⑤ 토양

●중요

04 그림은 생태계의 구성 요소를 나타낸 것이다.

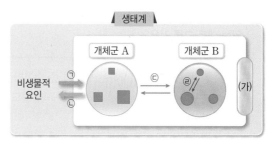

이에 대한 설명으로 옳지 <u>않은</u> 것은?

① (가)는 생물 군집이다.

② ㉠은 작용, ㉡은 반작용이다.

③ ㉢과 ㉣은 모두 상호 작용이다.

④ 개체군 B는 서로 다른 종의 개체들로 구성된다.

⑤ 메뚜기의 개체 수 증가로 벼의 수확량이 감소한 것은 ㉢에 해당한다.

05 그림은 생태계를 구성하는 요소 간의 관계를 나타낸 것이다.

㉠과 ㉡의 예로 옳은 것은?

① ㉠: 낙엽이 분해되어 토양이 비옥해졌다.

② ㉠: 식물의 광합성 결과 공기 중의 이산화 탄소 농도가 감소하고, 산소 농도가 증가했다.

③ ㉡: 가을에 기온이 낮아져 은행나무 잎이 노랗게 변했다.

④ ㉡: 배스의 개체 수 증가로 토종 어류의 개체 수가 감소했다.

⑤ ㉡: 지렁이가 흙 속을 파헤치며 이동하여 토양의 통기성이 높아졌다.

06 다음과 같은 현상에 영향을 준 환경 요인을 쓰시오.

> 사막에 사는 파충류는 몸 표면이 비늘로 덮여 있고, 조류와 파충류의 알은 단단한 껍데기로 싸여 있다.

2 개체군의 특성

07 개체군의 밀도에 대한 설명으로 옳은 것만을 〈보기〉에서 있는 대로 고른 것은?

| 보기 |

ㄱ. 일정한 지역에 서식하는 생물의 종 수이다.
ㄴ. 개체의 출생과 이입에 의해 개체군의 밀도가 증가한다.
ㄷ. 비생물적 요인은 개체군의 밀도에 영향을 주지 않는다.

① ㄱ   ② ㄴ   ③ ㄱ, ㄴ
④ ㄱ, ㄷ   ⑤ ㄴ, ㄷ

[08~09] 그림은 일정한 공간에서 서식하는 어떤 개체군의 이론상의 생장 곡선과 실제의 생장 곡선을 나타낸 것이다. A와 B는 각각 이론상의 생장 곡선과 실제의 생장 곡선 중 하나이다. 물음에 답하시오.

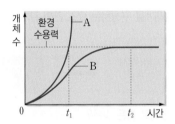

P 중요

08 위 자료에 대한 설명으로 옳은 것만을 〈보기〉에서 있는 대로 고른 것은?

| 보기 |

ㄱ. A는 이론상의 생장 곡선이다.
ㄴ. B에서 개체군의 밀도는 t_2일 때보다 t_1일 때가 높다.
ㄷ. 환경 수용력은 한 서식지에서 증가할 수 있는 최대 개체 수를 의미한다.

① ㄱ   ② ㄴ   ③ ㄱ, ㄷ
④ ㄴ, ㄷ   ⑤ ㄱ, ㄴ, ㄷ

✍ 서술형

09 이론상의 생장 곡선과 실제의 생장 곡선에 차이가 나게 하는 요인을 무엇이라고 하는지 쓰고, 그 예를 3가지 이상 설명하시오.

[10~11] 그림은 개체군 생존 곡선의 3가지 유형 A~C를 나타낸 것이다. 물음에 답하시오.

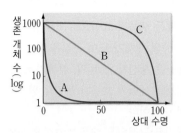

10 위 자료에 대한 설명으로 옳지 <u>않은</u> 것은?

① 초기 사망률은 A 유형의 개체군에서 가장 높다.
② 어류는 대체로 B 유형의 생존 곡선을 나타낸다.
③ 코끼리의 생존 곡선은 C 유형에 가장 가깝다.
④ 한 부모에게서 태어나는 자손의 수는 C 유형의 생물보다 A 유형의 생물에서 많다.
⑤ 생존 곡선은 일정 시기에 함께 태어난 개체들 중 살아남은 개체의 수를 시간에 따라 나타낸 것이다.

✍ 서술형

11 사람은 A~C 중 어느 유형에 해당하는지 쓰고, 그 까닭을 설명하시오.

12 그림은 개체군의 연령 피라미드 A와 B를 나타낸 것이다.

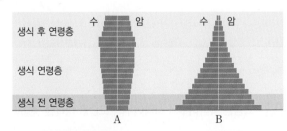

이에 대한 설명으로 옳지 <u>않은</u> 것은?

① A는 쇠퇴형이다.
② B는 안정형이다.
③ A에서는 시간이 지남에 따라 개체군의 크기가 작아진다.
④ 한 세대가 지난 후 B에서 생식 연령층의 개체 수는 현재보다 증가한다.
⑤ 연령 피라미드의 연령 분포를 통해 개체군의 크기 변화를 예측할 수 있다.

13 그림은 어떤 하천 생태계에서 계절에 따른 환경 요인의 변화와 돌말 개체군의 개체 수 변화를 나타낸 것이다.

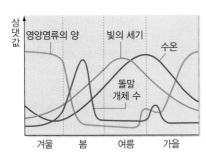

이에 대한 설명으로 옳지 <u>않은</u> 것은?

① 여름에 돌말의 개체 수를 제한하는 요인은 영양염류의 양이다.

② 가을에 영양염류의 양이 많아지면 돌말의 개체 수는 계속 증가한다.

③ 겨울에 돌말의 개체 수가 적은 것은 수온이 낮고, 빛의 세기가 약하기 때문이다.

④ 봄이 지나면서 돌말의 개체 수가 급격히 감소하는 것은 영양염류가 부족하기 때문이다.

⑤ 돌말 개체군의 개체 수 변동에 영향을 주는 환경 요인은 수온, 빛의 세기, 영양염류의 양 등이다.

중요

14 그림은 시간에 따른 눈신토끼와 스라소니의 개체 수 변화를 나타낸 것이다. A와 B는 각각 눈신토끼와 스라소니 중 하나이다.

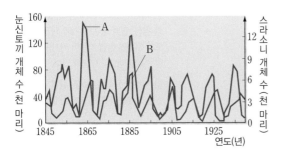

이에 대한 설명으로 옳은 것만을 〈보기〉에서 있는 대로 고르시오.

┌─ 보기 ├─

ㄱ. A는 눈신토끼, B는 스라소니이다.

ㄴ. A의 개체 수가 증가하면 B의 개체 수는 감소한다.

ㄷ. 눈신토끼와 스라소니의 개체군 크기는 계절에 따라 주기적으로 변동한다.

3 개체군 내 상호 작용

15 다음은 개체군 내 상호 작용 중 무엇에 대한 설명인지 각각 쓰시오.

(가) 개체들 사이에서 힘의 서열에 따라 순위를 정하여 먹이나 배우자를 차지하는 것이다.

(나) 각 개체가 역할을 나누어 수행하는 분업화된 체제를 형성하는 것이다.

(다) 경험이 많은 한 개체가 개체군의 행동을 지휘하는 것이다.

중요

16 그림은 어떤 하천에서 은어가 활동하는 영역을 나타낸 것이다.

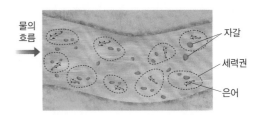

이와 같은 개체군 내 상호 작용으로 옳은 것은?

① 텃세　　② 순위제　　③ 리더제
④ 사회생활　　⑤ 가족생활

17 표는 여러 동물에서 나타나는 개체군 내 상호 작용 (가)~(다)의 사례를 나타낸 것이다.

상호 작용	사례
(가)	사자는 어린 개체를 키울 수 있도록 수사자를 중심으로 생활하며, 암사자는 주로 사냥을 한다.
(나)	수컷 버들붕어는 자신의 세력권에 접근한 다른 수컷을 공격하여 암컷을 차지하고 새끼를 지킨다.
(다)	여왕벌과 수벌은 생식을 담당하고, 일벌은 먹이를 나르고 침입자를 막으며 알과 유충 등을 돌본다.

(가)~(다)에 해당하는 상호 작용을 옳게 짝 지은 것은?

	(가)	(나)	(다)
①	텃세	순위제	가족생활
②	텃세	가족생활	사회생활
③	순위제	사회생활	가족생활
④	사회생활	텃세	가족생활
⑤	가족생활	텃세	사회생활

실력을 올리는 실전 문제와
함께 보면 더 좋아요!

A 생태계 구성 요소 간의 관계

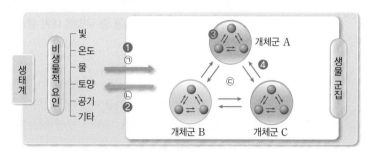

① 생물은 비생물적 요인인 빛, 온도, 물, 토양, 공기 등의 영향을 받아 여러 가지 적응 현상을 나타낸다. → 한 식물에서도 양엽과 음엽의 두께가 다른 것은 빛에 대한 적응 현상이고, 북극여우와 사막여우의 몸집과 귀의 크기가 다른 것은 온도에 대한 적응 현상이다.

② 생물도 비생물적 요인에 영향을 준다. → 생물의 호흡과 광합성은 공기의 조성에 영향을 주고, 지렁이는 토양 속을 파헤쳐 토양의 통기성을 높인다.

③ 같은 종의 개체들로 구성된 개체군 내의 상호 작용으로 텃세, 순위제, 리더제, 사회생활, 가족생활 등이 있다.

④ 서로 다른 개체군 간의 상호 작용으로 종간 경쟁, 분서, 포식과 피식, 공생, 기생 등이 있다.

① 생태계의 구성 요소 구분하기
- 생태계는 생물적 요인과 빛, 온도, 물, 토양, 공기 등의 비생물적 요인으로 구성된다.
- 생물적 요인은 생태계 내의 모든 생물이다. 일정한 지역에서 같은 종의 개체가 모여 개체군을 이루고, 여러 종의 개체군이 모여 군집을 이룬다. → 개체군 A, B, C는 각각 같은 종의 개체들로 구성되며, 개체군 A, B, C가 모여 생물 군집을 이룬다.

② 생태계 구성 요소 간의 관계 분석하기
- ㉠ – 작용: 비생물적 요인이 생물적 요인에 영향을 주는 것이다. → 바다의 깊이에 따라 주로 분포하는 해조류의 종류가 다른 것은 작용(㉠)의 예이다.
- ㉡ – 반작용: 생물적 요인이 비생물적 요인에 영향을 주는 것이다. → 지의류에 의해 암석의 풍화가 촉진되어 토양이 형성되는 것은 반작용(㉡)의 예이다.
- ㉢ – 상호 작용: 생물적 요인 사이에 영향을 주고받는 것이다. → 스라소니가 눈신토끼를 잡아먹는 것은 상호 작용(㉢)의 예이다.

실력을 올리는 실전 문제 찾아가기
- 작용, 반작용, 상호 작용을 구분하고 사례를 찾는 문제_03, 04

B 개체군의 생장 곡선

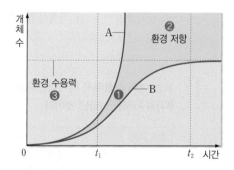

① A는 J자 모양으로 개체 수가 계속 증가하므로 이론상의 생장 곡선이고, B는 S자 모양으로 개체 수가 일정한 수준 이상으로는 증가하지 않으므로 실제의 생장 곡선이다.

② 환경 저항은 개체군의 생장을 억제하는 요인으로, 서식 공간과 먹이의 부족, 노폐물 축적, 개체 간의 경쟁, 질병 등이 여기에 해당한다. 개체군의 밀도가 커지면 환경 저항이 커지므로, B에서 환경 저항은 t_1일 때보다 t_2일 때 크다.

③ 환경 수용력은 주어진 환경 조건에서 서식할 수 있는 개체군의 최대 크기로, 물, 영양염류, 빛, 공간 등의 요인에 의해 결정된다. 따라서 다른 조건은 일정한 상태에서 먹이와 생활 공간이 증가하면 환경 수용력이 커진다.

① A와 B를 구분하고, 그 차이가 나타나는 까닭 이해하기
- A – 이론상의 생장 곡선: 생식 활동에 아무런 제약을 받지 않으면 개체군의 크기가 계속 증가한다. → 생장 곡선이 J자 모양을 나타낸다.
- B – 실제의 생장 곡선: 자연 상태에서는 개체군의 크기가 커지면 환경 저항이 증가하여 개체군의 생장이 점차 둔화한다. → 생장 곡선이 S자 모양을 나타낸다.
- 이론상의 생장 곡선(A)과 실제의 생장 곡선(B)의 차이는 서식 공간과 먹이 부족, 노폐물 축적과 같은 환경 저항 때문에 나타난다. → t_1에서 A와 B의 차이는 환경 저항 때문에 나타난다.

② t_1과 t_2 비교하기
- 개체 수 증가율은 단위 시간당 증가한 개체 수이므로, 그래프에서 접선의 기울기에 해당한다. → t_1일 때 접선의 기울기가 B보다 A에서 크므로, 개체 수 증가율은 B보다 A에서 크다.
- 실제의 생장 곡선(B)에서 개체 수는 t_1일 때보다 t_2일 때 많으며, 개체 수가 증가하면 환경 저항이 커진다. → B에서 개체군 밀도와 환경 저항은 t_1일 때보다 t_2일 때 크다.

실력을 올리는 실전 문제 찾아가기
- 이론상의 생장 곡선과 실제의 생장 곡선을 구분하고, 구간별 환경 저항의 크기와 개체 수 증가율을 비교하는 문제_06
- 생장 곡선에서 출생률과 사망률을 비교하고, 환경 수용력을 파악하는 문제_07

C 개체군의 생존 곡선

그림 (가)는 개체군의 생존 곡선을, (나)는 개체군의 사망률 곡선을 나타낸 것이다.

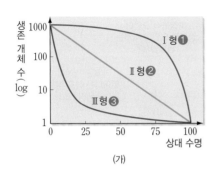

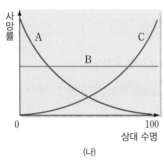

(가) (나)

① (가) 생존 곡선 분석하기
- Ⅰ형: 어린 개체의 사망률이 낮고, 노년에 사망률이 높으므로 부모가 자손을 보호하는 능력이 큰 사람, 코끼리 등 대형 포유류의 생존 곡선이다.
- Ⅱ형: 연령대에 따른 사망률이 비교적 일정하므로 초식 동물류, 조류, 히드라의 생존 곡선이다.
- Ⅲ형: 어린 개체의 사망률이 높으므로 물고기, 굴 등 어패류의 생존 곡선이다.
② (나) 사망률 곡선 분석하기
- A: 초기 사망률이 높지만, 생존한 소수 개체들의 사망률이 점차 감소하므로 Ⅲ형에 해당한다.
- B: 연령대에 따른 사망률이 일정하므로 Ⅱ형에 해당한다.
- C: 초기 사망률이 낮고 수명을 다하고 죽는 개체가 많으므로 Ⅰ형에 해당한다.

❶ 사람이나 코끼리와 같은 대형 포유류는 적은 수의 자손을 낳지만, 초기 사망률이 낮고 수명이 길어 대부분 성체로 생장한다. 따라서 개체 수가 완만하게 줄어들다가 후기에 개체 수가 급격히 줄어드는 Ⅰ형의 생존 곡선을 나타낸다.

❷ 히드라나 기러기는 출생 이후 개체 수가 일정한 비율로 줄어드는 Ⅱ형의 생존 곡선을 나타낸다.

❸ 굴이나 물고기는 많은 수의 알을 낳지만, 초기 사망률이 높아 성체로 생장하는 개체 수가 적은 Ⅲ형의 생존 곡선을 나타낸다.

실력을 올리는 실전 문제 찾아가기
- 생존 곡선의 유형별 특징과 그 유형을 나타내는 생물의 특징을 묻는 문제_08, 09

D 개체군의 주기적 변동

그림 (가)는 돌말 개체군, (나)는 눈신토끼와 스라소니 개체군의 개체 수 변동을 나타낸 것이다.

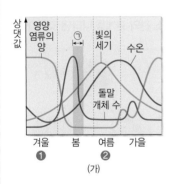

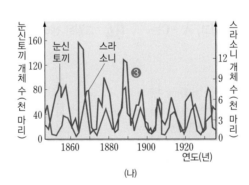

(가) (나)

① (가) 돌말 개체군의 계절적 변동 그래프 해석하기
- 돌말 개체군의 크기는 영양염류의 양, 빛의 세기, 수온 등의 계절적 변화에 따라 1년을 주기로 변동한다. → 영양염류의 양이 돌말 개체군의 크기에 영향을 주는 것은 작용의 예이다.
- 이른 봄에 영양염류가 풍부한 상태에서 빛의 세기가 강해지고 수온이 높아지면 돌말의 개체 수가 급격히 증가한다. 그러나 돌말의 개체 수 증가로 영양염류의 양이 급격히 감소하므로 구간 ㉠에서 돌말은 영양염류가 부족하여 개체 수가 급격히 감소한다.
② (나) 눈신토끼와 스라소니 개체군의 장기적 변동 그래프 해석하기
- 눈신토끼와 스라소니 개체군의 크기는 약 10년을 주기로 변동한다. → 눈신토끼의 개체 수 증감에 따라 스라소니의 개체 수도 증감하므로 눈신토끼가 피식자, 스라소니가 포식자이다.
- 피식자인 눈신토끼의 개체 수가 감소하면 포식자인 스라소니는 먹이 부족으로 환경 저항이 증가해 환경 수용력이 작아진다.

❶ 늦은 가을부터 겨울까지 영양염류는 풍부하지만, 빛의 세기가 약하고 수온이 낮아 돌말의 개체 수가 적다. → 늦은 가을부터 겨울까지 돌말 개체군의 생장을 제한하는 요인은 빛의 세기와 수온이다.

❷ 여름에는 빛의 세기가 강하고 수온이 높지만, 영양염류가 고갈되어 돌말의 개체 수가 적다. → 여름에 돌말 개체군의 생장을 제한하는 요인은 영양염류의 양이다.

❸ 피식자인 눈신토끼의 개체 수 증가 → 먹이 증가로 포식자인 스라소니의 개체 수 증가 → 천적 증가로 눈신토끼의 개체 수 감소 → 먹이 감소로 스라소니의 개체 수 감소 → 천적 감소로 눈신토끼의 개체 수 증가의 과정을 반복하여 눈신토끼와 스라소니 개체군의 크기가 주기적으로 변동한다.

실력을 올리는 실전 문제 찾아가기
- 돌말 개체군의 계절적 변동 그래프를 해석하는 문제_11
- 그래프를 해석하여 포식과 피식의 관계를 파악하는 문제_12

01 그림은 어떤 생태계를 구성하는 생물 A~C의 공통점과 차이점을, 표는 특징 ㉠과 ㉡을 순서 없이 나타낸 것이다. A~C는 각각 벼, 곰팡이, 메뚜기 중 하나이다.

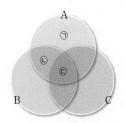

특징(㉠, ㉡)
• 스스로 무기물로부터 유기물을 합성할 수 없다.
• 생물의 사체나 배설물을 분해하여 에너지를 얻는다.

이에 대한 설명으로 옳은 것만을 〈보기〉에서 있는 대로 고른 것은?

보기
ㄱ. A는 곰팡이이다.
ㄴ. C는 이 생태계의 생산자이다.
ㄷ. '세포로 구성되어 있다.'는 ㉡에 해당한다.

① ㄱ   ② ㄷ   ③ ㄱ, ㄴ
④ ㄴ, ㄷ   ⑤ ㄱ, ㄴ, ㄷ

02 그림 (가)는 물질대사 ㉠과 ㉡에서의 에너지와 물질의 이동을, (나)는 어떤 생태계의 생물적 요인을 나타낸 것이다. ㉠과 ㉡은 각각 광합성과 세포 호흡 중 하나이고, A~C는 각각 버섯, 메뚜기, 풀 중 하나이다.

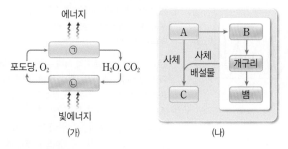

(가)   (나)

이에 대한 설명으로 옳은 것만을 〈보기〉에서 있는 대로 고른 것은?

보기
ㄱ. A와 B에서 모두 ㉠이 일어난다.
ㄴ. B에서 ㉡에 의해 빛에너지가 화학 에너지로 전환된다.
ㄷ. C는 사체와 배설물에 포함된 유기물을 분해한다.

① ㄱ   ② ㄴ   ③ ㄷ
④ ㄱ, ㄷ   ⑤ ㄴ, ㄷ

03 그림은 생태계 구성 요소 간의 관계를 분류 기준에 따라 분류한 것이다. B와 C는 상호 작용이다.

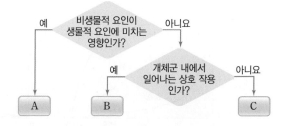

이에 대한 설명으로 옳은 것만을 〈보기〉에서 있는 대로 고른 것은?

보기
ㄱ. 한 식물에서도 위치에 따라 잎의 두께가 다른 것은 A에 해당한다.
ㄴ. 사슴의 수가 급격히 증가하면 초원이 황폐해지는 것은 B에 해당한다.
ㄷ. 바다의 깊이에 따라 주로 서식하는 해조류의 종류가 다른 것은 C에 해당한다.

① ㄱ   ② ㄴ   ③ ㄱ, ㄷ
④ ㄴ, ㄷ   ⑤ ㄱ, ㄴ, ㄷ

➔ 수능모의평가기출 변형

04 그림은 생태계 구성 요소 간의 관계를 나타낸 것이다.

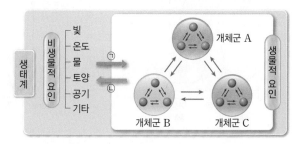

이에 대한 설명으로 옳은 것만을 〈보기〉에서 있는 대로 고른 것은?

보기
ㄱ. 개체군 A는 같은 종의 개체들로 구성되어 있다.
ㄴ. 스라소니가 눈신토끼를 잡아먹는 것은 ㉠에 해당한다.
ㄷ. 지의류에 의해 암석의 풍화가 촉진되어 토양이 형성되는 것은 ㉡에 해당한다.

① ㄱ   ② ㄷ   ③ ㄱ, ㄴ
④ ㄱ, ㄷ   ⑤ ㄴ, ㄷ

→ 수능기출 변형

05 그림 (가)는 식물 개체군 A의, (나)는 식물 개체군 B의 시간에 따른 개체 수를 나타낸 것이다. A는 지역 ㉠에, B는 지역 ㉡에 서식하며, ㉡의 면적은 ㉠의 2배이다.

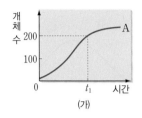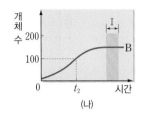

이에 대한 설명으로 옳은 것만을 〈보기〉에서 있는 대로 고른 것은?

| 보기 |

ㄱ. A와 B는 같은 군집에 속한다.

ㄴ. 구간 Ⅰ에서 B는 환경 저항을 받는다.

ㄷ. t_1에서 A의 개체군 밀도와 t_2에서 B의 개체군 밀도는 같다.

① ㄱ ② ㄴ ③ ㄷ
④ ㄴ, ㄷ ⑤ ㄱ, ㄴ, ㄷ

→ 수능기출 변형

06 그림의 A와 B는 각각 어떤 개체군의 이론상의 생장 곡선과 실제의 생장 곡선 중 하나를 나타낸 것이다.

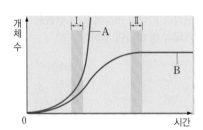

이에 대한 설명으로 옳은 것만을 〈보기〉에서 있는 대로 고른 것은?

| 보기 |

ㄱ. A는 생식에 제약이 없을 때 나타나는 생장 곡선이다.

ㄴ. B에서 환경 저항은 구간 Ⅰ에서보다 구간 Ⅱ에서 작다.

ㄷ. 구간 Ⅰ에서 개체 수 증가율은 A에서보다 B에서 크다.

① ㄱ ② ㄷ ③ ㄱ, ㄴ
④ ㄴ, ㄷ ⑤ ㄱ, ㄴ, ㄷ

07 그림은 어떤 개체군의 생장 곡선을 나타낸 것이다. A와 B는 각각 이론상의 생장 곡선과 실제의 생장 곡선 중 하나이며, K는 환경 수용력이다.

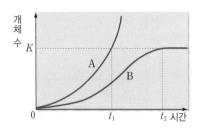

이에 대한 설명으로 옳은 것만을 〈보기〉에서 있는 대로 고른 것은?(단, 이 개체군에서 이입과 이출은 없다.)

| 보기 |

ㄱ. t_1에서 A와 B의 차이는 환경 저항 때문에 나타난다.

ㄴ. B에서 $\dfrac{\text{출생률}}{\text{사망률}}$은 t_2에서보다 t_1에서 크다.

ㄷ. 먹이와 생활 공간이 증가하여도 다른 조건이 일정하다면 K는 변화 없다.

① ㄱ ② ㄱ, ㄴ ③ ㄱ, ㄷ
④ ㄴ, ㄷ ⑤ ㄱ, ㄴ, ㄷ

08 그림은 개체군 생존 곡선의 2가지 유형 (가)와 (나)를, 표는 어떤 동물 개체군 A에서 같은 시기에 태어난 1000마리의 상대 수명에 따른 사망 개체 수를 나타낸 것이다.

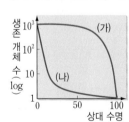

	상대 수명	사망 개체 수
㉠	1~33	984
㉡	34~66	12
㉢	67~100	4

이에 대한 설명으로 옳은 것만을 〈보기〉에서 있는 대로 고른 것은?

| 보기 |

ㄱ. A의 생존율은 ㉠보다 ㉡ 시기에 높다.

ㄴ. A의 생존 곡선 유형은 (나)이다.

ㄷ. (가) 유형의 동물은 (나) 유형의 동물보다 적은 수의 자손을 낳는다.

① ㄱ ② ㄴ ③ ㄱ, ㄷ
④ ㄴ, ㄷ ⑤ ㄱ, ㄴ, ㄷ

09 그림은 3종류의 동물 개체군 A~C에서 일정 시점에서 태어난 개체들의 시간에 따른 사망률을 나타낸 것이다. A~C는 각각 어류, 야생 조류, 대형 포유류 중 하나이다.

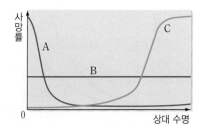

이에 대한 설명으로 옳은 것만을 〈보기〉에서 있는 대로 고른 것은?

┤ 보기 ├
ㄱ. A는 어류이다.
ㄴ. B는 출생 이후 개체 수가 일정한 비율로 줄어든다.
ㄷ. C는 한 개체로부터 태어나는 자손의 수가 가장 적다.

① ㄷ   ② ㄱ, ㄴ   ③ ㄱ, ㄷ
④ ㄴ, ㄷ   ⑤ ㄱ, ㄴ, ㄷ

10 그림은 개체군의 연령 피라미드를 유형별로 나타낸 것이다.

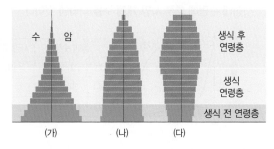

이에 대한 설명으로 옳은 것만을 〈보기〉에서 있는 대로 고른 것은?

┤ 보기 ├
ㄱ. (가)의 개체군은 개체 수가 점차 증가할 것으로 예상된다.
ㄴ. (나)의 개체군은 현재의 개체 수를 유지할 것이다.
ㄷ. (다)는 생식 후 연령층의 비율이 높은 안정형이다.

① ㄱ   ② ㄴ   ③ ㄷ
④ ㄱ, ㄴ   ⑤ ㄱ, ㄴ, ㄷ

11 그림은 계절에 따른 돌말의 개체 수와 돌말의 생장에 영향을 미치는 환경 요인 A~C의 변화량을 나타낸 것이다. A~C는 각각 영양염류의 양, 수온, 빛의 세기 중 하나이다.

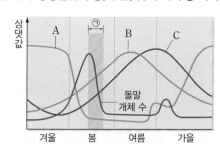

이에 대한 설명으로 옳은 것만을 〈보기〉에서 있는 대로 고른 것은?

┤ 보기 ├
ㄱ. A는 영양염류의 양이다.
ㄴ. 구간 ㉠에서 돌말의 개체 수 변화에 영향을 주는 주된 요인은 B이다.
ㄷ. A~C가 돌말 개체군의 크기에 영향을 주는 것은 생태계 구성 요소 간의 관계 중 작용에 해당한다.

① ㄴ   ② ㄷ   ③ ㄱ, ㄴ
④ ㄱ, ㄷ   ⑤ ㄱ, ㄴ, ㄷ

12 그림 (가)는 생물종 A의 생장 곡선을, (나)는 어떤 생태계에서 포식과 피식의 관계에 있는 생물종 A와 B의 시간에 따른 개체 수를 나타낸 것이다.

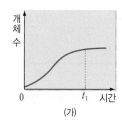 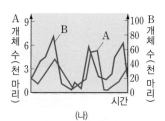

이에 대한 설명으로 옳은 것만을 〈보기〉에서 있는 대로 고른 것은?

┤ 보기 ├
ㄱ. t_1일 때 A는 환경 저항을 받는다.
ㄴ. B는 A의 포식자이다.
ㄷ. 이 생태계에서 B의 개체 수가 감소하면 A의 환경 수용력이 커진다.

① ㄱ   ② ㄴ   ③ ㄷ
④ ㄱ, ㄷ   ⑤ ㄴ, ㄷ

13 다음은 개체군 내에서 일어나는 상호 작용 (가)와 (나)의 사례를 나타낸 것이다.

> (가) 서로 다른 곳에 있던 여러 마리의 닭을 한 닭장에 넣고 모이를 주면 한동안 서로 쪼며 싸우다가 모이를 먹는 순서가 정해진다.
> (나) 늑대 개체군에서 우두머리 늑대는 무리의 이동이나 사냥감을 결정한다.

이에 대한 설명으로 옳은 것만을 〈보기〉에서 있는 대로 고른 것은?

> 보기
> ㄱ. (가)는 순위제, (나)는 리더제이다.
> ㄴ. (가)와 (나)는 모두 개체들 간의 불필요한 경쟁을 피하기 위한 것이다.
> ㄷ. (가)와 (나)에서 모두 개체군 내의 모든 개체들 사이에 서열이 정해진다.

① ㄱ   ② ㄷ   ③ ㄱ, ㄴ
④ ㄱ, ㄷ   ⑤ ㄴ, ㄷ

→ 수능모의평가기출 변형

14 그림은 어떤 하천에서 은어가 세력권을 형성하여 생활하는 것을 나타낸 것이다.

이 자료에 나타난 개체군 내의 상호 작용과 가장 관련이 깊은 것은?

① 원숭이는 새끼들과 무리를 이루어 생활한다.
② 우두머리 기러기는 리더가 되어 무리를 이끈다.
③ 물개는 다른 물개가 자기 영역을 침입하면 경계한다.
④ 피라미와 갈겨니는 냇물의 서로 다른 위치에서 생활한다.
⑤ 큰뿔양은 비슷한 크기의 뿔을 가진 숫양끼리 뿔치기를 통해 순위를 가린다.

15 그림은 생태계 구성 요소 간의 관계를, 자료는 어떤 호수 생태계에 대한 설명이다. A와 B는 각각 생산자와 분해자 중 하나이며, 생물 군집 내의 화살표는 유기물의 이동 방향을 나타낸다.

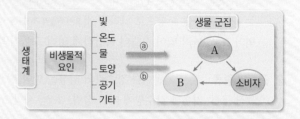

> 호수에 오염 물질이 유입되고 수온이 상승하면서 호수에 서식하는 ㉠식물 플랑크톤의 개체 수가 급격하게 증가하였다. 녹색을 띠는 광합성 색소를 가진 플랑크톤의 증식으로 강물의 색이 변하였고, 플랑크톤의 급격한 증식은 호수에 서식하는 ㉡물고기들의 생존에 나쁜 영향을 미쳤다.

이에 대한 설명으로 옳은 것만을 〈보기〉에서 있는 대로 고른 것은?

> 보기
> ㄱ. ㉠은 B에 해당한다.
> ㄴ. ㉠이 ㉡에 영향을 미치는 것은 개체군 간의 상호 작용에 해당한다.
> ㄷ. 오염 물질의 유입과 수온의 상승으로 식물 플랑크톤의 개체 수가 급격하게 증가한 것은 ⓐ에 해당한다.

① ㄱ   ② ㄴ   ③ ㄱ, ㄷ
④ ㄴ, ㄷ   ⑤ ㄱ, ㄴ, ㄷ

15 군집

1 군집의 특성　자료 분석 특강 182쪽 A

1 군집의 구성　군집은 여러 종류의 개체군으로 구성된다.

① 먹이 사슬: 생산자 → 1차 소비자 → 2차 소비자 → … → 최종 소비자 순으로 먹고 먹히는 관계를 사슬 모양으로 나타낸 것 먹이 사슬의 각 단계를 영양 단계라고 한다.

② 먹이 그물: 여러 먹이 사슬이 복잡하게 얽혀 그물처럼 나타나는 것 → 먹이 그물이 복잡할수록 안정된 생태계이다.

2 군집의 종류　주로 기온이나 강수량의 영향을 받아 형성되는 군집의 종류가 달라진다.

① 육상 군집: 기온과 강수량에 따라 삼림, 초원, 사막으로 나타난다.

삼림	강수량이 많고 식물이 자라기에 온도가 적당한 지역에 형성된다.┐ ⓔ 열대 우림, 상록 활엽수림, 낙엽 활엽수림, 침엽수림　육상의 대표적인 군집이다.
초원	삼림보다 강수량이 적은 지역에 형성되며, 지표면의 50 % 이상이 초본 식물로 덮여 있다. ⓔ 열대 초원(사바나), 온대 초원
사막	강수량이 매우 적고 바람이 강한 지역에 형성되며, 환경에 적응한 몇몇 식물만 자란다. ⓔ 열대 사막, 온대 사막, 한대 사막(툰드라)

└선인장과 같은 일부 식물만 자란다.　└이끼류와 같은 일부 식물만 자란다.

② 수생 군집: 하천, 강, 호수에 형성되는 담수 군집과 바다에 형성되는 해수 군집이 있다.

3 군집의 생태 분포　서식하는 지역의 환경 요인에 따라 나타나는 식물 군집의 분포❶

┌ 기온, 강수량 등

① 수직 분포: 고도에 따른 식물 군집의 분포로, 주로 기온 차이에 의해 나타난다.

② 수평 분포: 위도에 따른 식물 군집의 분포로, 기온과 강수량 차이에 의해 나타난다.

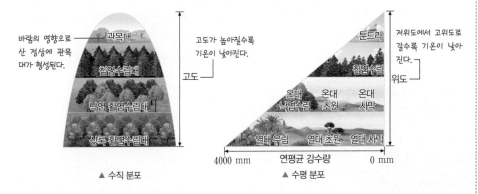

바람의 영향으로 산 정상에 관목대가 형성된다. 관목대 / 침엽수림대 / 낙엽 활엽수림대 / 상록 활엽수림대　고도가 높아질수록 기온이 낮아진다. 고도

저위도에서 고위도로 갈수록 기온이 낮아진다. 위도　툰드라 / 침엽수림 / 온대 낙엽수림 / 온대 초원 / 온대 사막 / 열대 우림 / 열대 초원 / 열대 사막

4000 mm　연평균 강수량　0 mm

▲ 수직 분포　　▲ 수평 분포

4 군집의 층상 구조　삼림 군집은 빛의 세기, 온도 등에 따라 수직적인 층상 구조가 나타난다.

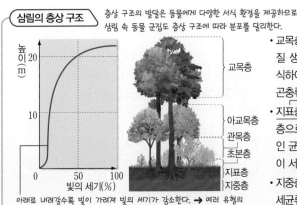

삼림의 층상 구조

층상 구조의 발달은 동물에게 다양한 서식 환경을 제공하므로 삼림 속 동물 군집도 층상 구조에 따라 분포를 달리한다.

높이(m) 20 / 10 / 0　50　100　빛의 세기(%)

교목층 / 아교목층 / 관목층 / 초본층 / 지표층 / 지중층

• 교목층, 아교목층, 관목층, 초본층: 물질 생산에 관여하는 식물이 주로 서식하여 광합성층이라고 하며, 조류와 곤충류가 서식한다.❷ ─선태층이라고도 한다.

• 지표층: 낙엽이나 썩은 나무가 있는 층으로, 생산자인 선태식물, 분해자인 균류, 소비자인 지네, 딱정벌레 등이 서식한다.

• 지중층: 부식질이 많은 층으로, 균류, 세균류, 지렁이 등이 서식한다.

아래로 내려갈수록 빛이 가려져 빛의 세기가 감소한다. → 여러 유형의 식물들이 햇빛을 최대로 활용할 수 있는 구조로 되어 있다.

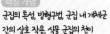

한눈에 정리하는 출제 경향

• 군집 내 개체군 간의 상호 작용 해석하기
• 군집의 천이 과정 및 1차 천이와 2차 천이 구분하기

핵심 개념

군집의 특성, 방형구법, 군집 내 개체군 간의 상호 작용, 식물 군집의 천이

plus 개념

❈ **생태적 지위**

한 개체군이 군집 내에서 차지하는 서식 공간(공간 지위)과 먹이 사슬에서 차지하는 위치(먹이 지위)를 합친 것으로, 군집 내 개체군 간에는 생태적 지위를 유지하기 위해 다양한 상호 작용이 일어난다.

❶ **고도와 위도에 따른 생태 분포**

• 한 지역에서 고도가 높아질수록 기온이 낮아져 활엽수림 → 침엽수림으로 변한다.
• 저위도에서 고위도로 갈수록 기온이 낮아져 열대 우림 → 낙엽수림 → 침엽수림으로 변한다.

❷ **교목, 아교목, 관목**

• 교목: 뿌리에서 한 개의 굵은 줄기가 나와서 자라는 나무로, 보통 높이가 8 m 이상이다. ⓔ 소나무, 참나무
• 아교목: 교목과 모양이 비슷하지만 교목보다 작은 나무로, 보통 높이가 2 m~8 m이다. ⓔ 단풍나무, 붉나무
• 관목: 뿌리에서 여러 개의 줄기가 나와서 자라는 나무로, 보통 높이가 2 m 이하이다. ⓔ 개나리, 산철쭉

5 **식물 군집의 조사** 군집의 특성이나 기능 등을 연구하기 위해서는 식물 군집을 구성하고 있는 종들에 대한 정확한 조사가 필요하다.

① 군집의 종 구성

우점종	생물량과 개체 수가 많고, 넓은 공간을 차지하여 군집을 대표하는 종 → 군집의 구조와 환경에 큰 영향을 미친다. 삼림의 이름은 우점종의 이름을 따서 붙이는 경우가 많다.
지표종	특정 환경 조건을 충족하는 군집에서만 볼 수 있는 종 예 양서류(서식지의 환경 파괴 정도를 알 수 있는 지표종), 지의류(대기오염의 지표종)❸
핵심종	우점종은 아니지만, 군집의 구조에 결정적인 영향을 미치는 종 예 수달(습지 생태계의 핵심종), 불가사리(바닷가 바위 생태계의 핵심종), 멧돼지(현재 삼림 생태계의 핵심종)
희소종	개체 수가 매우 적어 보호가 필요한 종 ─ 군집을 구성하는 개체군 중 개체 수가 가장 적은 종이다. 예 동강할미꽃, 깽깽이풀

② **식물 군집의 조사 방법**: 식물 군집을 조사할 때는 주로 방형구법을 이용한다.
• 방형구법: 조사할 지역에 방형구를 설치하고, 방형구 안에 있는 식물의 종류와 각 식물 종의 개체 수(밀도), 출현 비율(빈도), 지표를 덮고 있는 정도(피도)를 조사하는 방법이다.❹
• 중요치: 상대 밀도, 상대 빈도, 상대 피도를 합한 값이다. → 중요치가 가장 큰 종이 그 군집의 우점종이다. 방형구법을 이용하면 전체 군집의 특성을 이해할 수 있다.

$$\text{• 밀도} = \frac{\text{특정 종의 개체 수}}{\text{전체 방형구의 면적}(m^2)}$$

$$\text{• 상대 밀도}(\%) = \frac{\text{특정 종의 밀도}}{\text{조사한 모든 종의 밀도의 합}} \times 100$$

$$\text{• 빈도} = \frac{\text{특정 종이 출현한 방형구 수}}{\text{전체 방형구의 수}}$$

$$\text{• 상대 빈도}(\%) = \frac{\text{특정 종의 빈도}}{\text{조사한 모든 종의 빈도의 합}} \times 100$$

$$\text{• 피도} = \frac{\text{특정 종이 차지한 면적}(m^2)❺}{\text{전체 방형구의 면적}(m^2)}$$

$$\text{• 상대 피도}(\%) = \frac{\text{특정 종의 피도}}{\text{조사한 모든 종의 피도의 합}} \times 100$$

• 중요치＝상대 밀도＋상대 빈도＋상대 피도

확인 문제 **1**

1 식물 군집의 (　　　)은/는 서식하는 지역의 기온, 강수량 등의 영향을 받아 나타나는 식물 군집의 분포이다.

2 (　　　)은/는 생물량과 개체 수가 많고, 넓은 공간을 차지하여 군집을 대표하는 종이다.

3 중요치는 상대 밀도, 상대 빈도, 상대 피도를 합한 값이다. (○, ×)

---

❷ **군집 내 개체군 간의 상호 작용** 자료 분석 특강 183쪽 C

1 **종간 경쟁** 먹이나 서식 공간 등 한정된 자원을 차지하기 위해 생태적 지위가 비슷한 개체군 사이에는 경쟁이 일어난다.
① 생태적 지위가 많이 겹칠수록 경쟁이 심하게 일어난다.
② 경쟁·배타 원리: 두 개체군 사이에 경쟁이 심하게 일어난 결과 경쟁에서 이긴 개체군은 살아남아 생장하지만, 경쟁에서 진 개체군은 도태되어 사라진다.

단독 배양하면 두 종 모두 정상적인 S자 모양의 생장 곡선을 나타낸다.

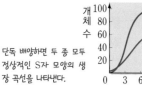
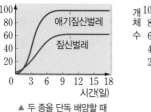

▲ 두 종을 단독 배양할 때 　　▲ 두 종을 혼합 배양할 때

혼합 배양하면 경쟁에서 이긴 애기짚신벌레 종만 살아남고, 경쟁에서 진 짚신벌레 종은 사라진다.
→ 경쟁·배타 원리가 적용되었다.

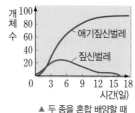

---

plus 개념

❸ **지의류**
조류(algae)와 균류(fungi)가 상리 공생하는 생물체이다. 지의류는 대기 중 이산화 황의 농도가 0.03 ppm 이상이 되면 살 수 없으므로, 대기오염 정도를 알 수 있는 지표종이다.

❹ **방형구**
군집조사에 이용하는 정사각형이나 직사각형 모양의 표본이다. 군집의 종류와 특성에 따라 다른 크기의 방형구를 이용하며, 수중 저서 생물이나 고착성 동물 등을 조사할 때도 방형구를 이용한다.

❺ **피도 계급**
피도 계산 시 특정 종이 차지하는 면적을 정확히 측정하기 어려우면 피도 계급을 이용한다.

피도 계급	방형구를 덮은 면적
1	5 % 이하
2	5 %~25 %
3	25 %~50 %
4	50 %~75 %
5	75 % 이상

용어 돋보기

• **빈도**(자주 頻, 정도 度): 일정 면적에 식물이 어느 정도 자주 출현하는가를 나타내는 수치이다.
• **피도**(덮을 被, 정도 度): 식물의 지상부가 땅을 덮고 있는 비율을 나타내는 수치이다.

15 군집

2 분서(생태 지위 분화) 생태적 지위가 비슷한 개체군들이 경쟁을 피하기 위해 먹이의 종류를 바꾸거나 활동 시기, 생활 공간 등을 달리하는 것
ⓔ 피라미와 은어(먹이와 서식지 분리), 아메리카솔새(생활 공간 분리)❻

3 포식과 피식 서로 다른 개체군 사이에서 나타나는 먹고 먹히는 관계 ─초식과 육식이 모두 해당된다.
ⓔ 스라소니(포식자)와 눈신토끼(피식자), 사자(포식자)와 영양(피식자)
└ 피식자의 천적이라고 한다.

4 공생과 기생

공생	서로 다른 두 개체군이 밀접한 관계를 맺으면서 함께 생활하는 것 • 상리 공생: 두 개체군이 모두 이익을 얻는 경우 　ⓔ 청소놀래기와 도미, 흰동가리와 말미잘, 콩과식물과 뿌리혹박테리아❼ • 편리공생: 두 개체군 중 한쪽만 이익을 얻고, 다른 쪽은 이익도 손해도 없는 경우 　ⓔ 황로와 들소, 해삼과 숨이고기, 빨판상어와 거북❽
기생	한 개체군(기생자)이 다른 개체군(숙주)에 피해를 주면서 함께 생활하는 것 ⓔ 사람과 기생충, 나무와 겨우살이

3 식물 군집의 천이　자료 분석 특강 182쪽 B

1 1차 천이 토양이 형성되지 않은 곳에서 시작되는 식물 군집의 천이

건성 천이	용암 대지와 같이 건조한 곳에서 시작되는 천이이다. 　┌ 천이를 시작하는 식물(생물)　　　마지막의 안정된 군집 용암 대지 → 지의류(개척자) → 초원 → 관목림 → 양수림 → 혼합림 → 음수림(극상)
습성 천이	호수에서 시작되는 천이로, 호수에 유기물이 유입되고 토양이 퇴적되면서 시작된다. 빈영양호 → 부영양호 → 습원 → 초원 → 관목림 → 양수림 → 혼합림 → 음수림(극상)

습생 식물이 개척자

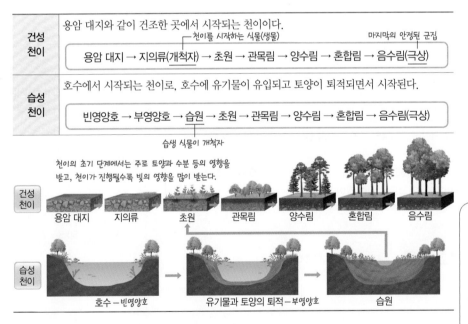

천이의 초기 단계에서는 주로 토양과 수분 등의 영향을 받고, 천이가 진행될수록 빛의 영향을 많이 받는다.

건성 천이: 용암 대지　지의류　초원　관목림　양수림　혼합림　음수림

습성 천이: 호수-빈영양호　유기물과 토양의 퇴적-부영양호　습원

2 2차 천이 기존의 식물 군집이 산불이나 홍수, 산사태 등으로 훼손되어 불모지가 된 후 다시 시작되는 천이 ➜ 토양에 수분과 유기물이 충분하므로 초원에서부터 시작되며, 1차 천이에 비해 진행 속도가 빠르다.

확인 문제 2 3
4 생태적 지위가 비슷한 두 개체군은 먹이, 서식지 등을 차지하기 위해 (　　　)을/를 한다.
5 함께 생활하는 두 개체군이 모두 이익을 얻는 상호 작용을 (　　　)(이)라고 한다.
6 군집의 천이 과정에서 천이를 시작하는 식물(생물)을 (　　　), 마지막 안정된 군집을 (　　　)(이)라고 한다.

---

❻ 아메리카솔새의 분서

북미 지역에 서식하는 아메리카솔새는 경쟁을 피하기 위해 같은 전나무 내에서 여러 종이 다른 높이와 위치에서 먹이를 먹는 분서(생태 지위 분화)를 한다.

❼ 콩과식물과 뿌리혹박테리아의 상리 공생
콩과식물은 뿌리혹박테리아에게 양분을 공급하고, 뿌리혹박테리아는 공기 중의 질소를 식물이 이용할 수 있는 형태로 고정하여 콩과식물에게 공급한다.

❽ 빨판상어와 거북의 편리공생
빨판상어는 거북의 몸에 붙어 먹이를 얻고 쉽게 이동하는 등의 이익을 얻지만, 거북은 빨판상어로부터 별다른 영향을 받지 않아 이익도 손해도 없다.

궁금하지?

Q. 양수림에서 음수림으로 천이가 일어나는 까닭은 무엇일까?
A. 강한 빛에서 잘 자라는 양수가 자라면서 빛을 가려 그늘이 생기면 약한 빛에서도 잘 자라는 음수가 자라 혼합림을 이루고, 이에 따라 지표면에 도달하는 빛의 양이 줄어들면서 양수의 어린 나무는 자라지 못해 음수림으로 천이가 일어난다.

용어 돋보기
• **분서**(나눌 分, 살 棲): 서식지 등을 나누어 사는 것이다.
• **천이**(옮길 遷, 옮길 移): 일정한 지역에서 군집을 구성하고 있는 종들이 시간에 따라 변해 가는 현상이다.

1 군집의 특성

01 군집의 구성에 대한 설명으로 옳은 것만을 〈보기〉에서 있는 대로 고른 것은?

┤ 보기 ├
ㄱ. 먹이 그물이 복잡할수록 군집이 안정적이다.
ㄴ. 식물 군집에서 중요치가 가장 큰 종을 핵심종이라고 한다.
ㄷ. 생태적 지위는 한 개체군이 먹이 사슬에서 차지하는 위치만을 의미한다.

① ㄱ   ② ㄷ   ③ ㄱ, ㄴ
④ ㄴ, ㄷ   ⑤ ㄱ, ㄴ, ㄷ

02 그림은 어떤 군집의 먹이 그물을 나타낸 것이다.

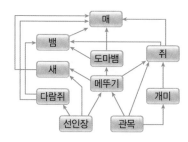

이 먹이 그물에 대한 설명으로 옳은 것만을 〈보기〉에서 있는 대로 고르시오.

┤ 보기 ├
ㄱ. 선인장과 관목은 생산자이다.
ㄴ. 메뚜기가 사라지면 매도 사라진다.
ㄷ. 메뚜기와 개미는 공통의 먹이를 두고 서로 경쟁한다.

03 다음은 어떤 식물 군집의 특성을 설명한 것이다.

- 기온이 높고 강수량이 많은 열대 지방에 발달해 있다.
- 많은 종류의 목본과 초본 개체군을 포함한다.

이와 같은 특성을 보이는 식물 군집으로 가장 적절한 것은?

① 열대 사막   ② 열대 우림   ③ 열대 초원
④ 온대 사막   ⑤ 온대 초원

04 그림은 어떤 숲에서 높이에 따른 빛의 세기와 층상 구조를 나타낸 것이다.

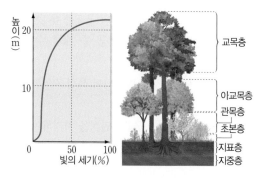

이에 대한 설명으로 옳은 것만을 〈보기〉에서 있는 대로 고른 것은?

┤ 보기 ├
ㄱ. 지중층에는 지렁이, 세균 등이 서식한다.
ㄴ. 교목층에서 광합성이 가장 활발하게 일어난다.
ㄷ. 교목층에서 초본층으로 갈수록 약한 빛을 이용하여 광합성을 한다.

① ㄴ   ② ㄱ, ㄴ   ③ ㄱ, ㄷ
④ ㄴ, ㄷ   ⑤ ㄱ, ㄴ, ㄷ

05 그림은 군집의 수직 분포를, 표는 A~D에 해당하는 군집을 순서 없이 나타낸 것이다.

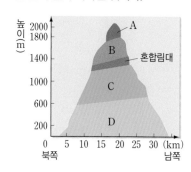

A~D
관목대
낙엽 활엽수림대
상록 활엽수림대
침엽수림대

이에 대한 설명으로 옳은 것만을 〈보기〉에서 있는 대로 고른 것은?

┤ 보기 ├
ㄱ. B는 낙엽 활엽수림대이다.
ㄴ. A~D 중 평균 키가 가장 작은 군집은 A이다.
ㄷ. A~D의 분포에 영향을 미치는 주요 요인은 기온이다.

① ㄱ   ② ㄴ   ③ ㄷ
④ ㄱ, ㄴ   ⑤ ㄴ, ㄷ

06 식물 군집에서 우점종에 대한 설명으로 옳은 것은?

① 중요치가 가장 작은 식물

② 개체 수는 적지만 군집의 구조를 유지하는 식물

③ 군집을 구성하는 개체군 중 개체 수가 가장 적은 식물

④ 특정 지역에서만 발견되어 특정 지역의 환경 상태를 알 수 있는 식물

⑤ 개체 수가 많고, 넓은 면적을 차지하여 군집을 대표하는 식물

07 다음은 방형구법으로 식물 군집을 조사하는 과정을 설명한 것이다. ( ) 안에 들어갈 알맞은 말을 쓰시오.

> (가) 조사하고자 하는 곳에 방형구를 설치하고, 방형구 안에 있는 모든 식물 종의 (㉠), 빈도, 피도를 조사한다.
> (나) 각 식물 종의 (㉡), 상대 빈도, 상대 피도를 계산하여 중요치를 구한다.
> (다) 중요치가 가장 큰 식물 종이 이 군집의 (㉢)이다.

(중요)

08 그림은 풀밭에 $1\,m \times 1\,m$의 방형구를 설치한 후 방형구 안에 있는 식물 종 A~C의 분포를 나타낸 것이다.

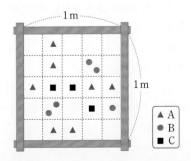

A~C 중 상대 밀도가 가장 큰 종을 쓰시오(단, 방형구에 나타낸 각 도형은 식물 1개체를 의미한다.).

2 군집 내 개체군 간의 상호 작용

(중요)

09 군집 내 개체군 간의 상호 작용과 그 예로 옳지 않은 것은?

① 포식과 피식: 스라소니는 눈신토끼의 개체 수 변동에 영향을 미친다.

② 분서(생태 지위 분화): 피라미는 은어가 이주해 오면 서식지와 먹이를 달리한다.

③ 종간 경쟁: 두 종의 짚신벌레를 함께 배양하면 한 종은 사라지고, 한 종만 살아남는다.

④ 상리 공생: 흰동가리는 말미잘의 먹이를 유인하고, 말미잘은 흰동가리를 보호한다.

⑤ 기생: 빨판상어는 거북의 몸에 붙어 먹이를 얻고 쉽게 이동하지만, 거북은 별다른 영향을 받지 않는다.

(서술형)

10 그림은 종 A~F의 생태적 지위를 나타낸 것이다.

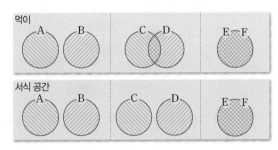

경쟁이 가장 치열할 것으로 예상되는 두 종을 쓰고, 그 까닭을 설명하시오.

(서술형)

11 그림 (가)는 A종과 B종을 각각 단독 배양하였을 때, (나)는 A종과 B종을 혼합 배양하였을 때 시간에 따른 개체 수를 나타낸 것이다. (가)와 (나)에서 초기 개체 수와 배양 조건은 동일하다.

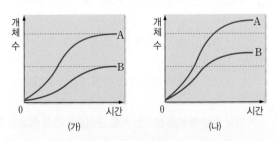

혼합 배양 시 A종과 B종 사이에 일어난 상호 작용을 쓰고, 그렇게 판단한 까닭을 설명하시오.

12 다음은 생물 간의 상호 작용에 대한 자료이다.

> (가) 콩과식물의 뿌리에 사는 뿌리혹박테리아는 콩
> 과식물에게 질소 화합물을 공급하고, 콩과식물
> 은 뿌리혹박테리아에게 영양분을 공급한다.
> (나) 피라미는 은어가 없는 하천에서는 하천의 중앙
> 에 살면서 조류를 먹지만, 은어가 이주해 오면
> 은어가 하천 중앙에서 조류를 먹고, 피라미는
> 가장자리로 이동하여 수서 곤충을 먹는다.

이에 대한 설명으로 옳은 것만을 〈보기〉에서 있는 대로 고른 것은?

> ┤ 보기 ├
> ㄱ. (가)는 서로 다른 개체군 간의 상호 작용이다.
> ㄴ. (가)에서 콩과식물과 뿌리혹박테리아는 상리 공
> 생 관계이다.
> ㄷ. (나)에서 피라미와 은어 사이에 경쟁·배타 원
> 리가 적용된다.

① ㄱ ② ㄷ ③ ㄱ, ㄴ
④ ㄴ, ㄷ ⑤ ㄱ, ㄴ, ㄷ

ℐ중요

13 표는 개체군 간의 상호 작용을 나타낸 것이다. (가)~(다)는 각각 종간 경쟁, 기생, 상리 공생 중 하나이다.

상호 작용	개체군 A	개체군 B
(가)	손해	이익
(나)	이익	이익
(다)	손해	손해

이에 대한 설명으로 옳은 것만을 〈보기〉에서 있는 대로 고른 것은?

> ┤ 보기 ├
> ㄱ. (가)에서 경쟁·배타 원리가 적용된다.
> ㄴ. 청소놀래기가 도미의 아가미와 입속 찌꺼기를
> 먹어 청소해 주는 것은 (나)에 해당한다.
> ㄷ. (다)는 두 개체군의 생태적 지위가 많이 겹칠수
> 록 심해진다.

① ㄱ ② ㄴ ③ ㄷ
④ ㄱ, ㄴ ⑤ ㄴ, ㄷ

3 식물 군집의 천이

14 다음은 건성 천이 과정을 순서 없이 나타낸 것이다.

> (가) 초본류가 들어와 초원을 형성한다.
> (나) 소나무, 전나무 등이 양수림을 형성한다.
> (다) 신갈나무, 떡갈나무 등이 음수림을 형성한다.
> (라) 지의류가 들어와 토양이 형성되고, 이끼류가
> 자란다.

(가)~(라)를 일어나는 순서대로 나열하시오.

ℐ중요

15 그림은 어떤 지역의 식물 군집에서 산불이 난 후의 천이 과정을 나타낸 것이다. A~C는 각각 양수림, 음수림, 초원 중 하나이다.

A → 관목림 → B → 혼합림 → C

이에 대한 설명으로 옳은 것만을 〈보기〉에서 있는 대로 고르시오.

> ┤ 보기 ├
> ㄱ. A의 우점종은 초본류이다.
> ㄴ. B는 양수림이다.
> ㄷ. B에서 C로의 천이 과정에서 토양이 가장 중요
> 한 환경 요인으로 작용한다.

16 (가)와 (나)는 서로 다른 두 지역에서 일어나는 천이 과정을 각각 나타낸 것이다.

> (가) 산불 → 초원 → 관목림 → 양수림 → 혼합림
> → 음수림
> (나) 용암 대지 → 지의류 → 초원 → 관목림 → 양
> 수림 → 혼합림 → 음수림

이에 대한 설명으로 옳은 것은?

① (가)는 1차 천이 과정이다.
② (나)는 습성 천이 과정이다.
③ (가)보다 (나)에서 천이의 진행 속도가 빠르다.
④ (가)와 (나)에서 모두 음수림이 극상을 이룬다.
⑤ (가)와 (나)에서 천이가 진행될수록 지표면에 도달하는 햇빛의 양은 증가한다.

실력을 올리는 실전 문제와 함께 보면 더 좋아요!

A 방형구법을 이용한 식물 군집의 조사

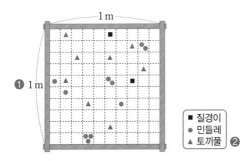

- 질경이
- 민들레 ❶
- 토끼풀 ❷

① 상대 밀도, 상대 빈도, 상대 피도 구하기: 각 식물 종의 밀도, 빈도, 피도를 구하고, 이로부터 상대 밀도, 상대 빈도, 상대 피도를 계산하면 표와 같다. 피도는 피도 계급을 이용한다.

식물	밀도 (개체 수/m²)	빈도	피도(계급)	상대 밀도(%)	상대 빈도(%)	상대 피도(%)
질경이	2	0.02	1	10	12.5	20
민들레	10	0.06	2	50	37.5	40
토끼풀	8	0.08	2	40	50.0	40

② 중요치 구하기: 상대 밀도, 상대 빈도, 상대 피도를 합한 값이 중요치이다. → 중요치가 질경이는 42.5, 민들레는 127.5, 토끼풀은 130.0이다.

③ 우점종 알아내기: 중요치가 가장 큰 종이 우점종이므로 이 군집의 우점종은 토끼풀이다.

❶ 밀도는 단위 면적당 특정 종의 개체 수, 빈도는 특정 종이 출현한 방형구 수의 비율, 피도는 특정 종이 차지하고 있는 면적을 나타낸다.
→ 방형구 전체의 면적은 1 m²이므로 밀도는 각 식물 종의 개체 수와 같다.
→ 이 방형구가 100개의 칸으로 이루어져 있으므로 빈도는 $\dfrac{특정 종이 출현한 칸 수}{100}$로 계산한다.

❷ 밀도가 작아도 빈도와 피도가 큰 경우가 있으므로 우점종은 밀도(개체 수)만으로 정하지 않으며, 중요치가 가장 큰 종이 우점종이다. → 밀도는 민들레가 토끼풀보다 크지만, 중요치는 토끼풀이 민들레보다 크므로 이 군집의 우점종은 토끼풀이다.

실력을 올리는 실전 문제 찾아가기

· 방형구법을 이용하여 특정 종의 상대 밀도와 빈도를 구하는 문제_04
· 개체 수를 제시한 표를 이용하여 우점종을 알아내는 문제_05

B 군집의 천이

(가)

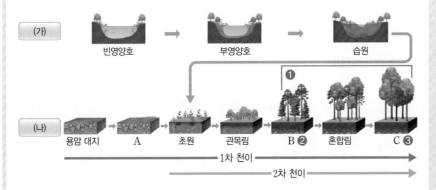

빈영양호 → 부영양호 → 습원

(나)

용암 대지 → A → 초원 → 관목림 → B ❷ → 혼합림 → C ❸

1차 천이
2차 천이

① (가)와 (나) 구분하기
· (가)-습성 천이: 호수(빈영양호)에서 시작되며, 습생 식물이 개척자로 들어와 습원이 형성된 후 초원 → 관목림 → 양수림 → 혼합림을 거쳐 음수림이 극상을 이룬다.
· (나)-건성 천이: 용암 대지와 같이 건조한 곳에서 시작되며, 지의류가 개척자로 들어와 토양이 형성된 후 초원 → 관목림 → 양수림 → 혼합림을 거쳐 음수림이 극상을 이룬다.
→ A는 개척자인 지의류이고, B는 양수림, C는 음수림이다.

② 2차 천이 이해하기: 2차 천이는 기존의 식물 군집이 산불이나 산사태 등으로 불모지가 된 후 시작되는 천이이다. 개척자가 초본류이며, 1차 천이에 비해 빠르게 진행된다.

③ 천이 후기 단계에서 영향을 미치는 환경 요인 파악하기: 양수림이 발달하여 숲이 우거지면 지표면에 도달하는 빛의 양이 줄어들어 약한 빛에서도 잘 자라는 음수로 이루어진 음수림이 형성된다. → B에서 C로 천이가 진행되는 과정에서는 빛이 중요한 환경 요인으로 작용한다.

❶ 빛의 세기가 약한 곳에서는 양수의 어린 나무보다 음수의 어린 나무가 잘 자라므로 양수림(B)이 형성되어 숲에 그늘이 생기면 양수보다 음수의 어린 나무가 더 잘 자라 음수림(C)으로 천이가 이루어진다.

❷ 강한 빛에 적응한 양수의 잎은 울타리 조직이 발달하여 약한 빛에 적응한 음수의 잎보다 두껍다. 따라서 잎의 평균 두께는 C에서보다 B에서 더 두껍다.

❸ 음수림(C)에 산불이 나면 토양이 남아 있으므로 초본류가 개척자가 되어 2차 천이가 일어난다.

실력을 올리는 실전 문제 찾아가기

· 천이 과정의 그림을 제시하고, 각 단계의 특징을 묻는 문제_12, 13
· 양수림에서 음수림으로의 천이 과정과 빛의 세기를 연관 지어 묻는 문제_14, 16

C 군집 내 개체군 간의 상호 작용

CASE 1 단독 배양했을 때와 혼합 배양했을 때의 그래프만 제시하는 경우

그림 (가)는 종 A와 B를 각각 단독 배양했을 때, (나)는 A와 B를 혼합 배양했을 때 시간에 따른 개체 수를 나타낸 것이다.

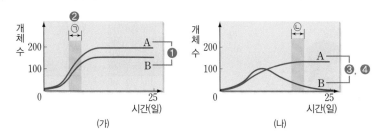

(가)　　　　　　　　　　(나)

① (가) 단독 배양했을 때의 그래프 해석하기
- 실제의 생장 곡선은 S자 모양인데, A와 B는 각각 S자 모양의 생장 곡선을 나타낸다.
- 출생률이 사망률보다 크면 개체군의 개체 수가 증가한다. 구간 ㉠에서 A와 B 모두 개체 수가 증가하므로 이 구간에서 A와 B 모두 출생률이 사망률보다 크다.

② (나) 혼합 배양했을 때의 그래프 해석하기
- 생태적 지위가 비슷한 두 개체군은 먹이나 서식 공간 등을 차지하기 위해 종간 경쟁을 하며, 경쟁이 심하게 일어나면 경쟁에서 이긴 개체군은 살아남아 생장하지만, 경쟁에서 진 개체군은 도태되어 사라진다. → 경쟁·배타 원리
- 시간이 지남에 따라 A는 살아남아 생장하지만, B는 사라진다. → 혼합 배양 시 A와 B 사이에 일어난 상호 작용은 종간 경쟁이며, 경쟁·배타 원리가 적용되었다.
- 환경 저항은 개체군의 생장을 억제하는 요인인데, 구간 ㉡에서 A는 개체 수가 거의 증가하지 않으며, B는 개체 수가 감소하므로 A와 B 모두에 환경 저항이 작용한다.

CASE 2 개체군 간의 손해, 이익 관계와 그래프를 함께 제시하는 경우

표는 종 사이의 상호 작용을 나타낸 것이며, ㉠과 ㉡은 각각 기생과 상리 공생 중 하나이다. 그림 (가)는 종 A와 B를 각각 단독 배양했을 때, (나)는 A와 B를 혼합 배양했을 때 시간에 따른 개체 수를 나타낸 것이다.

상호 작용	종 1	종 2
㉠	손해	ⓐ
㉡	이익	이익

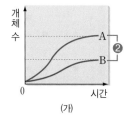 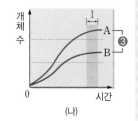

(가)　　　　　　　　　　(나)

① ㉠과 ㉡ 구분하기
- 기생은 한 개체군(기생자)이 다른 개체군(숙주)에 피해를 주면서 함께 사는 상호 작용이고, 상리 공생은 함께 생활하는 두 개체군이 모두 이익을 얻는 상호 작용이다. → 종 1과 2가 모두 이익을 얻는 상호 작용인 ㉡이 상리 공생이므로 ㉠은 기생이다.
- 기생의 경우 한 개체군은 손해를 보고, 다른 한 개체군은 이익을 얻으므로 ⓐ는 '이익'이다.

② 그래프를 해석하여 A와 B의 상호 작용 알아내기
- 단독 배양했을 때보다 혼합 배양했을 때 A와 B 모두 개체군 크기가 증가했으므로 (나)에서 A와 B 사이에 일어난 상호 작용은 두 개체군이 모두 이익을 얻는 상리 공생(㉡)이다.
- 구간 Ⅰ에서 A와 B는 모두 개체 수가 거의 증가하지 않으므로 A와 B 모두 환경 저항을 받는다.

❶ 단독 배양했을 때 A와 B의 생장 곡선은 모두 S자 모양을 나타내므로 (가)에서 A와 B는 모두 환경 저항을 받는다.

❷ 그래프에서 접선의 기울기는 개체군의 생장률을 의미하는데, 구간 ㉠에서 접선의 기울기는 A가 B보다 크다. 따라서 구간 ㉠에서 개체군의 생장률은 A가 B보다 크다.

❸ 혼합 배양했을 때 A만 살아남고, B는 사라졌다. 이는 A와 B 사이에 종간 경쟁이 심하게 일어난 결과이므로 A와 B는 생태적 지위가 많이 겹친다는 것을 알 수 있다.

❹ (나)에서 A는 단독 배양했을 때보다 개체군의 최대 크기가 작아졌고, B는 사라졌으므로 종간 경쟁은 두 개체군에 모두 손해를 입히는 상호 작용이다.

❶ 두 개체군이 모두 이익을 얻는 상호 작용은 상리 공생(㉡)이고, 한 개체군은 손해를 보고 다른 한 개체군은 이익을 얻는 상호 작용은 기생(㉠)이다.

❷ 단독 배양했을 때 A와 B는 모두 환경 저항의 영향으로 S자 모양의 생장 곡선을 나타낸다.

❸ 혼합 배양했을 때 A와 B 모두 단독 배양했을 때보다 개체 수가 증가했으므로 A와 B는 상리 공생 관계이다. → A와 B의 관계는 뿌리혹박테리아와 콩과식물의 관계와 같다.

실력을 올리는 실전 문제 찾아가기
- 두 종의 상호 작용 결과 나타나는 개체 수 변화 그래프를 해석하는 문제_07, 08
- 두 종 사이에 일어난 상호 작용을 손해, 이익 관계와 그래프를 해석하여 알아내는 문제_09, 11

실력을 올리는 실전 문제

01 다음은 군집의 구성에 대한 학생 A~C의 의견이다.

> 먹이 지위와 공간 지위를 합쳐서 생태적 지위라고 해.

> 우점종은 특정 환경에서만 출현하므로 우점종을 통해 환경 조건을 예측할 수 있어.

> 먹이 사슬은 생산자에서 최종 소비자까지 먹고 먹히는 관계를 사슬 모양으로 나타낸 거야.

학생 A　　　학생 B　　　학생 C

제시한 의견이 옳은 학생만을 있는 대로 고른 것은?

① A　　　　② B　　　　③ C
④ A, C　　　⑤ A, B, C

02 그림은 3가지 군집 A~C의 평균 기온과 평균 강수량을 나타낸 것이다. A~C는 각각 사막, 툰드라, 열대 우림 중 하나이다.

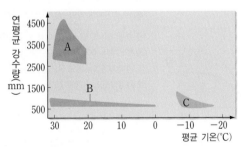

이에 대한 설명으로 옳은 것만을 〈보기〉에서 있는 대로 고른 것은?

┤ 보기 ├
ㄱ. B는 사막이다.
ㄴ. C에는 주로 선인장이 서식한다.
ㄷ. 서식하는 생물의 종류는 A에서보다 B에서 많다.

① ㄱ　　　　② ㄴ　　　　③ ㄷ
④ ㄱ, ㄴ　　⑤ ㄱ, ㄴ, ㄷ

03 그림 (가)와 (나)는 식물 군집의 수직 분포와 수평 분포를 순서 없이 나타낸 것이다.

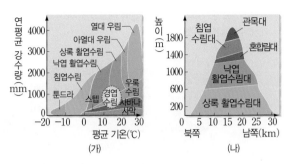

(가)　　　(나)

이에 대한 설명으로 옳은 것만을 〈보기〉에서 있는 대로 고른 것은?

┤ 보기 ├
ㄱ. (가)는 수평 분포, (나)는 수직 분포이다.
ㄴ. 저위도의 습한 지역에서 침엽수림이 발달한다.
ㄷ. (나)에서 고도가 높은 곳일수록 높은 온도에서 잘 자라는 식물이 군집을 이룬다.

① ㄱ　　　　② ㄷ　　　　③ ㄱ, ㄴ
④ ㄱ, ㄷ　　⑤ ㄴ, ㄷ

↪ 수능모의평가기출 변형

04 그림은 서로 다른 지역에 동일한 크기의 방형구 A와 B를 설치하여 조사한 식물 종의 분포를 나타낸 것이다.

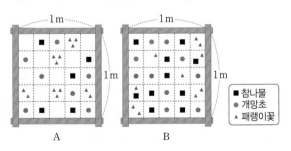

A　　　B

이에 대한 설명으로 옳은 것만을 〈보기〉에서 있는 대로 고른 것은?(단, 방형구에 나타낸 각 도형은 식물 1개체를 의미하며, 제시된 종 이외의 종은 고려하지 않는다.)

┤ 보기 ├
ㄱ. A에서 개망초의 상대 밀도는 28 %이다.
ㄴ. 참나물의 빈도는 B에서가 A에서의 2배이다.
ㄷ. 식물의 종 수는 A보다 B에서 많다.

① ㄱ　　　　② ㄷ　　　　③ ㄱ, ㄴ
④ ㄴ, ㄷ　　⑤ ㄱ, ㄴ, ㄷ

바른답・알찬풀이 68쪽

⤷ 수능기출 변형

05 표는 어떤 저수지의 동일한 지점에서 계절별로 물을 떠서 동물 플랑크톤을 채집한 후, 물 **1 L**당 들어 있는 종 **A～F**의 개체 수를 조사한 결과이다.

계절＼종	A	B	C	D	E	F	합계
봄	1350	3000	300	250	100	5	5005
여름	1790	1500	500	250	200	10	4250
가을	500	1000	1200	250	150	5	3105

이에 대한 설명으로 옳은 것만을 〈보기〉에서 있는 대로 고른 것은?(단, 상대 밀도는 어떤 지역에서 조사한 모든 종의 개체 수에 대한 특정 종의 개체 수를 백분율로 나타낸 것이다.)

보기
ㄱ. D의 계절별 상대 밀도는 동일하다.
ㄴ. 우점종은 계절별로 다르다.
ㄷ. F는 희소종이다.

① ㄱ 　② ㄷ 　③ ㄱ, ㄴ
④ ㄴ, ㄷ 　⑤ ㄱ, ㄴ, ㄷ

⤷ 수능모의평가기출

06 수생 식물 종 A와 종 B 사이의 상호 작용이 A와 B의 생장에 미치는 영향을 알아보기 위하여, A와 B를 인공 연못 ㉠～㉢에 심고 일정 시간이 지난 후 수심에 따른 생물량을 조사하였다. 그림 (가)는 A를 ㉠에, B를 ㉡에 각각 심었을 때의 결과를, (나)는 A와 B를 ㉢에 혼합하여 심었을 때의 결과를 나타낸 것이다.

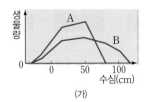 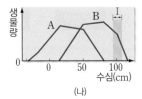

(가)　(나)

이에 대한 설명으로 옳은 것만을 〈보기〉에서 있는 대로 고른 것은?(단, A와 B를 각각 심은 것과 혼합하여 심은 것 이외의 조건은 동일하다.)

보기
ㄱ. B가 서식하는 수심의 범위는 (가)에서가 (나)에서보다 넓다.
ㄴ. I 에서 A가 생존하지 못한 것은 경쟁・배타의 결과이다.
ㄷ. (나)에서 A는 B와 한 개체군을 이룬다.

① ㄱ 　② ㄴ 　③ ㄱ, ㄴ
④ ㄱ, ㄷ 　⑤ ㄴ, ㄷ

07 그림 (가)는 상호 작용 하는 개체군 A와 B의 시간에 따른 개체 수를, (나)는 (가)의 $t_1 \sim t_2$ 동안의 개체 수 변화를 구간 I ～ IV로 구분하여 나타낸 것이다.

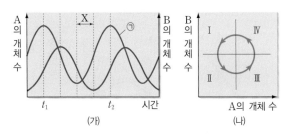

(가)　(나)

이에 대한 설명으로 옳은 것만을 〈보기〉에서 있는 대로 고른 것은?

보기
ㄱ. ㉠은 A의 개체 수 변화이다.
ㄴ. (가)의 구간 X는 (나)의 I 에 해당한다.
ㄷ. A와 B 사이에 일어나는 상호 작용은 포식과 피식이다.

① ㄱ 　② ㄴ 　③ ㄷ
④ ㄱ, ㄷ 　⑤ ㄴ, ㄷ

⤷ 수능모의평가기출 변형

08 그림 (가)는 어떤 생태계 내 일부 요소들 간의 관계를, (나)는 종 ⓐ와 ⓑ를 단독 배양과 혼합 배양했을 때 시간에 따른 개체 수를 나타낸 것이다. 개체군 A～C는 동일한 군집 내에서 서식한다.

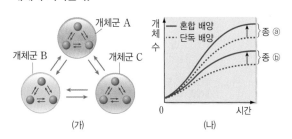

(가)　(나)

이에 대한 설명으로 옳은 것만을 〈보기〉에서 있는 대로 고른 것은?

보기
ㄱ. 개체군 A는 최소 두 종 이상의 생물로 구성된다.
ㄴ. (가)에서 개체군 내 상호 작용의 예로 분서(생태 지위 분화)가 있다.
ㄷ. (나)의 ⓐ와 ⓑ 사이에 상리 공생이 일어났다.

① ㄱ 　② ㄷ 　③ ㄱ, ㄴ
④ ㄱ, ㄷ 　⑤ ㄴ, ㄷ

09 그림 (가)는 종 A와 B를 단독 배양했을 때, (나)는 A와 B를 혼합 배양했을 때 시간에 따른 개체 수를, 표는 종 사이의 상호 작용을 나타낸 것이다. ㉠~㉢은 각각 종간 경쟁, 기생, 상리 공생 중 하나이다.

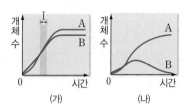

상호 작용	종 1	종 2
㉠	손해	이익
㉡	손해	ⓐ
㉢	이익	ⓑ

이에 대한 설명으로 옳은 것만을 〈보기〉에서 있는 대로 고른 것은?

┤ 보기 ├
ㄱ. 구간 Ⅰ에서 A와 B 모두 출생률이 사망률보다 크다.
ㄴ. 혼합 배양했을 때 A와 B 사이에 일어난 상호 작용은 ㉡이다.
ㄷ. ⓐ는 '손해', ⓑ는 '이익'이다.

① ㄱ   ② ㄴ   ③ ㄷ
④ ㄴ, ㄷ   ⑤ ㄱ, ㄴ, ㄷ

10 그림은 생물 간의 상호 작용 4가지를 분류하는 과정을 나타낸 것이다.

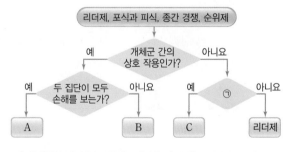

이에 대한 설명으로 옳은 것만을 〈보기〉에서 있는 대로 고른 것은?

┤ 보기 ├
ㄱ. 경쟁·배타 원리는 A에서 적용될 수 있다.
ㄴ. 눈신토끼와 스라소니의 관계는 C에 해당한다.
ㄷ. '모든 구성원들의 서열이 정해져 있는가?'는 ㉠에 해당한다.

① ㄱ   ② ㄴ   ③ ㄷ
④ ㄱ, ㄷ   ⑤ ㄴ, ㄷ

11 그림 (가)는 종 A와 B를 혼합 배양할 때 시간에 따른 개체 수를, (나)는 종 사이의 상호 작용을 나타낸 것이다. (가)에서 A와 B의 상호 작용은 (나)의 ㉠과 ㉡ 중 하나이며, ㉠과 ㉡은 각각 종간 경쟁과 상리 공생 중 하나이다. K는 A와 B를 단독 배양했을 때의 최대 개체 수이다.

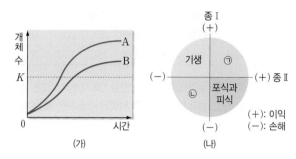

이에 대한 설명으로 옳은 것만을 〈보기〉에서 있는 대로 고른 것은?

┤ 보기 ├
ㄱ. (가)에서 A와 B는 모두 환경 저항을 받는다.
ㄴ. (가)에서 A와 B 사이의 상호 작용은 ㉠이다.
ㄷ. ㉡의 결과 한 종이 사라질 수 있다.

① ㄱ   ② ㄷ   ③ ㄱ, ㄴ
④ ㄴ, ㄷ   ⑤ ㄱ, ㄴ, ㄷ

12 그림은 어떤 지역에서 일어나는 천이 과정을 나타낸 것이다.

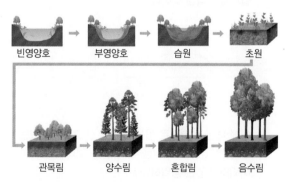

이에 대한 설명으로 옳은 것만을 〈보기〉에서 있는 대로 고른 것은?

┤ 보기 ├
ㄱ. 습성 천이 과정이다.
ㄴ. 이 천이 과정에서 음수림이 극상을 이룬다.
ㄷ. 개척자인 지의류가 들어와 토양이 형성된다.

① ㄴ   ② ㄷ   ③ ㄱ, ㄴ
④ ㄱ, ㄷ   ⑤ ㄱ, ㄴ, ㄷ

13 그림은 어떤 지역의 식물 군집에서 산불이 발생하기 전과 발생한 후의 천이 과정 일부를 나타낸 것이다. A~C는 각각 초원, 음수림, 양수림 중 하나이다.

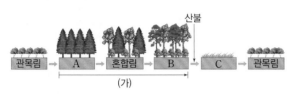

이에 대한 설명으로 옳은 것만을 〈보기〉에서 있는 대로 고른 것은?

| 보기 |
ㄱ. (가) 과정에서 시간이 지날수록 지표면에 도달하는 빛의 양은 감소한다.
ㄴ. 잎의 평균 두께는 A에서보다 B에서 더 두껍다.
ㄷ. C의 우점종은 지의류이다.

① ㄱ   ② ㄴ   ③ ㄷ
④ ㄱ, ㄷ   ⑤ ㄴ, ㄷ

14 그림은 어떤 식물 군집에 산불이 난 후의 천이 과정에서 관찰된 식물 종 A~C의 생물량 변화를 나타낸 것이다. A~C는 각각 양수림, 음수림, 초원의 우점종 중 하나이다.

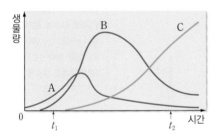

이에 대한 설명으로 옳은 것만을 〈보기〉에서 있는 대로 고른 것은?

| 보기 |
ㄱ. 토양에 수분과 유기물이 충분한 상태에서 천이가 시작된다.
ㄴ. 빛이 약한 곳에서 B는 C보다 더 잘 생장한다.
ㄷ. 지표면에 도달하는 빛의 세기는 t_2일 때가 t_1일 때보다 약하다.

① ㄱ   ② ㄴ   ③ ㄱ, ㄷ
④ ㄴ, ㄷ   ⑤ ㄱ, ㄴ, ㄷ

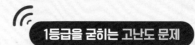
➔수능기출

15 그림은 어떤 해안가에 서식하는 두 종의 따개비 A와 B의 분포를, 자료는 A와 B의 특성을 나타낸 것이다.

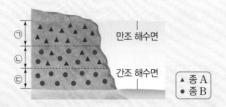

- A는 B보다 건조에 강하다.
- A를 제거해도 B의 서식 범위는 변하지 않는다.
- B를 제거하면 A는 ⓒ에도 서식한다.

이에 대한 설명으로 옳은 것만을 〈보기〉에서 있는 대로 고른 것은?

| 보기 |
ㄱ. B가 ㉠에 서식하지 않는 것은 경쟁·배타의 결과이다.
ㄴ. ⓛ에서 B는 환경 저항을 받는다.
ㄷ. B를 모두 제거하면 ⓒ에서 A의 개체군 밀도가 증가한다.

① ㄱ   ② ㄴ   ③ ㄱ, ㄷ   ④ ㄴ, ㄷ   ⑤ ㄱ, ㄴ, ㄷ

16 그림은 어떤 지역에서 일어난 천이 과정을 나타낸 것이다. A~C는 각각 음수림, 지의류, 양수림 중 하나이다.

A → 초원 → 관목림 → B → 혼합림 → C
├────── I ──────┤├────── Ⅱ ──────┤

이에 대한 설명으로 옳은 것만을 〈보기〉에서 있는 대로 고른 것은?

| 보기 |
ㄱ. I 과정 말기에 산불이 날 경우 개척자는 A이다.
ㄴ. Ⅱ 과정에 가장 큰 영향을 준 환경 요인은 빛이다.
ㄷ. 혼합림에서 양수 어린 나무의 피도는 음수 어린 나무의 피도보다 크다.

① ㄱ   ② ㄴ   ③ ㄷ   ④ ㄴ, ㄷ   ⑤ ㄱ, ㄴ, ㄷ

16 에너지 흐름과 물질 순환

한눈에
정리하는 출제 경향

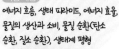

• 에너지 흐름 과정을 알고 에너지 효율 계산하기
• 탄소와 질소 순환 과정 이해하기
• 생태계 평형 유지 원리 이해하기

핵심 개념
에너지 흐름, 생태 피라미드, 에너지 효율, 물질의 생산과 소비, 물질 순환(탄소 순환, 질소 순환), 생태계 평형

1 에너지 흐름 자료 분석 특강 194쪽 A

1 에너지 흐름 태양의 빛에너지는 생산자의 광합성에 의해 생태계 내로 유입되고, 이 에너지는 유기물의 형태로 먹이 사슬을 따라 한 방향으로 흐르고 순환하지 않는다.

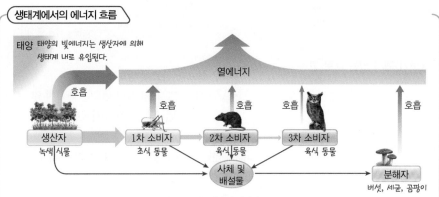

생태계에서의 에너지 흐름

태양 태양의 빛에너지는 생산자에 의해 생태계 내로 유입된다.

열에너지

호흡

생산자
녹색 식물

1차 소비자
초식 동물

2차 소비자
육식 동물

3차 소비자
육식 동물

사체 및 배설물

분해자
버섯, 세균, 곰팡이

① 생태계에 공급되는 에너지의 근원은 태양의 빛에너지이다.
② 태양의 빛에너지는 생산자의 광합성을 통해 유기물 속의 화학 에너지로 전환된다.
③ 유기물에 저장된 에너지 중 일부는 생산자의 생명 활동에 쓰이고, 일부는 먹이 사슬을 따라 소비자에게 전달된다. → 각 영양 단계에서 유기물 속의 화학 에너지는 생물의 호흡을 통해 열에너지 형태로 전환되어 방출되므로 상위 영양 단계로 갈수록 전달되는 에너지양이 감소한다.
④ 생물의 사체나 배설물 속의 에너지는 분해자의 호흡을 통해 최종적으로 열에너지 형태로 전환되어 방출된다.

> 생태계에서의 에너지 전환: 태양의 빛에너지 → 유기물에 저장된 화학 에너지 → 열에너지

plus 개념

❶ 생태계를 구성하는 영양 단계
각 영양 단계에서 생물의 생명 활동에 사용되거나 사체와 배설물의 형태로 방출되고 남은 에너지만 다음 영양 단계로 전달된다. 따라서 상위 영양 단계로 갈수록 사용할 수 있는 에너지양이 줄어들기 때문에 영양 단계가 길어지면 상위 영양 단계의 생물은 생존에 필요한 에너지를 얻기 어렵다.
→ 영양 단계는 계속 연결되지 못하고 몇 단계로 제한된다.

2 생태 피라미드 먹이 사슬에서 각 영양 단계에 속하는 생물의 개체 수, 생물량, 에너지양을 하위 영양 단계부터 순서대로 쌓아올린 것
→ 일반적으로 상위 영양 단계로 갈수록 줄어들어 피라미드 모양이 된다. ❶

오해하지마!

개체 수, 생물량, 에너지양은 상위 영양 단계로 갈수록 감소하여 피라미드 모양을 나타내지만, 에너지 효율, 개체의 크기, 생물 농축 정도는 일반적으로 상위 영양 단계로 갈수록 증가한다.

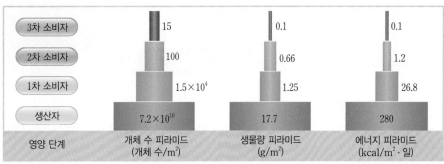

영양 단계	개체 수 피라미드 (개체 수/m²)	생물량 피라미드 (g/m²)	에너지 피라미드 (kcal/m²·일)
3차 소비자	15	0.1	0.1
2차 소비자	100	0.66	1.2
1차 소비자	1.5×10⁴	1.25	26.8
생산자	7.2×10¹⁰	17.7	280

▲ 생태 피라미드

3 에너지 효율 먹이 사슬의 한 영양 단계에서 다음 영양 단계로 전달되는 에너지의 비율
→ 일반적으로 상위 영양 단계로 갈수록 에너지 총량은 감소하지만, 에너지 효율은 증가하는 경향이 있다. ❷ 상위 영양 단계로 갈수록 개체의 몸집이 커져 단위 질량당 에너지 소모가 적고, 에너지를 효율적으로 이용하기 때문이다.

$$에너지 효율(\%) = \frac{현 영양 단계가 보유한 에너지 총량}{전 영양 단계가 보유한 에너지 총량} \times 100$$

❷ 에너지 효율
에너지 효율은 생태계에 따라 차이가 있으며, 일반적으로 5 %~20 % 범위에 있다.

3차 소비자
2차 소비자
1차 소비자
생산자

▲ 에너지 효율 피라미드

2 물질의 생산과 소비 　자료 분석 특강 194쪽 B

일반적으로 육상 생태계의 순생산량이
해양 생태계의 순생산량보다 많다.

1 식물 군집의 물질 생산과 소비

① **총생산량**: 생산자가 일정 기간 동안 광합성을 통해 생산한 유기물의 총량[3]

② **순생산량**: 총생산량 중 생산자의 호흡에 사용되고 남은 유기물의 양

③ **생장량**: 순생산량 중 피식량과 고사량, 낙엽량을 제외하고 생산자에 남아 있는 유기물의 양
　└ 1차 소비자(초식 동물)의 섭식량에 해당한다.

④ **생물량**: 현재 군집이 가지고 있는 유기물의 총량 현존량 또는 생체량이라고도 한다.

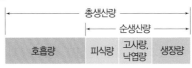

▲ 생산자의 총생산량

총생산량			
	순생산량		
호흡량	피식량	고사량, 낙엽량	생장량

2 식물 군집의 생산량

① **천이 초기 단계의 군집**: 극상에 도달한 군집에 비해 개체군의 수와 종류는 적지만 순생산량은 많다. 대부분 초본이고 빠르게 생장하기 때문

② **극상에 도달한 군집**: 총생산량과 호흡량이 균형을 이루어 순생산량이 적다.

확인 문제 1 2

1 생태계에서 화학 에너지는 먹이 사슬을 따라 유기물의 형태로 이동한다. (○, ×)

2 상위 영양 단계로 갈수록 에너지양은 ( )하고, 에너지 효율은 ( )하는 경향이 있다.

3 생산자가 광합성을 통해 생산한 유기물의 총량을 ( )(이)라고 한다.

4 순생산량은 총생산량에서 ( )을/를 뺀 값이다.

---

3 물질 순환 　자료 분석 특강 195쪽 C, D

물질은 환경에서 생물 군집 내로 유입된 후 먹이 사슬을 따라 이동하고,
최종적으로 분해자에 의해 환경으로 돌아간다. 즉, 생물과 비생물 환경 사
이를 순환한다.

1 탄소 순환
대기나 물속의 탄소(C)는 생산자의 광합성을 통해 생물체 내로 유입되고, 생물의 호흡을 통해 대기 중으로 돌아간다.

탄소 순환 과정

① 생산자는 대기나 물속의 이산화 탄소(CO_2)를 흡수하여 광합성을 통해 포도당과 같은 유기물을 합성한다.

② 유기물은 먹이 사슬을 따라 소비자에게 전달되며, 호흡을 통해 분해되어 이산화 탄소 형태로 대기나 물속으로 돌아간다.

③ 생물의 사체나 배설물 속의 유기물은 분해자의 호흡을 통해 분해되어 이산화 탄소 형태로 대기나 물속으로 돌아간다.

④ 일부 생물의 사체는 석탄, 석유와 같은 화석 연료가 되며, 화석 연료는 연소되어 이산화 탄소 형태로 대기 중으로 돌아간다. → 화석 연료의 사용 증가는 대기 중 이산화 탄소 농도 증가의 원인이 될 수 있다.[5]

2 질소 순환
대기 중의 질소(N_2)는 질소 고정 세균 등에 의해 고정되어 식물에 흡수된 후 단백질, 핵산 등으로 합성되고, 분해자에 의해 분해된 후 탈질산화 세균에 의해 대기 중으로 돌아간다.[6]

---

plus 개념

[3] 생산량에 영향을 미치는 요인
• 육상 생태계: 식물의 종류, 빛의 세기, 온도, 일조 시간, 토양 속 수분 함량, 토양 속 무기염류의 양 등 환경의 영향을 받는다.
• 호소나 해양 생태계: 물속의 온도, 무기염류의 양, 질소와 인의 영향을 많이 받는다.

[4] 화석 연료
생물의 사체가 땅속에 묻혀 오랜 시간 동안 열과 압력을 받아 화석화되어 만들어진 연료

[5] 지구 온난화
숲의 벌채 등에 의해 식물의 광합성량이 감소하고 산업 발전에 따른 화석 연료의 사용량 증가로 대기 중 이산화 탄소 농도가 증가함으로써 온실 효과가 증대되어 지구의 평균 기온이 상승하는 현상이다.

[6] 질소 고정이 필요한 까닭
질소 기체(N_2)는 대기 성분의 78 %를 차지하지만, 매우 안정한 물질이기 때문에 대부분의 생물은 대기 중의 질소를 직접 이용하지 못한다. 따라서 질소 고정 과정을 거쳐 암모늄 이온(NH_4^+)이나 질산 이온(NO_3^-)으로 전환되어야 식물이 흡수하여 이용할 수 있다.

용어 돋보기

• **피식량**(당할 被, 먹을 食, 헤아릴 量): 식물 군집의 순생산량 중 1차 소비자에게 먹힌 유기물의 양이다.

• **고사량**(마를 枯, 죽을 死, 헤아릴 量): 낙엽이나 줄기, 가지, 뿌리가 말라 죽어 사라진 유기물의 양이다.

16 에너지 흐름과 물질 순환

질소 순환 과정

① 질소 고정 작용: 대기 중의 질소 기체(N_2)는 토양 속의 질소 고정 세균(뿌리혹박테리아, 아조토박터 등)에 의해 암모늄 이온(NH_4^+)으로 고정되거나 공중 방전에 의해 질산 이온(NO_3^-)으로 고정된다.

② 질산화 작용: 토양 속의 암모늄 이온은 질산화 세균(아질산균, 질산균)에 의해 질산 이온으로 전환된다.

③ 질소 동화 작용: 식물은 뿌리를 통해 토양 속의 암모늄 이온이나 질산 이온을 흡수하여 단백질, 핵산과 같은 질소 화합물을 합성한다. 합성된 질소 화합물은 먹이 사슬을 따라 소비자에게 전달된다.

④ 분해자의 작용: 생물의 사체나 배설물에 포함된 질소 화합물은 분해자에 의해 암모늄 이온으로 분해되어 토양으로 돌아간다.

⑤ 탈질산화 작용: 토양 속의 질산 이온 중 일부는 탈질산화 세균에 의해 질소 기체가 되어 대기 중으로 돌아간다.

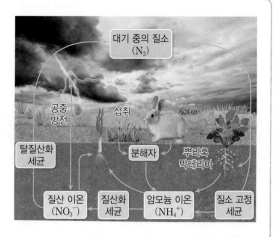

3 에너지 흐름과 물질 순환 비교 생태계 내에서 에너지는 한 방향으로 흐르다가 생태계 밖으로 빠져나가지만, 물질은 생물과 비생물 환경 사이를 끊임없이 순환한다.

└ 생태계가 유지되려면 태양의 빛에너지가 계속 유입되어야 한다.

4 생태계 평형
안정된 생태계에서는 생산자의 물질 생산과, 소비자와 분해자의 물질 소비가 균형을 이루어 물질 순환이 안정적으로 이루어진다. 또, 먹이 사슬에 따른 에너지 흐름도 원활하게 이루어진다.

1 생태계 평형 생태계를 구성하는 생물 군집의 종류나 개체 수, 물질의 양, 에너지 흐름이 안정된 상태를 유지하는 것 → 생물종 수가 많고 먹이 그물이 복잡할수록 생태계 평형이 잘 유지된다.

생태계 평형 회복 과정
안정적인 먹이 그물을 형성하고 있는 생태계는 외부의 간섭이 없다면 일시적으로 평형이 파괴되어도 자체적으로 회복될 힘을 가지고 있다.

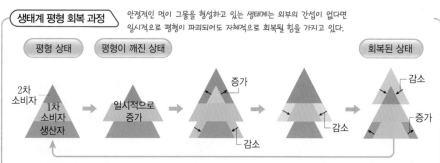

평형 상태 / 평형이 깨진 상태 / 회복된 상태

2차 소비자 / 1차 소비자 / 생산자 / 일시적으로 증가 / 증가 / 감소 / 감소 / 증가

• 생태계 유지 원리: 먹이 사슬은 생태계 평형을 유지하는 기초가 된다. → 어느 한 영양 단계의 개체 수가 일시적으로 증가하거나 감소하여도 시간이 지나면 먹이 사슬에 의해 평형을 회복한다.
• 생태계 평형 회복 과정: 1차 소비자 증가 → 2차 소비자(포식자) 증가, 생산자(피식자) 감소 → 이로 인해 1차 소비자 감소 → 1차 소비자의 감소로 2차 소비자(포식자) 감소, 생산자(피식자) 증가 → 생태계 평형 회복

2 생태계 평형의 파괴 홍수·산불 등의 자연재해, 사람의 개발 활동, 먹이 사슬의 변화 등에 의해 생태계가 가진 자기 조절 능력의 한계를 넘으면 생태계 평형이 파괴될 수 있다.❼

확인 문제 ③④

5 생태계에서 탄소는 이산화 탄소의 형태로 먹이 사슬을 따라 이동한다. (○, ×)

6 생태계 내에서 에너지와 물질은 모두 생물과 비생물 환경 사이를 순환한다. (○, ×)

7 생태계 평형은 ( )이/가 복잡할수록 잘 유지된다.

---

❼ 사람의 간섭에 의한 생태계 평형 파괴 사례
미국 카이바브 고원에서 사슴을 보호하기 위해 1905년 이후 30년 동안 사슴의 포식자인 늑대 등의 사냥을 허용한 결과 그림과 같은 변화가 나타났다.

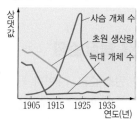

상댓값 / 사슴 개체 수 / 초원 생산량 / 늑대 개체 수
1905 1915 1925 1935 연도(년)

늑대의 개체 수 감소 → 사슴의 개체 수 증가 → 초원의 생산량(사슴의 먹이인 풀의 양) 감소 → 사슴의 개체 수 감소
→ 사람의 간섭은 먹이 사슬에 영향을 미쳐 생태계 평형을 파괴할 수 있다.

용어 돋보기

• **질소 고정**(막을 窒, 흴 素, 굳을 固, 정할 定): 대기 중의 질소 기체가 암모늄 이온이나 질산 이온으로 전환되는 과정이다.
• **질산화 작용**(막을 窒, 초 酸, 될 化, 지을 作, 쓸 用): 암모늄 이온이 질산 이온으로 전환되는 과정이다.
• **탈질산화 작용**(벗을 脫, 막을 窒, 초 酸, 될 化, 지을 作, 쓸 用): 질산 이온이 질소 기체로 전환되는 과정이다.

1 에너지 흐름

01 생태계에서의 에너지 흐름에 대한 설명으로 옳은 것은?

① 생태계에서 에너지는 순환하지 않고 한 방향으로 흐른다.

② 각 영양 단계 사이에서 이동하는 에너지양은 모두 같다.

③ 상위 영양 단계로 갈수록 에너지 효율은 점점 감소한다.

④ 사체나 배설물에 포함된 에너지는 생산자에게 다시 전달된다.

⑤ 식물은 생태계로 유입된 빛에너지를 모두 광합성에 이용한다.

중요

02 생태계에서의 에너지 전환과 이동에 대한 설명으로 옳은 것만을 〈보기〉에서 있는 대로 고른 것은?

┤ 보기 ├

ㄱ. 생태계가 유지되려면 태양 에너지가 지속적으로 유입되어야 한다.

ㄴ. 유기물 속 에너지는 생물의 호흡을 통해 화학 에너지 형태로 방출된다.

ㄷ. 생태계에서 에너지는 빛에너지 → 화학 에너지 → 열에너지 순서로 전환된다.

① ㄱ   ② ㄴ   ③ ㄱ, ㄷ

④ ㄴ, ㄷ   ⑤ ㄱ, ㄴ, ㄷ

03 그림은 생태 피라미드를 나타낸 것이다.

2차 소비자
1차 소비자
생산자

안정된 생태계에서 일반적으로 그림과 같은 피라미드 모양을 나타내는 것이 <u>아닌</u> 것을 모두 고르면?(정답 2개)

① 개체 수   ② 생물량   ③ 에너지양

④ 개체의 크기   ⑤ 에너지 효율

[04~05] 그림은 안정된 생태계에서 영양 단계에 따른 에너지 이동량을 상댓값으로 나타낸 것이다. 물음에 답하시오.

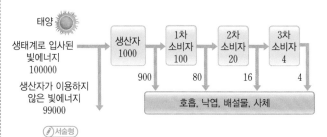

서술형

04 상위 영양 단계로 갈수록 전달되는 에너지양이 감소하는 까닭을 설명하시오.

05 생산자와 3차 소비자의 에너지 효율을 각각 구하시오.

중요

06 그림은 어떤 생태계에서 A~C의 에너지양을 상댓값으로 나타낸 생태 피라미드이다. A~C는 각각 생산자, 1차 소비자, 2차 소비자 중 하나이다.

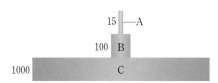

이에 대한 설명으로 옳은 것만을 〈보기〉에서 있는 대로 고른 것은?

┤ 보기 ├

ㄱ. A는 생산자이다.

ㄴ. 1차 소비자의 에너지 효율은 10 %이다.

ㄷ. 상위 영양 단계로 갈수록 에너지양이 감소한다.

① ㄱ   ② ㄴ   ③ ㄱ, ㄷ

④ ㄴ, ㄷ   ⑤ ㄱ, ㄴ, ㄷ

2 물질의 생산과 소비

07 물질의 생산과 소비에 대한 설명으로 옳지 <u>않은</u> 것은?

① 총생산량은 생산자의 호흡량＋순생산량이다.

② 생산자의 피식량은 1차 소비자의 섭식량에 해당한다.

③ 생태계의 모든 생물은 생산자가 생산하는 유기물을 이용한다.

④ 총생산량은 생산자가 광합성을 통해 생산한 유기물의 총량이다.

⑤ 순생산량은 피식량을 제외하고 식물체에 남아 있는 유기물의 양이다.

08 ⑨중요 그림은 어떤 식물 군집에서 물질의 총생산량과 소비량을 나타낸 것이다.

A와 B에 해당하는 용어를 각각 쓰시오.

09 그림은 어떤 생태계를 구성하는 생산자의 1년간 총생산량 중 각 과정으로 소비된 비율을 나타낸 것이다.

이에 대한 설명으로 옳은 것만을 〈보기〉에서 있는 대로 고른 것은?

보기
ㄱ. ⑨은 순생산량이다.
ㄴ. 순생산량은 총생산량의 60 %이다.
ㄷ. 총생산량 중 25 %가 1차 소비자에게 전달된다.

① ㄱ   ② ㄴ   ③ ㄷ

④ ㄱ, ㄷ   ⑤ ㄴ, ㄷ

3 물질 순환

10 생태계에서의 탄소 순환 과정에 대한 설명으로 옳지 <u>않은</u> 것은?

① 광합성의 증가는 온실 효과를 감소시킨다.

② 생산자는 이산화 탄소를 흡수하여 유기물을 합성한다.

③ 탄소는 유기물의 형태로 먹이 사슬을 따라 이동한다.

④ 화석 연료의 연소는 탄소 순환에 영향을 미치지 않는다.

⑤ 유기물은 소비자의 호흡을 통해 분해되어 이산화 탄소 형태로 다시 대기 중으로 돌아간다.

11 ⑨중요 그림은 생태계에서의 탄소 순환 과정을 나타낸 것이다.

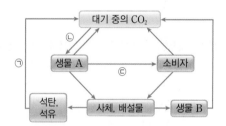

이에 대한 설명으로 옳지 <u>않은</u> 것은?

① 생물 A는 무기물로부터 유기물을 합성한다.

② 생물 B는 분해자이다.

③ ⑨ 과정에서 CO_2 방출량이 많아지면 지구 온난화가 촉진된다.

④ ⓛ은 광합성이다.

⑤ ⓒ을 통해 탄소는 무기물의 형태로 이동한다.

12 생태계에서의 질소 순환 과정에 대한 설명으로 옳지 <u>않은</u> 것은?

① 식물은 대기 중의 질소를 직접 이용할 수 없다.

② 질소는 유기물의 형태로 먹이 사슬을 따라 이동한다.

③ 질산 이온은 질산화 세균의 작용으로 질소 기체로 전환된다.

④ 식물은 질소 동화 작용을 통해 핵산, 단백질 등의 질소 화합물을 합성한다.

⑤ 대기 중의 질소는 암모늄 이온이나 질산 이온의 형태로 전환된 후 식물의 뿌리를 통해 흡수된다.

13 그림은 생태계에서 질소가 순환하는 과정을 나타낸 것이다.

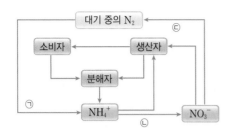

⊙~ⓒ에 해당하는 작용을 옳게 짝 지은 것은?

	⊙	ⓒ	ⓔ
①	질소 고정	질산화 작용	탈질산화 작용
②	질소 고정	탈질산화 작용	질산화 작용
③	질산화 작용	질소 고정	탈질산화 작용
④	질소 동화 작용	질산화 작용	탈질산화 작용
⑤	질소 동화 작용	탈질산화 작용	질산화 작용

[14~15] 그림은 어떤 안정된 생태계에서의 물질과 에너지의 이동 경로를 나타낸 것이다. 물음에 답하시오.

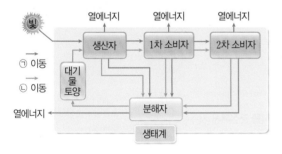

14 ⊙과 ⓒ은 각각 물질과 에너지 중 무엇인지 쓰시오.

15 위 자료에 대한 설명으로 옳은 것은?

① 생태계 내에서 물질과 에너지는 순환한다.

② 생산자가 가진 에너지 전부가 1차 소비자에게로 이동한다.

③ 상위 영양 단계로 갈수록 이용할 수 있는 에너지양이 증가한다.

④ 생태계로 유입되는 에너지의 근원은 유기물에 저장된 에너지이다.

⑤ 생태계 내의 에너지는 결국 열에너지 형태로 전환되어 생태계 밖으로 빠져나간다.

16 다음은 생태계에서 질소의 전환 과정을 나타낸 것이다.

(가) $NH_4^+ \longrightarrow NO_3^-$

(나) $N_2 \longrightarrow NH_4^+$

(다) $NO_3^- \longrightarrow N_2$

이에 대한 설명으로 옳은 것만을 〈보기〉에서 있는 대로 고르시오.

보기

ㄱ. (가) 과정은 콩과식물에 의해 일어난다.

ㄴ. (나)의 NH_4^+은 식물의 뿌리로 흡수된다.

ㄷ. (가)~(다)에 모두 세균이 관여한다.

4 생태계 평형

17 다음은 생태계 평형에 대한 학생들의 설명이다.

옳게 설명한 학생만을 있는 대로 고른 것은?

① A ② B ③ C
④ A, B ⑤ A, C

18 그림은 안정된 생태계에서 어떤 원인에 의해 1차 소비자의 개체 수가 일시적으로 증가한 모습을 나타낸 것이다.

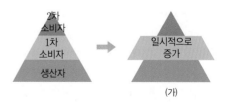

(가) 이후에 일어나는 각 영양 단계의 개체 수 변화를 중심으로 생태계 평형 회복 과정을 설명하시오.

A 생태계에서의 에너지 흐름

그림은 어떤 안정된 생태계에서 각 영양 단계에 따른 에너지 이동량을 상댓값으로 나타낸 것이다.

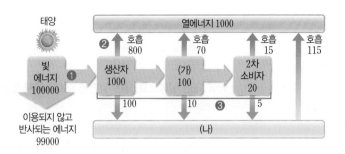

① 생태계에서의 에너지 흐름 해석하기

• 생산자의 광합성에 의해 태양의 빛에너지 일부가 화학 에너지로 전환되어 유기물에 저장되고, 이 유기물은 먹이 사슬을 따라 이동한다. → (가)는 1차 소비자이고, (나)는 분해자이다. 분해자는 사체나 배설물 속의 화학 에너지를 열에너지로 전환한다.

• 각 영양 단계에서 에너지의 일부는 열에너지로 방출되고, 일부는 사체나 배설물의 형태로 분해자에게 전달되므로 상위 영양 단계로 갈수록 전달되는 에너지양이 감소한다. → 생태계에서 에너지는 순환하지 않고, 먹이 사슬을 따라 한 방향으로 흐른다.

② 에너지 효율 계산하기: 에너지 효율$(\%)=\dfrac{\text{현 영양 단계가 보유한 에너지 총량}}{\text{전 영양 단계가 보유한 에너지 총량}}\times100$이므로

각 영양 단계의 에너지 효율은 생산자가 $\dfrac{1000}{100000}\times100=1(\%)$, 1차 소비자가 $\dfrac{100}{1000}\times100$

$=10(\%)$, 2차 소비자가 $\dfrac{20}{100}\times100=20(\%)$이다.

❶ 생태계 에너지의 근원은 태양의 빛에너지이며, 생태계가 유지되기 위해서는 태양의 빛에너지가 계속 유입되어야 한다.

❷ 유기물 속에 저장된 화학 에너지는 생물의 호흡 과정에서 열에너지로 전환되어 방출되며, 이 에너지는 생물이 다시 이용할 수 없다. → 생태계에서 에너지는 빛에너지 → 화학 에너지 → 열에너지 순서로 전환된다.

❸ 상위 영양 단계로 갈수록 전달되는 에너지양이 감소한다. → 1차 소비자(가)에게 전달되는 에너지양은 2차 소비자에게 전달되는 에너지양의 5배이다.

> **실력을 올리는 실전 문제** 찾아가기
>
> • 생태계에서의 에너지 흐름을 파악하고, 에너지 효율을 계산하는 문제_01, 03, 15, 16

B 물질의 생산과 소비

그림 (가)는 어떤 식물 군집에서 총생산량, 순생산량, 생장량의 관계를, (나)는 이 식물 군집에서 시간에 따른 총생산량과 순생산량을 나타낸 것이다.

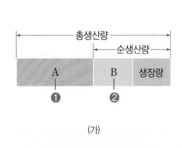

(가)

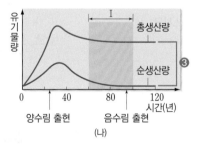

(나)

① 총생산량과 순생산량의 관계 파악하기

• 총생산량: 생산자인 식물이 일정 기간 동안 광합성을 통해 생산한 유기물의 총량이다.

• 순생산량: 총생산량 중 식물의 호흡에 사용되고 남은 유기물의 양으로, 피식량, 고사량, 낙엽량, 생장량을 합한 값이다. → A는 이 식물 군집의 호흡량이고, B는 피식량+고사량, 낙엽량이다.

② 천이 과정에 따른 물질의 생산량과 소비량 해석하기: 구간 Ⅰ에서 시간이 지남에 따라 총생산량은 거의 변화가 없고 순생산량은 감소하므로 천이가 진행됨에 따라 총생산량과 순생산량의 차이인 호흡량(A)은 증가한다. → 천이가 진행됨에 따라 구간 Ⅰ에서 $\dfrac{\text{호흡량(A)}}{\text{순생산량}}$은 증가한다.

❶ 총생산량=호흡량+순생산량이므로, A는 이 식물 군집의 호흡량이다.

❷ 순생산량=피식량+낙엽량, 고사량+생장량이므로, B에는 1차 소비자인 초식 동물에게 전달되는 유기물량과 낙엽의 유기물량 등이 포함된다.

❸ 천이의 후기 단계에서 음수림이 극상을 이루며, 극상에 도달한 군집은 총생산량과 호흡량이 균형을 이루어 순생산량이 적다.

> **실력을 올리는 실전 문제** 찾아가기
>
> • 물질의 생산량과 소비량을 도표나 그래프로 제시하고, 이를 해석하는 문제_05, 06, 07
> • 물질의 생산과 소비를 천이 과정과 연관 지어 묻는 문제_08

C 탄소 순환 과정

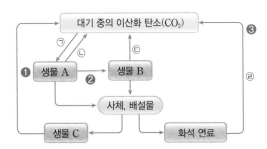

① 탄소 순환 과정에 관여하는 생물들의 역할 파악하기
- 대기 중의 이산화 탄소는 생산자의 광합성을 통해 포도당과 같은 유기물로 합성되며, 유기물 속의 탄소는 먹이 사슬을 따라 소비자에게 전달된다. → 생물 A는 생산자, 생물 B는 소비자이며, ㉠은 광합성 과정이다.
- 생산자와 소비자의 호흡을 통해 유기물이 분해되어 이산화 탄소의 형태로 대기 중으로 방출된다. → ㉡과 ㉢은 호흡 과정이다.
- 사체와 배설물 속의 유기물은 분해자에 의해 분해되어 이산화 탄소의 형태로 대기 중으로 방출된다. → 생물 C는 버섯, 곰팡이, 세균과 같은 분해자이다.
② 화석 연료의 연소와 탄소 순환 과정 연결하기: 생물의 사체 중 일부는 석탄, 석유와 같은 화석 연료가 되며, 화석 연료는 연소되어 이산화 탄소의 형태로 대기 중으로 방출된다. → ㉣은 연소 과정이다.

❶ 생산자인 생물 A의 광합성을 통해 대기 중의 탄소가 생물체 내로 유입된다. 생산자에는 식물 플랑크톤, 해조류, 녹색 식물 등이 있다.

❷ 생물 군집 내에서 탄소는 유기물의 형태로 먹이 사슬을 따라 이동한다.

❸ 화석 연료의 연소 과정이 과다하게 일어나면 대기 중의 이산화 탄소 농도가 증가하여 지구 온난화를 촉진할 수 있다.

실력을 올리는 실전 문제 **찾아가기**
- 탄소 순환 과정에서 생물 구성 요소의 특징과 기능을 묻는 문제_09

D 질소 순환 과정

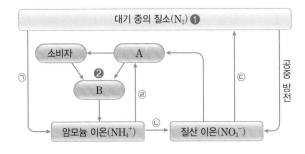

① 질소 순환 과정에서 질소의 전환 파악하기 ❸
- ㉠ – 질소 고정: 대기 중 질소(N_2)의 일부는 공중 방전에 의해 질산 이온(NO_3^-)으로 전환되기도 하지만, 대부분은 뿌리혹박테리아와 같은 질소 고정 세균에 의해 암모늄 이온(NH_4^+)으로 전환된다.
- ㉡ – 질산화 작용: 토양 속의 암모늄 이온은 질산화 세균에 의해 질산 이온으로 전환된다.
- ㉢ – 탈질산화 작용: 토양 속 질산 이온의 일부는 탈질산화 세균에 의해 질소 기체가 되어 대기 중으로 돌아간다.
② 생물 군집 내에서 질소의 이동 형태와 경로 파악하기
- ㉣ – 질소 동화 작용: 생산자인 식물은 뿌리를 통해 암모늄 이온이나 질산 이온을 흡수하여 단백질, 핵산 등의 질소 화합물을 합성한다. → A는 생산자이다.
- 생산자가 합성한 질소 화합물은 먹이 사슬을 따라 이동하며, 생물의 사체와 배설물 속의 질소 화합물은 분해자에 의해 암모늄 이온으로 분해되어 토양으로 돌아간다. → B는 분해자이다.

❶ 대기 중의 질소는 식물이 기공을 통해 흡수하더라도 직접 이용하지 못하므로 식물이 흡수할 수 있는 형태인 암모늄 이온이나 질산 이온으로 고정되어야 한다.

❷ 생물 군집 내에서 질소는 먹이 사슬을 따라 유기물(단백질, 핵산 등의 질소 화합물)의 형태로 이동한다.

❸ 질소 고정(㉠), 질산화 작용(㉡), 탈질산화 작용(㉢)에는 모두 세균이 관여한다.

실력을 올리는 실전 문제 **찾아가기**
- 질소 순환과 천이 과정을 연관 지어 묻는 문제_10
- 질소 순환의 각 과정을 해석하는 문제_11

01 그림은 어떤 안정된 생태계에서 영양 단계에 따른 에너지 이동량을 상댓값으로 나타낸 것이다. (가)~(다)는 각각 분해자, 1차 소비자, 2차 소비자 중 하나이다.

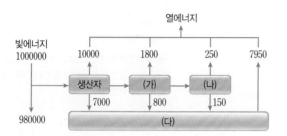

이에 대한 설명으로 옳은 것만을 〈보기〉에서 있는 대로 고른 것은?

┌─ 보기 ├─
ㄱ. 생산자는 태양의 빛에너지를 화학 에너지로 전환한다.
ㄴ. (가)에게 전달된 에너지양은 (나)에게 전달된 에너지양의 10배 이상이다.
ㄷ. (다)는 낙엽이나 사체 속의 화학 에너지를 열에너지로 전환한다.

① ㄴ ② ㄱ, ㄴ ③ ㄱ, ㄷ
④ ㄴ, ㄷ ⑤ ㄱ, ㄴ, ㄷ

➔ 수능모의평가기출 변형
02 그림 (가)와 (나)는 각각 서로 다른 생태계에서 생산자, 1차 소비자, 2차 소비자의 에너지양을 상댓값으로 나타낸 생태 피라미드이다.

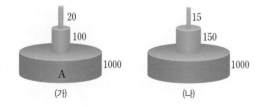

이에 대한 설명으로 옳은 것만을 〈보기〉에서 있는 대로 고른 것은?

┌─ 보기 ├─
ㄱ. (가)의 A는 광합성을 한다.
ㄴ. 2차 소비자의 에너지 효율은 (나)가 (가)의 2배이다.
ㄷ. (가)와 (나)에서 모두 상위 영양 단계로 갈수록 에너지양이 감소한다.

① ㄱ ② ㄴ ③ ㄷ
④ ㄱ, ㄴ ⑤ ㄱ, ㄷ

03 그림은 3가지 먹이 사슬 (가)~(다)에서 각 영양 단계의 에너지양을 상댓값으로 나타낸 것이다.

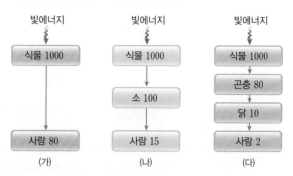

이에 대한 설명으로 옳은 것만을 〈보기〉에서 있는 대로 고른 것은?(단, 이 먹이 사슬 이외의 식량은 고려하지 않는다.)

┌─ 보기 ├─
ㄱ. 사람의 에너지 효율은 (다)에서 가장 높다.
ㄴ. (나)에서 식물이 가진 에너지의 일부는 열에너지 형태로 방출된다.
ㄷ. (가)~(다)에서 사람의 영양 단계는 모두 1차 소비자이다.

① ㄱ ② ㄷ ③ ㄱ, ㄴ
④ ㄴ, ㄷ ⑤ ㄱ, ㄴ, ㄷ

04 그림은 어떤 안정된 생태계에서 일어나는 물질과 에너지의 이동 경로를 나타낸 것이다.

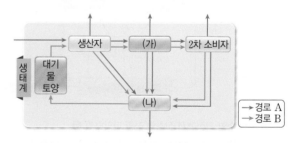

이에 대한 설명으로 옳은 것만을 〈보기〉에서 있는 대로 고른 것은?

┌─ 보기 ├─
ㄱ. A는 에너지, B는 물질의 이동 경로이다.
ㄴ. (가)는 1차 소비자, (나)는 최종 소비자이다.
ㄷ. (가)에서 (나)로 이동하는 에너지는 화학 에너지이다.

① ㄱ ② ㄴ ③ ㄷ
④ ㄱ, ㄷ ⑤ ㄱ, ㄴ, ㄷ

05 그림은 생산자와 1차 소비자의 물질 생산과 소비를 나타낸 것이다.

이에 대한 설명으로 옳은 것만을 〈보기〉에서 있는 대로 고른 것은?

┤ 보기 ├
ㄱ. A는 호흡량이다.
ㄴ. B는 1차 소비자에게 먹히는 피식량이다.
ㄷ. (가)는 생산자가 광합성을 통해 생산한 유기물의 총량이다.

① ㄱ   ② ㄷ   ③ ㄱ, ㄴ
④ ㄴ, ㄷ   ⑤ ㄱ, ㄴ, ㄷ

06 그림 (가)는 어떤 생태계에서 생산자의 총생산량 중 각 과정으로 소비된 비율을, (나)는 이 생태계에서 1차 소비자의 섭식량 중 각 과정으로 소비된 비율을 나타낸 것이다.

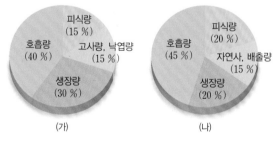

이에 대한 설명으로 옳은 것만을 〈보기〉에서 있는 대로 고른 것은?

┤ 보기 ├
ㄱ. 생산자의 순생산량은 총생산량의 60 %이다.
ㄴ. 생산자의 총생산량 중 3 %가 2차 소비자에게 전달된다.
ㄷ. 이 생태계에서 1차 소비자의 호흡량은 생산자의 호흡량보다 크다.

① ㄱ   ② ㄱ, ㄴ   ③ ㄱ, ㄷ
④ ㄴ, ㄷ   ⑤ ㄱ, ㄴ, ㄷ

07 그림은 어떤 생물 군집에서 시간에 따른 생산자의 유기물량을 나타낸 것이다. ⊙과 ⓒ은 각각 생장량과 순생산량 중 하나이다.

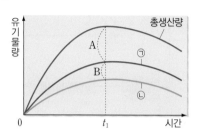

이에 대한 설명으로 옳은 것만을 〈보기〉에서 있는 대로 고른 것은?

┤ 보기 ├
ㄱ. 낙엽량은 ⊙에 포함된다.
ㄴ. t_1일 때 이 군집에서 생산자의 호흡량은 A이다.
ㄷ. 1차 소비자에게 전달되는 유기물량은 ⓒ에 포함된다.

① ㄱ   ② ㄷ   ③ ㄱ, ㄴ
④ ㄱ, ㄷ   ⑤ ㄴ, ㄷ

↪수능기출

08 그림은 어떤 식물 군집의 시간에 따른 총생산량과 호흡량을 나타낸 것이다. A와 B는 각각 총생산량과 호흡량 중 하나이다.

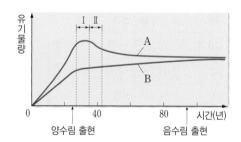

이에 대한 설명으로 옳은 것만을 〈보기〉에서 있는 대로 고른 것은?

┤ 보기 ├
ㄱ. A는 총생산량이다.
ㄴ. 구간 Ⅰ에서 이 식물 군집은 극상을 이룬다.
ㄷ. 구간 Ⅱ에서 $\dfrac{B}{순생산량}$는 시간에 따라 증가한다.

① ㄱ   ② ㄴ   ③ ㄱ, ㄷ
④ ㄴ, ㄷ   ⑤ ㄱ, ㄴ, ㄷ

09 그림은 생태계에서의 탄소 순환 과정을 나타낸 것이다.

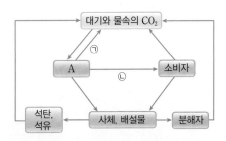

이에 대한 설명으로 옳은 것만을 〈보기〉에서 있는 대로 고른 것은?

┌ 보기 ├
ㄱ. 식물 플랑크톤은 A에 속한다.
ㄴ. ㉠은 이화 작용에 해당한다.
ㄷ. ㉡을 통해 화학 에너지가 이동한다.

① ㄷ　　　　② ㄱ, ㄴ　　　　③ ㄱ, ㄷ
④ ㄴ, ㄷ　　　⑤ ㄱ, ㄴ, ㄷ

11 그림은 생태계에서 질소가 순환하는 과정을 나타낸 것이다.

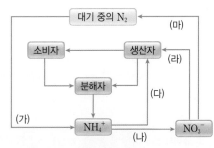

이에 대한 설명으로 옳지 않은 것은?

① (가)는 공중 방전에 의한 질소 고정 과정이다.
② (나)는 세균에 의해 일어난다.
③ (다)에서 암모늄 이온(NH_4^+)은 식물의 뿌리를 통해 흡수된다.
④ (라)를 통해 흡수된 질산 이온(NO_3^-)은 질소 동화 작용에 이용된다.
⑤ (마)는 탈질산화 작용이다.

10 표는 생태계에서 일어나는 질소 순환 과정의 일부를, 그림은 어떤 지역의 천이 과정을 나타낸 것이다. Ⅱ의 우점종은 콩과식물이다.

과정	물질의 변화
(가)	$NO_3^- \longrightarrow N_2$
(나)	$NH_4^+ \longrightarrow NO_3^-$
(다)	$N_2 \longrightarrow NH_4^+$

단계	우점종
Ⅰ	지의류
Ⅱ	초본
Ⅲ	관목
Ⅳ	교목

천이 과정 ↓

이에 대한 설명으로 옳은 것만을 〈보기〉에서 있는 대로 고른 것은?

┌ 보기 ├
ㄱ. (가)는 탈질산화 작용, (나)는 질산화 작용이다.
ㄴ. Ⅱ의 우점종과 공생하는 세균은 (다) 과정에 관여한다.
ㄷ. 지표면에 도달하는 빛의 세기는 Ⅱ에서 Ⅳ로 갈수록 약해진다.

① ㄱ　　　　② ㄷ　　　　③ ㄱ, ㄴ
④ ㄴ, ㄷ　　　⑤ ㄱ, ㄴ, ㄷ

12 다음은 어떤 생태계에서 1차 소비자의 개체 수가 일시적으로 증가했을 때 평형이 회복되는 과정을 순서 없이 나타낸 것이다.

┌─────────────────────────┐
(가) 1차 소비자의 개체 수 감소
(나) 2차 소비자의 개체 수 감소, 생산자의 개체 수 (㉠)
(다) 2차 소비자의 개체 수 (㉡), 생산자의 개체 수 감소
└─────────────────────────┘

이에 대한 설명으로 옳은 것만을 〈보기〉에서 있는 대로 고른 것은?

┌ 보기 ├
ㄱ. ㉠과 ㉡은 모두 '증가'이다.
ㄴ. 평형이 회복되는 과정은 (나) → (가) → (다) 순이다.
ㄷ. 생태계 평형 유지는 먹이 사슬과 밀접한 관련이 있다.

① ㄱ　　　　② ㄴ　　　　③ ㄷ
④ ㄱ, ㄷ　　　⑤ ㄱ, ㄴ, ㄷ

13 그림 (가)는 생태계에서의 질소 순환 과정을, (나)는 생태계에서의 탄소 순환 과정을 나타낸 것이다. A~D는 각각 생산자와 분해자 중 하나이다.

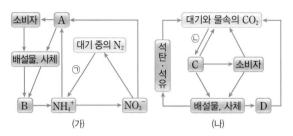

(가)   (나)

이에 대한 설명으로 옳은 것만을 〈보기〉에서 있는 대로 고른 것은?

┤ 보기 ├
ㄱ. A와 C는 모두 생산자이다.
ㄴ. ㉠에는 질산화 세균이 관여한다.
ㄷ. ㉡ 과정을 통해 유기물의 합성이 일어난다.

① ㄱ   ② ㄴ   ③ ㄱ, ㄷ
④ ㄴ, ㄷ   ⑤ ㄱ, ㄴ, ㄷ

14 그림은 1905년 미국의 카이바브 고원에서 사슴의 포식자인 늑대의 사냥을 허용한 후 사슴과 늑대의 개체 수 및 초원의 생산량 변화를 나타낸 것이다.

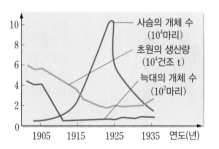

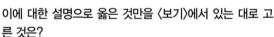

이에 대한 설명으로 옳은 것만을 〈보기〉에서 있는 대로 고른 것은?

┤ 보기 ├
ㄱ. 늑대를 제거하면 사슴의 개체 수가 증가해 초원의 생산량이 감소한다.
ㄴ. 1915년 이후 사슴의 개체 수가 급격히 증가한 것은 먹이가 증가했기 때문이다.
ㄷ. 1925년 이후 사슴의 개체 수가 감소한 것은 포식자의 개체 수 증가 때문이다.

① ㄱ   ② ㄴ   ③ ㄷ
④ ㄱ, ㄷ   ⑤ ㄴ, ㄷ

15 그림은 어떤 안정된 생태계에서 영양 단계에 따른 에너지 이동량을 상댓값으로 나타낸 것이다. A와 B는 각각 1차 소비자와 생산자 중 하나이고, B의 에너지 효율은 10 %이다.

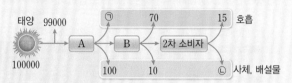

이에 대한 설명으로 옳은 것만을 〈보기〉에서 있는 대로 고른 것은?

┤ 보기 ├
ㄱ. 초식 동물은 B에 해당한다.
ㄴ. ㉠−㉡=795이다.
ㄷ. 2차 소비자의 에너지 효율은 1차 소비자의 2배이다.

① ㄱ   ② ㄴ   ③ ㄷ
④ ㄱ, ㄴ   ⑤ ㄱ, ㄴ, ㄷ

16 그림 (가)는 어떤 생태계에서 영양 단계에 따른 에너지 이동량을 상댓값으로 나타낸 것이고, (나)는 이 생태계의 식물 군집에서 시간에 따른 유기물량을 나타낸 것이다. (나)의 ㉠과 ㉡은 각각 호흡량과 총생산량 중 하나이다.

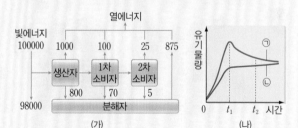

(가)   (나)

이에 대한 설명으로 옳은 것만을 〈보기〉에서 있는 대로 고른 것은?

┤ 보기 ├
ㄱ. 1차 소비자의 생장량은 ㉡에 포함된다.
ㄴ. 에너지 효율은 2차 소비자가 1차 소비자의 2배이다.
ㄷ. 이 식물 군집에서 $\dfrac{㉡}{순생산량}$은 t_1일 때가 t_2일 때보다 작다.

① ㄱ   ② ㄷ   ③ ㄱ, ㄴ
④ ㄴ, ㄷ   ⑤ ㄱ, ㄴ, ㄷ

17 생물 다양성과 보전

1 생물 다양성의 중요성   자료 분석 특강 206쪽 A

1 생물 다양성   일정한 생태계에 존재하는 생물의 다양한 정도를 의미하며, 유전적 다양성, 종 다양성, 생태계 다양성을 모두 포함한다. 유전적 다양성, 종 다양성, 생태계 다양성은 유기적으로 연결되어 서로 영향을 주고받는다.

유전적 다양성	종 다양성	생태계 다양성

들쥐 개체군에서의 유전적 다양성	삼림 생태계에서의 종 다양성	넓은 지역에 분포하는 생태계 다양성

▲ 생물 다양성의 의미 유성 생식 과정에서 일어나는 유전자 재조합과 돌연변이의 출현은 유전적 다양성을 증가시키는 요인이 된다.

① **유전적 다양성**: 한 개체군 내에 존재하는 유전자의 다양한 정도❶
- 같은 생물종이라도 다양한 유전자 변이에 의해 다양한 형질이 나타나는 것을 의미한다.
- 유전적 다양성이 높은 개체군은 유전적 다양성이 낮은 개체군에 비해 급격한 환경 변화나 감염에 의한 질병이 발생했을 때 적응하여 살아남을 가능성이 크다. 유전적 다양성은 환경 변화에 대한 개체군의 적응과 생존에 영향을 미친다.

② **종 다양성**: 한 생태계에 서식하는 생물종의 다양한 정도❷
- 생물종의 수가 많을수록, 전체 개체 수에서 각 생물종이 차지하는 비율이 균등할수록 종 다양성이 높다.
- 종 다양성이 높을수록 생태계가 안정적으로 유지된다. → 먹이 그물이 복잡하여 한 종이 멸종해도 대체할 생물이 존재하므로 생태계 평형이 유지된다.
  육상 생물의 생물종 수는 적도 지방이 많고, 극지방으로 갈수록 감소하는 경향이 있다.

종 다양성 비교

그림은 면적이 같은 세 지역 (가)~(다)에 분포하는 식물 종을 조사하여 나타낸 것이다.

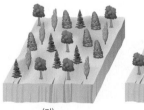      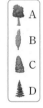

(가)	(나)	(다)
[개체 수] A: 5, B: 5, C: 5, D: 5	A: 13, B: 3, C: 2, D: 2	A: 17, D: 3

- 식물 종 수와 전체 개체 수는 (가)와 (나)에서는 각각 4종과 20그루로 같지만, (다)에서는 2종의 식물이 20그루 분포한다.
- (가)~(다) 중 식물 종 수가 많고, 식물 종이 가장 균등하게 분포하는 지역은 (가)이다. → 종 다양성은 (가)에서 가장 높다.
- 종 다양성은 생물종의 수와 분포 비율을 모두 포함하는 개념으로, 많은 종의 생물이 균등하게 분포할수록 종 다양성이 높다.

③ **생태계 다양성**: 어떤 지역에 존재하는 생태계의 다양한 정도❸ 생태계 구성 요소 간의 상호 작용까지 모두 포함한다.
- 지구에는 사막, 초원, 삼림, 습지, 호수, 강, 바다, 농경지 등 다양한 생태계가 있다.
- 생태계에 따라 서식하는 생물종이 다르므로 생태계가 다양할수록 종 다양성이 높다.
- 두 생태계가 인접한 지역은 두 생태계의 자원을 모두 이용하는 생물종이 서식하여 종 다양성이 높다. 갯벌과 습지는 육상 생태계와 수생태계를 잇는 완충 지역으로 종 다양성이 높다.

한눈에 👓
정리하는 출제 경향

- 생물 다양성의 3가지 의미 구분하기
- 생물 다양성의 감소 원인과 보전 대책 이해하기

핵심 개념
생물 다양성(유전적 다양성, 종 다양성, 생태계 다양성), 생물 다양성의 감소 원인과 보전

plus⊕개념

❶ 유전적 다양성
같은 생물종이라도 색, 크기, 무늬, 모양, 수명 등이 다르게 나타나는 것은 유전자가 다양하기 때문이다.

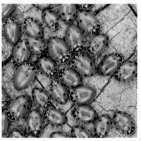

▲ 무당벌레 개체군의 유전적 다양성
유전적 다양성에는 한 개체군 내에서의 유전적 변이뿐만 아니라 여러 개체군 사이에서의 유전적 변이도 포함된다.

❷ 종 다양성
종 풍부도와 종 균등도를 모두 고려하여 나타낸다.
- 종 풍부도: 군집에 서식하는 생물종의 수
- 종 균등도: 군집을 구성하는 각 생물종의 개체 수가 균등한 정도
→ 종 풍부도와 종 균등도가 높을수록 종 다양성이 높다.

꼭 기억해!

종 다양성은 생물종의 수가 많을수록, 각 생물종의 분포 비율이 균등할수록 높다.

❸ 생태계의 구분
- 육상 생태계: 숲, 초원, 사막, 툰드라 등
- 수생태계: 담수 생태계(호수, 강), 해양 생태계(바다)

2 생물 다양성의 가치

① 생태계 평형 유지: 종 다양성이 높은 생태계는 복잡한 먹이 그물이 형성된다. → 먹이 그물이 복잡하면 어떤 한 종의 생물이 사라져도 다른 종이 이를 대체할 수 있어 생태계 평형이 쉽게 깨지지 않는다.

생물 다양성이 유지되는 생태계는 약간의 교란이 있어도 생태계 평형을 유지할 수 있다.

들쥐가 사라져도 늑대는 토끼, 다람쥐 등을 먹고 살아갈 수 있다.

▲ 종 다양성이 높은 생태계

들쥐가 사라지면 늑대는 먹이가 없어 굶어 죽는다.

▲ 종 다양성이 낮은 생태계

② 생물 자원: 우리는 살아가는 데 필요한 식량과 의약품, 산업 자재 등을 생태계로부터 얻고 있으며, 생물의 유전자도 가치 있는 생물 자원이다.

자원의 종류	예
의식주 재료	식량(벼, 밀, 옥수수, 보리, 콩), 의복 재료(목화, 누에고치), 주택 재료(나무, 풀)
의약품 원료	푸른곰팡이 – 페니실린(항생제), 버드나무 껍질 – 아스피린(해열·진통제), 팔각회향 – 기생충 치료제, 주목 – 택솔(항암제)❹
관광과 휴식	습지·생태 공원 – 관광 자원, 휴양림 – 휴식 공간 제공
유전자	병충해 저항성 유전자 – 생명 공학 기술을 이용한 새로운 농작물 개발에 활용

> **확인 문제** ❶
> **1** (　　　) 다양성은 한 개체군 내에서 다양한 유전자 변이에 의해 다양한 형질이 나타나는 것을 의미한다.
> **2** 한 생태계에 서식하는 생물종의 다양한 정도를 (　　　) 다양성이라고 한다.
> **3** 초원, 삼림, 습지, 바다 등 어떤 지역에 존재하는 생태계의 다양한 정도를 (　　　) 다양성이라고 한다.
> **4** 종 다양성이 높은 생태계는 종 다양성이 낮은 생태계에 비해 생태계 평형이 잘 유지된다. (○, ×)

2 생물 다양성의 보전　자료 분석 특강 206쪽 B

1 생물 다양성의 감소 원인　생물 다양성의 감소는 대부분 사람의 활동과 관련이 있다.

① 서식지 파괴: 생물 다양성 감소의 가장 큰 원인이다. 서식지가 파괴되면 그 지역에 서식하던 생물은 삶의 터전을 잃게 되므로 멸종될 가능성이 커진다.
- 인구가 급증하고 산업이 발달함에 따라 발생하는 과도한 개발과 농업의 확장, 도시 개발, 환경 파괴에 의해 일어나며, 생물에게 직접적으로 피해를 준다.
- 숲의 벌채, 습지의 매립, 농경지의 개간 등으로 서식지가 파괴되어 서식지 면적이 줄어들면 종 다양성이 크게 감소한다.❺

② 서식지 단편화: 하나의 큰 서식지가 도로나 철도 건설, 택지 개발 등에 의해 여러 개의 작은 서식지로 나누어지는 것이다.❻
- 서식지가 단편화되면 생물은 이동할 수 있는 범위가 좁아져 생존에 필요한 자원을 얻기 어렵고, 단편화된 서식지에서만 교배가 일어나 유전적 다양성이 감소한다.

plus 개념

❹ 생물 다양성과 의약품
현재 사용되고 있는 의약품 중 약 40 % 이상이 생물로부터 유래하였다. 예를 들어 주목의 나무껍질에는 세포 분열을 억제하여 항암제로 작용하는 택솔이라는 화학 물질이 존재한다.

❺ 열대 우림과 서식지 파괴
열대 우림은 여러 생태계 중 종 다양성이 가장 높다. 그런데 지구의 폐라고 불리는 아마존 강에 있는 열대 우림의 약 1 %가 매년 목장과 농경지를 위해 벌채되고 있어 종 다양성이 크게 감소하고 있다.

❻ 서식지 단편화를 막는 방법
서식지 단편화의 가장 큰 원인은 도로 건설이다. 따라서 고가 도로나 터널을 이용하여 도로를 건설하거나, 도로 위에 생태 통로를 설치하면 서식지 단편화에 의한 피해를 줄일 수 있다.

용어 돋보기
- **종**(씨 種): 서로 교배하여 생식 능력이 있는 자손을 낳을 수 있는 개체들의 집단이다.
- **생물 자원**(날 生, 만물 物, 재물 資, 근원 源): 사람이 생활하는 데 필요한 자원을 제공하는 생물이다.

17 생물 다양성과 보전

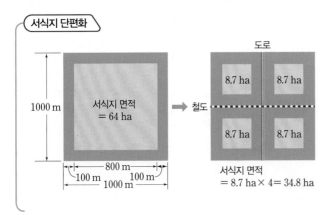

서식지 단편화

서식지 면적 = 64 ha

1000 m
800 m
100 m 100 m
1000 m

도로
철도
8.7 ha 8.7 ha
8.7 ha 8.7 ha

서식지 면적 = 8.7 ha × 4 = 34.8 ha

• 철도, 도로 등에 의해 서식지가 단편화되면 서식지 면적이 감소할 뿐만 아니라 전체 서식지에서 가장자리의 비율이 크게 늘어나고, 서식지 중심부에서 가장자리까지의 거리가 짧아진다. → 깊은 숲속에서 살아가는 생물의 경우 서식지가 크게 감소하므로 서식지 가장자리보다 가운데에서 살아가는 생물이 더 큰 피해를 입는다.
• 서식지 단편화는 생물종의 이동을 제한하여 고립시키므로 개체군의 크기가 감소하여 멸종에 이를 수 있다.
• 도로 건설로 서식지가 분리되면 야생 동물이 도로를 건너다 자동차에 치여 죽는 로드킬이 흔히 발생한다.

③ 외래종(외래 생물) 도입 _{원래 서식하지 않던 생물종이 사람의 활동에 의해 유입된 경우이다.} _{특정 지역에 한정적으로 분포하는 생물종}
• 외래종은 포식자(천적)나 질병이 없는 경우 대량 번식할 수 있다. → 외래종이 고유종의 서식지를 차지하고 먹이 사슬에 변화를 일으켜 생물 다양성을 감소시키거나 생태계 평형을 파괴한다.
• 대표적인 생태계 교란 외래종: 뉴트리아, 큰입배스, 붉은귀거북, 가시박, 돼지풀 등
④ 불법 포획과 남획: 야생 동물의 밀렵, 희귀 식물의 채취와 같은 불법 포획과 남획은 특정 종을 멸종시킬 수 있다. _{남획의 결과 많은 종류의 고래, 바다코끼리 등이 멸종되었으며, 광릉요강꽃, 아프리카코끼리, 바다사자 등이 멸종 위기에 처해 있다.}
⑤ 환경 오염과 기후 변화
• 대기오염으로 생성된 산성비는 하천, 호수, 토양을 산성화시키고, 담수나 바다에 유입된 중금속은 생물 농축을 일으켜 생태계 평형을 파괴하는 요인이 된다.
• 대기 중 이산화 탄소 농도 증가에 따른 지구 온난화는 생물 다양성 감소의 원인이 된다.

2 생물 다양성의 보전 대책

서식지 보호	한 종의 특정 서식지를 보호하기보다는 군집을 보호하는 것이 생물 다양성 보전에 효과적이다.
생태 통로 설치	산을 허물어 도로를 건설할 때 야생 동물의 이동 통로인 생태 통로를 설치한다. → 로드킬을 방지하고 서식지 단편화에 의한 영향을 감소시킬 수 있다.
불법 포획과 남획 금지	희귀 생물의 불법 포획과 남획을 금지하여 생물종을 보호한다. → 멸종 위기종의 국제 교역에 대한 협약(CITES)이 이루어져 보호종을 지정하고 국제 거래를 금지하고 있다.
외래종 도입 방지	외래종의 무분별한 도입을 막고, 외래종을 도입하기 전에 외래종이 기존 생태계에 미치는 영향을 사전에 검증하는 제도를 마련한다.
멸종 위기종 및 보호 구역 지정	멸종 위기종과 보전 가치가 있는 종을 천연기념물로 지정하여 보호하고, 생물 다양성이 풍부하여 생태적으로 보전 가치가 있는 장소는 국립 공원으로 지정하여 관리한다.
협약 및 환경 윤리 인식	각종 국제 협약을 통해 생물 다양성 보전 활동을 펼치며, 사람뿐만 아니라 야생 생물의 생명권을 존중하는 의식을 가지도록 한다. ❼
종자 은행	다양한 식물 종자의 수집과 저장을 통해 멸종을 방지하고, 유용한 유전자를 보존한다.

_{유전적으로 다양한 종자를 확보하는 것은 질병을 유발하는 미생물, 해충의 창궐 등으로부터 내성이 강한 새로운 품종을 개발하는 데 필수적이다.}

확인 문제 2

5 서식지가 나누어지는 서식지 (   )(으)로 인한 생물 다양성 감소를 막기 위해 (   )을/를 설치한다.

6 (   )은/는 포식자나 질병이 없을 경우 대량 번식하여 생태계 평형을 파괴할 수 있다.

7 (   )은/는 식물의 멸종을 방지하기 위해 다양한 종자를 수집하여 저장하는 곳이다.

plus개념

오해하지마!

외래종은 새로운 종이 도입되는 것이라 생물 다양성을 높이는 것처럼 보이지만, 새로운 환경에서 천적이 없는 경우 생태계를 교란하므로 생물 다양성을 감소시킨다.

✽ **귀화 식물**
원래의 자생지를 벗어나 다른 지역에서 번성하는 외래 식물이다. 우리나라에 서식하는 귀화 식물에는 서양민들레, 돼지풀, 털별꽃아재비, 서양등골나물 등이 있다.

❼ **생물 다양성 협약**
생물 다양성에 관한 포괄적인 국제 협약으로, 1992년 리우 정상 회담에서 채택되었다. 생물 다양성 협약의 목적은 생물 다양성을 보전하고, 그 구성 요소를 지속 가능하게 이용하며, 유전자원의 이용으로부터 발생하는 이익을 공정하고 공평하게 공유하는 것이다.

용어 돋보기

• **외래종**(밖 外, 올 來, 씨 種): 원래 살고 있던 지역을 벗어나 다른 지역으로 옮겨 서식하게 된 종이다.
• **남획**(넘칠 濫, 얻을 獲): 원래의 개체군 크기를 회복하지 못할 정도로 야생 동식물을 과도하게 포획하는 것이다.

1 생물 다양성의 중요성

ⓟ중요

01 생물 다양성의 의미에 대한 설명으로 옳은 것만을 〈보기〉에서 있는 대로 고른 것은?

┌ 보기 ┐
ㄱ. 생태계가 다양할수록 종 다양성이 높다.
ㄴ. 한 생태계에 서식하는 생물종의 다양한 정도를 생태계 다양성이라고 한다.
ㄷ. 같은 생물종이라도 색, 크기, 모양 등이 개체 간에 다르게 나타나는 것은 유전적 다양성에 해당한다.

① ㄱ　　　② ㄴ　　　③ ㄱ, ㄷ
④ ㄴ, ㄷ　　⑤ ㄱ, ㄴ, ㄷ

02 생물 다양성에 대한 설명으로 옳지 <u>않은</u> 것은?

① 종 다양성이 높으면 생태계 평형이 잘 유지된다.
② 유전적 다양성, 종 다양성, 생태계 다양성은 서로 영향을 주고받는다.
③ 일정한 지역에 분포하는 특정 생물종의 개체 수가 많을수록 종 다양성이 높다.
④ 서로 다른 두 생태계가 인접한 지역에서는 종 다양성이 상대적으로 높게 나타난다.
⑤ 유전적 다양성이 높은 개체군은 급격한 환경 변화가 발생했을 때 살아남을 가능성이 크다.

03 다음은 생물 다양성과 관련된 자료이다.

(가) 해저의 진흙에는 기존에 알려진 것보다 다양한 미생물이 살고 있는 것으로 확인되었다.
(나) 같은 부모에게서 태어난 자녀의 얼굴 모습이 서로 다르다.

(가)와 (나)는 각각 생물 다양성의 3가지 의미 중 어디에 해당하는지 쓰시오.

04 그림은 반점 무늬와 색이 다양한 무당벌레를 나타낸 것이다.

이와 관련이 깊은 생물 다양성에 대한 설명으로 옳은 것만을 〈보기〉에서 있는 대로 고른 것은?

┌ 보기 ┐
ㄱ. 개체들 사이의 유전자 변이에 의해 나타난다.
ㄴ. 하나의 생태계에도 다양한 생물종이 존재한다.
ㄷ. 유성 생식과 돌연변이는 이와 같은 생물 다양성을 증가시키는 요인이다.

① ㄱ　　　② ㄷ　　　③ ㄱ, ㄴ
④ ㄱ, ㄷ　　⑤ ㄴ, ㄷ

ⓟ서술형

05 그림은 면적이 같은 두 지역 (가)와 (나)에 서식하는 식물종을 모두 나타낸 것이다.

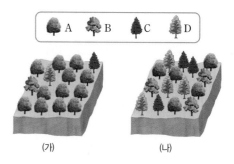

(가)와 (나) 중 종 다양성이 더 높은 지역을 쓰고, 그렇게 생각한 까닭을 설명하시오.

06 그림은 면적이 같은 두 생태계 (가)와 (나)에 서식하는 식물의 종류와 개체 수를 모두 나타낸 것이다.

(가)　　　　　　　　(나)

이에 대한 설명으로 옳은 것만을 〈보기〉에서 있는 대로 고른 것은?

보기
ㄱ. 식물 종 수는 (가)에서보다 (나)에서 많다.
ㄴ. 생물 다양성은 (가)에서보다 (나)에서 높다.
ㄷ. 각 식물 종의 분포 비율은 (가)와 (나)에서 같다.

① ㄴ　　　　② ㄷ　　　　③ ㄱ, ㄴ
④ ㄱ, ㄷ　　　⑤ ㄱ, ㄴ, ㄷ

07 그림 (가)는 농경지, (나)는 갯벌을 나타낸 것이다.

(가)　　　　　　　　(나)

이에 대한 설명으로 옳은 것만을 〈보기〉에서 있는 대로 고른 것은?

보기
ㄱ. 종 다양성은 (가)에서보다 (나)에서 더 높다.
ㄴ. (가)는 인위적으로 조성되었으므로 생태계 다양성에 포함되지 않는다.
ㄷ. (나)는 육상 생태계와 수생태계를 연결하는 완충 지역이다.

① ㄱ　　　　② ㄴ　　　　③ ㄱ, ㄷ
④ ㄴ, ㄷ　　　⑤ ㄱ, ㄴ, ㄷ

08 종 다양성이 가장 높은 생태계에 해당하는 것은?

① 사막　　　　② 호수　　　　③ 툰드라
④ 농경지　　　⑤ 열대 우림

09 그림은 두 생태계 (가)와 (나)의 먹이 사슬을 나타낸 것이다.

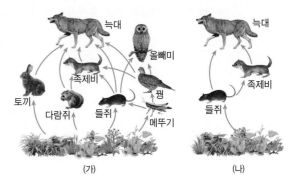

(가)　　　　　　　　(나)

이에 대한 설명으로 옳지 <u>않은</u> 것은?

① (가)가 (나)보다 안정된 생태계이다.
② (가)에서가 (나)에서보다 종 다양성이 높다.
③ (나)에서 들쥐가 사라지면 늑대도 사라진다.
④ (나)에서보다 (가)에서 생태계 평형이 쉽게 깨지지 않는다.
⑤ (가)에서 늑대의 체구성 물질은 모두 족제비로부터 전달된 것이다.

10 생물 다양성의 가치에 대한 설명으로 옳은 것만을 〈보기〉에서 있는 대로 고른 것은?

보기
ㄱ. 다양한 생물에서 의약품의 원료를 얻을 수 있다.
ㄴ. 생물 다양성은 생태계 평형을 유지하는 데 중요하다.
ㄷ. 다양한 생태계는 사람에게 휴식 공간을 제공할 수 있다.
ㄹ. 유전적 다양성은 생물 자원을 얻는 과정에는 기여하지 않는다.

① ㄱ, ㄹ　　　② ㄴ, ㄷ　　　③ ㄱ, ㄴ, ㄷ
④ ㄱ, ㄴ, ㄹ　　⑤ ㄱ, ㄴ, ㄷ, ㄹ

11 생물 다양성을 위협하는 요인으로 옳지 <u>않은</u> 것은?

① 환경 오염　　　　② 택지 개발
③ 농경지의 개간　　　④ 생태 통로 설치
⑤ 무분별한 외래종 도입

12 (가)~(다)는 각각 생물 다양성의 감소 원인 중 어디에 해당
하는 사례인지 옳게 짝 지은 것은?

> (가) 미국에서 들여온 큰입배스가 토종 어류의 알을
> 무차별적으로 잡아먹어 생태계가 교란되었다.
> (나) 큰 도로가 생겨 야생 동물이 도로를 가로질러
> 이동하다가 차에 치여 죽는 사고가 일어났다.
> (다) 상아를 얻기 위해 코끼리를 마구잡이로 밀렵하
> 여 코끼리의 개체 수가 급격히 감소하였다.

	(가)	(나)	(다)
①	외래종 도입	서식지 단편화	불법 포획과 남획
②	외래종 도입	불법 포획과 남획	서식지 단편화
③	서식지 단편화	외래종 도입	불법 포획과 남획
④	서식지 단편화	불법 포획과 남획	외래종 도입
⑤	불법 포획과 남획	외래종 도입	서식지 단편화

13 외래종에 대한 설명으로 옳은 것만을 〈보기〉에서 있는 대
로 고른 것은?

> ┤ 보기 ├
> ㄱ. 외래종은 먹이 사슬을 변화시켜 생태계 평형을
> 파괴할 수 있다.
> ㄴ. 외래종은 고유종의 서식지를 차지하고, 고유종
> 의 개체 수를 감소시킬 수 있다.
> ㄷ. 외래종은 천적이 없는 경우 새로운 환경에 적응
> 하면 개체 수가 과도하게 늘어날 수 있다.

① ㄱ　　　② ㄴ　　　③ ㄱ, ㄷ
④ ㄴ, ㄷ　　　⑤ ㄱ, ㄴ, ㄷ

14 다음은 생물 다양성 보전 대책 중 무엇에 대한 설명인지 쓰
시오.

> • 식물의 종자를 수집하여 저장한다.
> • 새로 개발된 품종에 밀려난 옛 품종을 저장함으
> 로써 식물 종이 멸종되는 것을 방지할 수 있고,
> 유용한 유전자를 보존하는 역할을 한다.

15 생물 다양성을 보전하기 위한 대책으로 옳지 <u>않은</u> 것은?

① 특정 생물종에 대한 과도한 사냥과 밀렵을 금지한다.
② 서식지의 생물 다양성 증가를 위해 외래종을 도입
한다.
③ 사람뿐만 아니라 야생 생물의 생명권을 존중하는 의
식을 가지도록 한다.
④ 한 종의 특정 서식지가 아닌 군집 수준에서의 보전
대책을 마련할 필요가 있다.
⑤ 멸종 위기에 처한 생물종은 희귀종과 멸종 위기종으
로 지정하여 보호해야 한다.

[16~17] 바위에 덮인 이끼층을 그림 (가)~(다)와 같이 나눈 다음,
**6개월 후 이끼층 밑에 서식하는 소형 동물의 종 생존율을 조사하
였다. 물음에 답하시오.

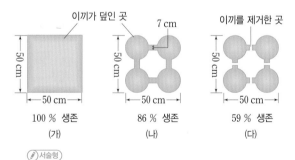

16 (가) → (나) → (다)로 갈수록 소형 동물의 생존율이 감소하
는 까닭을 2가지 설명하시오.

17 (나)와 (다)를 비교한 결과 도출될 수 있는 생물 다양성 보
전 대책을 쓰시오.

A 생물 다양성의 의미

표는 면적이 같은 두 지역 ㉠과 ㉡에 서식하고 있는 모든 식물 종 A~F의 개체 수를, 그림은 어떤 지역에 살고 있는 뒤쥐의 대립유전자 Q와 q, R와 r의 구성을 나타낸 것이다.

지역\식물 종 ①	A	B	C	D	E	F
②┌ ㉠	50	30	28	33	51	60
└ ㉡	110	30	7	0	29	0

(단위: 개)

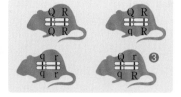

① 종 다양성 비교하기
- 종 다양성은 생물종의 수가 많을수록, 각 생물종의 분포 비율이 균등할수록 높다.
- ㉠에는 A~F 6종의 식물이 서식하고 각 식물 종이 비교적 고르게 분포하지만, ㉡에는 A, B, C, E 4종의 식물이 서식하고 그중 A의 개체 수가 특히 많다. → ㉡보다 ㉠에 서식하는 식물 종수가 많으며, ㉡보다 ㉠에서 각 식물 종의 분포 비율도 더 균등하므로 식물 종 다양성은 ㉠에서가 ㉡에서보다 높다.

② 개체군 밀도 비교하기: 개체군 밀도는 개체군이 서식하는 공간의 단위 면적당 개체 수이다. ㉠과 ㉡의 면적이 같은데, C의 개체 수는 ㉠에서가 ㉡에서보다 많다. → C의 개체군 밀도는 ㉠에서가 ㉡에서보다 높다.

③ 상대 밀도 비교하기: 상대 밀도는 어떤 지역에서 조사한 모든 종의 개체 수에 대한 특정 종의 개체 수를 백분율로 나타낸 것이다. ㉠과 ㉡에서 B의 개체 수가 같지만, 전체 개체 수는 서로 다르다. → ㉠과 ㉡에서 B의 상대 밀도는 서로 다르다.

④ 유전적 다양성 해석하기: 유전적 다양성은 한 개체군에 얼마나 다양한 대립유전자가 존재하는가를 뜻하므로 뒤쥐에서 개체에 따라 대립유전자 구성이 다른 것은 생물 다양성 중 유전적 다양성에 해당한다.

---

❶ 종 다양성은 식물, 동물뿐 아니라 지구에 존재하는 모든 생물을 포함한다.

❷ 종 다양성이 높은 곳이 낮은 곳보다 생태계가 안정적으로 유지된다. → ㉡에서보다 ㉠에서 생태계가 안정적으로 유지된다.

❸ 유성 생식 과정에서 일어나는 유전자 재조합과 돌연변이의 출현은 유전적 다양성을 증가시키는 요인이 된다.

실력을 올리는 실전 문제 찾아가기
- 생물 다양성의 3가지 의미와 그 중요성을 묻는 문제_01, 03
- 생물 다양성의 의미를 그림으로 제시하고, 이를 해석하는 문제_04

B 서식지 면적 감소와 생물 다양성

그림 (가)는 서식지 면적 감소에 따라 그 지역에서 발견되는 생물종의 비율 변화를, (나)는 서식지 단편화에 의한 생물종의 분포 변화를 나타낸 것이다.

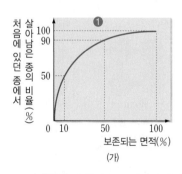

(가)

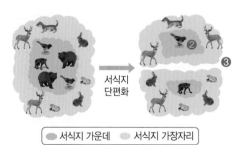

● 서식지 가운데 ● 서식지 가장자리

(나)

① 서식지 면적 감소와 종 다양성의 관계 해석하기: (가)에서 보존되는 면적이 줄어들수록 살아남은 생물종의 비율이 감소한다. → 서식지 면적이 감소하면 그 서식지에서 살아가는 생물종 수가 감소하므로 종 다양성이 감소한다.

② 서식지 단편화가 생물 다양성에 미치는 영향 해석하기: (나)에서 하나의 서식지가 2개의 서식지로 단편화된 결과 서식지 가장자리의 비율이 늘어나고, 서식지 가운데에서 살아가는 생물의 서식지 면적이 크게 감소하였다. → 서식지 가운데에서 살아가는 생물이 더 큰 피해를 입어 멸종한 생물종이 있다.

---

❶ 서식지 면적이 50 % 감소하면 그 서식지에서 살던 생물종 수의 10 %가 감소하고, 서식지 면적이 90 % 감소하면 그 서식지에서 살던 생물종 수의 50 %가 감소한다.

❷ 서식지가 단편화되면 가장자리의 길이와 면적이 늘어나지만 서식지 가운데 면적은 크게 감소한다. → 서식지 가운데에서 살아가는 생물의 서식지 면적이 크게 감소해 서식지 가운데에서 살아가는 생물종이 더 많이 줄어든다.

❸ 서식지가 단편화되면 생물종의 이동이 제한되어 고립되므로 생물 다양성이 감소한다. → 생태 통로를 설치하여 단편화된 서식지를 연결하면 피해를 줄일 수 있다.

실력을 올리는 실전 문제 찾아가기
- 서식지 면적에 따른 생물종의 생존 비율을 나타낸 그래프를 해석하는 문제_07
- 서식지 분할 전후의 개체 수를 비교하여 서식지 분할이 종 다양성에 미치는 영향을 파악하는 문제_09, 11

바른답·알찬풀이 78쪽

01 다음은 생물 다양성에 대한 학생 A~C의 의견이다.

종 다양성이 높을 때가 낮을 때보다 생태계가 안정적으로 유지돼.

사람에 따라 눈동자의 색이 다른 것은 유전적 다양성에 해당하지.

갯벌과 습지는 종 다양성이 높은 생태계야.

학생 A   학생 B   학생 C

제시한 의견이 옳은 학생만을 있는 대로 고른 것은?

① A   ② B   ③ C
④ A, B   ⑤ A, B, C

➔ 수능모의평가기출

02 표 (가)는 서로 다른 지역 ㉠~㉢에 서식하는 식물 종 A~E의 개체 수를 나타낸 것이며, (나)는 종 다양성과 상대 밀도에 대한 설명이다. ㉠의 면적은 ㉢과 같고, ㉡의 면적은 ㉠의 2배이다.

지역＼식물 종	A	B	C	D	E
㉠	10	0	9	12	9
㉡	17	0	18	12	13
㉢	19	9	0	12	0

(가)

- 어떤 지역의 종 다양성은 종의 수가 많을수록, 전체 개체 수에서 각 종이 차지하는 비율이 균등할수록 높아진다.
- 상대 밀도는 어떤 지역에서 조사한 모든 종의 개체 수에 대한 특정 종의 개체 수를 백분율로 나타낸 것이다.

(나)

이에 대한 설명으로 옳은 것만을 〈보기〉에서 있는 대로 고른 것은?(단, A~E 이외의 종은 고려하지 않는다.)

┤ 보기 ├
ㄱ. 식물 종 다양성은 ㉠에서가 ㉢에서보다 높다.
ㄴ. C의 개체군 밀도는 ㉠에서가 ㉡에서보다 낮다.
ㄷ. D의 상대 밀도는 ㉡과 ㉢에서 같다.

① ㄱ   ② ㄴ   ③ ㄱ, ㄴ
④ ㄱ, ㄷ   ⑤ ㄴ, ㄷ

03 다음은 생물 다양성의 3가지 의미를 설명한 것이다.

(가) 어떤 생태계에 존재하는 생물종의 다양한 정도를 의미한다.
(나) 같은 생물종이라도 색, 크기, 모양 등의 형질이 개체 간에 다르게 나타난다.
(다) 생태계는 강수량, 기온, 토양 등과 같은 요인에 의해 달라져서 사막, 초원, 삼림, 강 등으로 다양하게 형성된다.

이에 대한 설명으로 옳은 것만을 〈보기〉에서 있는 대로 고른 것은?

┤ 보기 ├
ㄱ. (가)는 지구의 모든 지역에서 동일하다.
ㄴ. 한 고양이 개체군에서 털의 색과 무늬가 다양한 것은 (나)에 해당한다.
ㄷ. (다)는 생태계 다양성이다.

① ㄱ   ② ㄷ   ③ ㄱ, ㄴ
④ ㄱ, ㄷ   ⑤ ㄴ, ㄷ

➔ 수능기출 변형

04 그림은 생물 다양성의 3가지 의미 중 유전적 다양성과 종 다양성을 나타낸 것이다.

유전적 다양성    종 다양성

이에 대한 설명으로 옳은 것만을 〈보기〉에서 있는 대로 고른 것은?

┤ 보기 ├
ㄱ. 유전적 다양성은 각 개체가 가진 대립유전자의 차이 때문에 나타난다.
ㄴ. 종 다양성은 식물과 동물만을 포함한다.
ㄷ. 같은 종의 토끼에서 털 색깔이 다양하게 나타나는 것은 종 다양성에 해당한다.

① ㄱ   ② ㄴ   ③ ㄱ, ㄷ
④ ㄴ, ㄷ   ⑤ ㄱ, ㄴ, ㄷ

05 표는 어떤 생태계에서 생물종 A~F의 개체 수를 계절별로 조사한 결과이다.

계절＼종	A	B	C	D	E	F
봄	850	740	765	550	321	288
여름	23	135	110	555	1520	11
가을	188	0	10	0	850	123

이 생태계에 대한 설명으로 옳은 것만을 〈보기〉에서 있는 대로 고른 것은?(단, 제시된 생물종 외에 이 생태계의 다른 종은 고려하지 않는다.)

┤ 보기 ├
ㄱ. 종 다양성은 여름에 가장 높다.
ㄴ. 가을보다 봄에 생태계 평형이 더 잘 유지된다.
ㄷ. 봄철 종 A의 상대 밀도와 가을철 종 E의 상대 밀도는 같다.

① ㄱ   ② ㄴ   ③ ㄷ
④ ㄱ, ㄴ   ⑤ ㄴ, ㄷ

↘ 수능모의평가기출 변형

06 그림은 어떤 생물종의 개체군 크기에 따른 유전자 변이의 수를 나타낸 것이다.

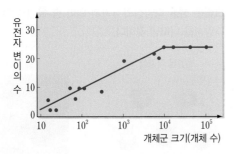

이에 대한 설명으로 옳은 것만을 〈보기〉에서 있는 대로 고른 것은?

┤ 보기 ├
ㄱ. 이 생물종 내에서 유전적 다양성을 보전하기 위한 개체군의 최소 크기는 약 10^4이다.
ㄴ. 개체군 크기가 10^3일 때보다 10^5일 때 멸종 가능성이 작다.
ㄷ. 생물 다양성의 의미 중 같은 생물종의 개체라도 형질이 다양하게 나타나는 것과 관련이 있다.

① ㄱ   ② ㄴ   ③ ㄷ
④ ㄱ, ㄷ   ⑤ ㄱ, ㄴ, ㄷ

07 그림은 서식지의 보존 면적에 따라 그 지역에서 살아남은 생물종 수를 나타낸 것이다.

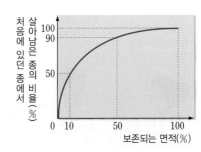

이에 대한 설명으로 옳은 것만을 〈보기〉에서 있는 대로 고른 것은?

┤ 보기 ├
ㄱ. 서식지 면적이 감소하면 생물 다양성이 감소한다.
ㄴ. 서식지 면적이 50 % 감소하면 처음에 있던 종의 약 90 %가 멸종된다.
ㄷ. 이 자료를 통해 생물종 다양성 감소에 가장 큰 영향을 미치는 요인이 서식지 파괴라는 것을 확인할 수 있다.

① ㄱ   ② ㄴ   ③ ㄱ, ㄷ
④ ㄴ, ㄷ   ⑤ ㄱ, ㄴ, ㄷ

08 다음은 뉴트리아에 대한 설명이다.

우리나라에 서식하는 ㉠뉴트리아는 남미가 원산지로, 환경부에서 생태계 교란 종으로 지정한 동물이다. 뉴트리아는 수초를 갉아먹는데, ㉡다양한 식물이 서식하던 습지에 뉴트리아가 살게 되면 ㉢황폐화된 습지가 되고, 고유종의 서식지를 차지하며, 먹이 사슬에 변화를 일으켜 생태계 평형을 (㉣)한다.

이에 대한 설명으로 옳은 것만을 〈보기〉에서 있는 대로 고른 것은?

┤ 보기 ├
ㄱ. ㉠은 외래종이다.
ㄴ. 식물 종 다양성은 ㉡보다 ㉢에서 낮다.
ㄷ. ㉣은 '유지'이다.

① ㄱ   ② ㄴ   ③ ㄷ
④ ㄱ, ㄴ   ⑤ ㄴ, ㄷ

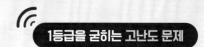

09 다음은 이끼 서식지에 따른 소형 동물의 종 수에 대한 실험이다.

[실험 과정]

(가) 정사각형의 이끼 서식지 A와 분할된 서식지 B, B에 연결 통로를 설치한 서식지 C를 각각 준비한다.

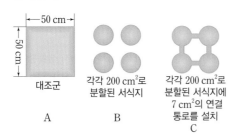

대조군

A

각각 200 cm²로 분할된 서식지

B

각각 200 cm²로 분할된 서식지에 7 cm²의 연결 통로를 설치

C

(나) 일정 시간이 흐른 후 서식지 A~C에서 관찰되는 소형 동물의 종 수를 확인한다.

[실험 결과]

각 서식지에서 소형 동물의 종 수는 A>C>B 순으로 관찰되었다.

이에 대한 설명으로 옳은 것만을 〈보기〉에서 있는 대로 고른 것은?

보기

ㄱ. B는 단편화된 서식지이다.

ㄴ. 서식지가 단편화되면 종 다양성이 감소한다.

ㄷ. 단편화된 서식지를 연결해 주면 종 다양성 보전에 도움이 된다.

① ㄱ   ② ㄴ   ③ ㄷ

④ ㄱ, ㄷ   ⑤ ㄱ, ㄴ, ㄷ

10 표는 생태계 (가)와 (나)에 서식하는 서로 다른 종의 토끼 A~E의 비율(%)을, 그림은 토끼의 종 다양성에 따른 바이러스성 질병의 발생률을 나타낸 것이다.

종	(가)	(나)
A	70	45
B	15	21
C	10	15
D	5	10
E	0	9

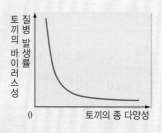

이에 대한 설명으로 옳은 것만을 〈보기〉에서 있는 대로 고른 것은?(단, (가)와 (나)에서 토끼의 개체 수는 같다.)

보기

ㄱ. (가)에서 A~D가 모여 하나의 개체군을 이룬다.

ㄴ. 토끼의 종 다양성은 (가)에서보다 (나)에서 높다.

ㄷ. (가)에 서식하는 토끼보다 (나)에 서식하는 토끼에서 바이러스성 질병이 발생할 가능성이 낮다.

① ㄱ   ② ㄷ   ③ ㄱ, ㄴ

④ ㄱ, ㄷ   ⑤ ㄴ, ㄷ

11 그림은 서식지 분할 전후 생물종 A~E의 분포를, 표는 분할 전후 A~E의 총 개체 수를 나타낸 것이다.

구분	분할 전	분할 후
A	200	200
B	200	180
C	160	120
D	80	40
E	40	0

서식지가 분할된 후 나타난 현상으로 옳은 것만을 〈보기〉에서 있는 대로 고른 것은?(단, 제시된 생물종만 고려하며, A~E의 위치는 각 생물종의 분포 지역을 나타낸 것이다.)

보기

ㄱ. 생물종 수가 감소하였다.

ㄴ. 내부 면적은 감소하고 가장자리 면적은 증가하였다.

ㄷ. 서식지의 내부에서 살아가는 생물이 더 큰 피해를 입는다.

① ㄱ   ② ㄷ   ③ ㄱ, ㄴ

④ ㄴ, ㄷ   ⑤ ㄱ, ㄴ, ㄷ

V 단원 마무리

핵심 정리

14 개체군

1. 생태계의 구성과 상호 관계

① 생물적 요인

(**1**)	광합성을 하여 무기물로부터 유기물을 합성하는 생물 ⓔ 식물, 조류
소비자	다른 생물을 먹어서 양분을 얻는 생물 ⓔ 초식 동물, 육식 동물
분해자	다른 생물의 사체나 배설물을 분해하여 에너지를 얻는 생물 ⓔ 세균, 곰팡이, 버섯

② (**2**) 요인: 빛, 온도, 물, 공기, 토양 등

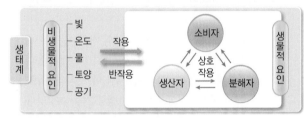

▲ 생태계 구성 요소 간의 관계

2. 개체군의 특성

① 개체군 밀도: 개체군이 서식하는 공간의 단위 면적당 개체 수
② 개체군의 생장 곡선과 생존 곡선

생장 곡선	• 이론상의 생장 곡선: J자 모양 • 실제의 생장 곡선: (**3**)자 모양
생존 곡선	• Ⅰ형: 적은 수의 자손을 낳지만, 부모의 보호를 받아 어린 개체의 사망률이 낮다. ⓔ 사람, 대형 포유류 • Ⅱ형: 연령대에 따른 사망률이 일정하다. ⓔ 초식 동물류, 조류, 히드라 • Ⅲ형: 많은 수의 자손을 낳지만, 어린 개체의 사망률이 높다. ⓔ 어패류

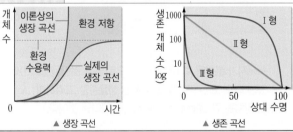

▲ 생장 곡선 　　　　▲ 생존 곡선

③ (**4**): 개체군의 연령별 개체 수 비율(연령 분포)을 차례로 쌓아 올려 그림으로 나타낸 것
• 생식 연령층과 생식 전 연령층의 비율에 따라 개체군의 크기 변화를 예측할 수 있다.
• 발전형, 안정형, 쇠퇴형이 있다.
④ 개체군의 주기적 변동: 계절에 따른 돌말 개체군의 단기적 변동, (**5**)에 따른 눈신토끼와 스라소니 개체군의 장기적 변동 등이 있다.

3. 개체군 내 상호 작용

(**6**)	각 개체가 자신의 생활 공간을 확보하여 다른 개체의 접근을 막는다.
순위제	힘의 서열에 따라 순위를 정하여 먹이나 배우자를 차지한다.
(**7**)	경험이 많은 한 개체가 리더가 되어 개체군의 행동을 지휘한다.
사회생활	각 개체가 역할을 나누어 수행하는 분업화된 체제를 형성한다.
가족생활	혈연관계의 개체들이 모여서 생활한다.

15 군집

1. 군집의 특성

① 군집의 구성: 생산자에서 소비자까지 먹고 먹히는 관계가 복잡하게 얽혀 먹이 그물을 이룬다.
② 군집의 종류: 육상 군집(삼림, 초원, 사막)과 수생 군집(하천, 강, 호수, 바다)으로 구분한다.
③ 군집의 생태 분포

수직 분포	고도에 따른 기온 차이에 의해 나타난다.
수평 분포	(**8**)에 따른 기온과 강수량 차이에 의해 나타난다.

④ 군집의 층상 구조: 삼림 군집은 빛의 세기, 온도 등에 따라 수직적인 층상 구조가 나타난다.
⑤ 식물 군집의 조사: 식물 군집을 조사할 때는 주로 (**9**)을/를 이용하며, 중요치가 가장 큰 종이 (**10**)이다.

2. 군집 내 개체군 간의 상호 작용

종간 경쟁	• 한정된 자원을 차지하기 위해 생태적 지위가 비슷한 개체군 사이에서 일어난다. • 경쟁에서 진 개체군은 서식지에서 사라진다. 　→ (**11**) 원리
분서 (생태 지위 분화)	생태적 지위가 비슷한 개체군들이 경쟁을 피하기 위해 먹이의 종류를 바꾸거나 활동 시기, 생활 공간 등을 달리한다.
포식과 피식	서로 다른 개체군 사이에서 나타나는 먹고 먹히는 관계이다.
공생	서로 다른 두 개체군이 밀접한 관계를 맺으면서 함께 생활한다. • 상리 공생: 두 개체군이 모두 이익을 얻는 경우 • (**12**): 두 개체군 중 한쪽만 이익을 얻고, 다른 쪽은 이익도 손해도 없는 경우
(**13**)	한 개체군(기생자)이 다른 개체군(숙주)에 피해를 주면서 함께 생활한다.

3. 군집의 천이

① 1차 천이: 토양이 형성되지 않은 곳에서 시작되는 천이이다.

건성 천이	용암 대지 → 지의류(개척자) → 초원 → 관목림 → (⑭) → 혼합림 → 음수림(극상)
습성 천이	빈영양호 → 부영양호 → 습원 → 초원 → 관목림 → (⑮) → 혼합림 → 음수림(극상)

② (⑯): 기존의 식물 군집이 산불, 홍수 등으로 훼손되어 불모지가 된 후 다시 시작되는 천이이다.

16 에너지 흐름과 물질 순환

1. 에너지 흐름

① 에너지 흐름: 생태계 에너지의 근원은 태양의 빛에너지이며, 에너지는 먹이 사슬을 따라 흐르다가 (⑰) 형태로 생태계 밖으로 빠져나간다.

② 생태 피라미드: 개체 수, 생물량, 에너지양은 일반적으로 상위 영양 단계로 갈수록 줄어들어 피라미드 모양이 된다.

③ 에너지 효율(%) = $\dfrac{\text{현 영양 단계의 에너지 총량}}{\text{전 영양 단계의 에너지 총량}} \times 100$

④ 물질의 생산과 소비

총생산량	생산자가 광합성을 통해 생산한 유기물의 총량
(⑱)	총생산량 − 호흡량
생장량	순생산량 − (피식량 + 고사량, 낙엽량)

2. 물질 순환

탄소 순환	• 대기나 물속의 탄소는 생산자의 (⑲)을/를 통해 생물체 내로 유입되어 유기물로 합성된다. • 유기물은 생물의 호흡을 통해 이산화 탄소 형태로 분해되어 대기 중으로 돌아간다.
질소 순환	• 대기 중의 질소는 (⑳) 세균 등에 의해 고정되어 식물에 흡수된 후 질소 화합물로 합성된다. • 질소 화합물은 분해자에 의해 분해된 후 (㉑) 세균에 의해 질소 기체 형태로 대기 중으로 돌아간다.

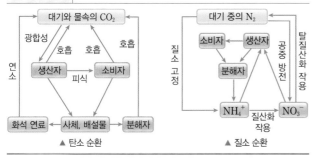

▲ 탄소 순환   ▲ 질소 순환

3. 에너지 흐름과 물질 순환 비교
생태계 내에서 에너지는 순환하지 않고 한 방향으로 흐르지만, 물질은 생물과 비생물 환경 사이를 순환한다.

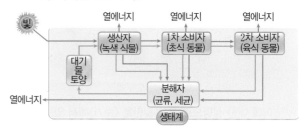

▲ 에너지 흐름과 물질 순환

4. 생태계 평형
생물종 수가 많고 먹이 그물이 복잡할수록 생태계 평형이 잘 유지된다.

17 생물 다양성과 보전

1. 생물 다양성의 의미

(㉒) 다양성	• 한 개체군 내에 존재하는 유전자의 다양한 정도 • 유전적 다양성이 높은 개체군은 환경이 급격히 변했을 때 적응하여 살아남을 가능성이 크다.
종 다양성	• 한 생태계에 서식하는 생물종의 다양한 정도 • 생물종의 수가 많고 분포 비율이 균등할수록 종 다양성이 높다.
생태계 다양성	• 어떤 지역에 존재하는 생태계의 다양한 정도 • 생태계가 다양할수록 종 다양성이 높다.

유전적 다양성	종 다양성	생태계 다양성

2. 생물 다양성의 가치

① 생태계 평형 유지: 종 다양성이 높은 생태계는 복잡한 먹이 그물이 형성되어 생태계 평형이 쉽게 깨지지 않는다.

② (㉓): 우리는 살아가는 데 필요한 식량과 의약품, 산업 자재 등을 생태계로부터 얻고 있다.

3. 생물 다양성의 감소 원인과 보전 대책

감소 원인	보전 대책
서식지 파괴와 단편화	서식지를 보호하고, 단편화된 서식지는 생태 통로를 설치해 연결한다.
외래종 도입	외래종의 무분별한 도입을 막고, 외래종이 기존 생태계에 미치는 영향을 검증하는 제도를 마련한다.
불법 포획과 남획	희귀 생물의 불법 포획과 남획을 금지하여 생물종을 보호한다.

V 단원 평가 문제

∞ 14. 개체군 164쪽

01 그림은 생태계 구성 요소 간의 관계를 나타낸 것이다.

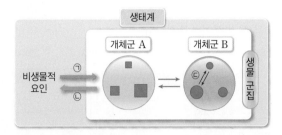

이에 대한 설명으로 옳은 것만을 〈보기〉에서 있는 대로 고른 것은?

┤ 보기 ├
ㄱ. 분해자는 생물 군집에 속한다.
ㄴ. 지렁이에 의해 토양이 비옥해지는 것은 ⓛ에 해당한다.
ㄷ. 분서(생태 지위 분화)는 ⓒ에 해당한다.

① ㄴ   ② ㄷ   ③ ㄱ, ㄴ
④ ㄱ, ㄷ   ⑤ ㄴ, ㄷ

∞ 14. 개체군 164쪽

02 다음은 생태계 구성 요소 간의 관계와 관련된 여러 가지 현상이다.

(가) 토끼풀의 개체 수가 증가하면 토끼의 개체 수도 증가한다.
(나) 코스모스는 가을이 되어 밤의 길이가 길어지면 개화한다.
(다) 낙엽이 분해되면 토양이 비옥해진다.

이에 대한 설명으로 옳은 것만을 〈보기〉에서 있는 대로 고른 것은?

┤ 보기 ├
ㄱ. (가)는 개체군 간의 상호 작용의 예이다.
ㄴ. 숲이 우거질수록 숲속의 습도가 높아지는 것은 (나)와 같은 상호 관계의 예이다.
ㄷ. 온대 지방에서 기온이 낮아지면 낙엽이 지는 것은 (다)와 같은 상호 관계의 예이다.

① ㄱ   ② ㄴ   ③ ㄱ, ㄷ
④ ㄴ, ㄷ   ⑤ ㄱ, ㄴ, ㄷ

∞ 14. 개체군 164쪽

03 그림의 A와 B는 각각 어떤 개체군의 이론상의 생장 곡선과 실제의 생장 곡선 중 하나를 나타낸 것이다.

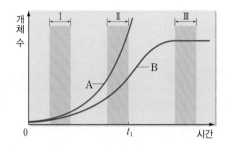

이에 대한 설명으로 옳은 것만을 〈보기〉에서 있는 대로 고른 것은?(단, 이 개체군에서 이입과 이출은 없다.)

┤ 보기 ├
ㄱ. 실제의 생장 곡선은 A이다.
ㄴ. B의 구간 Ⅲ에서 사망률이 출생률보다 크다.
ㄷ. B에서 개체군의 개체 수 증가율은 구간 Ⅱ > 구간 Ⅰ > 구간 Ⅲ이다.

① ㄱ   ② ㄷ   ③ ㄱ, ㄴ
④ ㄴ, ㄷ   ⑤ ㄱ, ㄴ, ㄷ

∞ 14. 개체군 164쪽

04 그림은 생존 곡선의 3가지 유형을 나타낸 것이고, 표는 여러 가지 생물을 생존 곡선 유형별로 구분한 것이다. (가)와 (나)는 각각 생존 곡선 Ⅰ형과 Ⅲ형 중 하나이다.

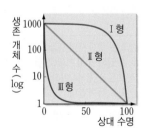

생존 곡선	생물
Ⅱ형	조류
(가)	어류
(나)	대형 포유류

이에 대한 설명으로 옳은 것만을 〈보기〉에서 있는 대로 고른 것은?

┤ 보기 ├
ㄱ. (가)는 Ⅲ형이다.
ㄴ. 대형 포유류는 초기 사망률이 높다.
ㄷ. 조류는 시간에 따른 개체 수 감소 비율이 비교적 일정하다.

① ㄱ   ② ㄴ   ③ ㄷ
④ ㄱ, ㄴ   ⑤ ㄱ, ㄷ

05 ∞ 15. 군집 176쪽
그림은 어떤 삼림의 층상 구조와 환경 요인의 관계를 나타낸 것이다. A와 B는 각각 산소와 이산화 탄소 중 하나이다.

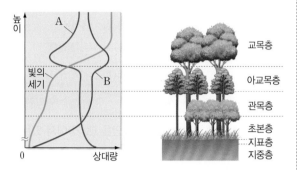

이에 대한 설명으로 옳은 것만을 〈보기〉에서 있는 대로 고른 것은?

┤ 보기 ├

ㄱ. A는 이산화 탄소, B는 산소이다.

ㄴ. 삼림의 층상 구조에서 총생산량은 초본층이 가장 많다.

ㄷ. 층상 구조가 발달한 군집에서는 동물에게 다양한 서식 환경을 제공할 수 있다.

① ㄱ   ② ㄴ   ③ ㄷ

④ ㄱ, ㄷ   ⑤ ㄱ, ㄴ, ㄷ

06 ∞ 15. 군집 176쪽
표는 생물 간의 상호 작용 A~C의 예를 나타낸 것이다.

구분	예
A	피라미는 하천의 가장자리에서, 은어는 하천의 중앙에서 서로 다른 먹이를 먹으며 살아간다.
B	기러기는 한 개체가 리더가 되어 다른 개체들을 이끈다.
C	닭은 모이를 쪼는 순서가 정해져 있다.

이에 대한 설명으로 옳은 것만을 〈보기〉에서 있는 대로 고른 것은?

┤ 보기 ├

ㄱ. A는 텃세이다.

ㄴ. B에는 경쟁·배타 원리가 적용된다.

ㄷ. C는 개체군 내 상호 작용이다.

① ㄱ   ② ㄷ   ③ ㄱ, ㄴ

④ ㄴ, ㄷ   ⑤ ㄱ, ㄴ, ㄷ

07 ∞ 15. 군집 176쪽
그림 (가)는 종 A~C를 각각 단독 배양했을 때, (나)와 (다)는 각각 종 A와 C, 종 B와 C를 혼합 배양했을 때 시간에 따른 개체 수를 나타낸 것이다.

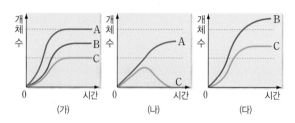

이에 대한 설명으로 옳은 것만을 〈보기〉에서 있는 대로 고른 것은?

┤ 보기 ├

ㄱ. (가)에서 A는 환경 저항을 받지 않는다.

ㄴ. (나)에서 A와 C 사이에 경쟁·배타 원리가 적용되었다.

ㄷ. (다)에서 B와 C는 상리 공생 관계이다.

① ㄱ   ② ㄴ   ③ ㄷ

④ ㄴ, ㄷ   ⑤ ㄱ, ㄴ, ㄷ

08 ∞ 15. 군집 176쪽
그림은 어떤 지역에서 일어나는 식물 군집의 천이 과정을 나타낸 것이다. A~C는 각각 양수림, 음수림, 관목림 중 하나이다.

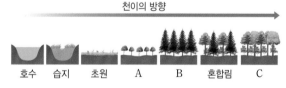

이에 대한 설명으로 옳은 것만을 〈보기〉에서 있는 대로 고른 것은?

┤ 보기 ├

ㄱ. 2차 천이 과정이다.

ㄴ. A의 우점종은 지의류이다.

ㄷ. C에서는 하층부보다 상층부의 잎 두께가 두껍다.

ㄹ. 혼합림에서 음수의 어린 나무가 양수의 어린 나무보다 잘 자란다.

① ㄱ, ㄴ   ② ㄱ, ㄷ   ③ ㄴ, ㄷ

④ ㄷ, ㄹ   ⑤ ㄴ, ㄷ, ㄹ

Ⅴ 단원 평가 문제

∞ 16. 에너지 흐름과 물질 순환 188쪽

09 그림은 어떤 생태계에서 A~D의 에너지양을 상댓값으로 나타낸 생태 피라미드이다. A~D는 각각 생산자, 1차 소비자, 2차 소비자, 3차 소비자 중 하나이다.

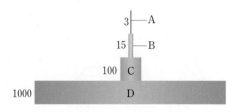

이에 대한 설명으로 옳은 것만을 〈보기〉에서 있는 대로 고른 것은?

| 보기 |
ㄱ. 초식 동물은 C에 해당한다.
ㄴ. 에너지 효율은 A가 B의 2배이다.
ㄷ. 3차 소비자의 에너지양이 가장 많다.

① ㄱ   ② ㄴ   ③ ㄱ, ㄷ
④ ㄴ, ㄷ   ⑤ ㄱ, ㄴ, ㄷ

∞ 16. 에너지 흐름과 물질 순환 188쪽

10 표는 같은 면적을 차지하고 있는 식물 군집 Ⅰ과 Ⅱ에서 1년 동안 조사한 호흡량, 고사량, 낙엽량, 생장량, 피식량을 총생산량에 대한 백분율(%)로 나타낸 것이다. Ⅰ의 총생산량은 Ⅱ의 총생산량의 2배이다.

(단위: %)

구분	군집 Ⅰ	군집 Ⅱ
호흡량	74.0	67.1
고사량, 낙엽량	19.7	24.7
생장량	6.0	8.0
피식량	0.3	0.2
합계	100.0	100.0

이에 대한 설명으로 옳은 것만을 〈보기〉에서 있는 대로 고른 것은?

| 보기 |
ㄱ. Ⅰ에서 총생산량에 대한 순생산량의 백분율은 26.0 %이다.
ㄴ. 초식 동물의 섭식량은 Ⅰ에서가 Ⅱ에서보다 크다.
ㄷ. 식물체에 남아 있는 유기물량은 Ⅰ이 Ⅱ의 2배이다.

① ㄱ   ② ㄷ   ③ ㄱ, ㄴ
④ ㄴ, ㄷ   ⑤ ㄱ, ㄴ, ㄷ

∞ 16. 에너지 흐름과 물질 순환 188쪽

11 그림은 생태계에서의 탄소 순환 과정을 나타낸 것이다.

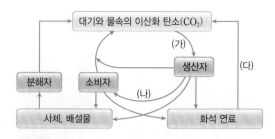

이에 대한 설명으로 옳은 것만을 〈보기〉에서 있는 대로 고른 것은?

| 보기 |
ㄱ. (가)는 동화 작용에 해당한다.
ㄴ. (나)에서 탄소는 열에너지 형태로 이동한다.
ㄷ. (다)가 증가하면 지구 온난화가 심화될 수 있다.

① ㄱ   ② ㄷ   ③ ㄱ, ㄴ
④ ㄱ, ㄷ   ⑤ ㄴ, ㄷ

∞ 16. 에너지 흐름과 물질 순환 188쪽

12 그림은 생태계에서 일어나는 질소 순환 과정의 일부를 나타낸 것이다.

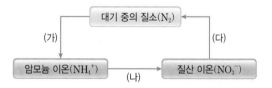

이에 대한 설명으로 옳은 것만을 〈보기〉에서 있는 대로 고른 것은?

| 보기 |
ㄱ. (가)는 세균에 의해 일어난다.
ㄴ. (나)에 관여하는 세균은 콩과식물과 공생한다.
ㄷ. (다)는 공중 방전에 의해 일어난다.

① ㄱ   ② ㄴ   ③ ㄷ
④ ㄱ, ㄷ   ⑤ ㄴ, ㄷ

∞ 17. 생물 다양성과 보전 200쪽

13 다음은 생물 다양성의 의미를 설명한 것이다.

> (가) 환경 요인이 다른 지역에서는 서식하는 생물의 종류와 수도 달라진다.
> (나) 다양한 종류의 변이가 존재할수록 지구 생물 전체의 유전자가 다양해진다.
> (다) 지구에는 약 150만 종의 생물이 존재하며, 그 중 가장 많은 종 수를 차지하는 것은 절지동물 이다.

(가), (나), (다)에 해당하는 생물 다양성의 의미를 옳게 짝 지은 것은?

	(가)	(나)	(다)
①	종 다양성	생태계 다양성	유전적 다양성
②	종 다양성	유전적 다양성	생태계 다양성
③	유전적 다양성	종 다양성	생태계 다양성
④	생태계 다양성	종 다양성	유전적 다양성
⑤	생태계 다양성	유전적 다양성	종 다양성

∞ 17. 생물 다양성과 보전 200쪽

14 그림은 두 생태계 (가)와 (나)의 먹이 사슬을 나타낸 것이다.

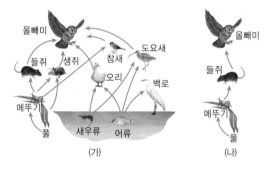

(가)

(나)

이에 대한 설명으로 옳은 것만을 〈보기〉에서 있는 대로 고른 것은?

> **보기**
> ㄱ. (가)와 (나)에서 모두 최종 소비자는 올빼미이다.
> ㄴ. (가)에서가 (나)에서보다 생태계 평형이 안정적 으로 유지된다.
> ㄷ. 들쥐가 멸종될 경우 올빼미의 멸종 가능성은 (가)에서보다 (나)에서 크다.

① ㄱ ② ㄴ ③ ㄱ, ㄷ
④ ㄴ, ㄷ ⑤ ㄱ, ㄴ, ㄷ

1등급을 완성하는 서술형 문제

∞ 14. 개체군 164쪽

15 그림 (가)는 5종의 솔새가 가문비나무에서 활동하는 공간 을, (나)는 하천에서 은어가 활동하는 영역을 나타낸 것이다.

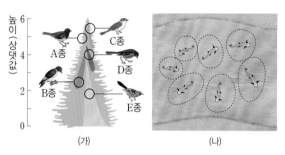

(가) (나)

(가)와 (나)에서 나타나는 생물 간의 상호 작용을 쓰고, 각각 의 관계가 형성된 까닭을 설명하시오.

∞ 17. 생물 다양성과 보전 200쪽

16 그림 (가)는 어떤 지역에 나일농어가 도입되기 전의 먹이 그물을, (나)는 나일농어가 도입된 후의 먹이 그물을 나타 낸 것이다.

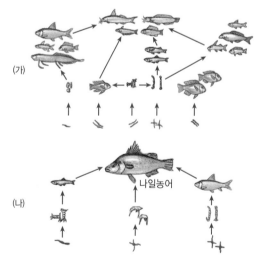

(가)

(나)

(1) 나일농어와 같이 원래 살고 있던 지역을 벗어나 다 른 지역으로 옮겨 서식하게 된 생물종을 무엇이라고 하는지 쓰시오.

(2) (가)와 (나) 중 더 안정된 생태계를 쓰고, 그 까닭을 설명하시오.

딴짓은 즐거워

글 / 그림 우쿠쥐

생명과학 I

- 핵심 개념과 자료 분석으로 원리를 이해하는 **개념 탐구 학습**
- 단계별, 수준별 다양한 문제 구성으로 든든한 **내신 완성 학습**
- 개념 + 기본 문제 + 실전 문제의 1 : 1 : 1 구성으로 빠른 **문제 적용 학습**

시험대비편

NEW

내신 잡는 필수 개념서

올리드

Allead

Mirae N 에듀

01. 생물의 특성

맞은 개수 _____ /14

01 생물의 구조적·기능적 단위는 무엇인지 쓰시오.

02 다음은 생물의 특성 중 하나에 대한 설명이다. (   ) 안에 들어갈 알맞은 말을 쓰시오.

> (㉠)은/는 생명을 유지하기 위해 생물의 체내에서 일어나는 모든 화학 반응으로, (㉡)에 의해 촉진되므로 체온 범위의 낮은 온도에서도 빠르게 일어난다.

[03~04] 동화 작용과 이화 작용의 특징을 옳게 연결하시오.

03 동화 작용 •

 • ㉠ 물질 분해

 • ㉡ 물질 합성

04 이화 작용 •

 • ㉢ 발열 반응

 • ㉣ 흡열 반응

[05~09] 다음 현상과 가장 관련이 깊은 생물의 특성을 〈보기〉에서 고르시오.

┌─ 보기 ├─
ㄱ. 항상성　　　　ㄴ. 발생과 생장
ㄷ. 적응과 진화　　ㄹ. 생식과 유전
ㅁ. 자극에 대한 반응

05 사람은 더울 때 땀을 흘려 체온을 유지한다.　(   )

06 고양이는 주변의 밝기에 따라 동공의 크기가 달라진다. (   )

07 개구리의 수정란이 올챙이, 어린 개구리를 거쳐 성체 개구리가 된다.　(   )

08 적록 색맹인 어머니로부터 적록 색맹인 아들이 태어난다.　(   )

09 사막에 사는 선인장은 잎이 가시로 변해 수분의 손실을 줄인다.　(   )

10 다음은 생물의 특성 중 하나에 대한 설명이다. (   ) 안에 공통으로 들어갈 알맞은 말을 쓰시오.

> (   )은/는 생물이 서식 환경에 적합한 몸의 형태와 기능, 생활 습성 등을 가지도록 변화하는 것이다. 생물이 오랜 시간 동안 여러 세대를 거치면서 환경에 (   )한 결과 집단의 유전자 구성이 변화하여 새로운 종으로 분화되는 진화가 일어난다.

[11~14] 바이러스에 대한 설명으로 옳은 것은 ○표, 옳지 <u>않은</u> 것은 ×표 하시오.

11 세포로 이루어져 있다.　(   )

12 <u>스스로</u> 물질대사를 할 수 있다.　(   )

13 핵산을 가지고 있어 숙주 세포 내에서 증식할 때 유전 현상이 나타난다.　(   )

14 증식 과정에서 돌연변이가 일어나 환경에 적응하고 진화한다.　(   )

10분 TEST 문제

02. 생명 과학의 특성과 탐구 방법

맞은 개수 _____/15

[01~04] 생명 과학의 특성에 대한 설명으로 옳은 것은 ○표, 옳지 않은 것은 ×표 하시오.

01 생명 과학은 생물이 나타내는 여러 가지 생명 현상을 탐구하여 생명의 본질을 밝히는 학문이다.   (   )

02 생명 과학은 인류의 생존과 복지에 영향을 미치지 않는다.
(   )

03 생명 과학은 다른 과학 분야뿐만 아니라 다른 학문 분야에도 영향을 미치고 있다.   (   )

04 사람 유전체 사업은 생명 과학이 다른 학문 분야와 연계된 사례이다.   (   )

05 자연 현상을 관찰하여 얻은 자료를 종합하고 분석하여 일반적인 원리나 법칙을 이끌어 내는 탐구 방법을 무엇이라고 하는지 쓰시오.

06 다음은 연역적 탐구 방법의 탐구 과정을 순서 없이 나타낸 것이다.

> (가) 가설 설정   (나) 관찰 및 문제 인식
> (다) 결론 도출   (라) 탐구 설계 및 수행
> (마) 탐구 결과 정리 및 분석

순서대로 나열하시오.

[07~10] 연역적 탐구 방법에서 가설에 대한 설명으로 옳은 것은 ○표, 옳지 않은 것은 ×표 하시오.

07 탐구 결과를 분석하여 설정한다.   (   )

08 검증을 통해 옳지 않다고 판단되면 수정할 수 있다. (   )

09 자연 현상을 관찰하면서 생긴 의문에 대한 잠정적인 답이다.
(   )

10 새로운 사실을 예측할 수 있어야 한다.   (   )

[11~14] 연역적 탐구 방법의 탐구 설계 및 수행 단계에서 다음 설명에 해당하는 용어를 쓰시오.

11 실험 결과에 영향을 주는 요인   (   )

12 조작 변인의 영향을 받아 변하는 요인   (   )

13 실험군과 비교하기 위해 실험 조건을 변화시키지 않은 집단
(   )

14 가설을 검증하기 위해 실험 조건을 의도적으로 변화시킨 집단   (   )

15 다음은 어떤 병원체에 대한 백신 ㉠의 효과를 알아보기 위한 탐구에서 두 집단 A와 B의 조건을 나타낸 것이다.

> • 집단 A: 백신 ㉠을 주사한 후 병원체를 주사한다.
> • 집단 B: 백신 ㉠을 주사하지 않고 병원체를 주사한다.

이 탐구에서 대조군, 실험군, 조작 변인을 각각 쓰시오.

10분 TEST 문제

03. 생명 활동과 에너지

맞은 개수 _____ /12

[01~02] 다음 (   ) 안에 들어갈 알맞은 말을 쓰시오.

01 생명체 내에서 일어나는 모든 화학 반응을 (㉠   )(이)라고 한다. (㉠   )이/가 일어날 때는 에너지의 출입이 함께 일어나므로 (㉡   )(이)라고도 한다.

02 세포가 영양소를 분해하여 생명 활동에 필요한 에너지를 얻는 과정을 (㉠   )(이)라고 하며, 주로 (㉡   )에서 일어난다.

03 그림은 생명체 내에서 일어나는 물질대사를 나타낸 것이다.

(가)와 (나)는 각각 물질대사 중 어떤 작용에 해당하는지 쓰시오.

04 그림 (가)와 (나)는 물질대사가 일어날 때 반응 경로에 따른 에너지 변화를 나타낸 것이다.

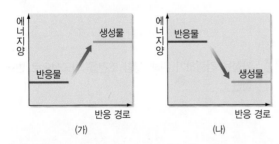

(가)와 (나)는 각각 물질대사 중 어떤 작용에 해당하는지 쓰시오.

05 세포 호흡 과정에서 방출되는 에너지를 저장했다가 필요할 때 분해되어 생명 활동에 필요한 에너지를 공급하는 물질은 무엇인지 쓰시오.

[06~10] 물질대사와 에너지의 전환에 대한 설명으로 옳은 것은 ○표, 옳지 **않은** 것은 ×표 하시오.

06 여러 분자의 포도당이 결합하여 글리코젠으로 합성되는 반응은 동화 작용에 해당한다. (   )

07 아미노산으로부터 단백질이 합성될 때 에너지가 방출된다. (   )

08 핵산과 같은 세포의 구성 성분이 합성될 때 효소가 관여한다. (   )

09 세포 호흡으로 방출된 에너지는 모두 ATP에 저장된다. (   )

10 ATP에 저장된 에너지는 화학 에너지, 기계적 에너지, 열에너지 등으로 전환되어 생명 활동에 사용된다. (   )

11 그림은 ATP의 구조를 나타낸 것이다.

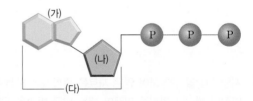

(가)~(다)의 이름을 각각 쓰시오.

12 그림은 미토콘드리아에서 일어나는 세포 호흡 과정을 나타낸 것이다.

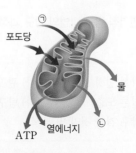

㉠과 ㉡에 해당하는 물질을 각각 쓰시오.

04. 기관계의 통합적 작용과 건강

맞은 개수 _____/12

01 다음은 영양소의 소화와 흡수에 대한 설명이다. (   ) 안에 들어갈 알맞은 말을 쓰시오.

> 사람은 음식물을 섭취하여 세포 호흡에 필요한 영양소를 얻는다. 사람이 섭취한 음식물이 소화 기관을 지나는 동안 녹말은 (㉠)(으)로, 단백질은 (㉡)(으)로, 지방은 지방산과 (㉢)(으)로 최종 분해된 후 소장에서 흡수된다. 이때 수용성 영양소는 소장 융털의 (㉣)(으)로, 지용성 영양소는 (㉤)(으)로 흡수되어 심장으로 운반된다.

[02~05] 기관계의 작용과 관련된 설명으로 옳은 것은 ○표, 옳지 않은 것은 ×표 하시오.

02 섭취한 음식물 중 몸속으로 흡수되지 못한 찌꺼기는 소화계를 거쳐 몸 밖으로 나간다.   (   )

03 모세 혈관에서 조직 세포로 산소가 이동할 때 ATP의 에너지가 사용된다.   (   )

04 지방이 세포 호흡에 이용되면 노폐물로 이산화 탄소, 물, 암모니아가 생성된다.   (   )

05 세포 호흡 결과 생성된 암모니아는 간에서 요소로 전환된다.
                    (   )

06 다음은 기관계의 통합적 작용에 대한 설명이다. (   ) 안에 들어갈 알맞은 기관계를 쓰시오.

> (㉠)에서 흡수한 영양소와 (㉡)에서 흡수한 산소는 (㉢)을/를 통해 온몸의 조직 세포로 운반된다. 조직 세포에서는 산소를 이용하여 영양소를 분해하는 세포 호흡을 통해 생명 활동에 필요한 에너지를 얻는다. 이 과정에서 만들어진 이산화 탄소 등의 노폐물은 (㉢)을/를 통해 각각 호흡계와 (㉣)(으)로 운반되어 몸 밖으로 배출된다.

07 그림은 사람의 기관계 A~D를 나타낸 것이다. A~D는 각각 소화계, 순환계, 배설계, 호흡계 중 하나이다.

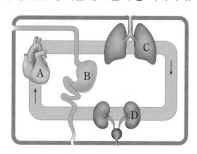

A~D는 각각 무엇인지 쓰시오.

08 다음은 에너지 대사에 대한 설명이다. (   ) 안에 들어갈 알맞은 말을 쓰시오.

> 심장 박동, 호흡 운동과 같은 생명 현상을 유지하는 데 필요한 최소한의 에너지양을 (㉠)(이)라고 하며, (㉠)을/를 제외하고 육체적 활동에 필요한 에너지양을 (㉡)(이)라고 한다. 또, 우리 몸이 하루에 필요로 하는 총 에너지양은 (㉢)(이)라고 한다.

[09~12] 대사성 질환에 대한 설명으로 옳은 것은 ○표, 옳지 않은 것은 ×표 하시오.

09 고지질 혈증(고지혈증)은 혈액 속에 콜레스테롤, 중성 지방 등이 과다하게 들어 있는 상태를 말한다.   (   )

10 에너지 섭취량이 에너지 소모량보다 많은 상태가 지속되면 대사성 질환에 걸릴 확률이 낮아진다.   (   )

11 대사성 질환은 유전적 요인과 환경적 요인이 복합적으로 작용하여 나타난다.   (   )

12 비만이 되면 당뇨병, 고혈압, 심장병 등에 걸릴 확률이 높아진다.   (   )

10분 TEST 문제

05. 흥분의 전도와 전달

맞은 개수 _____/15

01 신경계를 구성하는 기본 단위를 무엇이라고 하는지 쓰시오.

02 그림은 뉴런의 구조를 나타낸 것이다.

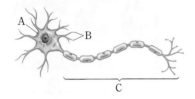

A~C의 이름을 각각 쓰시오.

[03~05] 그림은 기능이 서로 다른 3종류의 뉴런 A~C가 연결된 모습을 나타낸 것이다. 각 뉴런의 기능을 옳게 연결하시오.

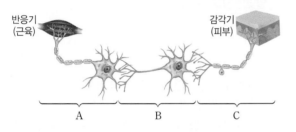

03 A ·

· ㉠ 중추 신경계에서 나온 신호를 반응기로 전달한다.

04 B ·

· ㉡ 감각기에서 받아들인 신호를 중추 신경계로 전달한다.

05 C ·

· ㉢ 중추 신경계를 구성하며, 구심성 뉴런과 원심성 뉴런을 연결한다.

[06~07] 자극을 받지 않은 뉴런에 대한 설명으로 옳은 것은 ○표, 옳지 <u>않은</u> 것은 ×표 하시오.

06 Na^+-K^+ 펌프가 ATP를 소모하면서 Na^+을 세포 밖으로, K^+을 세포 안으로 이동시킨다. ( )

07 세포막을 경계로 안쪽은 상대적으로 양(+)전하를, 바깥쪽은 음(−)전하를 띤다. ( )

[08~09] 다음은 뉴런의 막전위에 대한 설명이다. ( ) 안에 들어갈 알맞은 말을 쓰시오.

08 뉴런이 자극을 받지 않을 때 나타나는 막전위를 ( ) (이)라고 한다.

09 휴지 전위 상태의 뉴런에 흥분이 발생했을 때 나타나는 막전위의 급격하고 일시적인 변화를 ( )(이)라고 한다.

[10~12] 다음은 흥분의 발생 과정에 대한 설명이다. ( ) 안에 들어갈 알맞은 말을 고르시오.

10 분극 상태의 뉴런이 자극을 받으면 ㉠(Na^+, K^+) 통로가 열려 ㉡(Na^+, K^+)이/가 세포 안으로 들어와 막전위가 상승하는 ㉢(탈분극, 재분극)이/가 일어난다.

11 활동 전위가 발생하면 세포막 안쪽은 ㉠(양(+), 음(−))전하를, 바깥쪽은 ㉡(양(+), 음(−))전하를 띠게 된다.

12 막전위가 최고점에 이르면 ㉠(Na^+, K^+) 통로는 닫히고 ㉡(Na^+, K^+) 통로가 열려 막전위가 하강하는 ㉢(탈분극, 재분극)이/가 일어난다.

13 뉴런의 축삭 돌기 말단까지 전도된 흥분이 시냅스를 통해 다른 세포나 뉴런으로 전달되는 과정을 무엇이라고 하는지 쓰시오.

14 액틴 필라멘트가 마이오신 필라멘트 사이로 미끄러져 들어가 근육 수축이 일어난다는 이론을 무엇이라고 하는지 쓰시오.

15 근육이 수축할 때 길이 변화가 일어나는 것만을 〈보기〉에서 있는 대로 고르시오.

보기
ㄱ. A대   ㄴ. H대
ㄷ. I대   ㄹ. 근육 원섬유 마디

06. 신경계

맞은 개수 _____ /16

[01~06] 그림은 사람의 뇌 구조를 나타낸 것이다. 각 설명에 해당하는 구조의 기호와 이름을 쓰시오.

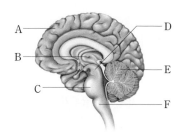

01 항상성 조절의 통합 중추이다. ( )

02 정신 활동을 담당하고, 감각과 운동의 중추이다. ( )

03 대뇌와 함께 수의 운동을 조절하고, 몸의 자세와 평형을 유지한다. ( )

04 안구 운동과 홍채의 작용을 조절한다. ( )

05 뇌의 여러 부분 사이의 정보 전달을 중계하며, 연수와 함께 호흡 운동을 조절한다. ( )

06 대뇌와 연결되는 신경이 좌우 교차하는 곳으로, 호흡 운동, 심장 박동 등을 조절한다. ( )

07 다음 ( ) 안에 공통으로 들어갈 알맞은 말을 쓰시오.

- ( )은/는 연수에 연결되어 몸의 등 쪽을 따라 아래로 뻗어 있다.
- 대뇌와 반대로 ( )의 겉질은 백색질, 속질은 회색질이다.
- 운동 신경 다발이 ( )의 배 쪽으로 나와 전근을 이루며, 감각 신경 다발이 ( )의 등 쪽으로 들어가 후근을 이룬다.

[08~10] 반사의 중추를 옳게 연결하시오.

08 동공 반사 •   • ㉠ 연수

09 회피 반사 •   • ㉡ 척수

10 재채기 반사 •   • ㉢ 중간뇌

[11~14] 체성 신경계와 자율 신경계에 대한 설명으로 옳은 것은 ○표, 옳지 않은 것은 ×표 하시오.

11 체성 신경계는 감각 신경과 운동 신경으로 구성된다. ( )

12 체성 신경계는 중추에서 나와 반응기에 이르기까지 뉴런 2개가 시냅스를 형성하고 있다. ( )

13 자율 신경계는 대뇌의 직접적인 지배를 받지 않는다. ( )

14 체성 신경계와 자율 신경계는 모두 원심성 신경이다. ( )

[15~16] 그림은 심장에 분포하고 있는 자율 신경 (가)와 (나)를 나타낸 것이다. 물음에 답하시오.

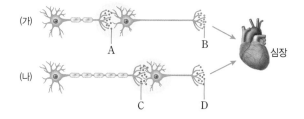

15 신경 (가)와 (나)의 이름을 각각 쓰시오.

16 뉴런의 축삭 돌기 말단에서 분비되는 신경 전달 물질 A~D의 이름을 각각 쓰시오.

10분 TEST 문제

07. 호르몬과 항상성 조절

맞은 개수 _____ /18

01 내분비샘에서 생성·분비되어 특정 조직이나 기관의 작용을 조절하는 화학 물질을 무엇이라고 하는지 쓰시오.

[02~06] 사람의 내분비샘과 각 내분비샘에서 분비되는 호르몬을 옳게 연결하시오.

02 이자 •　　　　　• ㉠ 티록신

03 갑상샘 •　　　　　• ㉡ 글루카곤

04 부신 속질 •　　　　• ㉢ 항이뇨 호르몬

05 뇌하수체 전엽 •　　　• ㉣ 에피네프린

06 뇌하수체 후엽 •　　　• ㉤ 생장 호르몬

07 항상성 조절 방법 중 하나로, 어떤 과정을 통해 나타난 결과가 그 과정을 억제하는 현상을 무엇이라고 하는지 쓰시오.

08 그림은 뇌하수체 전엽과 갑상샘에서 호르몬이 분비되는 과정을 나타낸 것이다.

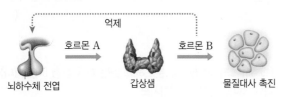

호르몬 A와 B의 이름을 각각 쓰시오.

09 그림은 혈당량 조절 과정을 나타낸 것이다.

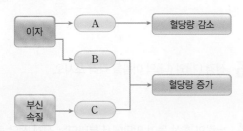

호르몬 A~C의 이름을 각각 쓰시오

[10~12] 혈당량 조절에 대한 설명으로 옳은 것은 ○표, 옳지 <u>않은</u> 것은 ×표 하시오.

10 혈당량은 주로 인슐린과 글루카곤의 길항 작용을 통해 일정하게 유지된다.　　　　　　　　　　　　　(　)

11 식사 후 이자의 α세포에서 글루카곤의 분비가 촉진된다.
　　　　　　　　　　　　　　　　　　　(　)

12 교감 신경은 인슐린의 분비를 촉진하고, 부교감 신경은 글루카곤의 분비를 촉진한다.　　　　　　　　　(　)

[13~16] 체온 조절에 대한 설명으로 옳은 것은 ○표, 옳지 않은 것은 ×표 하시오.

13 체온의 변화를 감지하여 조절하는 중추는 시상 하부이다.
　　　　　　　　　　　　　　　　　　　(　)

14 체온이 정상보다 낮아지면 근육이 떨리도록 하여 열 발생량을 증가시킨다.　　　　　　　　　　　　(　)

15 체온이 정상보다 높아지면 교감 신경의 작용을 강화하여 피부 근처의 혈관을 수축시킨다.　　　　　　(　)

16 체온은 체내의 열 발생량과 몸의 표면을 통한 열 발산량을 조절함으로써 일정하게 유지된다.　　　　　(　)

[17~18] 다음은 삼투압 조절에 대한 설명이다. (　) 안에 들어갈 알맞은 말을 고르시오.

17 짠 음식을 많이 먹어 체액의 삼투압이 높아지면 항이뇨 호르몬(ADH)의 분비가 ㉠(촉진, 억제)되므로 콩팥에서 수분 재흡수량이 ㉡(증가, 감소)한다.

18 물을 많이 마셔 체액의 삼투압이 낮아지면 항이뇨 호르몬(ADH)의 분비가 ㉠(촉진, 억제)되므로 단위 시간당 생성되는 오줌의 양이 ㉡(증가, 감소)한다.

10분 TEST 문제

08. 질병과 병원체

맞은 개수 _____ /17

01 다음은 질병의 구분에 대한 설명이다. (   ) 안에 들어갈 알맞은 말을 쓰시오.

> • (㉠) 질병은 병원체가 원인이 되어 발생하는 질병으로, 다른 사람에게 전염될 수 있다.
> • (㉡) 질병은 병원체 없이 유전, 환경, 생활 방식 등 여러 가지 원인이 복합적으로 작용하여 발생하는 질병으로, 다른 사람에게 전염되지 않는다.

[02~03] 감염성 질병과 비감염성 질병에 해당하는 것을 〈보기〉에서 각각 고르시오.

┤ 보기 ├
ㄱ. 당뇨병   ㄴ. 파상풍
ㄷ. 탄저병   ㄹ. 혈우병
ㅁ. 말라리아   ㅂ. 구순 포진

02 감염성 질병   (   )

03 비감염성 질병   (   )

[04~08] 세균에 대한 설명은 '세', 바이러스에 대한 설명은 '바'라고 쓰시오.

04 세포 구조이다.   (   )

05 살아 있는 숙주 세포 내에서만 증식할 수 있다. (   )

06 효소가 있어 스스로 물질대사를 할 수 있다.   (   )

07 세포 분열을 통해 증식한다.   (   )

08 핵산과 단백질 껍질로 이루어져 있다.   (   )

09 다음 질병들의 원인이 되는 병원체의 종류를 쓰시오.

> 감기, 독감, 대상 포진, 후천성 면역 결핍증(AIDS)

[10~13] 각 병원체가 원인이 되어 나타날 수 있는 질병을 옳게 연결하시오.

10 세균   •   • ㉠ 크로이츠펠트·야코프병

11 곰팡이   •   • ㉡ 말라리아

12 원생생물   •   • ㉢ 결핵

13 변형 프라이온 •   • ㉣ 무좀

[14~17] 감염성 질병의 감염 경로와 예방에 대한 설명으로 옳은 것은 ○표, 옳지 <u>않은</u> 것은 ×표 하시오.

14 환자의 기침이나 재채기를 통해 고혈압에 감염될 수 있다.
                                            (   )

15 매개 생물이 번성하지 않도록 위생적이고 청결한 환경을 유지한다.   (   )

16 손을 자주 깨끗이 씻으면 피부 접촉으로 감염되는 질병을 예방할 수 있다.   (   )

17 물을 끓이거나 정수해서 마시면 오염된 물을 통해 감염되는 질병을 예방할 수 있다.   (   )

⑩분 TEST 문제

09. 우리 몸의 방어 작용(1)

맞은 개수 _____ /13

01 다음은 방어 작용의 구분에 대한 설명이다. (   ) 안에 들어갈 알맞은 말을 쓰시오.

> • (㉠) 방어 작용은 병원체의 종류를 구별하여 일어난다.
> • (㉡) 방어 작용은 병원체의 종류를 구별하지 않고 동일한 방식으로 일어난다.

02 비특이적 방어 작용에 해당하는 것만을 〈보기〉에서 있는 대로 고르시오.

> ┤ 보기 ├
> ㄱ. 염증   ㄴ. 점막
> ㄷ. 피부   ㄹ. 세포성 면역
> ㅁ. 식세포 작용   ㅂ. 항원 항체 반응

03 그림은 면역을 담당하는 2종류의 세포 ㉠과 ㉡의 생성과 분화 과정을 나타낸 것이다.

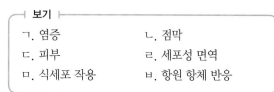

㉠과 ㉡의 이름을 각각 쓰시오.

04 항원에 대항하여 체내에서 만들어지는 Y자 모양의 단백질을 무엇이라고 하는지 쓰시오.

05 다음은 항체의 작용에 대한 설명이다. (   ) 안에 들어갈 알맞은 말을 쓰시오.

> 한 종류의 항체는 항원 결합 부위에 맞는 특정 항원만을 인식하여 결합하는데, 이를 항원 항체 반응의 (   )(이)라고 한다.

[06~09] 특이적 방어 작용에 대한 설명으로 옳은 것은 ○표, 옳지 않은 것은 ×표 하시오.

06 병원체가 체내로 침입하면 대식세포가 식세포 작용으로 항원을 잡아먹은 후 항원 조각을 세포막 표면에 제시한다.
(   )

07 세포독성 T림프구는 항원 조각을 인식해 B 림프구의 분화를 촉진한다.
(   )

08 B 림프구는 증식하여 항체를 생성하는 기억 세포와 항원의 특성을 기억하는 형질 세포로 분화한다.
(   )

09 동일한 항원이 재침입하면 다량의 항체가 생성되는 2차 면역 반응이 일어난다.
(   )

10 병원체의 독성을 약화시키거나 비활성 상태로 만든 것이 포함되어 있으며, 감염성 질병을 예방하기 위해 사용하는 약물을 무엇이라고 하는지 쓰시오.

11 표는 ABO식 혈액형의 응집원과 응집소를 나타낸 것이다.

혈액형	A형	B형	AB형	O형
응집원	A	B	㉠	없음.
응집소	㉡	㉢	없음.	α, β

㉠~㉢에 해당하는 응집원 또는 응집소를 쓰시오.

[12~13] Rh식 혈액형에 대한 설명으로 옳은 것은 ○표, 옳지 않은 것은 ×표 하시오.

12 Rh⁺형인 사람의 혈액에는 Rh 응집원과 Rh 응집소가 모두 있다.
(   )

13 Rh⁻형인 사람의 혈액이 Rh 응집원에 노출되면 Rh 응집소가 형성될 수 있다.
(   )

10분 TEST 문제

09. 우리 몸의 방어 작용(2)

맞은 개수 _____ /15

[01~03] 염증에 대한 설명으로 옳은 것은 ○표, 옳지 **않은** 것은 ×표 하시오.

01 병원체가 상처 부위로 들어오면 상처 부위의 비만세포에서 히스타민이 분비된다. ( )

02 모세 혈관이 확장되고 혈류량이 증가하여 상처 부위가 붉게 부어오르고 열이 나는 증상이 나타난다. ( )

03 상처 부위에 모인 비만세포의 식세포 작용으로 병원체가 제거된다. ( )

[04~06] 항원 항체 반응에 대한 설명으로 옳은 것은 ○표, 옳지 **않은** 것은 ×표 하시오.

04 항체는 항원 결합 부위에 맞는 특정 항원만을 인식하여 결합한다. ( )

05 항체의 주요 구성 물질은 탄수화물이다. ( )

06 항원은 세균, 꽃가루 등과 같이 체내로 침입하여 면역 반응을 일으키는 이물질이다. ( )

07 세포독성 T림프구가 병원체에 감염된 세포를 직접 공격하여 파괴하는 특이적 방어 작용을 무엇이라고 하는지 쓰시오.

08 그림은 체내에 병원체 X가 처음 침입했을 때 일어나는 방어 작용의 일부를 나타낸 것이다.

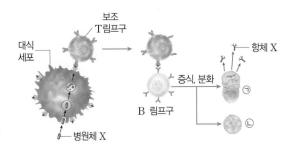

세포 ㉠과 ㉡의 이름을 각각 쓰시오.

[09~11] 1차 면역 반응과 2차 면역 반응에 대한 설명으로 옳은 것은 ○표, 옳지 **않은** 것은 ×표 하시오.

09 1차 면역 반응에서는 기억 세포가, 2차 면역 반응에서는 B림프구가 형질 세포로 분화한다. ( )

10 기억 세포는 1차 면역 반응 후에는 남아 있지만, 2차 면역 반응 후에는 바로 사라진다. ( )

11 2차 면역 반응에서는 1차 면역 반응에서보다 많은 양의 항체를 빠르게 생성한다. ( )

12 다음은 면역 관련 질환에 대한 설명이다. ( ) 안에 들어갈 알맞은 말을 고르시오.

> 면역 관련 질환에는 후천성 면역 결핍증(AIDS)과 같이 면역 ㉠(결핍, 과민)에 의한 질환과 알레르기와 같이 면역 ㉡(결핍, 과민)에 의한 질환이 있다.

13 표는 ABO식 혈액형의 종류에 따른 항A 혈청과 항B 혈청에서의 응집 여부를 나타낸 것이다.

혈액형	㉠	㉡	㉢	㉣
항A 혈청	응집함.	응집함.	응집 안 함.	응집 안 함.
항B 혈청	응집함.	응집 안 함.	응집함.	응집 안 함.

㉠~㉣에 해당하는 ABO식 혈액형을 쓰시오.

[14~15] 다음은 **ABO식 혈액형의 수혈 관계**에 대한 설명이다. ( ) 안에 들어갈 알맞은 말을 고르시오.

14 (AB형, O형)인 사람의 혈액에는 응집원 A와 B가 모두 없어 혈액형이 다른 사람에게 소량 수혈을 할 수 있다.

15 (AB형, O형)인 사람의 혈액에는 응집소 α와 β가 모두 없어 혈액형이 다른 사람으로부터 소량 수혈을 받을 수 있다.

10분 TEST 문제

10. 염색체와 DNA

맞은 개수 _____ /13

01 그림은 염색체의 구조를 나타낸 것이다.

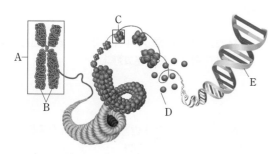

A~E의 이름을 각각 쓰시오.

02 다음은 염색체와 관련된 설명이다. ( ) 안에 들어갈 알맞은 말을 쓰시오.

> • 염색체를 구성하는 물질 중 유전 물질인 (㉠)에서 유전 정보가 저장된 특정 부위를 (㉡)(이)라고 한다.
> • (㉢)은/는 한 생명체(세포)가 가진 모든 유전 정보이다.

[03~07] 핵형에 대한 설명으로 옳은 것은 ○표, 옳지 않은 것은 ×표 하시오.

03 염색체의 수, 모양, 크기 등과 같이 겉으로 관찰 가능한 염색체의 특성이다. ( )

04 염색체 수가 같은 두 생물은 핵형이 같다. ( )

05 같은 종의 생물에서는 성별이 같으면 핵형이 같다. ( )

06 핵형은 주로 체세포 분열 후기 세포의 염색체 사진을 이용해 분석한다. ( )

07 사람의 핵형을 분석하면 총 46개의 염색체가 관찰된다. ( )

08 다음은 사람의 염색체에 대한 설명이다. ( ) 안에 들어갈 알맞은 말을 쓰시오.

> • 체세포에는 (㉠)쌍의 상동 염색체가 있으며, 이 중 (㉡)쌍은 남녀에서 공통으로 존재하는 상염색체이다.
> • 성염색체로 여자는 2개의 (㉢) 염색체를 가지고, 남자는 1개의 (㉢) 염색체와 1개의 (㉣) 염색체를 가진다.

09 체세포의 핵상과 염색체 수가 $2n=20$인 어떤 동물의 생식세포의 핵상과 염색체 수를 쓰시오.

10 세포 주기에서 (가)DNA가 복제되는 시기와 (나)핵분열이 일어나는 시기의 이름을 각각 쓰시오.

11 다음은 세포 분열과 관련된 설명이다. ( ) 안에 들어갈 알맞은 말을 쓰시오.

> 세포 분열이 시작되기 전 (㉠)이/가 복제되며, 세포 분열이 시작되면 동일한 두 (㉠)이/가 응축되어 하나의 염색체를 이루는 (㉡)을/를 형성한다.

[12~13] 그림은 어떤 생물의 세포에 들어 있는 2쌍의 상동 염색체와 각 염색체에 존재하는 일부 유전자를 나타낸 것이다. 이 생물의 유전자형은 AaBb이고, A와 a, B와 b는 각각 서로 대립유전자이다. 물음에 답하시오.

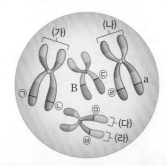

12 (가)~(라) 중 상동 염색체인 것과 염색 분체인 것을 구분하여 쓰시오.

13 ㉠~㉥에 들어갈 유전자를 각각 쓰시오.

10분 TEST 문제

11. 생식세포의 형성과 유전적 다양성

맞은 개수 _____ /15

01 다음은 유성 생식과 관련된 설명이다. ( ) 안에 들어갈 알맞은 말을 쓰시오.

> 유성 생식을 하는 생물에서는 (㉠) 결과 형성된 생식세포의 수정으로 자손이 만들어진다. 생식세포의 염색체 수는 체세포의 (㉡)이므로 세대를 거듭해도 생물종의 염색체 수가 보존된다.

02 감수 1분열 전기에 상동 염색체끼리 접합하여 형성된 것을 무엇이라고 하는지 쓰시오.

[03~08] **감수 분열에 대한 설명으로 옳은 것은 ○표, 옳지 않은 것은 ×표 하시오.**

03 감수 1분열 후기에 염색 분체가 분리된다. ( )

04 감수 1분열 중기 세포의 DNA양은 생식세포의 2배이다.
( )

05 사람의 감수 1분열 중기 세포에는 46개의 2가 염색체가 존재한다. ( )

06 감수 1분열 결과 형성된 두 딸세포는 유전자 구성이 서로 다르다. ( )

07 감수 2분열 결과 핵상이 $2n$에서 n으로 변한다. ( )

08 사람의 감수 2분열 결과 형성된 딸세포에는 23개의 염색체가 존재한다. ( )

09 체세포의 염색체 수가 10개인 어떤 동물의 감수 2분열 중기 세포에는 몇 개의 염색 분체가 존재하는지 쓰시오.

10 그림은 하나의 모세포가 감수 분열하는 과정에서 형성되는 세포 (가)와 (나)를 나타낸 것이다.

(가)　　　　　(나)

(가)와 (나)는 각각 감수 분열 중 어느 단계의 세포인지 쓰시오.

[11~13] **체세포 분열에 대한 설명은 '체', 감수 분열에 대한 설명은 '감', 공통적인 설명은 '공'이라고 쓰시오.**

11 DNA 복제가 1회 일어난다. ( )

12 분열 과정에서 DNA양이 1회만 반으로 감소한다.
( )

13 하나의 모세포로부터 핵상이 n인 딸세포 4개가 형성된다.
( )

14 다음은 유전적 다양성이 나타나는 원리에 대한 설명이다. ( ) 안에 들어갈 알맞은 말을 쓰시오.

> 유전적 다양성은 감수 분열 시 (㉠)이/가 무작위로 배열되었다가 분리되어 유전자 조합이 서로 다른 생식세포가 만들어지고, 이 생식세포들이 무작위로 (㉡)되어 유전적으로 다양한 자손이 태어난다.

15 오른쪽 그림과 같이 유전자형이 AaBb인 어떤 동물($2n=4$)의 감수 분열 결과 형성될 수 있는 생식세포의 유전자형을 모두 쓰시오.

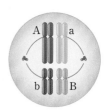

12. 사람의 유전

맞은 개수 _____/13

01 어떤 유전 형질에 대해 가족 구성원의 표현형과 가족 관계를 기호로 나타낸 것을 무엇이라고 하는지 쓰시오.

[02~05] 상염색체 유전에 대한 설명은 '상', 성염색체 유전에 대한 설명은 '성'이라고 쓰시오.

02 형질을 결정하는 유전자가 성염색체에 있다. (   )

03 형질의 발현 빈도가 성별과 관계없다. (   )

04 어머니가 열성 형질이면 아들은 항상 열성 형질이다. (   )

05 이마선 모양, 눈꺼풀과 같은 유전 형질이 해당된다. (   )

06 보조개의 유무는 상염색체 유전 형질이며, 보조개가 있는 것은 없는 것에 대해 우성 형질이다. 보조개가 없는 사람의 보조개 유전자형은 동형 접합성인지, 이형 접합성인지 쓰시오.

[07~08] 그림은 상염색체 유전 형질인 귓불 모양 유전 가계도를 나타낸 것이다. 물음에 답하시오.

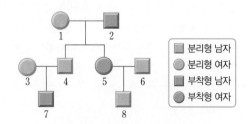

■ 분리형 남자
● 분리형 여자
■ 부착형 남자
● 부착형 여자

07 분리형과 부착형 중 열성 형질을 쓰시오.

08 1~8 중 귓불 모양 유전자형을 확실히 알 수 없는 사람을 모두 쓰시오.

[09~10] 그림은 ABO식 혈액형 유전 가계도를 나타낸 것이다. ABO식 혈액형은 대립유전자 A, B, O에 의해 결정된다. 물음에 답하시오.

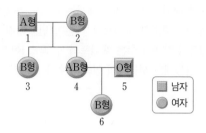

■ 남자
● 여자

09 1, 3, 6의 ABO식 혈액형 유전자형을 각각 쓰시오.

10 6의 동생이 태어날 때, 이 아이가 A형일 확률을 쓰시오.

[11~12] 그림은 X 염색체 유전 형질인 적록 색맹 유전 가계도를 나타낸 것이다. 이에 대한 설명으로 옳은 것은 ○표, 옳지 않은 것은 ×표 하시오.

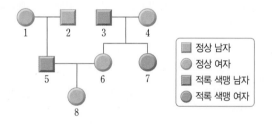

■ 정상 남자
● 정상 여자
■ 적록 색맹 남자
● 적록 색맹 여자

11 1, 4, 6, 8은 모두 보인자이다. (   )

12 5는 2로부터 적록 색맹 대립유전자를 물려받았다. (   )

13 다음은 사람의 유전 형질과 관련된 설명이다. (   ) 안에 들어갈 알맞은 말을 쓰시오.

> ABO식 혈액형은 3가지 대립유전자에 의해 형질이 결정되는 (㉠) 유전 형질이고, 피부색과 키 등은 여러 쌍의 대립유전자에 의해 형질이 결정되는 (㉡) 유전 형질이다.

10분 TEST 문제

13. 사람의 유전병

맞은 개수 _____/18

01 유전자나 염색체에 변화가 일어나 유전 정보에 변화가 생기는 현상을 무엇이라고 하는지 쓰시오.

02 다음은 유전자 이상으로 유전병이 나타나는 과정을 설명한 것이다. ( ) 안에 들어갈 알맞은 말을 쓰시오.

> 유전자 이상으로 DNA의 (㉠) 서열이 달라지면 정상 (㉡)과/와 아미노산 서열이 달라 제 기능을 하지 못하는 돌연변이 (㉡)이/가 만들어져 유전병이 나타난다.

[03~05] 낫 모양 적혈구 빈혈증에 대한 설명으로 옳은 것은 ○표, 옳지 <u>않은</u> 것은 ×표 하시오.

03 헤모글로빈 유전자의 이상으로 나타난다. ( )

04 핵형 분석을 통해 낫 모양 적혈구 빈혈증의 보유 여부를 알아낼 수 있다. ( )

05 낫 모양 적혈구 빈혈증을 나타내는 사람은 혈액 속 산소 농도가 높을 때 적혈구가 낫 모양으로 변한다. ( )

[06~07] 그림은 감수 분열 과정 (가), (나)와 두 과정에서 형성된 생식세포 중 일부의 핵상을 나타낸 것이다. (가)와 (나)에서 염색체 비분리가 각각 1회 일어났다. 물음에 답하시오.

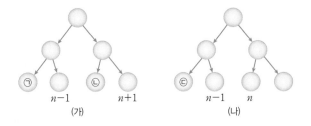

$n-1$ $n+1$ $n-1$ n
(가)   (나)

06 (가)와 (나) 중 감수 1분열에서 염색체 비분리가 일어난 것을 쓰시오.

07 ㉠~㉢의 핵상을 각각 쓰시오.

[08~11] 유전자 이상에 의한 유전병은 '유', 염색체 이상에 의한 유전병은 '염'이라고 쓰시오.

08 알비노증 ( )

09 다운 증후군 ( )

10 페닐케톤뇨증 ( )

11 고양이 울음 증후군 ( )

[12~15] 각 유전병의 특징을 옳게 연결하시오.

12 다운 증후군 •   • ㉠ 성염색체가 X 1개

13 터너 증후군 •   • ㉡ 18번 염색체가 3개

14 에드워드 증후군 •   • ㉢ 21번 염색체가 3개

15 클라인펠터 증후군•   • ㉣ 성염색체가 X X Y 로 3개

[16~17] 적록 색맹을 나타내는 어머니와 정상인 아버지 사이에서 적록 색맹에 대해 정상인 아들이 태어났다. 염색체 비분리는 어머니와 아버지 중 한 사람에게서만 1회 일어났다. 이에 대한 설명으로 옳은 것은 ○표, 옳지 <u>않은</u> 것은 ×표 하시오.

16 아들은 클라인펠터 증후군을 나타낸다. ( )

17 아버지의 감수 1분열 과정에서 염색체 비분리가 일어났다. ( )

18 그림은 정상 염색체와 구조 이상이 일어난 돌연변이 염색체 (가)~(라)를 나타낸 것이다. (가)~(라)에서 일어난 구조 이상을 각각 쓰시오.

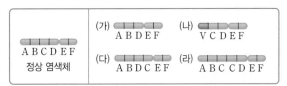

A B C D E F
정상 염색체

(가) A B D E F   (나) V C D E F
(다) A B D C E F   (라) A B C C D E F

10분 TEST 문제

14. 개체군(1)

맞은 개수 _____/15

01 군집을 구성하는 생물이 주변의 다른 생물이나 햇빛, 공기 등의 환경 요인과 서로 영향을 주고받으며 살아가는 체계를 무엇이라고 하는지 쓰시오.

02 생태계를 구성하는 생물적 요인을 역할에 따라 3가지로 구분하여 쓰시오.

[03~05] 생태계 구성 요소 간의 관계 중 작용에 해당하는 것은 '작', 반작용에 해당하는 것은 '반', 상호 작용에 해당하는 것은 '상'이라고 쓰시오.

03 숲속이 숲 바깥보다 습도가 높다. ( )

04 바다의 깊이에 따라 해조류의 분포가 다르다. ( )

05 뿌리혹박테리아가 공기 중의 질소를 고정하여 콩과식물에게 공급한다. ( )

[06~09] 다음 사례에 영향을 준 비생물적 요인을 〈보기〉에서 고르시오.

┌ 보기 ├
ㄱ. 빛   ㄴ. 물   ㄷ. 공기   ㄹ. 온도

06 한 식물에서도 양엽은 음엽보다 두껍다. ( )

07 온대 지방의 활엽수는 가을이 되면 단풍이 들고 낙엽이 진다. ( )

08 부레옥잠은 뿌리가 발달하지 않고 통기 조직이 발달해 있다. ( )

09 고산 지대에 사는 사람은 평지에 사는 사람보다 혈액 속 적혈구 수가 많다. ( )

[10~11] 오른쪽 그림은 개체군의 생장 곡선을 나타낸 것이다. 물음에 답하시오.

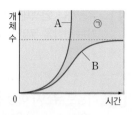

10 A와 B 중 이론상의 생장 곡선과 실제의 생장 곡선은 각각 어느 것인지 쓰시오.

11 개체군의 생장을 억제하는 요인인 ㉠을 무엇이라고 하는지 쓰시오.

12 다음은 개체군의 주기적 변동을 설명한 것이다. ( ) 안에 들어갈 알맞은 말을 쓰시오.

> 눈신토끼와 스라소니의 개체 수는 (㉠)에 의해 오랜 시간을 주기로 변동한다. 눈신토끼의 개체 수가 증가하면 스라소니의 개체 수가 (㉡)한다. 스라소니의 개체 수가 증가하면 눈신토끼의 개체 수가 (㉢)하고, 그에 따라 스라소니의 개체 수도 (㉣)하는 개체군의 변동이 약 10년을 주기로 일어난다.

[13~15] 다음 현상과 관련 있는 개체군 내 상호 작용을 〈보기〉에서 고르시오.

┌ 보기 ├
ㄱ. 텃세   ㄴ. 순위제   ㄷ. 리더제   ㄹ. 사회생활

13 큰뿔양은 뿔의 크기에 따라 숫양의 순위가 정해진다. ( )

14 기러기는 집단으로 이동할 때 우두머리 한 마리를 따라 이동한다. ( )

15 개미 개체군에서 여왕개미는 생식, 병정개미는 방어, 일개미는 먹이 획득을 담당한다. ( )

10분 TEST 문제

14. 개체군(2)

맞은 개수 _____/13

01 다음은 생태계의 생물적 요인의 구성 단계를 설명한 것이다. (　) 안에 들어갈 알맞은 말을 쓰시오.

> (　㉠　)은/는 독립된 하나의 생명체이며, 일정한 지역에 같은 종의 생물이 무리를 이루어 생활하는 집단을 (　㉡　), 일정한 지역에 여러 종류의 (　㉡　)이/가 모여 생활하는 집단을 (　㉢　)(이)라고 한다.

[02~05] 생태계의 구성 요소에 대한 설명으로 옳은 것은 ○표, 옳지 않은 것은 ×표 하시오.

02 동물은 소비자에 해당한다. (　　)

03 버섯은 생산자에 해당한다. (　　)

04 분해자는 다른 생물의 사체나 배설물에 포함된 유기물을 무기물로 분해하여 에너지를 얻는다. (　　)

05 온도는 비생물적 요인에 속한다. (　　)

[06~08] 다음 사례에 영향을 준 비생물적 요인을 각각 쓰시오.

06 송어나 노루는 일조 시간이 짧아지는 가을에 번식한다. (　　)

07 조류와 파충류의 알은 단단한 껍데기로 싸여 있다. (　　)

08 사막여우는 몸집이 작고 몸의 말단부가 크지만, 북극여우는 몸집이 크고 몸의 말단부가 작다. (　　)

09 다음은 개체군의 특성과 관련된 설명이다. (　) 안에 들어갈 알맞은 말을 쓰시오.

> 개체군의 (　㉠　)은/는 개체군이 서식하는 공간의 단위 면적당 개체 수를 말하며, (　㉡　)과/와 이입에 의해 증가하고, (　㉢　)과/와 이출에 의해 감소한다.

10 그림은 개체군의 생존 곡선을 나타낸 것이다.

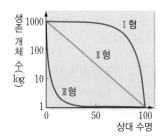

Ⅰ형~Ⅲ형 중 적은 수의 자손을 낳지만 부모의 보호를 받아 어린 개체의 사망률이 낮고, 노년에 사망률이 높은 생물종의 생존 곡선 유형을 쓰시오.

11 다음은 연령 피라미드에 대한 설명이다. (　) 안에 들어갈 알맞은 말을 쓰시오.

> 개체군의 연령 피라미드에서 생식 전 연령층의 개체 수가 많아 개체군의 크기가 점점 커지는 유형을 (　㉠　), 생식 전 연령층과 생식 연령층의 개체 수가 비슷하여 개체군의 크기 변화가 작은 유형을 (　㉡　), 생식 전 연령층의 개체 수가 적어 개체군의 크기가 점점 작아지는 유형을 (　㉢　)(이)라고 한다.

[12~13] 다음 사례와 관련 있는 개체군 내 상호 작용을 각각 쓰시오.

12 은어는 일정한 생활 공간을 차지하고 다른 개체의 침입을 막는다. (　　)

13 코끼리는 새끼가 생장하여 독립할 때까지 어미와 새끼가 무리를 지어 생활한다. (　　)

10분 TEST 문제

15. 군집(1)

맞은 개수 _____ /14

01 군집에 속하는 개체군 간의 먹고 먹히는 관계인 먹이 사슬이 그물처럼 복합하게 얽힌 것을 무엇이라고 하는지 쓰시오.

02 한 개체군이 군집 내에서 차지하는 서식 공간(공간 지위)과 먹이 사슬에서 차지하는 위치(먹이 지위)를 합쳐서 무엇이라고 하는지 쓰시오.

[03~05] 군집의 종류와 생태 분포에 대한 설명으로 옳은 것은 ○표, 옳지 <u>않은</u> 것은 ×표 하시오.

03 강수량이 적고 건조한 지역에서는 주로 삼림이 발달한다.
( )

04 군집의 수직 분포는 위도에 따른 분포로, 강수량과 기온의 차이에 의해 나타난다. ( )

05 한 지역에서 침엽수림대는 상록 활엽수림대보다 고도가 높은 곳에 발달한다. ( )

06 다음은 군집의 종 구성과 관련된 설명이다. ( ) 안에 들어갈 알맞은 말을 쓰시오.

(㉠)은/는 군집을 대표하는 종으로, 군집 내에서 상대 밀도, 상대 빈도, 상대 피도를 더한 값인 (㉡)이/가 가장 큰 종이다.

07 다음은 무엇에 대한 설명인지 쓰시오.

생태적 지위가 비슷한 두 개체군이 한정된 자원을 차지하기 위해 경쟁한 결과, 경쟁에서 이긴 개체군은 살아남고 경쟁에서 진 개체군은 사라진다.

[08~09] 다음 사례와 관련 있는 군집 내 개체군 간의 상호 작용을 쓰시오.

08 빨판상어는 거북의 몸에 붙어 쉽게 이동하거나 먹이를 얻고 보호를 받지만, 거북은 빨판상어로부터 이익도 손해도 받지 않는다.

09 겨우살이는 다른 식물에 붙어 영양분과 물을 흡수하여 살아간다.

10 그림은 A종과 B종을 단독 배양했을 때와 혼합 배양했을 때 시간에 따른 두 종의 개체 수를 나타낸 것이다.

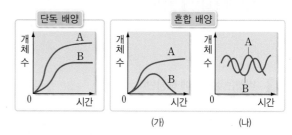

(가)와 (나)에서 A종과 B종 사이에 일어난 상호 작용을 각각 쓰시오.

11 다음은 군집의 건성 천이 과정을 순서 없이 나타낸 것이다. 순서대로 나열하시오.

ㄱ. 음수림 ㄴ. 양수림 ㄷ. 지의류
ㄹ. 관목림 ㅁ. 초원 ㅂ. 혼합림

[12~14] 군집의 천이에 대한 설명으로 옳은 것은 ○표, 옳지 <u>않은</u> 것은 ×표 하시오.

12 습성 천이에서 개척자는 지의류이다. ( )

13 양수의 어린 나무는 음수의 어린 나무보다 약한 빛에서도 잘 자란다. ( )

14 2차 천이는 1차 천이에 비해 극상에 도달하기까지 걸리는 시간이 짧다. ( )

15. 군집(2)

맞은 개수 _____/14

[01~05] 군집의 특성에 대한 설명으로 옳은 것은 ○표, 옳지 않은 것은 ×표 하시오.

01 삼림은 많은 종류의 목본과 초본 식물로 이루어진 육상의 대표적인 군집이다. ( )

02 삼림의 층상 구조에서 아래로 내려갈수록 도달하는 빛의 세기가 감소한다. ( )

03 특정 환경 조건을 충족하는 군집에서만 볼 수 있는 개체군 (종)을 희소종이라고 한다. ( )

04 방형구법에서 빈도는 특정 종이 차지한 면적을 전체 방형 구의 면적으로 나눈 값이다. ( )

05 중요치는 상대 밀도, 상대 빈도, 상대 피도를 합한 값이다. ( )

06 그림은 학교 주변의 풀밭에 전체 면적이 1 m²인 방형구를 설치하고, 방형구 안에 출현한 식물 종을 조사하여 나타낸 것이다.

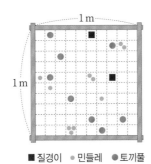

■ 질경이 • 민들레 ● 토끼풀

질경이, 민들레, 토끼풀의 밀도를 각각 구하시오.

07 생태적 지위가 비슷한 두 개체군이 함께 생활할 때 경쟁을 피하기 위해 먹이나 생활 공간 등을 달리하는데, 이와 같은 개체군 간의 상호 작용을 무엇이라고 하는지 쓰시오.

[08~11] 다음 현상과 관련 있는 군집 내 개체군 간의 상호 작용을 〈보기〉에서 고르시오.

┌ 보기 ┐
ㄱ. 편리공생   ㄴ. 종간 경쟁   ㄷ. 상리 공생
ㄹ. 포식과 피식   ㅁ. 분서(생태 지위 분화)

08 한 나무에서 여러 종의 솔새가 공간을 나누어 살아간다. ( )

09 스라소니는 눈신토끼의 개체 수 변동에 영향을 미친다. ( )

10 같은 먹이를 먹는 두 종의 짚신벌레를 함께 배양하면 한 종 만 살아남는다. ( )

11 흰동가리는 말미잘의 보호를 받고, 말미잘은 흰동가리가 유 인한 먹이를 먹는다. ( )

[12~14] 그림은 식물 군집의 천이 과정을 나타낸 것이다. 물음에 답하시오.

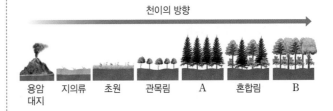

천이의 방향

용암   지의류   초원   관목림   A   혼합림   B
대지

12 그림은 1차 천이와 2차 천이 중 어느 것에 해당하는지 쓰 시오.

13 이 천이 과정에서 개척자는 무엇인지 쓰시오.

14 A와 B는 각각 어떤 식물 군집인지 쓰시오.

10분 TEST 문제

16. 에너지 흐름과 물질 순환

맞은 개수 _____ /14

[01~04] 생태계에서의 에너지 흐름에 대한 설명으로 옳은 것은 ○표, 옳지 **않은** 것은 ×표 하시오.

01 생태계에 공급되는 에너지의 근원은 태양의 빛에너지이다.
(   )

02 생태계에서 에너지는 생물과 비생물 환경 사이를 순환한다.
(   )

03 생태계에서 에너지는 유기물의 형태로 이동한다. (   )

04 생물의 사체나 배설물 속의 에너지는 분해자의 호흡을 통해 화학 에너지 형태로 방출된다.
(   )

05 다음은 에너지의 이동과 관련된 설명이다. (   ) 안에 들어갈 알맞은 말을 고르시오.

> 일반적으로 하위 영양 단계에서 상위 영양 단계로 갈수록 개체 수, 생물량, 에너지양은 ㉠(감소, 증가)하고, 에너지 효율은 ㉡(감소, 증가)하는 경향이 있다.

[06~08] 다음 설명에 해당하는 용어를 〈보기〉에서 고르시오.

> ┤ 보기 ├
> ㄱ. 호흡량   ㄴ. 생장량   ㄷ. 생물량
> ㄹ. 순생산량   ㅁ. 총생산량

06 생산자가 광합성을 통해 생산한 유기물의 총량이다.
(   )

07 총생산량에서 호흡량을 제외한 유기물의 양이다. (   )

08 순생산량에서 고사량, 낙엽량, 피식량을 제외하고 생산자에 남아 있는 유기물의 양이다. (   )

09 그림은 생태계에서의 탄소 순환 과정을 나타낸 것이다.

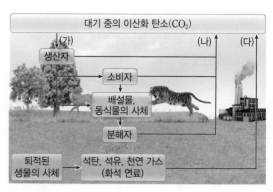

(가)~(다)에 해당하는 작용을 각각 쓰시오.

[10~12] 생태계에서의 질소 순환 과정에 대한 설명으로 옳은 것은 ○표, 옳지 **않은** 것은 ×표 하시오.

10 생산자가 암모늄 이온(NH_4^+)을 흡수하여 단백질로 합성하는 과정을 질소 동화 작용이라고 한다.
(   )

11 탈질산화 세균에 의해 질산 이온(NO_3^-)이 암모늄 이온(NH_4^+)으로 전환된다.
(   )

12 토양 속의 암모늄 이온(NH_4^+)은 질산화 세균에 의해 질산 이온(NO_3^-)으로 전환된다.
(   )

13 그림은 질소 순환 과정의 일부를 나타낸 것이다.

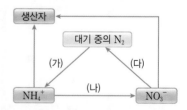

(가)~(다)는 각각 어떤 작용인지 〈보기〉에서 고르시오.

> ┤ 보기 ├
> ㄱ. 질소 고정   ㄴ. 질산화 작용   ㄷ. 탈질산화 작용

14 생태계를 구성하는 생물 군집의 종류나 개체 수, 물질의 양, 에너지 흐름이 안정된 상태를 유지하는 것을 무엇이라고 하는지 쓰시오.

10분 TEST 문제

17. 생물 다양성과 보전

맞은 개수 _____ /16

01 다음은 생물 다양성의 3가지 의미 중 무엇에 대한 설명인지 쓰시오.

> 한 고양이 개체군에서 각 개체의 털색과 무늬가 다르다.

02 그림 (가)~(다)는 각각 생물 다양성의 3가지 의미 중 무엇을 나타내는 것인지 쓰시오.

(가)   (나)   (다)

[03~07] 생물 다양성에 대한 설명으로 옳은 것은 ○표, 옳지 않은 것은 ×표 하시오.

03 갯벌, 습지와 같이 두 생태계가 인접한 지역은 종 다양성이 높다.   ( )

04 생태계 다양성에는 생태계 구성 요소들 사이의 상호 작용까지 포함된다.   ( )

05 급격한 환경 변화 시 유전적 다양성이 높은 개체군은 유전적 다양성이 낮은 개체군보다 생존 가능성이 크다. ( )

06 생물 군집에서 종의 수가 많고, 각 종의 분포 비율이 균등할수록 종 다양성이 높다.   ( )

07 종 다양성이 높으면 복잡한 먹이 그물이 형성되므로 생태계 평형이 쉽게 파괴된다.   ( )

[08~11] 생물 자원의 이용과 관련된 예를 옳게 연결하시오.

08 의복 재료 •
     • ㉠ 벼, 콩

09 식량 제공 •
     • ㉡ 목화, 누에고치

10 의약품 원료 •
     • ㉢ 생태 공원, 휴양림

11 휴식처 및 관광 자원 •
     • ㉣ 푸른곰팡이, 버드나무 껍질

[12~14] 다음 사례와 관련이 있는 생물 다양성 감소 원인을 〈보기〉에서 고르시오.

> ┤ 보기 ├
> ㄱ. 서식지 단편화   ㄴ. 외래종 도입
> ㄷ. 환경 오염   ㄹ. 불법 포획과 남획

12 큰 도로가 생기면 많은 야생 동물의 이동이 제한되고, 동물이 도로를 건너다 자동차에 치여 죽기도 한다.   ( )

13 기름과 고기를 얻기 위해 고래와 바다사자를 무분별하게 사냥한 결과 이들은 멸종 위기에 처해 있다.   ( )

14 미국에서 들어온 가시박은 다른 식물을 감고 올라가 뒤덮어 아래쪽 식물이 자라지 못하게 한다.   ( )

15 생물 다양성의 감소 원인으로 옳은 것만을 〈보기〉에서 있는 대로 고르시오.

> ┤ 보기 ├
> ㄱ. 환경 오염   ㄴ. 기후 변화
> ㄷ. 서식지 파괴   ㄹ. 종자 은행 설치
> ㅁ. 국립 공원 지정

16 산을 허물어 도로를 건설할 때 야생 동물의 로드킬을 방지하고, 서식지 분할에 따른 영향을 감소시키기 위해 설치하는 야생 동물의 이동 통로를 무엇이라고 하는지 쓰시오.

[01~02] 그림은 생물의 특성 중 서로 관련이 깊은 것끼리 묶은 것을 나타낸 것이다. A~C는 각각 적응, 발생, 유전 중 하나이다. 물음에 답하시오.

01 A~C의 예로 옳은 것만을 〈보기〉에서 있는 대로 고른 것은?

┤ 보기 ├
ㄱ. A: 개구리 알에서 올챙이가 태어난다.
ㄴ. B: 미맹인 부모에게서 미맹인 아들이 태어난다.
ㄷ. C: 혈당량이 증가하면 인슐린의 분비량이 증가하여 혈당량을 정상 수준으로 낮춘다.

① ㄱ   ② ㄴ   ③ ㄷ
④ ㄱ, ㄴ   ⑤ ㄱ, ㄴ, ㄷ

✏️서술형
02 A를 쓰고, A의 의미를 설명하시오.

03 다음은 생물의 특성 (가)와 (나)의 예를 나타낸 것이다.

(가) 화분에 심어 둔 버드나무의 키가 매년 자란다.
(나) 핀치는 먹이를 소화시킨 후 세포 호흡을 통해 생명 활동에 필요한 에너지를 얻는다.

(가)와 (나)에 해당하는 생물의 특성은?

	(가)	(나)
①	생식	진화
②	생장	물질대사
③	적응	항상성
④	항상성	생장
⑤	물질대사	생식

04 다음은 온대 지방에 서식하는 어떤 식물에 대한 설명이다.

이 식물은 기온이 낮아지면 더 많은 양의 ㉠녹말을 포도당으로 분해해 ㉡세포 내 포도당 함량을 높인다. 그 결과 어는점이 낮아져 겨울에도 세포가 얼지 않는다.

이에 대한 설명으로 옳은 것만을 〈보기〉에서 있는 대로 고른 것은?

┤ 보기 ├
ㄱ. ㉠은 동화 작용에 해당한다.
ㄴ. 이 식물은 다세포 생물이다.
ㄷ. 적응은 ㉡과 관련된 생물의 특성에 해당한다.

① ㄱ   ② ㄴ   ③ ㄷ
④ ㄱ, ㄴ   ⑤ ㄴ, ㄷ

05 그림 (가)는 A와 B의 공통점과 차이점을, (나)는 A와 B 중 하나를 나타낸 것이다. A와 B는 각각 세균과 바이러스 중 하나이고, ㉠과 ㉢ 중 하나는 '스스로 물질대사를 할 수 있다.'이다.

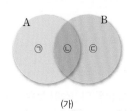 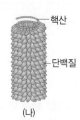

(가)   (나)

이에 대한 설명으로 옳은 것만을 〈보기〉에서 있는 대로 고른 것은?

┤ 보기 ├
ㄱ. (나)는 B이다.
ㄴ. '스스로 물질대사를 할 수 있다.'는 ㉠이다.
ㄷ. '단백질과 핵산이 모두 존재한다.'는 ㉡에 해당한다.

① ㄱ   ② ㄴ   ③ ㄷ
④ ㄱ, ㄴ   ⑤ ㄱ, ㄴ, ㄷ

[06~07] 다음은 식물의 잎에서 어떤 병을 일으키는 병원체 X에 대한 설명이다. 물음에 답하시오.

> (가) 핵산과 단백질로만 이루어져 있다.
> (나) 영양소로만 이루어진 배지에서 증식하지 않는다.
> (다) X에 의해 병이 발생한 잎의 추출액을 세균 여과기로 거른 후 여과액을 건강한 잎에 발라 주면 병이 생긴다.

06 X에 대한 설명으로 옳은 것만을 〈보기〉에서 있는 대로 고른 것은?

> ┤ 보기 ├
> ㄱ. X는 세균보다 크기가 크다.
> ㄴ. X는 잎 세포 내에서 핵산을 복제해 증식한다.
> ㄷ. X는 환경에 적응하고 진화할 수 있다.

① ㄱ   ② ㄴ   ③ ㄷ
④ ㄱ, ㄴ   ⑤ ㄴ, ㄷ

(✐서술형)

07 (가)와 (나)를 통해 각각 알 수 있는 X의 비생물적 특성을 설명하시오.

08 그림은 생명 과학의 탐구 방법 중 하나를 나타낸 것이다.

자연 현상 관찰 ▷ 관찰 주제 선정 ▷ 관찰 방법과 절차 고안 ▷ 관찰 수행 ▷ 관찰 결과 해석 및 결론 도출

이와 같은 탐구 방법을 이용한 탐구 사례에 해당하는 것만을 〈보기〉에서 있는 대로 고른 것은?

> ┤ 보기 ├
> ㄱ. 슈반은 현미경으로 많은 동물을 관찰하여 모든 동물은 세포로 이루어져 있음을 알게 되었다.
> ㄴ. 에이크만은 닭의 각기병이 먹이와 관련이 있다는 것을 증명하기 위해 가설을 세워 탐구를 수행하였다.
> ㄷ. 다윈은 갈라파고스 군도의 각 섬에 사는 다양한 생물을 관찰한 결과 생물이 자연 선택 과정을 통해 진화하였음을 알게 되었다.

① ㄱ   ② ㄴ   ③ ㄱ, ㄷ
④ ㄴ, ㄷ   ⑤ ㄱ, ㄴ, ㄷ

09 다음은 플레밍이 페니실린을 발견한 탐구 과정을 순서 없이 나타낸 것이다.

> (가) 푸른곰팡이가 세균 증식을 억제하게 하는 물질을 만들 것이다.
> (나) 모든 조건이 동일한 2개의 세균 배양 배지 중 A에는 푸른곰팡이 배양액을 넣고, B에는 푸른곰팡이 배양액을 넣지 않았다.
> (다) 푸른곰팡이 주변에서는 세균이 증식하지 못하는 것을 발견하고 왜 그런지 의문을 가졌다.
> (라) 푸른곰팡이는 세균 증식을 억제하게 하는 물질을 만든다.
> (마) 배지 A에서는 세균이 증식하지 못하고, 배지 B에서는 세균이 증식하였다.

위 탐구 과정을 순서대로 나열하시오.

10 다음은 탄저병 백신의 효과를 알아보기 위해 어떤 과학자가 수행한 탐구이다.

> (가) 50마리의 건강한 양을 25마리씩 두 집단 A, B로 나눈다.
> (나) [?   ]
> (다) 일정 시간 후 두 집단의 양에게 모두 탄저균을 주사한다.
> (라) 집단 A의 양은 모두 탄저병에 걸렸지만, 집단 B의 양은 모두 건강했다.
> (마) 탄저병 백신은 탄저병 예방에 효과가 있다.

이에 대한 설명으로 옳지 않은 것은?(단, 모든 탐구 과정은 제대로 이루어졌다.)

① 집단 B는 실험군이다.
② 연역적 탐구 방법을 이용했다.
③ 종속변인은 양의 탄저병 발병 여부이다.
④ (나)에서 집단 A의 양에게만 탄저병 백신을 주사했다.
⑤ (다)에서 집단 A와 B의 양에게 주사하는 탄저균의 양은 같아야 한다.

01 물질대사에 대한 설명으로 옳지 않은 것은?

① 반응이 여러 단계에 걸쳐 일어난다.
② 동화 작용이 일어날 때는 에너지가 흡수된다.
③ 생명체 내에서 일어나는 모든 화학 반응이다.
④ 이화 작용과 동화 작용에 모두 효소가 관여한다.
⑤ 작은 분자를 큰 분자로 합성하는 반응은 이화 작용이다.

[02~03] 오른쪽 그림은 생명 활동에 직접 사용되는 에너지 저장 물질 (가)의 구조를 나타낸 것이다. 물음에 답하시오.

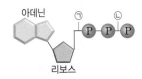

02 (가)의 이름을 쓰시오.

03 위 자료에 대한 설명으로 옳은 것만을 〈보기〉에서 있는 대로 고른 것은?

┤ 보기 ├
ㄱ. ㉠은 고에너지 인산 결합이다.
ㄴ. 세포 호흡 과정에서 방출되는 에너지는 모두 (가)에 저장된다.
ㄷ. ㉡이 끊어질 때 방출되는 에너지는 다양한 생명 활동에 사용된다.

① ㄴ ② ㄷ ③ ㄱ, ㄴ
④ ㄱ, ㄷ ⑤ ㄱ, ㄴ, ㄷ

04 포도당이 세포 호흡과 연소를 통해 물과 이산화 탄소로 분해될 때에 대한 설명으로 옳은 것만을 〈보기〉에서 있는 대로 고르시오.

┤ 보기 ├
ㄱ. 세포 호흡과 연소는 모두 물질대사에 해당한다.
ㄴ. 세포 호흡에서는 에너지가 단계적으로 방출된다.
ㄷ. 포도당 1분자당 방출되는 총 에너지양은 세포 호흡>연소이다.

05 그림은 포도당이 세포 호흡에 이용될 때 생성되는 최종 분해 산물과 에너지의 전환 과정을 나타낸 것이다. A와 B는 각각 CO_2와 O_2 중 하나이다.

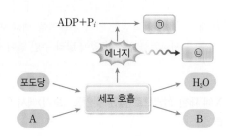

이에 대한 설명으로 옳은 것만을 〈보기〉에서 있는 대로 고른 것은?

┤ 보기 ├
ㄱ. ㉠은 체온 유지에 사용된다.
ㄴ. ㉡은 근육 수축에 사용된다.
ㄷ. A는 호흡계를 통해 흡수되고, B는 호흡계를 통해 몸 밖으로 나간다.

① ㄱ ② ㄷ ③ ㄱ, ㄴ
④ ㄱ, ㄷ ⑤ ㄴ, ㄷ

06 그림은 사람의 호흡계와 순환계, 조직 세포와 순환계 사이에서 일어나는 기체 교환을 나타낸 것이다. (가)와 (나)는 혈관이다.

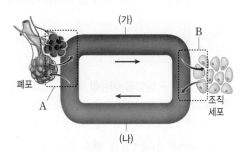

이에 대한 설명으로 옳은 것만을 〈보기〉에서 있는 대로 고른 것은?

┤ 보기 ├
ㄱ. (가)는 호흡계를 구성하는 기관이다.
ㄴ. 혈액의 단위 부피당 산소의 양은 (가)에서보다 (나)에서 많다.
ㄷ. A와 B에서의 기체 교환 원리는 확산이다.

① ㄱ ② ㄷ ③ ㄱ, ㄴ
④ ㄴ, ㄷ ⑤ ㄱ, ㄴ, ㄷ

07 그림 (가)는 세포 호흡 결과 생성되는 노폐물의 배설 과정을, (나)는 사람의 콩팥을 나타낸 것이다.

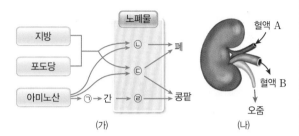

(가)　　　　　　　　(나)

이에 대한 설명으로 옳은 것만을 〈보기〉에서 있는 대로 고른 것은?

┌─ 보기 ├─
ㄱ. ㉠과 ㉢은 모두 구성 원소로 탄소를 갖는다.
ㄴ. 단위 부피당 ㉣의 양은 혈액 B < 혈액 A이다.
ㄷ. 건강한 사람의 오줌에서는 포도당이 검출되지 않는다.

① ㄴ　　　　　② ㄷ　　　　　③ ㄱ, ㄴ
④ ㄱ, ㄷ　　　　⑤ ㄴ, ㄷ

08 그림은 사람의 기관계 (가)~(라)를 나타낸 것이다. (가)~(라)는 각각 소화계, 순환계, 배설계, 호흡계 중 하나이다.

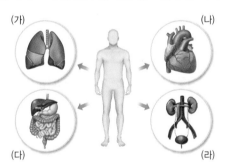

이에 대한 설명으로 옳은 것만을 〈보기〉에서 있는 대로 고른 것은?

┌─ 보기 ├─
ㄱ. (가)에서 흡수된 물질은 (나)를 통해 조직 세포로 운반된다.
ㄴ. 소장은 (다)를 구성하는 기관이다.
ㄷ. 섭취한 음식물 중 흡수하지 못한 찌꺼기는 (라)를 통해 몸 밖으로 배출된다.

① ㄱ　　　　　② ㄷ　　　　　③ ㄱ, ㄴ
④ ㄱ, ㄷ　　　　⑤ ㄴ, ㄷ

09 그림은 사람의 몸에서 일어나는 물질의 이동 과정을 나타낸 것이다. (가)~(다)는 각각 배설계, 호흡계, 소화계 중 하나이고, ㉠과 ㉡은 각각 O_2와 CO_2 중 하나이다.

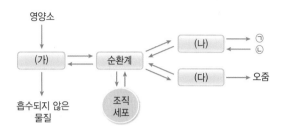

이에 대한 설명으로 옳은 것만을 〈보기〉에서 있는 대로 고른 것은?

┌─ 보기 ├─
ㄱ. (가)에서 영양소의 소화가 일어난다.
ㄴ. 조직 세포에서 생성된 ㉠은 순환계를 통해 (나)로 이동한다.
ㄷ. 세포 호흡 결과 생성된 물은 모두 (다)를 통해 몸 밖으로 배출된다.

① ㄱ　　　　　② ㄷ　　　　　③ ㄱ, ㄴ
④ ㄴ, ㄷ　　　　⑤ ㄱ, ㄴ, ㄷ

10 에너지 대사와 대사성 질환에 대한 설명으로 옳은 것만을 〈보기〉에서 있는 대로 고른 것은?

┌─ 보기 ├─
ㄱ. 기초 대사량은 생명 현상을 유지하는 데 필요한 최소한의 에너지양이다.
ㄴ. 운동 부족과 과도한 영양 섭취는 대사성 질환을 일으키는 원인이 된다.
ㄷ. 에너지 섭취량보다 에너지 소모량이 적은 경우 체지방 축적량이 감소한다.

① ㄱ　　　　　② ㄷ　　　　　③ ㄱ, ㄴ
④ ㄴ, ㄷ　　　　⑤ ㄱ, ㄴ, ㄷ

✏️서술형

11 물질대사의 이상으로 발생하는 당뇨병, 고지질 혈증(고지혈증), 고혈압과 같은 질환을 통틀어 무엇이라고 하는지 쓰고, 이와 같은 질환을 예방하기 위한 생활 습관을 2가지 이상 설명하시오.

01 그림은 어떤 뉴런의 한 지점에 역치 이상의 자극을 1회 주었을 때의 막전위 변화를 나타낸 것이다.

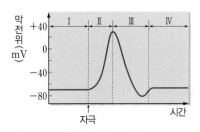

이에 대한 설명으로 옳지 않은 것은?

① Ⅰ에서 Na^+의 농도는 세포 안에서보다 세포 밖에서 높다.

② Ⅱ에서 Na^+은 Na^+ 통로를 통해 세포 안으로 이동한다.

③ Ⅲ에서 K^+은 세포 밖으로 확산한다.

④ Ⅳ에서 Na^+-K^+ 펌프에 의해 K^+이 세포 안으로 유입된다.

⑤ Na^+의 막 투과도는 Ⅱ에서보다 Ⅳ에서 크다.

02 그림과 같이 시냅스로 연결된 두 뉴런에서 시냅스 이전 뉴런의 한 지점에 역치 이상의 자극을 주었다.

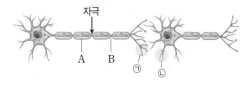

이에 대한 설명으로 옳은 것만을 〈보기〉에서 있는 대로 고른 것은?

| 보기 |

ㄱ. A에서는 탈분극이 일어나지 않는다.

ㄴ. 자극의 세기가 강해지면 B에서 발생하는 활동 전위의 크기가 커진다.

ㄷ. ㉠에서 분비되는 신경 전달 물질에 의해 ㉡에서 Na^+-K^+ 펌프가 작동한다.

① ㄱ　　　　② ㄴ　　　　③ ㄱ, ㄴ
④ ㄱ, ㄷ　　　⑤ ㄴ, ㄷ

03 〔서술형〕 그림 (가)~(다)는 근육 원섬유 마디의 서로 다른 세 지점의 단면에서 관찰되는 마이오신 필라멘트와 액틴 필라멘트의 분포를 나타낸 것이다.

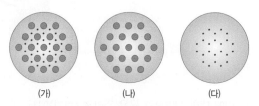

(가)　　　　(나)　　　　(다)

(가)~(다)는 각각 근육 원섬유 마디의 A대, I대, H대 중 어느 부위의 단면에서 관찰되는지 쓰고, 근육 수축 시 각 부위의 길이는 어떻게 변하는지 설명하시오.

04 사람의 중추 신경계에 대한 설명으로 옳지 않은 것은?

① 뇌교는 뇌줄기에 속한다.

② 척수는 배뇨 반사의 중추이다.

③ 간뇌는 소화 운동을 조절한다.

④ 연수는 재채기 반사의 중추이다.

⑤ 소뇌는 몸의 자세와 평형을 유지한다.

05 표는 자율 신경 A와 B의 기능을 나타낸 것이다.

구분	침 분비	기관지	동공
A	촉진	수축	축소
B	억제	이완	확대

이에 대한 설명으로 옳은 것만을 〈보기〉에서 있는 대로 고른 것은?

| 보기 |

ㄱ. A는 신경절 이전 뉴런이 신경절 이후 뉴런보다 길다.

ㄴ. 위급한 상황에서는 B가 활성화된다.

ㄷ. A와 B의 신경절 이전 뉴런에서 분비되는 신경 전달 물질은 서로 다르다.

① ㄱ　　　　② ㄷ　　　　③ ㄱ, ㄴ
④ ㄴ, ㄷ　　　⑤ ㄱ, ㄴ, ㄷ

06 그림은 신경계에 의한 흥분 전달 경로를 나타낸 것이다.

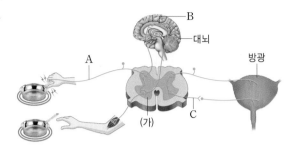

이에 대한 설명으로 옳은 것만을 〈보기〉에서 있는 대로 고른 것은?

| 보기 |
ㄱ. (가)는 연수이다.
ㄴ. A의 흥분은 B에 전달되지 않는다.
ㄷ. C의 축삭 돌기 말단에서 신경 전달 물질이 분비되면 방광은 이완한다.

① ㄴ   ② ㄷ   ③ ㄱ, ㄴ
④ ㄱ, ㄷ   ⑤ ㄴ, ㄷ

07 신경과 호르몬에 의한 신호 전달에 대한 설명으로 옳지 **않은** 것은?

① 신경은 호르몬보다 신호 전달 속도가 빠르다.
② 신경과 호르몬은 모두 항상성 조절에 관여한다.
③ 호르몬에 의한 효과는 신경에 의한 효과보다 넓은 범위에서 나타난다.
④ 신경에 의한 효과는 빠르게 사라지지만, 호르몬에 의한 효과는 오래 지속된다.
⑤ 뜨거운 물체에 손이 닿았을 때 재빨리 손이 움츠러드는 반응은 호르몬에 의한 신호 전달로 이루어진다.

08 그림 (가)~(다)는 각각 요붕증, 말단 비대증, 갑상샘 기능 항진증 환자의 모습을 나타낸 것이다.

이에 대한 설명으로 옳은 것만을 〈보기〉에서 있는 대로 고른 것은?

| 보기 |
ㄱ. (가)~(다)는 모두 호르몬의 과다 분비에 따른 질환이다.
ㄴ. (가)의 발병 원인과 관련이 있는 호르몬은 항이뇨 호르몬(ADH)이다.
ㄷ. (나)와 (다)의 발병 원인과 직접 관련이 있는 호르몬을 분비하는 내분비샘은 서로 다르다.

① ㄱ   ② ㄴ   ③ ㄷ
④ ㄱ, ㄷ   ⑤ ㄴ, ㄷ

09 그림은 신경 ㉠과 ㉡이 혈당량을 조절하는 경로를 나타낸 것이다.

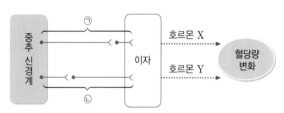

이에 대한 설명으로 옳은 것만을 〈보기〉에서 있는 대로 고른 것은?

| 보기 |
ㄱ. ㉠과 ㉡은 대뇌의 직접적인 지배를 받지 않는다.
ㄴ. X는 혈당량을 감소시키고, Y는 혈당량을 증가시킨다.
ㄷ. Y가 충분히 생성되지 않으면 당뇨병에 걸릴 수 있다.

① ㄱ   ② ㄷ   ③ ㄱ, ㄴ
④ ㄴ, ㄷ   ⑤ ㄱ, ㄴ, ㄷ

10 추워서 체온이 정상보다 낮아질 때 일어나는 현상으로 옳지 않은 것은?

① 몸이 떨린다.
② 열 발산량이 감소한다.
③ 피부 근처 혈관이 수축한다.
④ TSH의 분비량이 감소한다.
⑤ 교감 신경의 작용이 강화되어 털세움근이 수축한다.

11 그림 (가)는 A와 B에서 분비되는 호르몬 ㉠과 ㉡의 표적 기관을, (나)는 요인 X에 따른 ㉡의 혈중 농도를 나타낸 것이다.

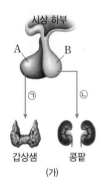 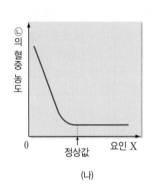
(가) / (나)

이에 대한 설명으로 옳은 것은?

① X는 혈장 삼투압이다.
② A는 뇌하수체 후엽이다.
③ ㉠은 갑상샘에서 티록신의 분비를 억제한다.
④ ㉡의 분비량이 증가하면 콩팥에서 수분의 재흡수가 억제된다.
⑤ 아이오딘(I)의 섭취 부족으로 갑상샘종에 걸린 환자는 정상인보다 ㉠의 혈중 농도가 높다.

12 질병과 병원체에 대한 설명으로 옳지 않은 것은?

① 세균에 의한 질병은 항생제로 치료한다.
② 말라리아는 매개 곤충을 통해 감염된다.
③ 당뇨병과 혈우병은 모두 비감염성 질병이다.
④ 무좀을 일으키는 병원체는 원생생물의 한 종류이다.
⑤ 변형 프라이온은 감염성 질병을 일으키는 병원체이다.

13 그림은 결핵과 독감의 공통점과 차이점을 나타낸 것이다.

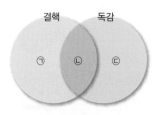
결핵 / 독감

이에 대한 설명으로 옳은 것만을 〈보기〉에서 있는 대로 고른 것은?

┤ 보기 ├
ㄱ. '병원체가 스스로 물질대사를 한다.'는 ㉠에 해당한다.
ㄴ. '감염성 질병이다.'는 ㉡에 해당한다.
ㄷ. '병원체가 핵산을 갖는다.'는 ㉢에 해당한다.

① ㄱ   ② ㄴ   ③ ㄱ, ㄴ
④ ㄱ, ㄷ   ⑤ ㄴ, ㄷ

14 비특이적 방어 작용에 해당하지 않는 것은?

① 염증
② 항원 항체 반응
③ 백혈구의 식세포 작용
④ 라이소자임에 의한 방어
⑤ 피부 각질층을 통한 방어

✐서술형

15 그림은 체내에 항원 X가 침입했을 때 일어나는 방어 작용의 일부를 나타낸 것이다.

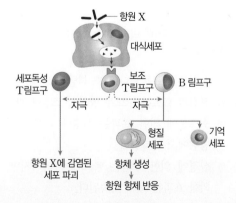

세포독성 T림프구와 B 림프구에 의한 방어 작용의 공통점과 차이점을 각각 1가지씩 설명하시오.

[16~17] 그림 (가)~(라)는 체내에 항원 A가 처음 침입했을 때 일어나는 방어 작용을 순서 없이 나타낸 것이다. 세포 ㉠~㉢은 각각 B 림프구, 보조 T림프구, 대식세포 중 하나이다. 물음에 답하시오.

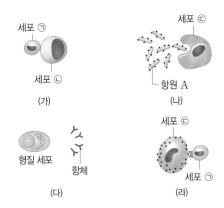

세포 ㉠
세포 ㉡
(가)

세포 ㉢
항원 A
(나)

형질 세포
항체
(다)

세포 ㉢
세포 ㉠
(라)

16 세포 ㉠~㉢의 이름을 각각 쓰시오.

17 위 자료에 대한 설명으로 옳은 것만을 〈보기〉에서 있는 대로 고른 것은?

┤ 보기 ├
ㄱ. ㉠은 증식하여 형질 세포와 기억 세포로 분화한다.
ㄴ. (나)는 항원 A에 대해서만 특이적으로 일어나는 방어 작용이다.
ㄷ. 방어 작용은 (나) → (라) → (가) → (다) 순으로 일어난다.

① ㄱ ② ㄷ ③ ㄱ, ㄴ
④ ㄱ, ㄷ ⑤ ㄴ, ㄷ

⟐서술형
18 병원체 X에 노출된 적이 없는 건강한 사람에게 X에 대한 백신을 접종했을 때, 이 사람의 체내에서 일어나는 면역 반응을 설명하시오.

19 표는 ABO식 혈액형이 B형인 영희의 혈액에서 적혈구와 혈장을 분리하여 같은 반의 다른 학생 25명의 혈액과 반응시킨 결과를 나타낸 것이다. (가)~(라)는 각각 A형, B형, AB형, O형 중 하나이다.

ABO식 혈액형	영희의 혈액		인원(명)
	적혈구	혈장	
(가)	응집함.	응집함.	6
(나)	응집함.	응집 안 함.	7
(다)	응집 안 함.	응집함.	3
(라)	응집 안 함.	응집 안 함.	9

이에 대한 설명으로 옳은 것만을 〈보기〉에서 있는 대로 고른 것은?(단, ABO식 혈액형만 고려한다.)

┤ 보기 ├
ㄱ. 혈액형이 (가)인 학생은 (나)인 학생으로부터 소량 수혈을 받을 수 있다.
ㄴ. 혈액형이 (다)인 학생과 (라)인 학생의 혈액을 섞으면 응집 반응이 일어난다.
ㄷ. 응집원 A와 B를 모두 가지고 있는 학생 수는 응집소 β를 가지고 있는 학생 수보다 적다.

① ㄴ ② ㄷ ③ ㄱ, ㄴ
④ ㄱ, ㄷ ⑤ ㄱ, ㄴ, ㄷ

20 오른쪽 그림은 철수와 영희의 ABO식 혈액형 판정 실험 결과를 나타낸 것이다.
이에 대한 설명으로 옳은 것만을 〈보기〉에서 있는 대로 고른 것은?(단, ABO식 혈액형만 고려한다.)

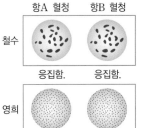

항A 혈청 항B 혈청
철수
응집함. 응집함.

영희
응집 안 함. 응집 안 함.

┤ 보기 ├
ㄱ. 철수는 응집소 α와 β를 모두 가지고 있다.
ㄴ. 영희는 철수에게 소량 수혈을 할 수 있다.
ㄷ. 철수의 적혈구와 영희의 혈장을 섞으면 응집 반응이 일어난다.

① ㄱ ② ㄴ ③ ㄱ, ㄷ
④ ㄴ, ㄷ ⑤ ㄱ, ㄴ, ㄷ

[01~02] 그림은 사람의 염색체 구조를 나타낸 것이다. 물음에 답하시오.

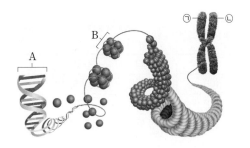

01 A와 B에 대한 설명으로 옳은 것만을 〈보기〉에서 있는 대로 고른 것은?

┤ 보기 ├
ㄱ. A에 유전자가 존재한다.
ㄴ. B는 뉴클레오솜이다.
ㄷ. B는 간기에는 존재하지 않는 구조이다.

① ㄱ   ② ㄷ   ③ ㄱ, ㄴ
④ ㄱ, ㄷ   ⑤ ㄴ, ㄷ

🖊서술형

02 ㉠과 ㉡의 유전자 구성이 같은지 다른지, 그 까닭과 함께 설명하시오.

03 표는 3종류 생물의 체세포 A~C에 들어 있는 염색체 수를 나타낸 것이다.

생물	체세포	염색체 수(개)
사람	A	46
침팬지	B	48
감자	C	48

이에 대한 설명으로 옳은 것은?

① A와 B의 핵상은 같다.
② B와 C의 핵형은 같다.
③ 사람의 유전자 수는 46개이다.
④ 고등한 생물일수록 염색체 수가 많다.
⑤ 침팬지의 생식세포의 염색체 수는 48개이다.

04 표는 두 사람의 정상 세포 (가)와 (나)에서 일부 유전자의 DNA 상대량을 나타낸 것이다. A와 a, B와 b, D와 d는 각각 서로 대립유전자이다.

유전자		A	a	B	b	D	d
DNA 상대량	(가)	1	1	2	0	1	1
	(나)	1	1	0	1	0	2

이에 대한 설명으로 옳은 것만을 〈보기〉에서 있는 대로 고른 것은?(단, 돌연변이는 고려하지 않는다.)

┤ 보기 ├
ㄱ. (가)와 (나)의 염색체 수는 각각 46개이다.
ㄴ. (가)와 (나)는 성별이 같은 사람의 세포이다.
ㄷ. (나)를 가진 사람은 아들에게 b와 d를 모두 물려준다.

① ㄱ   ② ㄴ   ③ ㄷ
④ ㄱ, ㄴ   ⑤ ㄴ, ㄷ

05 그림 (가)는 어떤 식물의 세포 주기를, (나)는 이 식물의 뿌리 끝을 이용한 세포 분열 관찰 결과의 일부를 나타낸 것이다. ㉠~㉣은 각각 M기, S기, G₁기, G₂기 중 하나이고, 세포 ⓐ와 ⓑ는 각각 ㉠과 ㉡ 중 한 시기의 세포이다.

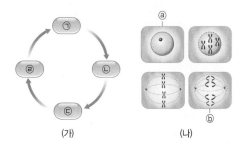

(가)   (나)

이에 대한 설명으로 옳은 것만을 〈보기〉에서 있는 대로 고른 것은?(단, ⓐ는 DNA가 복제되기 전의 세포이다.)

┤ 보기 ├
ㄱ. ⓐ는 ㉠ 시기의 세포이다.
ㄴ. 세포당 DNA양은 ⓑ와 ㉣ 시기 세포가 같다.
ㄷ. ㉡ 시기 세포에서 염색 분체의 분리가 일어난다.

① ㄴ   ② ㄷ   ③ ㄱ, ㄴ
④ ㄱ, ㄷ   ⑤ ㄴ, ㄷ

06 다음은 생물 (가)와 (나)의 세포 분열과 관련된 자료이다.

- (가)의 체세포 분열 전기 세포에는 4개의 염색 분체가 존재한다.
- (나)의 감수 1분열 중기 세포에는 ㉠개의 2가 염색체가 존재한다.
- 그림은 (가)와 (나)의 세포 중 하나에 존재하는 염색체를 모두 나타낸 것이다.

이에 대한 설명으로 옳은 것만을 〈보기〉에서 있는 대로 고른 것은?(단, 돌연변이는 고려하지 않는다.)

보기
ㄱ. 그림은 (나)의 세포이다.
ㄴ. $\dfrac{(가)의\ 감수\ 2분열\ 중기\ 세포\ 염색체\ 수}{㉠} = \dfrac{1}{2}$ 이다.
ㄷ. (나)의 체세포 분열 전기 세포에는 8개의 염색 분체가 존재한다.

① ㄱ 　　② ㄷ 　　③ ㄱ, ㄴ
④ ㄴ, ㄷ 　　⑤ ㄱ, ㄴ, ㄷ

서술형

07 그림은 어떤 생물의 세포 분열 과정 일부에서 시간에 따른 핵 1개당 DNA 상대량을 나타낸 것이다. $t_2 \sim t_3$에서 상동 염색체의 분리는 일어나지 않았다.

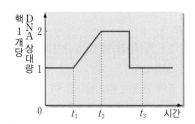

$t_1 \sim t_2$에서 DNA양이 2배로 증가한 까닭과 $t_2 \sim t_3$에서 DNA양이 반으로 감소한 까닭을 각각 설명하시오.

08 오른쪽 그림은 어떤 동물 ($2n = ?$)의 분열 중인 세포에 존재하는 염색체를 모두 나타낸 것이다. 이 동물의 유전자형은 PpQq이고, P와 p, Q와 q는 각각 서로 대립유전자이다. ㉠에 P가 존재한다.

이에 대한 설명으로 옳은 것만을 〈보기〉에서 있는 대로 고르시오(단, 돌연변이는 고려하지 않는다.).

보기
ㄱ. ㉡에 P가 존재한다.
ㄴ. 그림의 세포에 2개의 2가 염색체가 존재한다.
ㄷ. 이 동물의 생식세포에는 4개의 염색체가 존재한다.

09 그림은 유전자형이 AABbDd인 어떤 동물 개체 P의 세포 I로부터 정자가 형성되는 과정을, 표는 세포 ㉠~㉣의 세포 1개당 대립유전자 A, b, d의 DNA 상대량을 나타낸 것이다. B와 b, D와 d는 각각 서로 대립유전자이다. I~Ⅳ는 각각 ㉠~㉣ 중 하나이다.

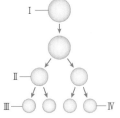

세포	DNA 상대량		
	A	b	d
㉠	2	2	ⓐ
㉡	1	ⓑ	0
㉢	ⓒ	ⓓ	1
㉣	1	0	ⓔ

이에 대한 설명으로 옳은 것만을 〈보기〉에서 있는 대로 고른 것은?(단, A, B, b, D, d 각각의 1개당 DNA 상대량은 같고, 돌연변이와 교차는 고려하지 않는다.)

보기
ㄱ. ⓐ+ⓒ>ⓑ+ⓓ+ⓔ이다.
ㄴ. P에서 B와 D는 서로 다른 염색체에 존재한다.
ㄷ. 세포 1개당
$\dfrac{A의\ DNA\ 상대량}{b의\ DNA\ 상대량+D의\ DNA\ 상대량}$은 I이
㉡의 2배이다.

① ㄱ 　　② ㄷ 　　③ ㄱ, ㄴ
④ ㄴ, ㄷ 　　⑤ ㄱ, ㄴ, ㄷ

[10-11] 표는 사람의 3가지 형질을 나타낸 것이다. 이 3가지 형질은 각각 서로 다른 상염색체에 존재하는 우열 관계가 분명한 2가지 대립유전자에 의해 결정된다. 물음에 답하시오.

형질		귓불 모양	보조개	혀 말기
대립 형질	우성	분리형	있음.	가능
	열성	부착형	없음.	불가능

10 위 3가지 형질에 대한 설명으로 옳은 것만을 〈보기〉에서 있는 대로 고른 것은?

┤ 보기 ├
ㄱ. 분리형 귓불을 가진 부모 사이에서 부착형 귓불을 가진 자녀가 태어날 수 있다.
ㄴ. 보조개 형질이 유전될 때 멘델의 분리의 법칙이 적용된다.
ㄷ. 귓불 모양과 혀 말기 유전을 함께 고려할 때 두 형질의 유전에는 멘델의 독립의 법칙이 적용되지 않는다.

① ㄱ   ② ㄷ   ③ ㄱ, ㄴ
④ ㄴ, ㄷ   ⑤ ㄱ, ㄴ, ㄷ

✏️서술형

11 보조개가 없는 부모 사이에서 보조개가 있는 자녀가 태어날 수 있는지의 여부를 그 까닭과 함께 설명하시오.

12 그림은 어떤 집안의 적록 색맹 유전 가계도를 나타낸 것이다.

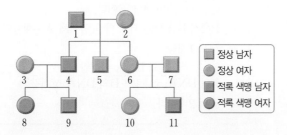

11이 가진 적록 색맹 대립유전자가 전달된 경로를 위 그림의 숫자를 이용하여 쓰시오.

13 그림은 이마선 유전 가계도를 나타낸 것이다. 이마선은 대립유전자 A와 a에 의해 결정되며, A는 a에 대해 완전 우성이다. 일자형 이마선을 가진 부모 사이에서는 항상 일자형 이마선을 가진 아이만 태어난다.

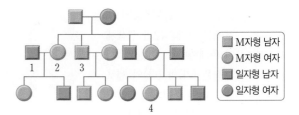

이에 대한 설명으로 옳은 것만을 〈보기〉에서 있는 대로 고르시오.

┤ 보기 ├
ㄱ. 일자형 이마선이 나타날 확률은 남녀에서 같다.
ㄴ. 3과 4는 모두 a를 가지고 있다.
ㄷ. 1과 2 사이에서 자녀가 한 명 더 태어날 때, 이 아이가 M자형 이마선을 가질 확률은 $\frac{1}{2}$이다.

14 다음은 어떤 집안의 유전병 ㉠과 ㉡에 대한 자료이다.

- ㉠은 대립유전자 A와 A*에 의해, ㉡은 대립유전자 B와 B*에 의해 결정되며, 각 대립유전자 사이의 우열 관계는 분명하다.

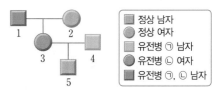

- 1~4는 각각 A*를 1개 가진다.
- 1과 3은 B를 가지지 않고, 2와 4는 B를 1개씩 가진다.

이에 대한 설명으로 옳은 것만을 〈보기〉에서 있는 대로 고른 것은?(단, 돌연변이는 고려하지 않는다.)

┤ 보기 ├
ㄱ. 1은 A*와 B*가 함께 존재하는 염색체를 가진다.
ㄴ. A와 B* 수의 합이 가장 작은 사람은 4이다.
ㄷ. 5의 동생이 태어날 때, 이 아이가 ㉠과 ㉡을 모두 나타내는 딸일 확률은 $\frac{1}{4}$이다.

① ㄱ   ② ㄴ   ③ ㄱ, ㄷ   ④ ㄴ, ㄷ   ⑤ ㄱ, ㄴ, ㄷ

15 그림은 사람의 정자 형성 과정에서 일어나는 성염색체의 비분리 현상을 나타낸 것이다. 그림에는 성염색체만 표시하였으며, 상염색체는 모두 정상적으로 분리되었다.

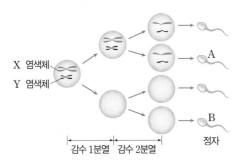

이에 대한 설명으로 옳은 것은?(단, 제시된 염색체 비분리 이외의 다른 돌연변이는 고려하지 않는다.)

① 염색체 수는 A가 B의 2배이다.
② B는 22개의 상염색체를 가진다.
③ A가 정상 난자와 수정되면 다운 증후군인 아들이 태어날 수 있다.
④ B가 정상 난자와 수정되면 클라인펠터 증후군인 아들이 태어날 수 있다.
⑤ 이 과정을 통해 형성된 정자 중 반은 염색체 수가 정상이다.

16 그림은 핵형이 정상인 남자의 세포 (가)와 염색체 돌연변이가 일어난 여자의 생식세포 (나)에 각각 들어 있는 1번 염색체와 성염색체를 모두 나타낸 것이다. A와 a는 대립유전자이다.

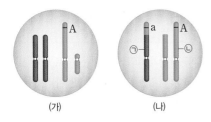

이에 대한 설명으로 옳은 것만을 〈보기〉에서 있는 대로 고른 것은?(단, 유전자 돌연변이는 고려하지 않는다.)

┤ 보기 ├
ㄱ. ㉠과 ㉡은 상동 염색체이다.
ㄴ. (나)에는 전좌가 일어난 염색체가 있다.
ㄷ. (나)가 형성될 때 감수 1분열에서 염색체 비분리가 일어났다.

① ㄱ   ② ㄴ   ③ ㄱ, ㄴ
④ ㄱ, ㄷ   ⑤ ㄴ, ㄷ

17 표는 사람의 유전병 (가)~(다)의 특징을 나타낸 것이다.

유전병	특징
(가)	성염색체가 X 1개뿐이다.
(나)	5번 염색체의 일부가 결실되었다.
(다)	헤모글로빈 단백질 유전자에 이상이 있다.

이에 대한 설명으로 옳은 것만을 〈보기〉에서 있는 대로 고른 것은?

┤ 보기 ├
ㄱ. (가)는 클라인펠터 증후군이다.
ㄴ. 핵형 분석을 통해 태아가 (나)를 나타내는지 확인할 수 있다.
ㄷ. (다)를 나타내는 환자의 체내에서는 돌연변이 단백질이 만들어진다.

① ㄱ   ② ㄴ   ③ ㄷ
④ ㄱ, ㄴ   ⑤ ㄴ, ㄷ

18 그림은 우열 관계가 분명한 대립유전자 A와 A*에 의해 결정되는 어떤 유전병에 대한 가계도를 나타낸 것이다. 1~5의 핵형은 모두 정상이며, 체세포 1개당 A의 DNA 상대량은 4가 5의 2배이다. 3은 정자 ⓐ와 난자 ⓑ의 수정으로 태어났으며, A와 A* 중 1가지만 가진다. ⓐ와 ⓑ가 형성될 때 염색체 비분리는 각각 1회 일어났다.

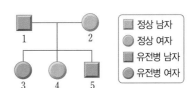

이에 대한 설명으로 옳은 것만을 〈보기〉에서 있는 대로 고른 것은?(단, 제시된 염색체 비분리 이외의 다른 돌연변이는 고려하지 않는다.)

┤ 보기 ├
ㄱ. 체세포 1개당 A*의 DNA 상대량은 3과 5에서 같다.
ㄴ. ⓐ가 형성될 때 감수 2분열에서 염색체 비분리가 일어났다.
ㄷ. ⓑ에는 성염색체가 존재하지 않는다.

① ㄱ   ② ㄴ   ③ ㄷ
④ ㄴ, ㄷ   ⑤ ㄱ, ㄴ, ㄷ

Ⅴ. 생태계와 상호 작용

01 그림은 생태계 구성 요소 간의 관계를 나타낸 것이다.

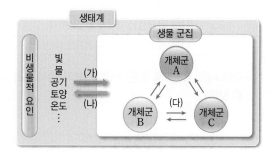

이에 대한 설명으로 옳지 <u>않은</u> 것은?

① 개체군 A는 한 종으로 구성된 집단이다.

② 생물 군집에는 생산자, 소비자, 분해자가 포함된다.

③ 코스모스와 국화가 가을에 꽃을 피우는 것은 (가)에 해당한다.

④ 숲이 우거질수록 숲속이 어둡고 습해지는 것은 (나)에 해당한다.

⑤ 텃세는 (다)에 해당한다.

02 그림은 어떤 개체군의 생장 곡선을 나타낸 것이다.

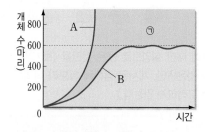

이에 대한 설명으로 옳지 <u>않은</u> 것은?

① A는 이론상의 생장 곡선이다.

② 개체군이 생식 활동 등에 제약을 받으면 B와 같은 생장 곡선이 나타난다.

③ ㉠은 환경 저항이다.

④ 개체군의 밀도가 높아질수록 ㉠은 감소한다.

⑤ 이 개체군의 환경 수용력은 약 600마리이다.

03 그림은 어떤 생태계에서 포식과 피식 관계에 있는 종 A와 B의 개체 수 변동을 나타낸 것이다.

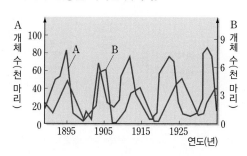

이에 대한 설명으로 옳은 것만을 〈보기〉에서 있는 대로 고른 것은?

┤ 보기 ├

ㄱ. A는 피식자, B는 포식자이다.

ㄴ. A의 개체 수가 감소하면 B의 개체 수는 증가한다.

ㄷ. A와 B의 개체 수는 계절에 따라 주기적으로 변한다.

① ㄱ　　　　② ㄷ　　　　③ ㄱ, ㄴ

④ ㄴ, ㄷ　　　⑤ ㄱ, ㄴ, ㄷ

04 다음은 동물 개체군에서 일어나는 상호 작용의 예를 나타낸 것이다.

(가) 여왕개미와 일개미는 서로 다른 일을 한다.

(나) 기러기는 이동할 때 한 마리가 리더가 되어 집단을 이끈다.

(다) 수컷 개구리는 암컷을 차지하기 위해 자신의 영역을 지킨다.

(가)~(다)에서 나타난 상호 작용을 옳게 짝 지은 것은?

	(가)	(나)	(다)
①	텃세	리더제	가족생활
②	텃세	리더제	사회생활
③	리더제	가족생활	순위제
④	사회생활	순위제	텃세
⑤	사회생활	리더제	텃세

05 그림은 어떤 식물 군집에 방형구를 설치하고, 그 안에 있는 식물 종을 조사하여 나타낸 것이다.

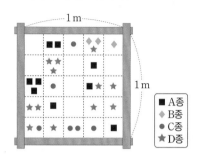

이에 대한 설명으로 옳은 것만을 〈보기〉에서 있는 대로 고르시오(단, 우점종 결정 시 상대 피도는 고려하지 않는다.).

┤ 보기 ├
ㄱ. 상대 빈도가 가장 높은 종은 A이다.
ㄴ. B의 밀도와 C의 밀도는 같다.
ㄷ. 우점종은 D이다.

06 그림 (가)는 어떤 하천에서 A종이 세력권을 형성하여 생활하는 모습을, (나)는 B종과 C종을 단독 배양 및 혼합 배양했을 때 시간에 따른 개체 수를 나타낸 것이다. A~C종은 동일한 군집 내에서 서식한다.

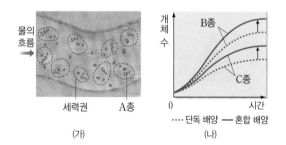

이에 대한 설명으로 옳은 것만을 〈보기〉에서 있는 대로 고른 것은?(단, (나)에서 단독 배양 시와 혼합 배양 시 초기 개체 수와 배양 조건은 동일하다.)

┤ 보기 ├
ㄱ. (가)에서 나타난 생물 간의 상호 작용은 분서(생태 지위 분화)이다.
ㄴ. (나)에서 B와 C의 관계는 콩과식물과 뿌리혹박테리아의 관계와 같다.
ㄷ. (가)와 (나)에서 나타난 생물 간의 상호 작용은 모두 개체군 내 상호 작용이다.

① ㄱ　　　　② ㄴ　　　　③ ㄷ
④ ㄴ, ㄷ　　　⑤ ㄱ, ㄴ, ㄷ

✏서술형

07 그림 (가)는 A종과 B종을 단독 배양했을 때, (나)는 A종과 B종을 혼합 배양했을 때 시간에 따른 개체 수를 나타낸 것이다. (가)와 (나)에서 초기 개체 수와 배양 조건은 동일하다.

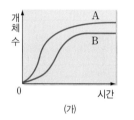 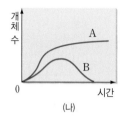

혼합 배양 시 A종과 B종 사이에 일어난 상호 작용을 쓰고, 그렇게 판단한 까닭을 설명하시오.

08 그림은 어떤 지역에서 일어난 천이 과정을, 자료는 A와 B의 우점종의 특징을 나타낸 것이다. A와 B는 각각 양수림과 음수림 중 하나이며, (가)와 (나)는 각각 A의 우점종과 B의 우점종 중 하나이다.

(가)는 (나)에 비해 그늘에서 잘 자라지 못하며, 잎의 두께가 두껍다.

이에 대한 설명으로 옳은 것만을 〈보기〉에서 있는 대로 고른 것은?

┤ 보기 ├
ㄱ. (가)는 A의 우점종이다.
ㄴ. B에서 산불이 나면 지의류가 개척자가 되어 천이가 다시 시작된다.
ㄷ. A에서 B로 천이가 일어나는 데 빛의 세기가 중요한 환경 요인으로 작용한다.

① ㄱ　　　　② ㄴ　　　　③ ㄱ, ㄷ
④ ㄴ, ㄷ　　　⑤ ㄱ, ㄴ, ㄷ

09 그림은 어떤 안정된 생태계에서 영양 단계에 따른 에너지 이동량을 상댓값으로 나타낸 것이다. (가)~(다)는 이 생태계의 생물적 요인이다.

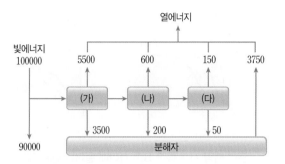

이에 대한 설명으로 옳은 것만을 〈보기〉에서 있는 대로 고른 것은?

보기
ㄱ. (가)는 생산자이다.
ㄴ. 에너지 효율은 2차 소비자가 1차 소비자의 2배이다.
ㄷ. (나)에서 (다)로 에너지가 유기물의 형태로 이동한다.

① ㄱ   ② ㄴ   ③ ㄷ
④ ㄱ, ㄷ   ⑤ ㄱ, ㄴ, ㄷ

10 그림은 어떤 식물 군집에서 총생산량, 순생산량, 생장량의 관계를 나타낸 것이다.

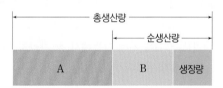

이에 대한 설명으로 옳은 것만을 〈보기〉에서 있는 대로 고른 것은?

보기
ㄱ. 낙엽의 유기물량은 A에 포함된다.
ㄴ. 초식 동물의 호흡량은 B에 포함된다.
ㄷ. 생장량은 식물이 생활에 필요한 에너지를 얻기 위해 호흡의 재료로 소비하는 유기물량을 포함한다.

① ㄱ   ② ㄴ   ③ ㄷ
④ ㄴ, ㄷ   ⑤ ㄱ, ㄴ, ㄷ

11 그림은 어떤 생태계에서 물질 이동 과정의 일부를, 표는 이 생태계의 생물 군집에서 일어나는 물질의 변화 과정을 나타낸 것이다. 생산자는 녹색 식물이고, A와 B는 각각 1차 소비자와 분해자 중 하나이다.

과정	물질의 변화
(가)	$N_2 \rightarrow NH_4^+$
(나)	$CO_2 \rightarrow$ 유기물
(다)	유기물 $\rightarrow CO_2$
(라)	$NH_4^+ \rightarrow$ 아미노산

이에 대한 설명으로 옳은 것은?

① (가)는 A에 의해 일어난다.
② (나)는 B에 의해 일어난다.
③ (다)는 B에 의해서는 일어나지 않는다.
④ 콩과식물에 의해 (라)가 일어날 수 있다.
⑤ 생산자에서 A로 질소(N)가 암모늄 이온(NH_4^+)의 형태로 이동한다.

12 그림 (가)는 어떤 생태계의 평형이 일시적으로 파괴된 후 평형이 회복되는 과정에서 개체 수 피라미드의 변화를, (나)의 ㉠과 ㉡은 각각 (가)의 A와 B 중 하나에 해당하는 개체 수 피라미드를 나타낸 것이다.

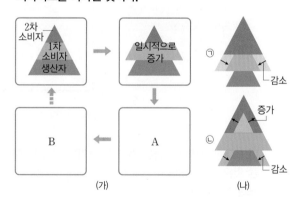

이에 대한 설명으로 옳은 것만을 〈보기〉에서 있는 대로 고른 것은?

보기
ㄱ. ㉡은 A에 해당한다.
ㄴ. B에서 1차 소비자의 개체 수는 A에 비해 감소한다.
ㄷ. 생태계 평형 회복은 먹이 사슬의 영향을 받는다.

① ㄱ   ② ㄴ   ③ ㄱ, ㄷ
④ ㄴ, ㄷ   ⑤ ㄱ, ㄴ, ㄷ

13 다음은 생물 다양성의 3가지 의미를 설명한 것이다.

> (가) 한 생태계에 서식하는 생물종의 다양한 정도를 의미한다.
> (나) 같은 생물종이라도 개체 간에 형질이 다르게 나타난다.
> (다) 생태계는 강수량, 기온, 토양 등과 같은 환경 요인에 의해 달라져서 사막, 초원, 삼림, 강, 바다 등으로 다양하게 형성된다.

(가)~(다)에 해당하는 생물 다양성의 의미를 각각 쓰시오.

14 그림은 면적이 같은 두 지역 (가)와 (나)에 서식하는 생물종을 모두 나타낸 것이다.

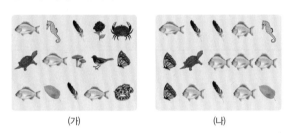

(가)　　　　　　　　(나)

이에 대한 설명으로 옳은 것만을 〈보기〉에서 있는 대로 고른 것은?

> ┤ 보기 ├
> ㄱ. (가)와 (나)에 서식하는 생물종 수는 같다.
> ㄴ. 종 다양성은 (가)에서가 (나)에서보다 높다.
> ㄷ. (가)와 (나)에서 나타난 생물 다양성의 의미에는 비생물적 요인이 포함된다.

① ㄱ　　　　② ㄴ　　　　③ ㄱ, ㄷ
④ ㄴ, ㄷ　　　　⑤ ㄱ, ㄴ, ㄷ

✏️서술형

15 단일 품종을 재배하는 농경지의 경우 병충해에 의한 피해를 크게 입을 수 있다. 그 까닭을 생물 다양성과 연관 지어 설명하시오.

✏️서술형

16 그림은 두 생태계 (가)와 (나)의 먹이 사슬을 나타낸 것이다.

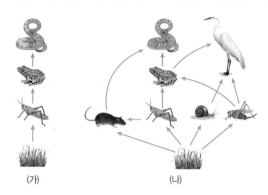

(가)　　　　　　　　(나)

(가)와 (나) 중 더 안정적으로 유지되는 생태계를 쓰고, 그 까닭을 종 다양성과 연관 지어 설명하시오.

17 그림 (가)와 (나)는 어느 지역의 변화 전후의 모습을 나타낸 것이다.

(가)　　　　　　　　(나)

이에 대한 설명으로 옳은 것만을 〈보기〉에서 있는 대로 고른 것은?

> ┤ 보기 ├
> ㄱ. (가)보다 (나)의 숲에서 종 다양성이 높을 것이다.
> ㄴ. (가)보다 (나)에서 로드킬이 더 많이 발생할 것이다.
> ㄷ. (나)보다 (가)의 숲에서 특정 개체군의 개체 수가 감소할 가능성이 크다.

① ㄴ　　　　② ㄷ　　　　③ ㄱ, ㄴ
④ ㄱ, ㄷ　　　　⑤ ㄴ, ㄷ

오답노트

오답노트 로 틀린 문제를 다시 점검하여
실력을 쌓아 보세요.

날짜:

단원명:

페이지:

복습 횟수: ❶ ❷ ❸ ❹ ❺

KEY PONT

문제 붙이기

풀이 ≫

✂ 자르는 선

날짜:

단원명:

페이지:

복습 횟수: ❶ ❷ ❸ ❹ ❺

KEY PONT

문제 붙이기

풀이 ≫

문제 붙이기

풀이 >>

Memo

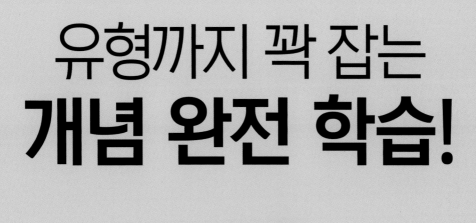

고등
도서 안내

문학 입문서

손쉬운
작품 이해에서 문제 해결까지
손쉬운 비법을 담은 문학 입문서

현대 문학, 고전 문학

비주얼 개념서

룩 LOOK
이미지 연상으로 필수 개념을 쉽게 익히는
비주얼 개념서

국어　문법
영어　분석독해

수학 개념 기본서

수학중심
개념과 유형을 한 번에 잡는 강력한
개념 기본서

수학Ⅰ, 수학Ⅱ, 확률과 통계, 미적분, 기하

수학 문제 기본서

유형중심
체계적인 유형별 학습으로 실전에서 강력한
문제 기본서

수학Ⅰ, 수학Ⅱ, 확률과 통계, 미적분

사회·과학 필수 기본서

개념 학습과 유형 학습으로 내신과 수능을 잡는
필수 기본서

[2022 개정]
사회　통합사회1, 통합사회2*, 한국사1, 한국사2*
과학　통합과학1, 통합과학2, 물리학*, 화학*, 생명과학*,
　　　지구과학*

*2025년 상반기 출간 예정

[2015 개정]
사회　한국지리, 사회·문화, 생활과 윤리, 윤리와 사상
과학　물리학Ⅰ, 화학Ⅰ, 생명과학Ⅰ, 지구과학Ⅰ

기출 분석 문제집

완벽한 기출 문제 분석으로 시험에 대비하는 1등급 문제집

1등급 만들기

[2022 개정]
수학　공통수학1, 공통수학2, 대수, 확률과 통계*, 미적분Ⅰ*
사회　통합사회1, 통합사회2*, 한국사1, 한국사2*,
　　　세계시민과 지리, 사회와 문화, 세계사, 현대사회와 윤리
과학　통합과학1, 통합과학2

*2025년 상반기 출간 예정

[2015 개정]
국어　문학, 독서
수학　수학Ⅰ, 수학Ⅱ, 확률과 통계, 미적분, 기하
사회　한국지리, 세계지리, 생활과 윤리, 윤리와 사상,
　　　사회·문화, 정치와 법, 경제, 세계사, 동아시아사
과학　물리학Ⅰ, 화학Ⅰ, 생명과학Ⅰ, 지구과학Ⅰ,
　　　물리학Ⅱ, 화학Ⅱ, 생명과학Ⅱ, 지구과학Ⅱ

NEW 올리드

바른답 · 알찬풀이

1 해설 풀이
정확하고 자세한 해설로 문제의 핵심을 찾습니다.

2 오답 피하기
오답의 함정을 피할 수 있습니다.

3 올리드 노하우
'자료 분석하기, 개념 더하기, 고난도 해결 전략'으로 문제 해결법을 알 수 있습니다.

내신 잡는 필수 개념서

바른답·알찬풀이

개념학습편

I 생명 과학의 이해

01 생물의 특성

──────────10~11쪽─
확인 문제
1 물질대사 2 자극, 항상성 3 ○
4 물질대사

01 생물은 물질대사를 통해 필요한 물질을 합성하고, 에너지를 얻음으로써 생명을 유지한다.

02 생물은 몸에서 감지된 자극에 반응함으로써 내부와 외부의 환경 변화에 대처하여 체내의 상태를 일정하게 유지하려는 항상성이 있다.

04 바이러스는 스스로 물질대사를 할 수 없어 숙주 세포 안에서만 증식할 수 있으며, 숙주 세포 밖에서는 입자 상태로 존재한다.

개념을 다지는 기본 문제
12~13쪽
01 ③ 02 ⑤ 03 해설 참조 04 ⑤ 05 ③ 06 ㄷ, ㄹ
07 ③ 08 ⑤ 09 ② 10 ① 11 해설 참조

01 ③ 다세포 생물은 세포 → 조직 → 기관 → 개체의 구성 체제를 갖추고 있지만, 몸이 하나의 세포로 이루어진 단세포 생물에는 조직, 기관 등의 단계가 없다.
[오답 피하기] ① 모든 생물은 세포로 이루어져 있으며, 세포에서 다양한 생명 활동이 일어난다.
② 생물은 세포에서 물질이 분해되는 물질대사를 통해 생명 활동에 필요한 에너지를 얻는다.
④ 생물은 다양한 환경 변화를 자극으로 받아들이고, 이에 대해 적절하게 반응함으로써 생명을 유지한다.
⑤ 다세포 생물은 수정란이 발생하여 어린 개체가 되고, 어린 개체가 생장하여 구조적·기능적으로 완전한 개체가 된다.

02 (가)는 저분자 물질로부터 고분자 물질을 합성하는 동화 작용이고, (나)는 고분자 물질을 저분자 물질로 분해하는 이화 작용이다.
ㄴ. 이화 작용(나)의 예로 포도당이 물과 이산화 탄소로 분해되는 세포 호흡이 있다.

ㄷ. 동화 작용(가)과 이화 작용(나)은 모두 생물의 체내에서 일어나는 물질대사이므로 효소가 관여한다.
[오답 피하기] ㄱ. (가)는 동화 작용이다.

⊕ **개념 더하기**

물질대사

구분	동화 작용	이화 작용
물질 전환	합성 (저분자 → 고분자)	분해 (고분자 → 저분자)
에너지 출입	흡수(흡열 반응)	방출(발열 반응)
예	광합성, 단백질 합성	세포 호흡, 소화

03 **예시 답안** 동화 작용(가)이 일어날 때는 에너지가 흡수되고, 이화 작용(나)이 일어날 때는 에너지가 방출된다.

채점 기준	배점(%)
(가)에서의 에너지 흡수와 (나)에서의 에너지 방출을 모두 옳게 설명한 경우	100
(가)에서의 에너지 흡수와 (나)에서의 에너지 방출 중 1가지만 옳게 설명한 경우	50

04 ㄱ. 반응은 생물이 자극에 대해 일으키는 변화이므로 식물이 굽어 자라는 것은 빛(자극)에 대한 반응에 해당한다.
ㄴ. 항상성은 체내의 상태를 일정하게 유지하려는 성질이므로 체온 유지는 항상성의 예에 해당한다.
ㄷ. (다)에서 접촉은 생물에게 주어지는 환경 변화인 자극에 해당한다.

05 **자료 분석 하기**

생물의 특성

생물의 특성	예
(가)	하나의 짚신벌레가 분열법을 통해 둘로 나누어진다.
(나)	개구리의 수정란은 올챙이를 거쳐 어린 개구리가 된다.
(다)	적록 색맹인 어머니로부터 적록 색맹인 아들이 태어난다.

• (가)는 암수 생식세포의 수정 없이 새로운 개체를 만드는 무성 생식의 예이다.
• (나)는 하나의 수정란이 세포 분열과 분화 등을 통해 개체로 되는 발생의 예이다.
• (다)는 어버이의 형질이 자손에게 전달되는 유전의 예이다.

(가)는 생식(무성 생식), (나)는 발생, (다)는 유전의 예이다.

06 적응과 진화, 생식과 유전은 생물종을 보존하여 생명의 연속성을 유지하는 것과 관련되므로 종족 유지 특성에 해당한다. 항상성, 물질대사, 발생과 생장, 자극에 대한 반응은 하나의 생물이 살아 있는 상태를 유지하는 것과 관련되므로 개체 유지 특성에 해당한다.

07 갈라파고스 군도의 각 섬에 서식하는 핀치의 부리 모양이 서로 다른 것은 각 섬의 주된 먹이를 잘 먹도록 적응한 결과 각 섬마다 서로 다른 모양의 부리를 가진 핀치로 진화했기 때문이다.

08 ⑤ 분화와 형태 형성 과정을 통해 완전한 개체가 되는 발생의 예이다.

[오답 피하기] ① 어린 개체가 세포 분열을 통해 자라는 생장의 예이다.

② 물질대사(동화 작용)의 예이다.

③ 자극(빛)에 대한 반응의 예이다.

④ 항상성(삼투압 조절)의 예이다.

09 ② 바이러스는 세포로 이루어져 있지 않으므로 세포 분열을 통해 증식하지 않는다.

[오답 피하기] ① 바이러스는 세포로 이루어져 있지 않으므로 세포 소기관이 없다.

③ 바이러스는 단백질 껍질 속에 유전 물질인 핵산(DNA 또는 RNA)이 들어 있는 단순한 구조로 되어 있다.

④, ⑤ 바이러스는 스스로 물질대사를 할 수 없고 숙주 세포 밖에서는 입자 상태로 존재하지만 숙주 세포 안에서는 숙주 세포의 효소를 이용하여 물질대사를 한다.

10 A는 바이러스의 껍질을 이루는 단백질, B는 바이러스의 유전 물질인 핵산이다.

ㄴ. 바이러스의 핵산(B)은 숙주 세포 안에서 복제되어 새로운 바이러스를 만드는 데 이용된다.

[오답 피하기] ㄱ. A는 핵산(B)이 들어 있는 바이러스의 껍질을 이루는 단백질이다.

ㄷ. 유전은 어버이의 형질이 자손에게 전달되는 현상이다. 바이러스가 숙주 세포 안에서 증식할 때 유전 현상이 나타나는데, 이는 바이러스의 유전 물질(B)이 복제되어 새로운 바이러스에게 전달되기 때문이다.

11 바이러스는 숙주 세포 안에서만 물질대사를 하고 증식하므로 바이러스가 계속 존재하기 위해서는 숙주가 될 수 있는 생명체가 필요하다.

[예시 답안] 바이러스는 살아 있는 세포(숙주 세포) 안에서만 물질대사와 증식이 가능하므로, 바이러스가 출현하기 이전에 이미 세포 구조의 생명체가 지구에 존재했다고 볼 수 있다.

채점 기준	배점(%)
바이러스는 숙주 세포 안에서만 물질대사와 증식이 가능하므로 바이러스가 출현하기 이전에 세포 구조의 생명체가 존재했을 것이라고 옳게 설명한 경우	100
바이러스는 숙주 세포 안에서만 생물적 특성을 나타내기 때문이라고 설명한 경우	60

02 생명 과학의 특성과 탐구 방법

확인 문제 ┤14~15쪽├
1 생명 과학 **2** × **3** 귀납적
4 가설 **5** 대조군

02 생명 과학은 다른 과학 분야뿐만 아니라 심리학, 수학 등 과학이 아닌 다른 학문 분야와도 연계된다.

03 귀납적 탐구 방법에서는 관찰을 통해 얻은 자료를 종합하고 분석하는 과정에서 규칙성을 발견하고, 이로부터 일반적인 원리나 법칙을 이끌어 낸다.

05 탐구를 수행할 때는 실험군과 비교하기 위해 실험 조건(검증하려는 요인)을 변화시키지 않은 대조군을 설정하여 대조 실험을 함으로써 실험 결과의 타당성을 높일 수 있다.

개념을 다지는 기본 문제 16~17쪽

01 ② **02** ⑤ **03** (가) 연역적 탐구 방법, (나) 귀납적 탐구 방법
04 ① **05** 가설 **06** ④ **07** ⑤ **08** 실험군: 집단 A, 대조군: 집단 B **09** ⑤ **10** 해설 참조

01 ② 생명 과학은 생명의 본질을 밝힐 뿐만 아니라 그 연구 성과를 인류의 복지 향상에 이용하는 종합 학문이다.

[오답 피하기] ①, ③ 생명 과학은 분자에서부터 지구 전체에 이르기까지 다양한 범위의 생명 현상을 통합적으로 연구하며, 심리학, 공학, 수학 등 다양한 학문과 연계되어 있다.

④ 생명 과학은 의학, 식품 영양학 등 생명 관련 분야에 많은 영향을 주고 있으며, 물리학, 화학, 정보학의 발달은 생명 과학의 발달에도 많은 영향을 주고 있다.

⑤ 생명 과학은 연구 대상에 따라 세포학, 분류학, 생태학, 유전학 등 다양한 분야로 나뉜다.

02 ㄴ. 생명 과학과 정보학은 연계되어 있어 사람 유전체 사업과 같이 정보학의 연구 성과가 생명 과학의 발달에 기여할 수 있다.

ㄷ. 생명 과학은 과학뿐만 아니라 다른 학문 분야와도 연계되어 있어 서로 많은 영향을 주고받는다.

[오답 피하기] ㄱ. 생명 과학은 의학, 농학, 축산학, 식품 영양학 등 생명 관련 분야에 많은 영향을 주고 있으므로 의학은 A에 해당한다.

03 [자료 분석 하기]

생명 과학의 탐구 방법

(나)에는 가설 설정 단계가 없으며, 자연 현상을 관찰하여 얻은 자료를 종합하고 분석해 결론을 이끌어 내므로 귀납적 탐구 방법이다. ➡ (가)는 연역적 탐구 방법이다.

연역적 탐구 방법에서는 의문에 대한 잠정적인 답(가설)을 먼저 설정한 후 실험을 통해 이를 검증하고, 귀납적 탐구 방법에서는 관찰을 통해 문제에 대한 결론을 이끌어 낸다.

04 (가)는 연역적 탐구 방법이며, A는 가설 설정 단계, B는 결론 도출 단계이다.

ㄱ. 가설 설정 단계(A)에서는 문제 해결을 위한 잠정적 답인 가설을 제시한다.

[오답 피하기] ㄴ. 변인 통제는 실험을 할 때 조작 변인을 제외한 다른 독립변인을 일정하게 유지하는 것으로, 탐구 설계 및 수행 단계에서 이루어져야 한다.

ㄷ. (가)는 가설을 설정하고 이를 검증하는 연역적 탐구 방법이며, 자료의 규칙성을 바탕으로 일반적인 원리를 이끌어 내는 것은 귀납적 탐구 방법이다.

05 가설은 자연 현상을 관찰하는 과정에서 생긴 의문에 대한 잠정적인 답으로, 예측할 수 있고 검증할 수 있어야 하며, 옳을 수도 있고, 옳지 않을 수도 있다.

06 ㄱ. 다윈은 관찰을 통해 얻은 결과를 종합하고 분석하여 일반적인 원리를 이끌어 내는 귀납적 탐구 방법을 이용하였다.

ㄷ. B는 관찰 결과 해석 및 결론 도출 단계로, 이 단계에서는 관찰 결과로부터 규칙성을 찾아내고 일반적인 원리나 법칙을 이끌어 낸다.

[오답 피하기] ㄴ. A는 관찰 방법과 절차 고안 및 관찰 수행 단계이며, 귀납적 탐구 방법에는 가설 설정 단계가 없다.

07 ㄱ. 대조 실험을 통해 백신의 효과를 검증하였으므로 연역적 탐구 방법이 이용되었다.

ㄴ. 집단 A는 인위적으로 백신을 주사했으므로 실험군이고, 집단 B는 백신을 주사하지 않았으므로 실험군의 결과와 비교하기 위한 대조군이다.

ㄷ. 실험군(집단 A)에서는 양이 모두 살았고, 대조군(집단 B)에서는 양이 모두 죽었으므로 탄저병 백신이 탄저병 예방에 효과가 있음이 확인되었다.

08 집단 A는 가설을 검증하기 위해 핵을 제거한 실험군이고, 집단 B는 실험군의 결과와 비교하기 위해 핵을 제거하지 않은 대조군이다.

09 ㄴ. 통제 변인은 실험 결과에 영향을 줄 수 있는 독립변인 중 조작 변인을 제외하고 실험에서 일정하게 유지해야 하는 요인이므로 미세한 고리의 자극은 통제 변인에 해당한다. 아메바를 배양하는 조건도 같게 유지해야 하는 통제 변인이다.

ㄷ. 실험 결과 핵을 제거한 실험군의 아메바는 모두 죽고, 핵을 제거하지 않은 대조군의 아메바는 모두 죽지 않았으므로 이 실험을 통해 얻을 수 있는 결론은 '핵은 세포의 생명 활동에 매우 중요하다.'가 될 수 있다.

[오답 피하기] ㄱ. 핵의 제거 여부는 실험군(A)과 대조군(B)에서 다르게 처리한 조작 변인이다. 종속변인은 실험 결과에 해당하므로 아메바의 생존 여부이다.

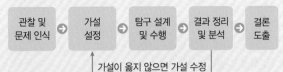

연역적 탐구 방법
자연 현상을 관찰하면서 생긴 의문의 답을 찾기 위해 가설을 설정하고, 체계적인 검증을 통해 결론을 얻는 탐구 방법이다.

관찰 및 문제 인식 → 가설 설정 → 탐구 설계 및 수행 → 결과 정리 및 분석 → 결론 도출

가설이 옳지 않으면 가설 수정

- **대조 실험**: 탐구를 수행할 때 대조군을 설정하여 실험군과 비교하는 것으로, 실험 결과의 타당성을 높일 수 있다.

대조군	실험군과 비교하기 위해 실험 조건(검증하려는 요인)을 변화시키지 않은 집단
실험군	가설을 검증하기 위해 실험 조건을 의도적으로 변화시킨 집단

- **변인**: 실험에 관계되는 요인으로, 독립변인과 종속변인이 있다.

독립변인	실험 결과에 영향을 주는 요인 · 조작 변인: 가설을 검증하기 위해 의도적으로 변화시키는 요인 · 통제 변인: 실험에서 일정하게 유지해야 하는 요인
종속변인	조작 변인의 영향을 받아 변하는 요인 ➡ 실험 결과에 해당

10 [예시 답안] 대조 실험. 탐구를 수행할 때 실험 조건(검증하려는 요인)을 변화시키지 않은 대조군을 설정하여 실험군과 비교하면 실험 결과의 타당성을 높일 수 있기 때문이다.

채점 기준	배점(%)
대조 실험을 쓰고, 대조군과의 비교를 통해 실험 결과의 타당성을 높일 수 있기 때문이라고 옳게 설명한 경우	100
대조 실험만 쓴 경우	30

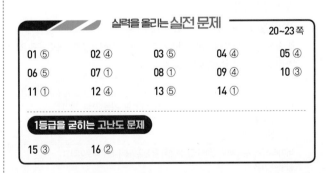

실력을 올리는 실전 문제
20~23쪽

01 ⑤	02 ④	03 ⑤	04 ④	05 ④
06 ⑤	07 ①	08 ①	09 ④	10 ③
11 ①	12 ④	13 ⑤	14 ①	

1등급을 굳히는 고난도 문제

15 ③ 16 ②

01 더운 사막 지역에 사는 토끼는 몸집이 작고 귀가 넓어 열을 발산하는 데 유리하고, 추운 북극 지역에 사는 토끼는 몸집이 크고 귀가 좁아 열을 보존하는 데 유리하다. 이는 생물의 특성 중 적응과 진화의 예이다.

⑤ 건조한 환경에 적합하게 생물의 특징이 변화한 것이므로 적응과 진화의 예이다.

[오답 피하기] ① 생식의 예이다.

②, ④ 자극에 대한 반응의 예이다.

③ 발생의 예이다.

02 자료 분석 하기

광합성과 세포 호흡

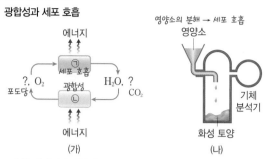

(가)　(나)

- ㉠은 에너지가 방출되는 이화 작용이므로 세포 호흡이다.
- ㉡은 에너지가 흡수되는 동화 작용이므로 광합성이다.
- 화성 토양에 세포 호흡을 하는 생명체가 존재한다면 공급한 영양소가 분해되어 용기 내 기체 조성이 변할 것이다.

ㄱ. 세포 호흡(㉠)과 광합성(㉡)은 모두 생명체 안에서 일어나는 물질대사이므로 효소가 관여한다.

ㄴ. (나)는 세포 호흡(㉠)으로 영양소를 분해해 용기 내의 기체 조성을 변화시키는 생명체가 존재하는지 알아보기 위한 실험이다.

[오답 피하기] ㄷ. 대장균과 바이러스는 모두 광합성(㉡)을 하지 못한다.

03 ⑤ 어머니의 혈우병 유전자가 아들에게 전달되어 아들도 혈우병이 되는 것과 어머니의 적록 색맹 유전자가 아들에게 전달되어 아들도 적록 색맹이 되는 것은 유전에 해당한다.

[오답 피하기] ① 물질대사 중 동화 작용에 해당한다.

② 발생에 해당한다.

③ 자극에 대한 반응에 해당한다.

④ 적응과 진화에 해당한다.

04 어린 개구리가 자라서 성체 개구리가 되는 것(가)은 생장, 부모의 형질이 자녀에게 전달되는 것(나)은 유전이므로 (다)는 적응과 진화이다.

ㄱ. 생장은 어린 개체가 세포 분열을 통해 세포 수를 늘려 감으로써 자라는 과정이다.

ㄷ. 모래가 들어오는 것을 막기 위해 낙타가 콧구멍을 자유롭게 열고 닫을 수 있는 것은 모래바람이 많이 부는 사막에 적응한 결과이므로 '낙타는 모래가 들어오는 것을 막기 위해 콧구멍을 자유롭게 열고 닫을 수 있다.'는 적응과 진화(다)의 예에 해당한다.

[오답 피하기] ㄴ. 바이러스는 세포 구조가 아니므로 생장(가)하지 않는다. 따라서 '바이러스에서 나타나는가?'는 ㉠에 해당하지 않는다.

05 담배 모자이크병에 걸린 담뱃잎을 갈아서 얻은 추출물을 세균 여과기로 거르면 여과액에는 세균이 존재하지 않는다. 이 여과액을 건강한 담뱃잎에 발랐을 때 담배 모자이크병이 나타나므로 세균보다 크기가 작아 세균 여과기를 통과할 수 있는 병원체 X는 바이러스이다.

ㄱ. 담배 모자이크병에 걸린 담뱃잎을 갈아서 얻은 추출물을 세균 여과기에 걸러 얻은 여과액(㉠)에는 바이러스(X)가 존재한다.

ㄴ. 바이러스는 숙주 세포 안에서 물질대사를 하고 증식하므로 X는 담배 모자이크병이 나타난 담뱃잎(㉡)의 세포 안에서 증식할 수 있다.

[오답 피하기] ㄷ. 바이러스는 살아 있는 숙주 세포 안에서만 물질대사와 증식이 가능하므로 바이러스 이전에 이미 세포 구조의 생명체가 지구에 존재했다고 볼 수 있다. 따라서 바이러스는 지구에 최초로 나타난 생명체로 볼 수 없다.

06 (가)는 바이러스, (나)는 동물 세포이다.

ㄴ. 동물 세포(나)는 자신의 효소를 이용하여 스스로 물질대사를 한다.

ㄷ. 바이러스(가)와 동물 세포(나)는 모두 유전 물질인 핵산을 가지고 있다.

[오답 피하기] ㄱ. 바이러스(가)는 세포로 되어 있지 않아 세포막을 갖지 않는다. 바이러스는 핵산과 단백질 껍질로 이루어진 단순한 구조로 되어 있다.

07 (가)는 짚신벌레, (나)는 대장균, (다)는 바이러스(박테리오파지)이다.

ㄱ. ㉠은 유전 물질인 핵산(DNA)이다. 핵산에는 개체의 형질을 결정하는 유전 정보가 저장되어 있으며, 모체의 핵산이 자손에게 전달됨으로써 자손이 모체를 닮는 유전 현상이 나타난다.

[오답 피하기] ㄴ. (가)~(다) 중 세포 분열을 통해 증식하는 것은 세포로 이루어진 짚신벌레(가)와 대장균(나)이므로 '세포 분열을 통해 증식한다.'는 B에 해당한다. 바이러스는 숙주 세포 안에서 새로운 바이러스가 만들어진 후 숙주 세포 밖으로 방출되는 방식으로 증식한다.

ㄷ. (가)~(다)는 모두 유전 물질을 가지며, 증식 과정에서 유전 물질이 변해 유전 정보가 달라지는 돌연변이가 일어난다. 따라서 '돌연변이가 일어난다.'는 A~C 모두에 해당하지 않는다.

08 B가 A의 안으로 핵산을 주입하고 있으므로 A는 숙주 세포, B는 바이러스(박테리오파지)이다.

ㄱ. 박테리오파지의 숙주 세포(A)는 세균이며, 세균은 세포로 이루어진 생물이다.

[오답 피하기] ㄴ. 바이러스(B)는 물질대사에 필요한 효소를 가지고 있지 않아 숙주 세포 밖에서는 스스로 물질대사를 하지 못하고, 숙주 세포 안에서 숙주 세포의 효소를 이용해서만 물질대사를 할 수 있다.

ㄷ. 숙주 세포(A)와 바이러스(B) 모두 유전 물질인 핵산을 가지며, 유전 물질에 돌연변이가 일어나 새로운 형질을 가지게 됨으로써 환경에 적응하고 진화한다. 따라서 '환경에 적응하고 진화하는가?'를 이용해 숙주 세포(A)와 바이러스(B)를 구분할 수 없다.

바이러스(박테리오파지)의 증식

박테리오파지는 꼬리를 이용해서 숙주 세포인 세균의 표면에 부착하여 세균 속으로 자신의 DNA를 주입한 후, 세균의 효소를 이용하여 자신의 DNA를 복제하고 단백질 껍질을 만들어 증식한다. 증식한 박테리오파지는 세균을 뚫고 밖으로 나온다.

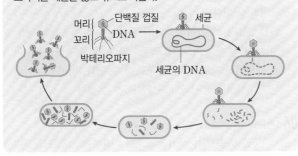

09 학생 A: 생명 과학은 생물이 나타내는 여러 가지 생명 현상을 탐구하여 생명의 본질을 밝히고, 그 연구 성과를 인류 복지 향상에 이용하는 종합 학문이다.

학생 B: 생명 과학은 물리학, 화학 등과 같은 다른 과학 분야뿐만 아니라 심리학, 수학, 인류학 등과 같은 다른 학문 분야와도 연계되어 있다.

[오답 피하기] 학생 C: 생명 과학의 연구 대상은 기본적으로 생물이지만, 생물의 구조와 기능에 대해서만 연구하는 것은 아니다. 생명 과학은 생물을 구성하는 분자 수준의 물질에서부터 세포, 개체, 생태계, 지구에 이르기까지 다양한 범위의 대상을 통합적으로 연구한다.

10 ㄱ. (가)는 가설을 설정하는 단계이다. 가설은 'X는 세균을 죽이는 물질을 만들 것이다.'이다.

ㄴ. X의 잎으로부터 얻은 추출액이 세균을 죽이는지 검증하기 위한 탐구이므로 추출액을 뿌린 배지는 실험군이고, 추출액을 뿌리지 않은 배지(㉠)는 실험 결과를 비교하기 위한 대조군이다.

[오답 피하기] ㄷ. 조작 변인은 가설을 검증하기 위해 의도적으로 변화시키는 요인이다. 따라서 이 탐구의 조작 변인은 실험군과 대조군에서의 차이인 추출액을 뿌렸는지의 여부이다. 세균의 생존 여부는 실험 결과이므로 종속변인이다.

11 가설이 '소화 효소 X는 녹말을 분해할 것이다.'이므로 조작 변인은 소화 효소 X의 유무이며, 통제 변인은 시험관 내 물질의 양, 온도 등이고, 종속변인은 녹말의 분해 여부이다. 가설을 검증할 대조 실험을 하기 위해서는 같은 양의 녹말 용액이 들어 있는 시험관 Ⅰ과 Ⅱ 중 하나에는 증류수를, 나머지 하나에는 증류수와 소화 효소 X를 넣어야 하는데, 시험관 Ⅱ에서만 녹말이 분해되었으므로 소화 효소 X는 시험관 Ⅱ에만 첨가하였다.

12 ㄱ. (가)에서는 귀납적 탐구 방법이, (나)에서는 연역적 탐구 방법이 이용되었다.

ㄷ. 조작 변인은 가설을 검증하기 위해 의도적으로 변화시키는 요인으로, (나)에서 조작 변인은 먹이의 종류이다.

[오답 피하기] ㄴ. 연역적 탐구 방법(나)에서는 자연 현상을 관찰하면서 생긴 의문에 대한 잠정적인 답인 가설을 세워 탐구를 설계하고 수행한다.

13 ㄴ. 가설을 설정하지 않고 가젤 영양에 대한 관찰 결과를 종합하고 분석하여 일반적인 원리를 이끌어 내는 귀납적 탐구 방법을 이용했다.

ㄷ. 관찰 결과 포식자가 주변에 나타날 때마다 뜀뛰기 행동을 한다는 규칙성을 발견할 수 있으므로 (가) 단계에서 가젤 영양은 포식자가 주변에 나타나면 뜀뛰기 행동을 한다는 결론을 내릴 수 있다.

[오답 피하기] ㄱ. 이 탐구는 가설을 설정하지 않는 귀납적 탐구 방법을 이용했다.

14 (가)는 귀납적 탐구 방법, (나)는 연역적 탐구 방법이다.

ㄴ. ㉡은 탐구 설계 및 수행 단계로, 대조 실험과 변인 통제가 이루어진다.

[오답 피하기] ㄱ. 귀납적 탐구 방법에는 가설 설정 단계가 없으며, ㉠은 관찰 수행 단계이다.

ㄷ. A는 오랜 시간 동안 야생 상태의 침팬지를 관찰한 결과를 바탕으로 침팬지의 생활 방식에 대한 결론을 내렸다. 따라서 A는 귀납적 탐구 방법(가)을 이용하여 탐구를 수행하였다.

15 **고난도 문제 해결 전략**

STEP 1 **출제 의도 파악하기**

바이러스와 생물의 공통점과 차이점을 비교할 수 있는지 평가하는 문제이다.

STEP 2 **자료 분석하기**

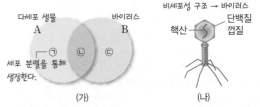

(가)   (나)

• '세포 분열을 통해 생장한다.'는 ㉠과 ㉡ 중 하나이고, 바이러스(나)는 세포로 이루어져 있지 않으므로 세포 분열을 하지 않는다. ➡ 바이러스(나)는 B이며, '세포 분열을 통해 생장한다.'는 ㉠이다.

• A는 세포 분열을 통해 생장한다. ➡ A는 다세포 생물이다.

STEP 3 **관련 개념 모으기**

❶ 생장이란?

➡ 어린 개체가 세포 분열을 통해 세포 수를 늘려 감으로써 성체가 되는 과정이다.

❷ 바이러스의 생물적 특성과 비생물적 특성은?

생물적 특성	• 유전 물질인 핵산을 가지고 있다. • 살아 있는 숙주 세포 내에서 증식할 수 있다. • 증식 과정에서 유전 현상이 나타나며, 돌연변이가 일어나 다양한 환경에 적응하며 진화한다.
비생물적 특성	• 세포로 이루어져 있지 않으며, 숙주 세포 밖에서는 입자 상태로 존재한다. • 스스로 물질대사를 할 수 없어 숙주 세포 안에서만 증식할 수 있다.

ㄷ. ⓒ은 바이러스(B)만 갖는 특징이다. 세포 분열을 통해 생장하는 다세포 생물 중에는 숙주 세포 밖에서 입자 상태로 존재하는 것이 없으므로 '숙주 세포 밖에서 입자 상태로 존재한다.'는 ⓒ에 해당한다.

[오답 피하기] ㄱ. A는 세포 분열을 통해 생장하는데, 대장균은 단세포 생물이므로 세포 분열을 통해 생장하지 않는다.

ㄴ. 바이러스(B)는 자신의 효소가 없어 숙주 세포 밖에서는 스스로 증식하지 못하므로 영양 물질로만 이루어진 배지에서 증식하지 못한다.

16 고난도 문제 해결 전략

(STEP 1) 출제 의도 파악하기

실험 결과를 분석해 실험의 가설과 변인을 파악할 수 있는지 평가하는 문제이다.

(STEP 2) 관련 개념 모으기

❶ 연역적 탐구 방법은?

➡ 자연 현상을 관찰하면서 생긴 의문의 답을 찾기 위해 가설을 설정하고, 체계적인 검증을 통해 결론을 얻는 탐구 방법이다.

❷ 변인이란?

➡ 실험에 관계되는 요인으로, 독립변인과 종속변인이 있다.

		실험 결과에 영향을 주는 요인
독립변인	조작 변인	가설을 검증하기 위해 의도적으로 변화시키는 요인
	통제 변인	조작 변인 이외에 실험 결과에 영향을 주는 요인으로, 일정하게 유지해야 하는 요인
종속변인		조작 변인의 영향을 받아 변하는 요인 ➡ 실험 결과에 해당

❸ 변인 통제란?

➡ 실험을 할 때 실험군과 대조군에서 조작 변인을 제외한 다른 독립변인을 일정하게 유지하는 것이다. 변인 통제를 하면 실험 결과가 어떤 요인에 의해 나타난 것인지 정확하게 알 수 있다.

ㄷ. A에는 물을, B에는 소금물을 제공했으므로 소금의 섭취 여부가 조작 변인이고, 실험 결과로 측정한 평균 혈압 변화가 종속변인이다. 따라서 '쥐는 소금을 먹으면 평균 혈압이 상승할 것이다.'는 이 실험의 가설에 해당한다.

[오답 피하기] ㄱ. 평균 혈압 변화는 실험 결과에 해당하므로 종속변인이다.

ㄴ. 쥐의 성별은 가설을 검증하기 위해 A와 B에서 같게 유지해야 하는 통제 변인이다.

핵심 정리 **I** 단원 마무리

24쪽

❶ 물질대사 ❷ 항상성 ❸ 발생 ❹ 유전 ❺ 진화
❻ 단백질 ❼ 입자 ❽ 생명 과학 ❾ 귀납적 ❿ 연역적
⓫ 실험군

실력 점검 **I** 단원 평가 문제

25~27쪽

01 ①	02 ②	03 ④	04 ③	05 ④
06 ⑤	07 ②	08 ⑤	09 ⑤	10 ②

1등급을 완성하는 서술형 문제

11 해설 참조 **12** 해설 참조 **13** (1) 온도, 침 희석액의 농도 (2) 해설 참조

01 물을 마신 경우 오줌의 생성 속도가 증가한 것은 수분 배설을 촉진해 체내 수분량을 일정하게 유지하기 위한 것이므로 이는 항상성의 예이다.

① 심한 운동을 하면 열이 많이 발생하므로 체온을 일정하게 유지하기 위해 땀을 흘려 피부를 통한 열 발산량을 늘린다. 따라서 이 현상도 항상성의 예이다.

[오답 피하기] ② 발생의 예이다.

③ 생식의 예이다.

④ 유전의 예이다.

⑤ 적응과 진화의 예이다.

02 ㄱ 세균 집단은 배지에서 X가 증식(생식)하여 형성된 것이므로 생식과 유전의 예이다.

ㄴ 자외선을 쪼인 일부 세균에서 돌연변이가 일어나 항생제 저항성 유전자가 만들어졌기 때문에 나타난 현상이므로 적응과 진화의 예이다.

ㄷ 세균의 세포 호흡으로 O_2가 소비되었기 때문에 나타난 현상이므로 물질대사의 예이다.

03 ㄴ. 정자와 세균은 세포막을 가지고, 바이러스는 세포막을 갖지 않으므로 ⓒ은 '세포막을 가진다.'이고, A는 바이러스이다. 세균만 분열을 통해 증식하므로 ⓒ은 '분열을 통해 증식한다.'이고, C는 세균이다. 따라서 B는 정자이고, ㄱ은 ⓐ이다.

ㄷ. 정자(B)와 세균(C)은 모두 자신의 효소가 있어 스스로 물질대사를 할 수 있다.

[오답 피하기] ㄱ. ⓐ는 바이러스에서만 나타나는 특징이다. 바이러스뿐만 아니라 세균도 환경에 적응하고 진화하므로 '적응하고 진화한다.'는 ⓐ에 해당하지 않는다.

04 ㄱ. 토끼의 체내에서 토끼의 털색을 결정하는 색소 단백질이 만들어지는 반응은 물질대사이다.

ㄴ. 다세포 생물인 선인장의 줄기는 선인장의 발생 과정에서 세포 분열과 분화를 통해 만들어진다.

[오답 피하기] ㄷ. 선인장에 물을 저장하는 조직이 발달해 있는 것은 건조한 곳에서 체내의 수분을 보존하기 위한 적응과 진화의 결과이다.

05 ㄴ. 20개의 배지 중 절반에는 ㄱ을 첨가하지 않고, 나머지 절반에는 ㄱ을 첨가했으므로 ㄱ의 첨가 여부가 조작 변인이고, 모든 배지에서 X의 증식 여부를 확인했다. 따라서 'ㄱ은 X의 증식을 억제할 것이다.'는 (나)에서 설정한 가설에 해당한다.

ㄷ. X가 증식하는 것은 생식의 예이고, 짚신벌레가 분열법으로 개체 수를 늘려 증식하는 것도 생식의 예이다.

[오답 피하기] ㄱ. X는 영양 물질만 포함된 배지에서 증식하므로 스스로 물질대사를 할 수 있는 생물이다. 따라서 스스로 물질대사를 할 수 없어 영양 물질만 첨가된 배지에서 증식하지 못하는 바이러스는 X가 될 수 없다.

06 자료 분석 하기

생명 현상의 특성

특성	예
A	미모사의 잎을 건드리면 잎이 접힌다.
B	개구리의 수정란으로부터 올챙이가 태어난다.

생물의 특성: A, B, C, D

- 미모사의 잎을 건드렸을 때 잎이 접히는 것은 자극에 대한 반응(A)의 예이다. ➡ 자극에 대한 반응을 통해 체내의 상태를 일정하게 유지하므로 C는 항상성이다.
- 개구리의 수정란에서 올챙이가 태어나는 것은 발생(B)의 예이다. ➡ 발생을 통해 태어난 어린 개체가 성체로 생장하므로 D는 생장이다.

ㄴ. C는 생물이 체내외의 환경 변화에 관계없이 체내의 상태를 일정하게 유지하려는 성질인 항상성이다.

ㄷ. 병아리가 암탉이 되는 것은 생장(D)의 예이다.

[오답 피하기] ㄱ. B는 발생이다.

07
ㄴ. 생명 과학은 의학, 농학, 축산학, 식품 영양학 등 생명 관련 분야에 많은 영향을 주고 있다.

[오답 피하기] ㄱ. 전자 현미경의 개발과 같은 기계 공학의 연구 성과는 생명 과학의 발달에 영향을 미친다.

ㄷ. 생명 과학뿐만 아니라 물리학, 화학 등의 연구 성과가 같이 활용되어 사람 유전체가 분석되었다. 이를 통해 생명 과학은 다른 과학 분야와 밀접하게 연계되어 있음을 알 수 있다.

08
2개의 용기 중 하나에는 보리 아밀레이스 희석액을, 다른 하나에는 침 아밀레이스 희석액을 담고 밥을 넣은 다음, 두 용기 모두 60 ℃에 두고 일정 시간 후 떠오른 밥알의 개수를 확인하였다. 따라서 이 실험을 통해 보리 아밀레이스와 침 아밀레이스 중 어느 것이 60 ℃에서 더 잘 작용하는지 확인할 수 있으므로 '보리 아밀레이스는 침 아밀레이스보다 열에 더 안정할 것이다.'가 이 실험의 가설로 적절하다.

09
ㄱ, ㄴ. A의 쥐에게는 정상 사료를, B의 쥐에게는 ㉠이 포함된 사료를 먹였으므로 이 탐구의 조작 변인은 ㉠의 첨가 여부이다. 따라서 사료의 양은 통제 변인이므로 A와 B의 쥐에게 제공하는 사료의 양은 같아야 한다.

ㄷ. 정상 사료를 먹인 A의 쥐와 달리 지방 소화 효소의 기능을 억제하는 약물 ㉠이 포함된 사료를 먹인 B의 쥐들은 시간이 지남에 따라 몸무게가 감소하는 것을 확인할 수 있다. 따라서 '지방의 소화가 억제되면 몸무게가 줄어들 것이다.'는 이 탐구의 가설에 해당한다.

10
(가)는 귀납적 탐구 방법, (나)는 연역적 탐구 방법이다.

ㄷ. 연역적 탐구 방법(나)에서는 실험군의 결과와 비교하는 기준이 되는 대조군을 설정하여 실험하는 대조 실험을 통해 실험 결과의 타당성을 높인다.

[오답 피하기] ㄱ. 귀납적 탐구 방법(가)에서는 가설을 설정하지 않는다.

ㄴ. (나)는 연역적 탐구 방법이다.

⊕ 개념 더하기

생명 과학의 탐구 방법

- 귀납적 탐구 방법: 자연 현상을 관찰하여 얻은 자료를 종합하고 분석하는 과정에서 규칙성을 발견하고, 이로부터 일반적인 원리나 법칙을 이끌어 내는 탐구 방법이다.

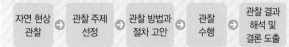

자연 현상 관찰 ➡ 관찰 주제 선정 ➡ 관찰 방법과 절차 고안 ➡ 관찰 수행 ➡ 관찰 결과 해석 및 결론 도출

- 연역적 탐구 방법: 자연 현상을 관찰하면서 생긴 의문의 답을 찾기 위해 가설을 설정하고, 체계적인 검증을 통해 결론을 얻는 탐구 방법이다.

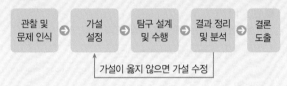

관찰 및 문제 인식 ➡ 가설 설정 ➡ 탐구 설계 및 수행 ➡ 결과 정리 및 분석 ➡ 결론 도출

가설이 옳지 않으면 가설 수정

11
예시 답안 사막여우는 더운 환경에, 북극여우는 추운 환경에 적응한 결과 각 환경에 적합한 모습을 가지게 된 것이다. 이는 생물의 특성 중 적응과 진화의 예이다.

채점 기준	배점(%)
서식 환경에 적응한 결과 모습이 달라졌다는 것과 적응과 진화의 예라는 것을 모두 옳게 설명한 경우	100
2가지 중 1가지만 옳게 설명한 경우	50

12
예시 답안 ㉠ 세포로 이루어져 있다, 스스로 물질대사를 한다 등, ㉡ 유전 물질을 가진다 등, 바이러스는 생물의 특성 중 일부만 나타내므로 ㉠은 바이러스가 나타내지 않는 생물의 특성이 해당되고, ㉡은 바이러스가 나타내는 생물의 특성이 해당된다.

채점 기준	배점(%)
㉠과 ㉡에 해당하는 생물의 특성을 쓰고, 그 까닭을 옳게 설명한 경우	100
㉠과 ㉡에 해당하는 생물의 특성만 옳게 쓴 경우	50

13
(1) 온도와 침 희석액의 농도는 실험에서 일정하게 유지해야 하는 통제 변인이다.

(2) **예시 답안** 가설: 밥과 소화 효소의 접촉 면적이 넓어지면 소화가 잘 될 것이다. 이 실험의 조작 변인은 밥을 으깼는지의 여부이고, 종속 변인은 시간에 따른 엿당 생성량, 즉 밥의 소화 속도이므로 이 실험에서 검증하려는 가설은 '밥과 소화 효소의 접촉 면적이 넓어지면 소화가 잘 될 것이다.'이다.

채점 기준	배점(%)
실험의 가설을 쓰고, 그 까닭을 옳게 설명한 경우	100
실험의 가설만 옳게 쓴 경우	50

Ⅱ 사람의 물질대사

03 생명 활동과 에너지

┤30~31쪽├

확인 문제	1 물질대사	2 동화, 이화	3 ○
	4 미토콘드리아	5 ATP	6 ADP

03 글리코젠이 포도당으로 분해되는 반응은 고분자 물질이 저분자 물질로 분해되는 이화 작용이다.

05 세포 호흡으로 방출된 에너지의 일부는 ATP에 저장되고, ATP가 ADP로 분해될 때 방출된 에너지가 여러 생명 활동에 사용된다. 즉, 생명 활동에 직접 사용되는 에너지 저장 물질은 ATP이다.

06 ATP가 ADP와 무기 인산으로 분해될 때 방출되는 에너지는 화학 에너지, 기계적 에너지, 열에너지, 소리 에너지 등으로 전환되어 여러 생명 활동에 사용된다.

▶ 개념을 다지는 기본 문제

32~33쪽

01 ⑤	02 해설 참조	03 ④	04 ②	05 ①	06 ⑤	07 ③
08 ③	09 ④	10 해설 참조				

01 ⑤ 아미노산이 결합하여 단백질로 합성되는 과정은 저분자 물질로부터 고분자 물질을 합성하는 동화 작용이므로 반응 과정에서 에너지가 흡수된다.

[오답 피하기] ① 물질대사에서 반응의 각 단계에는 특정한 효소가 관여한다.

② 세포 호흡은 영양소를 분해하여 생명 활동에 필요한 에너지를 얻는 과정으로, 이화 작용에 해당한다.

③ 물질대사는 생명체 내에서 물질을 합성하고 분해하는 모든 화학 반응이다.

④ 물질대사에서 물질의 변화가 일어날 때 에너지 출입이 함께 일어난다.

02 저분자 물질로부터 고분자 물질을 합성하는 반응인 (가)는 동화 작용이고, 고분자 물질을 저분자 물질로 분해하는 반응인 (나)는 이화 작용이다.

[예시 답안] • 공통점: 효소에 의해 반응이 단계적으로 일어난다.

• 차이점: (가)에서는 에너지가 흡수되고, (나)에서는 에너지가 방출된다.

채점 기준	배점(%)
공통점과 차이점을 모두 옳게 설명한 경우	100
공통점과 차이점 중 1가지만 옳게 설명한 경우	50

03 (가)는 물과 이산화 탄소를 포도당으로 합성하는 과정인 광합성(동화 작용)으로 엽록체에서 일어나며, (나)는 포도당을 물과 이산화 탄소로 분해하는 과정인 세포 호흡(이화 작용)으로 주로 미토콘드리아에서 일어난다.

ㄴ. 이화 작용인 (나) 과정에서는 에너지가 방출되어 생성물의 에너지양이 반응물의 에너지양보다 적다.

ㄷ. 식물 세포에는 엽록체와 미토콘드리아가 모두 존재하므로 식물에서는 엽록체에서 일어나는 광합성과 미토콘드리아에서 일어나는 세포 호흡이 모두 일어난다.

[오답 피하기] ㄱ. 광합성(가)은 식물의 엽록체에서 일어나며, 미토콘드리아에서 일어나는 것은 세포 호흡(나)이다.

04 〔자료 분석 하기〕

물질대사와 에너지의 출입

 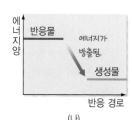

(가)　　　　　　　(나)

• 물질대사에서 물질의 변화가 일어날 때는 에너지의 출입이 함께 일어난다. 동화 작용은 에너지가 흡수되는 반응(흡열 반응)이고, 이화 작용은 에너지가 방출되는 반응(발열 반응)이다.

• (가)는 반응 과정에서 에너지가 흡수되어 반응물의 에너지양보다 생성물의 에너지양이 많다. ➡ 동화 작용에서의 에너지 변화이다.

• (나)는 반응 과정에서 에너지가 방출되어 반응물의 에너지양보다 생성물의 에너지양이 적다. ➡ 이화 작용에서의 에너지 변화이다.

ㄴ. (나)는 반응물의 에너지양보다 생성물의 에너지양이 적으므로 발열 반응에서의 에너지 변화이다.

[오답 피하기] ㄱ. 포도당이 물과 이산화 탄소로 분해되는 과정은 세포 호흡으로, 이화 작용에 해당하므로 (나)와 같은 에너지 변화가 나타난다.

ㄷ. 세포를 구성하는 물질이 합성되는 반응은 동화 작용이므로 (가)와 같은 에너지 변화가 나타난다.

05 ㄴ. 세포 호흡을 통해 합성된 ATP가 분해될 때 방출되는 에너지가 생명 활동에 사용된다. 즉, 생명 활동에 직접적으로 사용되는 에너지원은 ATP이다.

[오답 피하기] ㄱ. 세포 호흡에서 포도당은 산소와 반응하여 물과 이산화 탄소로 분해되며 에너지를 방출한다. 따라서 ㉠은 산소, ㉡은 이산화 탄소이다.

ㄷ. 세포 호흡 과정에서 방출되는 에너지의 일부가 ATP에 저장되고, 나머지는 열에너지로 방출된다.

06 ㄱ. 아데닌, 리보스에 3개의 인산기가 결합되어 있는 ㉠은 ATP이고, 아데닌, 리보스에 2개의 인산기가 결합되어 있는 ㉡은 ADP이다.

ㄴ. 인산기 사이의 결합이 고에너지 인산 결합이므로 고에너지 인산 결합의 수는 ATP(㉠)가 2개, ADP(㉡)가 1개이다.

ㄷ. ATP가 ADP와 무기 인산(P_i)으로 분해(가)되면서 에너지가 방출되고, 생명체는 이 에너지를 사용하여 다양한 생명 활동을 한다.

07 (가)는 고분자 물질인 포도당을 저분자 물질인 물과 이산화 탄소로 분해하는 세포 호흡 과정이므로 이화 작용이고, (나)는 저분자 물질인 아미노산을 고분자 물질인 단백질로 합성하는 과정이므로 동화 작용이다. 생명체에서 에너지를 저장하고 전달하는 물질인 A는 ATP이다.

ㄱ. 이화 작용(가)과 동화 작용(나)은 물질대사로, 모두 효소가 관여한다.

ㄴ. 동화 작용에서는 에너지가 흡수되어 저장되므로, (나) 과정에서 단백질에 에너지가 저장된다.

[오답 피하기] ㄷ. 이화 작용(세포 호흡)에서 방출된 에너지 중 일부가 ATP에 화학 에너지 형태로 저장되고 나머지는 열에너지로 방출되며, ATP가 분해되어 방출된 에너지는 물질 합성 등 여러 생명 활동에 사용된다. 따라서 (가) 과정에서 방출된 에너지의 일부가 ATP(A)에 저장되었다가 (나) 과정에서 사용된다.

08 ㄱ. (가)는 음식물에 포함된 영양소가 소화·흡수된 후 세포 호흡 과정을 통해 분해되면서 방출되는 에너지를 이용하여 ATP가 합성되는 과정이다. 세포 호흡 과정에서 방출되는 에너지의 일부는 ATP에 저장되고, 나머지는 열에너지로 방출된다.

ㄷ. ATP가 분해되어 방출된 에너지는 화학 에너지, 기계적 에너지 등으로 전환되어 근육 운동, 체온 유지, 발성 등 여러 생명 활동에 사용된다. 따라서 대화할 때 (나) 과정이 활발히 일어나 ATP에 저장된 에너지가 사용된다.

[오답 피하기] ㄴ. (나)는 ATP가 분해되면서 고에너지 인산 결합이 끊어져 에너지가 방출되고, 이 에너지를 생명 활동에 사용하는 과정이다.

09 ATP가 ADP로 분해될 때 방출되는 에너지는 화학 에너지, 기계적 에너지, 열에너지, 소리 에너지, 빛에너지, 전기 에너지 등으로 전환되어 물질 합성, 물질 운반, 근육 운동, 정신 활동, 생장, 체온 유지, 발성, 발광, 발전 등 다양한 생명 활동에 사용된다.

폐포와 폐포를 둘러싼 모세 혈관 사이에서 일어나는 기체 교환의 원리는 기체의 분압 차에 따른 확산이다. 따라서 산소가 폐포에서 모세 혈관으로 이동할 때는 ATP의 에너지가 사용되지 않는다.

10 [예시 답안] 효모의 세포 호흡으로 포도당이 분해되면서 이산화 탄소가 발생하여 맹관부 수면의 높이가 낮아진다.

채점 기준	배점(%)
세포 호흡에 의한 이산화 탄소 발생과 맹관부 수면의 높이 변화를 모두 옳게 설명한 경우	100
세포 호흡에 의한 이산화 탄소 발생과 맹관부 수면의 높이 변화 중 1가지만 옳게 설명한 경우	50

◆ **개념 더하기**

효모의 이산화 탄소 방출

• 효모는 산소가 있을 때는 산소 호흡을 하여 물과 이산화 탄소를 생성하고, 산소가 없을 때는 알코올 발효를 하여 에탄올과 이산화 탄소를 생성한다.

• 발효관에 포도당 용액과 효모액을 넣고 입구를 솜으로 막아 두면 효모에 의해 알코올 발효가 일어나 맹관부에 이산화 탄소가 모이면서 맹관부 수면의 높이가 낮아진다.

04 기관계의 통합적 작용과 건강

확인 문제　　　　　　　　　　　　　134~36쪽
1 모세 혈관, 암죽관　**2** 폐포, 모세 혈관　**3** 순환계
4 요소　　　　　　　**5** 기초 대사량　　**6** 대사성

01 포도당, 아미노산, 무기염류, 수용성 바이타민과 같은 수용성 영양소는 소장 융털의 모세 혈관으로 흡수되고, 지방산, 모노글리세리드, 지용성 바이타민과 같은 지용성 영양소는 소장 융털의 암죽관으로 흡수된다.

02 폐에서 산소는 폐포에서 모세 혈관으로, 이산화 탄소는 모세 혈관에서 폐포로 확산한다.

04 암모니아는 독성이 강해 간에서 독성이 약한 요소로 전환된 후 콩팥을 통해 몸 밖으로 배출된다.

05 체온 조절, 심장 박동, 혈액 순환, 호흡 운동과 같은 기본적인 생명 현상을 유지하는 데 필요한 최소한의 에너지양을 기초 대사량이라고 한다.

06 우리 몸의 물질대사에 이상이 생겨 발생하는 질환을 통틀어 대사성 질환이라고 한다.

개념을 다지는 기본 문제　　　37~39쪽

01 ③　**02** ④　**03** A: 산소, B: 이산화 탄소, C: 산소, D: 이산화 탄소　**04** ③　**05** ④　**06** ⑤　**07** ①　**08** ②　**09** 해설 참조
10 ③　**11** ⑤　**12** ①　**13** ⑤　**14** ③　**15** 해설 참조

01 ③ 녹말, 단백질, 지방은 분자의 크기가 커서 소화 과정을 거쳐 작은 분자로 분해되어야 세포막을 통과해 몸속으로 흡수될 수 있다.

[오답 피하기] ①, ⑤ 지용성 영양소는 소장 융털의 암죽관으로, 수용성 영양소는 소장 융털의 모세 혈관으로 흡수되며, 흡수된 영양소는 심장을 거쳐 온몸의 조직 세포로 운반된다.

② 소화 기관을 지나는 동안 녹말은 포도당으로, 단백질은 아미노산으로, 지방은 지방산과 모노글리세리드로 분해된 후 소장의 융털로 흡수된다.

④ 지방의 분해 산물인 지방산과 모노글리세리드는 소장 융털의 상피 세포에서 다시 지방으로 합성된 후 암죽관으로 흡수된다.

02 ㉠은 지방, ㉡은 단백질이다.

ㄴ. 지방(㉠)과 단백질(㉡)이 소화되는 과정에는 모두 소화 효소가 관여한다.

ㄷ. 음식물이 소화 기관을 거치는 동안 지방(㉠)은 지방산과 모노글리세리드로, 단백질(㉡)은 아미노산으로 최종 분해된다.

[오답 피하기] ㄱ. ⓐ는 소장 융털의 모세 혈관으로, 아미노산과 같은 수용성 영양소가 흡수되며, 지방산과 모노글리세리드와 같은 지용성 영양소는 암죽관으로 흡수된다.

03 폐로 들어온 공기 중의 산소는 폐포에서 모세 혈관으로 확산하고, 혈액을 따라 온몸의 조직 세포로 운반된 후 모세 혈관에서 조직 세포로 확산한다. 따라서 A와 C는 산소이다.

조직 세포에서 생성된 이산화 탄소는 모세 혈관으로 확산하고, 혈액을 따라 폐로 운반된 후 모세 혈관에서 폐포로 확산한다. 따라서 B와 D는 이산화 탄소이다.

04 ㄱ. (가)는 좌심실에서 나온 혈액이 온몸의 조직 세포에 영양소와 산소를 공급하고 이산화 탄소 등의 노폐물을 받아 우심방으로 들어오는 체순환의 경로이고, (나)는 우심실에서 나온 혈액이 폐에서 이산화 탄소를 내보내고 산소를 받아 좌심방으로 들어오는 폐순환의 경로이다.

ㄷ. C는 좌심실에서 나온 혈액이 흐르는 대동맥으로, 조직 세포에 영양소와 산소를 공급한다.

[오답 피하기] ㄴ. A는 대정맥, B는 폐동맥으로 모두 산소가 적은 정맥혈이 흐른다.

05 ㄱ. 탄수화물인 녹말(가)과 지방(나)은 탄소(C), 산소(O), 수소(H)로 구성되어 있어 세포 호흡에 이용되면 공통적으로 물(H_2O)과 이산화 탄소(CO_2)가 생성된다.

ㄷ. 단백질(다)은 탄소(C), 산소(O), 수소(H), 질소(N)로 구성되어 있다.

[오답 피하기] ㄴ. 단백질은 탄소(C), 산소(O), 수소(H) 외에 질소(N)를 포함하고 있다. 따라서 단백질이 세포 호흡에 이용되면 물, 이산화 탄소와 함께 질소 노폐물인 암모니아(NH_3)가 생성된다.

＋ 개념 더하기

노폐물의 생성과 배설

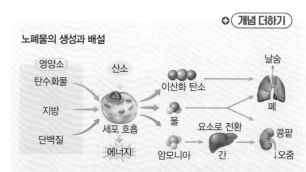

· 탄수화물과 지방은 구성 원소가 탄소(C), 수소(H), 산소(O)이므로 세포 호흡에 이용되면 이산화 탄소(CO_2)와 물(H_2O)이 생성되고, 단백질은 구성 원소가 탄소(C), 수소(H), 산소(O), 질소(N) 등이므로 세포 호흡에 이용되면 이산화 탄소와 물 외에 암모니아(NH_3)가 생성된다.

· 이산화 탄소는 폐에서 날숨을 통해 몸 밖으로 나가고, 여분의 물은 폐와 콩팥에서 날숨과 오줌 등을 통해 몸 밖으로 나간다.

· 독성이 강한 암모니아는 간에서 독성이 약한 요소로 전환된 후 콩팥에서 오줌을 통해 몸 밖으로 나간다.

06 (가)는 소화계, (나)는 순환계, (다)는 호흡계, (라)는 배설계이다.

ㄱ. 소화계(가)는 음식물 속의 영양소를 분해하여 흡수하고, 순환계(나)는 흡수된 영양소를 조직 세포로 운반한다.

ㄴ. 호흡계(다)는 세포 호흡에 필요한 산소를 흡수하고, 세포 호흡 결과 생성된 이산화 탄소를 몸 밖으로 내보낸다.

ㄷ. 배설계(라)는 콩팥, 오줌관, 방광 등으로 구성된다.

07 ㄴ. 단백질이 세포 호흡에 이용된 결과 생성된 암모니아는 간에서 요소로 전환된다. 따라서 요소의 농도는 A(간정맥)에서가 B(간문맥)에서보다 높다.

[오답 피하기] ㄱ. 수용성 영양소는 소장 융털의 모세 혈관으로 흡수된 후 간을 거쳐 심장으로 운반되지만, 지용성 영양소는 소장 융털의 암죽관으로 흡수된 후 간을 거치지 않고 심장으로 운반된다.

ㄷ. 우심실에서 나온 정맥혈은 폐에서 이산화 탄소를 내보내고 산소를 공급받아 동맥혈이 되어 좌심방으로 들어온다. 따라서 산소 분압은 C(폐정맥)에서가 D(폐동맥)에서보다 높다.

08 ㄴ. 소화계는 세포 호흡에 필요한 영양소를 흡수하고, 호흡계는 세포 호흡에 필요한 산소를 흡수한다.

[오답 피하기] ㄱ. 세포가 에너지를 얻으려면 영양소와 산소가 필요하다. 순환계는 소화계에서 흡수한 영양소와 호흡계에서 흡수한 산소를 조직 세포로 운반한다.

ㄷ. 세포 호흡 결과 생성된 노폐물 중 이산화 탄소와 일부 물은 폐에서 날숨을 통해 몸 밖으로 나간다.

09 단백질은 질소를 포함하고 있어 세포 호흡에 이용되면 이산화 탄소와 물뿐만 아니라 질소 노폐물인 암모니아(NH_3)도 생성된다. 암모니아는 독성이 강해 간에서 독성이 약한 요소로 전환된다.

예시 답안 암모니아는 독성이 강해 간에서 독성이 약한 요소로 전환된 후 순환계를 통해 배설계로 운반되며, 배설계에서는 혈액 속의 요소를 걸러 내어 물과 함께 오줌으로 배설한다.

채점 기준	배점(%)
암모니아가 간에서 요소로 전환되는 과정과 순환계와 배설계의 통합적 작용을 모두 옳게 설명한 경우	100
암모니아가 간에서 요소로 전환되는 과정과 순환계와 배설계의 통합적 작용 중 1가지만 옳게 설명한 경우	50

10 일상 생활을 하기 위해서는 기초 대사량, 활동 대사량, 음식물의 소화 및 흡수 등에 필요한 에너지양을 합한 만큼의 에너지가 필요한데, 이와 같이 우리 몸이 하루에 필요로 하는 에너지양을 1일 대사량(㉠)이라고 한다. 체온 조절, 심장 박동, 호흡운동 등 생명 현상을 유지하는 데 필요한 최소한의 에너지양을 기초 대사량(㉡)이라고 하며, 공부나 운동 등 다양한 활동에 필요한 에너지양을 활동 대사량(㉢)이라고 한다.

11 민기는 탄수화물에서 $1320\,kcal$, 단백질에서 $1000\,kcal$, 지방에서 $1800\,kcal$를, 영희는 탄수화물에서 $1280\,kcal$, 단백질에서 $1200\,kcal$, 지방에서 $1350\,kcal$를, 철수는 탄수화물에서 $1200\,kcal$, 단백질에서 $920\,kcal$, 지방에서 $1530\,kcal$를 얻고 있다.

ㄴ. 민기의 1일 평균 에너지 섭취량은 $4120\,kcal$이고, 그중의 약 $44\,\%$를 지방에서 얻고 있다.

ㄷ. 1일 평균 에너지 섭취량은 민기가 $4120\,kcal$, 영희가 $3830\,kcal$, 철수가 $3650\,kcal$이다.

[오답 피하기] ㄱ. 세 학생 모두 지방에서 가장 많은 양의 에너지를 얻고 있다.

12 자료 분석 하기

에너지 불균형

(가)　　　　　　(나)

• (가): 에너지 섭취량이 에너지 소모량보다 많다. ➡ 영양 과다
➡ 생명 활동에 사용되고 남은 에너지가 지방의 형태로 저장된다. 따라서 이 상태가 지속되면 체지방 축적량과 체중이 증가하고, 대사성 질환이 발생할 수 있다.

• (나): 에너지 섭취량이 에너지 소모량보다 적다. ➡ 영양 부족
➡ 몸에 저장된 지방이나 근육에 포함된 단백질을 분해하여 필요한 에너지를 얻는다. 따라서 이 상태가 지속되면 체중이 감소하고, 면역력 약화, 영양실조, 생장 장애 등이 나타날 수 있다.

(가)는 영양 과다, (나)는 영양 부족 상태이다.

ㄱ. 에너지 섭취량이 에너지 소모량보다 많으면 사용하고 남은 에너지가 지방의 형태로 저장된다. 따라서 (가) 상태가 지속되면 체중이 증가하고, 체지방이 많이 쌓여 비만이 될 수 있다.

[오답 피하기] ㄴ. (가)와 같은 영양 과다 상태가 오랫동안 지속되면 당뇨병, 고지질 혈증(고지혈증), 지방간, 고혈압 등의 대사성 질환이 발생할 수 있다. 따라서 대사성 질환이 나타날 확률은 (나)에서보다 (가)에서 높다.

ㄷ. 에너지 소모량이 에너지 섭취량보다 많으면 몸에 저장된 지방이나 근육의 단백질을 분해하여 필요한 에너지를 얻는다. 따라서 체지방이 소실되는 양은 (가)에서보다 (나)에서 많다.

13 대사성 질환은 물질대사에 이상이 생겨 발생하는 질환으로, 당뇨병, 고지질 혈증(고지혈증), 고혈압 등이 있다.

ㄱ. 대사성 질환은 다른 합병증을 유발할 수 있다. 예를 들어 당뇨병은 심장 질환이나 시력 상실 등을 유발할 수 있다.

ㄴ. 물질대사에는 효소가 관여하므로 효소의 결핍에 의해 대사성 질환이 나타날 수 있다.

ㄷ. 대사성 질환은 영양 과다나 운동 부족 등으로 에너지 불균형이 오랜 기간 지속되면 나타날 수 있다.

14 A는 고지질 혈증(고지혈증), B는 당뇨병, C는 고혈압이다.

ㄱ. 고지질 혈증(고지혈증)은 혈액 속에 콜레스테롤, 중성 지방 등이 과다하게 들어 있는 상태를 말한다. 혈액 속에 콜레스테롤이 많아져 혈관 벽에 쌓이면 동맥 경화를 일으킨다.

ㄷ. 고혈압은 혈압이 정상 범위보다 높은 만성 질환으로, 뇌졸중, 심혈관계 질환, 콩팥 질환 등의 원인이 된다.

[오답 피하기] ㄴ. 당뇨병은 혈당량이 비정상적으로 높은 상태가 지속되는 질환이다. 당뇨병은 혈당 조절에 필요한 인슐린이 충분히 생성되지 못하거나, 세포가 인슐린에 적절하게 반응하지 못할 때 나타날 수 있다.

15 예시 답안 대사성 질환은 물질대사에 이상이 생겨 발생하는 질환으로, 잘못된 생활 습관, 과도한 영양 섭취, 부족한 에너지 소모, 비만, 유전적 요인, 스트레스 등에 의해 발생한다.

채점 기준	배점(%)
대사성 질환의 정의와 원인을 모두 옳게 설명한 경우	100
대사성 질환의 정의와 원인 중 1가지만 옳게 설명한 경우	50

실력을 올리는 실전 문제
42~45쪽

01 ③	02 ⑤	03 ①	04 ③	05 ①
06 ⑤	07 ②	08 ③	09 ②	10 ④
11 ⑤	12 ⑤	13 ③	14 ④	

1등급을 굳히는 고난도 문제

| 15 ③ | 16 ④ |

01 (가)는 광합성, (나)는 세포 호흡이고, ㉠은 O_2이다.

ㄱ. 광합성은 이산화 탄소와 물을 포도당으로 합성하는 반응으로, 빛에너지가 화학 에너지로 전환한다.

ㄷ. 세포 호흡은 고분자 물질인 포도당을 저분자 물질인 CO_2와 H_2O로 분해하는 이화 작용이다.

[오답 피하기] ㄴ. 사람의 체내에서 O_2는 주로 적혈구의 헤모글로빈에 의해 운반된다.

개념 더하기

광합성과 세포 호흡

빛에너지 → 포도당, O_2

엽록체 ... 광합성

열에너지 ... ATP

세포 호흡 ... 미토콘드리아

CO_2, H_2O

- 광합성은 저분자 물질인 CO_2와 H_2O로부터 고분자 물질인 포도당을 합성하는 동화 작용이다.
- 세포 호흡은 고분자 물질인 포도당을 저분자 물질인 CO_2와 H_2O로 분해하는 이화 작용이다.
- 광합성은 태양의 빛에너지를 포도당의 화학 에너지로 전환하는 과정이고, 세포 호흡은 포도당의 화학 에너지를 ATP의 화학 에너지로 전환하는 과정이다.

02 ㄱ. 사람의 몸에서 포도당이 세포 호흡을 통해 CO_2와 H_2O로 완전히 분해되기 위해서는 O_2가 필요하다.

ㄴ. 포도당이 세포 호흡에 이용된 결과 방출되는 에너지의 일부는 ATP에 화학 에너지 형태로 저장되고, ATP에 저장된 에너지는 뉴클레오타이드가 DNA로 합성되는 반응 등 여러 생명 활동에 사용된다.

ㄷ. 포도당이 분해되는 (가)는 이화 작용, 뉴클레오타이드가 DNA로 합성되는 (나)는 동화 작용이다. 이화 작용과 동화 작용에는 모두 효소가 작용한다.

03 (가)는 포도당의 연소, (나)는 포도당을 이용한 세포 호흡, (다)는 자동차의 휘발유 연소이다.

ㄴ. 사람의 몸에서 포도당을 이용한 세포 호흡이 일어날 때 산소가 필요하다.

[오답 피하기] ㄱ. 아데닌과 리보스에 3개의 인산기가 결합된 에너지 저장 물질은 ATP이다. 포도당이 연소되는 반응(가)에서 방출된 에너지는 모두 열에너지와 빛에너지로 전환되므로 ATP가 합성되지 않는다.

ㄷ. 연소는 반응 온도가 약 400 °C로 높으며, 세포 호흡은 생체 촉매인 효소가 작용하므로 체온 정도의 낮은 온도에서도 잘 일어난다.

04 ㄱ. 포도당과 함께 세포 호흡에 이용되는 ㉠은 O_2, 세포 호흡 결과 생성되는 ㉡은 CO_2이다.

ㄷ. 근육 수축과 같은 생명 활동에는 ATP가 분해될 때 방출되는 에너지가 사용된다.

[오답 피하기] ㄴ. 세포 호흡 과정에서 방출된 포도당의 에너지 중 일부가 ATP에 저장되고, 나머지는 열에너지로 방출된다.

05 세포 소기관 X는 미토콘드리아이고, 세포 호흡에 이용되는 ㉠은 O_2, 세포 호흡 결과 생성되는 ㉡은 CO_2이다.

ㄱ. 세포 호흡을 통해 ATP가 주로 생성되는 장소는 미토콘드리아이며, 미토콘드리아는 동물 세포와 식물 세포 모두에 있다.

[오답 피하기] ㄴ. O_2(㉠)는 호흡계를 통해 흡수되고, 포도당은 소화계를 통해 흡수된다.

ㄷ. 세포 호흡 결과 발생한 CO_2(㉡)는 호흡계를 통해 몸 밖으로 배출된다.

06 발효관에서 효모가 포도당을 이용하여 세포 호흡을 하면 이산화 탄소가 발생해 맹관부 수면의 높이가 낮아진다.

ㄴ. 실험 결과 기체 발생량이 B에서 가장 많았으므로 세포 호흡은 C에서보다 B에서 활발히 일어났다. 따라서 ATP 합성량은 C에서보다 B에서 많다.

ㄷ. 세포 호흡이 일어나 맹관부에 이산화 탄소가 모여 있는 발효관에 5 % 수산화 칼륨(KOH) 수용액을 넣었을 때 맹관부에서 이산화 탄소가 사라졌다. 따라서 수산화 칼륨(KOH) 수용액은 이산화 탄소를 흡수하는 성질이 있음을 알 수 있다.

[오답 피하기] ㄱ. 효모의 세포 호흡은 B에서 가장 활발히 일어났으므로 당 함량은 B에 넣은 ㉠에서가 C에 넣은 ㉡에서보다 많다.

07 녹말의 최종 분해 산물인 포도당(㉠)은 수용성 영양소이며, 수용성 영양소는 소장 융털의 모세 혈관(A)으로 흡수된 후 간을 거쳐 심장으로 이동한다. 지방의 최종 분해 산물인 지방산과 모노글리세리드는 지용성 영양소이며, 지용성 영양소는 소장 융털의 암죽관(B)으로 흡수된 후 간을 거치지 않고 심장으로 이동한다.

ㄴ. (가)에서 녹말의 최종 분해 산물인 포도당(㉠)이 흡수되는 A는 소장 융털의 모세 혈관이고, (나)에서 지방이 흡수되는 B는 암죽관이다. 지방의 최종 분해 산물인 지방산과 모노글리세리드는 소장의 상피 세포에서 지방으로 재합성된 후 암죽관으로 흡수된다. A는 모세 혈관이므로 순환계를 구성한다.

[오답 피하기] ㄱ. ⓐ는 간을 거치지 않고 심장으로 이동하는 경로이므로 암죽관으로 흡수된 지용성 영양소의 이동 경로이다.

ㄷ. 무기염류는 수용성 영양소이므로 모세 혈관(A)으로 흡수된다.

08 **자료 분석 하기**

기체 교환

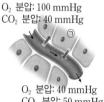

O_2 분압: 40 mmHg
CO_2 분압: 50 mmHg

O_2 분압: 100 mmHg
CO_2 분압: 40 mmHg

모세 혈관

O_2 분압: 100 mmHg
CO_2 분압: 40 mmHg

O_2 분압: 40 mmHg
CO_2 분압: 50 mmHg

(가) (나)

- (가): 기체 교환이 일어난 후 혈액의 O_2 분압이 높아지고, CO_2 분압이 낮아졌으므로 폐포와 모세 혈관 사이에서 일어나는 기체 교환이다.
- (나): 기체 교환이 일어난 후 혈액의 O_2 분압이 낮아지고, CO_2 분압이 높아졌으므로 조직 세포와 모세 혈관 사이에서 일어나는 기체 교환이다. ➡ ㉠은 조직 세포이다.

ㄱ. 폐에서는 (가)와 같은 기체 교환이 일어나고, 조직 세포에서는 (나)와 같은 기체 교환이 일어난다.

ㄴ. (나)에서 O_2는 모세 혈관에서 조직 세포인 ㉠ 쪽으로 확산되고, CO_2는 ㉠에서 모세 혈관 쪽으로 확산된다.

[오답 피하기] ㄷ. 기체 교환이 일어나는 원리는 분압 차에 따른 확산이므로 CO_2의 이동에 ATP에 저장된 에너지가 사용되지 않는다.

09 A는 대정맥, B는 간정맥, C는 간문맥, D는 대동맥이고, ㉠은 간, ㉡은 콩팥이다.

ㄴ. 단백질이 분해될 때 생성된 암모니아는 독성이 강해 간에서 독성이 약한 요소로 전환된 후 몸 밖으로 나간다. 따라서 혈액의 단위 부피당 암모니아의 양은 간정맥(B)에서가 간문맥(C)에서보다 낮다.

[오답 피하기] ㄱ. 대정맥(A)에는 온몸을 순환하고 돌아와 산소가 적게 포함된 정맥혈이 흐르고, 대동맥(D)에는 산소가 많이 포함된 동맥혈이 흐른다.

ㄷ. 간(㉠)은 소화계, 콩팥(㉡)은 배설계에 속하는 기관이다.

10 ㄱ. O_2는 폐포에서 모세 혈관으로 확산하고, CO_2는 모세 혈관에서 폐포로 확산하므로 ㉠은 CO_2, ㉡은 O_2이다. 세포 호흡 과정에서 O_2가 소모되고, CO_2가 방출되므로 X는 O_2(㉡)이고, Y는 CO_2(㉠)이다.

ㄴ. O_2(㉡)는 주로 적혈구의 헤모글로빈과 결합하여 조직 세포로 운반된다.

[오답 피하기] ㄷ. 세포 호흡 과정에서 방출된 에너지 중 일부가 ATP에 저장되고, 나머지는 열에너지로 방출된다.

11 A는 호흡계, B는 소화계이고, ㉠은 O_2, ㉡은 CO_2이다.

ㄱ. 세포 호흡에서는 화학 반응이 단계적으로 일어나며, 각 단계마다 특정한 효소가 관여한다.

ㄴ. 세포 호흡에 필요한 O_2와 세포 호흡으로 생성된 CO_2는 모두 혈액(순환계)에 의해 운반된다.

ㄷ. 암모니아를 요소로 전환하는 기관은 간이며, 간은 소화계(B)에 속한다.

12 A는 순환계, B는 소화계, C는 호흡계, D는 배설계이다.

ㄱ. 물질대사는 생명체 내에서 일어나는 화학 반응이므로 A~D 모두에서 일어난다.

ㄴ. 소화계(B)에서 흡수한 영양소와 호흡계(C)에서 흡수한 산소는 순환계(A)를 통해 온몸의 조직 세포로 운반된다.

ㄷ. 세포 호흡으로 단백질이 분해되면 물, 이산화 탄소, 암모니아가 생성되며, 이들은 모두 순환계(A)에 의해 운반된다. 이산화 탄소는 호흡계(C), 물은 호흡계(C)와 배설계(D)를 통해 배출되고, 암모니아는 소화계(B)인 간에서 요소로 전환된 후 배설계를 통해 배출된다.

13 학생 C: 1일 대사량은 기초 대사량, 활동 대사량, 음식물의 소화와 흡수 등에 필요한 에너지양을 모두 합한 값이므로 1일 대사량은 항상 활동 대사량보다 크다.

[오답 피하기] 학생 A: 활동 대사량은 기초 대사량 이외에 일상적인 신체 활동을 하는 데 필요한 에너지양이다.

학생 B: 체온 조절, 호흡 운동 등 생명 현상을 유지하기 위해 필요한 에너지양은 기초 대사량에 포함된다.

14 자료 분석 하기

에너지 대사와 비만

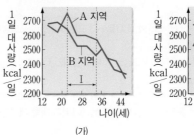 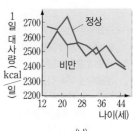

| | (가) | (나) |

• (가): 1일 대사량은 하루 동안 소비하는 에너지의 총량이다. 1일 대사량이 적을수록 에너지 소모량이 적은 것이므로 에너지 섭취량이 동일할 경우 비만 발생 가능성이 높다. ➡ 구간 Ⅰ에서 A 지역보다 B 지역 사람들의 1일 대사량이 적으므로 A 지역보다 B 지역 사람들의 비만 발생 가능성이 높다.

• (나): 체중이 정상인 사람보다 비만인 사람이 대체로 1일 대사량이 적다.

ㄴ. 구간 Ⅰ에서 나이가 많을수록 A 지역과 B 지역 모두 사람들의 에너지 소모량이 감소하는 경향을 보인다.

ㄷ. 체중이 정상인 사람은 비만인 사람보다 1일 대사량이 대체로 높으므로 체중이 정상인 사람은 비만인 사람보다 대체로 더 많은 양의 에너지를 소모한다.

[오답 피하기] ㄱ. 1일 대사량이 적을수록 에너지 소모량이 적은 것이므로 비만 발생 가능성이 높다. 구간 Ⅰ에서 A 지역보다 B 지역 사람들의 1일 대사량이 적으므로 비만 발생 가능성은 A 지역보다 B 지역에서 높다.

15 고난도 문제 해결 전략

STEP 1 출제 의도 파악하기

영양소의 흡수 과정 및 세포 호흡 결과 생성된 각 노폐물이 배설되는 경로를 구분할 수 있는지 평가하는 문제이다.

STEP 2 자료 분석하기

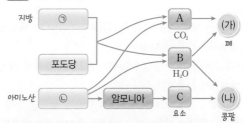

• 세포 호흡 결과 노폐물로 암모니아가 생성되는 ㉡은 아미노산이므로, ㉠은 지방이다.

• C는 암모니아가 전환되어 생성된 요소이다. ➡ 요소를 몸 밖으로 내보내는 (나)는 콩팥이므로 (가)는 폐이다.

• 폐를 통해서만 몸 밖으로 나가는 A는 CO_2이고, 폐와 콩팥을 통해 몸 밖으로 나가는 B는 H_2O이다.

STEP 3 관련 개념 모으기

❶ 영양소의 흡수 과정은?

➡ 포도당, 아미노산과 같은 수용성 영양소는 소장 융털의 모세 혈관으로 흡수되고, 지방산, 모노글리세리드와 같은 지용성 영양소는 소장 융털의 암죽관으로 흡수된다.

❷ 노폐물의 생성과 배설 과정은?

➡ 세포 호흡을 통해 탄수화물과 지방이 분해되면 CO_2와 H_2O이 생성되고, 단백질이 분해되면 CO_2, H_2O과 함께 암모니아(NH_3)가 생성된다. CO_2는 폐를 통해, H_2O은 폐와 콩팥을 통해, 요소는 콩팥을 통해 몸 밖으로 배출된다.

㉠은 지방, ㉡은 아미노산이고, A는 CO_2, B는 H_2O, C는 요소이며, (가)는 폐, (나)는 콩팥이다.

ㄱ. A는 폐(가)를 통해 몸 밖으로 나가는 CO_2이다.

ㄴ. C는 간에서 암모니아가 전환되어 생성된 요소이다. 요소는 질소를 포함하는 질소 노폐물이다.

[오답 피하기] ㄷ. 노폐물로 암모니아가 생성되는 ㉡은 아미노산이다. 아미노산은 수용성 영양소이므로 소장 융털의 모세 혈관으로 흡수된다.

16 고난도 문제 해결 전략

STEP 1 출제 의도 파악하기

기관계의 통합적 작용을 이해하고, 각 기관계에 속하는 기관의 예를 알고 있는지 평가하는 문제이다.

STEP 2 자료 분석하기

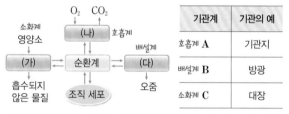

기관계	기관의 예
호흡계 A	기관지
배설계 B	방광
소화계 C	대장

• 영양소를 흡수하는 (가)는 소화계이며, 소화계는 입, 위, 소장, 대장, 간, 이자 등으로 구성되므로 C는 소화계이다.

• O_2를 흡수하고 CO_2를 배출하는 (나)는 호흡계이며, 호흡계는 폐, 기관, 기관지 등으로 구성되므로 A는 호흡계이다.

• 오줌을 만들어 배설하는 (다)는 배설계이며, 배설계는 콩팥, 오줌관, 방광 등으로 구성되므로 B는 배설계이다.

STEP 3 관련 개념 모으기

❶ 기관계란?

➡ 기관계는 동물에만 있는 구성 단계로, 비슷한 기능을 하는 기관들이 모여 이루어진다. 우리 몸의 기관계에는 소화계, 호흡계, 배설계, 순환계 등이 있다.

❷ 기관계의 통합적 작용은?

➡ 소화계에서 흡수된 영양소와 호흡계에서 흡수된 O_2는 순환계에 의해 조직 세포로 운반되어 세포 호흡에 이용되며, 조직 세포의 세포 호흡 결과 생성된 CO_2 등의 노폐물은 순환계에 의해 호흡계와 배설계로 운반되어 배출된다.

➡ 소화계, 호흡계, 배설계, 순환계는 세포에서 물질대사가 원활하게 일어날 수 있도록 상호 작용 하며, 통합적으로 기능을 수행한다. 따라서 어느 한 기관계의 작용에 이상이 생기면 정상적인 생명 활동을 유지하기 어렵다.

(가)와 C는 소화계, (나)와 A는 호흡계, (다)와 B는 배설계이다.

ㄴ. 물질대사는 생명체 내에서 일어나는 화학 반응이므로 (가)~(다) 모두에서 일어난다.

ㄷ. 간은 소화계(C)에 속하는 기관이다.

[오답 피하기] ㄱ. 호흡계(A)를 통해 CO_2와 물이 몸 밖으로 나가며, 배설계(B)를 통해 요소와 물이 몸 밖으로 나간다.

핵심 정리 ▶ Ⅱ 단원 마무리

46쪽

1 효소　**2** 이화 작용　**3** 열에너지　**4** ATP　**5** 소화계
6 순환계　**7** 기초 대사량　**8** 활동 대사량　**9** 대사성 질환

실력 점검 ▶ Ⅱ 단원 평가 문제

47~49쪽

01 ②, ④	02 ⑤	03 ②	04 ⑤	05 ⑤
06 ⑤	07 ④	08 ①	09 ④	10 ④

1등급을 완성하는 서술형 문제

11 해설 참조　**12** (1) ㉠ CO_2, ㉡ O_2 (2) 해설 참조
13 해설 참조

01 (가)는 에너지를 흡수하여 저분자 물질로부터 고분자 물질을 합성하는 동화 작용, (나)는 고분자 물질이 저분자 물질로 분해되면서 에너지를 방출하는 이화 작용이다.

② 광합성은 저분자 물질인 물과 이산화 탄소로부터 고분자 물질인 포도당을 합성하는 과정이므로 동화 작용(가)에 해당한다.

④ 물질대사인 동화 작용(가)과 이화 작용(나)에는 모두 효소가 관여한다.

[오답 피하기] ① (가)는 동화 작용, (나)는 이화 작용이다.

③ 동화 작용(가)은 에너지가 흡수되는 반응이고, 이화 작용(나)은 에너지가 방출되는 반응이다.

⑤ 여러 분자의 포도당이 결합하여 글리코젠으로 되는 반응은 동화 작용(가)에 해당한다.

02 ㄱ. (가)는 미토콘드리아에서 일어나는 세포 호흡으로, 포도당이 산소와 반응하여 이산화 탄소와 물로 분해되면서 에너지가 방출되고, 방출된 에너지의 일부는 ATP에 화학 에너지 형태로 저장된다. 따라서 세포 소기관 X는 미토콘드리아이며, ㉠은 산소, ㉡은 이산화 탄소이다.

ㄴ. 세포 호흡(가)은 고분자 물질인 포도당이 저분자 물질인 물과 이산화 탄소로 분해되는 반응이므로 이화 작용에 해당한다.

ㄷ. 포도당은 세포 호흡을 통해 이산화 탄소(CO_2)와 물(H_2O)로 완전히 분해된다. 물에는 탄소(C)가 포함되어 있지 않으므로 세포 호흡(가) 결과 포도당에 포함된 탄소는 모두 이산화 탄소(ⓒ)의 형태로 방출된다.

03 (가)의 Ⅰ은 ATP가 ADP와 무기 인산(P_i)으로 분해되는 과정이므로 이화 작용, Ⅱ는 ADP와 무기 인산(P_i)으로부터 ATP가 합성되는 과정이므로 동화 작용이다.
ㄷ. 미토콘드리아에서 세포 호흡이 일어나 ATP가 합성되므로 과정 Ⅱ가 일어난다.
[오답 피하기] ㄱ. (나)는 반응물보다 생성물의 에너지양이 많으므로 에너지가 흡수되는 동화 작용에서의 에너지 변화를 나타낸 것이다. 과정 Ⅰ은 이화 작용으로, ATP에 저장된 에너지가 방출된다.
ㄴ. 과정 Ⅱ는 ATP가 합성되는 동화 작용이다.

04 자료 분석 하기

세포 호흡, 광합성, 연소

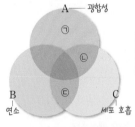

특징(㉠, ㉡, ㉢)
· 반응에 산소가 필요하다. - ㉢
· 식물 세포에서만 일어난다. - ㉠
· 효소에 의해 반응이 진행된다. - ㉡

· 세포 호흡은 동물 세포와 식물 세포에서, 광합성은 식물 세포에서만 일어난다. ➡ '식물 세포에서만 일어난다.'는 ㉠이고, A는 광합성이다.
· 세포 호흡과 광합성은 모두 효소에 의해 반응이 진행된다. ➡ '효소에 의해 반응이 진행된다.'는 ㉡이고, C는 세포 호흡이다.
· 세포 호흡과 연소는 모두 반응에 산소가 필요하다. ➡ '반응에 산소가 필요하다.'는 ㉢이고, B는 연소이다.

A는 광합성, B는 연소, C는 세포 호흡이고, ㉠은 '식물 세포에서만 일어난다.', ㉡은 '효소에 의해 반응이 진행된다.', ㉢은 '반응에 산소가 필요하다.'이다.
ㄱ. 광합성(A)과 세포 호흡(C)은 모두 생명체에서 일어나는 물질대사이다.
ㄴ. 연소(B) 과정에서는 에너지가 방출되므로 반응물보다 생성물의 에너지양이 적다.
ㄷ. 세포 호흡(C)은 식물 세포와 동물 세포뿐만 아니라 살아 있는 모든 세포에서 모두 일어난다.

05 생콩즙에는 요소를 암모니아와 이산화 탄소로 분해하는 효소인 유레이스가 포함되어 있다. 암모니아는 염기성을 띠므로 요소가 포함된 용액에 생콩즙을 넣으면 유레이스에 의해 요소가 암모니아로 분해되어 용액의 pH가 커진다. B의 pH는 커졌고 C의 pH는 변화가 없으므로 A는 증류수, B는 요소 용액이고, C는 보리차, D는 오줌이다.
ㄱ. A는 증류수로 실험군과 비교하기 위해 설정한 대조군이며, ㉠은 '변화 없음.'이다.

ㄴ. 요소는 생콩즙에 포함된 유레이스에 의해 암모니아로 분해되므로 요소 용액(B)에서 암모니아의 농도는 생콩즙을 넣고 10분이 지난 후가 생콩즙을 넣기 전보다 높다.
ㄷ. 오줌(D)에 생콩즙을 넣으면 오줌 속의 요소가 암모니아로 분해되므로 pH가 커진다.

06 A는 폐, B는 간, C는 콩팥이고, ㉠은 폐동맥, ㉡은 폐정맥이다.
ㄱ. 세포 호흡 결과 생성된 노폐물은 순환계에 의해 호흡계와 배설계로 운반되는데, 폐(A)에서는 이산화 탄소가 날숨을 통해 몸 밖으로 나가고, 콩팥(C)에서는 요소 등이 오줌을 통해 몸 밖으로 나간다.
ㄴ. 간(B)에서는 포도당이 글리코젠으로 합성되는 것과 같은 동화 작용과 글리코젠이 포도당으로 분해되는 것과 같은 이화 작용이 모두 일어난다.
ㄷ. 폐(A)에서는 산소를 흡수하고 이산화 탄소를 배출한다. 따라서 혈액의 단위 부피당 이산화 탄소량은 폐를 지난 후의 혈액이 흐르는 폐정맥(㉡)에서가 폐를 지나기 전의 혈액이 흐르는 폐동맥(㉠)에서보다 적다.

07 영양소의 소화와 흡수가 일어나는 A는 소화계, 산소와 이산화 탄소의 교환이 일어나는 B는 호흡계, 여러 기관계 사이에서 물질 운반을 담당하는 C는 순환계, 오줌을 배설하는 D는 배설계이다.
ㄱ. 물질대사는 소화계(A), 호흡계(B), 순환계(C), 배설계(D)에서 모두 일어난다.
ㄷ. 순환계(C)는 폐에서 흡수한 산소를 조직 세포로 운반하고, 조직 세포에서 생성된 이산화 탄소를 폐로 운반한다.
[오답 피하기] ㄴ. 심장, 혈관 등은 순환계(C)를 구성하는 기관이다.

08 ㄱ. 기초 대사량은 체온 조절, 심장 박동, 혈액 순환, 호흡 운동 등과 같은 기본적인 생명 현상을 유지하는 데 필요한 최소한의 에너지양이다.
[오답 피하기] ㄴ. 남자와 여자의 기초 대사량 차이가 가장 큰 연령대는 15~25세이며, 나이가 많아져도 남자와 여자의 기초 대사량 차이가 계속 증가하지는 않는다.
ㄷ. 거의 모든 연령대에서 같은 나이일 때 기초 대사량은 남자가 여자보다 높다.

09 학생 B: 대사성 질환은 물질대사에 이상이 생겨 발생하는 질환으로, 비만, 영양 과다, 신체 활동 부족, 유전적 요인 등에 의해 나타날 수 있다. 따라서 에너지 섭취량과 에너지 소모량의 균형을 유지하면 대사성 질환 예방에 도움이 된다.
학생 C: 음식물로 섭취한 에너지양보다 활동으로 소모한 에너지양이 많은 상태가 오래 지속되면 체중이 감소하고, 영양실조나 생장 장애 등이 나타날 수 있다.
[오답 피하기] 학생 A: 체온 조절, 심장 박동, 혈액 순환, 호흡 운동 등 생명 현상을 유지하는 데 필요한 에너지양은 기초 대사량에 포함된다.

10 ㄱ. 그림에서 2010년 이후 당뇨병 환자가 꾸준히 증가하였음을 알 수 있다.

ㄷ. 당뇨병과 같은 대사성 질환의 발생은 비만이나 운동 부족, 영양 과다 등의 생활 습관과 관련이 있다.

[오답 피하기] ㄴ. 환자 (가)는 인슐린은 분비되지만 인슐린이 제대로 작용하지 못하는 경우이므로 인슐린을 주사해도 증상을 완화할 수 없다.

⊕ **개념 더하기**

인슐린과 당뇨병

• 인슐린: 혈당량이 정상 수준보다 높아졌을 때 이자의 β세포에서 분비되는 호르몬이다. 인슐린은 간에서 포도당을 글리코젠으로 합성하는 과정과 체세포의 포도당 흡수를 촉진하여 혈당량을 낮춘다.

• 당뇨병: 혈당량이 비정상적으로 높은 상태가 오랜 기간 지속되는 질환으로, 오줌에 당이 섞여 나오는 증상을 보이며, 제1형 당뇨병과 제2형 당뇨병이 있다.

• 제1형 당뇨병: 이자의 β세포가 파괴되어 인슐린이 충분히 생성되지 못해 발생하며, 환자에게 인슐린을 주기적으로 투여해야 한다.

• 제2형 당뇨병: 인슐린은 정상적으로 분비되지만, 인슐린의 표적 세포가 인슐린에 적절하게 반응하지 못해 발생한다. 최근 들어 식습관과 생활 습관의 변화로 비만이 증가함에 따라 제2형 당뇨병이 급속히 증가하고 있다.

11 [예시 답안] 포도당을 이용한 세포 호흡 과정은 고분자 물질인 포도당이 저분자 물질인 이산화 탄소와 물로 분해되는 과정이므로 물질대사 중 이화 작용에 해당하며, 포도당에 저장되어 있던 에너지가 방출되는 발열 반응이다.

채점 기준	배점(%)
물질의 변화와 에너지의 출입을 모두 옳게 설명한 경우	100
물질의 변화와 에너지의 출입 중 1가지만 옳게 설명한 경우	50

12 (1) 모세 혈관에서 폐포로 이동하는 ㉠은 CO_2이고, 폐포에서 모세 혈관으로 이동하는 ㉡은 O_2이다.

(2) [예시 답안] ㉠(CO_2)과 ㉡(O_2)은 기체의 분압 차에 따른 확산으로 이동하므로 ATP의 에너지가 사용되지 않는다.

채점 기준	배점(%)
기체 교환 원리와 ATP 에너지의 사용 여부를 모두 옳게 설명한 경우	100
기체 교환 원리와 ATP 에너지의 사용 여부 중 1가지만 옳게 설명한 경우	30

13 [예시 답안] 소화계에서 흡수한 알코올은 혈액으로 들어가고, 혈액으로 들어간 알코올의 일부는 순환계를 통해 호흡계로 이동하여 이산화 탄소와 함께 몸 밖으로 배출된다. 따라서 음주 측정기로 사람이 내쉬는 공기 속에 들어 있는 알코올의 양을 측정하여 혈중 알코올 농도를 알아낼 수 있다.

채점 기준	배점(%)
알코올의 흡수와 배출 과정을 소화계, 순환계, 호흡계의 통합적 작용과 관련지어 옳게 설명한 경우	100
알코올의 흡수와 배출 과정을 소화계, 순환계, 호흡계 중 일부만 언급하여 설명한 경우	50

Ⅲ 항상성과 몸의 조절

05 흥분의 전도와 전달

┤52~54쪽├

확인 문제
1 뉴런(신경 세포) **2** 음(−), 양(+) **3** ×
4 흥분 전도 **5** ○ **6** 액틴, 마이오신
7 ×

02 뉴런이 휴지 전위 상태일 때 Na^+-K^+ 펌프가 Na^+을 세포 밖으로, K^+을 세포 안으로 이동시켜 Na^+과 K^+의 불균등 분포를 유지하도록 해 주며, K^+은 열려 있는 K^+ 통로를 통해 일부가 세포 밖으로 확산한다. 따라서 세포막의 안쪽보다 바깥쪽에 상대적으로 양이온이 많아 안쪽은 음(−)전하를, 바깥쪽은 양(+)전하를 띤다.

03 뉴런이 자극을 받으면 Na^+ 통로가 열려 세포 밖에 있던 Na^+이 세포 안으로 확산하여 막전위가 상승하는 탈분극이 일어난다.

07 액틴 필라멘트가 마이오신 필라멘트 사이로 미끄러져 들어가 근육 원섬유 마디의 길이가 짧아지면서 근육 수축이 일어난다. 이때 A대의 길이는 변화가 없지만, I대와 H대의 길이는 모두 짧아진다.

▶ **개념을 다지는 기본 문제**
55~57쪽

| 01 ⑤ | 02 ⑤ | 03 해설 참조 | 04 ③ | 05 ④ | 06 해설 참조 |
| 07 ⑤ | 08 ① | 09 ③ | 10 ② | 11 ⑤ | 12 ④ | 13 ② |
14 ㉠ 마이오신 필라멘트, ㉡ 액틴 필라멘트 **15** 해설 참조

01 ⑤ 축삭 돌기에서 절연체 역할을 하는 부위는 말이집이며, 랑비에 결절은 말이집과 말이집 사이에 축삭이 노출된 부위이다.

[오답 피하기] ①, ③ 뉴런은 신경계를 구성하는 기본 단위로, 신경 세포체, 가지 돌기, 축삭 돌기로 구성된다.

② 신경 세포체는 핵과 여러 세포 소기관이 있는 세포질로 이루어져 있다.

④ 가지 돌기는 신경 세포체에서 뻗어 나온 짧은 돌기로, 다른 세포나 뉴런으로부터 신호를 받아들인다.

02 ㄱ. A는 신경 세포체에서 뻗어 나온 짧은 돌기인 가지 돌기로, 다른 세포나 뉴런으로부터 신호를 받아들인다.

ㄴ. B는 신경 세포체로, 핵과 세포 소기관이 있어 뉴런의 생장과 물질대사에 관여한다.

ㄷ. C는 신경 세포체에서 뻗어 나온 긴 돌기인 축삭 돌기로, 다른 세포나 뉴런으로 신호를 전달한다.

03 [예시 답안] A: 말이집, B: 랑비에 결절, A는 슈반 세포의 세포막이 길게 늘어나 축삭을 여러 겹으로 싸고 있지만, B는 슈반 세포에 싸여 있지 않고 축삭이 노출되어 있다.

채점 기준	배점(%)
A와 B의 이름을 쓰고, 구조적 차이를 슈반 세포와 관련지어 옳게 설명한 경우	100
A와 B의 이름만 옳게 쓴 경우	30

04 ③ 구심성 뉴런은 감각기에서 받아들인 신호를 중추 신경계로 전달하며, 중추 신경계에서 나온 신호를 반응기로 전달하는 것은 원심성 뉴런이다.

[오답 피하기] ① 연합 뉴런은 구심성 뉴런에서 받아들인 정보를 통합하여 원심성 뉴런으로 적절한 반응 명령을 내린다.
② 뉴런은 기능에 따라 구심성 뉴런, 연합 뉴런, 원심성 뉴런으로 구분한다.
④ 감각 뉴런은 구심성 뉴런에, 운동 뉴런은 원심성 뉴런에 해당한다.
⑤ 신호 전달 경로는 자극 → 감각기 → 구심성 뉴런 → 연합 뉴런 → 원심성 뉴런 → 반응기 순이다.

05 ④ 뉴런의 세포막에 있는 Na^+-K^+ 펌프는 에너지(ATP)를 소모하면서 Na^+을 세포 밖으로, K^+을 세포 안으로 이동시킨다.

[오답 피하기] ①~③, ⑤ Na^+-K^+ 펌프의 작용으로 세포 밖에는 Na^+이, 세포 안에는 K^+이 많이 존재한다. 이러한 농도 차이로 인해 Na^+은 세포 안으로, K^+은 세포 밖으로 확산하려고 하지만 Na^+은 열려 있는 Na^+ 통로가 매우 적어 세포 안으로 거의 들어오지 못하며, K^+은 열려 있는 K^+ 통로를 통해 일부가 세포 밖으로 나갈 수 있다. 따라서 세포막의 안쪽보다 바깥쪽에 상대적으로 양이온이 많아 안쪽은 음(−)전하를, 바깥쪽은 양(+)전하를 띤다.

➕ 개념 더하기

휴지 전위 상태일 때의 이온 분포

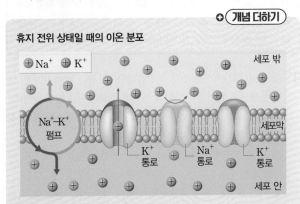

• Na^+-K^+ 펌프가 에너지(ATP)를 소모하면서 Na^+을 세포 밖으로, K^+을 세포 안으로 이동시킨다.
• Na^+은 열려 있는 Na^+ 통로가 매우 적어 세포 안으로 거의 들어오지 못하지만, K^+은 열려 있는 K^+ 통로를 통해 세포 밖으로 일부가 나갈 수 있다.
➡ 세포막의 안쪽보다 바깥쪽에 상대적으로 양이온이 많아져 세포막을 경계로 안쪽은 음(−)전하를, 바깥쪽은 양(+)전하를 띠는 분극 상태가 된다.

06 뉴런이 분극 상태일 때 Na^+은 세포 안보다 밖에 더 많이 존재하고, K^+은 세포 밖보다 안에 더 많이 존재하므로 ㉠은 K^+, ㉡은 Na^+이다.

[예시 답안] ㉠ K^+, ㉡ Na^+, Na^+-K^+ 펌프가 에너지(ATP)를 소모하면서 Na^+을 세포 밖으로 내보내고 K^+을 세포 안으로 들여보내기 때문에 Na^+은 세포 안보다 밖에, K^+은 세포 밖보다 안에 각각 더 많이 존재한다.

채점 기준	배점(%)
㉠과 ㉡이 무엇인지 쓰고, ㉠과 ㉡이 불균등하게 분포하는 까닭을 Na^+-K^+ 펌프와 관련지어 옳게 설명한 경우	100
㉠과 ㉡만 옳게 쓴 경우	30

07 구간 A와 E는 분극, B는 탈분극, C는 재분극, D는 과분극 상태이다.

⑤ 1회의 활동 전위가 발생한 후 구간 E에서는 Na^+-K^+ 펌프의 작용으로 이온이 재배치되어 세포막의 안쪽이 음(−)전하를, 바깥쪽이 양(+)전하를 띠는 분극 상태로 돌아간다.

[오답 피하기] ① 구간 A에서는 Na^+-K^+ 펌프가 에너지(ATP)를 소모하면서 Na^+을 세포 밖으로, K^+을 세포 안으로 이동시키며, K^+은 열려 있는 K^+ 통로를 통해 세포 밖으로 일부가 확산한다. 따라서 세포막의 안쪽보다 바깥쪽에 상대적으로 양이온이 많아져 분극 상태를 유지한다.
② 구간 B에서는 Na^+ 통로가 열려 Na^+이 세포 안으로 확산하여 막전위가 상승하는 탈분극이 일어난다.
③ 구간 C에서는 열려 있던 Na^+ 통로는 닫히고, K^+ 통로가 열려 K^+이 세포 밖으로 확산하여 막전위가 하강하는 재분극이 일어난다.
④ 구간 D에서는 재분극이 일어날 때 K^+ 통로가 천천히 닫혀 K^+이 세포 밖으로 계속 확산하므로 막전위가 휴지 전위보다 낮아지는 과분극이 일어난다.

08 ① Na^+ 통로를 통해 Na^+이 세포 안으로 유입되므로 막전위가 상승하는 탈분극이 일어난다.

[오답 피하기] ② 뉴런이 재분극 상태일 때는 Na^+ 통로는 닫히고, K^+이 K^+ 통로를 통해 세포 밖으로 확산한다.
③ 뉴런이 분극 상태일 때는 Na^+-K^+ 펌프가 에너지를 소모하면서 Na^+을 세포 밖으로, K^+을 세포 안으로 이동시키며, K^+은 열려 있는 K^+ 통로를 통해 세포 밖으로 일부가 확산한다.
④ 재분극이 일어날 때 K^+ 통로가 천천히 닫혀 K^+이 세포 밖으로 계속 확산하여 막전위가 휴지 전위보다 낮아지는 과분극이 일어난다.
⑤ Na^+이 세포 안으로 유입되어 탈분극이 일어나면 세포막의 바깥쪽보다 안쪽에 상대적으로 양이온이 많아 세포막 안쪽은 양(+)전하, 바깥쪽은 음(−)전하를 띤다.

09 ③ 흥분 전도 시 발생하는 활동 전위의 크기는 자극의 세기에 관계없이 일정하며, 자극의 세기가 강할수록 활동 전위의 발생 빈도가 증가한다.

[오답 피하기] ①, ④, ⑤ 활동 전위가 발생한 부위에서 세포 안으로 유입된 Na$^+$은 옆으로 확산하며, 확산한 부위에서 탈분극이 일어나게 하여 새로운 활동 전위가 연속으로 발생함으로써 흥분이 전도된다.

② 흥분 전도는 뉴런의 한 지점에서 발생한 흥분이 뉴런의 축삭 돌기를 따라 이동하는 과정이다.

10 자료 분석 하기

흥분 전도

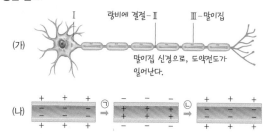

(가)

랑비에 결절─Ⅱ   Ⅲ─말이집

말이집 신경으로, 도약전도가 일어난다.

(나)

• ㉠ 과정에서는 Na$^+$이 Na$^+$ 통로를 통해 세포 안으로 유입되어 세포막 안쪽이 양(+)전하, 바깥쪽이 음(−)전하를 띠게 되는 탈분극이 일어났다.

• ㉡ 과정에서는 K$^+$이 K$^+$ 통로를 통해 세포 밖으로 유출되어 다시 세포막 안쪽이 음(−)전하, 바깥쪽이 양(+)전하를 띠게 되는 재분극이 일어났다.

ㄷ. ㉡ 과정에서는 K$^+$이 K$^+$ 통로를 통해 세포 밖으로 대량 유출되어 막전위가 급격히 하강하는 재분극이 일어났다.

[오답 피하기] ㄱ. 지점 Ⅲ은 말이집 부분이므로 활동 전위가 발생하지 않는다.

ㄴ. ㉠ 과정에서는 Na$^+$이 Na$^+$ 통로를 통해 세포 안으로 유입되어 탈분극이 일어났다.

11
학생 A: 흥분 전달은 뉴런의 축삭 돌기 말단까지 전도된 흥분이 시냅스를 통해 다른 세포나 뉴런으로 전달되는 과정이다.

학생 B, C: 시냅스 소포는 시냅스 이전 뉴런의 축삭 돌기 말단에 있고, 신경 전달 물질의 수용체는 시냅스 이후 뉴런의 신경 세포체나 가지 돌기에 있으므로 흥분은 시냅스 이전 뉴런의 축삭 돌기 말단에서 시냅스 이후 뉴런의 신경 세포체나 가지 돌기 쪽으로만 전달된다.

12
④ 시냅스 소포는 시냅스 이전 뉴런의 축삭 돌기 말단에, 신경 전달 물질의 수용체는 시냅스 이후 뉴런의 가지 돌기나 신경 세포체에 있다.

[오답 피하기] ①, ② (가)는 시냅스 이전 뉴런, (나)는 시냅스 이후 뉴런이며, 흥분 전달은 시냅스 이전 뉴런(가)에서 시냅스 이후 뉴런(나)으로만 일어난다.

③ 시냅스 이전 뉴런에서 분비된 신경 전달 물질은 시냅스 이후 뉴런의 세포막에 있는 수용체에 결합하고, 이로 인해 시냅스 이후 뉴런이 탈분극되고 활동 전위가 발생한다.

⑤ 흥분이 축삭 돌기 말단에 도달하면 시냅스 소포가 시냅스 쪽의 세포막과 융합하고, 시냅스 소포 안에 있던 신경 전달 물질이 시냅스 틈으로 분비된다.

13
② 근육 수축이 일어나면 A대의 길이는 변화가 없지만, I대와 H대의 길이는 모두 짧아진다.

[오답 피하기] ①, ③ 근육 수축은 액틴 필라멘트가 마이오신 필라멘트 사이로 미끄러져 들어가 근육 원섬유 마디가 짧아지면서 일어난다는 활주설로 설명할 수 있다.

④ 근육 수축이 일어날 때 액틴 필라멘트가 마이오신 필라멘트 사이로 미끄러져 들어가므로 액틴 필라멘트와 마이오신 필라멘트가 겹치는 부분이 늘어난다.

⑤ 근육 섬유에는 운동 뉴런이 시냅스를 통해 연결되어 있는데, 이 운동 뉴런의 말단에서 분비된 아세틸콜린이 근육 섬유의 세포막에 있는 수용체에 결합해 활동 전위가 발생하면 근육 수축이 일어난다.

14 근육 원섬유는 굵은 마이오신 필라멘트와 가는 액틴 필라멘트로 구성되어 있다. 따라서 ㉠은 마이오신 필라멘트, ㉡은 액틴 필라멘트이다.

15 예시 답안 근육이 수축할 때는 ㉡(액틴 필라멘트)이 ㉠(마이오신 필라멘트) 사이로 미끄러져 들어가 ㉠(마이오신 필라멘트)과 ㉡(액틴 필라멘트)이 겹치는 부분이 늘어나고 근육 원섬유 마디 X의 길이가 짧아진다.

채점 기준	배점(%)
근육 수축 시 ㉡이 ㉠ 사이로 미끄러져 들어가 X의 길이가 짧아진다고 옳게 설명한 경우	100
㉠과 ㉡을 이용하지 않고 근육 수축 시 X의 길이가 짧아진다고만 설명한 경우	50

실력을 올리는 실전 문제
60~63쪽

01 ②	02 ④	03 ②	04 ③	05 ④
06 ③	07 ③	08 ①	09 ③	10 ①
11 ①	12 ⑤			

1등급을 굳히는 고난도 문제

13 ④	14 ①	15 ④

01 (가)는 중추 신경계에서 나온 신호를 반응기로 전달하는 원심성 뉴런, (나)는 구심성 뉴런에서 전달받은 정보를 통합하여 원심성 뉴런으로 적절한 반응 명령을 내리는 연합 뉴런, (다)는 감각기에서 받아들인 신호를 중추 신경계로 전달하는 구심성 뉴런이다.

ㄴ. 연합 뉴런(나)은 중추 신경계를 구성한다.

[오답 피하기] ㄱ. (가)는 원심성 뉴런, (다)는 구심성 뉴런이다.

ㄷ. 신호는 감각기(피부) → 구심성 뉴런(다) → 연합 뉴런(나) → 원심성 뉴런(가) → 반응기(근육) 순으로 전달된다.

02 자료 분석 하기

흥분의 발생 과정과 이온의 막 투과도

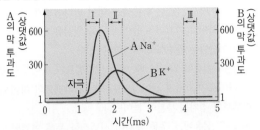

- 뉴런에 자극을 주었을 때 막 투과도가 먼저 증가하는 A는 Na^+, A보다 막 투과도가 늦게 증가하는 B는 K^+이다.
- 탈분극 시 Na^+ 통로가 열리면서 Na^+의 막 투과도가 높아진다. ➡ 구간 Ⅰ에서 탈분극이 일어난다.
- 재분극 시 Na^+ 통로가 닫히면서 Na^+의 막 투과도가 낮아지고, K^+ 통로가 열리면서 K^+의 막 투과도가 높아진다. ➡ 구간 Ⅱ에서 재분극이 일어난다.

ㄴ. 막전위 변화와 관계없이 K^+(B)의 농도는 항상 세포 밖에서보다 세포 안에서 높다.

ㄷ. 구간 Ⅲ에서 뉴런은 분극 상태이며, Na^+-K^+ 펌프가 에너지를 사용하여 Na^+을 세포 밖으로, K^+을 세포 안으로 이동시켜 Na^+과 K^+의 불균등 분포를 유지한다.

[오답 피하기] ㄱ. 뉴런이 역치 이상의 자극을 받으면 Na^+ 통로가 열려 세포 밖의 Na^+이 세포 안으로 확산하고, 이로 인해 막전위가 상승하는 탈분극이 일어난다. 따라서 구간 Ⅰ에서 A는 세포 안으로 확산한다.

03
t_1일 때는 Na^+ 통로를 통해 Na^+이 유입되는 탈분극이, t_2일 때는 K^+ 통로를 통해 K^+이 유출되는 재분극이 일어난다. 따라서 (나)에서 ㉠은 세포 밖, ㉡은 세포 안이다.

ㄴ. 탈분극(t_1) 시 Na^+은 Na^+ 통로를 통해 세포 안으로 확산한다.

[오답 피하기] ㄱ. 구간 Ⅰ에서 뉴런은 분극 상태이며, Na^+-K^+ 펌프가 에너지를 사용하여 Na^+을 세포 밖으로, K^+을 세포 안으로 이동시킨다.

ㄷ. 막전위 변화와 관계없이 K^+의 농도는 항상 세포 안(㉡)에서가 세포 밖(㉠)에서보다 높다.

04
ㄱ. 휴지 전위는 뉴런이 자극을 받지 않아 분극 상태일 때 나타나는 막전위로, 한 뉴런 내에서 휴지 전위는 같다.

ㄴ. 축삭 돌기의 한 지점에 자극을 준 후 (가)에서 먼저 활동 전위가 발생했고, 약간의 시간이 지나 (나)에서도 활동 전위가 발생했으므로 (가) → (나) 방향으로 흥분 전도가 일어났다.

[오답 피하기] ㄷ. A는 활동 전위의 크기로서 자극의 세기에 관계없이 일정하며, 자극의 세기가 강해지면 활동 전위의 발생 빈도가 증가한다.

05
ㄱ. A는 탈분극이 일어나 막전위가 상승한 상태이고, B는 과분극이 일어나 막전위가 휴지 전위보다 낮아진 상태이므로 자극을 준 지점은 ㉡이며, 흥분은 ㉡ → ㉠ 방향으로 전도되었다.

ㄷ. 과분극이 일어난 B에서는 막전위를 측정한 이후 Na^+-K^+ 펌프의 작용으로 이온이 재배치되어 휴지 전위로 회복된다.

[오답 피하기] ㄴ. A는 탈분극 상태이다.

06 자료 분석 하기

도약전도

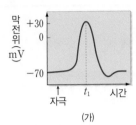 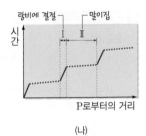

- Ⅰ은 Ⅱ에 비해 짧은 거리를 가는 데 긴 시간이 걸리므로 흥분 전도 속도가 느린 부분이고, Ⅱ는 Ⅰ에 비해 긴 거리를 가는 데 짧은 시간이 걸리므로 흥분 전도 속도가 빠른 부분이다. 따라서 Ⅰ은 활동 전위가 발생하는 랑비에 결절이고, Ⅱ는 말이집이다.
- 말이집은 전기 신호를 차단하는 절연체 역할을 하므로 말이집에서는 활동 전위가 발생하지 않는다. ➡ 말이집 신경에서는 랑비에 결절에서 다음 랑비에 결절로 흥분이 전도되는 도약전도가 일어난다.

ㄱ. Ⅰ은 활동 전위가 발생하는 부분인 랑비에 결절, Ⅱ는 절연체 역할을 하는 부분인 말이집이다.

ㄷ. 막전위 변화와 관계없이 Na^+의 농도는 항상 세포 안에서보다 세포 밖에서 높다.

[오답 피하기] ㄴ. 말이집에서는 활동 전위가 발생하지 않는다.

07
A는 말이집, B는 랑비에 결절이다.

ㄷ. 랑비에 결절(B)에서는 Na^+-K^+ 펌프가 에너지를 소모하면서 Na^+을 세포 밖으로, K^+을 세포 안으로 이동시킨다.

[오답 피하기] ㄱ. 말이집(A)은 절연체 역할을 하므로 말이집에 역치 이상의 자극을 주어도 활동 전위가 발생하지 않는다. 또, 흥분 전달은 시냅스 이전 뉴런에서 시냅스 이후 뉴런 방향으로만 일어나므로 시냅스 이후 뉴런에서 활동 전위가 발생해도 시냅스 이전 뉴런으로는 흥분이 전달되지 않는다.

ㄴ. 랑비에 결절(B)은 말이집 신경에서 축삭이 노출되어 있는 부분으로, 말이집 형성에 관여하는 슈반 세포는 랑비에 결절에 존재하지 않는다.

08
ㄱ. 말이집 신경에서는 랑비에 결절에서만 탈분극이 일어나 도약전도가 일어나고, 민말이집 신경에서는 축삭 돌기 전체에서 탈분극이 일어나므로 흥분 전도 속도는 말이집 신경이 민말이집 신경보다 빠르다. 따라서 흥분 이동 속도는 시냅스 이전 뉴런이 말이집 신경인 (가)에서가 시냅스 이전 뉴런과 시냅스 이후 뉴런이 모두 민말이집 신경인 (나)에서보다 빠르다.

[오답 피하기] ㄴ. 흥분 전달은 시냅스 이전 뉴런의 축삭 돌기 말단에서 시냅스 이후 뉴런의 신경 세포체나 가지 돌기 쪽으로만 일어나므로 (가)의 P 지점에 역치 이상의 자극을 주어도 Q 지점에서는 활동 전위가 발생하지 않는다.

ㄷ. (나)는 시냅스 이전 뉴런과 시냅스 이후 뉴런이 모두 민말 이집 신경이므로 도약전도가 일어나지 않는다.

09 ㄱ. X를 처리하기 전 A와 B에서 모두 활동 전위가 발생했으므로 자극은 시냅스 이전 뉴런의 가지 돌기에 주었으며, 흥분 전달은 시냅스 이전 뉴런에서 시냅스 이후 뉴런 방향으로 일어난다. 따라서 ㉠은 시냅스 이전 뉴런에 있는 B, ㉡은 시냅스 이후 뉴런에 있는 A에서의 막전위 변화이다.

ㄷ. X를 처리하기 전 B에서 활동 전위가 발생한 후 휴지 전위를 회복했을 때 A에서 탈분극이 일어나므로 A가 탈분극 상태일 때 B는 분극 상태이다.

[오답 피하기] ㄴ. X를 처리한 후 A에서는 활동 전위가 발생하지 않았지만, B에서는 X를 처리하기 전과 동일하게 활동 전위가 발생했다. 따라서 X는 시냅스 이전 뉴런에서 발생한 흥분이 시냅스 이후 뉴런으로 전달되지 않도록 하거나 시냅스 이후 뉴런에서의 활동 전위 발생을 억제한다.

10 ㄱ. (다)는 마이오신 필라멘트만 존재하는 H대이며, (나)는 근육 수축 시 길이가 짧아지므로 I대이다. 따라서 (가)는 A대이다.

[오답 피하기] ㄴ. A대의 길이는 항상 일정하므로 ㉠은 $1.2\ \mu m$이다. 따라서 근육 이완 시 근육 원섬유 마디 X의 길이는 $1.2\ \mu m + 0.4\ \mu m = 1.6\ \mu m$이다.

ㄷ. ㉠은 $1.2\ \mu m$이며, 근육 수축 시 H대의 길이는 I대의 길이가 짧아진만큼 짧아지므로 ㉡은 $0\ \mu m$이다.

＋ 개념 더하기

근육 수축 시 근육 원섬유 마디의 변화

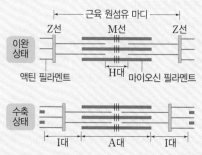

- 액틴 필라멘트가 마이오신 필라멘트 사이로 미끄러져 들어가 근육 원섬유 마디가 짧아지면서 근육 수축이 일어난다.
- 근육 수축시 액틴 필라멘트와 마이오신 필라멘트의 길이는 변화가 없고, 액틴 필라멘트와 마이오신 필라멘트가 겹치는 부분이 늘어나 근육 원섬유 마디가 짧아진다.
- 근육 수축시 A대의 길이는 변화가 없지만, I대와 H대의 길이는 모두 짧아진다.

11 ㄱ. 근육이 수축하면 근육 원섬유 마디의 길이가 짧아지므로 ㉠은 수축했을 때, ㉡은 이완했을 때이며, 근육이 수축할 때 에너지(ATP)가 소모된다.

[오답 피하기] ㄴ. (가)에서는 가는 액틴 필라멘트와 굵은 마이오신 필라멘트가 모두 관찰되고, (나)에서는 마이오신 필라멘트만, (다)에서는 액틴 필라멘트만 관찰된다. 따라서 (가)는 A대, (나)는 H대, (다)는 I대의 단면에 해당한다.

ㄷ. 근육 수축 시 액틴 필라멘트가 마이오신 필라멘트 사이로 미끄러져 들어가므로 마이오신 필라멘트와 액틴 필라멘트의 길이는 변화가 없고, 마이오신 필라멘트와 액틴 필라멘트의 겹치는 부위가 늘어나 근육 원섬유 마디의 길이가 짧아진다.

12 ㄱ. ㉠에는 액틴 필라멘트가 있으므로 ㉠은 A대 또는 I대이며, ㉢에는 마이오신 필라멘트와 액틴 필라멘트가 겹치는 부분이 있으므로 ㉢은 A대이다. 따라서 ㉠은 I대, ㉡은 H대이다.

ㄴ. (가)가 일어나면 근육 원섬유 마디의 길이가 짧아지므로 (가)는 근육이 수축할 때, (나)는 근육이 이완할 때이다. 근육이 수축할 때 I대(㉠)의 길이는 짧아진다.

ㄷ. A대(㉢)의 길이는 항상 일정하므로 근육이 이완할 때 A대(㉢)의 길이는 변하지 않는다.

13 [고난도 문제 해결 전략]

STEP 1 출제 의도 파악하기
각 지점에서 측정한 막전위를 토대로 자극을 준 지점을 파악하고, 흥분 전도 속도가 다른 두 신경에서의 막전위를 비교하여 흥분이 전도되는 방향을 찾을 수 있는지 평가하는 문제이다.

STEP 2 자료 분석하기

신경	t_1일 때 측정한 막전위(mV)			
	Ⅰ	Ⅱ	Ⅲ	Ⅳ
A	0	+15	−65	−70
B	+15	−45	+20	−80

- B의 경우 Ⅳ(d_1)에서 과분극이 일어나고 있으므로 자극을 준 지점은 P이다. ➡ 흥분은 P → Q 방향으로 전도된다.
- 흥분 전도 속도는 B에서가 A에서보다 빠르므로 막전위 변화 그래프에 각 지점을 표시하면 오른쪽 그림과 같이 같은 지점에서 B의 막전위는 항상 A보다 오른쪽에 위치하게 된다.

➡ Ⅰ은 d_3, Ⅱ는 d_2, Ⅲ은 d_4이다.

STEP 3 관련 개념 모으기

❶ 흥분의 발생 과정은?
➡ 휴지 전위 상태의 뉴런에 역치 이상의 자극이 주어졌을 때 흥분이 분극 → 탈분극 → 재분극 순으로 발생한다.

❷ 탈분극이란?
➡ 뉴런이 자극을 받으면 Na^+ 통로가 열려 세포 밖에 있던 Na^+이 세포 안으로 확산하여 막전위가 상승하는 현상이다.

❸ 재분극이란?
➡ 막전위의 상승이 끝나는 시점에서 대부분의 Na^+ 통로가 닫히고, K^+ 통로가 열려 세포 안의 K^+이 세포 밖으로 대량 유출되어 막전위가 하강하는 현상이다. 재분극이 일어날 때 K^+ 통로가 천천히 닫혀 막전위가 휴지 전위보다 낮아지는 과분극이 나타난다.

❹ 흥분 전도란?
➡ 흥분이 뉴런의 축삭 돌기를 따라 이동하는 과정이다. 활동 전위가 발생한 부위에서 세포 안으로 유입된 Na^+은 옆으로 확산하며, 확산한 Na^+에 의해 그 부위에서 탈분극이 일어나 활동 전위가 연속으로 발생하여 흥분이 전도된다.

ㄴ. B의 $IV(d_1)$에서 과분극이 일어나고 있으므로 자극을 준 지점은 P이다.

ㄷ. t_1일 때 A의 d_3에서의 막전위는 0 mV로, 막전위가 상승하는 탈분극이 일어나고 있다.

[오답 피하기] ㄱ. I은 d_3, II는 d_2, III은 d_4이다.

14 고난도 문제 해결 전략

STEP 1 출제 의도 파악하기
뉴런의 종류에 따른 흥분 전도의 특성과 흥분 전달의 방향성을 파악할 수 있는지 평가하는 문제이다.

STEP 2 자료 분석하기

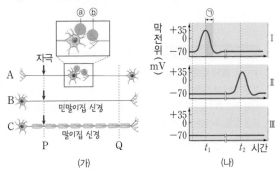

(가)   (나)

• 신경 A에서는 P 지점이 시냅스 이후 뉴런에 있고 Q 지점이 시냅스 이전 뉴런에 있는데, 흥분은 시냅스 이전 뉴런에서 시냅스 이후 뉴런 쪽으로만 전달되므로 P 지점에 자극을 주어도 Q 지점으로 흥분이 전달되지 않는다.
➡ III은 A의 막전위 변화에 해당한다.
• B는 민말이집 신경이며, C는 말이집 신경이다. 말이집 신경(C)에서는 도약전도가 일어나므로 민말이집 신경(B)보다 흥분 전도 속도가 빠르다.
➡ I은 C, II는 B의 막전위 변화에 해당한다.

STEP 3 관련 개념 모으기
❶ 말이집 신경과 민말이집 신경의 흥분 전도는?
➡ 말이집 신경에서는 랑비에 결절에서만 탈분극이 일어나 랑비에 결절에서 다음 랑비에 결절로 흥분이 전도되는 도약전도가 일어나며, 민말이집 신경에서는 축삭 돌기 전체에서 탈분극이 일어난다. 따라서 말이집 신경의 흥분 전도 속도는 민말이집 신경보다 빠르다.

❷ 흥분 전달의 방향성은?
➡ 신경 전달 물질이 들어 있는 시냅스 소포는 시냅스 이전 뉴런의 축삭 돌기 말단에 있고, 신경 전달 물질의 수용체는 시냅스 이후 뉴런의 신경 세포체나 가지 돌기에 있기 때문에 흥분은 시냅스 이전 뉴런의 축삭 돌기 말단에서 시냅스 이후 뉴런의 신경 세포체나 가지 돌기 쪽으로만 전달된다.

ㄱ. ⓐ는 시냅스 이후 뉴런의 가지 돌기, ⓑ는 시냅스 이전 뉴런의 축삭 돌기 말단이다. 따라서 신경 전달 물질이 들어 있는 시냅스 소포는 시냅스 이후 뉴런의 가지 돌기(ⓐ)보다 시냅스 이전 뉴런의 축삭 돌기 말단(ⓑ)에 많다.

[오답 피하기] ㄴ. ㉠은 재분극이 일어나는 구간으로, K^+ 통로가 열려 세포 안의 K^+이 세포 밖으로 확산한다. 확산은 농도가 높은 곳에서 낮은 곳으로 일어나므로 구간 ㉠에서 K^+의 농도는 세포 밖보다 세포 안에서 높다.

ㄷ. 말이집 신경은 흥분 전도 속도가 민말이집 신경보다 빠르므로 C의 막전위 변화는 (나)의 I에 해당한다.

15 고난도 문제 해결 전략

STEP 1 출제 의도 파악하기
근육 원섬유 마디의 구조와 근육 수축 원리를 이해하고, 근육 수축 시 각 부분의 길이 변화를 파악할 수 있는지 평가하는 문제이다.

STEP 2 자료 분석하기

시점	X의 길이(μm)
ⓐ	2.6
ⓑ	3.0

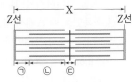

• ⓐ일 때가 ⓑ일 때보다 근육 원섬유 마디 X의 길이가 짧으므로 ⓐ일 때가 ⓑ일 때보다 근육이 더 수축한 시점이다.
• ⓐ일 때 X의 길이는 2.6 μm이고, A대의 길이는 1.4 μm이므로 ㉠의 길이는 $\dfrac{2.6\ \mu m - 1.4\ \mu m}{2} = 0.6\ \mu m$이다.

➡ ⓐ일 때 구간 ㉠과 ㉢의 길이의 합이 0.8 μm이므로 ㉢의 길이는 0.2 μm이며, ㉡의 길이는
$\dfrac{\text{A대의 길이}(1.4\ \mu m) - \text{H대의 길이}(0.2\ \mu m)}{2} = 0.6\ \mu m$이다.

• A대의 길이는 항상 일정하므로 ⓑ일 때도 A대의 길이는 1.4 μm이다. 따라서 ⓑ일 때 X의 길이는 3.0 μm이므로 ㉠의 길이는
$\dfrac{3.0\ \mu m - 1.4\ \mu m}{2} = 0.8\ \mu m$이다.

➡ ⓑ일 때 ㉠의 길이가 ⓐ일 때보다 0.2 μm 길어졌으므로 ⓑ일 때 ㉢의 길이는 ⓐ일 때보다 0.4 μm 길어진 0.6 μm이고, ㉡의 길이는 ⓐ일 때보다 0.2 μm 짧아진 0.4 μm이다.

STEP 3 관련 개념 모으기
❶ 근육 원섬유 마디의 구조는?

I대	액틴 필라멘트만 있어 밝게 보이는 부분
A대	마이오신 필라멘트가 있어 어둡게 보이는 부분
H대	A대 중 마이오신 필라멘트만 있는 부분

❷ 근육 수축의 원리는?
➡ 액틴 필라멘트가 마이오신 필라멘트 사이로 미끄러져 들어가 근육 원섬유 마디가 짧아지면서 근육 수축이 일어나며, 근육 수축 시 에너지(ATP)가 소모된다.

❸ 근육 수축 시 근육 원섬유 마디의 길이 변화는?
➡ 액틴 필라멘트와 마이오신 필라멘트의 길이는 변화가 없지만 액틴 필라멘트와 마이오신 필라멘트가 겹치는 부분이 늘어나 근육 원섬유 마디의 길이는 짧아지며, A대의 길이는 변화가 없지만 I대와 H대의 길이는 모두 짧아진다.

ㄴ. ⓐ일 때 ㉡의 길이＋㉢의 길이는 0.6 μm＋0.2 μm＝0.8 μm이고, ⓑ일 때 ㉡의 길이＋㉢의 길이는 0.4 μm＋0.6 μm＝1.0 μm이다.

ㄷ. ㉠의 길이는 ⓐ일 때 0.6 μm이고, ⓑ일 때 0.8 μm이다. I대의 길이는 ㉠의 길이의 2배이므로 ⓐ일 때는 0.6 μm×2＝1.2 μm이고, ⓑ일 때는 0.8 μm×2＝1.6 μm이다.

[오답 피하기] ㄱ. ㉢이 H대이므로 ⓑ일 때 H대의 길이는 0.6 μm이다.

06 신경계

├64~66 쪽┤

확인 문제	**1** 중추 신경계	**2** 연수	**3** 척수
	4 ×	**5** 아세틸콜린	**6** 촉진, 확대

04 의식적인 반응은 대뇌의 판단과 명령에 따라 일어나는 반응이며, 반사는 특정 자극에 대해 대뇌와 관계없이 무의식적이고 즉각적으로 일어나는 반응이다.

05 교감 신경의 신경절 이전 뉴런에서는 아세틸콜린이, 신경절 이후 뉴런에서는 노르에피네프린이 분비되며, 부교감 신경의 신경절 이전 뉴런과 신경절 이후 뉴런에서는 모두 아세틸콜린이 분비된다.

06 교감 신경이 작용하면 심장 박동은 촉진되고, 동공은 확대되며, 부교감 신경이 작용하면 심장 박동은 억제되고, 동공은 축소된다.

개념을 다지는 기본 문제

67~69 쪽

01 ③	02 ③	03 ④	04 F, 연수	05 ③	06 ③	07 ⑤
08 ②	09 ②	10 ④	11 해설 참조	12 ④	13 ④	14 ⑤
15 ①						

01 ③ 중추 신경계는 뇌와 척수로 구성되며, 말초 신경계는 뇌와 연결된 12쌍의 뇌 신경과 척수와 연결된 31쌍의 척수 신경으로 구성된다.

[오답 피하기] ① 중추 신경계는 감각기에서 보내는 정보를 받아 통합한 후 반응이 일어나도록 신호를 보내며, 뇌와 척수로 구성된다.

②, ④ 사람의 신경계는 정보를 받아 통합한 후 신호를 보내는 중추 신경계와 온몸에 퍼져 있어 중추 신경계와 신체의 다른 부위 사이에서 정보를 전달하는 말초 신경계로 구분한다.

⑤ 신경계는 감각기에서 보내는 정보를 받아들이고, 전달된 정보를 종합·분석하여 반응기에 반응 명령을 전달하는 기관계이다.

02 A는 대뇌, B는 간뇌, C는 뇌교, D는 중간뇌, E는 소뇌, F는 연수이다.

③ 뇌교(C)는 연수(F)와 함께 호흡 운동을 조절하며, 안구 운동과 홍채의 작용을 조절하는 것은 중간뇌(D)이다.

[오답 피하기] ① 대뇌(A) 겉질은 기능에 따라 감각령, 연합령, 운동령으로 구분한다.

② 간뇌(B)는 시상과 시상 하부로 이루어져 있다.

④ 중간뇌(D)는 소뇌(E)와 함께 몸의 평형을 유지한다.

⑤ 연수(F)는 호흡 운동, 심장 박동, 소화 운동 등을 조절한다.

➕ 개념 더하기

뇌의 구조와 기능

대뇌	추리, 기억, 상상, 언어 등 정신 활동을 담당하고, 감각과 운동의 중추이다.
소뇌	대뇌와 함께 수의 운동을 조절하고, 몸의 자세와 평형을 유지한다.
간뇌	척수나 연수에서 오는 감각 신호를 대뇌로 전달하는 시상과 항상성 조절의 통합 중추인 시상 하부로 이루어져 있다.
중간뇌	안구 운동과 홍채의 작용을 조절하고, 소뇌와 함께 몸의 평형을 유지한다.
뇌교	뇌의 여러 부분 사이의 정보 전달을 중계하며, 연수와 함께 호흡 운동을 조절한다.
연수	호흡 운동, 심장 박동, 소화 운동 등을 조절한다.

03 뇌교(C), 중간뇌(D), 연수(F)를 합하여 뇌줄기라고 하며, 뇌줄기는 생명 유지에 중요한 역할을 한다.

04 연수(F)는 뇌교와 척수 사이에 위치하며, 대뇌와 연결되는 대부분의 신경이 좌우 교차하는 곳이다.

05 대뇌 겉질은 위치에 따라 전두엽, 두정엽, 측두엽, 후두엽으로 구분하며, 부위에 따라 기능이 분업화되어 있다. 따라서 단어를 들을 때, 볼 때, 말할 때, 생각할 때와 같이 활동에 따라 대뇌 겉질에서 활발하게 반응하는 부분이 다르다.

06 중간뇌, 뇌교, 연수를 합하여 뇌줄기라고 한다. 중간뇌는 안구 운동과 홍채의 작용을, 뇌교는 연수와 함께 호흡 운동을, 연수는 호흡 운동, 심장 박동, 소화 운동 등을 조절하므로 뇌줄기는 생명 유지에 중요한 역할을 한다.

ㄱ. 체온 조절의 중추는 간뇌이므로 뇌줄기의 기능이 상실된 환자는 스스로 체온 조절을 할 수 있다.

ㄷ. 눈으로 들어오는 빛의 양에 따라 동공의 크기가 조절되는 동공 반사의 중추는 중간뇌이다. 따라서 뇌줄기의 기능이 상실된 환자는 눈에 빛을 비추어도 동공의 크기가 변하지 않는다.

[오답 피하기] ㄴ. 호흡 운동의 중추는 연수이므로 뇌줄기의 기능이 상실된 환자는 인공 호흡기에 의지해야 생명을 유지할 수 있다.

07 ㄱ, ㄴ. 척수의 등 쪽으로 들어가 후근을 이루는 A는 감각 신경이며, 척수의 배 쪽으로 나와 전근을 이루는 B는 운동 신경이다.

ㄷ. 척수의 겉질(C)은 주로 뉴런의 축삭 돌기가 모여 있어 흰색을 띠는 백색질이고, 속질(D)은 주로 뉴런의 신경 세포체가 모여 있어 회색을 띠는 회색질이다.

08 ㄴ. ㉠은 감각기에서 받아들인 자극을 중추 신경계로 전달하는 감각 신경, ㉡은 중추 신경계의 명령을 반응기로 전달하는 운동 신경이다.

[오답 피하기] ㄱ. 척수가 중추이므로 척수 반사가 일어나는 경로이며, 재채기 반사의 중추는 연수이다.

ㄷ. 척수 반사가 일어날 때 감각기(A)에서 수용한 자극을 전달하는 감각 신경은 대뇌로 연결되는 뉴런과도 시냅스를 이루고 있어 자극이 대뇌로도 전달되므로 자극을 느끼고 반응을 인지한다.

09 ② 교실에서 곰팡이 냄새가 나 눈살을 찌푸릴 때의 반응 경로는 자극(곰팡이 냄새) → 감각기(코) → 감각 신경(후각 신경) → 대뇌 → 운동 신경 → 반응기(얼굴의 근육) → 반응(눈살을 찌푸림.)이다. 따라서 이 반응 경로에는 척수가 관여하지 않는다.

[오답 피하기] ① 손에 가시가 박혀 가시를 빼낼 때의 반응 경로는 자극(가시가 박힘.) → 감각기(손의 피부) → 감각 신경 → 척수 → 대뇌 → 척수 → 운동 신경 → 반응기(손의 근육) → 반응(가시를 뺌.)이다.

③ 빗방울이 얼굴에 떨어져 우산을 펼쳐 들 때의 반응 경로는 자극(빗방울이 얼굴에 떨어짐.) → 감각기(얼굴의 피부) → 감각 신경 → 대뇌 → 척수 → 운동 신경 → 반응기(손의 근육) → 반응(우산을 펼쳐 듦.)이다.

④ 무릎뼈 아랫부분을 고무망치로 살짝 쳤을 때 다리가 저절로 올라가는 행동은 척수가 중추인 무릎 반사이며, 무릎 반사의 경로는 자극(고무망치로 침.) → 감각기(무릎의 피부) → 감각 신경 → 척수 → 운동 신경 → 반응기(근육) → 반응(다리가 올라감.)이다.

⑤ 주머니 속에 들어 있는 10원짜리와 500원짜리 동전을 구분하여 꺼낼 때의 반응 경로는 자극(동전) → 감각기(손의 피부) → 감각 신경 → 척수 → 대뇌 → 척수 → 운동 신경 → 반응기(손의 근육) → 반응(동전을 꺼냄.)이다.

10 말초 신경계는 기능에 따라 구심성 신경(감각 신경)과 원심성 신경(체성 신경계, 자율 신경계)으로 구분하며, 자율 신경계는 부교감 신경과 교감 신경으로 구성된다. 따라서 (가)는 체성 신경계, (나)는 자율 신경계이다.

④ 자율 신경계의 부교감 신경과 교감 신경은 같은 내장 기관에 분포하면서 서로 반대 효과를 나타내는 길항 작용을 한다.

[오답 피하기] ① (가)는 체성 신경계, (나)는 자율 신경계이다.

② 체성 신경계(가)는 대뇌의 지배를 받아 의식적인 골격근의 반응을 조절한다.

③ 자율 신경계(나)의 부교감 신경과 교감 신경은 중추에서 반응기까지 2개의 뉴런으로 연결되어 있으며, 2개의 뉴런은 신경절에서 시냅스를 형성한다.

⑤ 말초 신경계는 감각기에서 받아들인 자극을 중추 신경계로 전달하는 구심성 신경(감각 신경)과 중추 신경계에서 내린 명령을 반응기로 전달하는 원심성 신경(체성 신경계, 자율 신경계)으로 구분한다.

11 [예시 답안] (가) 부교감 신경, (나) 교감 신경

• 차이점: (가)는 신경절 이전 뉴런이 신경절 이후 뉴런보다 길고, (나)는 신경절 이전 뉴런이 신경절 이후 뉴런보다 짧다. (가)는 신경절 이전 뉴런과 신경절 이후 뉴런에서 모두 아세틸콜린이 분비되며, (나)는 신경절 이전 뉴런에서는 아세틸콜린이, 신경절 이후 뉴런에서는 노르에피네프린이 분비된다.

채점 기준	배점(%)
(가)와 (나)의 이름을 쓰고, (가)와 (나)의 차이점을 2가지 모두 옳게 설명한 경우	100
(가)와 (나)의 이름을 쓰고, (가)와 (나)의 차이점을 1가지만 옳게 설명한 경우	70
(가)와 (나)의 이름만 옳게 쓴 경우	30

12 신경 A는 감각 신경, B는 자율 신경, C는 체성 신경이다.

④ 자율 신경계의 교감 신경과 부교감 신경은 중추에서 반응기까지 뉴런 2개가 신경절에서 시냅스를 형성하고 있지만, 체성 신경은 1개의 뉴런으로 이루어져 있다.

[오답 피하기] ① 감각 신경(A)은 감각기에서 받아들인 자극을 중추 신경계로 전달하는 구심성 신경이다.

② 신경 B는 중간뇌, 연수, 척수 등에서 뻗어 나와 주로 내장 기관과 혈관에 분포하는 자율 신경이다.

③ 감각 신경(A), 자율 신경(B), 체성 신경(C)은 모두 말초 신경계에 속한다.

⑤ 체성 신경(C)은 대뇌의 지배를 받아 의식적인 골격근의 반응을 조절한다.

13 자료 분석 하기

말초 신경계

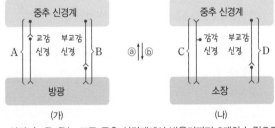

(가)   (나)

• 신경 A, B, D는 모두 중추 신경계에서 반응기까지 2개의 뉴런으로 연결되어 있으므로 자율 신경계에 속한다. ➡ 신경 A는 신경절 이전 뉴런이 신경절 이후 뉴런보다 짧으므로 교감 신경이며, B와 D는 신경절 이전 뉴런이 신경절 이후 뉴런보다 길므로 부교감 신경이다.

• 신경 C는 신경 세포체가 축삭 돌기의 한쪽 옆에 붙어 있으므로 감각 신경이다.

④ 감각 신경(C)은 감각기에서 받아들인 자극을 중추 신경계로 전달하는 구심성 신경이므로 소장(감각기)에서 받은 자극을 중추 신경계로 전달한다. 따라서 C에서 흥분 이동 방향은 ⓐ이다.

[오답 피하기] ① A는 중추 신경계에서 내린 명령을 방광으로 전달하는 교감 신경이다.

② 부교감 신경(B)과 감각 신경(C)은 모두 말초 신경계에 속한다.

③ 부교감 신경(B)의 신경절 이전 뉴런과 신경절 이후 뉴런에서는 모두 아세틸콜린이 분비된다.

⑤ 소장에 연결된 부교감 신경(D)이 흥분하면 소장에서의 소화가 촉진된다.

14 교감 신경의 신경절 이전 뉴런, 부교감 신경의 신경절 이전 뉴런과 신경절 이후 뉴런의 말단에서는 모두 아세틸콜린이 분비되는데, ㉠과 ㉣의 말단에서 분비되는 신경 전달 물질이 같으므로 A는 교감 신경, B는 부교감 신경이다.

⑤ 부교감 신경의 신경절 이후 뉴런(㉣)이 흥분하면 동공이 축소된다.

[오답 피하기] ① 교감 신경(A)과 부교감 신경(B)은 모두 중추 신경계에서 내린 명령을 반응기로 전달하는 원심성 신경이다.

② A는 교감 신경, B는 부교감 신경이다.

③ 교감 신경의 신경절 이전 뉴런(㉠)은 신경절 이후 뉴런(㉡)보다 짧다.

④ 부교감 신경의 신경절 이전 뉴런(㉢)의 말단에서 분비되는 신경 전달 물질은 아세틸콜린이다.

15 ㄱ. 파킨슨병(가)은 중간뇌, 알츠하이머병(나)은 대뇌가 손상되어 발생하는 중추 신경계 질환이다.

[오답 피하기] ㄴ. 중간뇌, 뇌교, 연수를 합하여 뇌줄기라고 하며, 알츠하이머병(나) 환자는 대뇌의 뉴런이 파괴되어 기억력과 인지 능력이 약화된다.

ㄷ. 근위축성 측삭 경화증(다)은 운동 신경이 파괴되어 발생하는 말초 신경계 질환으로, 팔다리가 쇠약해지고 호흡 곤란이 나타난다.

⊕ **개념 더하기**

신경계 질환

구분		원인	증상
중추 신경계 질환	파킨슨병	중간뇌의 뉴런 파괴	몸의 떨림, 근육의 경직, 느린 움직임 등
	알츠하이머병	대뇌의 뉴런 파괴	기억력과 인지 기능 약화, 우울증 등
말초 신경계 질환	근위축성 측삭 경화증	운동 신경 파괴	근력 약화, 근육 위축, 언어 장애, 호흡 곤란 등

실력을 올리는 실전 문제 72~75쪽

01 ⑤	02 ⑤	03 ⑤	04 ④	05 ④
06 ④	07 ③	08 ②	09 ①	10 ③
11 ④	12 ⑤	13 ④	14 ⑤	

1등급을 굳히는 고난도 문제

| 15 ④ | 16 ③ |

01 ㄱ. 중간뇌와 연수는 뇌줄기에 속하며, 중간뇌는 동공 반사의 중추이므로 A는 중간뇌, B는 연수, C는 척수이다.

ㄴ. 연수(B)는 호흡 운동, 심장 박동, 소화 운동 등을 조절한다.

ㄷ. 척수는 회피 반사, 무릎 반사, 갓난아이의 배변·배뇨 반사 등과 같은 반사의 중추이다.

02 A는 대뇌, B는 간뇌, C는 중간뇌, D는 소뇌, E는 연수이다.

⑤ 교감 신경은 척수의 가운데 부분에서 뻗어 나오므로 연수(E)와 연결되어 있지 않으며, 부교감 신경은 중간뇌, 연수, 척수의 끝부분에서 뻗어 나온다.

[오답 피하기] ① 대뇌(A)의 겉질은 주로 뉴런의 신경 세포체가 모여 있는 회색질이고, 속질은 주로 뉴런의 축삭 돌기가 모여 있는 백색질이다.

② 간뇌(B)는 척수나 연수에서 오는 감각 신호를 대뇌 겉질에 전달하는 시상과 항상성 조절의 통합 중추인 시상 하부로 이루어져 있다.

③ 중간뇌(C), 뇌교, 연수(E)를 합하여 뇌줄기라고 한다.

④ 소뇌(D)는 대뇌와 함께 수의 운동을 조절하고, 몸의 자세와 평형을 유지한다.

03 ㄱ. 중추 X는 척수이며, 척수의 겉질은 주로 뉴런의 축삭 돌기가 모여 있는 백색질이고, 속질은 주로 뉴런의 신경 세포체가 모여 있는 회색질이다.

ㄴ. 감각 신경 다발은 척수의 등 쪽으로 들어가 후근을 이루며, 운동 신경 다발은 척수의 배 쪽으로 나와 전근을 이룬다. 따라서 ㉠은 후근, ㉡은 전근이다.

ㄷ. 맨발로 날카로운 물체를 밟았을 때 무의식적으로 다리를 들어 올리는 반응은 척수가 중추인 회피 반사이다.

⊕ **개념 더하기**

회피 반사

날카로운 것에 찔리거나 뜨거운 것에 닿는 것과 같이 강한 피부 자극을 받았을 때 팔다리를 움츠리는 반응이다.

예 맨발로 날카로운 물체를 밟았을 때 다리를 들어 올리는 반응

• 반응 경로: 자극(날카로운 물체) → 감각기(발의 피부) → 감각 신경 → 척수 → 운동 신경 → 반응기(다리의 근육) → 반응(다리를 들어 올린다.)

04 A는 감각 신경, B는 운동 신경이다.

ㄴ. 중추 신경계에서 나온 신호를 반응기로 전달하는 운동 신경(B)은 말이집 신경이다. 말이집 신경의 경우 랑비에 결절에서만 활동 전위가 발생해 랑비에 결절에서 다음 랑비에 결절로 흥분이 전도되는 도약전도가 일어난다.

ㄷ. 무릎의 피부에서 받아들인 자극은 대뇌로도 전달되어 자극을 느낄 수 있다.

[오답 피하기] ㄱ. 뉴런에서 Na^+-K^+ 펌프는 에너지(ATP)를 소모하면서 Na^+을 세포 밖으로, K^+을 세포 안으로 이동시켜 Na^+과 K^+의 불균등 분포를 유지하도록 해 준다.

05 ㄴ. ㉡은 운동 신경으로, 신경 세포체가 척수의 회색질에 존재한다.

ㄷ. 반사가 일어나면 액틴 필라멘트가 마이오신 필라멘트 사이로 미끄러져 들어가 근육 원섬유 마디가 짧아지면서 근육 ⓐ가 수축한다. 이때 A대의 길이는 변화가 없지만, H대와 I대의 길이는 모두 짧아진다. 따라서 반사가 일어나는 동안 ⓐ의 근육 원섬유 마디에서 $\dfrac{\text{A대의 길이}}{\text{H대의 길이}+\text{I대의 길이}}$가 커진다.

[오답 피하기] ㄱ. ㉠은 척수를 구성하는 연합 신경으로, 중추 신경계에 속한다.

06 ㄴ. 악취가 나서 손으로 코를 막는 행동의 흥분 전달 경로는 자극(악취) → 감각기(코) → 감각 신경(㉠) → 대뇌 → 척수 → 운동 신경(㉡) → 반응기(손의 근육) → 반응(손으로 코를 막는다.)이므로 A → P이다.

ㄷ. 뜨거운 주전자에 손이 닿았을 때 손을 급히 떼는 행동은 척수가 중추인 회피 반사이며, 회피 반사의 흥분 전달 경로는 자극 → 감각기(손) → 감각 신경 → 척수 → 운동 신경 → 반응기 → 반응(손을 뗀다.)이므로 B → Q이다.

[오답 피하기] ㄱ. ㉠은 감각기에서 받아들인 자극을 중추 신경계로 전달하는 감각 신경이며, ㉡은 중추 신경계에서 내린 명령을 반응기로 전달하는 운동 신경이다. 따라서 ㉡은 체성 신경계에 속하지만, ㉠은 체성 신경계에 속하지 않는다.

07 (가)는 신경절 이전 뉴런이 신경절 이후 뉴런보다 짧으므로 교감 신경이고, (나)는 신경절 이전 뉴런이 신경절 이후 뉴런보다 길므로 부교감 신경이다.

ㄱ. 교감 신경(가)과 부교감 신경(나)은 말초 신경계 중 자율 신경계에 속한다.

ㄷ. 교감 신경(가)의 신경절 이전 뉴런(㉠)과 부교감 신경(나)의 신경절 이후 뉴런(㉡)에서 분비되는 신경 전달 물질은 모두 아세틸콜린이다.

[오답 피하기] ㄴ. 위에 연결된 부교감 신경(나)이 흥분하면 소화 운동이 촉진된다.

08 ㄷ. C는 중추인 척수와 반응기인 방광이 2개의 뉴런으로 연결된 자율 신경의 신경절 이후 뉴런이다. C는 신경절 이전 뉴런보다 짧으므로 부교감 신경의 신경절 이후 뉴런이며, 방광에 연결된 부교감 신경이 흥분하면 방광이 수축한다.

[오답 피하기] ㄱ. A는 감각 뉴런으로, 감각기에서 받아들인 자극을 중추 신경계로 전달하는 구심성 뉴런이다.

ㄴ. B는 운동 뉴런으로, 운동 신경 다발은 척수의 배 쪽으로 나와 전근을 이룬다.

09 ㄱ. A는 골격근에 연결된 운동 신경이고, B는 신경절 이전 뉴런보다 길므로 교감 신경의 신경절 이후 뉴런이다. 따라서 A와 B는 모두 중추 신경계의 명령을 반응기로 전달하는 원심성 신경이다.

[오답 피하기] ㄴ. 운동 신경의 축삭 돌기 말단에서는 아세틸콜린이, 교감 신경의 신경절 이후 뉴런의 축삭 돌기 말단에서는 노르에피네프린이 분비된다.

ㄷ. 재채기 반사의 중추는 연수이다.

10 교감 신경은 신경절 이전 뉴런이 신경절 이후 뉴런보다 짧고, 부교감 신경은 신경절 이전 뉴런이 신경절 이후 뉴런보다 길므로 A는 부교감 신경, B는 교감 신경이다.

ㄷ. 교감 신경은 모두 척수의 가운데 부분에서 뻗어 나오므로 위에 연결된 교감 신경(B)의 신경 세포체는 척수에 있다.

[오답 피하기] ㄱ. 말초 신경계는 기능에 따라 구심성 신경(감각 신경)과 원심성 신경(체성 신경계, 자율 신경계)으로 구분할 수 있다. 따라서 '말초 신경계에 속하는가?'는 감각 신경을 교감 신경, 부교감 신경과 구분하는 기준 (가)에 해당하지 않는다.

ㄴ. 부교감 신경(A)이 흥분하면 동공이 축소된다.

11 자료 분석 하기

자율 신경계

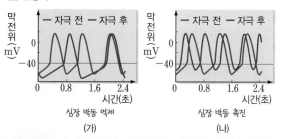

심장 박동 억제 (가)　　심장 박동 촉진 (나)

• A를 자극하면 자극하기 전보다 심장 세포에서 활동 전위가 발생하는 빈도가 감소한다. ➡ A는 심장 박동을 억제하는 부교감 신경이다.
• B를 자극하면 자극하기 전보다 심장 세포에서 활동 전위가 발생하는 빈도가 증가한다. ➡ B는 심장 박동을 촉진하는 교감 신경이다.

ㄱ. 부교감 신경(A)은 신경절 이전 뉴런이 신경절 이후 뉴런보다 길며, 교감 신경(B)은 신경절 이전 뉴런이 신경절 이후 뉴런보다 짧다.

ㄷ. 교감 신경(B)은 모두 척수의 가운데 부분에서 뻗어 나오므로 교감 신경(B)의 신경절 이전 뉴런의 신경 세포체는 척수에 있다.

[오답 피하기] ㄴ. 골격근의 수축은 대뇌의 지배를 받는 체성 신경계(운동 신경)에 의해 조절된다.

12 A는 뇌, B는 구심성 신경, C는 체성 신경계이다.

ㄱ. 뇌(A)는 대뇌, 소뇌, 간뇌, 뇌줄기(중간뇌, 뇌교, 연수) 등으로 구성되며, 뇌교는 뇌의 여러 부분 사이의 정보 전달을 중계하고 연수와 함께 호흡 운동을 조절한다.

ㄴ. 감각 신경은 감각기에서 받아들인 자극을 중추 신경계로 전달하므로 구심성 신경(B)에 해당한다.

ㄷ. 체성 신경계(C)는 운동 신경으로 이루어져 있으며, 운동 신경의 축삭 돌기 말단에서는 아세틸콜린이 분비된다.

13 ㉠은 ㉡보다 길므로 ㉠은 부교감 신경의 신경절 이전 뉴런, ㉡은 신경절 이후 뉴런이며, ㉢은 ㉣보다 짧으므로 ㉢은 교감 신경의 신경절 이전 뉴런, ㉣은 신경절 이후 뉴런이다. ㉤은 골격근의 수축을 조절하는 체성 신경(운동 신경)이다.

ㄴ. 소장에 연결된 교감 신경(㉢과 ㉣)이 흥분하면 소장의 활동이 억제되어 소화 운동이 억제된다.

ㄷ. 운동 신경(㉤)은 척수의 배 쪽으로 나와 전근을 이룬다.

[오답 피하기] ㄱ. 부교감 신경의 신경절 이전 뉴런(㉠)과 신경절 이후 뉴런(㉡)에서는 모두 아세틸콜린이 분비된다.

14 **자료 분석 하기**

자율 신경계

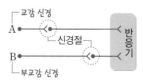

교감 신경은 척수의 가운데 부분에서 뻗어 나오며, 부교감 신경은 중간뇌, 연수, 척수의 끝부분에서 뻗어 나온다.
➡ 신경절 이전 뉴런의 신경 세포체가 연수에 있는 Y는 부교감 신경이며, X는 교감 신경이다.

ㄱ. ㉠은 교감 신경(X)의 신경절 이후 뉴런의 축삭 돌기 말단에서 분비되는 신경 전달 물질이므로 노르에피네프린이다.

ㄴ. 심장에 연결된 교감 신경(X)이 흥분하면 심장 박동이 빨라진다.

ㄷ. 부교감 신경(Y)은 신경절 이전 뉴런이 신경절 이후 뉴런보다 길다.

15 **고난도 문제 해결 전략**

STEP 1 **출제 의도 파악하기**

중추 신경계와 말손 신경계의 특징을 이해하고 있는지 평가하는 문제이다.

STEP 2 **자료 분석하기**

특징 구조	㉠	㉡	㉢
간뇌 A	×	×	? ×
연수 B	?○	○	○
척수 C	×	×	○
중간뇌 D	○	×	○

(○: 있음, ×: 없음.)

(가)

특징(㉠, ㉡, ㉢)

㉠ • 뇌줄기를 구성한다.
㉢ • 부교감 신경이 나온다.
㉡ • 하품 반사의 중추이다.

(나)

• '뇌줄기를 구성한다.'에는 중간뇌와 연수가 해당하며, '부교감 신경이 나온다.'에는 중간뇌, 연수, 척수가 해당한다. '하품 반사의 중추이다.'에는 연수가 해당한다.

• 특징 ㉢은 3개 이상의 구조가 갖는 특징이므로 '부교감 신경이 나온다.'이다. ➡ A는 간뇌이며, 특징 ㉢을 갖지 않는다.

• 특징 ㉡은 B만 갖는 특징이므로 '하품 반사의 중추이다.'이다. ➡ B는 연수이다.

• 특징 ㉠은 '뇌줄기를 구성한다.'이다. ➡ C는 척수, D는 중간뇌이고, B는 특징 ㉠을 가진다.

STEP 3 **관련 개념 모으기**

❶ 뇌줄기란?
➡ 뇌의 구조 중 중간뇌, 뇌교, 연수를 합하여 뇌줄기라고 하며, 뇌줄기는 생명 유지에 중요한 역할을 한다.

❷ 반사의 중추는?
➡ 척수는 회피 반사, 무릎 반사, 갓난아이의 배변·배뇨 반사 등의 중추이며, 연수는 구토, 재채기, 하품 등과 같은 반사의 중추이고, 중간뇌는 동공 반사의 중추이다.

❸ 자율 신경계의 신경 세포체 위치는?
➡ 교감 신경의 신경절 이전 뉴런의 신경 세포체는 척수에, 부교감 신경의 신경절 이전 뉴런의 신경 세포체는 중간뇌, 연수, 척수에 있다.

ㄴ. 간뇌(A)는 시상과 시상 하부로 이루어져 있다.

ㄷ. D는 중간뇌이다.

[오답 피하기] ㄱ. ㉠은 '뇌줄기를 구성한다.'이다.

16 **고난도 문제 해결 전략**

STEP 1 **출제 의도 파악하기**

구조적 특징을 통해 교감 신경과 부교감 신경을 구분할 수 있는지 평가하는 문제이다.

STEP 2 **자료 분석하기**

• A는 신경절 이전 뉴런이 신경절 이후 뉴런보다 짧다. ➡ A는 교감 신경이다.

• B는 신경절 이전 뉴런이 신경절 이후 뉴런보다 길다. ➡ B는 부교감 신경이다.

STEP 3 **관련 개념 모으기**

❶ 자율 신경계란?
➡ 말초 신경계 중 원심성 신경에 해당하며, 대뇌의 직접적인 지배를 받지 않고 중간뇌, 연수, 척수 등에서 뻗어 나와 주로 내장 기관과 혈관에 분포한다. 교감 신경과 부교감 신경으로 구성된다.

❷ 교감 신경과 부교감 신경의 차이는?

교감 신경	• 신경절 이전 뉴런이 신경절 이후 뉴런보다 짧다. • 신경절 이전 뉴런에서 아세틸콜린이, 신경절 이후 뉴런에서 노르에피네프린이 분비된다.
부교감 신경	• 신경절 이전 뉴런이 신경절 이후 뉴런보다 길다. • 신경절 이전 뉴런과 신경절 이후 뉴런에서 모두 아세틸콜린이 분비된다.

ㄱ. 교감 신경(A)과 부교감 신경(B)은 말초 신경계 중 원심성 신경에 해당한다.

ㄴ. 교감 신경(A)과 부교감 신경(B)은 모두 대뇌의 직접적인 지배를 받지 않는다. 따라서 '대뇌의 직접적인 지배를 받지 않는다.'는 A와 B가 모두 가진 특징 ㉠에 해당한다.

[오답 피하기] ㄷ. '신경절 이후 뉴런의 말단에서 노르에피네프린이 분비된다.'는 교감 신경(A)만 가진 특징이므로 B만 가진 특징인 ㉡에 해당하지 않는다.

07 호르몬과 항상성 조절

확인 문제 ┤176~78쪽├

1 호르몬   **2** 항이뇨 호르몬(ADH), 옥시토신
3 ○   **4** 인슐린, β, 글루카곤, α
5 증가, 감소   **6** 항이뇨 호르몬(ADH)

01 내분비샘에서 생성·분비되어 특정 조직이나 기관의 작용을 조절하는 화학 물질은 호르몬이며, 호르몬은 혈관으로 분비되어 혈액을 따라 이동한다.

03 혈액 속 티록신 농도가 일정 수준 이상으로 증가하면 음성 피드백에 의해 티록신은 시상 하부와 뇌하수체 전엽에 작용하여 갑상샘 자극 호르몬 방출 호르몬(TRH)과 갑상샘 자극 호르몬(TSH)의 분비를 억제한다. 그 결과 티록신의 분비가 억제되어 혈액 속 티록신의 농도가 감소한다.

05 체온이 정상보다 낮아지면 체온을 정상 수준으로 높이기 위해 체내의 열 발생량은 증가하고, 몸의 표면을 통한 열 발산량은 감소한다.

06 뇌하수체 후엽에서 분비되는 항이뇨 호르몬(ADH)의 표적 기관은 콩팥이며, 항이뇨 호르몬(ADH)은 콩팥에서 수분의 재흡수를 촉진한다.

개념을 다지는 기본 문제 79~81쪽

01 ②   **02** ①   **03** ⑤   **04** ②   **05** ①   **06** 해설 참조   **07** ③
08 ㉠ 뇌하수체 전엽, ㉡ 갑상샘   **09** ③   **10** ④   **11** ④   **12** ②
13 ③   **14** 해설 참조   **15** ③   **16** ④

01 ② 호르몬은 내분비샘에서 생성·분비되어 특정 조직이나 기관의 작용을 조절하는 화학 물질이다.
[오답 피하기] ①, ③ 호르몬은 혈관으로 분비된 후 혈액을 따라 이동하다가 자신과 결합하는 수용체를 지닌 표적 세포나 표적 기관에만 영향을 미친다.
④ 표적 세포는 매우 적은 양의 호르몬에도 반응을 나타내므로 호르몬은 매우 적은 양으로도 효과를 나타낼 수 있다.
⑤ 호르몬의 분비량이 부족하면 결핍증, 너무 많으면 과다증이 나타난다.

02 호르몬은 신호 전달 속도가 느리고 효과가 지속적으로 나타나기 때문에 생장이나 발생, 생식 등 지속적이고 광범위한 조절에 관여한다. 신경은 신호 전달 속도가 빠르고 효과가 일시적으로 나타나기 때문에 무릎 반사, 회피 반사와 같이 신속한 조절에 관여한다.

03 A는 뇌하수체, B는 갑상샘, C는 부신, D는 이자, E는 난소이다.

04 에스트로젠은 난소(E), 글루카곤은 이자(D), 에피네프린은 부신(C) 속질, 항이뇨 호르몬(ADH)은 뇌하수체(A) 후엽에서 분비된다.

◆ **개념 더하기**

내분비샘과 호르몬
사람의 몸에는 여러 내분비샘이 분포하며, 각각 다른 종류의 호르몬을 분비한다.

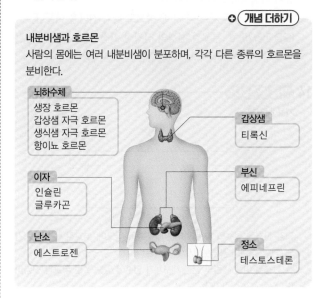

05 ① 이자는 소화액을 분비하는 외분비샘이면서 동시에 혈당량 조절에 관여하는 호르몬인 인슐린과 글루카곤을 분비하는 내분비샘이다.
[오답 피하기] ② 시상 하부에서 합성된 항이뇨 호르몬(ADH) 등은 뇌하수체 후엽에 저장되었다가 분비되며, 갑상샘 자극 호르몬(TSH)은 뇌하수체 전엽에서 분비된다.
③ 부신 속질에서 분비되는 에피네프린은 혈당량을 증가시키고 심장 박동을 촉진한다. 자궁 수축을 촉진하는 호르몬은 뇌하수체 후엽에서 분비되는 옥시토신이다.
④ 뇌하수체 후엽에서는 항이뇨 호르몬(ADH), 옥시토신 등이 분비되며, 몸의 생장을 촉진하는 생장 호르몬은 뇌하수체 전엽에서 분비된다.
⑤ 정소에서 분비되는 테스토스테론은 남자의 2차 성징 발현에 관여한다.

06 A는 다른 내분비샘을 자극하는 호르몬을 분비하므로 뇌하수체 전엽이다. 따라서 B는 뇌하수체 후엽이다.
예시 답안 A(뇌하수체 전엽): 갑상샘 자극 호르몬(TSH), B(뇌하수체 후엽): 항이뇨 호르몬(ADH), 갑상샘 자극 호르몬(TSH)은 갑상샘에서 티록신 분비를 촉진하고, 항이뇨 호르몬(ADH)은 콩팥에서 물의 재흡수를 촉진한다.

채점 기준	배점(%)
A와 B에서 분비되는 호르몬의 종류를 각각 1가지씩 쓰고, 그 호르몬의 기능을 모두 옳게 설명한 경우	100
A와 B에서 분비되는 호르몬의 종류를 각각 1가지씩 쓰고, 그 호르몬의 기능을 1가지만 옳게 설명한 경우	70
A와 B에서 분비되는 호르몬의 종류만 각각 1가지씩 옳게 쓴 경우	30

07 ③ 말단 비대증은 성장판이 닫힌 후에 생장 호르몬이 과다 분비되어 몸의 말단(얼굴, 손, 발 등)이 비정상적으로 크게 자라는 질환이다.

[오답 피하기] ① 당뇨병은 혈당량이 높은 상태가 오랜 기간 지속되는 대사성 질환으로, 인슐린이 충분히 생성되지 못하거나 인슐린의 표적 세포가 인슐린에 적절하게 반응하지 못해 나타난다.

② 거인증은 성장판이 닫히기 전에 생장 호르몬이 과다 분비되어 키가 비정상적으로 크게 자라는 질환이다.

④ 갑상샘 기능 저하증은 티록신이 결핍되어 체중이 증가하고 추위를 잘 타게 되는 질환이다.

⑤ 갑상샘 기능 항진증은 티록신이 과다 분비되어 안구가 돌출되고, 체중이 감소하며, 체온이 상승하는 질환이다.

08 자료 분석 하기

티록신의 분비 조절

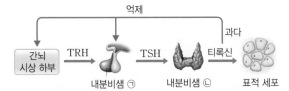

• 시상 하부에서 분비된 갑상샘 자극 호르몬 방출 호르몬(TRH)은 뇌하수체 전엽을 자극하여 갑상샘 자극 호르몬(TSH)의 분비를 촉진한다. ➡ 내분비샘 ㉠은 뇌하수체 전엽이다.
• 뇌하수체 전엽(㉠)에서 분비된 갑상샘 자극 호르몬(TSH)은 갑상샘을 자극하여 티록신의 분비를 촉진한다. ➡ 내분비샘 ㉡은 갑상샘이다.
• 혈액 속 티록신의 농도가 높아지면 음성 피드백에 의해 시상 하부에서 갑상샘 자극 호르몬 방출 호르몬(TRH)의 분비가 억제되고, 뇌하수체 전엽에서 갑상샘 자극 호르몬(TSH)의 분비가 억제된다. ➡ 이에 따라 갑상샘에서 티록신의 분비가 억제되어 혈액 속 티록신의 농도가 감소한다.

간뇌의 시상 하부에서 분비되는 갑상샘 자극 호르몬 방출 호르몬(TRH)의 표적 기관이며, 갑상샘 자극 호르몬(TSH)을 분비하는 내분비샘 ㉠은 뇌하수체 전엽이다.

뇌하수체 전엽(㉠)에서 분비되는 갑상샘 자극 호르몬(TSH)의 표적 기관이며, 티록신을 분비하는 내분비샘 ㉡은 갑상샘이다.

09 ③ 티록신의 혈중 농도가 높아지면 티록신은 시상 하부와 뇌하수체 전엽(㉠)에 작용하여 갑상샘 자극 호르몬 방출 호르몬(TRH)과 갑상샘 자극 호르몬(TSH)의 분비를 억제한다.

[오답 피하기] ① 티록신의 혈중 농도는 음성 피드백에 의해 조절되어 일정하게 유지된다.

② 티록신은 표적 세포에 작용하여 물질대사를 촉진한다.

④ 간뇌의 시상 하부에서 분비되는 갑상샘 자극 호르몬 방출 호르몬(TRH)은 뇌하수체 전엽(㉠)을 자극하여 갑상샘 자극 호르몬(TSH)의 분비를 촉진한다.

⑤ 뇌하수체 전엽(㉠)에서 분비되는 갑상샘 자극 호르몬(TSH)은 갑상샘(㉡)을 자극하여 티록신의 분비를 촉진한다.

10 ④ 식사 후 혈당량이 높아지면 농도가 증가하는 호르몬 A는 혈당량을 감소시키는 인슐린이고, 농도가 감소하는 호르몬 B는 혈당량을 증가시키는 글루카곤이다.

[오답 피하기] ① 인슐린(A)은 이자의 β세포에서 분비된다.

② 인슐린(A)은 간에서 혈액 속의 포도당을 글리코젠으로 전환하여 저장하는 과정을 촉진하여 혈당량을 감소시킨다.

③ B는 글루카곤이다.

⑤ 혈당량은 주로 인슐린(A)과 글루카곤(B)의 길항 작용을 통해 조절되어 일정하게 유지된다.

11 이자에서 분비되며, 간에서 포도당을 글리코젠으로 전환하는 과정을 촉진하는 호르몬 A는 인슐린이다.

ㄴ. 인슐린(A)은 포도당을 글리코젠으로 전환하는 과정을 촉진하므로 인슐린(A)의 혈중 농도가 높아지면 혈당량은 감소한다.

ㄷ. 인슐린(A)은 체세포에서 혈액 속의 포도당 흡수를 촉진하여 혈당량을 감소시킨다.

[오답 피하기] ㄱ. 인슐린(A)은 내분비샘인 이자에서 생성되어 혈관으로 분비되며, 이자관을 통해 십이지장으로 분비되는 것은 소화 효소 등이 포함된 이자액이다.

12 글루카곤은 간에서 글리코젠을 포도당으로 분해하는 과정을 촉진하여 혈당량을 증가시킨다.

② 부신 속질에서 분비되는 에피네프린은 글루카곤과 같이 간에서 글리코젠을 포도당으로 분해하는 과정을 촉진하여 혈당량을 증가시킨다.

[오답 피하기] ① 갑상샘에서 분비되는 티록신은 물질대사를 촉진한다.

③ 뇌하수체 전엽에서 분비되는 생장 호르몬은 몸의 생장을 촉진한다.

④ 난소에서 분비되는 에스트로젠은 여자의 2차 성징 발현을 촉진한다.

⑤ 뇌하수체 후엽에서 분비되는 항이뇨 호르몬(ADH)은 콩팥에서 수분의 재흡수를 촉진한다.

13 ③ 체온이 정상보다 높아지면 교감 신경의 작용이 완화된다.

[오답 피하기] ①, ② 간뇌의 시상 하부는 체온 변화를 감지하고, 체내의 열 발생량과 몸 표면을 통한 열 발산량을 조절함으로써 체온을 일정하게 유지한다.

④ 체온이 정상보다 높아지면 교감 신경의 작용이 완화되어 피부 근처의 혈관이 확장하고, 이로 인해 피부 근처로 흐르는 혈액량이 증가해 열 발산량이 증가한다.

⑤ 체온이 정상보다 낮아지면 골격근 수축에 의한 몸 떨림이 증가하여 열 발생량이 증가한다.

14 뇌하수체 후엽에서 분비되는 항이뇨 호르몬(ADH)은 콩팥에서 수분의 재흡수를 촉진한다.

예시 답안 오줌 생성량은 감소한다. 혈장 삼투압이 높아지면 항이뇨 호르몬(ADH)의 혈중 농도가 높아져 콩팥에서 수분의 재흡수가 촉진되기 때문이다.

채점 기준	배점(%)
단위 시간당 오줌 생성량의 변화와 그 까닭을 ADH의 작용과 관련 지어 모두 옳게 설명한 경우	100
단위 시간당 오줌 생성량의 변화를 옳게 쓰고, 그 까닭을 ADH의 혈중 농도가 높아졌기 때문이라고만 설명한 경우	70
단위 시간당 오줌 생성량의 변화만 옳게 쓴 경우	30

삼투압 조절

삼투압이 높을 때	뇌하수체 후엽에서 항이뇨 호르몬(ADH) 분비량 증가 → 콩팥에서 수분 재흡수량 증가 → 오줌량 감소, 체내 수분량 증가 ➡ 삼투압 감소
삼투압이 낮을 때	뇌하수체 후엽에서 항이뇨 호르몬(ADH) 분비량 감소 → 콩팥에서 수분 재흡수량 감소 → 오줌량 증가, 체내 수분량 감소 ➡ 삼투압 증가

15 ㄱ. (나)와 같이 골격근을 수축시켜 몸이 떨리게 하면 체내의 열 발생량이 증가해 체온이 상승한다.

ㄴ. 교감 신경의 작용이 완화되면 피부 근처 혈관이 확장하여 (다)와 같이 피부 근처로 흐르는 혈액량이 증가하고, 이로 인해 몸 표면을 통한 열 발산량이 증가해 체온이 하강한다.

[오답 피하기] ㄷ. (가)와 같이 땀 분비가 증가하면 땀이 증발하면서 열을 빼앗아가므로 몸 표면을 통한 열 발산량이 증가한다. 따라서 (가)와 (다)에 의해서는 몸 표면을 통한 열 발산량이 증가해 체온이 하강하므로 (가)와 (다)는 체온이 정상 수준보다 높아졌을 때 일어나는 변화이다. 반면, (나)에 의해서는 체내의 열 발생량이 증가해 체온이 상승하며, 교감 신경의 작용이 강화되어 (라)와 같이 털세움근이 수축하면 몸 표면을 통한 열 발산량이 감소한다. 따라서 (나)와 (라)는 체온이 정상 수준보다 낮아졌을 때 일어나는 변화이다.

○ 개념 더하기

체온 조절
• 추울 때

열 발생량 증가	• 골격근 수축에 의한 몸 떨림 증가 • 티록신, 에피네프린 분비량 증가 → 간과 근육에서 물질대사 촉진
열 발산량 감소	교감 신경 작용 강화 → 피부 근처 혈관 수축, 털세움근 수축

• 더울 때

열 발생량 감소	티록신 분비량 감소 → 간과 근육에서 물질대사 억제
열 발산량 증가	• 교감 신경 작용 완화 → 피부 근처 혈관 확장 • 땀 분비 증가

16 뇌하수체 후엽에서 분비되어 콩팥에 작용하며, 혈장 삼투압 변화에 관여하는 호르몬 X는 항이뇨 호르몬(ADH)이다.

④ 항이뇨 호르몬(X)의 분비량이 증가하면 콩팥에서 수분 재흡수량이 증가하여 오줌량이 감소하고, 체내 수분량이 증가하여 혈장 삼투압이 감소한다.

[오답 피하기] ① X는 항이뇨 호르몬(ADH)이다.

② 항이뇨 호르몬(X)은 콩팥에서 수분 재흡수를 촉진하므로 콩팥이 표적 기관이다.

③ 물을 많이 마시면 체내 수분량이 증가하므로 혈장 삼투압이 감소한다. 따라서 뇌하수체 후엽에서 항이뇨 호르몬(X)의 분비가 억제된다.

⑤ 짠 음식을 많이 섭취하면 혈장 삼투압이 증가해 뇌하수체 후엽에서 항이뇨 호르몬(X)의 분비량이 증가하고, 이로 인해 콩팥에서 수분의 재흡수가 촉진된다.

실력을 올리는 실전 문제

84~87쪽

01 ④	02 ③	03 ⑤	04 ①	05 ③
06 ②	07 ④	08 ②	09 ⑤	10 ④
11 ③	12 ⑤			

1등급을 굳히는 고난도 문제

13 ③	14 ⑤	15 ③

01 에피네프린은 교감 신경의 자극에 의해 부신 속질에서 분비되며, 생장 호르몬은 뇌하수체 전엽에서 분비되고, 티록신은 뇌하수체 전엽에서 분비되는 갑상샘 자극 호르몬(TSH)의 자극에 의해 갑상샘에서 분비된다. 따라서 호르몬 A는 생장 호르몬, 호르몬 B는 티록신, 호르몬 C는 에피네프린이다.

ㄱ. A는 뇌하수체 전엽에서 분비되는 생장 호르몬이다.

ㄴ. 티록신(B)은 갑상샘에서 분비된다.

[오답 피하기] ㄷ. 부신 속질에서 분비되는 에피네프린(C)은 간에서 글리코젠의 분해를 촉진하여 혈당량을 증가시킨다.

02 ㄱ. 이자에서 분비되는 호르몬은 인슐린과 글루카곤이며, 글리코젠 합성을 촉진하는 호르몬은 인슐린이다. 따라서 ㉠은 '이자에서 분비된다.'이고, ㉡은 '글리코젠 합성을 촉진한다.'이며, A는 인슐린, B는 글루카곤, C는 항이뇨 호르몬(ADH)이다.

ㄷ. 항이뇨 호르몬(C)의 분비량이 증가하면 콩팥에서 수분의 재흡수가 촉진되며, 이로 인해 단위 시간당 생성되는 오줌량이 감소한다.

[오답 피하기] ㄴ. B는 글루카곤이다.

03 ㄱ. (가)는 신경에 의한 작용 방식이므로 물질 A는 시냅스 소포에서 방출되는 신경 전달 물질이다. 신경 전달 물질(A)은 시냅스 틈으로 분비되어 인접한 표적 세포인 시냅스 이후 뉴런이나 근육 섬유와 같은 다른 세포의 세포막에 있는 수용체와 결합한다.

ㄴ. (나)는 호르몬에 의한 작용 방식이므로 내분비 세포에서 분비되는 물질 B는 호르몬이다. 호르몬(B)은 혈관으로 분비되어 혈액을 따라 이동한다.

ㄷ. 뉴런에서는 전기적·화학적 방식으로 빠르게 신호를 전달하지만 호르몬은 혈액을 따라 이동하므로 비교적 느리게 신호를 전달한다. 따라서 외부 환경 변화에 의한 자극 신호가 표적 세포에 전달되기까지의 속도는 (가)에서보다 (나)에서가 느리다.

04 ㄱ. 갑상샘 자극 호르몬 방출 호르몬(TRH)을 분비하는 내분비샘 ㉠은 간뇌의 시상 하부이고, 갑상샘 자극 호르몬 방출 호르몬(TRH)의 표적 세포이며, 갑상샘 자극 호르몬(TSH)을 분비하는 내분비샘 ㉡은 뇌하수체 전엽이다.

[오답 피하기] ㄴ. 티록신이 과다 분비되면 음성 피드백에 의해 티록신이 시상 하부와 뇌하수체 전엽의 작용을 억제하므로 갑상샘 자극 호르몬(TSH)의 분비량이 감소한다.

ㄷ. 티록신은 음성 피드백에 의해 적정량이 분비되도록 조절된다.

05 포도당을 투여하면 혈당량이 증가하므로 포도당 투여 이후 농도가 증가하는 X는 혈당량을 감소시키는 인슐린이다.

ㄱ. 글루카곤은 혈당량을 증가시키므로 인슐린(X)과 글루카곤의 혈중 농도 변화는 반대 양상을 보인다. 따라서 글루카곤의 혈중 농도는 인슐린(X)의 혈중 농도가 낮은 t_1일 때가 인슐린(X)의 혈중 농도가 높은 t_2일 때보다 높다.

ㄴ. 인슐린(X)의 혈중 농도는 혈당량이 높을수록 높다. 따라서 혈당량은 인슐린(X)의 혈중 농도가 높은 t_2일 때가 인슐린(X)의 혈중 농도가 낮은 t_3일 때보다 높다.

[오답 피하기] ㄷ. 에피네프린은 간에서 글리코젠을 포도당으로 분해하는 과정을 촉진하여 혈당량을 증가시킨다. 따라서 에피네프린은 혈당량 조절 과정에서 인슐린(X)과 같은 작용을 하지 않는다.

06 혈당량이 높아질수록 혈중 농도가 감소하는 A는 글루카곤, 혈중 농도가 증가하는 B는 인슐린이다.

ㄷ. 인슐린(B)은 간에서 포도당을 글리코젠으로 전환하는 과정을 촉진하여 혈당량을 감소시킨다.

[오답 피하기] ㄱ. 당뇨병은 혈당량이 높은 상태가 지속되는 대사성 질환으로, 인슐린(B)의 분비량이 부족하면 인슐린 의존성 당뇨병인 제1형 당뇨병에 걸릴 수 있다.

ㄴ. 글루카곤(A)은 간에서 글리코젠을 포도당으로 분해하는 과정을 촉진하여 혈당량을 증가시키며, 혈액 속의 포도당이 체세포로 흡수되는 것을 촉진하여 혈당량을 감소시키는 호르몬은 인슐린(B)이다.

➕ 개념 더하기

당뇨병

당뇨병은 혈당량이 높은 상태가 오랜 기간 지속되는 대사성 질환으로, 제1형과 제2형으로 구분한다.

• 제1형 당뇨병(인슐린 의존성 당뇨병): 이자의 β세포가 파괴되어 인슐린이 충분히 생성되지 못할 경우 나타나며, 인슐린을 주기적으로 투여해야 한다.

• 제2형 당뇨병(인슐린 비의존성 당뇨병): 인슐린은 정상적으로 분비되지만 인슐린의 표적 세포가 인슐린에 적절하게 반응하지 못할 경우 나타난다. 주로 체중 과다와 운동 부족으로 발생한다.

07 ㄱ. 운동을 하면 포도당이 에너지원으로 사용되어 혈당량이 낮아지므로 혈당량을 정상 수준으로 높이기 위해 글루카곤의 분비량은 증가하고, 인슐린의 분비량은 감소한다. 따라서 운동 시간이 경과할수록 혈중 농도가 감소하는 호르몬 X는 인슐린이고, 혈중 농도가 증가하는 호르몬 Y는 글루카곤이다.

ㄷ. 글루카곤(Y)은 간에서 글리코젠을 포도당으로 분해하는 과정을 촉진하므로 글리코젠의 분해 속도는 글루카곤(Y)의 혈중 농도가 높을수록 빠르다. 따라서 글리코젠의 분해 속도는 글루카곤(Y)의 혈중 농도가 높은 t_2일 때가 글루카곤(Y)의 혈중 농도가 낮은 t_1일 때보다 빠르다.

[오답 피하기] ㄴ. 글루카곤(Y)은 혈당량을 증가시키므로 글루카곤(Y)의 분비량이 많아지면 혈당량은 증가한다.

08 **자료 분석 하기**

혈당량 조절

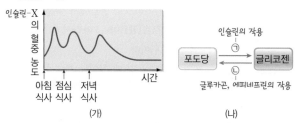

(가)   (나)

• 식사를 하면 음식물 속의 탄수화물이 소화 과정을 거쳐 포도당으로 분해된 후 소장에서 흡수되므로 혈당량이 증가한다. ➡ 식사 후 혈중 농도가 증가하는 호르몬 X는 혈당량을 감소시키는 인슐린이다.

• ㉠ 과정에 의해 혈당량이 감소하고, ㉡ 과정에 의해 혈당량이 증가한다. ➡ ㉠ 과정은 인슐린에 의해 촉진되며, ㉡ 과정은 글루카곤이나 에피네프린에 의해 촉진된다.

ㄴ. 인슐린(X)은 이자의 β세포에서 분비된다.

[오답 피하기] ㄱ. 인슐린(X)은 간에서 포도당을 글리코젠으로 전환하는 ㉠ 과정을 촉진해 혈당량을 감소시키며, 글루카곤과 에피네프린은 간에서 글리코젠을 포도당으로 분해하는 과정을 촉진해 혈당량을 증가시킨다.

ㄷ. 인슐린(X)은 부교감 신경이 흥분하면 분비가 촉진되며, 글루카곤은 교감 신경이 흥분하면 분비가 촉진된다.

09 (가)는 체온이 정상보다 높을 때 교감 신경의 작용 완화에 의해 피부 근처 혈관이 확장된 상태이고, (나)는 체온이 정상보다 낮을 때 교감 신경의 작용 강화에 의해 피부 근처 혈관이 수축된 상태이다.

ㄴ. 체온이 정상보다 낮을 때는 (나)와 같이 피부 근처 혈관이 수축하여 열 발산량이 감소하고, 티록신에 의한 물질대사 촉진, 골격근 수축에 의한 몸 떨림 증가 등에 의해 체내에서 열 발생량이 증가하여 체온을 정상 수준으로 높인다.

ㄷ. 피부 근처 혈관이 확장되어 피부 근처로 흐르는 혈액량이 증가할수록 몸의 표면을 통한 열 발산량이 많으므로 열 발산량은 (가)에서가 (나)에서보다 많다.

[오답 피하기] ㄱ. (가)는 교감 신경의 작용 완화에 의해 피부 근처 혈관이 확장된 상태이다.

10 ㄱ. 체온의 변화를 감지하고, 이를 조절하는 중추인 A는 간뇌의 시상 하부이다.

ㄴ. 저온 자극이 주어지면 교감 신경의 작용이 강화되어 피부 근처 혈관이 수축하고, 피부 근처로 흐르는 혈액량이 감소해 몸의 표면을 통한 열 발산량이 감소한다.

[오답 피하기] ㄷ. 아이오딘(I)은 티록신의 구성 성분이므로 아이오딘(I)의 섭취가 부족하면 티록신이 정상적으로 분비되지 않아 뇌하수체 전엽에서 갑상샘 자극 호르몬(TSH)의 분비가 계속 촉진되고, 그 결과 갑상샘이 지속적으로 자극을 받아 갑상샘이 비대해지는 갑상샘종에 걸릴 수 있다. 따라서 아이오딘(I)의 섭취가 부족하면 ㉡ 과정에 관여하는 호르몬의 분비량이 증가한다.

11 ㄱ, ㄴ. ㉠은 이자에서 분비되므로 혈당량을 증가시키는 글루카곤이고, ㉢은 뇌하수체 후엽에서 분비되며, 혈장 삼투압이 증가할수록 혈중 농도가 증가하므로 콩팥에서 수분의 재흡수를 촉진하는 항이뇨 호르몬(ADH)이다. 따라서 ㉡은 부신 속질에서 분비되는 에피네프린이다.

[오답 피하기] ㄷ. p_1일 때보다 p_2일 때 항이뇨 호르몬(ADH)의 혈중 농도가 높으므로 p_1일 때보다 p_2일 때 콩팥의 수분 재흡수량이 많다. 콩팥의 수분 재흡수량이 많으면 오줌량이 감소하므로 단위 시간당 오줌 생성량은 p_2일 때가 p_1일 때보다 적다.

12 자료 분석 하기 ━━━━━━

삼투압 조절

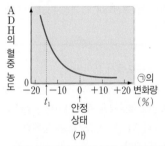 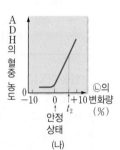

(가) (나)

• 체내 수분량이 증가해 전체 혈액량이 안정 상태보다 많아지면 혈장 삼투압이 낮아지므로 항이뇨 호르몬(ADH)의 혈중 농도가 낮아진다.
➡ ㉠은 전체 혈액량이다.

• 혈장 삼투압이 안정 상태보다 높아지면 항이뇨 호르몬(ADH)의 혈중 농도가 증가하여 콩팥에서 수분 재흡수량이 증가한다.
➡ ㉢은 혈장 삼투압이다.

ㄱ. ㉠은 전체 혈액량, ㉢은 혈장 삼투압이다.

ㄴ. 항이뇨 호르몬(ADH)의 혈중 농도가 높을수록 단위 시간당 콩팥의 수분 재흡수량이 많다. 따라서 안정 상태일 때보다 항이뇨 호르몬(ADH)의 혈중 농도가 높은 t_1일 때가 단위 시간당 콩팥의 수분 재흡수량이 많다.

ㄷ. (나)에서 t_2일 때가 안정 상태일 때보다 항이뇨 호르몬(ADH)의 혈중 농도가 높으므로 콩팥의 수분 재흡수량이 많다. 콩팥의 수분 재흡수량이 많으면 오줌량이 감소하므로 오줌의 삼투압은 높아진다. 따라서 오줌의 삼투압은 t_2일 때가 안정 상태일 때보다 높다.

13 고난도 문제 해결 전략 ━━━━━━

STEP 1 출제 의도 파악하기

이자에서 분비되어 혈당량 조절에 관여하는 호르몬과 자율 신경의 관계를 이해하고, 자율 신경의 구조적 특징을 알고 있는지 평가하는 문제이다.

STEP 2 자료 분석하기

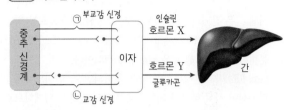

• ㉠은 신경절 이전 뉴런이 신경절 이후 뉴런보다 길므로 부교감 신경이다. ➡ 부교감 신경(㉠)은 이자에서 인슐린의 분비를 촉진하므로 호르몬 X는 인슐린이다.

• ㉢은 신경절 이전 뉴런이 신경절 이후 뉴런보다 짧으므로 교감 신경이다. ➡ 교감 신경(㉢)은 이자에서 글루카곤의 분비를 촉진하므로 호르몬 Y는 글루카곤이다.

STEP 3 관련 개념 모으기

❶ 자율 신경의 구조적 차이는?

➡ 교감 신경은 신경절 이전 뉴런이 신경절 이후 뉴런보다 짧으며, 척수의 가운데 부분에서 뻗어 나온다. 부교감 신경은 신경절 이전 뉴런이 신경절 이후 뉴런보다 길며, 중간뇌, 연수, 척수의 끝부분에서 뻗어 나온다.

❷ 이자에 연결된 자율 신경의 기능은?

➡ 교감 신경은 글루카곤의 분비를 촉진하고, 부교감 신경은 인슐린의 분비를 촉진한다.

❸ 이자에서 분비되는 혈당량 조절 호르몬의 기능은?

➡ 이자의 β세포에서 분비되는 인슐린은 혈당량을 감소시키고, α세포에서 분비되는 글루카곤은 혈당량을 증가시킨다.

━━━━━━

ㄷ. 글루카곤(Y)은 간에서 글리코젠을 포도당으로 분해하는 과정을 촉진하여 혈당량을 증가시킨다.

[오답 피하기] ㄱ. 운동을 하면 세포 호흡으로 포도당이 분해되어 혈당량이 감소하므로 인슐린(X)의 분비량은 감소하고, 글루카곤(Y)의 분비량은 증가한다.

ㄴ. 교감 신경(㉢)의 신경절 이전 뉴런의 신경 세포체는 척수에 있다.

14 고난도 문제 해결 전략 ━━━━━━

STEP 1 출제 의도 파악하기

혈장 삼투압에 따른 항이뇨 호르몬(ADH)의 혈중 농도 변화 그래프를 분석하고, 물과 소금물 투여 시 일어나는 체내 삼투압 조절 과정을 이해하고 있는지 평가하는 문제이다.

STEP 2 자료 분석하기

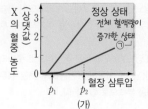 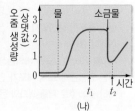

(가) (나)

- 호르몬 X는 뇌하수체 후엽에서 분비되며, 혈장 삼투압이 높아질수록 혈중 농도가 높아지므로 항이뇨 호르몬(ADH)이다.
- 체내 수분량이 증가하여 혈액량이 많아지면 항이뇨 호르몬(ADH)의 분비가 억제되므로 정상 상태일 때보다 항이뇨 호르몬(ADH)의 혈중 농도가 낮게 유지되는 ⊙은 전체 혈액량이 증가한 상태이다.
- 물을 투여하면 체내 수분량이 증가해 혈장 삼투압이 낮아지므로 항이뇨 호르몬(ADH)의 분비량이 감소한다. ➡ 콩팥에서 수분 재흡수량이 감소해 오줌 생성량이 증가한다.
- 소금물을 투여하면 혈장 삼투압이 높아지므로 항이뇨 호르몬(ADH)의 분비량이 증가한다. ➡ 콩팥에서 수분 재흡수량이 증가해 오줌 생성량이 감소한다.

(STEP 3) 관련 개념 모으기

❶ 뇌하수체 후엽에서 분비되며 혈장 삼투압 조절과 관련이 있는 호르몬은?
➡ 항이뇨 호르몬(ADH)이다.

❷ 혈장 삼투압 변화에 따른 항이뇨 호르몬(ADH)의 혈중 농도 변화는?
➡ 혈장 삼투압이 높아질수록 항이뇨 호르몬(ADH)의 분비량이 증가하여 콩팥에서 수분 재흡수량이 증가한다.

ㄱ. ⊙은 정상 상태일 때보다 항이뇨 호르몬(X)의 혈중 농도가 낮게 유지되므로 전체 혈액량이 증가한 상태이다.

ㄴ. ⊙일 때 p_1일 때가 p_2일 때보다 항이뇨 호르몬(ADH)의 혈중 농도가 낮으므로 콩팥에서 재흡수되는 수분량이 더 적어 단위 시간당 생성되는 오줌량이 더 많다.

ㄷ. 항이뇨 호르몬(ADH)의 혈중 농도가 낮아 콩팥에서 수분 재흡수가 억제되면 오줌 생성량이 많아진다. 오줌 생성량은 t_1일 때가 t_2일 때보다 많으므로 항이뇨 호르몬(X)의 혈중 농도는 t_1일 때가 t_2일 때보다 낮다.

15 고난도 문제 해결 전략

(STEP 1) 출제 의도 파악하기

혈압에 따른 항이뇨 호르몬(ADH)의 혈중 농도 변화 그래프를 분석하고, 물 섭취 시 일어나는 오줌과 혈장의 삼투압 변화 그래프를 분석할 수 있는지 평가하는 문제이다.

(STEP 2) 자료 분석하기

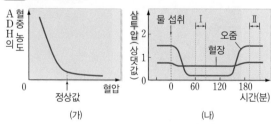

(가)　　　　　(나)

- 체내 수분량이 증가하여 전체 혈액량이 많아지면 혈압이 높아진다. ➡ 혈압이 높을수록 항이뇨 호르몬(ADH)의 분비량이 감소한다.
- 물을 섭취하면 혈장 삼투압이 낮아져 항이뇨 호르몬(ADH)의 분비량이 감소하므로 콩팥에서 수분 재흡수량이 감소한다. ➡ 오줌 생성량이 증가하고, 오줌의 삼투압이 낮아진다.
- 물 섭취 후 오줌 생성량이 증가하여 체내 수분량이 다시 감소하면 혈장 삼투압이 높아져 항이뇨 호르몬(ADH)의 분비량이 증가하므로 콩팥에서 수분 재흡수량이 증가한다. ➡ 오줌 생성량이 감소하고, 오줌의 삼투압이 높아진다.

(STEP 3) 관련 개념 모으기

❶ 혈압 변화에 따른 항이뇨 호르몬(ADH)의 혈중 농도 변화는?
➡ 혈압은 전체 혈액량이 많을수록 높고, 혈액량이 적을수록 낮으므로 혈압이 높아질수록 항이뇨 호르몬(ADH)의 혈중 농도가 감소해 콩팥에서 수분 재흡수량이 감소한다.

❷ 항이뇨 호르몬(ADH)의 혈중 농도에 따른 변화는?
➡ 항이뇨 호르몬(ADH)의 혈중 농도가 높아질수록 콩팥에서 수분 재흡수량이 많아지므로 전체 혈액량이 증가해 혈압이 높아지고, 혈장 삼투압은 낮아진다. 또, 오줌 생성량이 감소하므로 오줌의 삼투압은 높아진다.

ㄱ. 혈압이 정상값보다 낮아지면 항이뇨 호르몬(ADH)의 혈중 농도가 증가하므로 콩팥에서 수분의 재흡수가 촉진된다.

ㄴ. 구간 Ⅰ에서가 구간 Ⅱ에서보다 오줌의 삼투압이 낮은 것은 항이뇨 호르몬(ADH)의 분비량이 적어 생성되는 오줌량이 많기 때문이다. 따라서 $\dfrac{\text{단위 시간당 오줌 생성량}}{\text{항이뇨 호르몬(ADH)의 혈중 농도}}$ 은 구간 Ⅰ에서가 구간 Ⅱ에서보다 크다.

[오답 Ⅱ하기] ㄷ. 땀을 많이 흘리면 체내 수분량이 감소하여 전체 혈액량이 적어진다. 따라서 혈압이 정상값보다 낮아지므로 항이뇨 호르몬(ADH)의 분비가 촉진된다.

08 질병과 병원체

01 질병은 병원체가 원인이 되어 발생하는 감염성 질병과 병원체 없이 발생하는 비감염성 질병으로 구분한다.

02 세균에 의한 질병은 항생제를 사용하여 치료하며, 바이러스에 의한 질병은 항바이러스제를 사용하여 치료한다.

03 병원성이 있는 원생생물은 오염된 물 또는 음식물을 통해 인체에 감염되거나 매개 생물(모기, 파리, 쥐 등)에 의해 감염된다.

04 무좀은 손가락이나 발가락의 피부가 곰팡이(백선균)의 포자에 감염되어 발생하며, 피부 접촉을 통해 다른 사람에게 전염될 수 있다.

06 감염성 질병을 예방하기 위해서는 수건과 같은 개인 물품을 여러 사람이 함께 사용하지 않도록 한다.

| 01 ② | 02 ④ | 03 ⑤ | 04 ② | 05 ④ | 06 해설 참조 | 07 ① |
| 08 ① | 09 ② | 10 ⑤ | 11 ② | 12 해설 참조 | | |

01 병원체가 원인이 되어 발생하는 질병은 감염성 질병이다.

② 당뇨병은 병원체 없이 유전, 식습관 등 환경적 요인에 의해 발생하는 비감염성 질병이다.

[오답 피하기] ①, ⑤ 홍역과 대상 포진은 병원체인 바이러스가 원인이 되어 발생하는 감염성 질병이다.

③ 파상풍은 병원체인 세균이 원인이 되어 발생하는 감염성 질병이다.

④ 말라리아는 병원체인 원생생물이 원인이 되어 발생하는 감염성 질병이다.

➕ 개념 더하기

질병의 구분

| 비감염성 질병 | • 병원체 없이 유전, 환경, 생활 방식 등 여러 가지 원인이 복합적으로 작용하여 발생하는 질병이다.
• 다른 사람에게 전염되지 않는다.
예 당뇨병, 고혈압, 뇌졸중, 혈우병 |
| 감염성 질병 | • 병원체가 원인이 되어 발생하는 질병이다.
• 다른 사람에게 전염될 수 있다.
예 감기, 독감, 홍역, 대상 포진, 파상풍, 말라리아 |

02 콜레라와 결핵은 세균에 의해, 무좀은 곰팡이에 의해, 독감은 바이러스에 의해 발생한다. 따라서 콜레라, 결핵, 무좀, 독감은 모두 병원체의 감염에 의한 질병이다. 병원체 없이 운동 부족, 유전 등 여러 가지 환경 요인에 의해 발생하는 질병은 비감염성 질병이며, 비감염성 질병은 다른 사람에게 전염되지 않는다.

03 세포막으로 둘러싸여 있는 단세포 원핵생물이므로 이 병원체는 세균이다.

⑤ 세균에 의한 질병은 항생제를 사용하여 치료할 수 있으며, 항바이러스제는 바이러스에 의한 질병을 치료하는 데 사용할 수 있다.

[오답 피하기] ① 세균은 핵이 없는 원핵생물로, 분열법을 통해 증식한다.

② 세균은 유전 물질인 DNA를 가진다.

③ 세균은 물질대사에 필요한 효소를 가지고 있어 스스로 물질대사를 할 수 있다.

④ 병원성 세균은 생물의 조직을 파괴하거나 독소를 분비하여 질병을 일으킨다.

04 단세포 원핵생물이며, 분열법으로 빠르게 증식하는 병원체는 세균이다. 세균은 스스로 물질대사를 할 수 있다.

② 결핵은 세균(결핵균)에 의해 발생하는 질병이다.

[오답 피하기] ①, ③, ⑤ 감기, 소아마비, 후천성 면역 결핍증(AIDS)은 모두 바이러스에 의해 발생하는 질병이다.

④ 아메바성 이질은 원생생물에 의해 발생하는 질병이다.

➕ 개념 더하기

병원체의 종류와 특성

구분	특징	발생 질병
세균	독소를 생산해 세포나 조직을 손상시킨다.	결핵, 위궤양, 파상풍, 세균성 폐렴, 콜레라 등
바이러스	숙주 세포를 파괴하여 질병을 일으킨다.	감기, 독감, 후천성 면역 결핍증(AIDS) 등
원생생물	주로 매개 생물에 의해 체내로 들어와 질병을 일으킨다.	아메바성 이질, 말라리아, 수면병 등
곰팡이	주로 포자가 체내로 들어와 질병을 일으킨다.	무좀, 만성 폐 질환, 알레르기 등
변형 프라이온	중추 신경계에 축적되어 뇌 손상을 일으킨다.	소의 광우병, 사람의 크로이츠펠트 · 야코프병 등

05 이 병원체는 핵산인 DNA와 단백질 껍질로 이루어져 있으므로 바이러스이다.

④ 바이러스는 비세포 구조이므로 세포벽이 없다.

[오답 피하기] ①, ② 이 병원체는 바이러스이며, 바이러스는 비세포 구조이므로 세포 소기관이 없다.

③ 바이러스는 핵산인 DNA와 이를 둘러싸고 있는 단백질 껍질로 이루어져 있다.

⑤ 바이러스는 효소가 없어 스스로 물질대사를 하지 못하며, 숙주 세포 내에서는 숙주 세포의 효소를 이용하여 물질대사를 할 수 있다.

06 [예시 답안] 바이러스는 돌연변이를 자주 일으키기 때문에 항바이러스제에 의한 치료 효과가 높지 않다. 또, 바이러스가 숙주 세포의 물질대사 체계를 이용하기 때문에 항바이러스제는 숙주 세포에 독성을 나타내는 경우가 많다.

채점 기준	배점(%)
바이러스는 돌연변이를 자주 일으키며, 숙주 세포의 물질대사 체계를 이용하기 때문이라고 옳게 설명한 경우	100
바이러스는 돌연변이를 자주 일으키기 때문이라고만 설명한 경우	50

07 **자료 분석 하기**

세균과 바이러스의 비교

 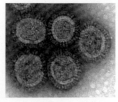

(가) (나)

• 결핵을 일으키는 병원체 (가)는 세균이며, 독감을 일으키는 병원체 (나)는 바이러스이다.

• 세균(가)과 바이러스(나)의 공통점과 차이점은 아래 표와 같다.

구분	세균	바이러스
공통점	유전 물질(핵산)을 가지고 있다.	
차이점	• 세포 구조이다. • 숙주 세포 밖에서도 증식할 수 있다. • 항생제로 치료한다.	• 비세포 구조이다. • 숙주 세포 밖에서는 증식할 수 없다. • 항바이러스제로 치료한다.

① 세균(가)과 바이러스(나)는 모두 유전 물질인 핵산을 가지고 있다.

[오답 피하기] ② 세균(가)은 세포 구조이므로 세포막으로 둘러싸여 있지만, 바이러스(나)는 비세포 구조이므로 세포막으로 둘러싸여 있지 않다.

③ 세균(가)은 세포 분열을 통해 증식하지만, 바이러스(나)는 숙주 세포 내에서 자신의 유전 물질을 복제하고 단백질 껍질을 합성한 후 조립하여 수를 늘린다.

④ 세균(가)은 물질대사에 필요한 효소를 가지고 있어 스스로 물질대사를 할 수 있지만, 바이러스(나)는 스스로 물질대사를 할 수 없다.

⑤ 세균(가)은 항생제로, 바이러스(나)는 항바이러스제로 치료할 수 있다.

08 무좀은 손가락이나 발가락의 피부가 곰팡이(백선균)의 포자에 감염되어 발생한다.

① 무좀을 일으키는 병원체는 균계에 속하는 곰팡이이다.

[오답 피하기] ② 곰팡이는 핵이 있는 진핵생물이다.

③ 무좀을 일으키는 곰팡이는 피부 접촉을 통해 다른 사람에게 전염될 수 있다.

④ 곰팡이는 스스로 물질대사를 할 수 있다.

⑤ 곰팡이는 엽록체가 없으므로 광합성을 하지 못한다.

09 ㄴ. 변형 프라이온이 중추 신경계에 축적되면 정상적인 신경 조직이 파괴되어 뇌 손상이 일어나며, 양의 스크래피, 소의 광우병, 사람의 크로이츠펠트 · 야코프병 등과 같은 질병을 일으킨다.

[오답 피하기] ㄱ. 변형 프라이온은 핵산이 없는 단백질성 감염 입자이다.

ㄷ. 정상 프라이온이 변형 프라이온과 접촉하면 변형 프라이온으로 바뀌게 된다.

10 ㄱ. 파상풍은 세균성 질병이므로 항생제를 사용하여 치료할 수 있다.

ㄴ. 대상 포진은 바이러스성 질병이므로 항바이러스제를 사용하여 치료할 수 있다.

ㄷ. 원생생물은 세균이나 바이러스와 달리 사람의 세포와 유사해 이들만을 특이적으로 억제하기가 어렵다. 따라서 원생생물에 의한 질병은 치료하기가 쉽지 않다.

11 주삿바늘을 공동으로 사용하면 혈액을 통해 병원체에 감염될 수 있으므로 반드시 주삿바늘은 한 사람에게 한 번만 사용해야 한다.

12 [예시 답안] 말라리아, 말라리아는 모기를 매개로 사람이 말라리아 원충에 감염되어 발생하는 질병이므로 모기가 번성하지 않도록 항상 위생적이고 깨끗한 환경을 유지한다.

채점 기준	배점(%)
말라리아를 쓰고, 말라리아를 예방하기 위한 방법을 옳게 설명한 경우	100
말라리아만 쓴 경우	30

09 우리 몸의 방어 작용

확인 문제 ──────────────92~95쪽

1 비특이적, 특이적　**2** 염증　**3** 세포독성 T림프구
4 형질 세포　**5** 2차　**6** 기억, 2차
7 ×　**8** α, β　**9** ○

01 비특이적 방어 작용은 병원체의 종류를 구별하지 않고 병원체에 감염된 즉시 일어나며, 특이적 방어 작용은 병원체의 종류를 구별하여 일어난다.

03 세포성 면역은 보조 T림프구에 의해 활성화된 세포독성 T림프구가 병원체에 감염된 세포나 암세포를 직접 공격하여 파괴하는 면역 반응이다.

04 항원이 체내에 침입하면 대식세포 등이 항원을 잡아먹은 후 소화하여 항원 조각을 세포막 표면에 제시한다. 이 항원 조각을 보조 T림프구가 인식한 후 B 림프구를 자극하면 B 림프구는 증식하여 항원의 특성을 기억하는 기억 세포와 항체를 생성하는 형질 세포로 분화한다.

05 같은 항원이 재침입하면 1차 면역 반응 시 생성되었던 기억 세포가 빠르게 증식하고 형질 세포로 분화하여 다량의 항체를 생성하는 2차 면역 반응이 일어난다.

07 면역계를 구성하는 면역 세포의 수가 적정 수준 이상으로 존재하거나, 적정 수준으로 유지되지만 지나치게 활성화되어 조절이 불가능한 경우 나타나는 질환을 면역 과민이라고 하며, 알레르기, 자가 면역 질환 등이 해당된다.

09 Rh⁻형인 사람은 혈액에 Rh 응집원이 없어 Rh⁺형인 사람에게 수혈할 수 있다. 그러나 Rh⁺형인 사람은 혈액에 Rh 응집원이 있어 Rh⁻형인 사람에게 수혈하면 Rh⁻형인 사람의 체내에 Rh 응집소가 생긴다. 따라서 이후에 다시 Rh⁺형의 혈액을 수혈받을 경우 응집 반응이 일어나 생명이 위험할 수 있다.

개념을 다지는 기본 문제 ────── 96~99쪽

01 방어 작용　**02** ③　**03** ②　**04** ④　**05** (가) → (다) → (나)
06 ③　**07** 해설 참조　**08** ④　**09** ①　**10** (가) 항원, (나) 항체
11 ②　**12** 세포성 면역　**13** ㉢, 형질 세포　**14** ①　**15** 해설 참조　**16** ③　**17** ①　**18** ⑤　**19** ①　**20** (가) AB형, (나) O형, (다) A형, (라) B형　**21** ④　**22** ④　**23** ③

01 방어 작용은 병원체와 같은 이물질의 침입에 대항하는 우리 몸의 방어 체계로, 면역이라고도 한다.

02 (가)는 비특이적 방어 작용, (나)는 특이적 방어 작용이다.

③ 비특이적 방어 작용(가)은 병원체에 감염된 즉시 일어나며, 병원체의 종류를 구별하지 않고 동일한 방식으로 일어난다.

[오답 피하기] ① (가)는 비특이적 방어 작용, (나)는 특이적 방어 작용이다.

② 특이적 방어 작용(나)은 대식세포가 제시한 항원 조각을 보조 T 림프구가 인식함으로써 시작된다.

④ 특이적 방어 작용(나)은 병원체의 종류를 구별하여 일어난다.

⑤ 라이소자임은 눈물, 콧물, 침, 땀, 점액 등에 포함되어 있는 효소로, 세균의 세포벽을 분해하여 세균의 감염을 막는 외부 방어벽에 해당한다.

03 강한 산성의 위액, 피부에 있는 피지샘, 기관지의 내벽을 덮고 있는 점막, 눈물, 콧물, 침에 포함되어 있는 라이소자임은 비특이적 방어 작용(가)에 해당하고, 항원 항체 반응은 특이적 방어 작용(나)에 해당한다.

04 ④ 형질 세포가 분비한 항체가 항원 항체 반응을 일으켜 병원체를 제거하는 것은 특이적 방어 작용 중 체액성 면역에 해당한다.

[오답 피하기] ① 위샘에서 분비하는 강한 산성의 위액은 음식물과 함께 위로 들어온 병원체를 죽인다.

② 비특이적 방어 작용에서 피부, 점막과 같은 방어벽은 물리적·화학적 장벽으로 작용하여 병원체의 침입을 막는다.

③ 피부는 우리 몸의 바깥쪽을 둘러싸고 있어 외부의 유해 물질과 병원체가 체내로 침입하는 것을 막는 물리적 장벽 역할을 한다.

⑤ 점막에서 분비하는 점액에는 라이소자임과 같은 효소가 포함되어 있어 세균의 침입을 차단하고, 상피 세포가 손상되는 것을 막는다.

➕ 개념 더하기

비특이적 방어 작용
• 외부 방어벽

피부	병원체의 침입을 막는 물리적 장벽 역할을 한다.
점막	점액을 분비하여 세균의 침입을 차단하고, 상피 세포가 손상되는 것을 막는다.
분비액	• 눈물, 콧물, 침, 땀 등: 표면의 병원체를 씻어 내고, 라이소자임을 포함하고 있어 세균의 증식을 억제한다. • 위액: 음식물과 함께 위로 들어온 병원체를 죽인다.

• 내부 방어

식세포 작용	백혈구가 병원체를 세포 안으로 끌어들인 후 분해한다.
염증	상처 부위의 비만세포에서 히스타민을 분비하면 백혈구가 모세 혈관을 빠져나와 상처 부위로 이동하여 식세포 작용으로 병원체를 제거한다.

05 염증은 상처 부위의 비만세포가 히스타민을 분비(가)하면서 시작되며, 백혈구가 모세 혈관을 빠져나와(다) 식세포 작용으로 병원체를 제거한다(나).

06 ㄱ. 염증은 피부나 점막이 손상되어 병원체가 체내에 침입했을 때 병원체를 제거하기 위해 일어나는 비특이적 방어 작용이며, 병원체의 종류를 구별하지 않고 일어난다.

ㄷ. 히스타민의 작용으로 백혈구가 모세 혈관을 빠져나와 식세포 작용으로 병원체를 제거한다.

[오답 피하기] ㄴ. 히스타민은 손상된 부위의 비만세포에서 분비되는 화학 물질이다.

07 손상된 부위의 비만세포에서 분비된 히스타민은 주변 모세 혈관을 확장시키고, 혈관의 투과성을 높여 혈장과 백혈구가 쉽게 새어 나가게 한다.

예시 답안 히스타민이 모세 혈관을 확장시켜 혈류량을 증가시키고, 백혈구가 모세 혈관에서 빠져나올 수 있도록 혈관의 투과성을 높이기 때문이다.

채점 기준	배점(%)
히스타민이 모세 혈관을 확장시키고 혈관의 투과성을 높인다고 옳게 설명한 경우	100
히스타민이 백혈구가 모세 혈관을 빠져나올 수 있도록 돕는다고 설명한 경우	40

08 ④ 특이적 방어 작용은 병원체에 노출되면서 발달하므로 후천성 면역이라고 하며, 비특이적 방어 작용은 태어날 때부터 가지고 있어 선천성 면역이라고 한다.

[오답 피하기] ① 특이적 방어 작용은 병원체의 종류를 구별하여 일어난다.

② 림프구는 백혈구의 일종으로 골수에서 생성되며, B 림프구와 T 림프구는 특이적 방어 작용에 관여한다.

③ 특이적 방어 작용에서는 외부에서 침입한 항원을 인식하여 형질 세포가 항체를 생성·분비하고, 이 항체가 항원과 결합하여 항원 항체 반응을 함으로써 항원을 제거한다.

⑤ 같은 병원체가 재침입하면 1차 면역 반응 시 생성되었던 기억 세포가 빠르게 증식하고 형질 세포로 분화하여 다량의 항체를 생성하므로 효과적으로 빠르게 방어할 수 있다.

09 ㄱ. 림프구는 백혈구의 일종으로 골수에서 생성되며, 골수에 남아 성숙 과정을 거치면 B 림프구로 분화하고, 가슴샘으로 이동하여 성숙 과정을 거치면 T 림프구로 분화한다. 따라서 ㉠은 B 림프구, ㉡은 T 림프구이다.

[오답 피하기] ㄴ. B 림프구(㉠)와 T 림프구(㉡)는 모두 특이적 방어 작용에 관여한다.

ㄷ. B 림프구(㉠)는 보조 T 림프구에 의해 활성화되어 형질 세포와 기억 세포로 분화한다.

10 체내로 침입하여 면역 반응을 일으키는 (가)는 항원이다.

항원(가)에 대항하여 체내에서 만들어지며, 항원(가)과 결합하여 그 기능을 무력화시키는 (나)는 항체이다.

11 ㄴ. 항체는 단백질로 이루어진 2개의 짧은 사슬(㉠)과 2개의 긴 사슬(㉡)이 결합한 Y자 구조이다.

[오답 피하기] ㄱ. ㉠은 항체를 구성하는 짧은 사슬이며, 항원 결합 부위는 Y자 모양의 윗부분에 존재한다.

ㄷ. 한 종류의 형질 세포는 한 종류의 항체만 생성하므로 항체 A를 생성하는 형질 세포는 항원 B와 결합하는 항체 B를 생성할 수 없다.

12 보조 T림프구에 의해 활성화된 세포독성 T림프구는 감염된 세포의 표면에 제시된 항원을 인식하여 세포와 직접 접촉한 후 세포에 구멍을 뚫고 효소를 이용하여 세포를 파괴한다.

13 ㉠은 대식세포가 제시한 항원 조각을 인식하는 보조 T림프구이다. ㉡은 증식하여 ㉢과 기억 세포로 분화하므로 B 림프구이고, ㉢은 항체를 생성하여 분비하는 형질 세포이다.

14 ㄱ. 보조 T림프구(㉠)는 대식세포가 식세포 작용으로 항원을 잡아먹어 소화한 후 세포막 표면에 제시한 항원 조각을 인식한다.

[오답 피하기] ㄴ. 같은 항원이 재침입하면 1차 면역 반응 시 생성되었던 기억 세포가 빠르게 증식하고 형질 세포(㉢)로 분화하여 많은 양의 항체를 생성한다.

ㄷ. B 림프구(㉡)로부터 분화한 형질 세포(㉢)에서 생성된 항체가 항원을 제거하는 면역 반응은 특이적 방어 작용 중 체액성 면역에 해당한다.

➕ 개념 더하기

특이적 방어 작용
- 특이적 방어 작용은 대식세포가 제시한 항원 조각을 보조 T림프구가 인식함으로써 시작된다.
- 특이적 방어 작용은 세포성 면역과 체액성 면역으로 구분한다.

세포성 면역	세포독성 T림프구가 병원체에 감염된 세포나 암세포를 직접 공격하여 파괴한다.
체액성 면역	• B 림프구로부터 분화한 형질 세포에서 생성된 항체가 항원과 결합하여 항원을 제거한다. • 항원이 처음 침입하면 1차 면역 반응이, 이후 같은 항원이 재침입하면 2차 면역 반응이 일어난다.

15 [예시 답안] (가)에서는 1차 면역 반응이, (나)에서는 기억 세포의 작용으로 다량의 항체가 생성되는 2차 면역 반응이 일어났기 때문이다.

채점 기준	배점(%)
(가)와 (나)에서 X에 대한 항체 생성량이 다른 까닭을 1차 면역 반응과 2차 면역 반응을 포함하여 옳게 설명한 경우	100
(가)와 (나)에서 X에 대한 항체 생성량이 다른 까닭을 같은 항원을 재투여하였기 때문이라고 설명한 경우	40

16 ㄱ. 백신은 감염성 질병을 예방하기 위해 사용하는 약물로, 병원체의 독성을 약화하거나 비활성 상태로 만든 것이 포함되어 있다.

ㄷ. 건강한 사람에게 백신을 접종하면 체내에서 1차 면역 반응이 일어나고, 이후에 실제로 병원체가 체내에 침입할 경우 기억 세포의 작용으로 2차 면역 반응이 일어나 다량의 항체가 빠르게 생성되므로 질병에 걸리지 않는다.

[오답 피하기] ㄴ. 건강한 사람에게 백신을 접종하면 우리 몸은 이를 항원으로 인식하여 체내에서 1차 면역 반응이 일어나 소량의 항체와 기억 세포가 생성된다.

17 병원체가 원인이 되는 감염성 질병은 대부분 백신으로 예방할 수 있지만, 병원체 없이 발생하는 비감염성 질병은 백신 제조가 불가능해 백신으로 예방할 수 없다. 따라서 고혈압, 당뇨병, 비만, 뇌졸중, 지방간, 고지질 혈증과 같은 비감염성 질병은 백신으로 예방할 수 없다.

18 면역계를 구성하는 면역 세포의 수가 적정 수준 이상으로 존재하거나, 적정 수준으로 유지되지만 지나치게 활성화되어 조절이 불가능한 경우를 면역 과민이라고 한다. 면역 과민에는 알레르기, 자가 면역 질환(루푸스, 류머티즘 관절염, 강직성 척추염) 등이 있다. 후천성 면역 결핍증(AIDS)은 사람 면역 결핍 바이러스(HIV)에 의해 보조 T림프구가 파괴되어 면역계를 구성하는 면역 세포의 수가 적정 수준 이하로 존재하는 면역 결핍에 의해 나타나는 질병이다.

19 ① 응집원 A는 응집소 α와 만나면 응집 반응이 일어난다.

[오답 피하기] ② Rh 응집원은 Rh 응집소와 만나면 응집 반응이 일어난다.

③ 응집 반응은 적혈구 세포막에 있는 응집원과 혈장에 있는 응집소 사이에 일어나는 항원 항체 반응으로 적혈구가 서로 엉겨 덩어리가 형성된다.

④ 혈장에는 체내에 없는 응집원이 들어왔을 때 항체로 작용하는 응집소가 있다.

⑤ 적혈구 세포막에는 혈액형이 다른 사람의 혈액과 섞였을 때 항원으로 작용하는 응집원이 있다.

20 ABO식 혈액형은 응집원의 종류에 따라 4가지로 구분한다. 응집원 A만 가지면 A형, 응집원 B만 가지면 B형, 응집원 A와 B를 모두 가지면 AB형, 응집원 A와 B를 모두 갖지 않으면 O형이다.

21 (라)의 적혈구 세포막에는 응집원 B가 있으므로 (라)의 적혈구와 응집소 β가 포함된 (나)(O형)와 (다)(A형)의 혈장을 섞으면 응집 반응이 일어난다.

22 자료 분석 하기

혈액의 응집 반응

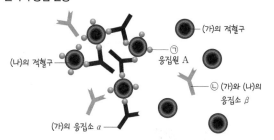

- O형인 사람(가)의 적혈구 세포막에는 응집원이 없으며, 혈장에는 응집소 α와 β가 모두 있다.
- A형인 사람(나)의 적혈구 세포막에는 응집원 A가 있으며, 혈장에는 응집소 β가 있다.
➡ A형인 사람(나)의 적혈구 세포막에 있는 응집원 A와 O형인 사람(가)의 혈장에 있는 응집소 α가 결합하여 응집 반응이 일어나므로 ㉠은 응집원 A, ㉡은 응집소 β이다.

④ A형인 (나)의 적혈구 세포막에는 응집원 A(㉠)가 있으며, 혈장에는 응집소 β(㉡)가 있다.

[오답 피하기] ① O형인 사람의 적혈구 세포막에는 응집원이 없으므로 ㉠은 A형인 (나)의 적혈구 세포막에 있는 응집원 A이다.

② ㉡은 응집원 A(㉠)와 응집 반응을 일으키지 않으므로 (가)와 (나)의 혈장에 있는 응집소 β이다.

③ 응집원 A(㉠)와 응집소 α, 응집원 B와 응집소 β(㉡)가 만나면 응집 반응이 일어난다.

⑤ O형인 사람의 혈액에는 응집소 α와 β가 모두 있으므로 혈액형이 다른 사람으로부터 소량이라도 수혈받을 수 없다.

23 영미의 혈액형 판정 실험 결과 영미의 혈액은 항A 혈청과 항Rh 혈청에는 응집하지 않고, 항B 혈청에만 응집하므로 적혈구 세포막에 응집원 B만 있다. 따라서 영미는 적혈구 세포막에 응집원 B가 있고, 혈장에 응집소 α가 있는 B형이면서 Rh 응집원이 없는 Rh⁻형이다.

③ 영미의 혈액은 Rh 응집소가 있는 항Rh 혈청에서 응집 반응을 일으키지 않았으므로 영미의 적혈구 세포막에는 Rh 응집원이 없다.

[오답 피하기] ① 영미의 혈액형은 B형이면서 Rh⁻형이다.

② 영미의 ABO식 혈액형은 B형이므로 영미는 응집원 B와 응집소 α를 가진다.

④ 영미(B형, Rh⁻형)의 혈액에는 응집원 B와 응집소 α가 있으며, O형이면서 Rh⁻형인 사람의 혈액에는 응집원이 없고 응집소 α와 β가 있다. 따라서 영미의 혈액과 O형이면서 Rh⁻형인 사람의 혈액을 섞으면 영미의 응집원 B와 O형인 사람의 응집소 β 사이에 응집 반응이 일어난다.

⑤ Rh⁺형인 사람의 혈액에는 Rh 응집원이 있어 Rh⁻형인 사람에게 수혈하면 Rh⁻형인 사람의 체내에 Rh 응집소가 형성된다.

실력을 올리는 실전 문제
102~105쪽

| 01 ⑤ | 02 ③ | 03 ⑤ | 04 ⑤ | 05 ① |
| 06 ① | 07 ① | 08 ④ | 09 ⑤ | 10 ⑤ |
| 11 ③ |

1등급을 굳히는 고난도 문제

| 12 ④ | 13 ⑤ | 14 ⑤ |

01 ㄱ. 고혈압은 병원체 없이 유전, 생활 방식 등이 원인이 되어 발생하는 비감염성 질병이고, 결핵과 AIDS는 병원체가 원인이 되어 발생하는 감염성 질병이므로 '감염성 질병인가?'는 A에 해당한다.

ㄴ. 결핵을 일으키는 병원체는 세균이며, AIDS를 일으키는 병원체는 바이러스이다. 세균은 단세포 원핵생물로 세포 분열을 통해 번식하지만, 바이러스는 세포로 이루어져 있지 않아 세포 분열을 하지 않는다. 따라서 '병원체가 세포 분열을 하는가?'는 B에 해당한다.

ㄷ. AIDS를 일으키는 병원체인 바이러스는 유전 물질인 핵산과 이를 둘러싸고 있는 단백질 껍질로 구성된다.

02 파상풍을 일으키는 병원체 A는 세균, 독감을 일으키는 병원체 B는 바이러스, 무좀을 일으키는 병원체 C는 곰팡이이다.

ㄱ. 세균, 바이러스, 곰팡이는 모두 유전 물질로 핵산을 가지며, 세균과 곰팡이는 세포 구조로 되어 있지만 핵막은 진핵생물인 곰팡이만 가지고 있다. 따라서 ㉠은 '세포 구조이다.', ㉡은 '핵막이 있다.', ㉢은 '핵산이 있다.'이며, @는 '○'이다.

ㄷ. 무좀을 일으키는 병원체인 곰팡이는 균계에 속한다.

[오답 피하기] ㄴ. ㉡은 '핵막이 있다.'이다.

03 ㄱ. 바이러스와 세균은 모두 핵산을 가지며, 바이러스는 스스로 물질대사를 할 수 없지만 세균은 효소가 있어 스스로 물질대사를 할 수 있다. 따라서 (가)는 바이러스, (나)는 세균이며, ㉠은 '○', ㉡은 '×'이다.

ㄴ. 콜레라를 일으키는 병원체 A는 세균이므로 (나)에 속한다.

ㄷ. 바이러스(가)는 세균(나)보다 크기가 훨씬 작아 세균 여과기를 통과한다.

04 ㄱ. (가)는 피부가 손상되어 병원체 X가 체내로 침입했을 때 상처 부위의 비만세포가 히스타민을 분비하여 모세 혈관을 확장시키고, 모세 혈관에서 백혈구가 빠져나와 병원체 X를 식세포 작용으로 제거하는 염증을 나타낸 것이다. 염증은 비특이적 방어 작용에 해당한다.

ㄴ. 형질 세포에서 생성한 항체에 의해 항원이 제거되면 형질 세포의 수가 감소해 항체의 농도가 낮아진다.

ㄷ. 체액성 면역은 형질 세포에서 생성한 항체가 항원을 제거하는 면역 반응으로, 구간 Ⅰ과 Ⅱ에서 모두 X에 대한 체액성 면역 반응이 일어난다.

개념 더하기

염증이 일어나는 과정

① 병원체가 상처 부위를 통해 체내로 들어오면 손상된 부위의 비만세포가 히스타민을 분비한다.

② 히스타민에 의해 모세 혈관이 확장되어 혈류량이 증가하고, 혈관의 투과성이 증가하여 백혈구가 모세 혈관을 빠져나와 상처 부위로 모인다.

③ 백혈구의 식세포 작용으로 상처 부위의 병원체가 제거된다.

05 병원체에 감염된 세포를 직접 죽이는 ㉠은 세포독성 T림프구이며, 항체를 생성하는 형질 세포와 항원의 특성을 기억하는 기억 세포로 분화하는 ㉡은 B 림프구이다.

ㄱ. 골수에서 생성된 미성숙한 림프구가 가슴샘으로 이동하여 성숙 과정을 거치면 T 림프구로 분화한다.

[오답 피하기] ㄴ. 세포독성 T림프구(㉠)가 병원체에 감염된 세포나 암세포를 직접 공격하여 제거하는 면역 반응은 세포성 면역이며, B 림프구(㉡)로부터 분화한 형질 세포에서 생성된 항체가 항원을 제거하는 면역 반응은 체액성 면역이다.

ㄷ. X가 2차 침입하면 1차 면역 반응 시 생성되었던 기억 세포가 빠르게 증식하고 형질 세포로 분화하여 다량의 항체를 생성한다.

06 ㄱ. (다)의 B에서 항체 ㉠과 ㉡의 농도 변화 양상이 다르므로 한 항원에 대해서는 1차 면역 반응이, 다른 항원에 대해서는 2차 면역 반응이 일어났음을 알 수 있다. A에 X를 주사하면 A의 체내에는 X에 대한 기억 세포와 형질 세포가 생성되는데, A에서 분리한 세포 ⓐ가 B에서 2차 면역 반응을 일으키므로 세포 ⓐ는 A에 X를 1차 주사했을 때 일어난 1차 면역 반응에서 생성된 X에 대한 기억 세포이다.

[오답 피하기] ㄴ. B에 X에 대한 기억 세포(ⓐ)를 주사한 후 X와 Y를 주사했으므로 B의 체내에서는 X에 대한 2차 면역 반응과 Y에 대한 1차 면역 반응이 일어난다. 따라서 ㉠은 X에 대한 항체이며, ㉡은 Y에 대한 항체이다.

ㄷ. 구간 Ⅰ에서는 X에 대한 2차 면역 반응과 Y에 대한 1차 면역 반응이 일어난다.

07 ㄱ. 체액성 면역은 형질 세포에서 생성된 항체가 항원을 제거하는 면역 반응으로, A를 주사했을 때 X의 체내에서 A에 대한 항체가 생성되었으므로 A에 대한 X의 방어 작용에서 체액성 면역 반응이 일어났다.

[오답 피하기] ㄴ. 형질 세포는 항체를 생성하는 세포로, 기억 세포로 분화하지 않는다.

ㄷ. B를 1차 주사한 후 Y에서 B에 대한 기억 세포가 생성되지 않았으므로 B를 2차 주사해도 Y에서 B에 대한 2차 면역 반응은 일어나지 않는다.

08 자료 분석 하기

방어 작용

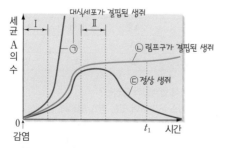

• 대식세포가 결핍된 경우 식세포 작용과 특이적 방어 작용이 모두 정상적으로 일어나지 않는다.
  ➡ ㉠은 세균 A에 감염된 후 세균 A의 수가 계속 증가하므로 대식세포가 결핍된 생쥐이다.

• 림프구가 결핍된 경우 대식세포에 의한 식세포 작용은 정상적으로 일어나지만 특이적 방어 작용이 정상적으로 일어나지 않는다.
  ➡ ㉡은 세균 A에 감염된 후 세균 A의 수가 기하급수적으로 증가하지는 않지만 시간이 경과해도 세균 A의 수가 감소하지 않으므로 림프구가 결핍된 생쥐이다.

• 세균 A의 증식을 가장 효율적으로 억제한 ㉢은 면역 기능이 정상인 생쥐이다.

ㄱ. 림프구가 결핍된 생쥐(㉡)의 체내에서는 항체가 생성되지 않으므로 t_1일 때 A에 대한 항체 생성량은 림프구가 결핍된 생쥐(㉡)에서보다 정상 생쥐(㉢)에서 많다.

ㄷ. 구간 Ⅱ 이후 정상 생쥐(㉢)에서 세균 A의 수가 감소하므로 정상 생쥐(㉢)의 체내에서 세균 A에 대한 방어 작용이 정상적으로 일어났음을 알 수 있다. 따라서 구간 Ⅱ에서 정상 생쥐(㉢)의 체내에는 A에 대한 기억 세포가 존재한다.

[오답 피하기] ㄴ. 대식세포가 결핍된 생쥐(㉠)의 체내에서는 대식세포의 식세포 작용이 일어나지 않으므로 구간 Ⅰ에서 A에 대한 대식세포의 식세포 작용은 대식세포가 결핍된 생쥐(㉠)에서보다 림프구가 결핍된 생쥐(㉡)에서 활발하다.

09 ㄱ. 백신 X를 주사한 후 구간 Ⅰ에서 잠복기 없이 다량의 항체 a가 생성된 것을 통해 이 사람은 X를 주사하기 전 A에 노출된 적이 있어 A에 대한 기억 세포가 존재하였고, 이 기억 세포의 작용으로 백신 X를 주사한 후 A에 대한 2차 면역 반응이 일어났음을 알 수 있다.

ㄴ. 구간 Ⅰ에서 항체 a의 농도가 증가했으므로 A에 대한 체액성 면역 반응이 일어났음을 알 수 있다.

ㄷ. 백신 X를 주사한 후 항원 B에 대해 1차 면역 반응이 일어났으므로 구간 Ⅱ에서 이 사람의 체내에는 B에 대한 기억 세포가 존재한다.

10 자료 분석 하기

혈액형 판정

구분	학생 수
응집원 ㉠을 가진 학생 A형+AB형	38명
응집소 ㉡을 가진 학생 A형+O형	55명
응집원 ㉠과 응집소 ㉡을 모두 가진 학생 A형	27명

• 응집원 ㉠이 있는 혈액은 응집소 a가 있는 항A 혈청에 응집하므로 응집원 ㉠은 응집원 A이다. ➡ 응집원 A와 응집소 a를 모두 가질 수는 없으므로 응집소 ㉡은 응집소 β이다.

• 응집원 A를 가진 학생(A형, AB형)은 38명, 응집소 β를 가진 학생(A형, O형)은 55명, 응집원 A와 응집소 β를 가진 학생(A형)은 27명이므로 B형은 34명, AB형은 11명, O형은 28명이다.

ㄱ. O형인 학생 수는 28명이고, A형인 학생 수는 27명이다.

ㄴ. 항A 혈청과 항B 혈청에 모두 응집하는 혈액을 가진 학생은 AB형이므로 11명이다.

ㄷ. 항B 혈청에 응집하는 혈액을 가진 학생은 B형과 AB형이므로 45명이고, 항A 혈청에 응집하지 않는 혈액을 가진 학생은 O형과 B형이므로 62명이다.

11 영희는 A형이므로 영희의 적혈구 세포막에는 응집원 A가 있고, 혈장에는 응집소 β가 있다. 따라서 영희의 적혈구와 응집 반응을 일으킨 응집소 ㉠은 응집소 α이며, 영희의 적혈구와 응집 반응을 일으키지 않은 응집소 ㉡은 응집소 β이다. 철수의 적혈구 세포막에는 응집원이 없으므로 철수는 O형이며, 철수의 혈장에는 응집소 α와 β가 모두 있다.

ㄱ. 철수의 혈장에는 응집소 α(㉠)와 β(㉡)가 모두 있다.

ㄴ. 혈액형이 다른 사람의 혈액과 섞였을 때 응집원은 항원으로, 응집소는 항체로 작용하므로 응집원과 응집소 사이에 일어나는 응집 반응은 항원 항체 반응이다.

[오답 피하기] ㄷ. 영희의 혈액은 항Rh 혈청에 응집하므로 영희는 Rh 응집원이 있는 Rh^+형이다. 따라서 Rh^+형인 사람으로부터 수혈받을 수 있지만, AB형인 사람의 혈액에는 응집원 A와 B가 모두 있어 응집소 β를 가진 영희는 AB형인 사람으로부터 소량이라도 수혈받을 수 없다.

12 고난도 문제 해결 전략

STEP 1 출제 의도 파악하기

백신의 작용 원리와 체액성 면역 반응을 이해하고, 생쥐의 방어 작용에 대한 실험 과정과 결과를 분석할 수 있는지 평가하는 문제이다.

STEP 2 자료 분석하기

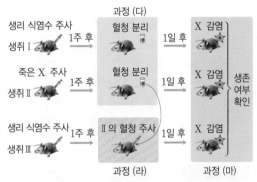

- (나)에서 Ⅱ에 죽은 X를 주사한 후 (다)에서 Ⅱ의 혈청에서 항체가 발견되었으므로 X에 대한 1차 면역 반응이 일어났음을 알 수 있다.
  ➡ (다)의 Ⅱ에서 얻은 혈청(㉠)에는 X에 대한 항체가 들어 있다.
- (마)에서 살아 있는 X로 감염시켰을 때 Ⅱ에서는 X에 대한 2차 면역 반응이 일어난다.
- (라)에서 Ⅲ에 Ⅱ에서 얻은 혈청을 주사하였으므로 Ⅲ은 X에 대한 항체를 가지고 있다. 따라서 (마)에서 살아 있는 X로 감염시켰을 때 Ⅲ에서는 X에 대한 항원 항체 반응이 일어나 살 수 있다.

STEP 3 관련 개념 모으기

❶ 체액성 면역이란?

➡ B 림프구로부터 분화한 형질 세포에서 생성된 항체가 항원을 제거하는 면역 반응이다. 항원이 체내에 처음 침입하면 1차 면역 반응이, 이후 같은 항원이 재침입하면 2차 면역 반응이 일어난다.

❷ 백신의 작용 원리는?

➡ 건강한 사람에게 백신을 접종하면 우리 몸은 이를 항원으로 인식하여 체내에서 1차 면역 반응이 일어나 소량의 항체와 기억 세포가 생성된다. 이후에 실제로 병원체가 체내에 침입할 경우 기억 세포의 작용으로 2차 면역 반응이 일어나 다량의 항체가 빠르게 생성되므로 질병에 걸리지 않는다.

ㄴ. 죽은 X를 주사한 후 Ⅱ의 체내에서 X에 대한 기억 세포가 생성되었으므로 (마)에서 살아 있는 X로 감염시키면 Ⅱ에서 X에 대한 2차 면역 반응이 일어난다. 2차 면역 반응은 체액성 면역이므로 특이적 방어 작용에 해당한다.

ㄷ. (다)의 Ⅱ에서 얻은 혈청(㉠)에는 X에 대한 항체가 들어 있으므로 이 혈청을 Ⅲ에 주사하면 Ⅲ은 X에 대한 항체를 가지게 된다. 따라서 (마)에서 살아 있는 X로 감염시키면 Ⅲ에서 X에 대한 항원 항체 반응이 일어난다.

[오답 피하기] ㄱ. 혈청에는 형질 세포를 비롯한 세포 성분이 들어 있지 않으며, (다)의 Ⅱ에서 얻은 혈청(㉠)에는 X에 대한 항체가 들어 있다.

13 고난도 문제 해결 전략

STEP 1 출제 의도 파악하기

ABO식 혈액형 판정 실험 결과를 통해 ABO식 혈액형을 판정하고, 각 혈액형의 혈액에 어떤 응집원과 응집소가 있는지를 이해하여 응집 반응 여부를 판단할 수 있는지 평가하는 문제이다.

STEP 2 자료 분석하기

구분	아버지	어머니	영미
응집원 ㉠	○	×	×
응집소 ㉡	×	○	×

(○: 있음, ×: 없음.)

항A 혈청 항B 혈청

응집 안 함. 응집함.

- 영미의 혈액은 응집소 α가 들어 있는 항A 혈청에는 응집하지 않고, 응집소 β가 들어 있는 항B 혈청에만 응집하므로 영미는 응집원 B와 응집소 α를 가진 B형이다.
  ➡ 영미는 응집원 ㉠과 응집소 ㉡을 갖지 않으므로 응집원 ㉠은 응집원 A이고, 응집소 ㉡은 응집소 β이다.
- 아버지의 혈액에는 응집원 A가 있고, 응집소 β가 없으므로 아버지의 혈액형은 AB형이다.
  ➡ 아버지의 혈액에는 응집원 A와 B가 모두 있고, 응집소 α와 β가 모두 없다.
- 어머니의 혈액에는 응집원 A가 없고, 응집소 β가 있으므로 어머니의 혈액형은 O형이다.
  ➡ 어머니의 혈액에는 응집원 A와 B가 모두 없고, 응집소 α와 β가 모두 있다.

STEP 3 관련 개념 모으기

❶ ABO식 혈액형의 종류는?

➡ ABO식 혈액형은 응집원의 종류에 따라 A형, B형, AB형, O형으로 구분한다.

구분	A형	B형	AB형	O형
응집원	A	B	A, B	없음.
응집소	β	α	없음.	α, β

❷ ABO식 혈액형의 판정은?

➡ 응집소 α가 들어 있는 항A 혈청과, 응집소 β가 들어 있는 항B 혈청을 이용하여 혈액형을 판정한다.

구분	A형	B형	AB형	O형
항A 혈청	응집함.	응집 안 함.	응집함.	응집 안 함.
항B 혈청	응집 안 함.	응집함.	응집함.	응집 안 함.

ㄱ. 어머니의 혈액형은 O형이므로 어머니의 혈액에는 응집소 α가 있다.

ㄴ. 아버지의 혈액형은 AB형이므로 아버지의 혈액에는 응집원 A와 B가 모두 있다. 따라서 아버지의 혈액은 응집소 α가 들어 있는 항A 혈청에 응집한다.

ㄷ. 영미의 적혈구 세포막에는 응집원 B가 있고, 어머니의 혈장에는 응집소 α와 β가 있으므로 영미의 적혈구와 어머니의 혈장을 섞으면 영미의 응집원 B와 어머니의 응집소 β가 결합하여 응집 반응이 일어난다.

14 고난도 문제 해결 전략

STEP 1 출제 의도 파악하기

Rh식 혈액형 판정 실험 결과를 통해 Rh식 혈액형 판정 원리를 이해하고, 각 혈액형의 혈액에 어떤 응집원과 응집소가 있는지를 이해하여 응집 반응 여부를 판단할 수 있는지를 평가하는 문제이다.

STEP 2 자료 분석하기

구분	응집 여부	Rh식 혈액형
사람 I	응집함.	Rh^+형
사람 II	응집 안 함.	Rh^-형

• (나)에서 얻은 ⓐ에 응집한 혈액을 Rh^+형, 응집 안 한 혈액을 Rh^-형으로 판정하였으므로 ⓐ에는 Rh 응집소가 포함되어 있다는 것을 알 수 있다.
➡ ⓐ는 붉은털원숭이의 적혈구에 있는 Rh 응집원에 대항하여 생성된 Rh 응집소가 들어 있는 토끼의 혈청(ⓒ)이다.

• ⓐ에 응집한 I의 혈액에는 Rh 응집원이 있으므로 Rh^+형이고, ⓐ에 응집 안 한 II의 혈액에는 Rh 응집원이 없으므로 Rh^-형이다.

STEP 3 관련 개념 모으기

❶ Rh식 혈액형의 종류는?
➡ Rh 응집원의 유무에 따라 Rh^+형과 Rh^-형으로 구분한다.

구분	Rh^+형	Rh^-형
응집원	있음.	없음.
응집소	없음.	처음에는 없지만, Rh 응집원에 노출되면 생길 수 있음.

❷ Rh식 혈액형의 판정은?
➡ Rh 응집소가 들어 있는 항Rh 혈청을 이용하여 혈액형을 판정한다.

구분	Rh^+형	Rh^-형
항Rh 혈청	응집함.	응집 안 함.

ㄴ. 붉은털원숭이의 적혈구(ⓒ)에는 Rh 응집원이 존재하며, 이 적혈구를 토끼에게 주사하고 1주가 지난 후 채취한 토끼의 혈청(ⓒ)에는 Rh 응집소가 존재한다. 따라서 ⓒ과 ⓒ을 섞으면 응집 반응이 일어난다.

ㄷ. Rh 응집소가 들어 있는 토끼의 혈청 ⓐ(ⓒ)를 I의 혈액에 섞었을 때 응집이 일어났으므로 I은 적혈구 세포막에 Rh 응집원이 존재하는 Rh^+형이다.

[오답 피하기] ㄱ. ⓐ는 Rh 응집소가 들어 있는 토끼의 혈청(ⓒ)이다.

실력 점검 Ⅲ 단원 평가 문제

108~111쪽

01 ③	02 B, C, D	03 ③	04 ④	05 ③
06 ④	07 ⑤	08 ④	09 ④	10 ②
11 ③	12 ③	13 ⑤	14 ③	

1등급을 완성하는 서술형 문제

15 해설 참조 16 해설 참조 17 해설 참조

01 ㄱ. 구간 I은 뉴런이 자극을 받지 않았을 때의 분극 상태로, Na^+-K^+ 펌프가 에너지(ATP)를 소모하면서 Na^+을 세포 밖으로, K^+을 세포 안으로 이동시켜 세포막을 경계로 이온이 불균등하게 분포한다.

ㄷ. t_1일 때 막전위가 하강하는 재분극이 일어나고 있으므로 K^+ 통로를 통해 K^+이 세포 밖으로 확산한다.

[오답 피하기] ㄴ. 막전위 변화와 상관없이 Na^+의 농도는 항상 세포 밖에서가 세포 안에서보다 높다.

02 축삭 돌기의 가운데를 자극하면 흥분이 양쪽 방향으로 전도되어 B와 C에서 활동 전위가 발생한다. 또, 흥분 전달은 시냅스 이전 뉴런의 축삭 돌기 말단에서 시냅스 이후 뉴런의 신경 세포체나 가지 돌기 쪽으로만 일어나므로 A에서는 활동 전위가 발생하지 않고, D에서는 활동 전위가 발생한다.

03 자료 분석 하기

근육의 수축과 이완

구분	(가)	(나)
X	$3.0\,\mu m$	$2.2\,\mu m$
H대	ⓐ $1.2\,\mu m$	$0.4\,\mu m$
A대	$1.6\,\mu m$	ⓑ $1.6\,\mu m$

• 근육 수축 시 액틴 필라멘트와 마이오신 필라멘트가 겹치는 부분이 늘어나 근육 원섬유 마디가 짧아진다.
➡ (나)일 때가 (가)일 때보다 근육이 더 수축한 시점이다.
• 근육 수축 시 A대의 길이는 변화가 없으므로 ⓑ은 $1.6\,\mu m$이다.
• I대의 길이는 [근육 원섬유 마디의 길이]−[A대의 길이]이므로 (가)일 때 $1.4\,\mu m$, (나)일 때 $0.6\,\mu m$이다.
➡ 근육 수축 과정에서 I대의 길이가 짧아진 만큼 H대의 길이도 짧아지므로 ⓐ은 $1.2\,\mu m$이다.

ㄷ. 근육 수축 시 액틴 필라멘트가 마이오신 필라멘트 사이로 미끄러져 들어가므로 액틴 필라멘트와 마이오신 필라멘트가 겹치는 부분의 길이는 (가)일 때보다 (나)일 때 길다.

[오답 피하기] ㄱ. ㉠+㉡=1.2 μm+1.6 μm=2.8 μm이다.

ㄴ. 액틴 필라멘트만 있는 부분은 I대이므로 (가)일 때 I대의 길이는 1.4 μm이다.

04 A는 대뇌, B는 간뇌, C는 중간뇌, D는 소뇌, E는 연수이다.
④ 뇌줄기는 중간뇌(C), 뇌교, 연수(E)를 합한 것으로, 소뇌(D)는 뇌줄기에 속하지 않는다.

[오답 피하기] ① 대뇌(A)는 수의 운동을 조절하며, 감각과 정신 활동의 중추이다.

② 간뇌(B)는 체온 조절, 삼투압 조절 등 항상성 조절의 통합 중추이다.

③ 중간뇌(C)는 눈으로 들어오는 빛의 양에 따라 홍채의 작용을 조절하여 동공의 크기를 변화시키는 동공 반사의 중추이다.

⑤ 연수(E)는 호흡 운동, 심장 박동, 소화 운동 등을 조절한다.

05 ㄷ. A는 감각기에서 받아들인 정보를 중추 신경계로 전달하는 감각 신경이다. 감각 신경(A)은 대뇌로 연결되는 뉴런과도 시냅스를 이루고 있어 고무망치로부터 받은 자극에 대한 정보는 감각 신경(A)을 거쳐 대뇌로도 전달되므로 자극을 느끼고 반응을 인지한다.

[오답 피하기] ㄱ. 감각 신경(A)은 구심성 신경이며, 운동 신경으로 구성된 체성 신경계는 원심성 신경이다.

ㄴ. 무릎 반사의 중추는 척수이므로 무릎 반사가 일어날 때 흥분 전달 경로는 감각 신경(A) → 척수(B) → 운동 신경(C)이다.

06 A는 신경절 이전 뉴런이 신경절 이후 뉴런보다 짧으므로 교감 신경이며, B는 신경절 이전 뉴런이 신경절 이후 뉴런보다 길므로 부교감 신경이다. 운동을 하면 심장 박동이 빨라져 심장 박출량이 늘어나므로 ㉠은 평상시, ㉡은 운동 시이다.

ㄴ. 평상시에는 부교감 신경이 활성화되고, 운동 시에는 교감 신경이 활성화된다. 따라서 단위 시간당 부교감 신경(B)의 신경절 이후 뉴런의 활동 전위 발생 횟수는 평상시(㉠)가 운동 시(㉡)보다 많다.

ㄷ. 부교감 신경(B)의 신경절 이후 뉴런의 축삭 돌기 말단에서는 아세틸콜린이 분비된다.

[오답 피하기] ㄱ. 교감 신경(A)은 척수 가운데 부분에서 뻗어 나오므로 교감 신경(A)의 신경절 이전 뉴런의 신경 세포체는 척수에 있다.

07 이자에서 분비되어 혈당량을 감소시키는 호르몬 A는 인슐린이며, 이자에서 분비되어 혈당량을 증가시키는 호르몬 B는 글루카곤이다.

ㄱ. 혈당량이 증가하면 인슐린(A)은 혈액에서 체세포로의 포도당 흡수를 촉진한다.

ㄴ. 글루카곤(B)은 간에서 글리코젠이 포도당으로 분해되는 과정을 촉진하여 혈당량을 증가시킨다.

ㄷ. 인슐린(A)과 글루카곤(B)은 같은 기관에 대해 서로 반대로 작용하여 서로의 효과를 줄이는 길항 작용을 통해 혈당량을 일정하게 유지한다.

혈당량 조절 과정

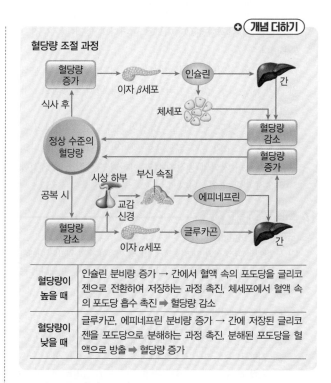

혈당량이 높을 때	인슐린 분비량 증가 → 간에서 혈액 속의 포도당을 글리코젠으로 전환하여 저장하는 과정 촉진, 체세포에서 혈액 속의 포도당 흡수 촉진 ➡ 혈당량 감소
혈당량이 낮을 때	글루카곤, 에피네프린 분비량 증가 → 간에 저장된 글리코젠을 포도당으로 분해하는 과정 촉진, 분해된 포도당을 혈액으로 방출 ➡ 혈당량 증가

08 ④ 저온 자극이 주어졌을 때 교감 신경의 작용 강화로 피부 근처 모세 혈관이 수축하고, 이로 인해 피부 근처로 흐르는 혈액량이 감소해 열 발산량이 감소한다. 따라서 과정 ㉣에는 교감 신경이 작용한다.

[오답 피하기] ① 호르몬 A는 부신 속질에서 분비되어 물질대사를 촉진하는 에피네프린이다.

② 간뇌의 시상 하부는 체온 변화를 감지하고, 체내의 열 발생량과 몸의 표면을 통한 열 발산량을 조절함으로써 체온을 일정하게 유지한다. 따라서 체온 조절의 중추는 간뇌의 시상 하부이다.

③ 과정 ㉠은 간뇌의 시상 하부에서 갑상샘 자극 호르몬 방출 호르몬(TRH)의 분비량이 증가하여 뇌하수체 전엽을 자극하는 과정이며, ㉡은 뇌하수체 전엽에서 갑상샘 자극 호르몬(TSH)의 분비량이 증가하여 갑상샘을 자극하는 과정이고, ㉢은 갑상샘에서 분비된 티록신이 간에 작용하여 물질대사를 촉진하는 과정이다.

⑤ ㉤에서 교감 신경의 작용으로 피부 근처의 모세 혈관이 수축하여 몸 표면을 통한 열 발산이 억제된다.

09 호르몬 ㉠은 뇌하수체 후엽에서 분비되어 콩팥에 작용하는 항이뇨 호르몬(ADH)이다.

ㄱ. 항이뇨 호르몬(㉠)은 콩팥에서 수분의 재흡수를 촉진하므로 항이뇨 호르몬(㉠)의 표적 기관은 콩팥이다.

ㄷ. 짠 음식을 많이 섭취하면 혈장 삼투압이 증가하며, 항이뇨 호르몬(㉠)의 분비량은 혈장 삼투압이 높아질수록 증가한다.

[오답 피하기] ㄴ. 항이뇨 호르몬(㉠)의 혈중 농도가 높을수록 콩팥에서 수분의 재흡수가 촉진되므로 단위 시간당 오줌 생성량은 감소한다. 따라서 단위 시간당 오줌 생성량은 항이뇨 호르몬(㉠)의 농도가 높은 S_2일 때보다 항이뇨 호르몬(㉠)의 농도가 낮은 S_1일 때 많다.

10 당뇨병은 비감염성 질병이며, 후천성 면역 결핍증(AIDS)과 콜레라는 감염성 질병이므로 A는 당뇨병이다. 콜레라를 일으키는 병원체는 세균으로 세포 구조로 되어 있고, 후천성 면역 결핍증(AIDS)의 병원체는 바이러스로 스스로 물질대사를 하지 못한다. 따라서 B는 콜레라, C는 후천성 면역 결핍증(AIDS)이다.

ㄷ. C의 병원체인 바이러스는 유전 물질인 핵산과 이를 둘러싸고 있는 단백질 껍질로 이루어져 있다.

[오답 피하기] ㄱ. A는 당뇨병이다.

ㄴ. 콜레라(B)의 병원체는 세균이다.

11 (가)는 세균, (나)는 바이러스이다.

ㄱ. 세균(가)과 바이러스(나)는 모두 핵산을 가지고 있다.

ㄷ. 세균(가)은 스스로 물질대사를 할 수 있으므로 영양 배지에서 증식하지만, 바이러스(나)는 숙주 세포 내에서만 물질대사를 하여 증식할 수 있으므로 숙주 세포가 없는 영양 배지에서는 증식하지 못한다.

[오답 피하기] ㄴ. 세균(가)에 의한 질병은 항생제를 사용하여 치료할 수 있으며, 바이러스(나)에 의한 질병은 항바이러스제를 사용하여 치료할 수 있다.

12 ㄱ. 보조 T림프구에 의해 활성화된 B 림프구는 항원의 특성을 기억하는 기억 세포와 항체를 생성하는 형질 세포로 분화한다. 따라서 ㉠은 형질 세포이다.

ㄴ. 체내에 침입한 항원을 대식세포가 식세포 작용으로 잡아먹은 후 소화하여 항원 조각을 세포막 표면에 제시하면 보조 T림프구가 이 항원 조각을 인식함으로써 특이적 방어 작용이 시작된다. 따라서 (가)는 대식세포의 식세포 작용이며, 식세포 작용은 병원체의 종류를 구별하지 않고 일어나는 비특이적 방어 작용에 해당한다.

[오답 피하기] ㄷ. 항원 X가 재침입하면 1차 면역 반응 시 생성되었던 기억 세포가 빠르게 증식하고 형질 세포로 분화하여 다량의 항체 X를 생성한다.

13 [자료 분석 하기]

백신의 원리

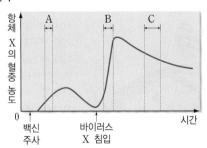

백신 주사 / 바이러스 X 침입 / 시간

- 건강한 사람에게 백신을 주사하면 1차 면역 반응이 일어나 소량의 항체와 기억 세포가 생성된다. ➡ 구간 A에서는 1차 면역 반응이 일어난다.
- 백신을 주사한 이후 실제로 병원체가 체내에 침입하면 백신 주사 후 생성되었던 기억 세포에 의해 2차 면역 반응이 일어나 다량의 항체가 빠르게 생성된다. ➡ 구간 B에서는 2차 면역 반응이 일어난다.

ㄱ. 구간 A에서는 1차 면역 반응이 일어나 형질 세포가 바이러스 X에 대한 항체 X를 생성한다.

ㄴ. 바이러스 X에 대한 백신을 주사한 후 실제로 바이러스 X가 침입하면 2차 면역 반응이 일어나 다량의 항체가 생성된다.

ㄷ. 구간 C에서 이 사람의 체내에는 2차 면역 반응 시 생성된 바이러스 X에 대한 기억 세포가 존재한다.

14 철수의 혈액은 항A 혈청에는 응집하지 않고, 항B 혈청에만 응집하므로 철수의 ABO식 혈액형은 B형이다.

ㄱ, ㄴ. B형인 사람은 적혈구 세포막에 응집원 B가 있고, 혈장에 응집소 α가 있다. 따라서 철수의 적혈구와 응집 반응을 일으키지 않는 ㉠은 항A 혈청과 철수의 혈장에 존재하는 응집소 α이며, 철수의 적혈구와 응집 반응을 일으키는 ㉡은 항B 혈청에 존재하는 응집소 β이다.

[오답 피하기] ㄷ. O형인 사람은 응집소 α와 β를 모두 가지므로 혈액형이 다른 사람으로부터 소량이라도 수혈받을 수 없다.

15 Na^+의 농도는 세포 밖이 세포 안보다 높으므로 Na^+ 통로가 열리면 Na^+이 세포 밖에서 세포 안으로 확산하고, K^+의 농도는 세포 안이 세포 밖보다 높으므로 K^+ 통로가 열리면 K^+이 세포 안에서 세포 밖으로 확산한다.

[예시 답안] 구간 Ⅰ에서는 열린 Na^+ 통로를 통해 Na^+이 세포 밖에서 안으로 유입되기 때문에 막전위가 상승하고, 구간 Ⅱ에서는 열린 K^+ 통로를 통해 K^+이 세포 안에서 밖으로 유출되기 때문에 막전위가 하강한다.

채점 기준	배점(%)
구간 Ⅰ에서 Na^+이 Na^+ 통로를 통해 유입되어 막전위가 상승하고, 구간 Ⅱ에서 K^+이 K^+ 통로를 통해 유출되어 막전위가 하강한다고 옳게 설명한 경우	100
구간 Ⅰ에서 Na^+이 유입되고, 구간 Ⅱ에서 K^+이 유출된다고만 설명한 경우	40

16 교감 신경은 몸을 긴장 상태로 만들어 위기 상황에 대처하도록 조절하고, 부교감 신경은 긴장 상태에 있던 몸을 원래의 안정 상태로 회복하도록 조절한다.

[예시 답안] 교감 신경, 교감 신경이 작용하면 심장 박동이 촉진되고, 소화 운동이 억제된다.

채점 기준	배점(%)
교감 신경을 쓰고, 심장 박동 촉진과 소화 운동 억제를 모두 옳게 설명한 경우	100
교감 신경만 쓴 경우	30

17 [예시 답안] 민아의 ABO식 혈액형은 A형이므로 적혈구에 응집원 A, 혈장에 응집소 β가 있다. (가)에서 응집 반응이 일어난 것은 정우의 적혈구에 응집원 B가 있기 때문이고, (나)에서 응집 반응이 일어나지 않은 것은 정우의 혈장에 응집소 α가 없기 때문이다. 따라서 정우의 ABO식 혈액형은 AB형이다.

채점 기준	배점(%)
(가)와 (나)의 응집 반응 결과가 서로 다른 까닭을 응집원과 응집소를 사용하여 옳게 설명하고, 정우의 ABO식 혈액형을 옳게 쓴 경우	100
정우의 ABO식 혈액형만 옳게 쓴 경우	30

Ⅳ 유전

10 염색체와 DNA

확인
문제

|114~116쪽|

1 염색체, DNA   **2** 뉴클레오솜   **3** 유전자
4 ○   **5** 44, 2   **6** ×
7 핵형   **8** 복제, 염색 분체   **9** 같다
10 ×

03 유전자는 DNA에서 특정 형질을 결정하는 유전 정보가 저장된 부위로, 하나의 DNA에는 많은 수의 유전자가 존재한다.

06 체세포는 모든 염색체가 2개씩 상동 염색체 쌍을 이루고 있으므로 핵상이 2n이고, 생식세포는 상동 염색체 중 하나씩만 있으므로 핵상이 n이다.

09 하나의 염색체를 이루는 2개의 염색 분체는 간기의 S기에 복제된 DNA가 각각 응축되어 형성된 것이므로 유전자 구성이 같다. 따라서 체세포 분열 과정에서 염색 분체가 분리되어 형성된 2개의 딸세포는 유전자 구성이 같다.

10 상동 염색체는 부모로부터 하나씩 물려받은 것이므로 특정 형질에 대한 대립유전자가 서로 다른 이형 접합성일 수 있다.

개념을 다지는 **기본 문제**

117~119쪽

01 A: 염색체, B: 히스톤 단백질, C: DNA, D: 뉴클레오솜   **02** ②
03 ①   **04** ③   **05** ⑤   **06** (라)   **07** ⑤   **08** ①   **09** 해설 참조   **10** ⑤   **11** ②   **12** ⑤   **13** ①   **14** ④   **15** 해설 참조   **16** ④

01 A는 분열 중인 세포에서 관찰되는 염색체, B는 DNA를 응축시키는 데 관여하는 히스톤 단백질, C는 유전 물질인 DNA, D는 DNA가 히스톤 단백질을 휘감아 형성한 구조인 뉴클레오솜이다.

02 ㄴ. C는 유전 정보가 저장된 유전 물질인 DNA이다. DNA에는 유전 정보가 염기 서열 형태로 저장되어 있다.
[오답 피하기] ㄱ. A는 응축된 염색체이며, 이와 같은 형태의 염색체는 세포가 분열할 때 나타난다.
ㄷ. ⊙과 ⓒ은 하나의 염색체를 이루고 있는 염색 분체이다.

03 학생 A: 유전자는 유전 정보가 저장된 DNA의 특정 부위이다.
[오답 피하기] 학생 B: 하나의 DNA에는 많은 수의 유전자가 각각 정해진 위치에 존재한다.
학생 C: DNA는 염색체를 구성하므로, 하나의 염색체에는 많은 수의 유전자가 존재한다.

04 ㄱ. (가)는 분열 중인 세포, (나)는 분열하지 않을 때의 세포에 존재하는 염색체 상태를 나타낸 것이다. 세포가 분열하지 않을 때 염색체는 (나)와 같이 핵 안에 실처럼 풀어져 있다가 세포가 분열을 시작하면 더욱 꼬이고 응축되어 (가)와 같은 형태로 나타난다.
ㄴ. 수백만 개의 뉴클레오솜이 연결되어 염색체를 형성한다. (가)에는 더 응축된 형태의 염색체가, (나)의 핵 안에는 실처럼 풀어진 형태의 염색체가 존재하므로 (가)와 (나)에는 모두 뉴클레오솜이 존재한다.
[오답 피하기] ㄷ. (나)의 염색체가 더욱 꼬이고 응축되면 (가)와 같이 된다.

05 ㄱ. (가)는 유전 정보가 저장되어 있는 DNA의 특정 부위인 유전자이고, (라)는 유전체이다.
ㄴ. (나)는 유전자(가)가 존재하며, 염색체(다)를 이루는 이중 나선 구조의 물질인 DNA이다.
ㄷ. (다)는 DNA(나)와 히스톤 단백질로 구성된 염색체이다. 하나의 DNA에 많은 수의 유전자가 존재하므로 하나의 염색체에도 많은 수의 유전자(가)가 존재한다.

⊕ 개념 더하기

유전자, DNA, 염색체, 유전체의 관계
유전자⊂DNA⊂염색체⊂유전체

유전자	유전 정보가 저장된 DNA의 특정 부위이다.
DNA	• 유전 물질로, 이중 나선 구조이다. • 하나의 DNA에는 많은 수의 유전자가 존재한다.
염색체	• DNA가 히스톤 단백질에 의해 응축되어 있는 구조이다. • 세포가 분열하지 않을 때는 핵 안에 실처럼 풀어져 있다가 분열할 때 꼬이고 응축되어 끈이나 막대 모양으로 나타난다.
유전체	한 생명체(세포)가 가진 모든 유전 정보이다.

06 한 생명체가 모습을 갖추고 생명을 유지하려면 체세포에 있는 모든 DNA의 유전 정보가 필요한데, 한 생명체(세포)가 가진 모든 유전 정보를 유전체라고 한다.

07 자료 분석 하기

DNA의 구조

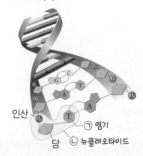

인산
당   ⓒ 뉴클레오타이드
⊙ 염기

• DNA의 단위체는 인산, 당, 염기로 이루어진 뉴클레오타이드이다. ➡ ⊙은 염기이고, ⓒ은 뉴클레오타이드이다.
• DNA는 뉴클레오타이드가 반복적으로 연결되어 형성된 폴리뉴클레오타이드 두 가닥이 서로 결합해 꼬여 있는 이중 나선 구조이다.

ㄱ, ㄴ. 제시된 물질은 이중 나선 구조인 DNA이다. DNA의 단위체는 인산, 당, 염기(⊙)로 이루어진 뉴클레오타이드(ⓒ)이다.
ㄷ. 염색체는 DNA와 히스톤 단백질로 구성되어 있다.

08 ㄱ. 핵형은 한 생물이 가진 염색체의 수, 모양, 크기와 같이 겉으로 관찰 가능한 염색체의 특성이다.

[오답 피하기] ㄴ. 핵형을 분석할 때는 분열 중인 세포를 이용하며, 특히 염색체가 가장 많이 응축되어 관찰하기 좋은 체세포 분열 중기 세포를 이용한다.

ㄷ. 같은 종의 생물이라도 성별이 다르면 성염색체의 구성이 달라 핵형이 서로 다를 수 있다.

09 성염색체로 여자는 2개의 X 염색체를 가지고, 남자는 1개의 X 염색체와 1개의 Y 염색체를 가진다. 따라서 한 쌍의 성염색체의 모양과 크기가 같으면 여자이고, 모양과 크기가 서로 다르면 남자이다.

[예시 답안] 남자, 한 쌍의 성염색체의 모양과 크기가 서로 다르기 때문이다(또는 성염색체 구성이 XY이기 때문이다.).

채점 기준	배점(%)
남자라고 쓰고, 그 까닭을 옳게 설명한 경우	100
남자라고만 쓴 경우	30

10 ㄱ. X는 혈액에 존재하며, 핵이 있고 분열할 수 있는 세포인 백혈구이다.

ㄴ. 핵형은 체세포 분열 중기의 세포를 이용해 분석하는데, (가)는 X의 체세포 분열을 유도하는 과정이므로 (나)는 체세포 분열을 중기에서 멈추게 하는 과정에 해당한다.

ㄷ. 핵형 분석을 통해 염색체의 수, 모양, 크기 등을 확인할 수 있다.

11 ㄴ. A와 B는 크기와 모양이 같으므로 상동 염색체이다. 상동 염색체는 부모로부터 하나씩 물려받은 것이다.

[오답 피하기] ㄱ. (가)에는 상동 염색체 쌍이 존재하고, (나)에는 상동 염색체 중 하나씩만 존재하므로 (가)의 핵상과 염색체 수는 $2n=8$이고, (나)의 핵상과 염색체 수는 $n=4$이다.

ㄷ. C와 동일한 형태의 염색체는 (가)에도 존재한다. 핵상이 $2n$인 (가)에서 이 염색체는 모양과 크기가 다른 염색체와 쌍을 이루고 있는 것으로 보아, 이 모양과 크기가 서로 다른 상동 염색체가 성염색체임을 알 수 있다. 즉, C는 성염색체이다.

12 세포 주기는 크게 간기와 분열기(M기)로 나뉘며, 간기는 다시 G_1기, S기, G_2기로 나뉜다.

⑤ S기에 DNA가 복제되면 세포당 DNA양이 2배로 증가하므로 세포당 DNA양은 G_2기 세포가 G_1기 세포의 2배이다. 그러나 DNA가 복제되더라도 염색체 수는 변하지 않는다.

[오답 피하기] ① 세포 주기는 G_1기 → S기 → G_2기 → M기(분열기)의 순서로 진행되므로 ⊙은 S기, ⓒ은 M기(분열기)이다.

② S기(⊙)에 DNA가 복제된다.

③ 체세포 분열에서는 M기(ⓒ)의 후기에 염색 분체의 분리가 일어난다.

④ G_1기, S기, G_2기에 모두 세포가 생장하지만, G_1기에 가장 많이 생장한다.

13

체세포 분열

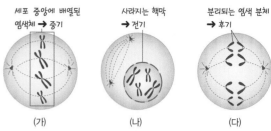

(가)   (나)   (다)

• (가)에서 염색체가 세포 중앙에 배열되어 있다. ➡ (가)는 중기의 세포이다.

• (나)에서 핵막이 사라지고, 응축된 염색체가 나타났다. ➡ (나)는 전기의 세포이다.

• (다)에서 염색 분체가 분리되어 양극으로 이동하고 있다. ➡ (다)는 후기의 세포이다.

ㄴ. (다)는 염색 분체가 분리되고 있는 체세포 분열 후기의 세포이다. 염색 분체는 복제된 DNA가 응축되어 형성되므로 복제된 DNA의 분리는 (다) 시기에 일어난다.

[오답 피하기] ㄱ. (나)에 존재하는 각 염색체는 2개의 염색 분체로 구성되어 있으므로 (나)는 DNA가 복제된 상태의 세포이다.

ㄷ. (가)는 중기, (나)는 전기, (다)는 후기의 세포이다. 따라서 분열이 일어나는 순서는 (나) → (가) → (다)이다.

14 ㄱ. (가)를 거치면서 한 가닥이던 염색체가 두 가닥으로 늘어났으므로 (가)에서 DNA 복제가 일어났다.

ㄷ. A와 B는 동원체 부위에서 결합해 있으며, 하나의 염색체를 구성하므로 염색 분체이다. 체세포 분열 과정에서는 염색 분체가 분리되므로 A와 B는 체세포 분열 과정에서 분리되어 서로 다른 딸세포로 나뉘어 들어간다.

[오답 피하기] ㄴ. (나)를 거치면서 염색체가 보다 두껍게 응축되었으므로 (나)는 분열기에 일어난다.

15 A와 B는 간기에 복제된 DNA가 응축되어 형성된 염색 분체이므로 유전자 구성이 같다. C는 A, B와는 상동 염색체 관계이므로 A, B와 유전자 구성이 다르다.

[예시 답안] A와 B는 유전자 구성이 같고, C는 A, B와 유전자 구성이 다르다.

채점 기준	배점(%)
A와 B의 유전자 구성이 같다는 것과, C의 유전자 구성이 A, B와 다르다는 것을 모두 옳게 설명한 경우	100
A와 B의 유전자 구성이 같다는 것과, C의 유전자 구성이 A, B와 다르다는 것 중 1가지만 옳게 설명한 경우	50

16 ㄱ, ㄴ. 대립유전자는 상동 염색체의 같은 위치에 존재하며, 하나의 형질에 대한 표현형을 결정한다.

[오답 피하기] ㄷ. 특정 형질에 대해 한 쌍의 상동 염색체에 존재하는 대립유전자는 AA와 같이 같을 수도 있고(동형 접합성), Bb와 같이 다를 수도 있다(이형 접합성).

01 상동 염색체가 분리되면서 염색체 수가 모세포의 반으로 줄어든 딸세포가 형성된다.

02 감수 1분열 시 상동 염색체가 접합한 2가 염색체가 세포 중앙에 무작위로 배열되며, 한 상동 염색체 쌍의 분리는 다른 상동 염색체 쌍의 분리와 독립적으로 일어나므로 유전적으로 다양한 생식세포가 형성된다. 그리고 암수 생식세포가 무작위로 수정되어 유전적으로 다양한 자손이 태어난다.

개념을 다지는 기본 문제
122~123쪽

01 ④   02 ①   03 해설 참조   04 ②   05 ③   06 ③   07 B

08 ⑤   09 ㄱ, ㄷ   10 ⑤   11 해설 참조

---

01 학생 B, C: 유성 생식을 하는 생물에서는 암수 생식세포(난자와 정자 등)의 수정을 통해 자손이 태어나며, 자손의 염색체 수는 부모와 같아 세대가 거듭되어도 생물종의 염색체 수가 일정하게 유지된다.
[오답 피하기] 학생 A: 감수 분열에서는 상동 염색체가 분리되어 서로 다른 딸세포로 들어가므로 감수 분열을 통해 염색체 수가 체세포의 반인 생식세포가 만들어진다.

02 ㄱ. 감수 1분열 중기에 2가 염색체가 세포 중앙에 배열된 후, A에서 상동 염색체가 분리되므로 세포의 핵상이 $2n$에서 n으로 변하고, 세포당 염색체 수가 반으로 줄어든다.
[오답 피하기] ㄴ. B는 염색 분체가 분리되는 감수 2분열 과정이므로 B에서 2가 염색체는 형성되지 않는다. 2가 염색체는 상동 염색체끼리 접합한 것으로, 감수 1분열 전기에 형성된다.
ㄷ. 감수 1분열에서 상동 염색체가 분리되므로 A를 거치면서 세포의 핵상이 $2n$에서 n으로 달라지며, 감수 2분열에서는 염색 분체가 분리되므로 핵상이 달라지지 않는다($n \rightarrow n$).

03 [예시 답안] A에서 상동 염색체가 분리되어 ⊙과 ⓒ에는 각각 유전자 구성이 서로 다른 상동 염색체 중 하나씩이 존재하므로 ⊙과 ⓒ의 핵 DNA에 저장된 유전 정보는 서로 다르다.

채점 기준	배점(%)
상동 염색체가 분리되어 ⊙과 ⓒ으로 하나씩 나뉘어 들어갔기 때문에 ⊙과 ⓒ의 유전 정보가 서로 다르다는 것을 옳게 설명한 경우	100
⊙과 ⓒ의 유전 정보가 서로 다르다고만 설명한 경우	30

04 ㄴ. X는 상동 염색체가 분리되고 있는 것으로 보아 감수 분열 과정의 세포이다. 따라서 X의 분열이 완료된 결과 형성되는 딸세포의 핵상과 염색체 수는 $n=3$이다. 즉, 생식세포에는 3개의 염색체가 있다.

[오답 피하기] ㄱ. X는 상동 염색체가 분리되고 있으므로 감수 1분열 후기 세포이다.
ㄷ. 이 동물($2n=6$)의 감수 1분열 중기 세포에는 3쌍의 상동 염색체가 존재하므로 3개의 2가 염색체가 있다.

05 ㄷ. (나)에는 크기와 모양이 같은 상동 염색체 쌍이 존재하지 않는다. 즉, 상동 염색체가 이미 분리되어 핵상이 n인 것으로 보아 감수 2분열 중인 세포이다. 감수 분열은 생식세포 형성을 위해 일어난다.
[오답 피하기] ㄱ. (가)에는 상동 염색체 쌍이 존재하므로 (가)의 핵상과 염색체 수는 $2n=4$이다. 그러나 (나)의 핵상과 염색체 수는 $n=4$이므로 (가)와 (나)는 서로 다른 개체의 세포이다.
ㄴ. ⊙과 ⓒ은 크기와 모양이 같은 상동 염색체이다. 감수 1분열에서 상동 염색체가 분리된다.

06 ㄷ. C에는 상동 염색체 쌍이 존재하지 않으므로 핵상이 n이고, D에는 상동 염색체 쌍이 존재하므로 핵상이 $2n$이다.
[오답 피하기] ㄱ. A와 D에는 각각 상동 염색체 쌍이 존재하므로 A와 D의 핵상은 $2n$으로 같다.
ㄴ. 모세포인 A는 핵상이 $2n$이고, 딸세포인 B와 C는 핵상이 각각 n이므로 B와 C는 A의 감수 1분열 결과 상동 염색체가 분리되어 형성되었다. 상동 염색체는 유전자 구성이 서로 다르므로 B와 C는 유전자 구성이 서로 다르다.

07 자료 분석 하기

세포 분열 시 DNA양 변화

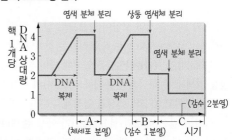

• A 이후에 DNA 복제가 일어난 시기가 있다. ➡ A 구간에서는 체세포 분열이 일어나 염색 분체가 분리되었다.
• B 이후에는 DNA 복제 없이 핵분열이 1회 더 일어났다. ➡ B 구간에서 감수 1분열이 일어나 상동 염색체가 분리되었다.
• C에서 DNA양이 체세포의 반이 되었다. ➡ C 구간에서 감수 2분열이 일어나 염색 분체가 분리되었다.

감수 1분열(B) 과정에서 세포당 염색체 수가 반으로 감소한다.

08 ⑤ C에서 핵 1개당 DNA 상대량이 반으로 감소한 것은 감수 2분열이 일어나 염색 분체가 분리되었기 때문이다. 따라서 C에서 2가 염색체는 형성되지 않는다. 2가 염색체는 감수 1분열 전기가 포함된 B에서 형성된다.
[오답 피하기] ① A 이후에 DNA 복제가 일어나 핵 1개당 DNA 상대량이 2배로 증가한다. 따라서 A에서 핵 1개당 DNA 상대량이 반으로 감소한 것은 염색 분체가 분리되는 체세포 분열이 일어났기 때문이다.

② 체세포 분열에서는 핵상의 변화가 없으므로 A에서 생긴 딸세포의 핵상은 모세포와 같은 $2n$이다.

③ B에서 핵 1개당 DNA 상대량이 반으로 감소한 것은 감수 1분열이 일어나 상동 염색체가 분리되었기 때문이다.

④ 감수 1분열에서 상동 염색체가 분리되면 염색체 수가 반으로 감소하므로 B에서 생긴 딸세포의 핵상과 염색체 수는 $n=23$이다.

09 ㄱ. 부모의 DNA가 생식 과정을 통해 자손에게 전달되므로 세대를 거듭해도 부모와 자손이 DNA를 통해 연결되는 생명의 연속성이 나타난다.

ㄷ. 상동 염색체의 무작위 배열과 분리로 염색체 조합이 다양한 생식세포가 형성되고, 이 생식세포들이 무작위로 수정되어 자손에서 유전적 다양성이 나타난다.

[오답 피하기] ㄴ. 사람의 염색체는 23쌍(46개)이므로 한 사람에게서는 상동 염색체의 무작위 배열과 분리로 염색체 조합이 서로 다른 2^{23}가지의 생식세포가 형성될 수 있다.

10 ㄴ. 생식세포의 유전자형이 (가)는 AB, (나)는 ab, (다)는 Ab, (라)는 aB이므로 (가)~(라)는 모두 대립유전자 조합이 서로 다르다.

ㄷ. ㉡은 하나의 염색체를 구성하며, 간기에 복제된 DNA가 응축된 후 형성되어 유전자 구성이 같은 염색 분체이다. 따라서 ㉡(염색 분체)의 분리로 인해 간기에 복제된 DNA가 서로 다른 딸세포로 나뉘어 들어간다.

[오답 피하기] ㄱ. ㉠은 부모로부터 하나씩 물려받아 유전자 구성이 서로 다른 상동 염색체이다.

11 [예시 답안] 생식세포가 형성되는 감수 분열 과정에서 서로 다른 상동 염색체 쌍이 무작위로 배열된 후 독립적으로 분리되기 때문이다.

채점 기준	배점(%)
상동 염색체 쌍의 무작위 배열과 분리를 들어 옳게 설명한 경우	100
감수 분열 과정에서 상동 염색체 쌍이 분리되기 때문이라고만 설명한 경우	50

실력을 올리는 실전 문제

126~129쪽

01 ④	02 ③	03 ⑤	04 ①	05 ④
06 ②	07 ⑤	08 ①	09 ②	10 ③
11 ⑤	12 ⑤			

1등급을 굳히는 고난도 문제

| 13 ④ | 14 ② | 15 ④ |

01 ㄱ. ㉠과 ㉡은 복제된 DNA가 응축되어 형성된 염색 분체이므로 유전자 구성이 같다.

ㄴ. (가)는 DNA가 히스톤 단백질을 휘감아 형성한 구조인 뉴클레오솜이다.

[오답 피하기] ㄷ. 핵산의 구성 단위인 뉴클레오타이드는 인산, 당(ⓐ), 염기로 구성된다.

02 ㄱ. X는 상동 염색체 쌍이 존재하므로 핵상이 $2n$인데, 여기에는 ㉠과 모양, 크기가 동일한 다른 염색체가 없다. 따라서 ㉠은 성염색체이고, X 염색체에 비해 크기가 작은 Y 염색체이다. Y 염색체는 아버지로부터 물려받은 것이다.

ㄴ. 대립유전자는 상동 염색체의 같은 위치에 존재한다. 이 사람의 유전자형이 Tt이고, ㉡에 T가 존재하므로 ㉡과 상동 염색체 관계인 ㉢에는 t가 존재한다.

[오답 피하기] ㄷ. ⓐ는 염색체를 구성하는 유전 물질인 DNA이다. X의 각 염색체는 2개의 염색 분체로 구성되어 있으므로 X는 DNA가 복제된 상태이고, G_1기는 DNA가 복제되기 전이다. 따라서 세포당 DNA의 양은 X가 G_1기 세포의 2배이다.

03 ㄴ. (가)에는 상동 염색체 쌍이 존재하며, 총 46개의 염색체가 존재하므로 (가)의 핵상과 염색체 수는 $2n=46$이다.

ㄷ. (가)에 존재하는 2개의 성염색체는 크기와 모양이 같으므로 이 사람은 성염색체 구성이 XX인 여자이다. 따라서 이 사람은 아들에게 X 염색체를 물려준다.

[오답 피하기] ㄱ. 사람은 상염색체 22쌍과 성염색체 1쌍을 가지므로 ㉠과 ㉡은 각각 21번과 22번 상염색체이고, ㉢은 성염색체이다.

04 자료 분석 하기

염색체와 유전자

대립유전자 쌍이 존재한다. ➡ 핵상이 $2n$이다.

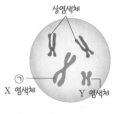

구분	DNA 상대량	
	(가)	(나)
A	1	1
a	1	1
B	1	1
b	0	1

상영색체

㉠ X 염색체 / Y 염색체

B와 b의 합이 (가)가 (나)의 절반이므로 B(b)는 X 염색체에 존재한다.
➡ (가)는 남자(XY)의 세포, (나)는 여자(XX)의 세포이다.

• (가)와 (나)에는 각각 A와 a가 모두 존재하며 A와 a는 상동 염색체의 같은 위치에 존재하는 대립유전자이다. ➡ (가)와 (나)는 모두 핵상이 $2n$이다.

• B와 b의 DNA 상대량의 합이 (가)는 1이고, (나)는 2이다. ➡ B와 b는 X 염색체에 존재하고, (가)는 남자(XY), (나)는 여자(XX)의 세포이다.

ㄱ. (가)와 (나)에는 각각 대립유전자인 A와 a가 모두 존재하므로 (가)와 (나)는 핵상이 $2n$이다. 그런데 (가)에서 A와 a의 DNA 상대량의 합은 2이고, B와 b의 DNA 상대량의 합은 1이므로 A와 a는 상염색체에, B와 b는 X 염색체에 존재한다. 그림의 세포에는 크기와 모양이 다른 한 쌍의 성염색체가 존재하며, 이 중 ㉠은 크기가 큰 X 염색체이다. 따라서 B는 ㉠에 존재한다.

[오답 피하기] ㄴ. 그림의 세포는 성염색체가 XY인 남자의 세포이다. B와 b의 DNA 상대량의 합이 (가)는 1, (나)는 2이므로 (가)는 남자(XY), (나)는 여자(XX)의 세포이다.

ㄷ. 아들은 어머니로부터 X 염색체를 물려받으므로 (가)에 존재하는 B는 어머니로부터 물려받은 것이다. 따라서 (가)에 존재하는 A와 B를 모두 어머니로부터 물려받았을 확률은 상염색체에 존재하는 A와 a 중 A를 어머니로부터 물려받았을 확률인 50 %와 같다.

05 ㄴ. G_1기 세포 ㉠과 딸세포 ㉡의 유전자 구성이 같으므로 ㉡은 체세포 분열 결과 형성된 딸세포이며, ㉡의 염색체 수가 2개이므로 X의 체세포는 핵상과 염색체 수가 $2n=2$이다. 그림의 세포가 분열을 완료했을 때 형성되는 딸세포의 핵상과 염색체 수가 $2n=2$이므로 그림의 세포는 체세포 분열 중이며, ⓐ와 ⓑ는 염색 분체이다. 따라서 ⓐ와 ⓑ를 구성하는 DNA의 양은 같다.

ㄷ. 유전체는 한 생명체에 존재하는 모든 DNA의 유전 정보이므로 ㉢를 구성하는 DNA의 유전 정보는 X의 유전체에 포함된다.

[오답 피하기] ㄱ. 그림은 염색 분체가 분리되고 있는 체세포 분열 후기의 세포이다.

06 S기에 DNA가 복제되면서 세포당 DNA양이 2배로 증가하므로 Ⅰ의 세포는 S기, Ⅱ의 세포는 G_2기 또는 M기이다. (가)에서 세포당 DNA 상대량이 1인 G_1기 세포가 가장 많으므로 (나)에서 소요 시간이 가장 긴 ㉡이 G_1기이고, ㉠은 M기, ㉢은 S기, ㉣은 G_2기이다.

ㄴ. 이 동물은 체세포의 핵상과 염색체 수가 $2n=8$이므로 Ⅱ의 세포 중 M기의 전기~후기에 해당하는 세포는 염색 분체 수가 $8×2=16$개이다.

[오답 피하기] ㄱ. Ⅰ의 세포는 DNA 복제 중인 S기(㉢)에 관찰된다.

ㄷ. G_2기 세포는 DNA가 복제된 상태이고, 생식세포는 상동 염색체와 염색 분체가 모두 분리된 상태이므로 세포당 DNA양은 G_2기(㉣) 세포가 생식세포의 4배이다.

07 ㄱ. (나)에서 염색 분체가 분리되고 있으므로 (나)는 M기에 관찰되는 세포이다. 따라서 ㉢이 M기이므로 ㉠은 S기, ㉡은 G_2기, ㉣은 G_1기이다. DNA 복제는 S기(㉠)에 일어난다.

ㄴ. ⓐ와 ⓑ는 크기와 모양이 같은 상동 염색체이다. 상동 염색체에는 하나의 형질을 결정하는 대립유전자가 존재한다.

ㄷ. DNA가 복제되더라도 핵상은 변하지 않는다. 따라서 G_2기(㉡) 세포와 G_1기(㉣) 세포의 핵상은 각각 $2n$으로 같다.

08 ㄱ. 이 사람은 유전자형이 Aa이고, ㉠은 상동 염색체가 분리되기 전의 세포이므로 ㉠에 존재하는 A와 a의 수는 같다.

[오답 피하기] ㄴ. A와 a는 상동 염색체에 존재하고, 감수 1분열 과정에서 상동 염색체가 분리되므로 ㉡과 ㉣에는 각각 A와 a 중 하나가 존재한다. (나)의 세포에는 1번 염색체와 성염색체가 각각 1개씩 들어 있으며, 염색 분체가 없으므로 이 세포는 핵상이 n이고 염색 분체가 분리되어 형성된 ㉡이다. ㉡에 A가 있으므로 ㉡에도 A가 있고, ㉣에는 a가 있다. 따라서 세포당 a의 DNA양은 ㉡은 0이고, ㉣은 0이 아니다.

ㄷ. (가)는 정자 형성 과정이므로 ㉢과 ㉣에는 각각 X 염색체와 Y 염색체 중 하나가 존재한다. 이 사람의 유전자형은 Aa이므로 (나)에서 A가 존재하는 ⓐ는 1번 염색체이고, ⓑ는 성염색체이다. 따라서 ㉣에는 크기와 모양이 ⓑ와 같은 염색체는 존재하지 않는다.

09 ㄷ. 그림에서 핵분열이 연속 2회 일어나므로 이 세포 분열은 감수 분열이다. 따라서 A~B 구간에서 상동 염색체의 분리가 일어나며, 상동 염색체의 무작위 배열과 분리에 의해 유전자 구성이 서로 다른 딸세포가 형성된다.

[오답 피하기] ㄱ, ㄴ. 상동 염색체가 분리되기 전인 A 시점 세포의 핵상은 $2n$, 상동 염색체가 분리된 후인 B와 C 시점 세포의 핵상은 각각 n이므로 염색체 수가 2인 ㉢은 A 시점의 세포이고, ⓑ는 4이다. DNA 상대량이 1인 ㉡은 C 시점의 세포이고, ⓐ는 1이다. 따라서 ㉠은 B 시점의 세포이고, DNA 상대량이 2이다.

10 ㄱ. 1개의 모세포로부터 4개의 딸세포가 형성되었으므로 A~E는 감수 분열 과정의 단계로, A는 감수 2분열 후기, B는 감수 2분열 말기, C는 감수 2분열 중기, D는 감수 1분열 중기, E는 감수 1분열 후기이다. 따라서 분열 순서는 D → E → C → A → B이다.

ㄴ. 감수 2분열 말기(B) 이후 형성된 4개의 딸세포(생식세포) 중에는 감수 1분열에서의 상동 염색체 분리로 인해 유전자 구성이 서로 다른 것이 있으므로 유전적 다양성이 존재한다.

[오답 피하기] ㄷ. 감수 1분열 중기(D)에는 2가 염색체가 관찰되지만, 감수 2분열 중기(C)는 상동 염색체가 이미 분리된 후이므로 2가 염색체가 관찰되지 않는다.

11 ㄱ. (가)($n=3$)는 X의 세포이므로 X($2n=6$)의 체세포 염색체 수는 6개이다. (나)와 (다)는 모두 핵상이 $2n$이고, 염색체 수가 4개이므로 Y($2n=4$)의 세포이다.

ㄴ. (나)는 체세포 분열 중기의 세포이다. 체세포 분열에서 염색 분체가 분리되므로 (나)의 분열 과정에서 간기에 복제된 DNA가 분리된다.

ㄷ. X($2n=6$)의 체세포 염색체 수는 6개이고, Y($2n=4$)의 생식세포 염색체 수는 2개이다. 따라서 $\dfrac{\text{Y의 생식세포 염색체 수}}{\text{X의 체세포 염색체 수}}=\dfrac{2}{6}=\dfrac{1}{3}$이다.

✚ **개념 더하기**

체세포 분열과 감수 분열

구분	체세포 분열	감수 분열
DNA 복제	간기(S기)에 1회 일어난다.	
분열 횟수	1회	2회
2가 염색체	형성되지 않는다.	형성된다.
딸세포의 수와 핵상	2개, 모두 $2n$	4개, 모두 n

12 ㄱ. ⓐ와 ⓑ는 각각 부모로부터 하나씩 물려받아 유전자 구성이 서로 다른 상동 염색체이다.

ㄴ. (가)에서는 유전자형이 각각 RT, rt인 생식세포가, (나)에서는 유전자형이 각각 Rt, rT인 생식세포가 형성되므로 ㉠의 유전자형은 rt, ㉡의 유전자형은 rT이다.

ㄷ. (가)와 (나)에서 상동 염색체가 무작위로 배열되었다가 분리되어 유전자 구성이 서로 다른 4종류의 생식세포(RT, Rt, rT, rt)가 형성된다.

13 〔고난도 문제 해결 전략〕

(STEP 1) **출제 의도 파악하기**

각 세포에 존재하는 대립유전자의 DNA양을 비교하여 감수 분열 과정의 각 단계의 세포와 관련지을 수 있는지 평가하는 문제이다.

(STEP 2) **자료 분석하기**

세포		ⓐ ㉡	ⓑ ㉠	ⓒ ㉢
DNA 상대량	A	?2	1	?0
	a	2	1	1

• ⓑ에는 A와 a가 모두 존재하므로 핵상이 2n이고, a의 DNA 상대량이 1이므로 DNA가 복제되기 전이다. ➡ ⓑ는 G$_1$기 세포인 ㉠이다.

• ⓒ는 a의 DNA 상대량이 1이므로 상동 염색체와 염색 분체가 모두 분리된 상태이다. ➡ ⓒ는 생식세포인 ㉢이다.

• ⓐ는 a의 DNA 상대량이 2이므로 ㉢* 또는 감수 1분열 중기 세포인 ㉡이다. ➡ ㉢*은 ⓐ~ⓒ에 없으므로 ⓐ는 ㉡이다.

(STEP 3) **관련 개념 모으기**

❶ **감수 1분열에서 염색체 수와 DNA양의 변화는?**
➡ 염색체 수와 DNA양이 반으로 줄어든다(2n → n).

❷ **감수 2분열에서 염색체 수와 DNA양의 변화는?**
➡ 염색체 수는 변화 없고(n → n), DNA양만 반으로 줄어든다.

❸ **감수 분열 결과 생성된 딸세포의 유전자 구성은?**
➡ 감수 1분열에서 상동 염색체가 분리되어 생성된 두 딸세포는 유전자 구성이 서로 다르고, 감수 2분열에서 염색 분체가 분리되어 생성된 두 딸세포는 유전자 구성이 같다.

ㄱ. 감수 1분열 중기 세포(ⓐ)에 상동 염색체끼리 접합한 2가 염색체가 존재한다.

ㄷ. 세포당 염색체 수는 ㉡이 ㉢의 2배이고, A의 DNA 상대량은 ㉡이 2, ㉢도 2이다. 따라서 세포당 $\dfrac{\text{A의 DNA양}}{\text{염색체 수}}$ 은 ㉢이 ㉡의 2배이다.

[오답 피하기] ㄴ. ㉠~㉢ 중 표에 없는 세포는 A의 DNA 상대량이 2이고, a의 DNA 상대량이 0인 ㉣이다.

14 〔고난도 문제 해결 전략〕

(STEP 1) **출제 의도 파악하기**

체세포 분열을 하는 세포에서의 DNA양 변화를 세포 주기의 각 시기별로 판단할 수 있는지 평가하는 문제이다.

(STEP 2) **관련 개념 모으기**

❶ **핵 1개당 DNA양이 증가하는 까닭은?**
➡ S기에 DNA가 복제되기 때문이다.

❷ **분열을 마친 세포에서 다시 DNA 복제가 일어나는 경우의 세포 분열은?**
➡ 감수 1분열 후나 감수 2분열 후에는 더 이상 DNA 복제가 일어나지 않지만, 체세포 분열 후에는 새로운 세포 주기가 시작되면서 DNA가 복제될 수 있다.

Ⅰ에서 핵 1개당 DNA 상대량이 반으로 감소한 후 Ⅲ에서 DNA가 복제되면서 DNA 상대량이 증가하므로 이 세포는 체세포 분열을 한다.

ㄷ. Ⅲ에서 DNA가 복제되어 1분자의 DNA가 2분자로 되며, 이 2분자의 DNA는 각각 히스톤 단백질과 결합해 뉴클레오솜을 형성한다. 따라서 Ⅲ에서 세포당 뉴클레오솜의 수가 증가한다.

[오답 피하기] ㄱ. 이 세포는 체세포 분열을 하므로 Ⅰ에서는 염색 분체가 분리된다.

ㄴ. Ⅰ~Ⅲ 중 G$_1$기는 DNA양에 변화가 없는 Ⅱ이다. G$_1$기를 비롯한 간기의 세포에는 모두 핵막이 존재한다. 핵막은 M기의 전기에 사라졌다가 말기에 다시 나타난다.

15 〔고난도 문제 해결 전략〕

(STEP 1) **출제 의도 파악하기**

감수 분열 과정에서 각 단계의 세포에 존재하는 대립유전자의 DNA양을 판단할 수 있는지 평가하는 문제이다.

(STEP 2) **자료 분석하기**

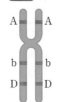

세포	DNA 상대량		
	a	B	D
㉠	0	?0	2 AAbbDD(n)
㉡	?2	2	2 aaBBDD(n)
㉢	?1	1	2 AaBbDD(2n)

• A, b, D가 한 염색체에 존재한다. ➡ 이 사람의 유전자형이 AaBbDD이므로 a, B, D도 한 염색체에 존재한다.

• ㉠에는 a가 존재하지 않고 D가 2개 존재하며, ㉡에는 B와 D가 각각 2개씩 존재한다. ㉢에는 B가 1개, D가 2개 존재하므로 각 세포에 존재하는 유전자는 ㉠(n)이 AAbbDD, ㉡(n)이 aaBBDD, ㉢(2n)이 AaBbDD이다.

(STEP 3) **관련 개념 모으기**

❶ **G$_1$기 세포의 특징은?**
➡ 핵상이 2n이고, 아직 DNA가 복제되지 않았다.

❷ **감수 2분열 중기 세포의 특징은?**
➡ 상동 염색체는 분리되었지만 염색 분체는 아직 분리되지 않았으므로 대립유전자가 2개씩 존재한다.

ㄱ. ㉢은 DNA가 복제되기 전인 G$_1$기 세포이므로 ㉠과 ㉡이 중기의 세포이며, ㉠과 ㉡은 핵상이 모두 n이므로 감수 2분열 중기의 세포이다.

ㄷ. 세포당 B의 수는 ㉡이 2개, ㉢이 1개이고, a의 수도 ㉡이 2개, ㉢이 1개이다.

[오답 피하기] ㄴ. ㉢은 G$_1$기 세포이므로 2가 염색체가 존재하지 않는다.

12 사람의 유전

03 부모와 다른 형질을 가진 자녀가 태어나는 경우, 부모의 형질이 우성이고, 자녀의 형질이 열성이다.

06 남자의 성염색체 구성은 XY이며, X 염색체는 어머니로부터, Y 염색체는 아버지로부터 물려받은 것이다.

08 적록 색맹은 정상에 대해 열성이므로 적록 색맹인 어머니(X′X′)는 아들에게 적록 색맹 대립유전자(X′)를 물려주어 아들은 항상 적록 색맹(X′Y)이 된다.

10 눈꺼풀은 단일 인자 유전 형질이다.

01 학생 A: 사람은 자손의 수가 적고 한 세대가 길어서 유전 연구를 하기 어려우므로 주로 간접적인 방법을 이용해 유전 현상을 연구한다.

[오답 피하기] 학생 B: 사람의 유전 연구는 가계도 조사, 집단 조사, 쌍둥이 연구 등을 통해 이루어진다.

학생 C: 1란성 쌍둥이는 하나의 수정란이 둘로 나누어진 후 각각 자라서 태어나므로 유전자 구성이 동일하다. 따라서 1란성 쌍둥이 사이의 형질 차이는 환경에 의해 나타난다고 볼 수 있다.

02 ㄴ. 1란성 쌍둥이는 따로 자란 경우에도 ABO식 혈액형의 일치율이 1이므로 ABO식 혈액형은 유전자에 의해서만 결정되고 환경의 영향은 받지 않는다.

[오답 피하기] ㄱ. 키는 함께 자랐는지의 여부와 관계없이 1란성 쌍둥이가 2란성 쌍둥이보다 일치율이 높으므로 환경보다 유전의 영향을 더 많이 받음을 알 수 있다.

ㄷ. 유전적 요인이 가장 크게 작용하는 형질은 ABO식 혈액형이다.

1란성 쌍둥이와 2란성 쌍둥이

• 1란성 쌍둥이: 1개의 수정란이 발생 초기에 둘로 나뉜 후 각각 자라서 태어나므로 유전자 구성이 같다.

➡ 1란성 쌍둥이의 형질 차이는 환경에 의한 것이다.

• 2란성 쌍둥이: 2개의 난자가 서로 다른 정자와 수정하여 2개의 수정란이 형성된 후 각각 자라서 태어나므로 유전자 구성이 서로 다르다.

➡ 2란성 쌍둥이의 형질 차이는 유전과 환경에 의한 것이다.

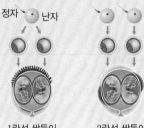

1란성 쌍둥이   2란성 쌍둥이

03 ③ A에서 분리형 부모로부터 부착형 자녀가 태어났으므로 분리형이 우성 형질, 부착형이 열성 형질이다. 따라서 A에서 부착형 자녀(열성 동형 접합성)가 태어나려면 부모로부터 각각 열성 대립유전자를 하나씩 물려받아야 한다. 따라서 부모의 귓불 모양 유전자형은 모두 이형 접합성이어야 한다.

[오답 피하기] ① 분리형이 우성 형질, 부착형이 열성 형질이다.

② B에서 분리형 부모는 분리형(우성) 대립유전자를 가지므로 B에서 이형 접합성의 분리형 자녀가 태어나고, 부착형은 열성 형질이므로 C에서 부착형 부모로부터 태어나는 자녀는 모두 부착형이다. 따라서 ㉠은 ○, ㉡은 ×이다.

④ B에서 부착형 자녀(열성 동형 접합성)가 태어났으므로 분리형 부모는 귓불 모양 유전자형이 이형 접합성이다.

⑤ 부착형이 열성 형질이므로 B와 C에서 부착형 부모는 모두 귓불 모양 유전자형이 열성 동형 접합성이다.

04 ㄱ. M자형 이마선이 우성 형질이므로 M자형 이마선을 가진 사람은 이마선 유전자형이 우성 동형 접합성과 이형 접합성 중 하나이다.

ㄷ. 외까풀은 열성 형질이므로 외까풀을 가진 사람은 모두 눈꺼풀 유전자형이 열성 동형 접합성이다.

[오답 피하기] ㄴ. 보조개가 없는 것이 열성 형질이므로 보조개가 없는 사람은 모두 보조개 유전자형이 열성 동형 접합성이다. 따라서 보조개가 없는 부모 사이에서 태어나는 자녀는 모두 보조개가 없다.

05 ㄱ. 정상인 3과 4의 자녀 7과 8이 유전병을 나타내므로 유전병은 정상에 대해 열성 형질이다.

ㄷ. 1은 5에게 유전병 대립유전자를 물려주었고, 3은 7과 8에게 유전병 대립유전자를 물려주었으므로 1과 3은 모두 유전병 유전자형이 이형 접합성이다.

[오답 피하기] ㄴ. 분리의 법칙은 생식세포 형성 시 쌍을 이룬 대립유전자가 분리되어 서로 다른 생식세포로 들어가는 것으로, 사람의 모든 형질의 유전에는 분리의 법칙이 적용된다.

06 형질을 결정하는 유전자가 X 염색체에 있을 경우 아버지가 우성 형질이면 딸은 항상 우성 형질이다.

[예시 답안] 우성 형질인 정상 아버지(4)로부터 열성 형질인 유전병을 나타내는 딸(7, 8)이 태어났으므로 이 유전병을 결정하는 유전자는 상염색체에 존재한다.

채점 기준	배점(%)
우성 형질(정상)인 아버지로부터 열성 형질(유전병)인 딸이 태어난 것을 근거로 유전자가 상염색체에 존재한다는 것을 옳게 설명한 경우	100
상염색체에 존재한다는 것만 설명한 경우	30

07 (가)와 B형인 남자 사이에서 O형인 아들이 태어났으므로 (가)는 대립유전자 O를 가지고 있으며, A형인 딸이 태어났으므로 (가)는 대립유전자 A를 가지고 있다. 즉, (가)는 유전자형이 AO인 A형이며, 대립유전자는 상동 염색체의 같은 위치에 존재한다.

08 ㄴ. M자형 부모 사이에서 일자형 자녀가 태어났으므로 M자형(A)이 일자형(a)에 대해 우성 형질이고, 1~3의 이마선 유전자형은 모두 Aa이다.
ㄷ. Aa×aa → Aa, aa이므로 3(Aa)과 일자형 여자(aa) 사이에서 일자형 자녀(aa)가 태어날 수 있다.
[오답 피하기] ㄱ. M자형이 우성 형질이므로 A는 M자형 대립유전자이다.

09 ㄴ. 구성원 4명의 ABO식 혈액형이 서로 다르고, 자녀 2명이 공통된 대립유전자를 가지므로 ABO식 혈액형 유전자형이 아버지와 어머니는 각각 AB와 OO 중 하나이고, 누나와 철수는 각각 AO와 BO 중 하나이다.
[오답 피하기] ㄱ. 아버지는 AB형 또는 O형이다.
ㄷ. 유전자형이 아버지와 어머니는 각각 AB와 OO 중 하나이므로 AB×OO → AO, BO이다. 따라서 철수의 동생이 태어날 때, 이 아이는 AB형이 될 수 없다.

10 ⑤ 모든 난자는 성염색체로 X 염색체를 가지며, 정자는 X 염색체를 가진 것과 Y 염색체를 가진 것이 있다. 따라서 난자가 X 염색체를 가진 정자와 수정하면 딸(XX)이 태어나고, 난자가 Y 염색체를 가진 정자와 수정하면 아들(XY)이 태어난다. 즉, 난자와 수정하는 정자의 성염색체 종류에 따라 자녀의 성별이 결정된다.
[오답 피하기] ① 난자는 성염색체로 X 염색체 1개를 가진다.
② 정자는 X 염색체를 가진 것과 Y 염색체를 가진 것이 생길 수 있다.
③ 아들은 어머니로부터 X 염색체를 물려받고, 아버지로부터 Y 염색체를 물려받아 성염색체 구성이 XY이다.
④ 딸은 어머니와 아버지로부터 X 염색체를 하나씩 물려받아 성염색체 구성이 XX이다.

11 형질이 같은 부모로부터 형질이 다른 자녀가 태어나면 부모의 형질이 우성이고, 자녀의 형질이 열성이다. 구루병인 부모로부터 정상인 자녀가 태어났으므로 구루병은 우성 형질이다.

[예시 답안] 우성 형질, 구루병인 부모 3과 4 사이에서 정상인 자녀 7이 태어났기 때문이다.

채점 기준	배점(%)
우성 형질이라고 쓰고, 그렇게 판단한 까닭을 옳게 설명한 경우	100
우성 형질이라고만 쓴 경우	30

12 구루병 유전자는 X 염색체에 있다고 했으므로 정상 대립유전자를 X, 구루병 대립유전자를 X′이라고 하면, 구루병인 3의 아들이 정상이므로 3의 구루병 유전자형은 이형 접합성(X′X)이고, 4는 X′Y이다. X′X×X′Y → <u>X′X′</u>, X′X, <u>X′Y</u>, XY이므로 3과 4 사이에서 구루병인 자녀가 태어날 확률은 75 %이다.

13 ㄴ. 적록 색맹은 X 염색체에 의해 유전되며, 정상에 대해 열성 형질이다. 아들은 어머니로부터 X 염색체를 물려받으므로 3(XY)은 2로부터 정상 대립유전자를 물려받았다.
ㄷ. 6은 적록 색맹인 4(X′X′)로부터 적록 색맹 대립유전자를 물려받았으므로 적록 색맹 유전자형이 이형 접합성(XX′)이다. XX′×XY → XX, XX′, XY, X′Y이므로 6(XX′)과 정상 남자(XY) 사이에서 적록 색맹을 나타내는 아들(X′Y)이 태어날 수 있다.
[오답 피하기] ㄱ. 7은 4(X′X′)로부터 적록 색맹 대립유전자를 물려받았으므로 적록 색맹을 나타낸다.

14 ㄱ. 적록 색맹인 3(X′X′)은 어머니와 아버지로부터 적록 색맹 대립유전자를 하나씩 물려받았으므로 3의 아버지는 적록 색맹(X′Y)을 나타낸다.
[오답 피하기] ㄴ. 1은 아버지(X′Y)로부터 적록 색맹 대립유전자(X′)를 물려받았다.
ㄷ. 제시된 가계도에서 적록 색맹 유전자형을 확실히 알 수 없는 사람은 1의 어머니뿐이다.

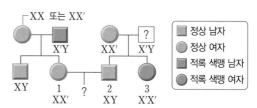

15 1은 아버지로부터 적록 색맹 대립유전자(X′)를 물려받아 유전자형이 XX′이고, 2는 정상 남자이므로 유전자형이 XY이다. XX′×XY → XX, XX′, XY, <u>X′Y</u>

[예시 답안] 1의 적록 색맹 유전자형은 XX′, 2의 유전자형은 XY이므로 이 둘 사이에서 적록 색맹을 나타내는 자녀가 태어날 확률은 $\frac{1}{4}$ (=25 %)이다.

채점 기준	배점(%)
1과 2의 유전자형을 모두 쓰고, 확률이 $\frac{1}{4}$(=25 %)이라고 옳게 설명한 경우	100
확률이 $\frac{1}{4}$(=25 %)이라고만 쓴 경우	50
1과 2의 유전자형만 옳게 쓴 경우	50

16 이 유전병은 남자와 여자에서 모두 나타나므로 X 염색체 유전 형질이며, 딸인 2가 유전병인데 아버지는 정상이므로 정상 대립유전자(X)가 열성, 유전병 대립유전자(X′)가 우성이다.

ㄷ. 남자인 3은 어머니(XX)로부터 정상 대립유전자(X)를 물려받아 정상(XY)이다.

[오답 피하기] ㄱ. X 염색체 유전 형질에서는 우성 형질을 가진 아버지로부터 열성 형질을 가진 딸이 태어나지 않는다. 따라서 2의 아버지가 나타내는 정상 형질이 열성이다.

ㄴ. 2(X′X)는 아버지(XY)로부터 정상 대립유전자를 물려받아 유전병 유전자형이 이형 접합성이다. 그러나 1은 유전자형이 우성 동형 접합성(X′X′)인지 이형 접합성(X′X)인지 확실하지 않다.

17 자료 분석 하기

X 염색체 유전 형질 가계도

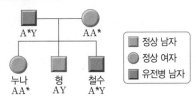

■	정상 남자
●	정상 여자
▨	유전병 남자

• 누나와 철수는 A*를 각각 1개씩 가진다. ➡ 누나와 철수의 표현형이 서로 다르므로 이 유전병 유전자는 X 염색체에 있다.
• 누나의 유전자형은 AA*이다. ➡ 누나의 표현형인 정상이 우성 형질이다.

ㄴ. 누나와 철수는 A*를 각각 1개씩 가지는데 표현형이 서로 다르므로 이 유전병은 X 염색체 유전 형질이며, 유전자형이 누나는 AA*이고, 철수는 A*Y이다.

[오답 피하기] ㄱ. 철수(A*Y)는 유전병을 나타내므로 A*는 유전병 대립유전자, A는 정상 대립유전자이다. 그런데 누나(AA*)의 표현형이 정상이므로 정상 대립유전자(A)가 유전병 대립유전자(A*)에 대해 우성이다.

ㄷ. 어머니는 철수(A*Y)에게 A*를 물려주었으므로 유전자형이 AA*이다. AA* × A*Y → AA*, A*A*, AY, A*Y 이므로 철수의 동생이 정상 남자(AY)일 확률은 $\frac{1}{4}$이다.

18 ④ 피부색은 환경의 영향을 받지만, ABO식 혈액형은 유전자에 의해서만 결정된다.

[오답 피하기] ①, ②, ③ (가)는 표현형이 4가지이므로 복대립 유전 형질인 ABO식 혈액형이고, (나)는 표현형이 매우 다양하며 연속적인 변이를 나타내므로 여러 쌍의 대립유전자에 의해 결정되는 다인자 유전 형질인 피부색이다.

⑤ 단일 인자 유전 형질인 ABO식 혈액형은 대립 형질이 뚜렷하게 구분되지만, 다인자 유전 형질인 피부색은 대립 형질이 뚜렷하게 구분되지 않는다.

19 PTC 미맹과 눈꺼풀은 대립 형질이 뚜렷하게 구분되므로 단일 인자 유전 형질이고, 키는 표현형의 분포가 연속적인 변이를 나타내므로 다인자 유전 형질이다.

ㄴ. 눈꺼풀은 한 쌍의 대립유전자에 의해 결정되는 단일 인자 유전 형질이다.

[오답 피하기] ㄱ. 단일 인자 유전 형질인 PTC 미맹은 환경의 영향을 받지 않지만, 다인자 유전 형질인 키는 환경의 영향을 많이 받는다.

ㄷ. 다인자 유전 형질인 키는 우성과 열성이 뚜렷하게 구분되지 않는다.

실력을 올리는 실전 문제   140~143쪽

01 ④	02 ①	03 ③	04 ⑤	05 ③
06 ④	07 ②	08 ①	09 ④	10 ③
11 ①	12 ③			

1등급을 굳히는 고난도 문제

13 ⑤

01 정상인 부모로부터 유전병을 가진 딸(2)이 태어났으므로 정상 대립유전자(A)가 우성, 유전병 대립유전자(A*)가 열성이고, 유전병 유전자는 상염색체에 있다.

ㄴ. 유전병이 열성 형질이므로 유전병을 가진 사람은 유전자형이 모두 A*A*이다. 또, 이 가계도에서 정상인 사람은 모두 유전병을 가진 부모가 있거나 유전병을 가진 자녀가 있으므로 유전자형이 AA*이다. 따라서 이 가계도의 구성원 모두는 A*를 가지고 있다.

ㄷ. 2의 부모의 유전자형은 모두 AA*이고, AA* × AA* → AA, 2AA*, A*A*이므로 2의 동생이 유전병(A*A*)을 가질 확률은 $\frac{1}{4}$이다. 또, 3의 부모의 유전자형은 A*A*와 AA* 이고, A*A* × AA* → AA*, A*A*이므로 3의 동생이 유전병(A*A*)을 가질 확률은 $\frac{1}{2}$이다. 따라서 두 아이가 모두 유전병을 가질 확률은 $\frac{1}{4} \times \frac{1}{2} = \frac{1}{8}$, 즉 12.5 %이다.

[오답 피하기] ㄱ. 이 유전병 유전자는 상염색체에 있다.

02 1~4 사이에서 대량 수혈이 가능한 경우는 없으므로 1~4는 모두 ABO식 혈액형이 다르다. 그런데 3은 4로부터 이론적으로 소량의 수혈을 받을 수 있으므로 3은 AB형, 4는 O형이고, 1과 2는 각각 A형과 B형 중 하나이다.

ㄱ. 1은 A형 또는 B형, 3은 AB형이므로 1은 3에게 이론적으로 소량의 수혈을 해 줄 수 있다.

[오답 피하기] ㄴ. AB형인 3은 혈장에 응집소가 없고, O형인 4는 응집소 α와 β가 모두 있다.

ㄷ. 1과 2의 유전자형은 각각 AO와 BO 중 하나이며, AO × BO → AB, AO, BO, OO이므로 1과 2 사이에서 AB형인 아이가 태어날 확률은 $\frac{1}{4}$이다.

⊕ 개념 더하기

ABO식 혈액형의 유전
- ABO식 혈액형은 3가지의 대립유전자 A, B, O에 의해 결정되는 복대립 유전 형질이다.
- 대립유전자 A와 B 사이에는 우열이 없으며, O는 A와 B 모두에 대해 열성이다(A=B>O).
- ABO식 혈액형의 유전자형과 표현형 및 응집원과 응집소

유전자형	AA	AO	BB	BO	AB	OO
표현형	A형		B형		AB형	O형
응집원	A		B		A, B	없음
응집소	β		α		없음	α, β

- ABO식 혈액형의 수혈 관계: 원칙적으로 같은 혈액형끼리 수혈하며, 이론적으로 혈액을 주는 사람의 응집원과 받는 사람의 응집소 사이에 응집 반응이 일어나지 않으면 서로 다른 혈액형이라도 소량 수혈은 가능하다.

→ 다량 수혈 가능
→ 소량만 수혈 가능

03 ABO식 혈액형 유전자(A, B, O)는 9번 염색체에, 페닐케톤뇨증 유전자(P, p)는 12번 염색체에 존재하므로 이 2가지 형질은 독립되어 있다. AB형이고 페닐케톤뇨증인 여자는 유전자형이 각각 AB, pp이다. 그런데 ⊙은 ABO식 혈액형 유전자형이 AO이고, 페닐케톤뇨증 유전자형이 PP 또는 Pp 또는 pp일 확률이 1 : 2 : 1이다. 따라서 구하고자 하는 확률은 다음과 같다.

ⅰ) 자녀의 ABO식 혈액형이 B형일 확률: 유전자형이 AO인 ⊙과 AB형인 여자 사이에서 B형인 자녀가 태어날 확률은 $\frac{1}{4}$이다.

ⅱ) 자녀가 페닐케톤뇨증에 대해 정상일 확률: 자녀가 페닐케톤뇨증에 대해 정상이려면 ⊙의 유전자형이 PP 또는 Pp여야 한다. ⊙의 유전자형이 PP일 확률은 $\frac{1}{4}$이고, PP인 ⊙과 pp인 여자 사이에서 정상(Pp)인 자녀가 태어날 확률은 1이다. 또, ⊙의 유전자형이 Pp일 확률은 $\frac{1}{2}$이고, Pp인 ⊙과 pp인 여자 사이에서 정상(Pp)인 자녀가 태어날 확률은 $\frac{1}{2}$이다. 따라서 페닐케톤뇨증에 대해 정상인 자녀가 태어날 확률은 $\left(\frac{1}{4}\times1\right)+\left(\frac{1}{2}\times\frac{1}{2}\right)=\frac{1}{2}$이다.

➡ 자녀가 B형이고 페닐케톤뇨증에 대해 정상일 확률은 $\frac{1}{4}\times\frac{1}{2}=\frac{1}{8}$이다.

04 ㄱ. 유전자형이 ⊙은 A*A*, ⓒ은 AA*이고, A*를 1개 가진 ⓒ이 정상이므로 유전병 대립유전자(A*)가 정상 대립유전자(A)에 대해 열성이다. 정상인 ⓒ이 A*를 가지므로 ⓒ의 유전자형은 AA*이고, 이 유전병은 상염색체 유전 형질이다.

ㄴ. 이 유전병은 상염색체 유전 형질이므로 유전병이 나타날 확률은 남자와 여자에서 같다.

ㄷ. 유전자형이 ⓒ은 AA*이고, ⓔ은 A*A*이다. AA*×A*A* → AA*, A*A*이므로 유전병을 나타내는 자녀가 태어날 확률은 $\frac{1}{2}$이고, 딸이 태어날 확률도 $\frac{1}{2}$이다. 따라서 유전병을 나타내는 딸이 태어날 확률은 $\frac{1}{2}\times\frac{1}{2}=\frac{1}{4}$이다.

05 ㄱ. 4의 두 자녀가 각각 A형과 B형이므로 4의 ABO식 혈액형 유전자형은 AB이다. 그런데 2가 B형(BO)이므로 4는 1로부터 A를 물려받았다. 4는 2(tt)로부터 t를 물려받았으므로 적록 색맹 유전자형이 Tt이다. 따라서 4는 1로부터 T를 물려받았다.

ㄷ. 적록 색맹과 ABO식 혈액형에 대한 유전자형이 4는 Tt, AB이고, 5의 아버지는 tY, OO이다. 적록 색맹은 X 염색체 유전 형질이고, ABO식 혈액형은 상염색체 유전 형질이므로 두 형질은 독립적으로 유전된다. Tt×tY → Tt, tt, TY, tY이고, AB×OO → AO, BO이므로 5의 동생이 A형일 확률은 $\frac{1}{2}$이고, 적록 색맹을 나타내는 남자일 확률은 $\frac{1}{4}$이다. 따라서 구하고자 하는 확률은 $\frac{1}{2}\times\frac{1}{4}=\frac{1}{8}$이다.

[오답 피하기] ㄴ. 2는 O와 t를 모두 가지지만 적록 색맹은 X 염색체 유전 형질이고, ABO식 혈액형은 상염색체 유전 형질이므로 O와 t는 서로 다른 염색체에 존재한다.

06 (나)에서 A가 존재하는 염색체는 성염색체 중 크기가 큰 X 염색체이므로 이 유전병은 X 염색체 유전 형질이다. 따라서 우성 표현형의 아버지로부터 열성 표현형의 딸이 태어날 수 없으므로 아버지가 나타내는 정상이 열성 형질이고, 누나가 나타내는 유전병이 우성 형질이다.

ㄴ. (나)에서 ⊙은 Y 염색체이다. 철수는 아들이므로 아버지로부터 Y 염색체를 물려받았다.

ㄷ. 유전병을 나타내는 어머니와 누나는 A*를 가지고 있다. 그런데 철수가 정상(AY)이므로 어머니의 유전자형은 A*A이고, 아버지가 정상(AY)이므로 누나의 유전자형도 A*A이다.

[오답 피하기] ㄱ. 이 유전병은 우성 형질이다.

07 2가지 대립유전자를 A와 a(A>a)라고 하면, 아버지는 우성 대립유전자(A)만 가지는데 누나와 철수의 표현형이 서로 다르다. 따라서 이 유전병은 X 염색체 유전 형질이며, 유전자형이 어머니는 aa, 아버지는 AY, 누나는 Aa, 철수는 aY이므로 정상이 우성 형질이고, 유전병이 열성 형질이다.

ㄷ. 누나(Aa)와 정상 남자(AY) 사이에서 유전병을 나타내는 아들(aY)이 태어날 수 있다.

[오답 피하기] ㄱ. 이 유전병은 열성 형질이다.

ㄴ. 어머니(aa)의 G_1기 세포에 존재하는 a의 DNA 상대량이 1이므로 A와 a 1개당 DNA 상대량은 각각 0.5이다. 따라서 아버지(AY)의 G_1기 세포에 존재하는 정상 대립유전자(A)의 DNA 상대량은 0.5이다.

08 ㄴ. 1과 2는 모두 A와 a 중 한 종류만 가지고 있는데, 3과 4의 표현형이 서로 다르므로 이 유전병은 X 염색체 유전 형질이며, 유전자형이 1은 AY, 2는 aa이다. 따라서 우성인 A가 정상 대립유전자, 열성인 a가 유전병 대립유전자이며, 유전자형이 3은 Aa, 4는 aY, 5는 AA이다.

[오답 피하기] ㄱ. 이 유전병은 열성 형질이다.

ㄷ. 4(aY)와 5(AA) 사이에서 태어나는 딸은 모두 유전자형이 Aa이므로 정상이다.

09 ㄴ. 철수에서 E와 F가 존재하는 염색체와 영희에서 G와 E가 존재하는 염색체는 같은 염색체이므로 E, F, G는 하나의 형질을 결정하는 데 관여하는 대립유전자이다. E, F, G가 하나의 형질을 결정하므로, E, F, G는 복대립 유전 형질인 ⓛ을 결정하는 데 관여하는 대립유전자이다.

ㄷ. 세 쌍의 대립유전자는 서로 다른 염색체에 독립되어 있다. AC(철수)와 AC(영희) 사이에서는 AA, AC, CC의 3가지 유전자형이, DD(철수)와 BB(영희) 사이에서는 DB의 1가지 유전자형이, EF(철수)와 EG(영희) 사이에서는 EE, EG, EF, FG의 4가지 유전자형이 나올 수 있으므로 철수와 영희 사이에서 태어나는 아이가 가질 수 있는 유전자형은 총 3×1×4=12가지이다.

[오답 피하기] ㄱ. A와 C, B와 D는 모두 다인자 유전 형질인 ㉠을 결정하는 데 관여하는 대립유전자이므로, 철수는 ㉠의 유전자형이 ACDD이다.

10 자료 분석 하기

가계도 분석과 유전자의 DNA 상대량

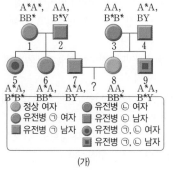
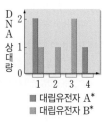

（가）　　　　　（나）

• 1은 A*가 2개인데 ㉠을 나타내므로 A*는 ㉠ 대립유전자이고, 1과 A*가 없는 2 사이에서 태어난 자녀들이 모두 ㉠을 나타내므로 ㉠은 정상에 대해 우성 형질이다.

• 1과 2는 B*를 1개씩 가지는데 1은 정상이고, 2는 ㉡을 나타내므로 ㉡은 유전자가 X 염색체에 있고 정상에 대해 열성 형질이다.

1은 A*가 2개인데 ㉠을 나타내므로 A는 정상 대립유전자, A*는 ㉠ 대립유전자이다. 또, ㉠을 나타내는 1과 정상인 2(A*가 없음.) 사이에서 태어난 자녀들이 모두 ㉠을 나타내므로 ㉠은 우성 형질이다. 만약 ㉠이 X 염색체 유전 형질이라면 4의 유전자형이 A*Y가 되어 4로부터 A*가 있는 X 염색체를 물려받은 딸 8은 ㉠을 나타내야 한다. 그러나 8은 정상이므로 ㉠은 상염색체 유전 형질이다. 따라서 유전자형이 1은

A*A*, 2는 AA, 3은 AA, 4는 A*A이므로 7은 A*A, 8은 AA이다. A*A×AA → A*A, AA이므로 7과 8 사이에서 태어난 아이가 ㉠을 나타낼 확률은 $\frac{1}{2}$이다.

1과 2는 B*가 1개씩 있는데 표현형이 서로 다르므로 ㉡은 X 염색체 유전 형질이다. 또, 1의 유전자형이 BB*인데 표현형이 정상이므로 B는 정상 대립유전자, B*는 ㉡ 대립유전자이고, ㉡은 열성 형질이다. 따라서 유전자형이 1은 BB*, 2는 B*Y, 3은 B*B*, 4는 BY이므로 7은 BY, 8은 BB*이다. BY×BB* → BB, BB*, BY, B*Y이므로 7과 8 사이에서 태어난 아들이 ㉡을 나타낼 확률은 $\frac{1}{2}$이다.

따라서 7과 8 사이에서 태어난 남자 아이에게서 ㉠과 ㉡이 모두 나타날 확률은 $\frac{1}{2} \times \frac{1}{2} = \frac{1}{4}$이다.

11 자료 분석 하기

사람의 유전 형질 가계도

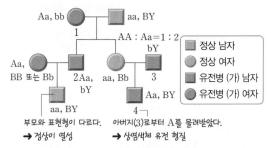

부모와 표현형이 다르다.　　아버지(3)로부터 A를 물려받았다.

➡ 정상이 열성　　　　➡ 상염색체 유전 형질

• 2의 아들은 (가)의 표현형이 부모와 다르다. ➡ 정상이 열성 형질이다.

• 4는 유전병(우성), 4의 어머니는 정상(열성)이므로 4는 3으로부터 유전병 대립유전자 A를 물려받았다. ➡ 3이 4에게 A가 있는 염색체를 물려주었으므로 A는 상염색체에 존재한다.

ㄱ. (가)의 경우, 유전병을 나타내는 부모 사이에서 정상인 자녀가 태어났으므로 유전병 대립유전자(A)가 정상 대립유전자(a)에 대해 우성이다. 또, 열성 형질의 어머니로부터 우성 형질의 아들(4)이 태어났으므로 (가)는 상염색체 유전 형질이다.

[오답 피하기] ㄴ. 2는 A와 b를 모두 갖지만, (가)를 결정하는 A와 a는 상염색체에 존재하고, 적록 색맹을 결정하는 B와 b는 X 염색체에 존재한다.

ㄷ. (가)의 경우, 유전자형이 4의 어머니는 aa이고, 3은 부모의 유전자형이 모두 이형 접합성이므로 AA일 확률이 $\frac{1}{3}$이고, Aa일 확률이 $\frac{2}{3}$이다. 3의 유전자형이 Aa일 때에만 (가)에 대해 정상(aa)인 자녀가 태어날 수 있으며, aa×Aa → Aa, aa이므로 4의 남동생이 (가)에 대해 정상일 확률은 $\frac{2}{3} \times \frac{1}{2} = \frac{1}{3}$이다. 적록 색맹의 경우, 유전자형이 4의 어머니는 1로부터 b를 물려받아 Bb이고, 3은 적록 색맹이므로 bY이다. Bb×bY → Bb, bb, BY, bY이므로 4의 남동생이 적록 색맹에 대해 정상일 확률은 $\frac{1}{2}$이다. 따라서 구하고자 하는 확률은 $\frac{1}{3} \times \frac{1}{2} = \frac{1}{6}$이다.

12 ㄱ. 한 사람의 유전자형에서 A, B, C의 개수 합에 의해 피부색의 표현형이 결정된다. 따라서 피부색 유전자형이 AaBbCc인 F_1과 AABbcc인 사람은 각각 A, B, C의 개수 합이 3개이므로 피부색이 같다.

ㄴ. F_2가 가질 수 있는 유전자형에서 A, B, C의 개수 합은 각각 6개, 5개, 4개, 3개, 2개, 1개, 0개인 경우가 있으므로 F_2에서 나타날 수 있는 피부색의 표현형은 모두 7가지이다.

[오답 피하기] ㄷ. 3쌍의 유전자는 서로 독립되어 있으므로, F_2에서 피부색 유전자형이 F_1과 동일한(AaBbCc) 사람이 나타날 확률은 $\frac{1}{2} \times \frac{1}{2} \times \frac{1}{2} = \frac{1}{8}$이다.

➕ **개념 더하기**

다인자 유전
• 여러 쌍의 대립유전자에 의해 형질이 결정되므로 표현형이 다양하며, 연속적이다. 예 피부색, 키
• 피부색 유전: 서로 다른 염색체에 존재하는 3쌍의 대립유전자(A와 a, B와 b, C와 c)에 의해 피부색이 결정되며, A, B, C의 개수가 많을수록 피부색이 검다고 가정할 때, 유전자형이 AaBbCc인 부모로부터 태어난 자손이 가질 수 있는 A, B, C의 개수 합은 각각 6개, 5개, 4개, 3개, 2개, 1개, 0개인 경우가 있다. ➡ 자손에서 나타날 수 있는 피부색의 표현형은 모두 7가지이다.

13 고난도 문제 해결 전략

(STEP 1) **출제 의도 파악하기**
유전자가 같은 염색체에 존재하는 2가지 형질의 유전 현상을 판단할 수 있는지 평가하는 문제이다.

(STEP 2) **관련 개념 모으기**
❶ 아버지로부터 같은 대립유전자를 물려받은 두 자녀의 표현형이 서로 다르다면?
➡ 아버지는 두 자녀에게 열성 대립유전자를 물려주었으며, 두 자녀는 어머니로부터 서로 다른 대립유전자를 물려받았다.

❷ 두 자녀가 어머니로부터 서로 다른 대립유전자를 물려받았다면?
➡ 어머니의 유전자형은 이형 접합성이므로 어머니가 나타내는 형질이 우성이다.

ㄱ. 아버지는 AB형(AB), 어머니는 O형(OO)이므로 A형인 오빠와 영희는 모두 아버지로부터 A가 존재하는 염색체를 물려받았다. 그런데 오빠는 정상이고, 영희는 X를 나타내므로 오빠와 영희는 모두 아버지로부터 h를 물려받았으며, 어머니로부터 각각 H와 h 중 하나를 물려받았다. 따라서 어머니의 X에 대한 유전자형은 Hh인데 X를 나타내므로 우성인 H가 X 대립유전자이고, 열성인 h가 정상 대립유전자이다.

ㄴ. 두 형질에 대한 유전자 구성이 아버지는 Ah/Bh, 어머니는 OH/Oh, 오빠는 Ah/Oh, 영희는 Ah/OH이므로 영희는 어머니로부터 O와 H가 함께 존재하는 염색체를 물려받았다.

ㄷ. 아버지(Ah/Bh)와 어머니(OH/Oh) 사이에서는 유전자 구성이 각각 Ah/OH, Ah/Oh, Bh/OH, Bh/Oh인 자녀가 태어날 수 있다. 따라서 A형이면서 X를 나타내는 자녀(Ah/OH)가 태어날 확률은 $\frac{1}{4}$이다.

13 사람의 유전병

├144~146 쪽┤

확인 문제
1 돌연변이 　2 단백질 　3 헤모글로빈, 산소
4 유전자 　5 염색체 비분리 　6 21, XXY
7 전좌

03 헤모글로빈 유전자의 이상으로 만들어진 돌연변이 헤모글로빈이 산소 농도가 낮을 때 길게 결합하면 적혈구가 낫 모양으로 변형되어 낫 모양 적혈구 빈혈증이 나타난다.

05 감수 분열 시 염색체 비분리 현상이 일어나면 염색체 수에 이상이 있는 생식세포가 만들어지고, 이 생식세포가 수정되면 염색체 수에 이상이 있는 자손이 태어난다.

개념을 다지는 기본 문제　147~149쪽

01 ③ 　02 ② 　03 ⊙ DNA, ⓒ 단백질 　04 ① 　05 해설 참조
06 해설 참조 　07 (나) 　08 ③ 　09 ① 　10 해설 참조 　11 ⑤ 　12 ④ 　13 ④ 　14 ⑤

01 학생 A, B: 돌연변이는 유전자나 염색체에 변화가 일어나 유전 정보가 변하는 현상으로, 돌연변이가 일어나 특정 유전자가 사라지면 특정 형질이 사라질 수 있다.
[오답 피하기] 학생 C: 돌연변이가 일어나면 새로운 유전자가 만들어져 새로운 형질이 나타날 수 있다.

02 ㄴ. 야생형과 다른 굽은 날개, 흰색 눈은 모두 돌연변이에 의해 유전 정보가 달라져 나타난 것이다.
[오답 피하기] ㄱ. (다)는 (가)와 다른 돌연변이 대립유전자를 가지므로 (가)와 (다)는 유전자 구성이 다르다.
ㄷ. 굽은 날개, 흰색 눈과 같이 돌연변이에 의해 나타나는 형질은 대부분 자손에게 전달된다.

03 ⊙은 유전자가 존재하는 DNA이고, ⓒ은 아미노산으로 구성된 단백질이다. 유전자에는 단백질(ⓒ)을 만드는 데 필요한 유전 정보(아미노산 서열 정보)가 DNA 염기 서열로 저장되어 있는데, 돌연변이 유전자에 의해 만들어진 돌연변이 단백질은 정상적인 기능을 수행하지 못하므로 유전병이 나타난다.

04 ㄱ. 페닐케톤뇨증, 헌팅턴 무도병, 낭성 섬유증은 모두 유전자 이상으로 특정 단백질의 합성에 이상이 생겨 나타나는 유전병이다.
[오답 피하기] ㄴ. 핵형 분석은 염색체의 수, 모양 등 겉으로 관찰 가능한 염색체의 특징을 분석하는 것이므로 핵형 분석으로 유전자 이상에 의한 유전병은 진단할 수 없다.
ㄷ. 유전자 이상에 의한 유전병을 나타내는 사람의 체내에서는 제 기능을 하지 못하는 돌연변이 단백질이 만들어진다.

05 **예시 답안** 특정 유전자(멜라닌 색소 합성 효소 유전자)의 이상(돌연변이)으로 멜라닌 색소의 합성에 관여하는 효소(단백질)가 정상적으로 만들어지지 않기 때문이다.

채점 기준	배점(%)
특정 유전자의 이상(돌연변이)과 멜라닌 색소 합성 효소의 이상을 모두 옳게 설명한 경우	100
특정 유전자의 이상(돌연변이)과 멜라닌 색소 합성 효소의 이상 중 1가지만 옳게 설명한 경우	50

06 **예시 답안** 돌연변이에 의해 헤모글로빈 유전자의 특정 위치에 있는 염기 1개가 바뀌어 아미노산 서열이 다른 돌연변이 헤모글로빈이 만들어졌기 때문이다.

채점 기준	배점(%)
헤모글로빈 유전자의 이상과 아미노산 서열이 다른 돌연변이 헤모글로빈의 합성을 모두 포함하여 옳게 설명한 경우	100
헤모글로빈 유전자의 이상과 아미노산 서열이 다른 돌연변이 헤모글로빈의 합성 중 1가지만 포함하여 설명한 경우	50

07 (가)는 유전자 이상에 의한 유전병, (나)는 염색체 이상에 의한 유전병이다. 터너 증후군은 염색체 수 이상에 의해 나타나므로 (나)에 속한다.

08 (가)는 다운 증후군, (나)는 터너 증후군, (다)는 클라인펠터 증후군이다.
③ 터너 증후군(나)을 나타내는 사람은 Y 염색체가 없으므로 모두 여자이다.
[오답 피하기] ①, ② 21번 염색체는 남자와 여자가 공통으로 가지는 상염색체이므로 다운 증후군(가)은 남자와 여자에서 모두 나타날 수 있다.
④ 터너 증후군(나)을 나타내는 사람은 외관상 여자이지만, 2차 성징이 뚜렷하지 않으며 불임이다.
⑤ (가)~(다)와 같은 염색체 수 이상에 의한 유전병은 감수 분열 시 염색체 비분리가 일어나 염색체 수에 이상이 있는 생식세포가 형성되고, 이 생식세포가 수정되어 태어나는 아이에게서 나타날 수 있다.

09 ㄱ. A에는 X 염색체 1개와 Y 염색체 1개가 들어 있으며, 철수의 체세포에도 X 염색체 1개와 Y 염색체 1개가 들어 있다.
[오답 피하기] ㄴ. (가)에서는 감수 1분열에서 염색체 비분리가 일어났으므로 핵상이 n인 정상 생식세포는 형성되지 않는다.
ㄷ. (나)에서는 감수 2분열에서 염색체 비분리가 일어났으며, B$(n+1=22+\text{YY})$가 정상 난자$(n=22+\text{X})$와 수정되어 태어난 아이는 성염색체가 XYY이다. 클라인펠터 증후군은 성염색체가 XXY일 때 나타난다.

10 (가)는 성염색체 구성이 XXY로 클라인펠터 증후군을 나타낸다. (가)가 적록 색맹을 나타내지 않으려면 정상인 아버지로부터 적록 색맹에 대해 정상 대립유전자가 있는 X 염색체와 Y 염색체를 물려받고, 적록 색맹인 어머니로부터 적록 색맹 대립유전자가 있는 X 염색체를 물려받아 유전자형이 XX′Y가 되어야 한다.

예시 답안 (가)는 아버지의 정자 형성 과정 중 감수 1분열에서 성염색체 비분리가 일어나 형성된 정자$(n+1=22+\text{XY})$와 어머니의 정상 난자$(n=22+\text{X})$가 수정되어 태어났다. 따라서 아버지로부터 정상 대립유전자를 물려받기 때문에 적록 색맹을 나타내지 않는다.

채점 기준	배점(%)
아버지의 감수 1분열에서의 염색체 비분리로 인해 아버지로부터 정상 대립유전자를 물려받기 때문이라고 옳게 설명한 경우	100
아버지의 감수 1분열에서 염색체 비분리가 일어났기 때문이라고만 설명한 경우	60
아버지로부터 정상 대립유전자를 물려받기 때문이라고만 설명한 경우	40

11 **자료 분석 하기**
염색체 비분리

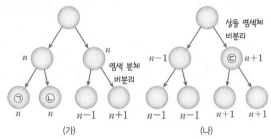

• 감수 1분열에서 염색체 비분리가 일어나 형성된 생식세포의 핵상은 $n-1$ 또는 $n+1$이다. ➡ (나)는 감수 1분열에서 상동 염색체가 비분리되었으며, ⓒ의 핵상은 $n+1$이다.
• 감수 2분열에서 염색체 비분리가 일어나 형성된 생식세포의 핵상은 n 또는 $n-1$ 또는 $n+1$이다. ➡ (가)는 감수 2분열에서 염색 분체가 비분리되었으며, ㉠과 ㉡의 핵상은 각각 n이다.

ㄱ, ㄷ. (가)의 경우 감수 2분열에서 염색체 비분리가 일어나 하나의 모세포로부터 핵상이 각각 $n-1$과 $n+1$인 딸세포(생식세포)가 형성되었다. 따라서 ㉠과 ㉡이 형성될 때에는 염색체 비분리가 일어나지 않았으므로 ㉠과 ㉡의 핵상은 각각 n으로 같다.
ㄴ. (나)의 경우 감수 1분열에서 염색체 비분리가 일어났으며, ⓒ의 핵상은 $n+1$이므로 ⓒ에는 한 쌍의 상동 염색체가 포함되어 있다.

12 ㄴ. (가)는 결실, (나)는 중복, (다)는 역위, (라)는 전좌이다. 이와 같은 염색체 구조 이상은 핵형 분석으로 확인할 수 있다.
ㄷ. 한 염색체의 일부가 상동 염색체가 아닌 다른 염색체에 붙는 현상은 전좌(라)에 해당한다.
[오답 피하기] ㄱ. (다)는 역위이다.

13 ㄴ. (나)는 서로 다른 두 염색체의 일부가 교환되는 전좌에 의해 나타난다.
ㄷ. (가)는 염색체의 결실, (나)는 염색체의 전좌에 의해 나타나며, 이와 같은 염색체 구조 이상은 핵형 분석으로 확인할 수 있다.
[오답 피하기] ㄱ. (가)는 결실, (나)는 전좌에 의해 나타나므로 모두 염색체 구조 이상에 의한 유전병이다.

14 ㄱ. 이 방법은 양수 검사로, ⊙은 태아의 세포가 포함되어 있는 양수이다.

ㄴ. 태아의 유전병 여부를 진단하는 방법이므로 X는 태아의 세포이다.

ㄷ. 배양된 태아의 세포(X)를 이용해 유전자 검사를 하거나 핵형 분석을 하여 유전병 여부를 진단한다.

실력을 올리는 실전 문제   152~155쪽

01 ③	02 ①	03 ①	04 ②	05 ⑤
06 ③	07 ①	08 ③	09 ①	10 ①
11 ④	12 ⑤	13 ④	14 ④	

1등급을 굳히는 고난도 문제

15 ④

---

01 ㄷ. 부모가 정상이고 딸이 유전병을 나타내는 경우가 있으므로 ⊙은 모두 돌연변이로 만들어진 유전병 대립유전자를 하나씩 가지는 이형 접합성이다.

[오답 피하기] ㄱ. 아버지가 우성 형질을 나타내는데 딸이 열성 형질을 나타내므로 이 유전병은 상염색체에 의해 유전된다.

ㄴ. 이 유전병은 유전자 이상에 의해 나타나므로 핵형 분석으로 유전병 여부를 진단할 수 없다.

02 ㄱ. (가)를 나타내는 사람의 핵형은 정상인과 같으므로 (가)는 유전자 이상에 의한 유전병이며, DNA의 염기 서열 변화로 나타난다.

[오답 피하기] ㄴ. (나)와 (다)는 모두 염색체 이상으로 나타나는데, (나)는 5번 염색체의 일부가 결실되어 나타나므로 (나)를 나타내는 사람의 체세포 염색체 수는 정상인과 같다. 즉, (가)를 나타내는 사람과 (나)를 나타내는 사람의 체세포 염색체 수는 46개로 같다.

ㄷ. (다)를 나타내는 사람은 모두 여자이므로 (다)는 터너 증후군이고, (다)를 나타내는 사람의 체세포에는 X 염색체가 1개 들어 있다.

03 ㄱ. ⊙이 DNA 운반체에 의해 환자의 염색체에 삽입되었으므로 ⊙은 정상 유전자이다.

[오답 피하기] ㄴ. 정상 유전자(⊙)가 X의 염색체에 삽입되었으므로 X의 염색체 수는 정상 체세포와 같다.

ㄷ. ⊙은 체세포인 골수 세포에 존재하므로 자손에게 전달되지 않는다.

04 아버지는 정상인데 딸이 적록 색맹을 나타내므로 딸은 어머니로부터 적록 색맹 대립유전자가 존재하는 X 염색체를 2개 물려받았다. 또, 아들이 정상이므로 어머니의 적록 색맹 유전자형은 이형 접합성이다.

ㄴ. 아들은 어머니로부터 정상 대립유전자가 존재하는 X 염색체를 물려받았다.

[오답 피하기] ㄱ. 딸은 핵형이 정상이므로 어머니로부터만 X 염색체를 2개 물려받았으며, 아버지로부터는 X 염색체를 물려받지 않았다.

ㄷ. 유전자형이 이형 접합성인 어머니가 딸에게 적록 색맹 대립유전자를 2개 물려주었으므로 어머니의 감수 2분열 과정에서 염색체 비분리가 일어났다.

05 자료 분석 하기

염색체 비분리와 적록 색맹

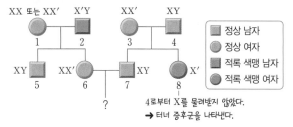

■	정상 남자
●	정상 여자
■	적록 색맹 남자
●	적록 색맹 여자

4로부터 X를 물려받지 않았다.
→ 터너 증후군을 나타낸다.

• 4는 정상이므로 정상 대립유전자를 가진다.

• 아버지는 딸에게 X 염색체를 물려준다. ➡ 8이 4로부터 X 염색체를 물려받았다면 정상 대립유전자를 물려받아 8은 정상이 된다. 그러나 8은 적록 색맹을 나타내므로 8은 4로부터 X 염색체를 물려받지 않았다.

ㄱ. 적록 색맹과 같은 X 염색체 유전 형질의 경우 아버지가 우성 형질을 나타내면 딸은 아버지로부터 우성 대립유전자를 물려받아 우성 형질을 나타낸다. 그런데 4는 정상이고, 8은 적록 색맹을 나타내므로 8은 4로부터 정상 대립유전자가 존재하는 X 염색체를 물려받지 않았다. 따라서 염색체 비분리는 4에게서 일어났다.

ㄴ. 8은 어머니인 3으로부터만 X 염색체를 1개 물려받았으므로 성염색체가 X 염색체 1개인 터너 증후군을 나타낸다.

ㄷ. 7은 딸에게 정상 대립유전자를 물려주므로 6과 7 사이에서 태어나는 딸은 항상 정상이다.

06 ㄱ. 철수가 적록 색맹인데 부모는 정상이므로 적록 색맹 유전자형이 아버지는 XY이고, 어머니는 XX'이다. 철수는 적록 색맹이면서 클라인펠터 증후군(X'X'Y)이므로 철수는 아버지로부터 Y 염색체를, 어머니로부터 적록 색맹 대립유전자가 존재하는 X 염색체(X')를 2개 물려받았다. 따라서 (나)에서 비분리는 ⓒ으로부터 ⓑ이 형성되는 감수 2분열에서 일어났다.

ㄴ. 정자 ⓒ과 난자 ⓑ이 수정되어 철수가 태어났으므로 ⓒ은 성염색체로 Y 염색체를 1개 가진다. 따라서 (가)에서 감수 1분열은 정상적으로 일어났고, 감수 2분열에서 비분리가 일어났다. 즉, (가)와 (나)에서 감수 1분열은 정상적으로 일어났으므로 ⊙과 ⓒ은 각각 23개의 염색체를 가진다.

[오답 피하기] ㄷ. (가)에서는 ⓓ과 ⓑ이 형성되는 감수 2분열에서 X 염색체의 비분리가 일어났다. 따라서 ⓓ과 ⓑ 중 하나는 성염색체로 X 염색체를 2개 가지고, 다른 하나는 성염색체를 갖지 않는다.

07 ㄱ. 정상인 부모 사이에서 미맹인 철수가 태어났으므로 정상이 우성 형질, 미맹이 열성 형질이다. 정상인 어머니는 유전자형이 동형 접합성인데 철수는 미맹이므로 철수는 아버지로부터 2개의 미맹 대립유전자를 물려받았다. 따라서 아버지의 감수 2분열에서 염색체 비분리가 일어나 ⊙($n+1$)이 형성된 것이므로 감수 1분열은 정상적으로 일어나 A와 B의 핵상은 각각 n으로 같다.

[오답 피하기] ㄴ. 상염색체의 비분리가 일어났으며, 철수는 염색체 수가 정상이므로 ⊙의 핵상은 $n+1$이고, ⓐ의 핵상은 $n-1$이다. 따라서 ⊙은 ⓐ보다 상염색체 수가 2개 더 많다.

ㄷ. 아버지의 감수 2분열에서 염색체 비분리가 일어났으며, ⊙의 핵상이 $n+1$이므로 ⓛ의 핵상은 $n-1$이다. 그런데 ⓛ에는 정상보다 상염색체가 1개 적게 존재하므로 ⓛ이 정상 난자와 수정되어도 터너 증후군($2n-1=44+X$)을 나타내는 아이는 태어나지 않는다.

08 ㄱ. 감수 2분열에서 서로 다른 모세포의 분열로 형성된 두 정자에 각각 성염색체가 존재하므로 B에서 두 모세포의 성염색체가 모두 비분리되었다. 따라서 X 염색체와 Y 염색체의 비분리가 모두 일어나 핵상과 염색체 구성이 각각 $n+1=22+XX$, $n+1=22+YY$, $n-1=22$인 생식세포가 형성되었다.

ㄴ. 감수 1분열은 정상적으로 일어났으므로 ⊙의 핵상은 n이다.

[오답 피하기] ㄷ. ⓛ에 존재하는 성염색체는 XX 또는 YY이고, 정상 난자에 들어 있는 성염색체는 X이다. 그러나 클라인펠터 증후군을 나타내는 아이의 성염색체는 XXY이다.

09 【자료 분석 하기】
염색체 비분리와 X 염색체 유전 형질

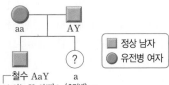

■ 정상 남자
● 유전병 여자

철수 AaY   a

아버지로부터 A가 있는 X 염색체 (유전병)와 Y 염색체를 물려받았다.
➡ 클라인펠터 증후군을 나타낸다.

어머니로부터 a가 있는 X 염색체, 아버지로부터는 성염색체를 물려받지 못했다.

• 이 유전병이 우성 형질이라면 어머니의 유전자형은 우성 동형 접합성이다. 이 경우, 철수는 정상이므로 어머니로부터 X 염색체를 물려받지 않고, 아버지로부터 X 염색체와 Y 염색체를 모두 물려받아야 한다. ➡ 부모 모두에게서 염색체 비분리가 일어나야 하므로 유전병은 열성 형질이다.

• 정상(우성) 대립유전자를 A, 유전병(열성) 대립유전자를 a라고 하면 철수는 어머니(aa)로부터 a가 존재하는 X 염색체를, 아버지(AY)로부터 A가 존재하는 X 염색체와 Y 염색체를 물려받았다.

어머니와 아버지에서 대립유전자의 DNA 상대량의 합이 서로 다르므로 이 유전병은 X 염색체 유전 형질이다. 어머니는 유전병 대립유전자만 가지는데 철수가 정상이므로 철수는 어머니로부터 유전병 대립유전자를, 아버지로부터 정상 대립유전자를 각각 물려받았다.

① 철수는 정상 대립유전자와 유전병 대립유전자를 모두 가지는데 표현형이 정상이므로 유전병은 열성 형질이다.

[오답 피하기] ② 철수는 어머니와 아버지로부터 각각 X 염색체를 1개씩 물려받았으므로 성염색체가 XXY이다. 따라서 철수는 클라인펠터 증후군을 나타낸다.

③ 철수의 여동생은 아버지로부터 정상 대립유전자를 물려받아 유전병을 나타내지 않는다.

④ 철수는 어머니로부터 유전병 대립유전자를 1개 물려받았으므로 유전병 대립유전자의 DNA 상대량이 1이다.

⑤ 아버지는 철수에게 X 염색체와 Y 염색체를 모두 물려주었으므로 아버지에게서 감수 1분열 시 염색체 비분리가 일어났다.

10 할아버지와 할머니의 A와 A*의 DNA 상대량의 합이 같으므로 A와 A*는 상염색체에 존재한다.

ㄱ. (가)의 유전자형이 할아버지는 AA, 할머니는 A*A*이므로 아버지는 AA*이다.

[오답 피하기] ㄴ. (가)의 유전자형이 어머니는 AA, 영희는 AA*A*이므로 영희는 어머니로부터 1개의 A를, 아버지로부터 2개의 A*를 물려받았다. 따라서 ⊙은 ⓛ보다 상염색체 수가 1개 더 많다.

ㄷ. ⊙에는 A*가 2개 존재하므로 아버지(AA*)의 감수 2분열에서 염색체 비분리가 일어났다.

11 ㄱ. (가)는 성염색체가 X 염색체 1개뿐이므로 A는 터너 증후군의 염색체 이상을 보인다.

ㄷ. (가)의 총 염색체 수는 45개이므로 염색 분체 수는 90개이고, (나)의 성염색체 수는 2개이다. 따라서 $\dfrac{\text{(가)의 염색 분체 수}}{\text{(나)의 성염색체 수}}$ $=45$이다.

[오답 피하기] ㄴ. 적록 색맹은 유전자에 의해 결정되는 형질이므로 염색체의 수나 크기, 모양 등의 특성을 분석하는 핵형 분석을 통해서는 확인할 수 없다.

12 ㄱ, ㄴ. (나)에는 [ABC] 부위의 전좌가 일어난 염색체가, (다)에는 [B] 부위의 결실과 [CDE] 부위의 역위가 모두 일어난 염색체가 각각 존재한다.

ㄷ. 염색체 구조의 이상은 핵형 분석을 통해 구별할 수 있다.

13 ㄴ. (가)와 (나)에는 각각 상동 염색체 쌍이 존재하므로 핵상이 $2n$이다. 그런데 (가)의 성염색체 구성과 (나)의 성염색체 구성이 서로 다르므로 (가)와 (나)는 성별이 서로 다른 개체의 세포이다.

ㄷ. A와 a는 서로 대립유전자이고, (가)에서 A는 성염색체에 존재하므로 정상 세포에서 a도 성염색체에 존재한다. 그런데 (나)에서 a는 상염색체에 존재하므로 (나)에서는 성염색체의 일부가 상염색체로 전좌되었다.

[오답 피하기] ㄱ. (가)와 (나)의 핵상은 각각 $2n$으로 같다.

14 ㄴ. (나)는 9번 염색체와 22번 염색체의 일부가 교환되는 전좌에 의해 나타난다.

ㄷ. (가)와 (나)를 나타내는 사람의 염색체 수는 각각 정상인과 같은 46개이다.

[오답 피하기] ㄱ. (가)는 상염색체인 5번 염색체의 결실로 나타나므로 남녀 모두에게서 나타난다.

⊕ **개념 더하기**

염색체 구조 이상
- 결실: 염색체 일부가 떨어져 없어지는 현상
- 중복: 염색체에 어떤 부분과 같은 부분이 삽입되어 그 부분이 반복되는 현상
- 역위: 염색체 일부가 떨어졌다가 거꾸로 붙는 현상
- 전좌: 한 염색체의 일부가 상동 염색체가 아닌 다른 염색체에 붙는 현상

15 고난도 문제 해결 전략

(STEP1) 출제 의도 파악하기

가족 구성원의 표현형을 통해 형질의 우열 관계와 염색체 비분리가 일어난 구성원을 판단할 수 있는지 평가하는 문제이다.

(STEP2) 관련 개념 모으기

❶ **부모와 자녀의 표현형이 서로 다른 경우 형질의 우열 관계는?**
➡ 부모의 표현형이 우성 형질, 자녀의 표현형이 열성 형질이다.

❷ **어머니의 유전자형이 우성 동형 접합성인 경우 자녀의 표현형은?**
➡ 자녀는 성별에 상관없이 어머니로부터 우성 대립유전자를 하나 물려받아 우성 형질을 나타낸다.

❸ **아버지가 우성 대립유전자만 가지고 있고, 아들과 딸이 열성 형질을 나타내는 경우 염색체 비분리 횟수는?**
➡ 상염색체 유전 형질이라면 아버지는 아들과 딸에게 모두 우성 대립유전자를 물려주지 않았으므로 염색체 비분리는 최소 2회 일어났다.
➡ X 염색체 유전 형질이라면 아버지는 딸에게 우성 대립유전자를 물려주지 않았으므로 염색체 비분리는 1회 일어났다.

표현형이 어머니와 아버지는 모두 ㉠, 누나와 철수는 모두 ㉡이므로 부모의 표현형인 ㉠이 우성 형질, 부모에게 없는 표현형인 ㉡이 열성 형질이다. 그런데 어머니와 아버지 중 한 사람은 1가지 대립유전자만 가지므로, 이 대립유전자는 우성 대립유전자이다. 어머니가 우성 대립유전자만 가질 경우 누나와 철수의 표현형이 모두 ㉡이 되기 위해서는 염색체 비분리가 2회 이상 일어나야 한다. 따라서 아버지가 우성 대립유전자만 가지며, 이 유전병은 X 염색체 유전 형질이다.

ㄱ. 아버지와 철수 누나의 표현형이 서로 다르므로 아버지는 누나에게 우성 대립유전자가 존재하는 X 염색체를 물려주지 않았다. 따라서 염색체 비분리는 아버지에게서 일어났다.

ㄷ. 누나는 어머니로부터만 열성 대립유전자가 존재하는 X 염색체를 1개 물려받아 터너 증후군을 나타낸다. 세포당 상염색체 수는 ⓐ~ⓓ가 모두 22개로 같지만, X 염색체 수는 ⓐ가 0개, ⓑ가 1개, ⓒ가 0개, ⓓ가 1개이다.

[오답 피하기] ㄴ. 철수는 유전자형이 이형 접합성인 어머니로부터 열성 대립유전자가 존재하는 X 염색체 1개를 물려받고, 아버지로부터 Y 염색체 1개를 물려받아 성염색체 구성이 정상(XY)이다.

핵심 정리 ▶ **Ⅳ 단원 마무리** 156~157쪽

❶ DNA ❷ 유전자 ❸ XX ❹ XY ❺ S ❻ 대립유전자 ❼ 반 ❽ 2가 염색체 ❾ 염색 분체 ❿ 4 ⓫ 수정 ⓬ 가계도 ⓭ 복대립 ⓮ AO ⓯ X ⓰ Y ⓱ 반성유전 ⓲ 여러 ⓳ 유전자 ⓴ 비분리 ㉑ 터너 ㉒ XXY ㉓ 결실 ㉔ 전좌

실력 점검 ▶ **Ⅳ 단원 평가 문제** 158~161쪽

01 ③	02 ④	03 ④	04 ⑤	05 ⑤
06 ②	07 ④	08 ①	09 ③	10 ④

11 상염색체: $n-1=21+X$, $n+1=23+X$, 성염색체: $n-1=22$, $n+1=22+XX$ 12 ③   13 ⑤   14 ④

1등급을 완성하는 서술형 문제

15 해설 참조   16 해설 참조   17 해설 참조

01 ㄷ. ⓑ는 유전 물질인 DNA이다. DNA가 자손에게 전달됨으로써 세대를 거듭해도 조상과 자손이 DNA를 통해 연결되는 생명의 연속성이 나타난다.

[오답 피하기] ㄱ. ㉠과 ㉡은 복제된 DNA가 각각 응축되어 형성된 염색 분체이므로 부모로부터 하나씩 물려받은 것이 아니다.

ㄴ. ⓐ는 뉴클레오솜을 구성하는 히스톤 단백질이다.

⊕ **개념 더하기**

염색체의 구조

- 염색체는 DNA(유전 물질)와 히스톤 단백질로 이루어진 복합체이다.
- 염색체는 유전 정보를 저장하고, 세포 분열 시 딸세포로 유전 정보를 전달하는 역할을 한다.
- DNA는 히스톤 단백질을 휘감아 뉴클레오솜을 형성한다. ➡ 하나의 염색체는 많은 수의 뉴클레오솜으로 이루어진다.

02 A와 a의 DNA 상대량의 합이 (가)가 (나)의 2배이므로 A와 a는 X 염색체에 존재하고, B와 b는 상염색체에 존재한다.

ㄱ. (가)와 (나)에는 각각 대립유전자인 B와 b가 모두 존재하므로 (가)와 (나)는 핵상이 $2n$으로 같다.

ㄷ. 핵상이 $2n$인 (나)에는 A와 a 중 a만 1개 존재하므로 (나)는 성염색체가 XY인 남자의 세포이다. 따라서 (나)를 가진 사람은 아들에게 X 염색체를 물려주지 않으므로 X 염색체에 존재하는 a도 물려주지 않는다.

03 ㄱ. (가)에는 상동 염색체 쌍이 존재하지 않으므로 (가)의 핵상은 n이다.

ㄴ. (가)에서 크기가 가장 작은 염색체와 같은 염색체가 (나)에는 존재하지 않는다. 따라서 (가)에는 Y 염색체가 존재하며, (나)에는 X 염색체가 2개 존재하므로 (가)는 남자의 생식세포, (나)는 여자의 체세포이다.

[오답 피하기] ㄷ. (나)에는 상동 염색체 쌍이 존재하므로 (나)의 핵상은 $2n$이다. 감수 분열 결과 형성된 딸세포는 핵상이 n이다.

04 ⑤ 이 세포는 분열 후 다시 DNA 복제가 일어나므로 체세포 분열을 한다. 따라서 염색 분체가 분리되어 Ⅲ에서 유전자 구성이 같은 2개의 딸세포가 형성된다.

[오답 피하기] ① Ⅰ은 DNA가 복제되는 S기이므로 이 시기에는 응축된 염색체가 관찰되지 않는다.

② Ⅱ에는 G_2기와 분열기가 포함되며, G_1기는 S기 이전 시기이므로 Ⅱ에 포함되지 않는다.

③ 이 세포는 체세포 분열을 하므로 세포 주기에서 상동 염색체의 분리는 일어나지 않는다.

④ Ⅱ와 Ⅲ에 분열기가 포함되며, 분열기의 세포 중에는 핵막이 사라져 관찰되지 않는 세포가 있다.

05 ㄱ. ㉠은 생식세포, ㉡은 상동 염색체가 분리된 감수 2분열기의 세포, ㉢은 2가 염색체가 관찰되는 감수 1분열기의 세포이다.

ㄴ. 생식세포(㉠)의 DNA는 생식 과정을 통해 자손에게 전달될 수 있다.

ㄷ. 감수 1분열 과정에서 상동 염색체 쌍이 무작위로 배열되었다가 분리되므로 유전자 구성이 서로 다른 딸세포(㉡)가 형성되어 딸세포의 유전적 다양성이 증가한다.

06 ㄴ. 감수 1분열 중기 세포의 핵상은 $2n$이고, 감수 2분열 중기 세포의 핵상은 n이다. 체세포의 핵상과 염색체 수가 (가)는 $2n=8$, (나)는 $2n=4$이므로 (가)의 체세포 염색체 수는 8개이고, (나)의 생식세포 염색체 수는 2개이다.

[오답 피하기] ㄱ. 그림의 세포는 핵상과 염색체 수가 $n=4$이므로 (가)($2n=8$)의 세포이다.

ㄷ. (가)($2n=8$)의 감수 2분열 중기 세포($n=4$)에는 4개의 염색체가 존재하므로 8개의 염색 분체가 존재한다.

07 분리형 부모 사이에서 부착형 자녀가 태어나고, 쌍꺼풀 부모 사이에서 외까풀 자녀가 태어나므로 분리형이 부착형에 대해, 쌍꺼풀이 외까풀에 대해 각각 우성 형질이다.

ㄴ. 쌍꺼풀이 외까풀에 대해 우성 형질이므로 Ⅰ의 부모는 모두 눈꺼풀 유전자형이 이형 접합성이고, Ⅱ의 부모는 모두 열성 동형 접합성이며, B는 외까풀을 가진다. 따라서 Ⅰ과 Ⅱ의 구성원은 모두 외까풀 대립유전자를 가진다.

ㄷ. 귓불 모양의 경우, 유전자형이 A는 이형 접합성, B는 열성 동형 접합성이므로 A와 B 사이에서 태어난 자녀가 열성 형질(부착형)을 나타낼 확률은 $\frac{1}{2}$이다. 눈꺼풀의 경우, A와 B는 유전자형이 모두 열성 동형 접합성이므로 A와 B 사이에서 태어난 자녀가 열성 형질(외까풀)을 나타낼 확률은 1이다. 따라서 구하고자 하는 확률은 $\frac{1}{2} \times 1 = \frac{1}{2}$이다.

[오답 피하기] ㄱ. 귓불 모양은 상염색체 유전 형질이므로 분리형 귓불을 가질 확률은 남자와 여자에서 같다.

08 4와 5는 정상이고, 7은 유전병을 나타내므로 정상이 우성 형질, 유전병이 열성 형질이다. 4는 우성 대립유전자인 A만 가지는데 7의 표현형이 4와 다르므로 이 유전병은 X 염색체 유전 형질이다.

ㄴ. 4(AY)는 2(AA)로부터 A를 물려받았고, 6(AA)은 4로부터 A를 물려받았으므로 6은 2로부터 유래된 X 염색체를 가진다.

[오답 피하기] ㄱ. 5는 7(A*Y)에게 A*를 물려주었으므로 유전자형이 AA*이고, 3은 1(A*Y)로부터 A*를 물려받았으므로 유전자형이 AA*이다.

ㄷ. 4(AY)와 5(AA*) 사이에서 태어나는 아들은 유전자형이 AY 또는 A*Y이므로 이 아이가 정상일 확률은 $\frac{1}{2}$이다.

09 ③ (나)의 경우, 부모에게 없는 표현형을 나타내는 딸이 태어났으므로 딸의 표현형인 유전병이 열성 형질이고, 정상인 아버지로부터 유전병인 딸이 태어났으므로 상염색체 유전 형질이다. 그런데 적록 색맹은 X 염색체 유전 형질이다.

[오답 피하기] ①, ② (가)의 경우, 유전병이 나타날 확률은 남자와 여자에서 같으므로 상염색체 유전 형질이다. 또, 정상 부모로부터 태어나는 자녀는 모두 정상이므로 정상이 열성 형질, (가)가 우성 형질이다.

④ ㉠과 딸의 표현형이 서로 다른 경우가 있으므로 ㉠은 유전병 대립유전자를 가져 (나)의 유전자형이 이형 접합성이다.

⑤ (나)는 열성 형질이므로 (나)를 나타내는 부모는 유전자형이 모두 열성 동형 접합성이다. 따라서 (나)를 나타내는 부모로부터 태어나는 자녀는 모두 (나)를 나타낸다.

10 (자료 분석 하기)

사람의 상염색체 유전

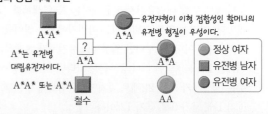

• 할아버지는 A*만 2개 가진다. ➡ 할아버지는 유전병을 나타내므로 A*는 유전병 대립유전자이다.

• 할머니는 유전자형이 이형 접합성이다. ➡ 할머니가 나타내는 유전병이 우성 형질이다.

유전자형이 할아버지는 A*A*, 할머니는 A*A이므로 이 유전병은 상염색체 유전 형질이며, 할머니가 유전병을 나타내므로 유전병이 정상에 대해 우성 형질이다.

ㄱ. 아버지는 할아버지로부터 A*를 물려받으므로 유전병을 나타낸다.

ㄷ. 철수의 여동생은 유전자형이 AA이므로, 유전자형이 아버지는 A*A, 어머니도 A*A이다. A*A×A*A → A*A*, 2A*A, AA이므로 유전병을 나타내는 철수의 동생이 가질 수 있는 유전자형과 비율은 A*A* : A*A=1 : 2이다. 따라서 이 아이의 유전자형이 할머니(A*A)와 같을 확률은 $\frac{2}{3}$이다.

[오답 피하기] ㄴ. 이 유전병은 상염색체 유전 형질이므로 유전병이 나타날 확률은 남자와 여자에서 같다.

11 감수 1분열에서 상동 염색체의 비분리가 일어나고, 감수 2분열이 정상적으로 일어나면 형성되는 모든 생식세포의 염색체 수가 정상보다 1개 많거나 적게 된다. 정상적인 난자의 핵상과 염색체 구성은 $n=22+X$이다. 그런데 난자 형성 과정 중 감수 1분열에서 상염색체의 비분리가 일어나면 $n-1=21+X$와 $n+1=23+X$ 2종류의 난자가 형성된다. 또, 성염색체의 비분리가 일어나면 $n-1=22$와 $n+1=22+XX$ 2종류의 난자가 형성된다.

12 핵상이 n인 정상 생식세포가 형성되었으므로 염색체 비분리는 감수 2분열에서 일어났다. 그런데 핵상이 $n+1$인 ㉠에 Y 염색체가 1개 존재하므로 비분리된 염색체는 상염색체이다.

ㄱ. Y 염색체가 존재하는 ㉢은 감수 2분열 과정에서 ㉠과 같은 모세포로부터 형성된 것이므로 핵상이 $n-1$이다. 따라서 ㉡과 ㉣이 형성될 때에는 염색체 비분리가 일어나지 않았으므로 ㉣의 핵상은 n이다.

ㄴ. 상염색체가 비분리되었으며, ㉠의 핵상은 $n+1$, ㉢의 핵상은 $n-1$이므로 ㉠에는 ㉢보다 상염색체가 2개 더 많이 존재한다.

[오답 피하기] ㄷ. 염색체 비분리는 Y 염색체가 존재하는 ㉠과 ㉢이 형성되는 감수 2분열에서 일어났다. 그러나 ⓐ에는 X 염색체가 존재하므로 ⓐ는 ㉡과 ㉣ 중 하나이다.

✚ **개념 더하기**

염색체 비분리 시기에 따른 특징

비분리 시기	특징
감수 1분열	• 상동 염색체가 비분리된다. • 핵상이 $n+1$, $n-1$인 생식세포만 형성되고, 핵상이 n인 정상 생식세포는 형성되지 않는다. • 핵상이 $n+1$인 생식세포에는 유전자 구성이 다른 한 쌍의 상동 염색체가 존재한다.
감수 2분열	• 염색 분체가 비분리된다. • 핵상이 $n+1$, $n-1$인 생식세포뿐 아니라 핵상이 n인 정상 생식세포도 형성된다. • 핵상이 $n+1$인 생식세포에는 유전자 구성이 같은 한 쌍의 염색체가 존재한다.

13 ㄱ. (가)는 염색체 이상 유전병으로, ㉠은 적록 색맹을 나타내지 않는 아버지로부터 X 염색체와 Y 염색체를 모두 물려받았다.

ㄴ. (나)는 유전자 이상 유전병인 낫 모양 적혈구 빈혈증으로, 헤모글로빈 유전자의 DNA 염기 서열 변화로 나타난다.

ㄷ. 유전자의 이상으로 만들어진 돌연변이 헤모글로빈 단백질(㉡)은 정상 헤모글로빈 단백질과 아미노산 서열이 달라 정상적인 기능을 수행하지 못한다.

14 ㄱ. (가)는 상동 염색체 쌍이 존재하므로 핵상이 $2n$이고, (나)는 상동 염색체 쌍이 존재하지 않으므로 핵상이 n이다. 따라서 (가)의 염색체 수는 (나)의 2배이다.

ㄴ. (나)에는 [BC] 부위가 [CB]로 역위된 염색체와 [F] 부위가 결실된 염색체가 존재한다.

[오답 피하기] ㄷ. (가)에 존재하는 상동 염색체 쌍에는 각각 G와 g가 있는데, (다)에 존재하는 크기와 모양이 같은 한 쌍의 염색체에는 모두 G만 있다. 따라서 (다)가 형성될 때 감수 2분열에서 염색체 비분리가 일어나 2개의 염색 분체가 하나의 딸세포로 같이 들어갔다.

15 세포 주기는 G₁기(㉢) → S기(㉣) → G₂기(㉠) → M기 순으로 진행되며, S기에 DNA 복제가 일어난다. (나)는 유전 물질인 DNA(ⓐ)가 히스톤 단백질을 휘감아 뉴클레오솜을 형성한 모습이다.

예시 답안 ㉠ 시기 세포, ㉡은 DNA(ⓐ)가 복제되기 전인 G₁기, ㉢은 DNA가 복제되는 S기, ㉠은 DNA가 복제된 후인 G₂기이므로 ⓐ(DNA)의 양은 ㉠ 시기 세포에 더 많다.

채점 기준	배점(%)
㉠ 시기 세포라고 쓰고, ㉢ 시기에 DNA가 복제되기 때문임을 ㉠~㉢ 시기의 이름을 포함하여 옳게 설명한 경우	100
㉠ 시기 세포라고 쓰고, ㉢ 시기에 DNA가 복제되기 때문이라고만 설명한 경우	50

16 ㉠이 ㉡으로 되는 과정에서 염색 분체가 분리되었다면 세포 1개당 A의 DNA 상대량이 반으로 감소하여 ㉠이 ㉡의 2배가 되어야 한다.

예시 답안 ㉠이 ㉡으로 되는 과정에서 상동 염색체가 분리되므로 ㉠의 핵상은 $2n$, ㉡의 핵상은 n이다.

채점 기준	배점(%)
㉠과 ㉡의 핵상을 상동 염색체의 분리를 근거로 옳게 설명한 경우	100
상동 염색체가 분리된다는 것만 설명한 경우	50
㉠과 ㉡의 핵상만 옳게 쓴 경우	30

17 **예시 답안** 유전병을 가진 부모로부터 정상인 딸이 태어났으므로 유전병은 우성 형질이며, 아버지가 우성 표현형(유전병)을 나타내는데 딸은 열성 표현형(정상)을 나타내므로 상염색체 유전 형질이다.

채점 기준	배점(%)
유전병이 우성 형질이고, 상염색체 유전 형질이라는 것을 그 까닭과 함께 모두 옳게 설명한 경우	100
유전병이 우성 형질이라는 것과 상염색체 유전 형질이라는 것 중 1가지만 그 까닭과 함께 옳게 설명한 경우	50

14 개체군

확인 문제 1 생태계   2 생물적 요인   3 빛
4 J, S   5 순위제, 가족생활

02 생태계는 생물적 요인과 비생물적 요인으로 구성되며, 생물적 요인은 역할에 따라 생산자, 소비자, 분해자로 구분한다.

03 바다의 깊이에 따라 투과되는 빛의 파장과 양이 다르기 때문에 바다의 얕은 곳에는 광합성에 적색광을 주로 이용하는 녹조류가, 바다의 깊은 곳에는 광합성에 청색광을 주로 이용하는 홍조류가 많이 분포한다.

04 이상적인 환경 조건에서는 개체군의 생장 곡선이 J자 모양을 나타내지만, 일반적인 환경에서는 환경 저항에 의해 S자 모양을 나타낸다.

05 개체들 사이에서 힘의 서열에 따라 순위를 정하여 먹이를 먹는 것은 순위제이고, 힘이 센 수컷이나 암컷을 중심으로 혈연 관계의 개체들이 모여서 생활하는 것은 가족생활이다.

개념을 다지는 기본 문제

01 ④   02 ①   03 ③   04 ④   05 ⑤   06 물   07 ②
08 ③   09 해설 참조   10 ②   11 해설 참조   12 ②   13 ②
14 ㄱ   15 (가) 순위제, (나) 사회생활, (다) 리더제   16 ①   17 ⑤

01 ④ 생태계는 에너지 흐름과 물질 순환이 일어나는 기능적인 단위이다.
[오답 피하기] ① 생태계는 생물적 요인과 비생물적 요인으로 구성된다.
② 같은 종의 개체가 모여 개체군을 형성하며, 여러 종류의 개체군이 모여 군집을 형성한다.
③ 개체군은 같은 종의 개체들로 구성되므로 한 개체군을 구성하는 생물들을 역할에 따라 구분할 수 없다. 생산자, 소비자, 분해자로 구성된 것은 군집이다.
⑤ 생태계를 구성하는 생물적 요인과 비생물적 요인 사이에서 다양한 상호 작용이 일어난다.

02 녹색 식물이 속하는 A는 생산자, B는 소비자이다.
① 버섯은 다른 생물의 사체나 배설물에 포함된 유기물을 분해하여 필요한 에너지를 얻는 분해자에 속한다.

[오답 피하기] ②, ③ 초식 동물은 다른 생물을 먹어서 양분을 얻는 소비자(B)에 속한다.
④ 생산자(A)는 광합성을 통해 무기물로부터 유기물을 합성한다.
⑤ 생태계 내의 생물적 요인이 서로 영향을 주고받는 것을 상호 작용이라고 한다.

03 북극여우와 같이 추운 지방에 서식하는 포유류는 사막여우와 같이 더운 지방에 서식하는 포유류에 비해 몸의 말단부가 작고 몸집이 크다. 이는 온도에 대한 적응 현상으로, 체온을 유지하기 위한 것이다.

⊕ 개념 더하기

생물과 환경의 관계

빛	• 음지 식물은 양지 식물보다 빛이 약한 곳에서도 잘 서식할 수 있다. • 단일 식물은 일조 시간이 짧아지는 가을에 개화하고, 장일 식물은 일조 시간이 길어지는 봄과 초여름에 개화한다.
온도	• 온대 지방에 서식하는 개구리나 뱀은 겨울잠을 잔다. • 온대 지방에 서식하는 활엽수는 온도가 낮아지면 단풍이 들고 낙엽을 만든다.
물	• 파충류 몸 표면의 비늘과 곤충의 키틴질 껍질은 수분이 증발하는 것을 방지한다. • 건생 식물은 저수 조직이 발달해 있으며, 수생 식물은 통기 조직이 발달해 있다.

04 ④ 개체군은 일정한 지역에 같은 종의 생물이 무리를 이루어 생활하는 집단이므로 개체군 B는 같은 종의 개체들로 구성된다.
[오답 피하기] ① 생태계는 생물적 요인(생물 군집)과 비생물적 요인으로 구성된다.
② ㉠은 비생물적 요인이 생물적 요인에 영향을 주는 작용, ㉡은 생물적 요인이 비생물적 요인에 영향을 주는 반작용이다.
③ ㉢은 서로 다른 개체군 사이의 상호 작용이고, ㉣은 개체군 내 개체 사이의 상호 작용이다.
⑤ 메뚜기와 벼는 서로 다른 개체군에 속하므로 메뚜기의 개체 수 증가로 벼의 수확량이 감소한 것은 ㉢에 해당한다.

05 ㉠은 비생물적 요인이 생물적 요인에 영향을 주는 작용, ㉡은 생물적 요인이 비생물적 요인에 영향을 주는 반작용이다.
⑤ 지렁이가 흙 속을 파헤치며 이동하여 토양의 통기성이 높아지는 것은 생물적 요인(지렁이)이 비생물적 요인(토양)에 영향을 주는 반작용(㉡)의 예이다.
[오답 피하기] ①, ② 낙엽이 분해되어 토양이 비옥해지는 것과 식물의 광합성 결과 공기의 조성이 달라지는 것은 반작용(㉡)의 예이다.
③ 가을에 기온이 낮아져 은행나무 잎이 노랗게 변하는 것은 작용(㉠)의 예이다.
④ 배스의 개체 수 증가로 토종 어류의 개체 수가 감소하는 것은 생물들이 서로 영향을 주고받는 상호 작용의 예이다.

06 파충류 몸 표면의 비늘과 단단한 알 껍데기는 건조한 환경에서 수분의 증발을 방지하기 위한 것이다.

07 ㄴ. 출생과 이입에 의해 개체 수가 증가하면 개체군의 밀도가 증가하고, 사망과 이출에 의해 개체 수가 감소하면 개체군의 밀도가 감소한다.

[오답 피하기] ㄱ. 개체군의 밀도는 개체군이 서식하는 공간의 단위 면적당 개체 수를 말한다.

ㄷ. 빛, 서식 공간, 온도 등의 비생물적 요인도 개체군의 밀도에 영향을 준다.

08 ㄱ. 이상적인 환경 조건에서는 개체 수가 기하급수적으로 증가하여 J자 모양의 생장 곡선을 나타내지만, 일반적인 환경에서는 개체 수가 증가할수록 환경 저항이 증가하여 개체군의 생장이 점차 둔화하는 S자 모양의 생장 곡선을 나타낸다. 따라서 A는 이론상의 생장 곡선, B는 실제의 생장 곡선이다.

ㄷ. 환경 수용력은 주어진 환경 조건에서 서식할 수 있는 최대 개체 수를 말한다.

[오답 피하기] ㄴ. B에서 t_2일 때보다 t_1일 때 개체 수가 적으므로 개체군의 밀도는 t_2일 때보다 t_1일 때가 낮다.

09 예시 답안 환경 저항, 환경 저항에는 서식 공간과 먹이의 부족, 노폐물의 축적, 개체 간의 경쟁, 질병 등이 있다.

채점 기준	배점(%)
환경 저항을 쓰고, 그 예를 3가지 이상 옳게 설명한 경우	100
환경 저항만 쓴 경우	30

10 자료 분석 하기

개체군의 생존 곡선

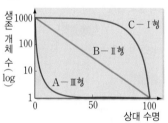

· A: 초기 사망률이 높은 Ⅲ형으로, 물고기, 굴 등의 어패류에서 주로 볼 수 있다.

· B: 연령대에 따른 사망률이 비교적 일정한 Ⅱ형으로, 다람쥐, 조류, 히드라 등에서 볼 수 있다.

· C: 부모의 보호를 받아 어린 개체의 사망률이 낮고, 노년에 사망률이 높은 Ⅰ형으로, 사람, 코끼리 등에서 볼 수 있다.

② 어류는 많은 수의 자손을 낳지만, 어린 개체의 사망률이 높아 A 유형의 생존 곡선을 나타낸다.

[오답 피하기] ① 초기 사망률은 A 유형의 개체군에서 가장 높고, C 유형의 개체군에서 가장 낮다.

③ 코끼리와 같은 대형 포유류는 적은 수의 자손을 낳지만 부모의 보호를 받아 어린 개체의 사망률이 낮고, 노년에 사망률이 높아 C 유형의 생존 곡선을 나타낸다.

④ A 유형의 생존 곡선을 나타내는 생물은 많은 수의 자손을 낳지만, C 유형의 생존 곡선을 나타내는 생물은 적은 수의 자손을 낳는다.

⑤ 생존 곡선은 일정 시기에 함께 태어난 개체들 중 살아남은 개체의 수를 시간에 따라 나타낸 것이다.

11 예시 답안 C, 부모의 보호를 받아 어린 개체의 사망률이 낮고, 노년에 사망률이 높기 때문이다.

채점 기준	배점(%)
C를 쓰고, 그 까닭을 옳게 설명한 경우	100
C만 쓴 경우	30

12 ② B는 생식 전 연령층의 개체 수가 생식 연령층보다 많아 시간이 지남에 따라 개체군의 크기가 커지는 발전형이다.

[오답 피하기] ①, ③ A는 생식 전 연령층의 개체 수가 생식 연령층보다 적어 시간이 지남에 따라 개체군의 크기가 작아지는 쇠퇴형이다.

④ 생식 전 연령층은 한 세대가 지난 후 생식 연령층이 되므로 발전형 연령 피라미드(B)를 나타내는 개체군에서 한 세대가 지난 후 생식 연령층의 개체 수는 현재보다 증가한다.

⑤ 연령 피라미드에서 생식 연령층과 생식 전 연령층의 비율에 따라 개체군의 크기 변화를 예측할 수 있다.

13 자료 분석 하기

돌말 개체군의 계절적 변동

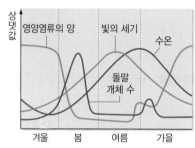

· 봄: 영양염류가 풍부한 상태에서 수온이 상승하고 빛이 강해지므로 돌말의 개체 수가 급격히 증가한다. 그러나 증가한 돌말에 의해 영양염류의 양이 감소하므로 돌말의 개체 수가 다시 급격히 감소한다.

· 여름: 영양염류가 고갈되어 수온이 높고 빛의 세기가 강해도 돌말의 개체 수가 적다.

· 초가을: 영양염류의 양이 증가함에 따라 돌말의 개체 수가 약간 증가하지만 수온이 낮아지고 빛의 세기가 약해짐에 따라 돌말의 개체 수는 다시 감소한다.

· 겨울: 영양염류는 풍부하지만 수온이 낮고 빛의 세기도 약해 돌말의 개체 수가 적다.

② 가을에는 수온이 낮아지고 빛의 세기도 약해지기 때문에 영양염류의 양이 많아져도 돌말의 개체 수는 증가하지 않는다.

[오답 피하기] ① 여름에는 영양염류가 고갈되어 돌말의 개체 수가 증가하지 않는다.

③ 겨울에 영양염류는 풍부하지만, 수온이 낮고 빛의 세기가 약하기 때문에 돌말의 개체 수가 적다.

④ 봄이 지나면서 돌말의 개체 수가 급격히 감소한 것은 이른 봄 급격히 증가한 돌말에 의해 영양염류의 양이 급격히 감소하여 영양염류가 부족해졌기 때문이다.

⑤ 돌말 개체군은 수온, 빛의 세기, 영양염류의 양과 같은 환경 요인의 영향으로 개체군 크기가 주기적으로 변동한다.

14 ㄱ. A의 개체 수 증감에 따라 B의 개체 수가 증감하므로 A는 피식자인 눈신토끼이고, B는 포식자인 스라소니이다.
[오답 피하기] ㄴ. 피식자인 눈신토끼(A)의 개체 수가 증가하면 먹이 증가로 포식자인 스라소니(B)의 개체 수도 증가한다.
ㄷ. 눈신토끼와 스라소니의 개체군 크기는 포식과 피식의 관계에 의해 약 10년을 주기로 변동한다.

15 개체들 사이에서 힘의 서열에 따라 순위를 정하여 먹이나 배우자를 차지하는 것은 순위제, 각 개체가 역할을 나누어 수행하는 분업화된 체제를 형성하는 것은 사회생활, 경험이 많은 한 개체가 리더가 되어 개체군의 행동을 지휘하는 것은 리더제이다.

16 은어 개체군은 각 개체가 일정한 생활 공간을 차지하고 다른 개체의 접근과 침입을 막는 텃세를 나타낸다.

17 (가)는 혈연관계의 개체들이 모여서 개체군을 형성하고 생활하는 가족생활, (나)는 개체군 내의 각 개체가 자신의 생활 구역을 확보하여 먹이, 배우자 등을 독점하는 텃세, (다)는 개체군 내의 각 개체가 역할을 나누어 수행하는 사회생활이다.

실력을 올리는 실전 문제

172~175쪽

01 ⑤	02 ④	03 ①	04 ④	05 ②
06 ①	07 ②	08 ⑤	09 ⑤	10 ④
11 ④	12 ①	13 ③	14 ③	

1등급을 굳히는 고난도 문제

15 ④

---

01 ㄱ, ㄴ. '생물의 사체나 배설물을 분해하여 에너지를 얻는다.'는 분해자만 가지는 특징이므로 ㉠에 해당하며, '스스로 무기물로부터 유기물을 합성할 수 없다.'는 분해자와 소비자가 가지는 특징이므로 ㉡에 해당한다. 따라서 A는 분해자인 곰팡이, B는 소비자인 메뚜기, C는 생산자인 벼이다.
ㄷ. 벼, 곰팡이, 메뚜기를 포함한 모든 생물은 세포로 구성되어 있으므로 '세포로 구성되어 있다.'는 A~C의 공통된 특징인 ㉢에 해당한다.

02 ㉠은 세포 호흡, ㉡은 광합성이고, A는 생산자인 풀, B는 소비자인 메뚜기, C는 분해자인 버섯이다.
ㄱ. 생물은 세포 호흡을 통해 에너지를 얻으므로 풀(A)과 메뚜기(B)에서 모두 세포 호흡(㉠)이 일어난다.
ㄷ. 분해자인 버섯(C)은 사체와 배설물에 포함된 유기물을 무기물로 분해한다.

[오답 피하기] ㄴ. 광합성(㉡)을 통해 빛에너지를 화학 에너지로 전환하는 것은 생산자인 풀(A)이며, 소비자인 메뚜기(B)는 다른 생물을 먹어서 양분을 얻는다.

03 A는 작용, B는 개체군 내에서 일어나는 상호 작용, C는 서로 다른 개체군 간에 일어나는 상호 작용이다.
ㄱ. 한 식물에서도 위치에 따라 빛을 받는 정도가 달라 양엽과 음엽이 존재하는 것은 작용(A)의 예이다.
[오답 피하기] ㄴ. 사슴의 수가 급격히 증가해 초원이 황폐해지는 것은 생물적 요인인 사슴과 초원의 식물 사이에 일어나는 상호 작용에 해당하므로 서로 다른 개체군 간에 일어나는 상호 작용(C)의 예이다.
ㄷ. 바다의 깊이에 따라 투과되는 빛의 파장과 양이 달라서 주로 서식하는 해조류의 종류가 다른 것은 작용(A)의 예이다.

04 ㉠은 비생물적 요인이 생물적 요인에 영향을 주는 작용, ㉡은 생물적 요인이 비생물적 요인에 영향을 주는 반작용이다.
ㄱ. 개체군은 일정한 지역에 같은 종의 생물이 무리를 이루어 생활하는 집단이므로 개체군 A는 같은 종의 개체들로 구성되어 있다.
ㄷ. 생물인 지의류에 의해 암석의 풍화가 촉진되어 토양이 형성되는 것은 생물적 요인이 비생물적 요인에 영향을 주는 반작용(㉡)의 예이다.
[오답 피하기] ㄴ. 스라소니가 눈신토끼를 잡아먹는 것은 개체군 간의 상호 작용의 예이다.

➕ 개념 더하기

생태계의 구성과 상호 관계

- 생태계는 생물적 요인과 비생물적 요인으로 구성된다.
- 비생물적 요인은 빛, 온도, 물, 토양, 공기 등의 환경 요인이다.
- 생물적 요인은 역할에 따라 생산자, 소비자, 분해자로 구분한다.
- 비생물적 요인이 생물적 요인에 영향을 주는 것을 작용, 생물적 요인이 비생물적 요인에 영향을 주는 것을 반작용, 생물적 요인 사이에 영향을 주고받는 것을 상호 작용이라고 한다.
- 개체군 내의 상호 작용에는 텃세, 순위제, 리더제, 사회생활, 가족생활 등이 있고, 개체군 간의 상호 작용에는 종간 경쟁, 분서, 피식과 포식, 공생, 기생 등이 있다.

05 ㄴ. B의 생장 곡선은 S자형을 나타내므로 구간 Ⅰ에서 B는 서식 공간과 먹이의 부족, 질병 등 환경 저항을 받는다.
[오답 피하기] ㄱ. 일정한 지역에 여러 종류의 개체군이 모여 생활하는 집단을 군집이라고 한다. 따라서 서로 다른 지역에 서식하는 A와 B는 서로 다른 군집에 속한다.

ㄷ. 개체군 밀도는 $\dfrac{개체\ 수}{서식지\ 면적}$이고, ㉠의 면적을 a라고 하면 ㉡의 면적은 2a이다. 따라서 t_1에서 A의 개체군 밀도는 $\dfrac{200}{a}$이고, t_2에서 B의 개체군 밀도는 $\dfrac{100}{2a}$이므로, t_1에서 A의 개체군 밀도는 t_2에서 B의 개체군 밀도의 4배이다.

06 ㄱ. A는 생식에 제약이 없는 이상적인 환경 조건에서 나타나는 이론상의 생장 곡선이며, B는 일반적인 환경에서 개체 수가 증가할수록 환경 저항이 커져 개체군의 생장이 점차 둔화하는 실제의 생장 곡선이다.

[오답 피하기] ㄴ. 환경 저항은 개체 수가 많을수록 커진다. 따라서 B에서 환경 저항은 구간 Ⅰ에서보다 구간 Ⅱ에서 크다.

ㄷ. 개체 수 증가율은 단위 시간당 증가한 개체 수이므로 그래프에서 접선의 기울기에 해당한다. 따라서 구간 Ⅰ에서 개체 수 증가율은 A에서보다 B에서 작다.

07 ㄱ. A는 J자 모양을 나타내므로 이론상의 생장 곡선이고, B는 S자 모양을 나타내므로 실제의 생장 곡선이다. 이론상의 생장 곡선과 실제의 생장 곡선의 차이는 환경 저항 때문에 나타난다.

ㄴ. B에서 개체 수가 어느 정도 증가하면 시간이 지남에 따라 출생률은 감소하고 사망률은 증가한다. 따라서 B에서 $\dfrac{출생률}{사망률}$은 t_2에서보다 t_1에서 크다.

[오답 피하기] ㄷ. 환경 수용력은 주어진 환경 조건에서 서식할 수 있는 개체군의 최대 크기이며, 물, 영양 물질, 빛, 서식 공간 등의 요인에 의해 결정된다. 따라서 먹이와 생활 공간이 증가하고 다른 조건이 일정하다면 환경 저항이 감소해 환경 수용력이 커진다.

08 ㄱ. ㉠ 시기에는 전체 개체 1000마리 중 16마리가 생존하였으므로 생존율이 1.6 %이고, ㉡ 시기에는 16마리 중 4마리가 생존하였으므로 생존율이 25 %이다. 따라서 A의 생존율은 ㉠ 시기보다 ㉡ 시기에 높다.

ㄴ. 개체군 A는 어린 개체의 사망률이 높아 성체로 생장하는 개체 수가 적으므로 개체군 A의 생존 곡선 유형은 (나)이다.

ㄷ. (가) 유형의 동물은 적은 수의 자손을 낳지만 부모가 자손을 보호하는 능력이 커 대부분 성체로 생장하며, (나) 유형의 동물은 많은 수의 자손을 낳지만 어린 개체의 사망률이 높아 성체로 생장하는 개체가 적다. 따라서 (가) 유형의 동물은 (나) 유형의 동물보다 적은 수의 자손을 낳는다.

09 ㄱ, ㄴ. A는 초기 사망률이 높은 어류, B는 사망률이 일정해 출생 이후 개체 수가 일정한 비율로 줄어드는 야생 조류, C는 초기 사망률이 낮은 대형 포유류이다.

ㄷ. 대형 포유류는 적은 수의 자손을 낳지만, 부모의 보호를 받아 어린 개체의 사망률이 낮고 노년에 사망률이 높다.

10 (가)는 발전형, (나)는 안정형, (다)는 쇠퇴형이다.

ㄱ. 발전형(가)의 개체군은 생식 연령층에 비해 생식 전 연령층의 비율이 높아 개체 수가 점차 증가할 것이다.

ㄴ. 안정형(나)의 개체군은 생식 전 연령층과 생식 연령층의 개체 수가 비슷하여 현재의 개체 수를 유지할 것이다.

[오답 피하기] ㄷ. (다)는 생식 연령층에 비해 생식 전 연령층의 비율이 낮은 쇠퇴형이다.

11 ㄱ. A는 영양염류의 양, B는 빛의 세기, C는 수온이다.

ㄷ. 영양염류의 양, 빛의 세기, 수온이 돌말 개체군의 크기에 영향을 주는 것은 생태계 구성 요소 간의 관계 중 비생물적 요인이 생물적 요인에 영향을 주는 작용에 해당한다.

[오답 피하기] ㄴ. 구간 ㉠에서 수온(C)이 높아지고 빛의 세기(B)가 강해지지만 돌말의 개체 수가 감소하는 것은 영양염류의 양(A)이 줄어들었기 때문이다.

12 ㄱ. t_1일 때 A는 환경 저항을 받아 개체 수가 거의 증가하지 않는 상태이다.

[오답 피하기] ㄴ. (나)에서 B의 개체 수가 A의 개체 수보다 많으며, B의 개체 수가 감소하면 A의 개체 수도 감소하고, B의 개체 수가 증가하면 A의 개체 수도 증가하므로 A는 포식자, B는 피식자이다.

ㄷ. 이 생태계에서 피식자(B)의 개체 수가 감소하면 먹이 부족으로 포식자(A)가 받는 환경 저항이 증가해 포식자(A)의 환경 수용력이 작아진다.

13 ㄱ. 닭이 모이를 먹는 순서를 정하는 것은 순위제, 늑대 개체군에서 우두머리 늑대가 무리의 행동을 결정하는 것은 리더제의 사례이다.

ㄴ. 개체군의 구성원은 종내 경쟁을 피하고 질서를 유지하기 위해 순위제, 리더제와 같은 다양한 형태의 상호 작용을 한다.

[오답 피하기] ㄷ. 순위제(가)는 개체군 내 모든 개체의 서열이 정해져 있는 반면, 리더제(나)는 리더를 제외한 나머지 개체들 간에는 서열이 없다.

14 은어가 세력권을 형성하여 생활하는 것은 개체군 내의 상호 작용 중 텃세에 해당한다.

③ 물개가 자기 영역을 침입한 다른 물개를 경계하는 것은 텃세에 해당한다.

[오답 피하기] ① 힘이 센 수컷이나 암컷을 중심으로 혈연관계의 개체들이 모여서 생활하는 가족생활의 예이다.

② 경험이 많은 한 개체가 리더가 되어 개체군의 행동을 지휘하는 리더제의 예이다.

④ 피라미와 갈겨니는 서로 다른 생물종이므로 서로 다른 개체군에 속한다. 따라서 두 생물종이 같은 냇물의 서로 다른 위치에서 생활하는 것은 개체군 내의 상호 작용이 아니며, 개체군 간의 상호 작용의 예이다.

⑤ 개체들 사이에서 힘의 서열에 따라 순위를 정하여 먹이나 배우자를 차지하는 순위제의 예이다.

15 고난도 문제 해결 전략

STEP 1 출제 의도 파악하기

주어진 사례에서 생태계 구성 요소 간의 관계를 파악하여 작용, 반작용, 상호 작용을 구분할 수 있는지 평가하는 문제이다.

STEP 2 자료 분석하기

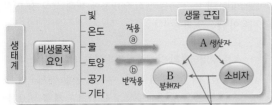

유기물이 A와 소비자에서 모두 B로 이동하므로 A는 생산자, B는 분해자이다.

STEP 3 관련 개념 모으기

❶ 생태계의 구성 요소는?

➡ 생태계는 빛, 온도, 물, 토양, 공기 등의 비생물적 요인과 생물적 요인으로 구성되며, 생물적 요인은 생태계에서의 역할에 따라 생산자, 소비자, 분해자로 구분한다.

❷ 생태계 구성 요소 간의 관계는?

➡ 비생물적 요인이 생물적 요인에 영향을 주는 작용(ⓐ), 생물적 요인이 비생물적 요인에 영향을 주는 반작용(ⓑ), 생물적 요인이 서로 영향을 주고받는 상호 작용으로 구분할 수 있다.

ⓐ는 작용, ⓑ는 반작용이고, A는 생산자, B는 분해자이다.

ㄴ. 식물 플랑크톤과 물고기는 서로 다른 생물종이므로 두 생물종 사이의 상호 작용은 개체군 간의 상호 작용에 해당한다.

ㄷ. 호수에 오염 물질이 유입되고 수온이 상승하면서 식물 플랑크톤의 개체 수가 급격하게 증가한 것은 비생물적 요인이 생물적 요인에 영향을 주는 작용(ⓐ)에 해당한다.

[오답 피하기] ㄱ. 식물 플랑크톤(㉠)은 광합성을 하여 무기물로부터 유기물을 합성하는 생산자(A)에 해당한다.

15 군집

176~178쪽

| 확인 문제 | **1** 생태 분포 | **2** 우점종 | **3** ○ |
| | **4** 경쟁 | **5** 상리 공생 | **6** 개척자, 극상 |

01 식물 군집의 생태 분포는 서식하는 지역의 기온, 강수량 등 환경 요인의 영향을 받아 나타나는 식물 군집의 분포이며, 고도에 따른 수직 분포와 위도에 따른 수평 분포가 있다.

04 먹이나 서식 공간 등 한정된 자원을 차지하기 위해 생태적 지위가 비슷한 개체군 사이에서는 경쟁(종간 경쟁)이 일어난다. 생태적 지위가 많이 겹칠수록 경쟁이 심하게 일어난다.

05 서로 다른 두 개체군이 밀접한 관계를 맺으면서 함께 생활하는 것을 공생이라고 하며, 공생하는 두 개체군이 모두 이익을 얻는 것을 상리 공생이라고 한다.

179~181쪽

개념을 다지는 기본 문제

01 ①	02 ㄱ, ㄷ	03 ②	04 ⑤	05 ⑤	06 ⑤
07 ㉠ 밀도, ㉡ 상대 밀도, ㉢ 우점종		08 A	09 ⑤	10 해설 참조
11 해설 참조	12 ③	13 ⑤	14 (라) → (가) → (나) → (다)
15 ㄱ, ㄴ	16 ④		

01 ㄱ. 먹이 그물은 여러 먹이 사슬이 복잡하게 얽혀 그물처럼 나타나는 것으로, 먹이 그물이 복잡할수록 군집이 안정적이다.

[오답 피하기] ㄴ. 식물 군집에서 중요치가 가장 큰 종은 우점종이다.

ㄷ. 생태적 지위는 한 개체군이 군집 내에서 차지하는 서식 공간(공간 지위)과 먹이 사슬에서 차지하는 위치(먹이 지위)를 합친 것이다.

02 ㄱ. 선인장과 관목은 광합성을 통해 무기물로부터 유기물을 합성하는 생물인 생산자이다.

ㄷ. 메뚜기, 개미, 쥐는 공통의 먹이인 관목을 두고 서로 경쟁한다.

[오답 피하기] ㄴ. 이 먹이 그물에서 메뚜기가 사라지면 메뚜기만 먹고 사는 도마뱀은 사라지지만, 매는 다른 먹이를 먹을 수 있으므로 사라지지 않는다.

03 열대 우림은 강수량이 많은 적도 부근에 형성되어 있으며, 상록수가 주로 자라는 군집이다.

04 ㄱ. 지중층은 부식질이 많은 층으로, 균류, 세균류, 지렁이, 두더지 등이 서식한다.

ㄴ, ㄷ. 삼림을 형성하는 식물 군집에서 아래로 내려갈수록 빛의 세기가 감소하므로 여러 유형의 식물들이 햇빛을 최대로 활용할 수 있는 층상 구조가 나타난다. 따라서 교목층에서 초본층으로 갈수록 약한 빛을 이용하여 광합성을 하며, 교목층에서 광합성이 가장 활발하게 일어난다.

➕ 개념 더하기

삼림의 층상 구조

삼림 군집에서는 빛의 세기와 양, 온도 등에 따라 수직적인 몇 개의 층으로 구성된 층상 구조가 나타난다.

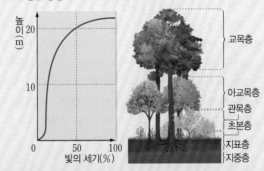

- 교목층, 아교목층, 관목층, 초본층: 물질 생산에 관여하는 식물이 주로 서식하여 광합성층이라고 하며, 조류와 곤충류가 서식한다.
- 지표층: 낙엽이나 썩은 나무가 있는 층으로, 생산자인 선태식물, 분해자인 균류, 소비자인 지네, 딱정벌레 등이 서식한다.
- 지중층: 부식질이 많은 층으로, 균류, 세균류, 지렁이 등이 서식한다.

05 A는 관목대, B는 침엽수림대, C는 낙엽 활엽수림대, D는 상록 활엽수림대이다.

ㄴ. 관목대는 바람이 강한 산 정상에 형성되며, 관목은 보통 높이가 2 m 이하이다. 따라서 A~D 중 평균 키가 가장 작은 군집은 관목대(A)이다.

ㄷ. 군집의 수직 분포는 고도에 따른 분포로, 주로 기온 차이에 의해 나타난다.

[오답 피하기] ㄱ. B는 침엽수림대이다.

06 ⑤ 우점종은 생물량과 개체 수가 많고, 넓은 면적을 차지하여 군집을 대표하는 종이다.

[오답 피하기] ① 우점종은 중요치가 가장 큰 종이다.

② 개체 수는 적지만 군집의 구조를 유지하는 식물은 핵심종이다.

③ 개체 수가 가장 적은 식물은 희소종이다.

④ 특정 지역에서만 발견되어 특정 지역의 환경 상태를 알 수 있는 식물은 지표종이다.

07 방형구법으로 식물 군집을 조사할 때는 방형구 안에 있는 모든 식물 종의 밀도, 빈도, 피도를 조사한 후 상대 밀도, 상대 빈도, 상대 피도를 계산한다. 상대 밀도, 상대 빈도, 상대 피도를 합한 값인 중요치가 가장 큰 종이 군집의 우점종이다.

08 자료 분석 하기

방형구법

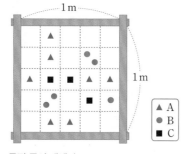

• 밀도 = $\dfrac{\text{특정 종의 개체 수}}{\text{전체 방형구의 면적(m}^2)}$

• 상대 밀도(%) = $\dfrac{\text{특정 종의 밀도}}{\text{조사한 모든 종의 밀도의 합}} \times 100$

식물 종	A	B	C
밀도	7/m²	5/m²	3/m²
상대 밀도(%)	46.7	33.3	20.0

각 종의 상대 밀도(%)는 A가 46.7, B가 33.3, C가 20.0이므로 A의 상대 밀도가 가장 크다.

09 ⑤ 빨판상어는 거북의 몸에 붙어 먹이를 얻고 쉽게 이동하는 등의 이익을 얻지만, 거북은 빨판상어로부터 별다른 영향을 받지 않아 이익도 손해도 없으므로 이는 편리공생의 예이다.

[오답 피하기] ① 스라소니와 눈신토끼의 관계는 서로 다른 종의 생물이 먹고 먹히는 관계에 있는 포식과 피식의 예이다.

② 피라미와 은어의 관계는 생태적 지위가 비슷한 개체군들이 경쟁을 피하기 위해 먹이의 종류를 바꾸거나 생활 공간을 달리하는 분서(생태 지위 분화)의 예이다.

③ 두 종의 짚신벌레의 관계는 한정된 자원을 차지하기 위해 생태적 지위가 비슷한 개체군 사이에서 일어나는 종간 경쟁의 예로, 경쟁에서 진 개체군이 사라지는 경쟁·배타 원리가 적용되었다.

④ 흰동가리와 말미잘의 관계는 공생하는 두 개체군이 모두 이익을 얻는 상리 공생의 예이다.

10 A와 B는 먹이와 서식 공간이 모두 겹치지 않으므로 생태적 지위가 겹치지 않고, C와 D는 먹이는 약간 겹치지만 서식 공간이 겹치지 않으므로 생태적 지위가 비교적 적게 겹친다. E와 F는 먹이와 서식 공간이 일치하므로 생태적 지위가 가장 많이 겹친다.

[예시 답안] E와 F, 먹이와 서식 공간 등으로 표현되는 생태적 지위가 가장 많이 겹치기 때문이다.

채점 기준	배점(%)
E와 F를 쓰고, 그 까닭을 생태적 지위와 관련지어 옳게 설명한 경우	100
E와 F만 쓴 경우	30

11 A종과 B종은 모두 단독 배양했을 때보다 혼합 배양했을 때 개체 수가 증가하였다.

[예시 답안] 상리 공생, 두 종을 혼합 배양하면 두 종이 서로 이익을 얻어 단독 배양할 때보다 두 종 모두 개체 수가 증가하므로 두 종 사이에 일어난 상호 작용은 상리 공생이다.

채점 기준	배점(%)
상리 공생을 쓰고, 그 까닭을 두 종의 개체 수 증가와 관련지어 옳게 설명한 경우	100
상리 공생만 쓴 경우	30

12 (가)는 상리 공생, (나)는 분서(생태 지위 분화)의 예이다.

ㄱ. 상리 공생(가)과 분서(나)는 모두 서로 다른 개체군 간의 상호 작용이다.

ㄴ. (가)에서 콩과식물과 뿌리혹박테리아는 서로에게 이익을 주는 상리 공생 관계이다.

[오답 피하기] ㄷ. 경쟁·배타 원리는 경쟁 관계에 있는 두 개체군 사이에 적용된다.

13 (가)는 한 개체군은 손해를 보고, 다른 개체군은 이익을 얻으므로 기생, (나)는 두 개체군이 모두 이익을 얻으므로 상리 공생, (다)는 두 개체군이 모두 손해를 보므로 종간 경쟁이다.

ㄴ. 청소놀래기는 도미의 아가미와 입속 찌꺼기를 먹음으로써 먹이를 얻고, 도미는 아가미와 입속의 이물질이 제거되므로 상리 공생(나) 관계이다.

ㄷ. 종간 경쟁(다)은 두 개체군의 생태적 지위가 많이 겹칠수록 심해진다.

[오답 피하기] ㄱ. 경쟁·배타 원리는 경쟁 관계에 있는 두 개체군 사이에 적용되며, 기생(가) 관계에서는 적용되지 않는다.

14 1차 천이 중 건성 천이는 척박한 땅에 개척자인 지의류가 들어오면서 시작되며, 토양에 수분 함량이 높아지면 이끼류가 자란다(라). 이후 초원(가) → 양수림(나) → 혼합림을 거쳐 음수림(다)이 극상을 이룬다.

15 ㄱ, ㄴ. 산불이 난 후 일어나는 2차 천이는 토양에 수분과 유기물이 충분하므로 초원(A)에서부터 시작되며, 양수림(B) → 혼합림을 거쳐 음수림(C)이 극상을 이룬다. 2차 천이 과정의 개척자는 초본류이므로 A의 우점종은 초본류이다.
[오답 피하기] ㄷ. 천이의 초기 단계에서는 주로 토양과 수분 등의 영향을 받지만, 양수림(B)에서 음수림(C)으로 천이가 진행되는 과정은 빛의 세기의 영향을 많이 받는다.

16 산불이 난 후 일어나는 (가)는 2차 천이 과정이고, 용암 대지와 같이 척박한 땅에서 시작되는 (나)는 1차 천이 중 건성 천이 과정이다.
④ (가)와 (나)에서 천이 마지막의 안정된 군집은 음수림이므로, 음수림이 극상을 이룬다.
[오답 피하기] ① (가)는 2차 천이 과정이다.
② (나)는 건성 천이 과정이다.
③ 2차 천이는 토양에 수분과 유기물이 충분하여 초원에서부터 시작되므로 1차 천이보다 빠르게 진행된다. 따라서 (나)보다 (가)에서 천이의 진행 속도가 빠르다.
⑤ 천이가 진행되면서 양수가 자라 그늘이 생기면 약한 빛에서도 잘 자라는 음수가 많이 자라 혼합림이 되고, 결국 지표면에 도달하는 빛의 양이 줄어들면서 음수림으로 천이가 이루어진다.

실력을 올리는 실전 문제
184~187쪽

01 ④	02 ①	03 ①	04 ③	05 ④
06 ①	07 ④	08 ②	09 ⑤	10 ④
11 ⑤	12 ③	13 ①	14 ③	

1등급을 굳히는 고난도 문제

15 ④	16 ②

01 학생 A: 생태적 지위는 한 개체군이 군집 내에서 차지하는 서식 공간(공간 지위)과 먹이 사슬에서 차지하는 위치(먹이 지위)를 합친 것이다.
학생 C: 먹이 사슬은 생산자 → 1차 소비자 → 2차 소비자 → … → 최종 소비자 순으로 먹고 먹히는 관계를 사슬 모양으로 나타낸 것이다.
[오답 피하기] 학생 B: 특정 환경에서만 출현해 다른 군집과 구별할 수 있는 지표가 되는 종은 지표종이며, 우점종은 생물량과 개체 수가 많고 넓은 공간을 차지해 그 군집을 대표하는 종이다.

02 ㄱ. 기온이 높고 강수량이 많은 A는 열대 우림, 기온이 C보다 높고 강수량이 적은 B는 사막, 기온이 낮고 강수량이 적은 C는 툰드라이다.
[오답 피하기] ㄴ. 툰드라(C)는 한대 지방과 극지방 부근에 일시적으로 형성되는 사막이며, 짧은 기간 동안 이끼류와 같은 일부 식물만 자란다.
ㄷ. 열대 우림은 강수량이 많고 기온이 적당해 많은 종류의 식물이 자라므로 동물에게 다양한 서식 환경을 제공해 많은 종류의 동물이 서식한다. 따라서 서식하는 생물의 종류는 사막(B)에서보다 열대 우림(A)에서 많다.

03 ㄱ. (가)는 위도에 따른 식물 군집의 분포인 수평 분포, (나)는 고도에 따른 식물 군집의 분포인 수직 분포이다.
[오답 피하기] ㄴ. 고위도에서 저위도로 갈수록 기온이 높아지므로 저위도의 습한 지역에서는 강수량이 많고 식물이 자라기에 온도가 적당한 지역에 형성되는 열대 우림이 발달한다.
ㄷ. 한 지역에서 고도가 높아질수록 기온이 낮아지므로 고도가 높은 곳일수록 낮은 온도에서 잘 자라는 식물이 군집을 이룬다.

04 〔자료 분석 하기〕

방형구법

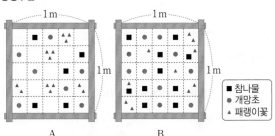

A   B

- 밀도 $=\dfrac{\text{특정 종의 개체 수}}{\text{전체 방형구의 면적}(m^2)}$

- 빈도 $=\dfrac{\text{특정 종이 출현한 방형구 수}}{\text{전체 방형구의 수}}$

- 상대 밀도(%) $=\dfrac{\text{특정 종의 밀도}}{\text{조사한 모든 종의 밀도의 합}}\times100$

	A				B	
식물 종	밀도	빈도	상대 밀도(%)	식물 종	빈도	
참나물	5/m²	0.20	20	참나물	0.40	
개망초	7/m²	0.28	28	개망초	0.40	
패랭이꽃	13/m²	0.20	52	패랭이꽃	0.28	

ㄱ. A에서 조사한 모든 종의 밀도 합은 25/m²이고, 개망초의 밀도도 7/m²이므로 개망초의 상대 밀도 $=\dfrac{7/m^2}{25/m^2}\times100=28$ (%)이다.

ㄴ. 참나물의 빈도는 A에서 $\dfrac{5}{25}=0.20$이고, B에서 $\dfrac{10}{25}=$ 0.40이므로 참나물의 빈도는 B에서가 A에서의 2배이다.
[오답 피하기] ㄷ. A와 B에 서식하는 식물은 참나물, 개망초, 패랭이꽃으로 같다. 즉, A와 B에 분포하는 식물의 종 수는 3종으로 같다.

05 ㄴ. 우점종은 생물량과 개체 수가 많고 넓은 면적을 차지하여 군집을 대표하는 종이다. 따라서 봄에는 B, 여름에는 A, 가을에는 C의 개체 수가 가장 많으므로 우점종이 계절별로 다른 것을 알 수 있다.

ㄷ. 희소종은 군집에서 개체 수가 가장 적은 종이다. 모든 계절에 개체 수가 가장 적은 F가 희소종이다.

[오답 피하기] ㄱ. 상대 밀도는 어떤 지역에서 조사한 모든 종의 개체 수에 대한 특정 종의 개체 수를 백분율로 나타낸 것이다. 계절별 D의 개체 수는 변함이 없지만 조사한 모든 종의 총 개체 수가 변화하므로 D의 계절별 상대 밀도는 계절별로 달라진다.

06 ㄱ. B는 단독 배양했을 때보다 혼합 배양했을 때 더 좁은 범위에서 서식하므로 B가 서식하는 수심의 범위는 (가)에서가 (나)에서보다 넓다.

[오답 피하기] ㄴ. 단독으로 심었을 때도 A는 구간 Ⅰ에서 생존하지 못하므로 Ⅰ에서 A가 생존하지 못한 것은 경쟁·배타의 결과가 아니다.

ㄷ. 개체군은 일정한 지역에서 같은 종의 생물이 무리를 이루어 생활하는 집단이다. 따라서 서로 다른 종인 A와 B는 한 개체군을 이루지 않는다.

07 자료 분석 하기

포식과 피식

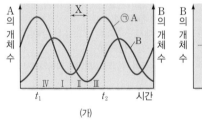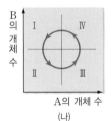

(가)　　　　(나)

- 일반적으로 안정된 생태계에서는 피식자의 개체 수가 포식자의 개체 수보다 많으며, 피식자의 개체 수가 증가하면 포식자의 개체 수도 증가하고, 피식자의 개체 수가 감소하면 포식자의 개체 수도 감소한다. ➡ ㉠이 피식자이다.
- A 개체 수 감소, B 개체 수 감소(구간 Ⅰ) → B 개체 수 감소로 A 개체 수 증가(구간 Ⅱ) → A 개체 수 증가로 B 개체 수 증가(구간 Ⅲ) → B 개체 수 증가로 A 개체 수 감소(구간 Ⅳ)의 순서로 상호 작용이 일어난다. 따라서 A는 피식자, B는 포식자이다.

ㄱ, ㄷ. 한 개체군의 개체 수 증감에 따라 다른 개체군의 개체 수가 증감하므로 A와 B는 포식과 피식의 관계이며, ㉠은 피식자의 개체 수 변화이다. (나)의 구간 Ⅰ에서 A와 B의 개체 수가 모두 감소하고, 구간 Ⅱ에서 A의 개체 수는 증가, B의 개체 수는 감소하며, 구간 Ⅲ에서 A와 B의 개체 수가 모두 증가하고, 구간 Ⅳ에서 A의 개체 수는 감소, B의 개체 수는 증가한다. 이를 (가)에서 t_1~t_2 동안의 개체 수 변화에 대입하면 Ⅳ → Ⅰ → Ⅱ → Ⅲ의 순서로 일어났음을 알 수 있다. 따라서 A가 피식자(㉠), B가 포식자이다.

[오답 피하기] ㄴ. (가)의 구간 X는 (나)의 Ⅱ에 해당한다.

08 ㄷ. 종 ⓐ와 ⓑ를 혼합 배양하면 단독 배양했을 때보다 개체군 크기가 증가하므로 두 종 사이에 상리 공생이 일어났음을 알 수 있다.

[오답 피하기] ㄱ. 개체군은 일정한 지역에서 같은 종의 생물이 무리를 이루어 생활하는 집단이므로 개체군 A는 한 종으로 구성된다.

ㄴ. 개체군 내에서 일어나는 상호 작용에는 텃세, 순위제, 리더제, 사회생활, 가족생활 등이 있으며, 분서(생태 지위 분화)는 군집 내 개체군 간의 상호 작용이다.

09 한 종은 손해를 보고, 한 종은 이익을 얻는 ㉠은 기생이다. 종간 경쟁은 두 개체군이 모두 손해를 보고, 상리 공생은 두 개체군이 모두 이익을 얻는다. 따라서 ㉡은 종간 경쟁, ㉢은 상리 공생이다.

ㄱ. 구간 Ⅰ에서 A와 B 모두 개체 수가 증가하므로 A와 B 모두 출생률이 사망률보다 크다.

ㄴ. 혼합 배양 시 A는 살아남고 B는 사라졌으므로 두 종 사이에 경쟁·배타 원리가 적용되었다. 따라서 혼합 배양했을 때 A와 B 사이에 일어난 상호 작용은 종간 경쟁(㉡)이다.

ㄷ. ㉡은 종간 경쟁, ㉢은 상리 공생이므로 ⓐ는 '손해', ⓑ는 '이익'이다.

10 리더제와 순위제는 개체군 내의 상호 작용이고, 포식과 피식, 종간 경쟁은 군집 내 개체군 간의 상호 작용이다. 또, 종간 경쟁은 두 집단이 모두 손해를 보지만, 포식과 피식은 한 집단은 손해를 보고, 다른 한 집단은 이익을 얻는다. 따라서 A는 종간 경쟁, B는 포식과 피식, C는 순위제이다.

ㄱ. 경쟁·배타 원리는 두 개체군 사이에 경쟁(A)이 심하게 일어난 결과 경쟁에서 이긴 개체군은 살아남아 생장하지만, 경쟁에서 진 개체군은 도태되어 사라지는 것이다.

ㄷ. 순위제는 개체군 내 모든 개체의 서열이 정해져 있는 반면, 리더제는 리더를 제외한 나머지 개체들 간에는 서열이 없다. 따라서 '모든 구성원들의 서열이 정해져 있는가?'는 ㉠에 해당한다.

[오답 피하기] ㄴ. 눈신토끼(피식자)와 스라소니(포식자)는 먹고 먹히는 관계로, 포식과 피식(B)에 해당한다.

11 ㉠은 두 종이 모두 이익을 얻으므로 상리 공생이고, ㉡은 두 종이 모두 손해를 보므로 종간 경쟁이다.

ㄱ. (가)에서 두 종의 생장 곡선이 모두 S자 모양을 나타내므로 A와 B는 모두 환경 저항을 받는다.

ㄴ. 종 A와 B를 혼합 배양하면 A와 B 모두 단독 배양했을 때의 최대 개체 수(K)보다 개체 수가 많아지므로 (가)에서 A와 B 사이의 상호 작용은 상리 공생(㉠)이다.

ㄷ. 두 개체군 사이에 경쟁이 심하게 일어나면 경쟁에서 진 한 쪽 개체군이 사라지는 경쟁·배타 원리가 적용될 수 있다.

12 ㄱ. 호수에서 천이가 시작되므로 습성 천이 과정이다.

ㄴ. 천이 과정에서 마지막 단계인 안정된 군집 상태를 극상이라고 하는데, 습성 천이 과정에서 음수림이 극상을 이룬다.

[오답 피하기] ㄷ. 습성 천이는 호수로 유기물이 유입되고 토양이 퇴적되면서 시작되고, 개척자는 습생 식물이다. 지의류는 건성 천이에서의 개척자이다.

13 관목림 이후 천이 과정은 양수림 → 혼합림 → 음수림이므로 A는 양수림, B는 음수림이며, 산불이 발생한 이후 진행되는 2차 천이에서의 개척자는 초본류이므로 C는 초원이다.

ㄱ. (가) 과정에서 양수림이 발달하여 숲이 우거지면 지표면에 도달하는 빛의 양이 감소하므로 약한 빛에서도 잘 자라는 음수가 자라 혼합림을 이루고, 결국 음수가 우점종인 음수림이 형성된다.

[오답 피하기] ㄴ. 강한 빛에 적응한 양수가 약한 빛에 적응한 음수보다 잎의 평균 두께가 더 두껍다. 따라서 잎의 평균 두께는 양수림(A)에서보다 음수림(B)에서 더 얇다.

ㄷ. 우점종은 군집을 대표하는 종이므로, 초원(C)의 우점종은 초본류이다.

14 산불이 난 후 진행되는 2차 천이 과정은 초본류가 자라면서 시작되므로 초원 → 양수림 → 음수림 순으로 진행된다. 따라서 A는 초원, B는 양수림, C는 음수림의 우점종이다.

ㄱ. 토양이 형성되지 않은 곳에서 시작되는 1차 천이와 달리 2차 천이가 일어날 때는 토양에 수분과 유기물이 충분하므로 2차 천이는 초본류가 자라면서 시작된다.

ㄷ. 지표면에 도달하는 빛의 세기는 양수림에서 음수림으로 천이가 진행될수록 감소한다. 따라서 지표면에 도달하는 빛의 세기는 음수의 생물량이 증가하는 t_2일 때가 양수의 생물량이 증가하는 t_1일 때보다 약하다.

[오답 피하기] ㄴ. 음수(C)는 약한 빛에 적응한 결과 양수(B)보다 빛이 약한 곳에서 더 잘 생장한다.

15 〔고난도 문제 해결 전략〕

STEP 1 출제 의도 파악하기
자료를 분석하여 두 종 사이에 일어나는 상호 작용을 판단할 수 있는지 평가하는 문제이다.

STEP 2 자료 분석하기

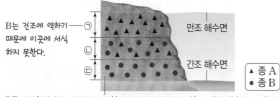

B는 건조에 약하기 때문에 이곳에 서식하지 못한다.

만조 해수면
간조 해수면
▲ 종 A
● 종 B

B를 제거하면 A는 이곳에도 서식하므로 이곳에 A가 서식하지 않는 것은 A가 경쟁에서 진 결과이다.

- A는 B보다 건조에 강하다.
- A를 제거해도 B의 서식 범위는 변하지 않는다.
- B를 제거하면 A는 ⓒ에도 서식한다. 경쟁·배타 원리

STEP 3 관련 개념 모으기
❶ 생태적 지위가 유사한 두 개체군 간에 일어나는 상호 작용은?
➡ 생태적 지위가 유사한 두 개체군은 먹이와 생활 공간 등을 두고 경쟁하거나, 먹이나 생활 공간을 달리하여 경쟁을 피하는 분서를 한다.

❷ 경쟁·배타란?
➡ 생태적 지위가 비슷한 두 개체군 간에 경쟁이 심하게 일어나면 두 개체군이 공존하지 못하고, 한 개체군만 살아남고 다른 개체군은 경쟁 지역에서 사라진다.

ㄴ. ⓛ에서 서식지의 면적이나 먹이의 양 등이 한정되어 있으므로 B는 환경 저항을 받는다.

ㄷ. B를 제거하면 ⓒ에도 A가 서식한다. 따라서 B를 모두 제거하면 ⓒ에 A가 서식하기 시작하면서 A의 개체군 밀도가 증가한다.

[오답 피하기] ㄱ. A를 제거해도 B의 서식 범위는 변하지 않으므로 B는 A와 관계없이 ㉠에 서식하지 않는다. 따라서 B가 ㉠에 서식하지 않는 것은 경쟁·배타의 결과라고 볼 수 없으며, B가 건조에 약하기 때문이라고 볼 수 있다.

16 〔고난도 문제 해결 전략〕

STEP 1 출제 의도 파악하기
군집의 천이가 일어나는 과정과 천이 과정에 영향을 미치는 환경 요인을 이해하고 있는지 평가하는 문제이다.

STEP 2 관련 개념 모으기
❶ 1차 천이란?
➡ 토양이 형성되지 않은 곳에서 시작되는 식물 군집의 천이로, 건조한 용암 대지에서 시작되는 건성 천이와 호수에서 시작되는 습성 천이로 구분할 수 있다.

건성 천이	• 용암 대지와 같이 건조한 곳에 지의류가 개척자로 들어와 시작되는 천이이다. • 과정: 용암 대지 → 지의류 → 초원 → 관목림 → 양수림 → 혼합림 → 음수림(극상)
습성 천이	• 호수에 유기물이 유입되고 토양이 퇴적되면서 시작되는 천이이다. • 과정: 빈영양호 → 부영양호 → 습원 → 초원 → 관목림 → 양수림 → 혼합림 → 음수림(극상)

❷ 2차 천이란?
➡ 기존의 식물 군집이 산불이나 산사태 등으로 훼손되어 불모지가 된 후 다시 시작되는 천이이다. 토양에 수분과 유기물이 충분하므로 초본류가 자라면서 시작되며, 1차 천이에 비해 빠르게 진행된다.

그림은 용암 대지에서 시작된 건성 천이로, A는 지의류, B는 양수림, C는 음수림이다.

ㄴ. 천이의 초기 단계에서는 주로 토양과 수분의 영향을 받지만, 천이가 진행될수록 빛의 영향을 많이 받는다. 따라서 양수림에서 음수림으로 천이가 진행되는 Ⅱ 과정에 가장 큰 영향을 준 환경 요인은 빛이다.

[오답 피하기] ㄱ. Ⅰ 과정 말기에 산불이 나면 2차 천이가 시작되며, 토양에 수분과 유기물이 충분하므로 초본류가 자라면서 시작된다. 따라서 개척자는 초본류이다.

ㄷ. 혼합림에서는 숲속에 그늘이 지므로 강한 빛에서 잘 자라는 양수의 어린 나무는 잘 자라지 못하고, 약한 빛에서도 잘 자라는 음수의 어린 나무가 더 잘 자라게 된다. 따라서 혼합림에서 음수 어린 나무의 피도가 양수 어린 나무의 피도보다 크다.

16 에너지 흐름과 물질 순환

01 태양의 빛에너지는 생산자의 광합성을 통해 유기물 속에 화학
에너지 형태로 저장되어 먹이 사슬을 따라 이동한다.

02 각 영양 단계에서 사용되거나 열에너지 형태로 방출되고 남은
에너지만 다음 영양 단계로 전달되므로 상위 영양 단계로 갈
수록 에너지양은 점점 줄어든다. 그러나 에너지 효율은 상위
영양 단계로 갈수록 증가하는 경향이 있다.

04 순생산량은 총생산량 중 생산자의 호흡에 사용되고 남은 유기
물의 양이다.

05 생태계에서 탄소는 유기물의 형태로 먹이 사슬을 따라 이동
한다.

06 생태계 내에서 물질은 생물과 비생물 환경 사이를 순환하지
만, 에너지는 순환하지 않고 한 방향으로 흐른다.

07 생태계를 구성하는 생물 군집의 종류나 개체 수, 물질의 양,
에너지 흐름 등이 안정된 상태를 유지하는 것을 생태계 평형
이라고 한다. 생물종 수가 많고, 먹이 그물이 복잡할수록 생태
계 평형이 잘 유지된다.

개념을 다지는 기본 문제
191~193쪽

01 ①   **02** ③   **03** ④, ⑤   **04** 해설 참조   **05** 생산자: 1 %,
3차 소비자: 20 %   **06** ④   **07** ⑤   **08** A: 호흡량, B: 순생산량
09 ②   **10** ④   **11** ⑤   **12** ③   **13** ①   **14** ㉠ 에너지, ㉡ 물질
15 ⑤   **16** ㄴ, ㄷ   **17** ④   **18** 해설 참조

01 ① 생태계에서 에너지는 순환하지 않고 먹이 사슬을 따라 한
방향으로 흐른다.
[오답 피하기] ② 각 영양 단계에서 이동하는 에너지양은 상위
영양 단계로 갈수록 감소한다.
③ 상위 영양 단계로 갈수록 개체의 몸집이 커져 단위 질량당
에너지 소모가 적고, 에너지를 효율적으로 이용하기 때문에
에너지 효율은 증가하는 경향이 있다.
④ 사체나 배설물에 포함된 에너지는 분해자의 호흡을 통해
열에너지의 형태로 전환되어 방출된다.
⑤ 식물은 생태계로 유입된 태양 에너지의 극히 일부만 광합
성을 통해 유기물의 형태로 저장한다.

02 ㄱ. 생태계에서 에너지는 순환하지 않고 먹이 사슬을 따라 한
방향으로 흐르기 때문에 생태계가 유지되려면 태양 에너지가
지속적으로 유입되어야 한다.

ㄷ. 생태계에서 태양의 빛에너지는 생산자의 광합성을 통해
유기물 속에 화학 에너지 형태로 저장된 후 먹이 사슬을 따라
이동하고, 이 에너지는 생물의 호흡을 통해 최종적으로 열에
너지 형태로 전환되어 방출된다. 즉, 생태계에서 에너지는 빛
에너지 → 화학 에너지 → 열에너지 순서로 전환된다.
[오답 피하기] ㄴ. 유기물 속 에너지는 생물의 호흡을 통해 열에
너지 형태로 전환되어 방출된다.

03 ④, ⑤ 개체의 크기와 에너지 효율은 일반적으로 상위 영양 단
계로 갈수록 증가하므로 피라미드 모양을 나타내지 않는다.
[오답 피하기] ①, ②, ③ 먹이 사슬에서 각 영양 단계의 개체 수,
생물량, 에너지양은 상위 영양 단계로 갈수록 감소하므로 피
라미드 모양을 나타낸다.

○ 개념 더하기

생태 피라미드

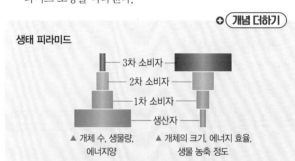

▲ 개체 수, 생물량,   ▲ 개체의 크기, 에너지 효율,
에너지양   생물 농축 정도

• 개체 수, 생물량, 에너지양은 일반적으로 상위 영양 단계로 갈수록 감
소하여 피라미드 모양을 나타낸다.
• 개체의 크기, 에너지 효율, 생물 농축 정도는 일반적으로 상위 영양
단계로 갈수록 증가하여 역피라미드 모양을 나타낸다.

04 [예시 답안] 각 영양 단계에서 생물의 생명 활동에 사용되거나 사체, 배
설물 등의 형태로 방출되고 남은 에너지가 다음 영양 단계로 전달되기
때문이다.

채점 기준	배점(%)
생명 활동에 사용되거나 사체, 배설물 등의 형태로 방출되고 남은 에너지만 다음 영양 단계로 전달되기 때문이라고 설명한 경우	100
한 영양 단계가 가진 에너지의 일부만 다음 영양 단계로 전달되기 때문이라고 설명한 경우	50

05 에너지 효율(%) $=\dfrac{\text{현 영양 단계가 보유한 에너지 총량}}{\text{전 영양 단계가 보유한 에너지 총량}} \times 100$

이다. 따라서 생산자의 에너지 효율은 $\dfrac{1000}{100000} \times 100 = 1(\%)$

이고, 3차 소비자의 에너지 효율은 $\dfrac{4}{20} \times 100 = 20(\%)$이다.

06 A는 2차 소비자, B는 1차 소비자, C는 생산자이다.

ㄴ. 1차 소비자의 에너지 효율은 $\dfrac{100}{1000} \times 100 = 10(\%)$이다.

ㄷ. 상위 영양 단계로 갈수록, 즉 C에서 A로 갈수록 에너지양
이 감소한다.
[오답 피하기] ㄱ. A는 2차 소비자이다.

07 ⑤ 순생산량은 총생산량에서 생산자의 호흡량을 제외한 유기
물의 양이고, 순생산량에서 고사량, 낙엽량, 피식량을 제외하
고 식물체에 남아 있는 유기물의 양은 생장량이다.

② 생산자의 피식량은 1차 소비자에게 잡아먹히는 양이므로 1차 소비자의 섭식량에 해당한다.
③ 생태계의 모든 생물은 생산자가 생산하는 유기물을 이용하여 살아간다.
④ 총생산량은 생산자가 광합성을 통해 생산한 유기물의 총량이다.

08 총생산량＝호흡량＋순생산량(피식량＋고사량, 낙엽량＋생장량)이므로 A는 호흡량, B는 순생산량이다.

09 ㄴ. 순생산량＝피식량＋고사량, 낙엽량＋생장량이므로 순생산량은 총생산량의 60 %이다.
[오답 피하기] ㄱ. ㉠은 총생산량에서 순생산량을 뺀 값이므로 생산자의 호흡으로 소비되는 유기물의 양인 호흡량이다.
ㄷ. 총생산량 중 피식량에 해당하는 15 %가 1차 소비자에게 전달된다.

10 ④ 동식물의 사체나 배설물 속에 들어 있던 유기물 중 일부는 석탄과 같은 화석 연료가 되며, 화석 연료가 연소되면 이산화 탄소가 방출된다. 따라서 화석 연료의 연소는 생태계 탄소 순환에 영향을 미친다.
[오답 피하기] ①, ② 생산자는 온실 효과의 원인이 되는 이산화 탄소를 흡수하여 광합성을 통해 유기물을 합성한다.
③, ⑤ 탄소는 이산화 탄소의 형태로 흡수되어 생산자의 광합성을 통해 유기물로 합성된다. 이 유기물은 먹이 사슬을 따라 소비자에게 전달되며, 소비자의 호흡을 통해 분해되어 이산화 탄소 형태로 대기나 물속으로 돌아간다.

11 【자료 분석 하기】

탄소 순환 과정

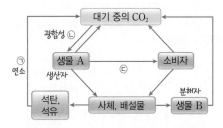

• 생물 A는 대기 중의 이산화 탄소(CO_2)를 흡수하여 광합성을 하는 생산자이다.
• 생물 B는 사체와 배설물 속의 유기물을 분해하여 에너지를 얻는 분해자이다.

⑤ ㉢은 광합성을 통해 생산된 유기물이 먹이 사슬을 따라 이동하는 과정이다.
[오답 피하기] ①, ④ 생물 A는 대기 중의 이산화 탄소를 흡수하여 광합성(㉡)을 통해 무기물로부터 유기물을 합성하는 생산자이다.
② 사체나 배설물 속의 유기물이 생물 B로 이동하므로 B는 버섯, 곰팡이, 세균과 같은 분해자이다.

③ ㉠은 화석 연료의 연소 과정이며, 화석 연료의 사용 증가로 대기 중의 이산화 탄소 농도가 급격히 증가하여 지구 온난화, 해양 산성화의 원인이 되고 있다.

12 ③ 토양 속 질산 이온의 일부는 탈질산화 세균의 작용으로 질소 기체로 전환되어 대기 중으로 방출된다.
[오답 피하기] ①, ⑤ 식물은 대기 중의 질소를 직접 이용할 수 없다. 대기 중의 질소는 질소 고정 세균이나 공중 방전에 의해 암모늄 이온이나 질산 이온으로 전환된 후 식물의 뿌리를 통해 흡수된다.
②, ④ 식물체 내로 흡수된 질소는 질소 동화 작용을 통해 핵산, 단백질 등의 유기 질소 화합물로 합성된 후 먹이 사슬을 따라 이동한다.

13 ㉠은 대기 중의 질소가 암모늄 이온(NH_4^+)으로 전환되는 질소 고정, ㉡은 암모늄 이온이 질산 이온(NO_3^-)으로 전환되는 질산화 작용, ㉢은 질산 이온이 질소 기체(N_2)로 전환되어 대기 중으로 돌아가는 탈질산화 작용이다.

14 생태계에서 물질은 순환하지만, 에너지는 순환하지 않고 열에너지의 형태로 생태계 밖으로 빠져나간다. 따라서 ㉠은 에너지이고, ㉡은 물질이다.

15 ⑤ 생태계 내의 에너지는 순환하지 않고 최종적으로 열에너지 형태로 전환되어 생태계 밖으로 빠져나간다.
[오답 피하기] ① 생산자에 의해 외부에서 흡수된 물질은 먹이 사슬을 따라 이동하다가 다시 비생물 환경으로 돌아가 순환하지만, 물질과 함께 이동한 에너지는 순환하지 않고 먹이 사슬을 따라 한 방향으로 흐른다.
② 생산자가 가진 에너지의 일부만이 1차 소비자에게로 이동한다.
③ 상위 영양 단계로 갈수록 이용할 수 있는 에너지양이 감소한다.
④ 생태계로 유입되는 에너지의 근원은 태양의 빛에너지이다.

16 (가)는 암모늄 이온(NH_4^+)을 질산 이온(NO_3^-)으로 전환하는 질산화 작용, (나)는 대기 중의 질소(N_2)를 암모늄 이온으로 전환하는 질소 고정, (다)는 질산 이온을 질소 기체로 전환하는 탈질산화 작용이다.
ㄴ. 식물은 암모늄 이온이나 질산 이온을 뿌리로 흡수하여 질소 동화 작용을 통해 핵산이나 단백질을 합성한다.
ㄷ. (가)는 질산화 세균, (나)는 질소 고정 세균, (다)는 탈질산화 세균의 작용으로 일어난다.
[오답 피하기] ㄱ. (가) 과정은 질산화 세균에 의해 일어난다.

17 학생 A, B: 생태계 평형은 주로 먹이 사슬에 의해 유지되며, 안정적인 먹이 그물을 형성하고 있는 생태계는 외부의 간섭이 없다면 일시적으로 평형이 파괴되어도 자체적으로 회복될 힘을 가지고 있다.
[오답 피하기] 학생 C: 생물종 수가 많고, 먹이 그물이 복잡할수록 생태계 평형이 잘 유지된다.

18 1차 소비자의 개체 수가 증가하면 1차 소비자의 먹이가 되는 생산자의 개체 수는 감소하고, 1차 소비자를 먹이로 하는 2차 소비자의 개체 수는 증가한다.

[예시 답안] 1차 소비자가 증가하면 피식자인 생산자는 감소하고 포식자인 2차 소비자는 증가한다. 이로 인해 1차 소비자는 다시 감소하고, 1차 소비자의 감소로 생산자는 증가하고 2차 소비자는 감소하여 평형을 회복한다.

채점 기준	배점(%)
생산자 감소, 2차 소비자 증가 → 1차 소비자 감소 → 생산자 증가, 2차 소비자 감소의 순서로 평형이 회복된다는 것을 옳게 설명한 경우	100
평형 회복 과정의 일부만 옳게 설명한 경우	40

실력을 올리는 실전 문제
196~199쪽

01 ③　02 ⑤　03 ③　04 ④　05 ③
06 ②　07 ③　08 ③　09 ⑤　10 ⑤
11 ①　12 ④　13 ③　14 ①

1등급을 굳히는 고난도 문제

15 ⑤　16 ②

01 (가)는 1차 소비자, (나)는 2차 소비자, (다)는 분해자이다.

ㄱ. 생산자는 광합성을 통해 태양의 빛에너지를 유기물 속의 화학 에너지로 전환한다.

ㄷ. (다)는 생산자와 소비자의 사체나 배설물을 분해하는 분해자이다. 낙엽이나 사체, 배설물 속의 화학 에너지는 분해자의 호흡을 통해 열에너지 형태로 전환되어 생태계 밖으로 방출된다.

[오답 피하기] ㄴ. (나)에게 전달된 에너지양은 열에너지로 방출된 에너지양(250)과 분해자(다)에게 전달된 에너지양(150)을 합한 값인 400이다. 생산자로부터 (가)에게 전달된 에너지양은 (나)에게 전달된 에너지양(400)과 열에너지로 방출된 에너지양(1800), 그리고 분해자에게 전달된 에너지양(800)을 합한 값인 3000이다. 따라서 (가)에게 전달된 에너지양은 (나)에게 전달된 에너지양의 10배보다 작다.

02 ㄱ. (가)의 A는 광합성을 하는 생산자이다.

ㄷ. (가)와 (나)에서 상위 영양 단계로 갈수록 에너지양이 감소함을 볼 수 있다. 안정된 생태계에서 에너지양은 상위 영양 단계로 갈수록 감소한다.

[오답 피하기] ㄴ. 2차 소비자의 에너지 효율은 (가)에서 $\frac{20}{100} \times 100 = 20(\%)$이고, (나)에서 $\frac{15}{150} \times 100 = 10(\%)$이다.

03 ㄱ. 각 먹이 사슬에서 사람의 에너지 효율은 (가)에서 $\frac{80}{1000} \times 100 = 8(\%)$, (나)에서 $\frac{15}{100} \times 100 = 15(\%)$, (다)에서 $\frac{2}{10} \times 100 = 20(\%)$이다.

ㄴ. 모든 영양 단계에서 생물이 가진 에너지의 일부는 열에너지 형태로 방출된다.

[오답 피하기] ㄷ. 먹이 사슬의 각 단계를 영양 단계라고 하며, 빛에너지를 이용해 광합성을 하는 식물은 생산자이다. 따라서 사람의 영양 단계는 (가)에서는 1차 소비자, (나)에서는 2차 소비자, (다)에서는 3차 소비자이다.

04 [자료 분석 하기]

물질 순환과 에너지 흐름

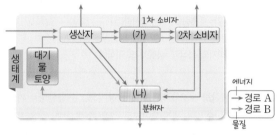

• 경로 A는 생태계 밖에서 유입된 후 먹이 사슬을 따라 흐르고, 최종적으로 생태계 밖으로 빠져나가므로 에너지의 이동 경로이다.
• 경로 B는 생태계 내에서 생물과 비생물 환경 사이를 순환하므로 물질의 이동 경로이다.
• 생산자로부터 물질과 에너지를 전달받는 (가)는 1차 소비자이고, 생산자, 1차 소비자, 2차 소비자로부터 물질과 에너지를 전달받고, 최종적으로 생태계 밖으로 에너지를 방출하는 (나)는 분해자이다.

ㄱ. A는 생태계 내에서 순환하지 않고 한 방향으로 흐르므로 에너지의 이동 경로이고, B는 생태계 내에서 순환하므로 물질의 이동 경로이다.

ㄷ. 생물 군집 내에서 에너지는 유기물 속의 화학 에너지 형태로 이동한다. 따라서 1차 소비자(가)에서 분해자(나)로 이동하는 에너지는 화학 에너지이다.

[오답 피하기] ㄴ. (가)는 1차 소비자, (나)는 분해자이다.

05 ㄱ, ㄴ. B는 1차 소비자에게로 이동한 유기물의 양이므로 피식량이고, 피식량+고사량, 낙엽량+생장량=순생산량이므로 (가)는 순생산량이다. 따라서 A는 총생산량에서 순생산량을 뺀 값인 호흡량이다.

[오답 피하기] ㄷ. 생산자가 일정 기간 동안 광합성을 통해 생산한 유기물의 총량은 총생산량이며, (가)는 순생산량이다.

06 ㄱ. 순생산량은 총생산량에서 호흡량을 뺀 값이므로 생산자의 순생산량은 총생산량의 60 %이다.

ㄴ. 생산자의 총생산량 중 15 %(피식량)가 1차 소비자에게 전달되고, 1차 소비자의 섭식량 중 20 %(피식량)가 2차 소비자에게 전달된다. 따라서 생산자의 총생산량 중 $15 \times \frac{20}{100} = 3(\%)$가 2차 소비자에게 전달된다.

[오답 피하기] ㄷ. 생산자의 총생산량 중 15 %(피식량)가 1차 소비자의 섭식량이고, 이 중 일부가 1차 소비자의 호흡에 이용되었으므로 1차 소비자의 호흡량은 생산자의 호흡량보다 작다.

07 자료 분석 하기

물질의 생산과 소비

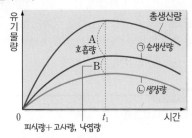

- 총생산량＝호흡량(A)＋순생산량(㉠)
- 순생산량(㉠)＝피식량＋고사량, 낙엽량＋생장량(㉡)
- 1차 소비자의 섭식량＝생산자의 피식량

ㄱ. 총생산량＝호흡량＋순생산량이고, 순생산량＝피식량＋고사량, 낙엽량＋생장량이므로 ㉠은 순생산량, ㉡은 생장량이고, A는 호흡량, B는 피식량＋고사량, 낙엽량이다. 따라서 낙엽량은 순생산량인 ㉠에 포함된다.

ㄴ. t_1일 때 이 군집에서 생산자의 호흡량은 총생산량과 순생산량(㉠)의 차이인 A이다.

[오답 피하기] ㄷ. 1차 소비자에게 전달되는 유기물량은 피식량이며, 피식량은 순생산량(㉠)에 포함된다.

08

ㄱ. 일정 기간 동안 식물 군집이 광합성을 통해 생산한 유기물의 총량을 총생산량이라고 한다. 따라서 총생산량이 항상 호흡량보다 많으므로 A는 총생산량, B는 호흡량이다.

ㄷ. 총생산량(A)과 호흡량(B)의 차이가 순생산량이다. 구간 Ⅱ에서 시간에 따라 호흡량(B)은 약간 증가하고, 순생산량은 감소하므로 $\dfrac{B}{순생산량}$는 시간에 따라 증가한다.

[오답 피하기] ㄴ. 천이의 마지막 단계에서 식물 군집이 안정적으로 유지되는 상태를 극상이라고 하며, 대부분 음수림이 극상을 이룬다. 구간 Ⅰ은 음수림이 출현하기 전이므로 구간 Ⅰ에서 이 식물 군집은 극상을 이루지 않는다.

09

ㄱ. A는 대기와 물속의 이산화 탄소(CO_2)를 흡수하여 광합성을 하는 생산자이므로 식물 플랑크톤은 A에 속한다.

ㄴ. ㉠은 생산자의 호흡을 통해 이산화 탄소가 대기나 물속으로 방출되는 과정이므로 ㉠은 이화 작용에 해당한다.

ㄷ. ㉡은 생산자가 소비자에게 피식되는 과정으로, 이 과정을 통해 화학 에너지가 유기물의 형태로 이동한다.

10

ㄱ. (가)는 토양 속의 질산 이온(NO_3^-)이 탈질산화 세균에 의해 질소 기체(N_2)가 되는 탈질산화 작용이고, (나)는 토양 속의 암모늄 이온(NH_4^+)이 질산화 세균에 의해 질산 이온(NO_3^-)으로 산화되는 질산화 작용이다.

ㄴ. (다)는 대기 중의 질소(N_2)가 뿌리혹박테리아와 같은 질소 고정 세균에 의해 암모늄 이온(NH_4^+)으로 전환되는 질소 고정이다. Ⅱ의 우점종인 콩과식물과 공생하는 세균은 질소 고정 세균인 뿌리혹박테리아이므로 (다) 과정에 관여한다.

ㄷ. 콩과식물이 우점종인 초원(Ⅱ)에서 키가 큰 교목이 우점종인 숲(Ⅳ)으로 천이가 일어나면 지표면에 도달하는 빛의 세기가 약해진다.

11

(가)는 질소 고정, (나)는 질산화 작용, (다)와 (라)는 식물의 뿌리를 통해 암모늄 이온(NH_4^+)이나 질산 이온(NO_3^-)이 흡수되는 과정, (마)는 탈질산화 작용이다.

① (가)는 뿌리혹박테리아나 아조토박터와 같은 질소 고정 세균에 의해 일어나는 질소 고정 과정이다. 공중 방전에 의해서는 대기 중의 질소가 질산 이온으로 고정된다.

[오답 피하기] ② 질산화 작용(나)은 질산화 세균에 의해 일어난다.

③ 암모늄 이온(NH_4^+)은 식물의 뿌리를 통해 흡수된다.

④ 식물의 뿌리로 흡수된 질산 이온과 암모늄 이온은 질소 동화 작용을 통해 단백질, 핵산 등으로 합성된다.

⑤ (마)는 토양 속의 질산 이온이 질소 기체(N_2)로 되는 탈질산화 작용이다.

12

ㄱ. 1차 소비자의 개체 수가 일시적으로 증가하면 2차 소비자의 개체 수는 증가하고 생산자의 개체 수는 감소하므로(다) ㉡은 '증가'이다. 2차 소비자의 개체 수가 증가하면 1차 소비자의 개체 수는 감소한다(가). 1차 소비자의 개체 수가 감소하면 2차 소비자의 개체 수는 감소하고 생산자의 개체 수는 증가하므로(나) ㉠도 '증가'이다.

ㄷ. 생태계에서 어느 한 영양 단계의 개체 수가 일시적으로 증가하거나 감소하더라도 시간이 지나면 먹이 사슬에 의해 다시 평형을 유지하게 된다.

[오답 피하기] ㄴ. 평형이 회복되는 과정은 1차 소비자의 개체 수 증가 → (다) 2차 소비자의 개체 수 증가, 생산자의 개체 수 감소 → (가) 1차 소비자의 개체 수 감소 → (나) 2차 소비자의 개체 수 감소, 생산자의 개체 수 증가 순이다.

13

ㄱ. 생물 군집 중 암모늄 이온(NH_4^+)과 질산 이온(NO_3^-)을 흡수하는 A와 이산화 탄소를 흡수하는 C는 모두 생산자이다.

ㄷ. ㉡은 생산자가 대기나 물속의 이산화 탄소(CO_2)를 흡수하여 유기물을 합성하는 광합성 과정이다.

[오답 피하기] ㄴ. ㉠은 대기 중의 질소를 암모늄 이온으로 전환하는 질소 고정으로, 질소 고정 세균에 의해 일어난다.

14

ㄱ. 늑대 사냥으로 인해 늑대의 개체 수가 급격히 줄어들자 사슴의 개체 수가 급격히 증가하였고, 사슴의 개체 수 증가로 초원의 생산량(사슴의 먹이인 풀의 양)이 감소하였다.

[오답 피하기] ㄴ. 1915년 이후 사슴의 개체 수가 급격히 증가한 것은 늑대의 사냥이 허용되어 사슴의 포식자인 늑대가 대부분 제거되었기 때문이다.

ㄷ. 1925년 이후 사슴의 개체 수가 감소한 것은 먹이 부족 때문이다.

15 고난도 문제 해결 전략

STEP 1 출제 의도 파악하기

에너지 효율 값을 제시한 후 각 영양 단계의 에너지양을 알아낼 수 있는지 평가하는 문제이다.

STEP 2 관련 개념 모으기

❶ 생태계에서의 에너지 흐름은?

➡ 태양의 빛에너지 중 일부가 생산자의 광합성을 통해 유기물 속의 화학 에너지로 전환되며, 이 에너지는 먹이 사슬을 따라 한 방향으로 흐른다.

❷ 에너지 효율이란?

➡ 생태계의 한 영양 단계에서 다음 영양 단계로 이동하는 에너지의 비율이다.

$$에너지 효율(\%) = \frac{현 영양 단계가 보유한 에너지 총량}{전 영양 단계가 보유한 에너지 총량} \times 100$$

ㄱ. A는 태양의 빛에너지를 화학 에너지로 전환하여 유기물에 저장하는 생산자이고, B는 생산자를 먹는 1차 소비자이다. 초식 동물은 생산자인 식물을 먹으므로 1차 소비자(B)에 해당한다.

ㄴ. 태양 에너지 중 생산자인 A로 이동한 에너지양은 1000이고, 1차 소비자인 B의 에너지 효율이 10 %이므로 B로 이동한 에너지양은 100이다. A의 에너지양 1000 중에서 100은 분해자(사체, 배설물)로 이동하였고, 100은 상위 영양 단계인 B로 이동하였으므로 A에서 호흡을 통해 열에너지 형태로 방출된 에너지양인 ㉠은 800이다. B의 에너지양 100 중에서 2차 소비자로 이동한 에너지양은 20(=100−70−10)인데, 그중 15가 호흡을 통해 열에너지 형태로 방출되었으므로 2차 소비자에서 분해자(사체, 배설물)로 이동한 에너지양인 ㉡은 5이다. 따라서 ㉠−㉡=800−5=795이다.

ㄷ. 1차 소비자(B)의 에너지 효율은 10 %이고, 2차 소비자의 에너지 효율은 $\frac{20}{100} \times 100 = 20(\%)$이다. 따라서 2차 소비자의 에너지 효율은 1차 소비자의 2배이다.

16 고난도 문제 해결 전략

STEP 1 출제 의도 파악하기

생태계에서의 에너지 이동량을 계산할 수 있는지와 물질의 생산과 소비 그래프를 해석할 수 있는지 평가하는 문제이다.

STEP 2 자료 분석하기

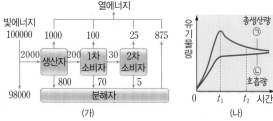

(가)   (나)

- (가)에서 생산자의 에너지양=100000−98000=2000, 1차 소비자의 에너지양=2000−1000−800=200, 2차 소비자의 에너지양=200−100−70=30이다.
- (나)에서 총생산량=호흡량+순생산량이므로 ㉠이 총생산량이고, ㉡이 호흡량이다.

STEP 3 관련 개념 모으기

❶ 생태계의 각 영양 단계에서 에너지 이동량은?

➡ 각 영양 단계가 보유한 에너지양에서 열에너지 형태로 방출되는 에너지양과 분해자로 이동하는 에너지양을 제외한 나머지가 다음 영양 단계로 이동한다.

❷ 순생산량은?

➡ 총생산량에서 생산자의 호흡량을 제외한 유기물의 양(총생산량−호흡량)이다.

❸ 생장량과 피식량은?

➡ 생장량은 순생산량에서 피식량, 고사량, 낙엽량을 제외하고 식물체에 남아 있는 유기물의 양이다. 생산자의 피식량은 1차 소비자(초식 동물)의 섭식량과 같다.

(가)에서 각 영양 단계의 에너지양은 생산자가 2000, 1차 소비자가 200, 2차 소비자가 30이다. (나)에서 ㉠은 총생산량, ㉡은 호흡량이다.

ㄷ. 순생산량은 ㉠−㉡이므로 t_1일 때가 t_2일 때보다 크고, 호흡량(㉡)은 t_1일 때가 t_2일 때보다 작으므로 $\frac{㉡}{순생산량}$은 t_1일 때가 t_2일 때보다 작다.

[오답 피하기] ㄱ. 1차 소비자의 생장량은 1차 소비자의 섭식량, 즉 생산자의 피식량에 포함되어 있으며, 생산자의 피식량은 순생산량에 포함되어 있다.

ㄴ. 1차 소비자의 에너지 효율은 $\frac{200}{2000} \times 100 = 10(\%)$이고, 2차 소비자의 에너지 효율은 $\frac{30}{200} \times 100 = 15(\%)$이다.

17 생물 다양성과 보전

확인 문제

1 유전적	**2** 종	**3** 생태계
4 ○	**5** 단편화, 생태 통로	**6** 외래종
7 종자 은행		

200~202쪽

01 유전적 다양성은 유전자 변이에 의해 한 개체군 내의 개체들 사이에 다양한 형질이 나타나는 것을 의미한다. 유성 생식 과정에서 일어나는 유전자 재조합과 돌연변이의 출현은 개체군 내 유전적 다양성을 증가시키는 요인이 된다.

03 생태계 다양성은 사막, 초원, 삼림, 습지, 호수, 강, 바다 등 어떤 지역에 존재하는 생태계의 다양한 정도로, 생태계 구성 요소 간의 상호 작용에 대한 다양성을 포함한다.

05 도로 건설 등으로 하나의 큰 서식지가 여러 개의 작은 서식지로 단편화되면 생물 다양성이 크게 감소하는데, 도로 위에 생태 통로를 설치하면 서식지 단편화에 의해 발생하는 피해를 줄일 수 있다.

06 외래종은 원래 살고 있던 지역을 벗어나 다른 지역으로 유입된 생물종으로, 고유종의 생존을 위협하고 먹이 사슬에 변화를 일으켜 생태계 평형을 파괴할 수 있다.

개념을 다지는 기본 문제
203~205쪽

| 01 ③ | 02 ③ | 03 (가) 종 다양성, (나) 유전적 다양성 | 04 ④ |

05 해설 참조　06 ①　07 ③　08 ⑤　09 ⑤　10 ③　11 ④
12 ①　13 ⑤　14 종자 은행　15 ②　16 해설 참조　17 생태
통로 설치

01 ㄱ. 생태계에 따라 환경 요인이 달라 서식하는 생물종이 다르므로 생태계가 다양할수록 종 다양성이 높다.
ㄷ. 같은 생물종이라도 각 개체가 가진 유전자가 다르기 때문에 형질(색, 크기, 모양 등)이 다양하게 나타나는 것은 유전적 다양성에 해당한다.
[오답 피하기] ㄴ. 한 생태계에 서식하는 생물종의 다양한 정도는 종 다양성이다.

02 ③ 종 다양성은 일정한 지역에 서식하는 생물종 수가 많을수록, 전체 개체 수에서 각 생물종이 차지하는 비율이 균등할수록 높다.
[오답 피하기] ① 종 다양성이 높으면 복잡한 먹이 그물이 형성되어 생태계 평형이 잘 유지된다.
② 생물종의 유전적 다양성이 감소하면 멸종될 가능성이 커져 종 다양성의 감소로 이어지고, 종 다양성 감소는 생태계 평형을 깨뜨려 생태계 다양성이 감소한다. 이처럼 유전적 다양성, 종 다양성, 생태계 다양성은 유기적으로 연결되어 서로 영향을 주고받는다.
④ 서로 다른 두 생태계가 인접한 지역에서는 두 생태계의 자원을 모두 이용하여 살아가는 생물종들이 서식하므로 종 다양성이 상대적으로 높다.
⑤ 유전적 다양성이 낮은 개체군은 전염병이 유행하면 한순간에 멸종될 수 있으므로 유전적 다양성은 급격한 환경 변화에서 개체군의 생존 가능성을 높이는 데 중요하다.

03 (가)는 생물종의 다양함(종 다양성)을, (나)는 같은 생물종에서 다양한 유전자 변이로 인해 다양한 형질이 나타나는 것(유전적 다양성)을 의미한다.

04 ㄱ. 무당벌레의 반점 무늬와 색의 다양함은 같은 생물종에서 개체들 사이의 유전자 변이에 의해 나타나는 유전적 다양성에 해당한다.
ㄷ. 유성 생식 과정에서 일어나는 유전자 재조합과 돌연변이의 출현은 개체군 내 유전적 다양성을 증가시키는 요인이다.
[오답 피하기] ㄴ. 하나의 생태계에 다양한 생물종이 존재하는 것은 종 다양성에 해당한다.

05 [예시 답안] (나). (가)와 (나)에서 식물 종 수와 전체 개체 수는 같지만, (가)에서보다 (나)에서 각 식물 종의 분포 비율이 더 균등하기 때문이다.

채점 기준	배점(%)
(나)를 쓰고, 그 까닭을 각 식물 종의 분포 비율을 들어 옳게 설명한 경우	100
(나)만 쓴 경우	30

06 자료 분석 하기
종 다양성 비교

(가)　　　(나)

- (가)와 (나)에 서식하는 식물 종 수는 A~D 4종으로 같다.
- (가)와 (나)에 서식하는 식물의 전체 개체 수는 20그루로 같다.
- (가)와 (나)에 서식하는 각 식물 종의 분포 비율

구분	A	B	C	D
(가)	6	11	1	2
(나)	6	3	7	4

➡ (가)에서보다 (나)에서 각 식물 종이 더 균등하게 분포한다.
➡ (가)에서보다 (나)에서 종 다양성이 높다.

ㄴ. (가)와 (나)에 서식하는 식물 종 수와 전체 개체 수는 4종 20그루로 같지만, (가)에서보다 (나)에서 각 식물 종이 더 균등하게 분포한다. 따라서 종 다양성(생물 다양성)은 (가)에서보다 (나)에서 높다.
[오답 피하기] ㄱ. (가)와 (나)에 서식하는 식물 종 수는 4종으로 같다.
ㄷ. (가)와 (나)에 서식하는 식물의 전체 개체 수는 20개체로 같지만, (가)에 서식하는 각 식물 종의 개체 수는 A가 6, B가 11, C가 1, D가 2이고, (나)에 서식하는 각 식물 종의 개체 수는 A가 6, B가 3, C가 7, D가 4이다. 따라서 (가)와 (나)에서 각 식물 종의 분포 비율은 같지 않다.

07 ㄱ, ㄷ. 농경지는 인위적으로 한 종이나 두 종의 농작물을 재배하는 생태계이므로 종 다양성이 매우 낮다. 반면에, 갯벌은 육상 생태계와 수생태계를 연결하는 완충 지역으로, 인접한 두 생태계의 자원을 모두 이용하여 살아가는 생물종들이 서식하기 때문에 종 다양성이 상대적으로 높다.
[오답 피하기] ㄴ. 농경지는 인위적으로 조성되었지만 생물이 서식하고, 생태계 구성 요소들 사이에 상호 작용이 일어나므로 하나의 생태계이다.

08 열대 우림은 강수량이 많고 기온이 높아 서식하는 식물의 종류가 많고, 그 식물을 이용하는 다양한 동물과 균류가 살고 있어 종 다양성이 매우 높다.

09 자료 분석 하기

생물 다양성과 생태계 평형

들쥐가 사라져도 늑대는 토끼, 다람쥐, 족 제비, 꿩을 먹을 수 있어 사라지지 않는다.

들쥐가 사라지면 족제비도 사라지므로 늑대는 먹이가 없어 사라지게 된다.

(가)   (나)

- (가): 먹이 사슬이 복잡하게 얽혀 있어 어떤 한 생물종이 사라져도 그 포식자는 다른 생물종을 먹고 살 수 있으므로 사라지지 않는다. ➡ 생 태계 평형이 쉽게 깨지지 않는다.
- (나): 먹이 사슬이 단순하여 어떤 한 생물종이 사라지면 그 포식자는 먹이가 없어 사라진다. ➡ 생태계 평형이 쉽게 깨진다.

⑤ (가)에서 늑대의 체구성 물질은 토끼, 다람쥐, 족제비, 들 쥐, 꿩으로부터 전달된 것이다.

[오답 피하기] ① 생물종 수가 많아 먹이 사슬이 복잡하게 얽혀 있는 (가)가 (나)보다 안정된 생태계이다.

② (나)보다 (가)를 구성하는 생물종 수가 더 많으므로 (가)에 서가 (나)에서보다 종 다양성이 높다.

③ (나)에서 들쥐가 사라지면 족제비도 사라지므로 늑대는 먹 이가 없어 사라지게 된다.

④ (가)는 먹이 사슬이 복잡하게 얽혀 있어 한 생물종이 사라 져도 다른 생물종이 이를 대체할 수 있어 생태계 평형이 쉽게 깨지지 않는다. 그러나 (나)는 먹이 사슬이 단순하여 한 생물 종이 사라지면 그 포식자도 먹이가 없어 사라지므로 생태계 평형이 쉽게 깨진다.

10
ㄱ. 푸른곰팡이에서 추출한 페니실린(항생제), 주목에서 추출 한 택솔(항암제)과 같이 사람이 사용하는 의약품은 대부분 생 물 자원에서 찾아냈거나 생물 자원을 활용하여 생산한다.

ㄴ. 생물 다양성은 생태계의 기능 및 안정성 유지에 중요하며, 생물 다양성이 높을수록 생태계 평형이 잘 유지된다.

ㄷ. 휴식처와 여가 활동 장소인 휴양림, 생태 체험 학습장인 갯벌과 습지 등 다양한 생태계는 사람에게 휴식 공간을 제공 한다.

[오답 피하기] ㄹ. 질병에 대한 저항력을 가진 생물의 유전자를 새로운 농작물 개발에 활용하는 것과 같이 생물 개체군 내에 존재하는 다양한 유전자들은 생물종의 보존이나 품종 개량 등 을 위한 유전자원이 된다.

11
④ 서식지가 단편화된 지역에 생태 통로를 설치하여 야생 동 물이 안전하게 이동할 수 있도록 하면 로드킬을 줄이고, 개체 군 크기가 감소하는 것을 어느 정도 막을 수 있다.

[오답 피하기] ① 대기오염으로 인한 산성비는 하천과 토양의 산 성도를 높여 생태계를 파괴하고, 수생태계에 유입된 유해 화 학 물질과 중금속은 수중 생물은 물론 생물 농축으로 상위 영 양 단계의 생물에도 영향을 미친다.

② 택지 개발은 서식지를 단편화시켜 생물 다양성을 감소시 킨다.

③ 농경지 개간에 따른 생물의 서식지 파괴로 생물 다양성이 급격하게 감소하고 있다.

⑤ 외래종은 고유종의 서식지를 침범하거나 먹이 그물을 훼손 하여 생물 다양성을 감소시킨다.

12
(가) 큰입배스와 같은 외래종은 원래 살고 있던 지역을 벗어나 다른 지역으로 옮겨 서식하게 된 종이다. 외래종이 새로운 환 경에 도입되면 천적이 없어 개체 수가 크게 늘어날 수 있으며, 그 결과 고유종의 서식지를 차지하고 먹이 사슬을 변화시켜 생태계를 교란할 수 있다.

(나) 서식지 단편화는 도로 건설, 택지 개발 등으로 하나의 큰 서식지가 여러 개의 작은 서식지로 나누어지는 현상이다. 도 로 건설 등으로 서식지가 단편화되면 야생 동물이 도로를 건 너다가 자동차에 치여 죽는 로드킬이 발생할 수 있다.

(다) 야생 동물의 밀렵과 희귀 식물 채취 등의 불법 포획과 남 획에 의해 특정 종이 멸종할 수 있다.

13
외래종은 외부에서 도입되어 그 지역의 고유종과 함께 진화해 오지 않았기 때문에 포식자나 기생충이 없는 경우가 많다. 따 라서 쉽게 번성하여 고유종의 서식지를 침범하거나 먹이 그물 을 훼손함으로써 생태계 평형을 파괴할 수 있다.

⊕ 개념 더하기

외래종
- 외래종은 원래 살고 있던 지역을 벗어나 다른 지역으로 옮겨 서식하 게 된 종이다.
- 외래종은 포식자(천적)나 질병이 없는 경우 새로운 환경에 적응하면 대량 번식할 수 있으며, 그 결과 고유종의 서식지를 차지하고 먹이 사슬에 변화를 일으켜 생물 다양성을 감소시키거나 생태계 평형을 파괴한다.
- 우리나라에 서식하며 생태계를 교란하는 대표적인 외래종에는 뉴트 리아, 큰입배스, 붉은귀거북, 가시박, 돼지풀 등이 있다.

뉴트리아   큰입배스   가시박

14
종자 은행은 식물 종의 보존 및 활용을 위하여 종자를 장기간 보관해 두는 곳이다.

15
② 외래종은 고유종과 경쟁하거나 고유종을 포식하여 먹이 사 슬에 변화를 일으키고 생물 다양성을 위협할 수 있다. 따라서 외래종 도입에 앞서 외래종이 기존 생태계에 미치는 영향을 철저히 검증해야 한다.

16 예시 답안 소형 동물의 서식지인 이끼층의 면적이 크게 감소하고, 하나의 서식지였던 이끼층이 여러 개로 단편화되어 이동이 제한되므로 생존에 필요한 자원을 얻기 어려워 생존율이 감소한다.

채점 기준	배점(%)
서식지 면적 감소와 서식지 단편화를 모두 옳게 설명한 경우	100
서식지 면적 감소와 서식지 단편화 중 1가지만 옳게 설명한 경우	50

17 (다)와 같이 이끼층이 완전히 나뉘면 종 생존율이 59 %에 불과하지만, (나)와 같이 나뉜 이끼층이 연결된 경우에는 종 생존율이 86 %로 (다)에서보다 높다. 즉, (나)와 (다)에서 서식지 면적은 비슷하지만, (다)에서는 서식지가 단편화되어 종 생존율이 (나)에 비해 크게 감소한 것이다. 따라서 단편화된 서식지에 생태 통로를 설치하여 야생 동물의 이동 경로를 만들어 주면 종 다양성을 보전하는 데 도움이 된다.

실력을 올리는 실전 문제
207~209 쪽

| 01 ⑤ | 02 ① | 03 ⑤ | 04 ① | 05 ② |
| 06 ⑤ | 07 ① | 08 ④ | 09 ⑤ | |

1등급을 굳히는 고난도 문제

| 10 ⑤ | 11 ⑤ |

01 학생 A: 종 다양성이 높을수록 복잡한 먹이 그물이 형성되어 생태계가 안정적으로 유지된다.
학생 B: 유전적 다양성은 같은 생물종이라도 다양한 형질을 나타내는 것을 의미한다.
학생 C: 갯벌과 습지는 육상 생태계와 수생태계가 인접하여 두 생태계의 자원을 모두 이용하는 생물종이 서식할 수 있어 종 다양성이 높다.

02 ㄱ. 종 다양성은 생물종의 수가 많을수록, 전체 개체 수에서 각 생물종이 차지하는 비율이 균등할수록 높다. ㉠에는 4종의 식물이, ㉢에는 3종의 식물이 서식하며, 서식하는 각 식물 종의 분포가 ㉢보다 ㉠에서 더 균등하다. 따라서 식물 종 다양성은 ㉠에서가 ㉢에서보다 높다.
[오답 피하기] ㄴ. 개체군 밀도는 개체군이 서식하는 공간의 단위 면적당 개체 수이므로, 개체 수를 서식 지역의 면적으로 나눈

값이다. C의 개체 수는 ㉡에서가 ㉠에서의 2배이지만, 면적도 ㉡이 ㉠의 2배이므로 C의 개체군 밀도는 ㉠과 ㉡에서 같다.
ㄷ. 상대 밀도는 어떤 지역에서 조사한 모든 종의 개체 수에 대한 특정 종의 개체 수를 백분율로 나타낸 것이다. 따라서 ㉡에서 D의 상대 밀도는 $\frac{12}{60} \times 100 = 20(\%)$이고, ㉢에서 D의 상대 밀도는 $\frac{12}{40} \times 100 = 30(\%)$이다.

03 (가)는 종 다양성, (나)는 유전적 다양성, (다)는 생태계 다양성이다.
ㄴ. 개체군은 일정한 지역에 같은 종의 생물이 무리를 이루어 생활하는 집단이므로 한 고양이 개체군에서 털의 색과 무늬가 다양한 것은 유전적 다양성(나)에 해당한다.
ㄷ. (다)는 어떤 지역에 존재하는 생태계의 다양한 정도를 의미하는 생태계 다양성이다.
[오답 피하기] ㄱ. 생태계에 따라 서식하는 생물종이 다르므로 종 다양성(가)은 지역에 따라 다르게 나타난다.

04 ㄱ. 같은 생물종이라도 각 개체가 서로 다른 대립유전자를 가져 각 개체 사이에 형질이 다르게 나타나는 것은 유전적 다양성에 해당한다.
[오답 피하기] ㄴ. 종 다양성은 식물, 동물뿐 아니라 곰팡이와 같은 균류나 세균 등 지구에 사는 모든 생물종을 포함한다.
ㄷ. 같은 종의 토끼에서 털 색깔이 다양하게 나타나는 것은 유전적 다양성에 해당한다.

05 ㄴ. 봄과 여름에 서식하는 생물종의 수는 6종으로 같고, 가을에는 4종만이 서식한다. 또, 봄과 여름 중 봄에 각 생물종의 분포 비율이 더 균등하다. 종 다양성은 생물종의 수가 많을수록, 각 생물종의 분포 비율이 균등할수록 높으므로 가을보다 봄에 종 다양성이 높다. 종 다양성이 높을수록 생태계가 안정적으로 유지되므로 생태계 평형은 가을보다 봄에 더 잘 유지된다.
[오답 피하기] ㄱ. 종 다양성은 봄에 가장 높다.
ㄷ. 상대 밀도는 어떤 지역에서 조사한 모든 종의 개체 수에 대한 특정 종의 개체 수를 백분율로 나타낸 것이다. 봄철 종 A와 가을철 종 E의 개체 수는 같지만, 봄철과 가을철에 전체 개체 수가 다르므로 봄철 종 A의 상대 밀도와 가을철 종 E의 상대 밀도는 서로 다르다.

06 ㄱ. 개체군의 크기가 10^4 이하가 되면 유전적 변이의 수가 감소하므로 유전적 다양성을 보전하기 위한 개체군의 최소 크기는 유전자 변이의 수가 최대가 되기 시작하는 약 10^4이다.
ㄴ. 유전적 다양성이 높은 생물종은 환경이 급격하게 변하거나 전염병이 발생했을 때 살아남을 가능성이 크다. 따라서 개체군 크기가 10^5일 때가 10^3일 때보다 유전자 변이의 수가 많으므로 멸종 가능성이 작다.
ㄷ. 같은 생물종의 개체라도 형질이 다양하게 나타나는 것은 유전적 다양성에 해당한다.

07 ㄱ. 서식지 면적이 감소하면 처음에 있던 종에서 살아남은 종의 비율이 감소하므로 생물종 수가 감소한다. 즉, 서식지 면적이 감소하면 종 다양성이 감소하므로 생물 다양성이 감소한다.
[오답 피하기] ㄴ. 서식지 면적이 50 % 감소하면 처음에 있던 종에서 90 %가 살아남으므로 10 %가 멸종된다.
ㄷ. 제시된 자료만으로는 생물종 다양성 감소에 가장 큰 영향을 미치는 요인이 서식지 파괴라는 것을 확인할 수 없다.

08 ㄱ. 뉴트리아(㉠)는 남미에서 우리나라로 유입된 외래종이다.
ㄴ. 뉴트리아는 수초를 갉아먹어 습지를 황폐화하므로 습지의 식물 종 다양성이 낮아진다.
[오답 피하기] ㄷ. 외래종은 고유종의 서식지를 차지하며, 먹이 사슬에 변화를 일으켜 생태계 평형을 파괴(㉣)한다.

09 〔자료 분석 하기〕

서식지 단편화

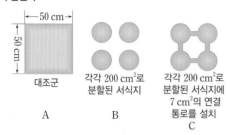

대조군 A
각각 200 cm²로 분할된 서식지 B
각각 200 cm²로 분할된 서식지에 7 cm²의 연결 통로를 설치 C

- A에서 서식지 면적은 2500 cm²이다.
- B에서는 서식지 단편화가 일어났다. B에서 서식지의 총 면적은 200 cm² × 4 = 800 cm²이므로 A에 비해 서식지 면적이 크게 감소하였다.
- B와 같이 서식지가 단편화되면 생물의 이동을 제한하여 고립시키기 때문에 그 지역에 서식하는 개체군의 크기가 작아지거나 멸종할 수 있다.
- 단편화된 서식지 B에 C와 같이 연결 통로를 설치한 결과 B에서보다 소형 동물의 종 수가 증가하였다. ➡ 생태 통로와 같은 연결 통로를 설치하면 서식지 단편화에 의한 피해를 줄일 수 있다.

ㄱ. B는 하나의 큰 서식지가 여러 개의 작은 서식지로 분할된 것이므로 단편화된 서식지이다.
ㄴ. 서식지가 단편화된 B에서 관찰되는 소형 동물의 종 수가 가장 적으므로 서식지가 단편화되면 종 다양성이 감소한다.
ㄷ. B에 비해 C에서 관찰되는 소형 동물의 종 수가 더 많은 것을 통해 단편화된 서식지를 연결해 주면 종 다양성 보전에 도움이 된다는 것을 알 수 있다.

10 〔고난도 문제 해결 전략〕
〔STEP 1〕 출제 의도 파악하기
종 다양성과 바이러스성 질병 발생률의 관계를 나타낸 그래프를 해석할 수 있는지 평가하는 문제이다.
〔STEP 2〕 관련 개념 모으기
❶ 종 다양성은?
➡ 한 생태계에 서식하는 생물종의 다양한 정도로, 생물종의 수가 많을수록, 전체 개체 수에서 각 생물종이 차지하는 비율이 균등할수록 종 다양성이 높다.

❷ 바이러스성 질병은?
➡ 병원체인 바이러스에 의해 발생하는 질병으로, 감염성이 있다. 토끼와 같은 생물은 바이러스의 숙주이다.

ㄴ. 토끼의 종 다양성은 종의 수가 많고, 각 종의 분포 비율이 더 균등한 (나)에서가 (가)에서보다 높다.
ㄷ. 그림에서 토끼의 종 다양성이 높을수록 바이러스성 질병 발생률이 감소하므로 (가)에 서식하는 토끼보다 종 다양성이 높은 (나)에 서식하는 토끼에서 바이러스성 질병이 발생할 가능성이 낮다.
[오답 피하기] ㄱ. 개체군은 같은 종의 개체들로 구성된다. (가)에서 A~D는 서로 다른 종이므로 하나의 개체군을 이루지 않는다.

11 〔고난도 문제 해결 전략〕
〔STEP 1〕 출제 의도 파악하기
서식지 단편화가 생물 다양성에 미치는 영향을 해석할 수 있는지 평가하는 문제이다.
〔STEP 2〕 자료 분석하기

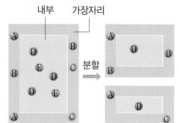

내부   가장자리   분할

구분	분할 전	분할 후
A	200	200
B	200	180
C	160	120
D	80	40
E	40	0

- 서식지가 분할된 결과 서식지 내부 면적이 감소하고, 가장자리 면적이 증가하였다.
- 서식지 분할 후 B, C, D의 개체 수가 모두 감소하고, 서식지 내부에 서식하던 E는 멸종되었다.

〔STEP 3〕 관련 개념 모으기
❶ 서식지 단편화는?
➡ 하나의 큰 서식지가 여러 개의 작은 서식지로 나누어지는 것이다. 서식지가 단편화되면 생물은 이동할 수 있는 범위가 좁아져 생존에 필요한 자원을 얻기 어렵다.

❷ 서식지 단편화가 생물 다양성에 미치는 영향은?
➡ 서식지가 단편화되면 서식지 면적이 감소할 뿐만 아니라 전체 서식지에서 가장자리의 비율이 늘어나고, 서식지 중심부에서 가장자리까지의 거리가 짧아져 깊은 숲속에서 살아가는 생물의 경우 개체군 크기가 감소하여 멸종될 수도 있다. 또, 단편화된 서식지에서만 교배가 일어나 유전적 다양성이 감소한다.

ㄱ. 서식지 분할 전에는 A~E 5종이 서식하였으나 분할 후 E가 멸종되어 생물종 수가 감소하였다.
ㄴ. 서식지가 단편화되면 내부 면적은 감소하고 가장자리의 길이와 면적은 늘어난다.
ㄷ. 가장자리에서 서식하는 A, B, C의 경우 총 560개체에서 500개체로 감소하였지만, 내부에서 서식하는 D의 경우 80개체에서 40개체로 감소하였고 E는 멸종되었으므로 서식지의 내부에서 살아가는 생물이 더 큰 피해를 입음을 알 수 있다.

1 생산자 **2** 비생물적 **3** S **4** 연령 피라미드 **5** 포식과
피식 **6** 텃세 **7** 리더제 **8** 위도 **9** 방형구법 **10** 우점종
11 경쟁·배타 **12** 편리공생 **13** 기생 **14** 양수림 **15** 양수림
16 2차 천이 **17** 열에너지 **18** 순생산량 **19** 광합성 **20** 질소
고정 **21** 탈질산화 **22** 유전적 **23** 생물 자원

실력 점검 **Ⅴ 단원 평가 문제**

212~215쪽

01 ⊙은 작용, ⓒ은 반작용, ⓒ은 개체군 내 상호 작용이다.
ㄱ. 생산자, 소비자, 분해자는 모두 생물 군집에 속한다.
ㄴ. 지렁이에 의해 토양이 비옥해지는 것은 생물이 비생물적
요인에 영향을 주는 반작용의 예이므로 ⓒ에 해당한다.
[오답 피하기] ㄷ. 분서(생태 지위 분화)는 군집 내 개체군 간의
상호 작용이다.

02 (가)는 생물적 요인이 서로 영향을 주고받는 상호 작용 중 군
집 내 개체군 간의 상호 작용(포식과 피식)의 예이며, (나)는
작용, (다)는 반작용의 예이다.
ㄱ. 토끼와 토끼풀은 포식과 피식 관계이므로 토끼풀의 개체
수가 증가하면 토끼의 개체 수도 증가하는 것은 개체군 간의
상호 작용의 예이다.
[오답 피하기] ㄴ. 숲이 우거질수록 숲속의 습도가 높아지는 것
은 (다)와 같은 반작용의 예이다.
ㄷ. 기온이 낮아지면 낙엽이 지는 것은 (나)와 같은 작용의 예
이다.

03 ㄷ. 개체군의 개체 수 증가율은 그래프에서 접선의 기울기에
해당한다. 접선의 기울기가 가장 큰 구간 Ⅱ에서 개체 수 증가
율이 가장 크고, 구간 Ⅲ에서는 개체 수 증가율이 0이다. 따라
서 B에서 개체군의 개체 수 증가율은 구간 Ⅱ > 구간 Ⅰ > 구
간 Ⅲ이다.
[오답 피하기] ㄱ. A는 이론상의 생장 곡선, B는 실제의 생장
곡선이다.
ㄴ. B의 구간 Ⅲ에서 개체 수 증가율이 0인 것은 출생률과 사
망률이 같기 때문이다.

04 ㄱ. 어류는 많은 수의 자손을 낳지만, 어린 개체가 부모의 보호
를 받지 못해 초기 사망률이 높은 Ⅲ형 생존 곡선을 나타낸다.
ㄷ. 조류는 Ⅱ형 생존 곡선을 나타내는데, Ⅱ형은 각 연령대에
서 사망률이 비교적 일정하다.

[오답 피하기] ㄴ. 대형 포유류는 적은 수의 자손을 낳지만, 어린
개체가 부모의 보호를 받아 초기 사망률이 낮고 후기 사망률
이 높은 Ⅰ형 생존 곡선을 나타낸다.

05 ㄱ. 식물은 이산화 탄소를 흡수하여 광합성을 하고, 광합성 결
과 산소를 방출하므로 광합성이 활발한 층에서는 이산화 탄소
의 양이 감소하고 산소의 양이 증가한다. 광합성이 활발한 교
목층에서 상대량이 감소한 A는 이산화 탄소이고, 상대량이
증가한 B는 산소이다.
ㄷ. 식물 군집의 층상 구조는 동물에게 다양한 서식 환경을 제
공한다.
[오답 피하기] ㄴ. 식물 군집의 층상 구조에서 교목층은 높이가
가장 높아 강한 빛을 받으므로 광합성이 가장 활발하게 일어
난다. 따라서 총생산량은 교목층이 가장 많다.

06 A는 분서(생태 지위 분화), B는 리더제, C는 순위제이다. A
는 군집 내 개체군 간의 상호 작용이고, B와 C는 개체군 내
상호 작용이다.
ㄷ. 닭들이 모이를 쪼는 순서가 정해져 있는 것은 순위제이므
로 C는 개체군 내 상호 작용이다.
[오답 피하기] ㄱ. 피라미는 은어와 생활 공간과 먹이의 종류를
달리함으로써 경쟁을 피한다. 따라서 A는 개체군 간의 상호
작용인 분서(생태 지위 분화)이다.
ㄴ. 경쟁 관계에 있는 두 개체군 사이에 경쟁이 심하게 일어난
결과 경쟁에서 이긴 개체군은 살아남아 생장하지만, 경쟁에서
진 개체군은 도태되어 사라지는 것을 경쟁·배타 원리라고 한
다. 경쟁·배타 원리는 두 개체군이 경쟁 관계일 때 적용된다.

07 자료 분석 하기

개체군 간의 상호 작용

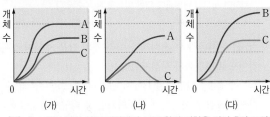

· (가): A~C를 각각 단독 배양하면 모두 환경 저항을 받아 S자 모양의
생장 곡선을 나타낸다.
· (나): A와 C를 혼합 배양하면 A와 C 사이에 종간 경쟁이 일어나 경
쟁에서 이긴 A만 살아남고, 경쟁에서 진 C는 사라진다. ➡ 경쟁·배
타 원리가 적용되었다.
· (다): B와 C를 혼합 배양하면 B와 C의 개체 수가 모두 단독 배양할
때보다 증가한다. ➡ B와 C는 상리 공생 관계이다.

ㄴ. A와 C를 혼합 배양했을 때 A만 살아남고 C가 사라졌으
므로 경쟁·배타 원리가 적용되었다.
ㄷ. B와 C를 혼합 배양했을 때 단독 배양했을 때보다 B와 C
모두 개체 수가 증가하였다. 따라서 B와 C 사이에 일어난 상
호 작용은 상리 공생이다.

[오답 피하기] ㄱ. 일반적인 환경에서 개체군의 개체 수가 증가하면 환경 저항이 증가하여 S자 모양의 생장 곡선을 나타낸다. (가)에서 A는 S자 모양의 생장 곡선을 나타내므로 환경 저항을 받았음을 알 수 있다.

08 A는 관목림, B는 양수림, C는 음수림이다.

ㄷ. 음수림(C)의 경우 숲의 하층부로 갈수록 도달하는 빛의 세기가 약해진다. 따라서 강한 빛을 받는 상층부의 잎은 약한 빛을 받는 하층부의 잎보다 울타리 조직이 발달하여 두께가 더 두껍다.

ㄹ. 혼합림에서도 숲의 하층부로 갈수록 도달하는 빛의 세기가 약해지므로 숲의 하층부에서 양수의 어린 나무는 잘 자라지 못하고, 음수의 어린 나무가 잘 자라 음수림으로 천이가 일어난다.

[오답 피하기] ㄱ. 호수에서 시작되었으므로 1차 천이 중 습성 천이 과정이다.

ㄴ. 천이 과정에서 초본류의 군집이 형성된 후 점차 키가 작은 관목이 우점종인 군집이 나타나므로 A는 관목림이다. 지의류는 1차 천이 중 건성 천이 과정의 개척자이다.

09 A는 3차 소비자, B는 2차 소비자, C는 1차 소비자, D는 생산자이다.

ㄱ. 초식 동물은 생산자를 먹는 1차 소비자(C)에 해당한다.

[오답 피하기] ㄴ. 3차 소비자(A)의 에너지 효율은 $\frac{3}{15} \times 100$ =20(%)이고, 2차 소비자(B)의 에너지 효율은 $\frac{15}{100} \times 100$ =15(%)이다.

ㄷ. 상위 영양 단계로 갈수록 에너지양이 감소하므로 3차 소비자의 에너지양이 가장 적다.

10 ㄱ. 순생산량은 총생산량에서 호흡량을 뺀 값이다. Ⅰ에서 총생산량에 대한 호흡량의 백분율이 74.0 %이므로 순생산량의 백분율은 26.0 %이다.

ㄴ. 초식 동물의 섭식량은 생산자의 피식량과 같다. Ⅰ의 총생산량은 Ⅱ의 총생산량의 2배이고, 피식량의 백분율은 Ⅰ에서 0.3 %, Ⅱ에서 0.2 %이므로 초식 동물의 섭식량은 Ⅰ이 Ⅱ의 3배이다.

[오답 피하기] ㄷ. 식물체에 남아 있는 유기물량은 생장량이다. Ⅰ의 총생산량은 Ⅱ의 총생산량의 2배이고, 생장량의 백분율은 Ⅰ에서 6.0 %, Ⅱ에서 8.0 %이므로 생장량은 Ⅰ이 Ⅱ의 1.5배이다.

11 (가)는 광합성, (나)는 피식, (다)는 화석 연료의 연소 과정이다.

ㄱ. 생산자인 식물이나 조류는 대기나 물속의 이산화 탄소를 흡수하여 광합성(가)을 통해 유기물 형태로 전환한다. 광합성은 동화 작용에 해당한다.

ㄷ. 화석 연료의 사용 증가는 대기 중의 이산화 탄소 농도를 증가시켜 지구 온난화가 심화될 수 있다.

[오답 피하기] ㄴ. 생물 군집에서 탄소는 유기물 형태로 먹이 사슬을 따라 이동하므로 (나)에서 탄소는 유기물 형태로 이동한다.

12 ㄱ. (가)는 대기 중의 질소를 생물이 이용할 수 있는 질소 화합물(NH_4^+)로 만드는 과정인 질소 고정이며, 뿌리혹박테리아와 같은 질소 고정 세균에 의해 일어난다.

[오답 피하기] ㄴ. (나)는 질산화 작용으로, 질산화 세균(아질산균, 질산균)에 의해 일어난다.

ㄷ. (다)는 탈질산화 작용으로, 탈질산화 세균에 의해 일어난다. 공중 방전에 의해 대기 중의 질소가 질산 이온으로 고정된다.

➕ 개념 더하기

콩과식물과 뿌리혹박테리아
뿌리혹박테리아는 콩과식물의 뿌리에 뿌리혹을 만들어 식물과 공생하면서 대기 중의 질소를 고정하여 식물에 제공하고, 식물로부터 서식지와 양분을 공급받는다. 즉, 콩과식물과 뿌리혹박테리아는 상리 공생 관계이다.

▲ 콩과식물의 뿌리혹

13 생태계에 따라 환경 요인이 달라 서식하는 생물종 및 개체 수가 다르므로 (가)는 생태계 다양성에 해당한다. 유전적 다양성(나)에는 한 개체군 내 개체 사이의 유전적 변이와 여러 개체군 사이의 유전적 변이가 모두 포함된다. 종 다양성(다)은 생물종의 다양한 정도를 의미한다.

14 ㄱ. (가)와 (나)에서 모두 올빼미를 잡아먹는 동물이 없으므로 올빼미가 최종 소비자이다.

ㄴ. 생물종이 다양하여 복잡한 먹이 그물을 형성할수록 생태계가 안정적으로 유지된다. 따라서 먹이 그물이 복잡한 (가)에서가 먹이 사슬이 단순한 (나)에서보다 생태계 평형이 안정적으로 유지된다.

ㄷ. 들쥐가 멸종될 경우 (가)에서는 올빼미가 생쥐, 오리, 참새, 도요새를 잡아먹을 수 있지만, (나)에서는 올빼미가 잡아먹을 생물이 없다. 따라서 들쥐가 멸종될 경우 올빼미의 멸종 가능성은 (가)에서보다 (나)에서 크다.

15 [예시 답안] (가) 분서(생태 지위 분화), (나) 텃세. (가)는 생태적 지위가 비슷한 솔새들이 경쟁을 피하기 위한 것이며, (나)는 각 개체가 일정한 공간을 차지하고 다른 개체의 침입을 막아 불필요한 싸움을 방지하기 위한 것이다.

채점 기준	배점(%)
(가) 분서(생태 지위 분화), (나) 텃세를 쓰고, 각각의 관계가 형성된 까닭을 모두 옳게 설명한 경우	100
(가)와 (나) 중 1가지에 대해서만 옳게 설명한 경우	50
(가) 분서(생태 지위 분화), (나) 텃세만 쓴 경우	30

16 (1) 원래 살고 있던 지역을 벗어나 다른 지역으로 옮겨 서식하게 된 생물종을 외래종(외래 생물)이라고 한다.

(2) [예시 답안] (가), (나)에서는 나일농어가 도입된 후 종 다양성이 감소하여 먹이 그물이 단순화되었기 때문이다.

채점 기준	배점(%)
(가)를 쓰고, 그 까닭을 옳게 설명한 경우	100
(가)만 쓴 경우	30

시험대비편

10분 TEST 문제

I. 생명 과학의 이해

01. 생물의 특성   2쪽

01 세포   02 ㉠ 물질대사, ㉡ 효소   03 ㉡, ㉣   04 ㉠, ㉢
05 ㄱ   06 ㅁ   07 ㄴ   08 ㄹ   09 ㄷ   10 적응   11 ✕
12 ✕   13 ○   14 ○

01 세포는 생물의 구조적·기능적 단위로, 모든 생물은 세포로 이루어져 있다.

05 사람이 더울 때 땀을 흘리는 것은 체온을 일정하게 유지하기 위한 것으로, 항상성의 예이다.

06 주변의 밝기에 따라 동공의 크기가 변하는 것은 눈으로 들어오는 빛의 양(자극)에 대한 반응이다.

07 개구리의 수정란이 올챙이를 거쳐 어린 개구리가 되는 것은 발생이고, 어린 개구리가 성체 개구리로 되는 것은 생장이다.

11 바이러스는 세포로 이루어져 있지 않으며, 단백질 껍질 속에 핵산이 들어 있는 단순한 구조로 되어 있다.

12 바이러스는 자신의 효소가 없어 스스로 물질대사를 하지 못한다.

02. 생명 과학의 특성과 탐구 방법   3쪽

01 ○   02 ✕   03 ○   04 ○   05 귀납적 탐구 방법
06 (나) → (가) → (라) → (마) → (다)   07 ✕   08 ○   09 ○
10 ○   11 독립변인   12 종속변인   13 대조군   14 실험군
15 대조군: 집단 B, 실험군: 집단 A, 조작 변인: 백신 ㉠의 주사 여부

02 생명 과학의 연구 성과는 질병, 환경 오염, 기후 변화 등과 같은 문제를 해결하는 데 이용되고 있다.

04 사람 유전체 분석은 물리학과 화학의 이론을 토대로 개발된 자동 염기 서열 분석기를 이용하여 이루어졌다.

07 가설은 자연 현상을 관찰하면서 생긴 의문에 대한 잠정적인 답으로, 가설을 검증하기 위해 탐구를 설계하고 수행한다.

10 가설은 새로운 사실을 예측할 수 있어야 하고, 옳은지 그른지 실험이나 관측을 통해 확인할 수 있어야 한다.

15 집단 A는 백신 ㉠을 주사하고, 집단 B는 백신 ㉠을 주사하지 않았다. 따라서 가설을 검증하기 위해 의도적으로 변화시킨 조작 변인은 백신 ㉠의 주사 여부이며, 집단 A는 실험군, 집단 B는 대조군이다.

II. 사람의 물질대사

03. 생명 활동과 에너지   4쪽

01 ㉠ 물질대사, ㉡ 에너지 대사   02 ㉠ 세포 호흡, ㉡ 미토콘드리아   03 (가) 동화 작용, (나) 이화 작용   04 (가) 동화 작용, (나) 이화 작용   05 ATP   06 ○   07 ✕   08 ○
09 ✕   10 ○   11 (가) 아데닌, (나) 리보스, (다) 아데노신
12 ㉠ 산소(O_2), ㉡ 이산화 탄소(CO_2)

01 생명체 내에서 물질을 합성하고 분해하는 모든 화학 반응을 물질대사라고 하며, 물질의 변화가 일어날 때 에너지의 출입도 함께 일어나므로 에너지 대사라고도 한다.

07 아미노산으로부터 단백질이 합성되는 반응은 동화 작용으로, 에너지가 흡수된다.

08 핵산과 같은 세포의 구성 성분이 합성되는 반응뿐만 아니라 모든 물질대사에는 효소가 관여한다.

09 세포 호흡으로 방출된 에너지의 일부가 ATP에 저장되며, 나머지는 열에너지로 방출된다.

11 ATP는 아데닌과 리보스에 인산기 3개가 결합된 화합물이다.

04. 기관계의 통합적 작용과 건강   5쪽

01 ㉠ 포도당, ㉡ 아미노산, ㉢ 모노글리세리드, ㉣ 모세 혈관, ㉤ 암죽관   02 ○   03 ✕   04 ○   05 ○   06 ㉠ 소화계, ㉡ 호흡계, ㉢ 순환계, ㉣ 배설계   07 A: 순환계, B: 소화계, C: 호흡계, D: 배설계   08 ㉠ 기초 대사량, ㉡ 활동 대사량, ㉢ 1일 대사량   09 ○   10 ✕   11 ○   12 ○

03 조직 세포 주변의 모세 혈관과 조직 세포 사이에서 산소와 이산화 탄소가 이동하는 원리는 기체의 분압 차에 따른 확산으로, ATP의 에너지가 사용되지 않는다.

04 지방의 구성 원소는 탄소(C), 산소(O), 수소(H)이므로 지방이 분해되면 물(H_2O)과 이산화 탄소(CO_2)가 생성된다. 암모니아(NH_3)는 단백질과 같이 질소(N)를 포함하는 영양소가 분해될 때 생성된다.

08 1일 대사량은 기초 대사량, 활동 대사량, 음식물 섭취 시의 에너지 소모량을 모두 합한 값이다.

10 에너지 섭취량이 에너지 소모량보다 많은 상태가 지속되면 체지방 축적량과 체중이 증가하여 대사성 질환에 걸릴 확률이 높아진다.

III. 항상성과 몸의 조절

05. 흥분의 전도와 전달 6쪽

01 뉴런(신경 세포) **02** A: 신경 세포체, B: 가지 돌기, C: 축삭 돌기 **03** ㉠ **04** ㉢ **05** ㉤ **06** ○ **07** × **08** 휴지 전위 **09** 활동 전위 **10** ㉠ Na^+, ㉡ Na^+, ㉢ 탈분극 **11** ㉠ 양(+), ㉡ 음(−) **12** ㉠ Na^+, ㉡ K^+, ㉢ 재분극 **13** 흥분 전달 **14** 활주설 **15** ㄴ, ㄷ, ㄹ

07 뉴런이 자극을 받지 않을 때 Na^+-K^+ 펌프의 작용으로 세포막 안쪽은 상대적으로 음(−)전하를, 바깥쪽은 양(+)전하를 띤다.

08 뉴런이 자극을 받지 않을 때 나타나는 막전위를 휴지 전위라고 하며, 약 -70 mV이다.

11 탈분극이 일어나 막전위가 역치 전위를 넘으면 Na^+ 통로가 대부분 열려 Na^+이 대량으로 유입되므로 막전위가 급격히 상승하여 활동 전위가 발생한다. 이때 세포막의 안쪽은 양(+)전하를, 바깥쪽은 음(−)전하를 띠게 된다.

15 액틴 필라멘트가 마이오신 필라멘트 사이로 미끄러져 들어가 근육 원섬유 마디가 짧아지면서 근육이 수축하며, 근육이 수축할 때 A대의 길이는 변화가 없지만 I대와 H대의 길이는 모두 짧아진다.

06. 신경계 7쪽

01 B, 간뇌 **02** A, 대뇌 **03** E, 소뇌 **04** D, 중간뇌 **05** C, 뇌교 **06** F, 연수 **07** 척수 **08** ㉢ **09** ㉡ **10** ㉠ **11** × **12** × **13** ○ **14** ○ **15** (가) 교감 신경, (나) 부교감 신경 **16** A: 아세틸콜린, B: 노르에피네프린, C: 아세틸콜린, D: 아세틸콜린

11 말초 신경계는 기능에 따라 구심성 신경(감각 신경)과 원심성 신경(체성 신경계, 자율 신경계)으로 구분하며, 체성 신경계는 운동 신경으로 이루어져 있다.

12 자율 신경계는 중추에서 나와 반응기에 이르기까지 뉴런 2개가 시냅스를 형성하고 있다.

13 자율 신경계는 대뇌의 직접적인 지배를 받지 않고 중간뇌, 연수, 척수 등에서 뻗어 나와 주로 내장 기관과 혈관에 분포한다.

15 (가)는 신경절 이전 뉴런이 신경절 이후 뉴런보다 짧으므로 교감 신경이며, (나)는 신경절 이전 뉴런이 신경절 이후 뉴런보다 길므로 부교감 신경이다.

16 교감 신경의 신경절 이전 뉴런에서는 아세틸콜린이, 신경절 이후 뉴런에서는 노르에피네프린이 분비되며, 부교감 신경의 신경절 이전 뉴런과 신경절 이후 뉴런에서는 모두 아세틸콜린이 분비된다.

07. 호르몬과 항상성 조절 8쪽

01 호르몬 **02** ㉡ **03** ㉠ **04** ㉣ **05** ㉤ **06** ㉢ **07** 음성 피드백 **08** A: 갑상샘 자극 호르몬(TSH), B: 티록신 **09** A: 인슐린, B: 글루카곤, C: 에피네프린 **10** ○ **11** × **12** × **13** ○ **14** ○ **15** × **16** ○ **17** ㉠ 촉진, ㉡ 증가 **18** ㉠ 억제, ㉡ 증가

08 뇌하수체 전엽에서 분비되어 갑상샘에 작용하는 호르몬 A는 갑상샘 자극 호르몬(TSH)이고, 갑상샘에서 분비되어 표적 세포의 물질대사를 촉진하는 호르몬 B는 티록신이다.

09 이자에서 분비되어 혈당량을 감소시키는 호르몬 A는 인슐린이고, 혈당량을 증가시키는 호르몬 B는 글루카곤이다. 부신 속질에서 분비되어 혈당량을 증가시키는 호르몬 C는 에피네프린이다.

11 식사를 하면 혈당량이 증가하므로 이자의 β세포에서 인슐린의 분비가 촉진된다.

12 교감 신경은 글루카곤의 분비를 촉진하고, 부교감 신경은 인슐린의 분비를 촉진한다.

15 체온이 정상보다 높아지면 교감 신경의 작용이 완화되어 피부 근처 혈관이 확장되고, 이로 인해 피부 근처로 흐르는 혈액량이 증가하여 몸의 표면을 통한 열 발산량이 증가하므로 체온이 정상 수준으로 낮아진다.

바른답·알찬풀이 **83**

04 세균은 세포 구조이지만, 바이러스는 비세포 구조이다.

05~06 세균은 효소가 있어 스스로 물질대사를 할 수 있지만, 바이러스는 효소가 없어 살아 있는 숙주 세포 내에서만 물질대사를 하고 증식할 수 있다.

14 고혈압은 비감염성 질병이므로 다른 사람에게 전염되지 않는다. 환자의 기침이나 재채기를 통해 감기나 독감과 같은 감염성 질병에 감염될 수 있다.

02 염증과 식세포 작용은 비특이적 방어 작용 중 내부 방어에, 피부와 점막은 비특이적 방어 작용 중 외부 방어벽에 해당한다. 세포성 면역과 항원 항체 반응은 특이적 방어 작용에 해당한다.

03 골수에서 생성된 후 골수에 남아 성숙 과정을 거치면 B 림프구로 분화하고, 가슴샘으로 이동하여 성숙 과정을 거치면 T 림프구로 분화한다.

07 대식세포가 세포막 표면에 제시한 항원 조각을 인식한 보조 T 림프구는 신호 물질을 분비하여 세포독성 T림프구와 B 림프구를 활성화한다.

08 B 림프구는 증식하여 항체를 생성하는 형질 세포와 항원의 특성을 기억하는 기억 세포로 분화한다.

12 Rh$^+$형인 사람의 혈액에는 Rh 응집원이 있으며, Rh 응집소는 없다.

01~03 병원체가 상처 부위로 들어오면 비만세포에서 히스타민이 분비되고, 히스타민의 작용으로 백혈구가 모세 혈관에서 빠져나와 상처 부위로 모여 식세포 작용으로 병원체를 제거한다.

05 항체는 γ-글로불린이라는 단백질로 이루어져 있다.

09 병원체가 처음 침입하면 1차 면역 반응이 일어나 B 림프구가 형질 세포와 기억 세포로 분화하며, 이 병원체가 재침입하면 1차 면역 반응 시 생성되었던 기억 세포가 빠르게 증식하고 형질 세포로 분화한다.

10 기억 세포는 수명이 비교적 길기 때문에 2차 면역 반응 후에도 오랫동안 남아 있을 수 있다.

13 항A 혈청에는 응집소 α가 있고, 항B 혈청에는 응집소 β가 있다.

Ⅳ. 유전

04 서로 다른 종의 생물도 염색체 수가 같을 수 있지만, 염색체의 모양과 크기에 차이가 있으므로 핵형은 서로 다르다. 또, 같은 종의 생물이라도 성별이 다르면 성염색체의 핵형이 서로 다를 수 있다.

06 핵형은 염색체가 가장 많이 응축하여 관찰하기 좋은 체세포 분열 중기 세포의 염색체 사진을 이용해 분석한다.

12 상동 염색체는 부모로부터 하나씩 물려받은 것으로 유전자 구성이 다르고, 염색 분체는 복제된 DNA가 응축되어 형성된 것으로 유전자 구성이 같다.

03 감수 1분열 후기에는 상동 염색체가 분리되며, 염색 분체는 감수 2분열 후기에 분리된다.

04 간기의 S기에 DNA가 복제된 후 감수 1분열과 2분열에서 각각 DNA양이 반감되므로 감수 1분열 중기 세포의 DNA양은 생식세포의 4배이다.

05 사람의 체세포에는 23쌍의 상동 염색체가 존재하며, 2가 염색체는 상동 염색체끼리 접합하여 형성되므로 감수 1분열 중기 세포에는 23개의 2가 염색체가 존재한다.

07 감수 1분열 결과 핵상이 $2n$에서 n으로 변하며, 감수 2분열에서는 핵상의 변화가 없다.

15 감수 분열 시 상동 염색체 쌍이 무작위로 배열하며, 각 상동 염색체 쌍의 분리는 독립적으로 일어난다.

---

04 유전자 이상은 핵형 분석을 통해 알아낼 수 없다.

05 돌연변이 헤모글로빈은 혈액 속 산소 농도가 낮을 때 길게 결합하여 적혈구가 낫 모양으로 변형된다.

06 염색체 비분리가 감수 1분열에서 일어나면 핵상이 $n+1$, $n-1$인 비정상 생식세포만 만들어지고, 감수 2분열에서 일어나면 핵상이 $n+1$, $n-1$인 생식세포뿐 아니라 핵상이 n인 정상 생식세포도 만들어진다.

16~17 적록 색맹인 어머니($X'X'$)와 정상인 아버지(XY) 사이에서 정상인 아들이 태어나려면 아버지로부터 정상 대립유전자가 있는 X 염색체와 Y 염색체를 모두 물려받아야 한다. 염색체 비분리는 어머니와 아버지 중 한 사람에게서만 1회 일어났으므로 이 아들은 어머니로부터 X 염색체를, 아버지로부터 X 염색체와 Y 염색체를 물려받아 성염색체가 XXY이다.

> ### 12. 사람의 유전   14쪽
>
> 01 가계도   02 성   03 상   04 성   05 상   06 동형 접합성
> 07 부착형   08 6   09 1: AO, 3: BO, 6: BO   10 $\frac{1}{2}$(=50 %)
> 11 ○   12 ×   13 ㉠ 복대립, ㉡ 다인자

04 유전자형이 열성 동형 접합성인 어머니는 아들에게 열성 대립유전자를 물려주므로 어머니가 열성 형질이면 아들은 항상 열성 형질이다.

06 보조개가 없는 것이 열성 형질이므로 보조개가 없는 사람은 보조개 유전자형이 열성 동형 접합성이다.

08 1, 3, 4, 8의 유전자형은 모두 이형 접합성이고, 열성인 부착형 귓불을 가진 2, 5, 7의 유전자형은 모두 열성 동형 접합성이다. 그러나 6의 유전자형은 우성 동형 접합성인지, 이형 접합성인지 확실하게 알 수 없다.

10 AB×OO → AO, BO이므로 6의 동생이 A형일 확률은 $\frac{1}{2}$ (=50 %)이다.

12 아들의 X 염색체는 어머니로부터 물려받은 것이다.

> ### 13. 사람의 유전병   15쪽
>
> 01 돌연변이   02 ㉠ 염기, ㉡ 단백질   03 ○   04 ×   05 ×
> 06 (가)   07 ㉠ $n-1$, ㉡ $n+1$, ㉢ $n+1$ 08 유   09 염
> 10 유   11 염   12 ㉢   13 ㉠   14 ㉡   15 ㉣   16 ○
> 17 ○   18 (가) 결실, (나) 전좌, (다) 역위, (라) 중복

V. 생태계와 상호 작용

> ### 14. 개체군(1)   16쪽
>
> 01 생태계   02 생산자, 소비자, 분해자   03 반   04 작   05 상
> 06 ㄱ   07 ㄹ   08 ㄴ   09 ㄷ   10 이론상의 생장 곡선: A, 실제의 생장 곡선: B   11 환경 저항   12 ㉠ 포식과 피식, ㉡ 증가, ㉢ 감소, ㉣ 감소   13 ㄴ   14 ㄷ   15 ㄹ

03 숲속이 숲 바깥보다 습도가 높은 것은 생물적 요인이 비생물적 요인에 영향을 주는 반작용의 예이다.

05 뿌리혹박테리아와 콩과식물은 모두 생물이다.

11 실제의 생장 곡선이 S자 모양을 나타내는 것은 개체군의 생장을 억제하는 요인인 환경 저항(㉠)이 작용하기 때문이다.

15 개미 개체군과 같이 개체군을 구성하는 각 개체가 역할을 나누어 수행하는 분업화된 체제를 형성하는 것을 사회생활이라고 한다.

> ### 14. 개체군(2)   17쪽
>
> 01 ㉠ 개체, ㉡ 개체군, ㉢ 군집   02 ○   03 ×   04 ○
> 05 ○   06 빛   07 물   08 온도   09 ㉠ 밀도, ㉡ 출생, ㉢ 사망   10 Ⅰ형   11 ㉠ 발전형, ㉡ 안정형, ㉢ 쇠퇴형   12 텃세
> 13 가족생활

03 버섯은 다른 생물의 사체나 배설물에 포함된 유기물을 무기물로 분해하여 에너지를 얻는 분해자에 속한다.

06 일조 시간이란 구름 등에 가려지지 않고 실제로 햇빛이 내리쬐는 시간을 말한다. 따라서 송어나 노루가 일조 시간이 짧아지는 가을에 번식하는 것은 비생물적 요인 중 빛이 생물에 영향을 준 사례이다.

07 조류와 파충류의 알은 수분의 증발을 방지하기 위해 단단한 껍데기로 싸여 있다.

10 I형은 적은 수의 자손을 낳지만 초기 사망률이 낮고, II형은 연령대에 따른 사망률이 비교적 일정하며, III형은 많은 수의 자손을 낳지만 초기 사망률이 높다.

---

15. 군집(1)   18쪽

01 먹이 그물   **02** 생태적 지위   **03** ×   **04** ×   **05** ○
06 ㉠ 우점종, ㉡ 중요치   **07** 경쟁·배타 원리   **08** 편리공생
09 기생   **10** (가) 종간 경쟁, (나) 포식과 피식   **11** ㄷ → ㅁ →
ㄹ → ㄴ → ㅂ → ㄱ   **12** ×   **13** ×   **14** ○

---

03 삼림은 강수량이 많고, 식물이 자라기에 온도가 적당한 지역에 형성된다.

04 군집의 수직 분포는 고도에 따른 분포로, 주로 기온 차이에 의해 나타난다.

10 (가)에서는 A만 살아남고 B는 사라졌으므로 두 종 사이에 경쟁이 일어났다. (나)에서는 A의 개체 수가 증가하거나 감소함에 따라 B의 개체 수도 증가하거나 감소하므로 A는 피식자, B는 포식자이다.

12 습성 천이에서 개척자는 습생 식물이다.

13 양수는 강한 빛에서 잘 자라고, 음수는 약한 빛에서도 잘 자란다.

---

15. 군집(2)   19쪽

01 ○   **02** ○   **03** ×   **04** ×   **05** ○   **06** 질경이: $2/m^2$,
민들레: $10/m^2$, 토끼풀: $8/m^2$ **07** 분서(생태 지위 분화)   **08** ㅁ
09 ㄹ   **10** ㄴ   **11** ㄷ   **12** 1차 천이   **13** 지의류   **14** A:
양수림, B: 음수림

---

03 특정 환경 조건을 충족하는 군집에서만 볼 수 있는 개체군을 지표종이라고 한다.

04 빈도는 특정 종이 출현한 방형구 수를 전체 방형구 수로 나눈 값이다.

06 질경이, 민들레, 토끼풀의 개체 수는 각각 2, 10, 8이므로 밀도는 각각 $2/m^2$, $10/m^2$, $8/m^2$이다.

12 건조한 용암 대지에서 시작되었으므로 1차 천이 중 건성 천이 과정이다.

---

16. 에너지 흐름과 물질 순환   20쪽

01 ○   **02** ×   **03** ○   **04** ×   **05** ㉠ 감소, ㉡ 증가   **06** ㅁ
07 ㄹ   **08** ㄴ   **09** (가) 광합성, (나) 호흡, (다) 연소   **10** ○
11 ×   **12** ○   **13** (가) ㄱ, (나) ㄴ, (다) ㄷ   **14** 생태계 평형

---

02 생태계에서 에너지는 순환하지 않고 먹이 사슬을 따라 한 방향으로 흐르며, 물질은 생물과 비생물 환경 사이를 순환한다.

04 생물의 사체나 배설물 속의 에너지는 분해자의 호흡을 통해 최종적으로 열에너지 형태로 방출된다.

09 대기 중의 이산화 탄소는 생산자의 광합성(가)을 통해 유기물로 합성되고, 이 유기물은 생물의 호흡(나)을 통해 분해되어 이산화 탄소 형태로 대기 중으로 돌아간다. 화석 연료는 연소(다)되어 이산화 탄소 형태로 대기 중으로 돌아간다.

11 탈질산화 세균에 의해 질산 이온(NO_3^-)이 질소 기체(N_2)로 전환되어 대기 중으로 돌아간다.

---

17. 생물 다양성과 보전   21쪽

01 유전적 다양성   **02** (가) 유전적 다양성, (나) 종 다양성, (다) 생
태계 다양성   **03** ○   **04** ○   **05** ○   **06** ○   **07** ×
08 ㉡   **09** ㉠   **10** ㉣   **11** ㉢   **12** ㄱ   **13** ㄹ   **14** ㄴ
15 ㄱ, ㄴ, ㄷ   **16** 생태 통로

---

01 같은 생물종이라도 다양한 유전자 변이에 의해 다양한 형질이 나타나는 것은 유전적 다양성에 해당한다.

07 종 다양성이 높으면 복잡한 먹이 그물이 형성되므로 어떤 한 종의 생물이 사라져도 다른 종이 이를 대체할 수 있어 생태계 평형이 쉽게 파괴되지 않는다.

12 하나의 큰 서식지가 도로 등에 의해 여러 개의 서식지로 나누어지는 것을 서식지 단편화라고 한다.

15 종자 은행 설치와 국립 공원 지정은 생물 다양성 보전 대책에 해당한다.

50분 평가 문제

01 발생을 통해 태어난 어린 개체가 성체로 생장하므로 A는 발생, 생식 과정에서 부모의 DNA가 전달되어 유전 현상이 나타나므로 B는 유전, 오랜 시간에 걸쳐 환경에 적응하는 과정에서 생물이 진화하므로 C는 적응이다.
ㄱ. 개구리 알에서 올챙이가 태어나는 것은 발생(A)의 예이다.
ㄴ. 미맹인 부모가 아들에게 미맹 유전자를 물려주어 아들도 미맹이 되는 것은 유전(B)의 예이다.
[오답 피하기] ㄷ. 혈당량이 증가하면 인슐린의 분비량이 증가하여 혈당량을 정상 수준으로 낮추는 것은 체내 상태를 일정하게 유지하려는 항상성의 예이다.

02 [예시 답안] 발생, 하나의 수정란이 세포 분열과 분화, 형태 형성 과정을 통해 어린 개체로 되기까지의 과정이다.

채점 기준	배점(%)
발생을 쓰고, 발생의 의미를 옳게 설명한 경우	100
발생만 쓴 경우	30

03 (가) 버드나무의 키가 매년 자라는 것은 세포 분열을 통해 세포 수를 늘려 감으로써 자라는 생장에 해당한다.
(나) 핀치의 소화와 세포 호흡은 모두 고분자 물질을 저분자 물질로 분해하는 이화 작용(물질대사)에 해당한다.

04 ㄴ. 식물은 몸이 많은 수의 세포로 이루어진 다세포 생물이다.
ㄷ. 겨울에 세포 내 포도당 함량을 높여 어는점을 낮추는 것은 추위에 적응한 결과 나타난 현상이다.
[오답 피하기] ㄱ. 녹말을 포도당으로 분해하는 것은 고분자 물질을 저분자 물질로 분해하는 이화 작용에 해당한다.

05 [자료 분석 하기]
세균과 바이러스

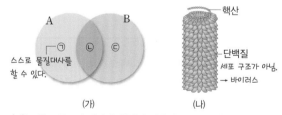

• (나)는 세포 구조가 아니며, 핵산과 단백질로 구성되어 있으므로 바이러스이다.
• 바이러스는 스스로 물질대사를 할 수 없으므로 '스스로 물질대사를 할 수 있다.'는 ㉠이다. ➡ A는 스스로 물질대사를 할 수 있는 세균이고, B는 바이러스이다.

ㄱ, ㄴ. A는 세균, B는 바이러스(나)이고, '스스로 물질대사를 할 수 있다.'는 ㉠이다.
[오답 피하기] ㄷ. 단백질과 핵산은 세균과 바이러스에 모두 존재한다. 따라서 '단백질과 핵산이 모두 존재한다.'는 ㉡에 해당한다.

06 병원체 X는 핵산과 단백질로만 이루어져 있으며, 영양소로만 이루어진 배지에서 증식하지 않고, 세균 여과기를 통과할 수 있으므로 세균보다 크기가 작은 바이러스이다.
ㄴ. 바이러스(X)는 숙주 세포 안에서 숙주 세포의 효소를 이용하여 핵산을 복제해 증식한다.
ㄷ. 바이러스(X)는 유전 물질인 핵산을 가지며, 숙주 세포 안에서 유전 물질의 변화(돌연변이)로 형질이 달라져 환경에 적응하고 진화할 수 있다.
[오답 피하기] ㄱ. (다)에서 X는 세균 여과기를 통과하므로 크기가 세균보다 작음을 알 수 있다.

07 [예시 답안] (가)를 통해 '세포로 이루어져 있지 않다.'를 알 수 있고, (나)를 통해 '스스로 물질대사를 하지 못한다.'를 알 수 있다.

채점 기준	배점(%)
(가)와 (나)를 통해 각각 알 수 있는 바이러스(X)의 비생물적 특성을 모두 옳게 설명한 경우	100
(가)와 (나)를 통해 각각 알 수 있는 바이러스(X)의 비생물적 특성 중 1가지만 옳게 설명한 경우	50

08 그림의 탐구 방법은 가설 설정 없이 관찰 결과를 종합하여 결론을 이끌어 내는 귀납적 탐구 방법이다.
ㄱ, ㄷ. 귀납적 탐구 방법을 이용한 탐구 사례로는 실험을 통해 검증하기 어려운 슈반의 세포설, 다윈의 자연 선택설, 왓슨과 크릭의 DNA 이중 나선 구조 발견 등이 있다.
[오답 피하기] ㄴ. 에이크만의 각기병 연구는 가설을 설정하고 대조 실험을 통해 가설을 검증하는 연역적 탐구 방법을 이용한 탐구 사례이다.

09 (가)는 가설 설정, (나)는 탐구 설계 및 수행, (다)는 관찰 및 문제 인식, (라)는 결론 도출, (마)는 결과 분석 단계이다.
연역적 탐구 방법은 관찰 및 문제 인식(다) → 가설 설정(가) → 탐구 설계 및 수행(나) → 결과 분석(마) → 결론 도출(라)의 순으로 진행된다.

10 ④ 탐구 결과 집단 A의 양은 모두 탄저병에 걸렸으므로 (나)에서 집단 A의 양에게는 탄저병 백신을 주사하지 않았다.
[오답 피하기] ① 탐구 결과 집단 B의 양은 모두 탄저병에 걸리지 않았으므로 집단 B는 탄저병 백신을 주사한 실험군이다.
② 대조 실험과 변인 통제를 통해 가설을 검증하는 연역적 탐구 방법을 이용했다.
③ 종속변인은 조작 변인에 따른 실험 결과인 양의 탄저병 발병 여부이다.
⑤ 탄저균의 양은 대조군(집단 A)과 실험군(집단 B)에서 같게 유지해야 하는 통제 변인이다.

01 ⑤ 작은 분자를 큰 분자로 합성하는 반응은 동화 작용이다.
[오답 피하기] ①, ③, ④ 물질대사는 생명체 내에서 물질을 합성하고 분해하는 모든 화학 반응으로, 반응이 단계적으로 일어나며 각 단계마다 특정한 효소가 관여한다.
② 동화 작용은 저분자 물질로부터 고분자 물질을 합성하는 반응으로, 에너지가 흡수되는 흡열 반응이다.

02 세포 호흡 과정에서 방출된 에너지의 일부는 ATP에 화학 에너지 형태로 저장되고, ATP에 저장된 에너지는 다양한 생명 활동에 사용된다. 즉, 생명 활동에 직접 사용되는 에너지 저장 물질은 ATP이다.

03 ㄷ. 고에너지 인산 결합인 ㉡이 끊어질 때 방출되는 에너지는 화학 에너지, 기계적 에너지, 열에너지, 소리 에너지 등으로 전환되어 다양한 생명 활동에 사용된다.
[오답 피하기] ㄱ. ATP에서 고에너지 인산 결합은 인산기와 인산기 사이의 결합(㉡)이다.
ㄴ. 세포 호흡 과정에서 방출되는 에너지의 일부가 ATP에 저장되고, 나머지는 열에너지로 방출된다.

⊕ 개념 더하기

ATP의 분해와 합성 시 에너지 출입

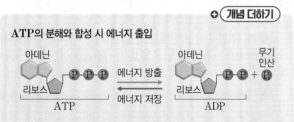

- ATP(아데노신 3인산)는 생명 활동에 직접 사용되는 에너지 저장 물질이다.
- ATP가 ADP로 분해될 때 끝부분의 인산기가 분리되어 에너지가 방출되며, 이 에너지가 다양한 생명 활동에 사용된다. 이 과정에서 생성된 ADP와 무기 인산은 세포 호흡을 통해 다시 ATP로 합성된다.

04 세포 호흡과 연소는 모두 산소가 필요한 산화 반응이며, 에너지를 방출하는 발열 반응이다. 하지만 세포 호흡은 세포 내에서 단계적으로 일어나는 효소 반응이고, 연소는 세포 밖에서 한꺼번에 열과 빛을 내며 타는 반응이다.
ㄴ. 세포 호흡은 반응이 여러 단계에 걸쳐 일어나므로 에너지가 단계적으로 방출된다.
[오답 피하기] ㄱ. 세포 호흡은 생명체 내에서 일어나는 이화 작용이므로 물질대사에 해당하지만, 연소는 물질대사에 해당하지 않는다.
ㄷ. 세포 호흡과 연소에서 모두 포도당이 물과 이산화 탄소로 분해되므로 포도당 1분자당 방출되는 총 에너지양은 같다.

05 세포 호흡에서 포도당은 산소(O_2)와 반응하여 이산화 탄소(CO_2)와 물(H_2O)로 분해되며, 이때 방출된 에너지의 일부는 ATP에 저장되고, 나머지는 열에너지로 방출된다. 따라서 ㉠은 ATP, ㉡은 열에너지이고, A는 O_2, B는 CO_2이다.
ㄱ. ATP(㉠)는 근육 운동, 체온 유지, 생장, 정신 활동, 발성 등 다양한 생명 활동에 사용된다.
ㄷ. 호흡계는 세포 호흡에 필요한 O_2(A)를 흡수하고, 세포 호흡 결과 생성된 CO_2(B)를 몸 밖으로 내보낸다.
[오답 피하기] ㄴ. 근육 수축, 호흡 운동 등과 같은 생명 활동에 사용되는 에너지는 ATP(㉠)에 저장된 에너지이다.

06 세포 호흡에 필요한 산소는 호흡계에서 흡수되어 순환계를 통해 조직 세포로 운반되고, 세포 호흡 결과 발생한 이산화 탄소는 순환계를 통해 호흡계로 운반되어 몸 밖으로 배출된다.
ㄷ. 폐포와 폐포를 둘러싼 모세 혈관, 조직 세포와 조직 세포를 둘러싼 모세 혈관 사이에서 기체는 확산에 의해 이동한다.
[오답 피하기] ㄱ. 혈관은 순환계를 구성하는 기관이다.
ㄴ. 폐에서 산소를 흡수하므로 혈액의 단위 부피당 산소의 양은 조직 세포를 지나온 혈액이 흐르는 (나)에서보다 폐를 지나온 혈액이 흐르는 (가)에서 많다.

07 **자료 분석 하기**

노폐물의 생성과 배설

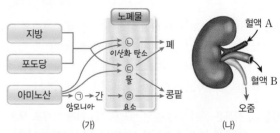

- 탄수화물과 지방이 세포 호흡에 이용되면 이산화 탄소와 물이 생성된다. 단백질이 세포 호흡에 이용되면 이산화 탄소, 물과 함께 암모니아가 생성되며, 암모니아는 간에서 요소로 전환된다. ➡ ㉠은 암모니아, ㉣은 요소이다.
- 폐를 통해서는 이산화 탄소와 물이, 콩팥을 통해서는 물과 요소 등이 몸 밖으로 배설된다. ➡ ㉡은 이산화 탄소, ㉢은 물이다.
- 콩팥에서는 노폐물이 걸러져 몸 밖으로 배설되므로 질소 노폐물인 요소의 양은 콩팥을 거친 후의 혈액 B보다 콩팥을 거치기 전의 혈액 A에 많다.

ㄴ. 콩팥에서 노폐물이 걸러져 오줌으로 배설되므로 단위 부피당 요소(㉣)의 양은 혈액 B보다 혈액 A에 많다.
ㄷ. 혈액이 콩팥을 거치는 동안 혈액 속의 포도당은 여과되었다가 100 % 재흡수되므로 건강한 사람의 오줌에서는 포도당이 검출되지 않는다. 혈당량이 비정상적으로 높은 상태가 지속되어 오줌에 당이 섞여 나오는 것은 당뇨병의 증상이다.
[오답 피하기] ㄱ. 암모니아(NH_3, ㉠)와 물(H_2O, ㉢)은 구성 원소로 탄소(C)를 갖지 않는다.

08 (가)는 호흡계, (나)는 순환계, (다)는 소화계, (라)는 배설계이다.
ㄱ. 호흡계(가)에서 흡수한 산소는 순환계(나)를 통해 조직 세포로 운반되어 세포 호흡에 사용된다.
ㄴ. 소장은 소화계(다)를 구성하는 기관이다.
[오답 피하기] ㄷ. 섭취한 음식물 중 흡수되지 못한 찌꺼기는 대변의 형태로 소화계(다)를 통해 몸 밖으로 배출되며, 배설계(라)를 통해서는 세포 호흡 결과 생성된 물, 요소와 같은 노폐물이 배설된다.

09 영양소의 소화와 흡수가 일어나며, 흡수되지 않은 물질이 배출되는 (가)는 소화계이고, 기체 교환이 일어나는 (나)는 호흡계이며, (다)는 오줌이 배설되는 배설계이다. 호흡계에서 몸 밖으로 배출되는 ㉠은 CO_2, 몸속으로 흡수되는 ㉡은 O_2이다.
ㄱ. 영양소의 소화와 흡수는 소화계(가)에서 일어난다.
ㄴ. 세포 호흡 결과 조직 세포에서 생성된 이산화 탄소(㉠)는 순환계를 통해 호흡계(나)로 이동하여 날숨을 통해 몸 밖으로 배출된다.
[오답 피하기] ㄷ. 세포 호흡 결과 생성된 물은 오줌뿐만 아니라 날숨, 땀 등을 통해서도 배출된다.

10 ㄱ. 심장 박동, 호흡 운동, 체온 조절 등 생명 현상을 유지하는 데 필요한 최소한의 에너지양을 기초 대사량이라고 한다.
ㄴ. 운동 부족이나 과도한 영양 섭취로 에너지 불균형 상태가 지속되면 대사성 질환이 나타날 수 있다.
[오답 피하기] ㄷ. 에너지 섭취량보다 에너지 소모량이 적은 경우 영양 과다가 되어 체지방 축적량이 증가한다.

11 대사성 질환은 잘못된 생활 습관, 과도한 영양 섭취, 부족한 에너지 소모, 비만 등에 의해 발생한다.
[예시 답안] 대사성 질환, 음식물을 균형 있게 섭취하고, 식사를 규칙적으로 하며, 적당한 운동을 하여 에너지 대사의 균형을 이룬다.

채점 기준	배점(%)
대사성 질환을 쓰고, 대사성 질환을 예방하기 위한 생활 습관 2가지를 모두 옳게 설명한 경우	100
대사성 질환을 쓰고, 대사성 질환을 예방하기 위한 생활 습관을 1가지만 옳게 설명한 경우	60
대사성 질환만 쓴 경우	30

◆ 개념 더하기

대사성 질환

당뇨병	• 인슐린이 충분히 생성되지 못하거나 세포가 인슐린에 적절하게 반응하지 못해 혈당량이 비정상적으로 높은 상태가 지속되며, 오줌에 당이 섞여 나온다. • 심장 질환, 시력 상실 등 여러 가지 합병증을 유발할 수 있다.
고지질 혈증 (고지혈증)	혈액 속에 콜레스테롤, 중성 지방 등이 과다하게 들어 있는 상태로, 동맥 경화, 고혈압, 뇌졸중 등의 원인이 된다.
고혈압	혈압이 정상 범위보다 높은 상태로, 뇌졸중, 심혈관계 질환 등의 원인이 된다.
지방간	간에 지방이 비정상적으로 많이 축적된 상태로, 간염, 간경변으로 진행될 수 있다.

III. 항상성과 몸의 조절 26~29쪽

01 ⑤	02 ①	03 해설 참조	04 ③	05 ③
06 ②	07 ⑤	08 ⑤	09 ③	10 ④
11 ⑤	12 ④	13 ③	14 ②	
15 해설 참조	16 ㉠ 보조 T림프구, ㉡ B 림프구, ㉢ 대식세포			
17 ②	18 해설 참조	19 ⑤	20 ④	

01 구간 I과 IV는 분극, II는 탈분극, III은 재분극 상태이다.
⑤ Na^+의 막 투과도는 Na^+ 통로가 열리면 증가하는데 II에서는 대부분의 Na^+ 통로가 열려 있고, IV에서는 대부분의 Na^+ 통로가 닫혀 있다. 따라서 Na^+의 막 투과도는 II에서가 IV에서보다 크다.
[오답 피하기] ① Na^+의 농도는 막전위 변화와 관계없이 항상 세포 안에서보다 세포 밖에서 높다.
② II에서 막전위가 상승하는 것은 Na^+이 Na^+ 통로를 통해 세포 안으로 확산하기 때문이다.
③ III에서 막전위가 하강하는 것은 K^+이 K^+ 통로를 통해 세포 밖으로 확산하기 때문이다.
④ 세포막에 있는 Na^+-K^+ 펌프는 에너지(ATP)를 사용하여 Na^+을 세포 밖으로, K^+을 세포 안으로 이동시킨다.

02 ㄱ. A는 절연체 역할을 하는 말이집이므로 탈분극이 일어나지 않는다.
[오답 피하기] ㄴ. 자극의 세기가 강할수록 활동 전위의 발생 빈도가 증가하며, 활동 전위의 크기는 자극의 세기에 관계없이 일정하다.
ㄷ. 시냅스 이전 뉴런의 축삭 돌기 말단(㉠)에서 분비된 신경 전달 물질이 시냅스 이후 뉴런의 가지 돌기(㉡)에 있는 수용체에 결합하면 시냅스 이후 뉴런의 이온 통로가 열려 시냅스 이후 뉴런의 가지 돌기가 탈분극되고 활동 전위가 발생한다.

03 근육 원섬유 마디에서 액틴 필라멘트만 있는 부위는 I대, 마이오신 필라멘트와 액틴 필라멘트가 겹쳐 있는 부위는 A대의 일부, A대 중 마이오신 필라멘트만 있는 부위는 H대이다.
[예시 답안] (가) A대, (나) H대, (다) I대, 근육 수축 시 A대의 길이는 변화가 없지만 H대와 I대의 길이는 모두 짧아진다.

채점 기준	배점(%)
(가)~(다)가 관찰되는 부위를 쓰고, 근육 수축 시 각 부위의 길이 변화를 모두 옳게 설명한 경우	100
(가)~(다)가 관찰되는 부위만 옳게 쓴 경우	30

04 ③ 소화 운동은 연수에서 조절한다.
[오답 피하기] ① 뇌교, 연수, 중간뇌를 합하여 뇌줄기라고 한다.
② 척수는 배뇨 반사, 회피 반사 등과 같은 반사의 중추이다.
④ 연수는 재채기, 기침 등과 같은 반사의 중추이다.
⑤ 소뇌는 대뇌와 함께 수의 운동을 조절하고, 몸의 자세와 평형을 유지한다.

05 A는 부교감 신경, B는 교감 신경이다.

ㄱ. 부교감 신경(A)은 신경절 이전 뉴런이 신경절 이후 뉴런보다 길다.

ㄴ. 위급한 상황에서는 몸을 긴장된 상태로 만들기 위해 교감 신경(B)이 활성화된다.

[오답 피하기] ㄷ. 부교감 신경(A)과 교감 신경(B)의 신경절 이전 뉴런에서 분비되는 신경 전달 물질은 모두 아세틸콜린이다.

➕ 개념 더하기

교감 신경과 부교감 신경의 작용

교감 신경과 부교감 신경은 대부분 같은 내장 기관에 분포하면서 서로 반대 효과를 나타내는 길항 작용을 한다.

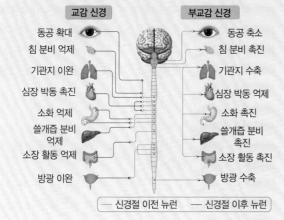

06 ㄷ. C는 신경절 이후 뉴런보다 짧으므로 교감 신경의 신경절 이전 뉴런이다. 방광에 연결된 교감 신경이 흥분하면 방광은 이완한다.

[오답 피하기] ㄱ. 뜨거운 것에 손이 닿았을 때 손을 급히 떼는 행동과 같은 회피 반사의 중추인 (가)는 척수이다.

ㄴ. A는 감각 신경으로, 대뇌로 연결되는 뉴런과도 시냅스를 이루고 있어 감각 신경(A)의 흥분은 대뇌(B)로도 전달되므로 뜨겁다는 것을 느낀다.

07 ⑤ 뜨거운 물체에 손이 닿았을 때 재빨리 손이 움츠러드는 반응은 척수가 중추로 작용하는 회피 반사로, 신경에 의한 신호 전달로 이루어진다.

[오답 피하기] ① 신경에 의한 신호 전달은 혈액을 통해 이동하는 호르몬에 의한 신호 전달보다 빠르게 일어난다.

② 신경과 호르몬은 모두 항상성 조절에 관여한다.

③, ④ 신경에 의한 효과는 호르몬에 의한 효과보다 좁은 범위에서 나타나며, 그 효과가 빠르게 사라진다.

08 ㄴ. 요붕증(가)은 항이뇨 호르몬(ADH) 부족으로 많은 양의 오줌을 배설하는 질병이다.

ㄷ. 말단 비대증(나)의 발병 원인과 관련이 있는 호르몬은 생장 호르몬으로, 뇌하수체 전엽에서 분비된다. 갑상샘 기능 항진증(다)의 발병 원인과 관련이 있는 호르몬은 티록신으로, 갑상샘에서 분비된다.

[오답 피하기] ㄱ. 요붕증(가)은 항이뇨 호르몬(ADH) 결핍증, 말단 비대증(나)은 생장 호르몬 과다증, 갑상샘 기능 항진증(다)은 티록신 과다증이다.

---

09 **자료 분석 하기**

자율 신경과 혈당량 조절

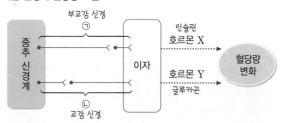

• ㉠은 신경절 이전 뉴런이 신경절 이후 뉴런보다 길며, ㉡은 신경절 이전 뉴런이 신경절 이후 뉴런보다 짧다. ➡ ㉠은 부교감 신경, ㉡은 교감 신경이다.

• 이자에 연결된 부교감 신경은 인슐린의 분비를 촉진하고, 교감 신경은 글루카곤의 분비를 촉진한다. ➡ X는 인슐린, Y는 글루카곤이다.

ㄱ. 부교감 신경(㉠)과 교감 신경(㉡)은 대뇌의 직접적인 지배를 받지 않고 내장 기관의 기능을 조절한다.

ㄴ. 인슐린(X)은 혈당량을 감소시키고, 글루카곤(Y)은 혈당량을 증가시킨다.

[오답 피하기] ㄷ. 당뇨병은 인슐린(X)이 충분히 생성되지 않거나 인슐린(X)의 표적 세포가 인슐린(X)에 적절하게 반응하지 못하여 발생한다.

10 ④ 추워서 체온이 내려가면 뇌하수체 전엽에서 갑상샘 자극 호르몬(TSH)의 분비량이 증가하여 갑상샘에서 티록신의 분비량이 증가하고, 티록신에 의해 물질대사가 촉진되어 체내의 열 발생량이 증가한다.

[오답 피하기] ① 체온이 내려가면 골격근의 수축에 의한 몸 떨림이 증가해 체내의 열 발생량이 증가한다.

②, ③, ⑤ 체온이 내려가면 교감 신경의 작용 강화로 피부 근처 혈관과 털세움근이 수축하여 몸의 표면을 통한 열 발산량이 감소한다.

11 **자료 분석 하기**

뇌하수체 호르몬

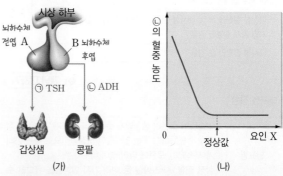

• 뇌하수체에서 분비되어 갑상샘에 작용하는 호르몬 ㉠은 갑상샘 자극 호르몬(TSH)이고, 뇌하수체에서 분비되어 콩팥에 작용하는 호르몬 ㉡은 항이뇨 호르몬(ADH)이다. ➡ A는 갑상샘 자극 호르몬(TSH)을 분비하는 뇌하수체 전엽이며, B는 항이뇨 호르몬(ADH)을 분비하는 뇌하수체 후엽이다.

• 항이뇨 호르몬(ADH)은 혈장 삼투압이 높아질수록 분비가 촉진된다. ➡ X는 혈액량, 혈압 등이다.

⑤ 갑상샘종은 아이오딘(I)의 섭취 부족으로 티록신이 정상적으로 분비되지 않아 갑상샘 자극 호르몬(⊙)의 혈중 농도가 높아져 갑상샘을 계속 자극하기 때문에 나타나는 질병이다. 따라서 갑상샘종에 걸린 환자는 정상인보다 갑상샘 자극 호르몬(⊙)의 혈중 농도가 높다.

[오답 피하기] ① 요인 X가 정상값보다 낮아질수록 항이뇨 호르몬(○)의 혈중 농도가 높아지므로 X는 혈장 삼투압이 아니다.
② A는 뇌하수체 전엽이다.
③ 갑상샘 자극 호르몬(⊙)은 갑상샘을 자극하여 티록신의 분비를 촉진한다.
④ 항이뇨 호르몬(○)의 분비량이 증가하면 콩팥에서 수분의 재흡수가 촉진된다.

12 ④ 무좀을 일으키는 병원체는 곰팡이이며, 곰팡이는 균계에 속하는 진핵생물이다.

[오답 피하기] ① 세균에 의한 질병은 세균의 증식을 억제하는 항생제로 치료한다.
② 말라리아는 모기를 매개로 사람이 말라리아 원충에 감염되어 발생하는 질병이다.
③ 당뇨병과 혈우병은 병원체에 의해 발생되지 않으므로 모두 비감염성 질병이다.
⑤ 변형 프라이온은 단백질성 감염 입자로, 감염성 질병을 일으키는 병원체이다.

13 ㄱ. 결핵을 일으키는 병원체인 세균은 스스로 물질대사를 할 수 있지만, 독감을 일으키는 병원체인 바이러스는 스스로 물질대사를 할 수 없다. 따라서 '병원체가 스스로 물질대사를 한다.'는 결핵만 가진 특징인 ⊙에 해당한다.
ㄴ. 결핵과 독감은 모두 병원체가 원인이 되어 발생하는 감염성 질병이므로 '감염성 질병이다.'는 결핵과 독감의 공통된 특징인 ○에 해당한다.

[오답 피하기] ㄷ. 세균과 바이러스는 모두 유전 물질인 핵산을 가지므로 '병원체가 핵산을 갖는다.'는 결핵과 독감의 공통된 특징인 ○에 해당한다.

14 비특이적 방어 작용은 병원체의 종류를 구별하지 않고 일어나는 방어 작용으로, 염증, 백혈구의 식세포 작용, 라이소자임에 의한 화학적 방어, 피부 각질층을 통한 물리적 방어 등이 있다. 항원 항체 반응은 병원체의 종류를 구별하여 일어나므로 특이적 방어 작용에 해당한다.

15 [예시 답안] •공통점: 세포독성 T림프구와 B 림프구에 의한 방어 작용은 모두 특이적 방어 작용이다.
•차이점: 세포독성 T림프구에 의한 방어 작용은 항원 X에 감염된 세포를 직접 파괴하는 세포성 면역이고, B 림프구에 의한 방어 작용은 항체를 생성하여 항원 X를 제거하는 체액성 면역이다.

채점 기준	배점(%)
세포독성 T림프구와 B 림프구에 의한 방어 작용의 공통점과 차이점을 모두 옳게 설명한 경우	100
세포독성 T림프구와 B 림프구에 의한 방어 작용의 공통점과 차이점 중 1가지만 옳게 설명한 경우	50

16 항원 A를 잡아먹는 ⓒ은 대식세포이며, 대식세포가 세포막 표면에 제시한 항원 조각을 인식하는 ⊙은 보조 T림프구이다. 따라서 ○은 항원 조각을 인식한 보조 T림프구에 의해 활성화되어 형질 세포와 기억 세포로 분화하는 B 림프구이다.

17 ㄷ. 방어 작용은 대식세포의 식세포 작용(나) → 대식세포의 항원 제시와 보조 T림프구의 항원 인식(라) → 보조 T림프구에 의한 B 림프구의 활성화(가) → B 림프구로부터 분화한 형질 세포의 항체 생성 및 분비(다) 순으로 일어난다.

[오답 피하기] ㄱ. B 림프구(○)는 항원 조각을 인식한 보조 T림프구(⊙)에 의해 활성화되어 형질 세포와 기억 세포로 분화한다.
ㄴ. (나)는 대식세포의 식세포 작용으로, 병원체의 종류를 구별하지 않고 일어나는 비특이적 방어 작용이다.

18 [예시 답안] 체내에서 1차 면역 반응이 일어나 X에 대한 소량의 항체와 기억 세포가 생성된다.

채점 기준	배점(%)
백신을 접종했을 때 체내에서 1차 면역 반응이 일어나 소량의 항체와 기억 세포가 생성된다고 옳게 설명한 경우	100
백신을 접종했을 때 체내에서 1차 면역 반응이 일어난다고만 설명한 경우	70

19 B형인 영희의 적혈구 세포막에는 응집원 B가, 혈장에는 응집소 α가 있다. 따라서 (가)는 응집소 β와 응집원 A를 가지므로 A형, (나)는 응집소 β를 갖지만 응집원 A를 갖지 않으므로 O형, (다)는 응집소 β를 갖지 않지만 응집원 A를 가지므로 AB형, (라)는 응집소 β와 응집원 A를 모두 갖지 않으므로 B형이다.

ㄱ. O형의 혈액에는 응집원이 없어 혈액형이 다른 사람에게 소량 수혈을 할 수 있다. 따라서 A형(가)인 학생은 O형(나)인 학생으로부터 소량 수혈을 받을 수 있다.
ㄴ. AB형(다)인 학생과 B형(라)인 학생의 혈액을 섞으면 AB형(다)의 응집원 A와 B형(라)의 응집소 α 사이에 응집 반응이 일어난다.
ㄷ. 응집원 A와 B를 모두 가지고 있는 학생의 혈액형은 AB형이므로 3명이고, 응집소 β를 가지고 있는 학생의 혈액형은 A형과 O형이므로 13명이다.

20 철수의 혈액은 항A 혈청과 항B 혈청에 모두 응집하므로 AB형이고, 영희의 혈액은 항A 혈청과 항B 혈청에 모두 응집하지 않으므로 O형이다.
ㄴ. O형은 응집원이 없어 혈액형이 다른 사람에게 소량 수혈을 할 수 있다. 따라서 영희(O형)는 철수(AB형)에게 소량 수혈을 할 수 있다.
ㄷ. 철수의 적혈구에는 응집원 A와 B가, 영희의 혈장에는 응집소 α와 β가 있다. 따라서 철수의 적혈구와 영희의 혈장을 섞으면 응집 반응이 일어난다.

[오답 피하기] ㄱ. 철수는 AB형이므로 응집소 α와 β를 모두 가지고 있지 않다.

01 ③	02 해설 참조	03 ①	04 ①	05 ①
06 ⑤	07 해설 참조	08 ㄴ	09 ④	10 ③
11 해설 참조	12 1 → 6 → 11		13 ㄱ, ㄴ, ㄷ	14 ②
15 ②	16 ⑤	17 ⑤	18 ②	

01 ㄱ. A는 유전 물질인 DNA이며, DNA에서 유전 정보가 저장된 특정 부위가 유전자이다.

ㄴ. B는 DNA가 히스톤 단백질을 휘감아 형성된 구조인 뉴클레오솜이다.

[오답 피하기] ㄷ. 뉴클레오솜(B)은 간기의 덜 응축된 염색체와 분열기의 응축된 염색체에 모두 존재한다.

02 [예시 답안] ㉠과 ㉡은 간기에 DNA가 복제된 후 각각 응축되어 형성된 염색 분체이므로 유전자 구성이 같다.

채점 기준	배점(%)
㉠과 ㉡이 복제된 DNA가 응축되어 형성된 염색 분체라는 것과 유전자 구성이 같다는 것을 모두 옳게 설명한 경우	100
㉠과 ㉡이 복제된 DNA가 응축되어 형성된 염색 분체라는 것과 유전자 구성이 같다는 것 중 1가지만 옳게 설명한 경우	50

03 ① A와 B는 체세포이므로 핵상이 $2n$으로 같다.

[오답 피하기] ② B와 C는 염색체 수가 같지만, 서로 다른 생물의 체세포이므로 염색체의 크기와 모양은 서로 다르다. 따라서 핵형이 서로 다르다.

③ 하나의 염색체에는 많은 수의 유전자가 존재한다. 사람의 유전자 수는 약 25000개이다.

④ 고등한 생물이 하등한 생물보다 염색체 수가 많은 것은 아니다.

⑤ 침팬지의 체세포($2n$)에는 48개의 염색체가 있으므로 생식세포(n)에는 24개의 염색체가 있다.

04 ㄱ. (가)와 (나)에는 각각 상동 염색체에 존재하는 대립유전자인 A와 a가 모두 존재하므로 (가)와 (나)는 모두 핵상이 $2n$이다. 따라서 (가)와 (나)의 염색체 수는 각각 46개이다.

[오답 피하기] ㄴ. A와 a, D와 d의 DNA 상대량의 합이 (가)와 (나)에서 같으므로 A와 a, D와 d는 상염색체에 존재하는 반면, B와 b의 DNA 상대량의 합은 (가)가 (나)의 2배이다. 따라서 B와 b는 X 염색체에 존재하므로 B와 b 중 B가 2개 존재하는 (가)는 여자($2n=44+XX$)의 세포, b만 1개 존재하는 (나)는 남자($2n=44+XY$)의 세포이다.

ㄷ. (나)는 남자의 세포이므로 (나)를 가진 사람은 아들에게 Y 염색체를 물려준다. 따라서 (나)를 가진 사람은 아들에게 X 염색체에 존재하는 b는 물려주지 않는다.

05 ⓐ는 핵막이 관찰되고 DNA가 복제되기 전의 세포이므로 G_1기의 세포이고, ⓑ는 염색 분체가 분리되어 양극으로 이동하고 있으므로 M기의 세포이다. 따라서 ㉠은 M기, ㉡은 G_1기, ㉢은 S기, ㉣은 G_2기이다.

ㄴ. G_2기(㉣)의 세포와 체세포 분열 후기 세포(ⓑ)는 모두 DNA가 복제된 상태이므로 세포당 DNA양이 같다.

[오답 피하기] ㄱ. ⓐ는 간기에 속하는 G_1기(㉡)의 세포이다.

ㄷ. S기(㉢) 세포에서는 DNA의 복제가 일어나며, 염색 분체의 분리는 M기(㉠)의 후기에 일어난다.

06 ㄱ. (가)의 체세포 분열 전기 세포는 핵상이 $2n$인데, 여기에 4개의 염색 분체가 존재하므로 (가)의 체세포는 핵상과 염색체 수가 $2n=2$이다. 그림의 세포로부터 형성되는 딸세포는 핵상과 염색체 수가 $n=2$이므로 그림은 (나)의 세포이고, (나)의 체세포는 핵상과 염색체 수가 $2n=4$이다.

ㄴ. (가)의 감수 2분열 중기 세포($n=1$)의 염색체 수는 1개이고, (나)의 감수 1분열 중기 세포($2n=4$)의 2가 염색체 수는 2(㉠)개이다.

ㄷ. (나)의 체세포 분열 전기 세포($2n=4$)에는 4개의 염색체가 존재하므로 8개의 염색 분체가 존재한다.

07 상동 염색체가 분리되거나 염색 분체가 분리되어 서로 다른 딸핵으로 들어가면 DNA양이 반감된다.

[예시 답안] $t_1 \sim t_2$에서는 DNA 복제가 일어나 DNA양이 2배로 증가했으며, $t_2 \sim t_3$에서는 염색 분체가 분리되어 DNA양이 반으로 감소했다.

채점 기준	배점(%)
$t_1 \sim t_2$에서의 DNA 복제와 $t_2 \sim t_3$에서의 염색 분체 분리를 모두 옳게 설명한 경우	100
$t_1 \sim t_2$에서의 DNA 복제와 $t_2 \sim t_3$에서의 염색 분체 분리 중 1가지만 옳게 설명한 경우	50

08 ㄴ. 2가 염색체는 상동 염색체끼리 접합한 것이므로 그림의 세포에 2개의 2가 염색체가 존재한다.

[오답 피하기] ㄱ. ㉠과 ㉡은 부모로부터 하나씩 물려받은 상동 염색체이므로 유전자 구성이 서로 다르다. 따라서 ㉠에 P가 존재하므로 ㉡에는 p가 존재한다.

ㄷ. 그림의 세포는 핵상과 염색체 수가 $2n=4$이므로 이 동물의 생식세포($n=2$)에는 2개의 염색체가 존재한다.

09 【자료 분석 하기】

감수 분열과 DNA양 변화

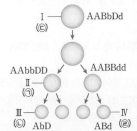

세포	DNA 상대량		
	A	b	d
㉠	2	2	ⓐ 0
㉡	1	ⓑ 1	0
㉢	ⓒ 2	ⓓ 1	1
㉣	1	0	ⓔ 1

• Ⅰ의 핵상은 $2n$이고, 유전자형은 AABbDd이다. ➡ Ⅰ에는 A가 2개, b가 1개 존재하므로 ㉢이 Ⅰ이다.

• Ⅱ는 아직 염색 분체가 분리되기 전의 세포이다. ➡ Ⅱ에 존재하는 대립유전자는 2개씩이므로 ㉠이 Ⅱ이다.

Ⅰ과 Ⅱ에는 각각 A가 2개씩 존재하며, 핵상이 2n인 Ⅰ에는 b와 d가 각각 1개씩 존재하므로 ㉠은 Ⅱ, ㉡은 Ⅰ이므로 ⓒ는 2, ⓓ는 1이다. Ⅱ에 b가 존재하므로 딸세포인 Ⅲ에도 b가 존재해야 한다. 따라서 ㉡은 Ⅲ이고, ⓑ는 1이며, Ⅲ에 d가 없으므로 Ⅱ에도 d가 없어야 하므로 ⓐ는 0이다. ㉣은 Ⅳ이므로 ⓔ는 1이다.

ㄴ. Ⅱ와 Ⅲ에는 각각 b가 존재하지만 d가 없으므로 P에서 b와 d는 서로 다른 염색체에 존재한다. 따라서 P에서 B와 D도 서로 다른 염색체에 존재한다.

ㄷ. 각 세포에 존재하는 유전자가 Ⅰ은 AABbDd, Ⅱ는 AAbbDD, Ⅲ은 AbD, Ⅳ는 ABd이다. 그러므로

$$\frac{\text{A의 DNA 상대량}}{\text{b의 DNA 상대량}+\text{D의 DNA 상대량}}\text{은 Ⅰ이 }\frac{2}{1+1}=1$$

이고, ㉡(Ⅲ)이 $\frac{1}{1+1}=\frac{1}{2}$이다.

[오답 피하기] ㄱ. ⓐ는 0, ⓑ는 1, ⓒ는 2, ⓓ는 1, ⓔ는 1이므로 ⓐ+ⓒ=2이고, ⓑ+ⓓ+ⓔ=3이다.

10 ㄱ. 분리형 귓불이 우성 형질이므로 유전자형이 이형 접합성인 분리형 귓불을 가진 부모 사이에서 부착형 귓불을 가진 자녀가 태어날 수 있다.

ㄴ. 보조개 형질을 비롯해 한 개체가 어떤 유전 형질을 결정하는 대립유전자를 쌍으로 가지고 있을 때, 쌍을 이룬 두 대립유전자가 분리되어 서로 다른 생식세포로 들어가는 멘델의 분리의 법칙이 적용된다.

[오답 피하기] ㄷ. 귓불 모양 유전자와 혀 말기 유전자는 서로 다른 상염색체에 존재하므로 이 두 형질의 유전에는 독립의 법칙이 적용된다.

11 [예시 답안] 보조개가 없는 부모는 모두 보조개 유전자형이 열성 동형 접합성이므로 자녀에게 우성 대립유전자를 물려주지 못해 이 둘 사이에서 보조개가 있는 자녀는 태어날 수 없다.

채점 기준	배점(%)
보조개가 없는 부모는 유전자형이 열성 동형 접합성이라는 것, 자녀에게 우성(보조개) 대립유전자를 물려주지 못한다는 것, 보조개가 있는 자녀는 태어나지 못한다는 것을 모두 옳게 설명한 경우	100
보조개가 없는 부모는 자녀에게 우성(보조개) 대립유전자를 물려주지 못한다는 것과 보조개가 있는 자녀는 태어나지 못한다는 것을 옳게 설명한 경우	70
보조개가 있는 자녀는 태어나지 못한다는 것만 설명한 경우	40

12 남자인 11은 보인자인 어머니 6으로부터 적록 색맹 대립유전자를 물려받았고, 6은 아버지인 1로부터 적록 색맹 대립유전자를 물려받았다.

13 일자형 이마선을 가진 부모 사이에서는 항상 일자형 이마선을 가진 아이만 태어나므로 일자형 이마선(a)이 열성 형질이고, M자형 이마선(A)이 우성 형질이다.

ㄱ. 일자형 이마선(열성)을 가진 어머니로부터 M자형 이마선(우성)을 가진 아들이 태어나므로 이마선은 상염색체 유전 형질이다. 따라서 일자형 이마선이 나타날 확률은 남녀에서 같다.

ㄴ. 3은 어머니(aa)로부터 a를 물려받았고, 4는 아버지(aa)로부터 a를 물려받았으므로 모두 이마선 유전자형이 Aa이다.

ㄷ. 이마선 유전자형이 1은 aa이고, 2는 어머니(aa)로부터 a를 물려받았으므로 Aa이다. aa×Aa → Aa, aa이므로 1과 2 사이에서 태어나는 아이가 M자형 이마선을 가질 확률은 $\frac{1}{2}$이다.

14 ㉠의 경우, 1과 2는 A*의 수는 같지만 표현형이 다르므로 ㉠은 X 염색체 유전 형질이다. 따라서 유전자형이 1은 A*Y, 2는 AA*, 3은 AA*, 4는 A*Y이므로 정상(A)이 우성 형질, 유전병(A*)이 열성 형질이고, 5는 유전자형이 AY이다. ㉡의 경우, 1은 B*만 있고, 2의 유전자형은 BB*이므로 정상(B)이 우성 형질, 유전병(B*)이 열성 형질이다. 그런데 3은 유전병(열성), 5는 정상(우성)이므로 ㉡은 상염색체 유전 형질이며, 유전자형이 1은 B*B*, 2는 BB*, 3은 B*B*, 4는 BB*, 5는 BB*이다.

ㄴ. 각 구성원이 가지고 있는 A와 B* 수의 합은 1이 2개, 2가 2개, 3이 3개, 4가 1개, 5가 2개이다.

[오답 피하기] ㄱ. A*와 B*는 서로 다른 염색체에 존재한다.

ㄷ. AA*×A*Y → AA*, <u>A*A*</u>, AY, A*Y이고, B*B* ×BB* → BB*, <u>B*B*</u>이므로 3과 4 사이에서 ㉠과 ㉡을 모두 나타내는 딸(A*A*, B*B*)이 태어날 확률은 $\frac{1}{4}\times\frac{1}{2}=\frac{1}{8}$이다.

15 [자료 분석 하기]

성염색체의 비분리

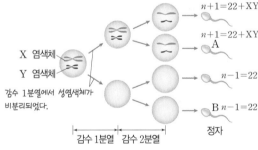

- 감수 1분열에서 성염색체가 비분리되어 성염색체를 2개 가진 정자(n+1=22+XY)와 성염색체를 갖지 않은 정자(n-1=22)가 1 : 1로 형성되었다. ➡ 모든 정자의 염색체 수가 비정상이다.
- 상염색체는 모두 정상적으로 분리되었으므로 형성된 모든 정자의 상염색체 수는 22개이다.

② 사람의 체세포에는 22개의 상염색체와 2개의 성염색체가 있다. 제시된 감수 분열 과정에서 성염색체 비분리만 일어났으므로 형성된 모든 정자의 상염색체 수는 22개이다.

[오답 피하기] ① 감수 1분열 과정에서 성염색체가 비분리되어 A에는 X 염색체와 Y 염색체가 모두 들어 있고, B에는 성염색체가 들어 있지 않다. 따라서 A의 염색체 수는 24개(n+1 =22+XY)이고, B의 염색체 수는 22개(n-1=22)이므로 염색체 수는 A가 B보다 2개 많다.

③ A의 염색체 구성은 $22+XY$이므로 A가 정상 난자 $(22+X)$와 수정되면 염색체 구성이 $44+XXY$로 클라인펠터 증후군인 아이가 태어날 수 있다.

④ B는 성염색체가 없고 상염색체만 22개 있으므로 B가 정상 난자$(22+X)$와 수정되면 염색체 구성이 $44+X$로 터너 증후군인 아이가 태어날 수 있다.

⑤ 감수 1분열 과정에서 성염색체가 비분리되어 핵상이 $n+1$ 또는 $n-1$인 정자만 형성되었으므로 모든 정자의 염색체 수가 비정상이다.

16 ㄴ. (나)에는 X 염색체에 존재했던 a를 포함한 염색체 일부가 상염색체로 옮겨지는 전좌가 일어난 염색체가 있다.

ㄷ. (나)에는 대립유전자인 A와 a가 모두 존재하므로 (나)가 형성될 때 감수 1분열에서 염색체 비분리가 일어났다.

[오답 피하기] ㄱ. 상동 염색체는 크기와 모양이 같다. 그런데 ㉠과 ㉡은 동원체의 위치가 서로 다르므로 상동 염색체가 아니다.

17 (가)는 터너 증후군이고, (가)와 (나)는 염색체 이상에 의한 유전병, (다)는 유전자 이상에 의한 유전병이다.

ㄴ. (나)는 염색체의 결실에 의해 나타나므로 핵형 분석을 통해 태아가 (나)를 나타내는지 확인할 수 있다.

ㄷ. (다)를 나타내는 환자의 체내에서는 돌연변이 헤모글로빈 유전자의 작용으로 돌연변이 헤모글로빈 단백질이 만들어진다.

[오답 피하기] ㄱ. (가)는 터너 증후군이다. 클라인펠터 증후군은 성염색체가 XXY일 때 나타난다.

⊕ **개념 더하기**

사람의 유전병
- 유전자 이상에 의한 유전병: 페닐케톤뇨증, 알비노증, 낭성 섬유증, 헌팅턴 무도병 등 ➡ 정상적인 기능을 수행하지 못하는 돌연변이 단백질이 만들어지며, 핵형 분석으로 확인할 수 없다.
- 염색체 수 이상에 의한 유전병: 다운 증후군(21번 염색체가 3개), 에드워드 증후군(18번 염색체가 3개), 터너 증후군$(44+X)$, 클라인펠터 증후군$(44+XXY)$ 등 ➡ 핵형 분석으로 확인할 수 있다.
- 염색체 구조 이상에 의한 유전병: 고양이 울음 증후군(5번 염색체의 결실), 만성 골수성 백혈병(9번과 22번 염색체 사이의 전좌) 등 ➡ 핵형 분석으로 확인할 수 있다.

18 체세포 1개당 A의 DNA 상대량은 4가 5의 2배이므로 유전자형이 4는 AA이고, 5는 4와 표현형이 다르므로 유전자형이 A*A이다. 따라서 이 유전병은 상염색체 유전 형질이고, 유전병(A*)이 우성 형질, 정상(A)이 열성 형질이다.

ㄴ. 정상인 2는 유전자형이 AA이고, 1과 2 사이에서 정상(AA)인 4가 태어났으므로 1의 유전자형은 A*A이다. 3은 A와 A* 중 1가지만 가지므로 유전자형이 A*A*이다. 따라서 정자 ⓐ에는 A*가 2개 들어 있으므로 1(A*A)에서 ⓐ가 형성될 때 감수 2분열에서 염색체 비분리가 일어났다.

[오답 피하기] ㄱ. 유전자형이 3은 A*A*, 5는 A*A이므로 체세포 1개당 A*의 DNA 상대량은 3이 5의 2배이다.

ㄷ. ⓑ에는 A와 A*가 모두 들어 있지 않으므로 상염색체가 21개, 성(X)염색체가 1개 존재한다.

01 ⑤ 텃세는 각 개체가 일정한 생활 공간을 차지하고 다른 개체가 침입하는 것을 경계하는 개체군 내 상호 작용이고, (다)는 군집 내 개체군 간의 상호 작용이다.

[오답 피하기] ① 개체군은 일정한 지역에서 같은 종의 개체들이 무리를 이루어 생활하는 집단이다.

② 생물 군집을 이루는 생물은 생태계에서 담당하는 역할에 따라 생산자, 소비자, 분해자로 구분한다.

③ 코스모스와 국화는 일조 시간이 짧아지는 가을에 꽃이 피는 단일 식물이다. 이는 비생물적 요인(일조량)이 생물적 요인(개화 여부)에 영향을 주는 작용(가)에 해당한다.

④ 숲이 우거질수록 숲속이 어둡고 습해지는 것은 생물적 요인이 비생물적 요인에 영향을 주는 반작용(나)에 해당한다.

⊕ **개념 더하기**

생태계 구성 요소 간의 관계
- 작용: 비생물적 요인이 생물적 요인에 영향을 주는 것
  예 음지 식물은 양지 식물보다 보상점과 광포화점이 낮아 빛이 약한 곳에서도 서식할 수 있다.
- 반작용: 생물적 요인이 비생물적 요인에 영향을 주는 것
  예 낙엽이 분해되면 토양이 비옥해진다.
- 상호 작용: 생물적 요인이 서로 영향을 주고받는 것으로, 개체군 내 상호 작용(텃세, 순위제, 리더제, 사회생활 등)과 개체군 간의 상호 작용(종간 경쟁, 분서, 포식과 피식, 공생, 기생 등)이 있다.
  예 메뚜기의 개체 수 증가로 벼의 수확량이 줄어들었다.

02 ④ 개체군의 밀도가 높아지면 서식 공간과 먹이가 부족해지고 경쟁이 심해지는 등 개체군의 생장을 억제하는 요인인 환경 저항(㉠)이 증가한다.

[오답 피하기] ①, ② 먹이, 서식 공간 등의 조건이 최적이고, 개체군의 생식 활동에 아무런 제약을 받지 않는다면 개체군은 계속 생장하여 J자 모양의 생장 곡선(A)을 나타낸다.

③ 개체군의 생장 곡선이 S자 모양으로 나타나는 것은 개체 수가 증가할수록 개체군의 생장을 억제하는 요인인 환경 저항(㉠)이 커지기 때문이다.

⑤ 환경 수용력은 한 서식지에서 증가할 수 있는 개체 수의 한계이다. 이 개체군은 개체 수가 약 600마리에서 더 이상 증가하지 않으므로 환경 수용력은 약 600마리이다.

03 ㄱ. A의 개체 수가 B의 개체 수보다 많다. 또, A의 개체 수가 증가하면 B의 개체 수도 증가하고, B의 개체 수가 증가하면 A의 개체 수는 감소하며, 이후 B의 개체 수도 감소하므로 A는 피식자, B는 포식자이다.

[오답 피하기] ㄴ. 피식자인 A의 개체 수가 감소하면 포식자인
B는 먹이가 부족해지므로 개체 수가 감소한다.

ㄷ. A와 B는 포식과 피식 관계이며, 포식과 피식에 의해 일어
나는 개체군의 변동은 약 10년에 걸쳐 일어나는 장기적인 변
동이다.

04 (가)는 개체군을 구성하는 각 개체가 역할을 나누어 수행하는
분업화된 체제를 형성하는 사회생활의 예이다. (나)는 경험이
많은 개체가 리더가 되어 개체군의 행동을 지휘하는 리더제
의 예이다. (다)는 각 개체가 자신의 생활 구역을 확보하여 다
른 개체의 접근을 막고 먹이, 생활 공간, 배우자 등을 독점하
는 텃세의 예이다.

05 〔자료 분석 하기〕

방형구법

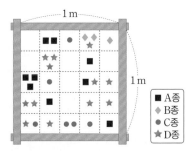

- 밀도 = $\dfrac{\text{특정 종의 개체 수}}{\text{전체 방형구의 면적}(m^2)}$

- 빈도 = $\dfrac{\text{특정 종이 출현한 방형구 수}}{\text{전체 방형구의 수}}$

- 상대 밀도(%) = $\dfrac{\text{특정 종의 밀도}}{\text{조사한 모든 종의 밀도의 합}} \times 100$

- 상대 빈도(%) = $\dfrac{\text{특정 종의 빈도}}{\text{조사한 모든 종의 빈도의 합}} \times 100$

식물 종	밀도	빈도	상대 밀도(%)	상대 빈도(%)
A	$9/m^2$	0.24	30	27.3
B	$3/m^2$	0.08	10	9.1
C	$6/m^2$	0.20	20	22.7
D	$12/m^2$	0.36	40	40.9

ㄷ. 우점종은 상대 밀도, 상대 빈도, 상대 피도를 합한 값인 중
요치가 가장 큰 종이다. 단서에서 우점종 결정 시 상대 피도는
고려하지 않는다고 하였으므로 상대 밀도와 상대 빈도를 합한
값이 가장 큰 종이 우점종이다. 상대 밀도와 상대 빈도의 합이
A는 57.3, B는 19.1, C는 42.7, D는 80.9이므로 이 군집
의 우점종은 D이다.

[오답 피하기] ㄱ. 상대 빈도가 가장 높은 종은 D이다.

ㄴ. B의 밀도는 $3/m^2$이고, C의 밀도는 $6/m^2$이므로 B의 밀
도와 C의 밀도는 같지 않다.

06 ㄴ. (나)에서 B와 C는 단독 배양했을 때보다 혼합 배양했을
때 두 종 모두 개체 수가 증가하였으므로 B와 C는 상리 공생
관계이다. 콩과식물과 뿌리혹박테리아도 상리 공생 관계이다.

[오답 피하기] ㄱ. (가)는 같은 종의 개체들 사이에서 일정한 생
활 공간을 차지하고 다른 개체의 접근을 막는 텃세이다.

ㄷ. 텃세(가)는 개체군 내 상호 작용이고, 상리 공생(나)은 군
집 내 개체군 간의 상호 작용이다.

07 〔예시 답안〕 종간 경쟁. 혼합 배양 시 한 종은 살아남고 한 종은 사라지
는 경쟁·배타 원리가 적용되었으므로 A종과 B종 사이에 경쟁이 일
어났다.

채점 기준	배점(%)
종간 경쟁을 쓰고, 그 까닭을 옳게 설명한 경우	100
종간 경쟁만 쓴 경우	30

08 ㄱ. (가)는 (나)에 비해 그늘에서 잘 자라지 못하고, 잎의 두께
가 두꺼우므로 빛의 세기가 강한 곳에서 잘 자라는 양수이고,
(나)는 빛이 약한 곳에서도 잘 자라는 음수이다. 천이 과정에
서 관목림 이후 빛이 강한 곳에서 빠르게 자라는 양수가 우점
종인 양수림(A)이 형성된 후, 하층부에 도달하는 빛의 양이
감소함에 따라 비교적 약한 빛에서도 잘 자라는 음수가 출현
하여 혼합림을 거쳐 음수림(B)으로 천이가 일어난다. 따라서
(가)는 A의 우점종이고, (나)는 B의 우점종이다.

ㄷ. A(양수림)에서 B(음수림)로 천이가 일어나는 데 영향을
주는 중요한 환경 요인은 빛의 세기이다.

[오답 피하기] ㄴ. 음수림인 B에서 산불이 나면 토양이 이미 형
성되어 있는 상태이므로 초본류가 개척자가 되어 2차 천이가
일어난다.

09 〔자료 분석 하기〕

에너지 흐름

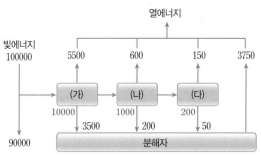

- 태양의 빛에너지 100000 중 90000이 광합성에 이용되지 않았으므
로 생산자인 (가)의 광합성을 통해 유기물에 저장된 에너지양은
10000이다.

- 생산자의 에너지양 중 5500은 호흡을 통해 열에너지로 방출되고,
3500은 분해자로 이동하였으므로 1차 소비자인 (나)로 이동한 에너
지양은 $10000-(5500+3500)=1000$이다.

- 1차 소비자의 에너지양 중 600은 호흡을 통해 열에너지로 방출되고,
200은 분해자로 이동하였으므로 2차 소비자인 (다)로 이동한 에너
지양은 $1000-(600+200)=200$이다.

ㄱ. (가)는 생산자, (나)는 1차 소비자, (다)는 2차 소비자이다.

ㄴ. 1차 소비자의 에너지 효율은 $\dfrac{1000}{10000} \times 100 = 10(\%)$이

고, 2차 소비자의 에너지 효율은 $\dfrac{200}{1000} \times 100 = 20(\%)$이다.

ㄷ. 2차 소비자는 1차 소비자를 먹어 에너지를 얻으므로 (나)에서 (다)로 에너지가 유기물의 형태로 이동한다.

10 총생산량＝호흡량＋순생산량이므로 A는 호흡량이고, 순생산량＝피식량＋낙엽량, 고사량＋생장량이므로 B는 피식량＋낙엽량, 고사량이다.

ㄴ. 피식량은 초식 동물의 섭식량과 같으므로 초식 동물의 호흡량은 B에 포함된다.

[오답 피하기] ㄱ. 낙엽의 유기물량은 B에 포함된다.

ㄷ. 식물이 생활에 필요한 에너지를 얻기 위해 호흡의 재료로 소비하는 유기물량은 호흡량(A)이다.

✚ 개념 더하기

물질의 생산과 소비

① 식물(생산자)
• 총생산량: 생산자가 광합성을 통해 생산한 유기물의 총량
• 순생산량＝총생산량－호흡량
• 생장량＝순생산량－(피식량＋고사량, 낙엽량)
② 초식 동물(1차 소비자)
• 섭식량: 1차 소비자가 섭취한 유기물의 총량으로, 생산자의 피식량과 같다.
• 동화량: 섭식량에서 소화되지 않고 체외로 배출되는 양을 제외한 유기물의 양

11 ④ (라)는 생산자인 녹색 식물이 암모늄 이온(NH_4^+)을 흡수하여 아미노산과 같은 유기 질소 화합물을 합성하는 과정인 질소 동화 작용이다. 콩과식물은 뿌리혹박테리아가 고정한 암모늄 이온을 흡수하여 질소 동화 작용을 한다.

[오답 피하기] ① (가)는 대기 중의 질소(N_2)가 암모늄 이온으로 전환되는 질소 고정으로, 질소 고정 세균(뿌리혹박테리아, 아조토박터 등)에 의해 일어난다.

② (나)는 CO_2를 흡수하여 유기물을 합성하는 광합성으로, 생산자에 의해 일어난다.

③ (다)는 유기물이 분해되어 CO_2 형태로 방출되는 호흡으로, 분해자인 B에 의해서도 일어난다.

⑤ 질소(N)는 단백질, 핵산과 같은 유기 질소 화합물의 형태로 먹이 사슬을 따라 이동한다.

12 ㄱ, ㄴ. 1차 소비자의 개체 수가 일시적으로 증가하면 생산자의 개체 수는 감소하고 2차 소비자의 개체 수는 증가한다(ⓒ). 2차 소비자의 개체 수가 증가하면 1차 소비자의 개체 수는 감소하고(⊙), 1차 소비자의 개체 수가 감소하면 생산자의 개체

수는 증가하고 2차 소비자의 개체 수는 감소하여 원래 상태로 회복된다. 따라서 A는 (나)의 ⓒ이고, B는 ⊙이다.

ㄷ. 생태계 평형은 주로 먹이 사슬에 의해 유지되며, 생물종 수가 많아 먹이 그물이 복잡할수록 평형이 잘 유지된다.

13 (가): 한 생태계에 서식하는 생물종의 다양한 정도를 의미하는 것은 종 다양성이다. 종 다양성은 생물종의 수가 많을수록, 각 생물종의 분포 비율이 균등할수록 높다.

(나): 같은 생물종이라도 색, 크기, 모양 등의 형질이 개체 간에 다르게 나타나는 것은 다양한 유전자 변이 때문이며, 이는 유전적 다양성에 해당한다.

(다): 지구에는 사막, 초원, 삼림, 강, 바다 등 다양한 생태계가 있으며, 이러한 생태계의 다양한 정도를 생태계 다양성이라고 한다.

14 ㄴ. 종 다양성은 생물종의 수가 많을수록, 각 생물종의 분포 비율이 균등할수록 높다. (가)에는 11종의 생물이, (나)에는 6종의 생물이 서식하므로 종 다양성은 (가)에서가 (나)에서보다 높다.

[오답 피하기] ㄱ. (가)와 (나)에 서식하는 생물의 개체 수는 같지만 (나)보다 (가)에 더 많은 생물종이 서식한다.

ㄷ. (가)와 (나)에서 나타난 생물 다양성은 한 지역 내에 존재하는 생물종의 다양한 정도를 의미하는 종 다양성이다. 생물 다양성의 의미 중 비생물적 요인이 포함되는 것은 생태계 다양성이다.

15 [예시 답안] 단일 품종은 유전적 다양성이 낮아 병충해와 같은 급격한 환경 변화가 있을 때 환경에 적응하는 변이를 가진 개체가 없는 경우가 많기 때문에 멸종될 가능성이 크다.

채점 기준	배점(%)
유전적 다양성과 환경 변화의 2가지 용어를 모두 사용하여 옳게 설명한 경우	100
유전적 다양성이 낮기 때문이라고만 설명한 경우	50

16 [예시 답안] (나). (나)와 같이 종 다양성이 높은 생태계는 복잡한 먹이 그물이 형성되어 어떤 한 종의 생물이 사라져도 다른 종이 이를 대체할 수 있으므로 생태계가 안정적으로 유지된다.

채점 기준	배점(%)
(나)를 쓰고, 그 까닭을 종 다양성과 연관 지어 옳게 설명한 경우	100
(나)만 쓴 경우	30

17 (가)는 도시 건설 과정에서 숲 생태계가 단절되고 고립화된 것이고, (나)는 숲이 연결된 것이다.

ㄱ, ㄷ. (나)와 같이 야생 동물의 이동 통로가 확보되면 서식지 단편화에 따른 영향을 감소시킬 수 있기 때문에 특정 개체군의 개체 수가 감소하거나 멸종될 가능성이 줄어든다. 따라서 (가)보다 (나)의 숲에서 종 다양성이 높을 것이다.

[오답 피하기] ㄴ. (나)와 같이 야생 동물의 이동 통로가 확보되면 로드킬이 줄어들기 때문에 (가)보다 (나)에서 로드킬이 더 적게 발생할 것이다.

NEW

내신 잡는 필수 개념서

올리드 Allead

학습하다가 이해되지 않는 부분이나
정오표 등의 궁금한 사항이 있나요?
미래엔 홈페이지에서 해결해 드립니다.
www.mirae-n.com

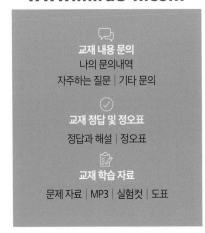

교재 내용 문의
나의 문의내역
자주하는 질문 | 기타 문의

교재 정답 및 정오표
정답과 해설 | 정오표

교재 학습 자료
문제 자료 | MP3 | 실험컷 | 도표

실력 상승 문제집

파사쥬
대표 유형과 실전 문제로 내신과 수능을
동시에 대비하는 실력 상승 실전서

국어   국어, 문학, 독서
영어   기본영어, 유형구문, 유형독해, 20회 듣기모의고사,
         25회 듣기 기본 모의고사
수학   수학 I, 수학 II, 확률과 통계, 미적분

수능 완성 문제집

수능 주도권
핵심 전략으로 수능의 기선을 제압하는
수능 완성 실전서

국어영역   문학, 독서, 언어와 매체, 화법과 작문
영어영역   독해편, 듣기편
수학영역   수학 I, 수학 II, 확률과 통계, 미적분

수능 기출 문제집

N기출
수능N 기출이 답이다!

국어영역   공통과목_문학,
         공통과목_독서,
         선택과목_화법과 작문,
         선택과목_언어와 매체
영어영역   고난도 독해 LEVEL 1,
         고난도 독해 LEVEL 2,
         고난도 독해 LEVEL 3
수학영역   공통과목_수학 I + 수학 II 3점 집중,
         공통과목_수학 I + 수학 II 4점 집중,
         선택과목_확률과 통계 3점/4점 집중,
         선택과목_미적분 3점/4점 집중,
         선택과목_기하 3점/4점 집중

N기출 모의고사
수능의 답을 찾는 우수 문항 기출 모의고사

수학영역   공통과목_수학 I + 수학 II
         선택과목_확률과 통계,
         선택과목_미적분

미래엔 교과서 연계 도서

미래엔 교과서 자습서
교과서 예습 복습과 학교 시험 대비까지
한 권으로 완성하는 자율학습서

[2022 개정]

국어   공통국어1, 공통국어2*
영어   공통영어1, 공통영어2
수학   공통수학1, 공통수학2,
           기본수학1, 기본수학2
사회   통합사회1, 통합사회2*, 한국사1, 한국사2*
과학   통합과학1, 통합과학2
제2외국어   중국어, 일본어
한문   한문

           *2025년 상반기 출간 예정

[2015 개정]

국어   문학, 독서, 언어와 매체, 화법과 작문,
           실용 국어
수학   수학 I, 수학 II, 확률과 통계,
           미적분, 기하
한문   한문 I

미래엔 교과서 평가 문제집
학교 시험에서 자신 있게
1등급의 문을 여는 실전 유형서

[2022 개정]

국어   공통국어1, 공통국어2*
사회   통합사회1, 통합사회2*, 한국사1, 한국사2*
과학   통합과학1, 통합과학2

       *2025년 상반기 출간 예정

[2015 개정]

국어   문학, 독서, 언어와 매체

기출 분석 문제집
1등급 만들기로 1등급 실력 예약!

- **개념 핵심 잡기** 시험 출제 원리를 꿰뚫는 개념의 핵심을 잡는다.
- **1등급 도전하기** 선별한 고빈출 기출 문제로 1등급에 도전한다.
- **1등급 완성하기** 응용 및 고난도 문제로 1등급 노하우를 터득한다.

완벽한 기출 문제 분석, 완벽한 시험 대비!

2015개정

국어	문학, 독서
수학	수학Ⅰ, 수학Ⅱ, 확률과 통계, 미적분, 기하
사회	한국지리, 세계지리, 생활과 윤리, 윤리와 사상, 사회·문화, 정치와 법, 경제, 세계사, 동아시아사
과학	물리학Ⅰ, 화학Ⅰ, 생명과학Ⅰ, 지구과학Ⅰ, 물리학Ⅱ, 화학Ⅱ, 생명과학Ⅱ, 지구과학Ⅱ

2022개정

수학	공통수학1, 공통수학2, 대수, 확률과 통계★, 미적분Ⅰ★
사회	통합사회1, 통합사회2★, 한국사1, 한국사2★, 세계시민과 지리, 사회와 문화, 세계사, 현대사회와 윤리
과학	통합과학1, 통합과학2

★ 2025년 상반기 출간 예정